首都经济贸易大学出版社
Capital University of Economics and Business Press
·北 京·

图书在版编目(CIP)数据

首都经济贸易大学年鉴. 2017/《首都经济贸易大学年鉴》编委会编. -- 北京 : 首都经济贸易大学出版社, 2017.12

ISBN 978 - 7 - 5638 - 2796 - 1

Ⅰ. ①首… Ⅱ. ①首… Ⅲ. ①首都经济贸易大学 - 2017 - 年鉴 Ⅳ. ①G649.281 - 54

中国版本图书馆 CIP 数据核字(2018)第 067513 号

首都经济贸易大学年鉴 2017

《首都经济贸易大学年鉴》编委会　编

责任编辑　群　力

封面设计　砚祥志远·激光照排 TEL: 010-65976003

出版发行　首都经济贸易大学出版社

地　　址　北京市朝阳区红庙(邮编 100026)

电　　话　(010)65976483　65065761　65071505(传真)

网　　址　http://www.sjmcb.com

E - mail　publish@cueb.edu.cn

经　　销　全国新华书店

照　　排　首都经济贸易大学出版社激光照排服务部

印　　刷　北京玺诚印务有限公司

开　　本　787 毫米 × 1092 毫米　1/16

字　　数　1548 千字

印　　张　42.75

版　　次　2017 年 12 月第 1 版　2017 年 12 月第 1 次印刷

书　　号　ISBN 978 - 7 - 5638 - 2796 - 1/G · 415

定　　价　168.00 元

上图　4 月 26 日，北京市委书记郭金龙到校调研，图为参观城市运行与应急管理实验中心

下图　4 月 26 日，北京市委书记郭金龙到校调研，图为与创客社区创业学子亲切交流

上图 6月29日，北京市委任命冯培同志为首都经济贸易大学党委书记

下图 11月29日，北京市委、市政府任命付志峰同志为首都经济贸易大学校长

上图　9 月 13 日，学校党委理论中心组集中学习习近平总书记在第 32 个教师节上的讲话，劳动经济学院教授、博士生导师纪韶传达了习近平总书记的重要讲话精神

下图　10 月 26 日，学校党委理论中心组（扩大）开展“两学一做”学习活动，图为学校领导干部参观纪念红军长征胜利 80 周年主题展览

上图 10月16日，学校举行建校60周年纪念大会

下图 10月7日，学校举办首都经济贸易大学发展建设座谈会

本页图　10月7日，学校校史馆开馆

上图 10月11日，学校发布学校校志、文化丛书、校友风采、任扶善先生百岁文集，图为学校党委书记冯培向学校职能部门和学院代表赠送校志

下图 10月11日，学校发布学校校志、文化丛书、校友风采、任扶善先生百岁文集，图为北京日报报业集团副总编辑初小玲向学院代表、老校友代表、学生代表赠送文化丛书

上图　10 月 12 日，学校栋梁柱揭幕

下图　10 月 15—16 日，9 所境外友好院校代表参加学校建校 60 周年纪念活动

本页图　10 月 15 日，学校举行建校 60 周年文艺演出

本页图　10 月 16 日，学校举办第二届国际文化节

上图　学校国际经济管理学院院长、教授李奇入选爱思唯尔 2015 年中国高被引学者经管类（经济、经济计量学和金融）榜单

中图　学校经济学院教授张连城被授予第十二批“北京市有突出贡献的科学、技术、管理人才”荣誉称号

下图　学校马克思主义学院院长、教授刘冠军入选中央宣传部文化名家暨“四个一批”人才

上图　学校统计学院教授马立平入选 2015 年北京高层次创新创业人才支持计划领军人才

下图　学校工商管理学院教授陈立平入选 2015 年北京高层次创新创业人才支持计划领军人才

上图　学校法学院教授谢海霞获第十二届北京市高等学校教学名师奖

下图　学校财政税务学院教授蔡秀云获第十二届北京市高等学校教学名师奖

上图　11 月 2 日，校党委书记冯培会见美国天普大学代表团，两校签署“3+2”本硕联合培养项目协议书

下图　12 月 19 日，校长付志峰会见埃及本哈大学代表团，两校签署校际合作谅解备忘录

上图　11 月 6—14 日，校党委副书记孙善学率团访问非洲高校，图为与圣奥古斯丁大学校长穆坎瓦签订校际合作框架协议

下图　10 月 15 日，校纪委书记杨世忠代表学校与澳大利亚迪肯大学签署课程合作新协议

上图 11 月 17—22 日，副校长王传生率团访问南乌拉尔国立大学

下图 5 月 16 日，副校长徐芳代表学校与英国贝尔法斯特女王大学签订校际合作协议

上图 1 月 7 日，学校举办第二届北京新经济组织发展高峰论坛暨 2016 年度北京非公有制企业履行社会责任百家上榜单位发布会

中图 4 月 28 日，学校召开 2016 京津冀蓝皮书"京津冀协同发展指数"发布会

下图 6 月 17 日，学校举办第五届全国中央商务区发展研究高峰论坛

上图　7月2日，学校主办第十届中国经济增长与周期论坛

中图　9月18日，“京津冀金融研究联盟”成立仪式暨“京津冀金融普惠报告发布会”在学校举行

下图　10月15日，学校举办2016中国特大城市高端论坛

上图 10月15日，学校与美国克利夫兰州立大学联合主办第三届经贸发展论坛

中图 11月11—12日，学校举办2016城市国际化论坛

下图 12月1日，学校主办第四届金融风险高层论坛暨《中国金融风险报告（2016）》蓝皮书发布会

上图　5 月 26 日，学校成立外国语学院

下图　5 月 26 日，学校外国语学院教授程虹在外语学科发展论坛上作学术讲座

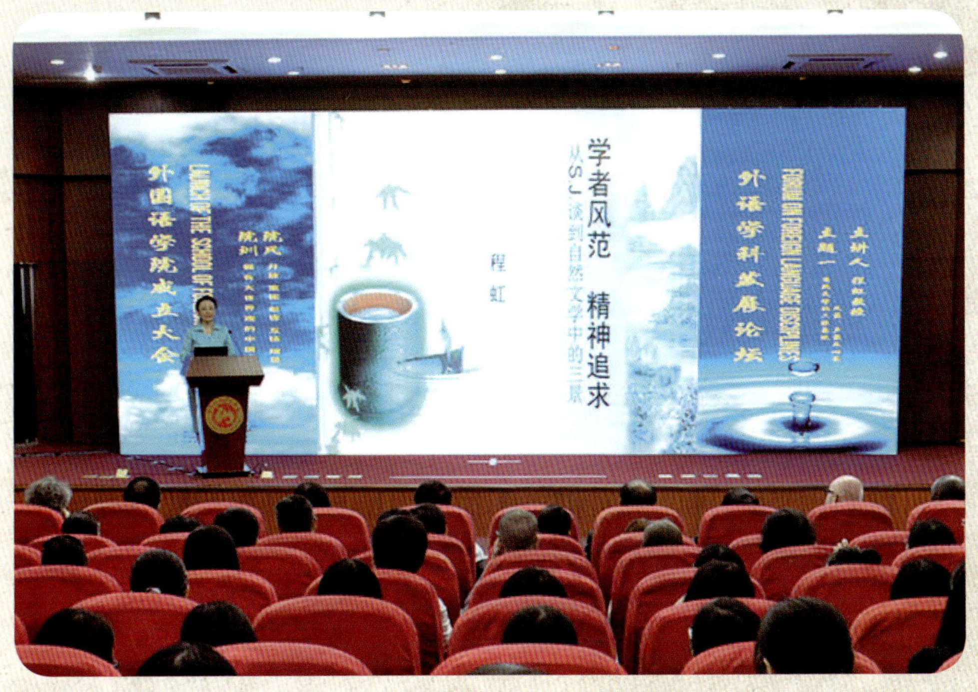

上图 6月24日，学校举行2016届研究生毕业典礼暨学位授予仪式

中图 9月7日，学校举行2016级新生开学典礼

下图 10月20日，学校举办第七届哈博·高校（经管）博士学术论坛

上图 1月13日，学校与北京第二外国语学院举行共同培养博士后签约仪式

下图 5月6日，学校与云南省三所国门大学建立“1+3”教育联盟

上图 5 月 20 日，学校举办第十届拉拉操比赛

下图 5 月 24 日，学校合唱团荣获北京大学生音乐节重唱及人声乐团组、混声合唱组 2 项金奖

上图 9月中旬，学校博远楼竣工

下图 11月9日，学校获中华全国总工会颁发“模范职工之家”称号

上图 12 月 9 日，学校举办纪念"一二·九"运动 81 周年歌咏大会

下图 12 月，学校《升华"骆驼精神"文化 建设"六个一"工程》获全国高校校园文化建设优秀成果一等奖

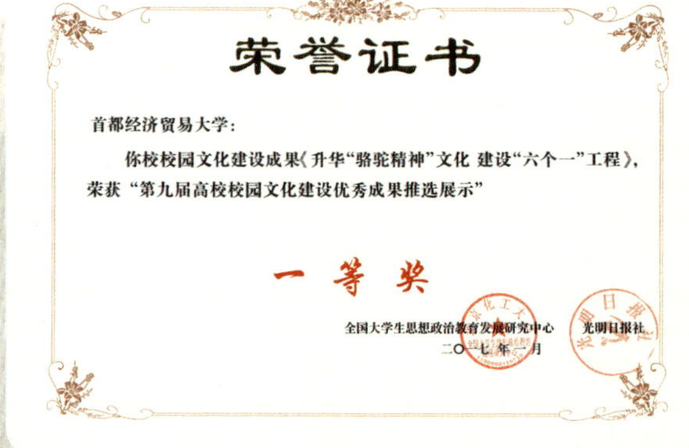

荣誉证书

首都经济贸易大学：

你校校园文化建设成果《升华"骆驼精神"文化 建设"六个一"工程》，荣获"第九届高校校园文化建设优秀成果推选展示"

一等奖

全国大学生思想政治教育发展研究中心 光明日报社

二〇一七年一月

《首都经济贸易大学年鉴 2017》编纂委员会

《首都经济贸易大学年鉴2017》编辑部

编 辑 说 明

一、《首都经济贸易大学年鉴》是一部综合性资料工具书，是学校教育全面发展的史料文献；在学校党委领导下，由首都经济贸易大学年鉴编纂委员会主持编写。

二、本年鉴以学校各单位、各部门的基本面貌、状况和工作概况，以及大事、要事、新事、特事为主要内容。年鉴的编写采用文章和条目相结合，以条目为主体的编纂体例；坚持实事求是的原则，力求科学地反映学校发展的客观情况；用规范的语体文、记述体直陈其事，文字表达力求简明扼要。

三、本年鉴从 2011 年开始，逐年编辑出版。当年编写的年鉴汇集上一年内学校发生的重大事件、重要活动、所取得的经验和成果等重要信息，为学校领导科学决策提供参考依据，为学校保存有价值的文献资料和历史纪录，为各方面人士了解首都经济贸易大学最新情况提供服务。

四、本年鉴以教育教学、学科建设与科学研究、人才队伍建设、对外交流与合作、学校管理、党建与群团工作等为主要框架，采取分类编纂的方法，设篇目（分目）、类目、条目层次及附录。重大活动的图片集中编排，篇目正文前穿插相关图片。

五、本年鉴选入的文章、条目、图表均由学校各单位、各部门特约编辑组织编写和提供，并经本单位主管领导审核确认。统计数据由学校各职能部门提供。学校重要事件、重要活动的主题图片由党委宣传部等提供。

六、《首都经济贸易大学年鉴 2017》是学校的第七部年鉴，反映学校 2016 年 1 月 1 日至 12 月 31 日期间的情况。本年鉴由学校档案馆、校史馆策划整体方案并组织实施，学校档案馆、校史馆承担稿件收集、组织编辑、统稿以及出版、印刷等具体工作。

在学校各级领导的高度重视和各单位的大力协助下,《首都经济贸易大学年鉴2017》的编写和出版工作得以顺利进行,在此表示衷心感谢。受编者经验、水平所限,《首都经济贸易大学年鉴2017》仍有一些不尽如人意之处,敬请广大师生和读者批评指正。我们将在今后的年鉴编纂中不断改进和提高,力争使每年一卷的《首都经济贸易大学年鉴》成为学校最重要的历史文献。

《首都经济贸易大学年鉴》编辑部

2017 年 7 月

目 录

Contents

第一篇

首都经济贸易大学概况

首都经济贸易大学地址：

北京市丰台区花乡张家路口 121 号（校本部）

北京市朝阳区金台里 2 号（红庙校区）

首都经济贸易大学创建于 1956 年，是由原北京经济学院和原北京财贸学院于 1995 年 3 月合并、组建的北京市属重点大学。60 余年来，学校已发展为拥有经济学、管理学、法学、文学、理学和工学六大学科，以经济学、管理学为重要特色和突出优势，各学科相互支撑、协调发展的现代化、多科性财经类大学。

首都经济贸易大学校本部位于丰台区花乡，以全日制本科和研究生教育为主，红庙校区位于朝阳区红庙，以留学生和成人教育为主。

学校拥有应用经济学、管理科学与工程、工商管理、统计学 4 个博士学位授权一级学科，应用经济学、统计学、工商管理、管理科学与工程 4 个博士后科研流动站，10 个硕士学位授权一级学科，17 个专业硕士学位授权点，本科教育设 43 个专业。学校共设城市经济与公共管理学院、工商管理学院、经济学院、会计学院、劳动经济学院、文化与传播学院、信息学院、安全与环境工程学院、财政税务学院、法学院、金融学院、统计学院、外国语学院、华侨学院、马克思主义学院、国际经济管理学院、体育部、国际学院、继续教育学院 19 个教学单位。

学校劳动经济学获批国家级重点学科，并入选教育部“特色重点学科项目”。应用经济学、统计学获批一级学科北京市重点学科，在教育部第三轮学科评估中分列 88 所参评高校的第 12 位和第 15 位，均列财经类高校第 5 位。企业管理、会计学获批二级学科北京市重点学科，管理科学与工程获批一级学科北京市重点建设学科，政治经济学等 7 个学科获批二级学科北京市重点建设学科。经济学、劳动与社会保障、统计学、人力资源管理专业获批国家级特色专业，经济学、统计学、劳动与社会保障获批国家级专业综合改革试点，政治经济学、劳动经济学、社会保障学获批国家级精品课程，政治经济学、社会保障学获批国家级精品资源共享课，财务会计、国际经济学、国际商务获批国家级双语教学示范课程，人力资源管理课程群教学团队、经济学核心课程教学团队被评为国家级教学团队。经济与管理实验教学中心被评为国家高等学校实验教学示范中心，经济学国际化人才培养实验区被评为国家级人才培养模式创新实验区，会计学院德勤华永会计师事务所获批国家级大学生校外实践教育基地，“走进管理的世界”被评为国家级精品视频公开课，学校获评“国家生态文明教育基地”。

截至 2016 年 12 月 31 日，学校在籍学生达 17 948人，其中，本科生 9 908，专科生 221，硕士研究生 2 797，博士研究生 351，留学生 1 016 人，成人教育学生 3 655 人。近年来，学校本科招生录取分数始终在市属市管高校中名列前茅；毕业生考研和出国比例不断提高，就业率保持在 95% 以上，得到社会广泛认可。

学校教职工 1 471 人，其中，各类专职教师 813 人；教师中具有博士学位的比例达到 67%，其中，教授等正高职专业技术人员 172 人，副教授等副高职专业技术人员 301 人。博士生导师 68 人，硕士生导师 418 人。学校在职教师中，入选全国优秀教师 1 人，国家级教学名师 1 人，中国“千人计划”学者 1 人，国家百千万人才工程 1 人，国家高层次人才特殊支持计划（万人计划）1 人，教育部新世纪人才支持计划 3 人，国务院政府特殊津贴 6 人，北京市教学名师 19 人，北京市海聚项目 7 人。学校从 2006 年起开展教师职业生涯规划工作，并在国内高校中率先成立了教师促进中心（OTA），是北京市最早开展教师职业生涯规划与教师职业促进的教师自治组织，学校“非行政化运行模式的教师促进中心（OTA）建设与发展”项目获国家级教学成果奖二等奖。

首都经济贸易大学特大城市研究院为北京市协同创新中心。学校拥有北京市哲学社会科学 CBD 发展研究基地、北京市经济社会发展政策研究基地等市级研究机构，以及人口经济研究所、首都经济研究所等 30 个校级研究机构。学校主办的《经济与管理研究》是 CSSCI 来源期刊、全国中文核心期刊、中国人文社会科学核心期刊、RCCSE 核心期刊。《人口与经济》是我国最早创刊的人口学类期刊之一，是 CSSCI 来源期刊、全国中文核心期刊、中国人文社会科学核心期刊，也是国家社会科学基金资助的 200 个重要期刊之一。

学校与 28 个国家和地区的 117 所大学、研究机构、社会团体等有学术交流与合作往来。学校自 1986 年开始招收留学生，现已发展形成多层次、多科性的国际人才培养体系，学生类别包含博士研究生、硕士研究生、本科生、高级进修生、普通进修生、语言生和各类短期生等。学校于 2007 年开办全英文授课的硕士班，2011 年开办全英文授课的博士班。

2016 年，学校深入学习贯彻党的十八大和十八届三中、四中、五中、六中全会精神以及习近平总书记系列重要讲话精神，落实全面从严治党主体责任，提升依法治校水平，扎实推进综合改革各项任务，增强核心竞争力和可持续发展能力，学校各项事业取得新进步，为确保学校“十三五”发展开好局起好步奠定了坚实基础。

学校党委推进全面从严治党，加强师生思想政治工作。学校获评北京市高校党建和思想政治工作优秀成果二等奖。深入开展“两学一做”学习教育，推动实施“六个一百”计划。进一步加强领导班子和干部队伍建设，加强党风廉政建设。学校接受北京市委第六巡视组专项巡视，整改工作取得阶段性成效。

学校稳步推进综合改革，开展试点学院综合改革工作。编制完成“十三五”规划，确定了未来5年学校总体发展目标。启动制定2017年版本科人才培养方案，完善多样化人才培养模式。获批北京地区高校示范性创业中心，本科生就业率为99.67%，研究生就业率为100%，学校学生在各类国际和国家级竞赛中获得多项殊荣，1名运动员代表中国游泳队出征里约奥运会，学校获得2016年全国大中专学生志愿者“三下乡”社会实践活动优秀单位、优秀团队和优秀个人3个奖项。学科与科研工作再创佳绩，14个学位授权点顺利通过教育部专项评估，获批国家级项目50项、北京市重点实验室1个。科研成果的社会影响力不断增强，1项成果获得习近平总书记批示。

加强人才引进与培养，完成第四轮教师岗位聘任工作，师资队伍水平持续提升。进一步推进国际化办学，学历留学生规模大幅提升。继续提升内部治理水平，成立首个海外校友会和首个行业校友会。加强校园文化建设，获得全国高校校园文化建设优秀成果一等奖。

举办建校60周年纪念活动。以学术文化活动和校友返校活动为主线，开展离退休同志联欢会、学校发展建设座谈会、师生文艺演出、特大城市高端论坛、地方校友会论坛和建校60周年纪念大会等系列活动，举办师生校友书画作品展和大学生创新创业展。博远楼、琢玉讲堂的落成为校园增添了新景观。学校校史馆开馆，发布校志和系列文化丛书，集中展示了学校60年的发展历程和办学成果。

经过全校师生员工的共同努力，学校在2016年取得了改革发展的丰硕成果。时任中共中央政治局委员、北京市委书记郭金龙同志来校调研期间，对学校党的建设和人才培养、科学研究、智库建设等各项工作给予了高度肯定。

在首都经济贸易大学第二个甲子新篇章开启之际，全校上下卯足干劲，开拓创新，推动“国内一流、国际知名”财经大学建设再上新台阶。

学校将继续坚持“立足北京、服务首都、面向全国、走向世界”，秉承“崇德尚能，经世济民”的校训，以培养适应当代经济和社会发展需要、德智体全面发展、理论基础扎实、知识面较宽、富有创新精神和实践能力的高素质应用型人才为目标，朝着建设“现代化、国际化、多科性、有特色的国内一流、国际知名财经大学”的目标开拓奋进。

第二篇

特载与专文

首都经济贸易大学“十三五”时期发展规划

“十三五”时期是我国全面建成小康社会的决胜阶段，是京津冀协同发展战略背景下北京落实首都城市战略定位、建设国际一流和谐宜居之都的关键时期，也是学校全面实现建成“国内一流、国际知名”财经大学战略目标的决胜期。为了更好地为国家、首都发展做出积极贡献，确保学校战略目标的实现和事业的可持续发展，特编制《首都经济贸易大学“十三五”发展规划（2016—2020 年）》（以下简称《规划》）。

第一部分　发展基础与环境

一、“十二五”发展回顾

（一）发展成就

“十二五”时期，学校抓住国家高等教育深化改革的机遇，奋发进取，务实高效，较好地完成了“十二五”时期发展规划确定的主要目标与任务，为实现建设“国内一流、国际知名”财经大学的战略目标奠定了坚实的基础。

1. 人才培养质量明显提高。以学分制改革为方向，初步建立了学生学业选择权机制，基本构建了多样化人才培养格局，本科教学取得重大突破。生源质量不断提升，招生计划生源省本科一批次投放比例由 2010 年的 44.1% 提高至 2015 年的 90%。国家级教学名师实现零的突破，获得国家级教育教学成果奖二等奖 1 项，获批国家级“十二五”规划教材 4 部、国家级精品视频公开课 1 门、国家级精品资源共享课 2 门和教育部专业综合改革项目 2 个，新建 1 个国家级和 4 个北京市级校内外创新实践基地，获国际及国家级大学生数学建模比赛奖项 77 项。深化研究生教育改革，研究生创新能力得到切实提高，专业学位研究生教育实现较快发展，获得全国百篇优秀博士论文提名奖 1 篇，北京市优秀博士论文 1 篇，全国研究生数学建模大赛奖项 48 项。毕业生就业率和用人单位满意度居全国高校前列：2015 年，本科毕业生就业率达到 99.18%，研究生毕业生就业率达到 97.79%，用人单位满意度达到 88%。

2. 学科建设成绩斐然。学科布局趋于完整，逐渐形成了以特色谋优势、以优势促发展的学科建设良性循环机制。2011 年获批统计学、管理科学与工程、工商管理学 3 个一级学科博士学位授权点，2012 年和 2014 年又获批相应的博士后流动站。目前学校共有 4 个一级学科博士学位授权点和博士后流动站。一级学科硕士学位授权点从 3 个增加到 10 个，专业硕士学位授权点达到 17 个。在教育部第三轮学科评估中，应用经济学排名第 12 位，统计学排名第 15 位，在财经类高校中均列第 5 位。

3. 科学研究成果丰硕。承接各类研究课题 1 550项，其中，国家社会科学基金项目 94 项，国家自然科学基金项目 47 项，国家级项目立项数量是“十一五”时期的 4 倍多，并且首次实现国家级项目全覆盖。科研经费快速增长，项目研究经费共计 1.38 亿元，增长率高达 84%。出版专著、编著、教材及译著 832 部；发表论文 5 469 篇，其中，国际高水平论文 45 篇，权威论文 626 篇，核心以上期刊论文约占 48.75%；科研成果获省部级及以上奖项 42 项，获批专利 32 项。

4. 社会服务能力有效提升。科研协同创新不断加强，新设立了特大城市经济社会发展研究院等 6 个协同创新研究机构，“北京市哲学社会科学 CBD 基地”和“北京市经济社会发展政策研究基地”通过验收，举办了“特大城市发展论坛”等一系列具有一定影响力的高层次学术论坛。学校研究成果得到有效转化和推广，获得中央政治局常委、国务院副总理张高丽同志等中央领导的重要批示 8 份，省部级领导批示 17 份，《京津冀蓝皮书》连续两年获得全国优秀皮书一等奖，4 篇社科基金研究成果在《国家社会科学基金项目成果要报》上刊发。

5. 师资队伍结构得到优化。坚持实施人才强校战略，深化人事制度改革，师资队伍数量与质量稳步提升。5 年来，补充专任教师 282 人，其中，正高职人员 7 人，博士 269 人。专任教师中，具有博士学位的教师比例达到 65.14%，45 岁以下教师比例为 61.18%，教师学缘构成中有 83.65% 来自外校。聘用中组部“千人计划”获得者 1 人，入选国家百千万人才工程 1 人，教育部新世纪优秀人才支持计划 3 人，新增享受国务院政府特殊津贴 3 人，获得全国优秀教师称号1人，获得北京市优秀教师称号2人，获得北京市优秀教育工作者称号1人，入选北京海外人才聚集工程7人，获评市级师德先进个人4人，入选北京市“高创计划”2人。发挥教师促进中心作用，关注教师发展，促进教师的教学相长、科研提升和身心健康。

6.海外影响不断扩大。成立首都经济贸易大学国际经济管理学院，引进优秀海外人才，学院自成立以来，发表（含已接受）国际A类论文27篇、国际B类论文17篇。2013年有5篇论文列入“全球经济学科研究机构排名”，这是学校首次跻身国际公认的经济类最高水平论文收录榜。在2015年“全球经济学科研究机构排名”中，学校排名上升到国内高校的第4位。与美国芝加哥大学、英国南安普顿大学等37所境外高校签订了校际合作交流协议，国外合作院校层次和水平较“十一五”时期有显著提高。坚持开放办学，国际交往频繁，稳步提高留学生教育水平，扩大学生赴国外学习交流的规模，开阔学生的国际视野。

7.现代大学制度建设取得实质性进展。制定完成《首都经济贸易大学章程》，是首批获北京市教委核准的市属高校。完成《学术委员会章程》修订工作，理顺学校各类学术组织的运行机制。完善工会、教代会、学代会等民主管理和民主监督机制建设。深化内部管理体制改革，逐步实施校院两级管理体制，提高内部管理运行机制的科学化、透明化和民主化水平。

8.文化建设不断深化。重视大学文化的引领作用，通过师德建设、校史校志编撰、校歌创作、艺术团和运动队建设、楼宇景观新名称推广等系列工作，丰富了校园文化体系，获评“国家生态文明教育基地”，获得国际与国家级艺术教育奖项13项，在2014年和2015年分别荣获教育部全国高校校园文化建设优秀成果一等奖和二等奖，高水平运动队在游泳和篮球项目上成绩喜人。

9.办学条件明显改善。完成校本部（含新征地）总体规划工作，完成一批基建项目并投入使用，启动学术研究中心建设，初步完成华侨学院资产权益购置工作，学校办学空间得到进一步拓展。筹资能力不断提高，各项经费收入较“十一五”期间有较大增长。通过信息化基础设施升级改造、数字图书馆建设、后勤一站式服务、医疗服务体系完善等工作，增强了公共服务体系的保障能力。

10.党建和思想政治工作进一步加强。深入学习和宣传贯彻党的十八大，十八届三中、四中、五中全会精神和习近平总书记系列重要讲话精神，积极开展“中国梦”宣传教育和社会主义核心价值观教育活动，坚持校院两级理论中心组学习制度。制定并实施学校两轮党建工作规划，不断加强基层党组织建设。完善干部选拔任用、培训和考核制度，领导班子和干部队伍素质进一步提高。通过开展党的群众路线教育实践活动和“三严三实”教育活动，加强领导班子的思想和作风建设。通过全面落实党风廉政建设责任制、加强对重点领域的监督、推进惩治和预防腐败体系建设等工作，党风廉政建设不断深入。学校党建工作成效显著，获得第六次北京市党的建设和思想政治工作先进高校提名奖；2012年，顺利通过“北京普通高等学校党建和思想政治工作基本标准”集中检查，成绩优秀；2015年，学校被确定为市级建设学习型党组织工作示范点。

“十二五”时期所取得的成就超过预期，与学校党委的坚强领导和全校师生高度共识下的奋发进取是分不开的。学校以学科为引领，提升科研与社会服务水平，推进高端智库建设，扩大学术和社会影响力；坚持人才强校，吸引优秀海内外人才，构建“启动—优青—拔尖—领军人才”的教师职业发展体系；强化科学规划，完善现代大学制度，制定大学章程，推进内部治理现代化。这些有益的经验是完成“十三五”时期各项任务的宝贵财富。

（二）面临的问题

“十二五”时期，学校各项事业取得长足发展，但与战略目标相比，也面临着一些发展瓶颈和不足。

1.学科整体水平有待进一步提高。学科整体实力和影响力与学校目标仍有差距，学科核心竞争力和优势不够突出，领军人才缺乏，高水平师资队伍建设形势严峻。

2.创新人才培养仍显不足。人才培养质量还不能较好地适应经济社会发展多样化和教育现代化的要求，人才分类培养格局尚未完全形成。

3.标志性科研成果和社会服务有待进一步突破。高水平、有影响、有特色的科研成果不多，新型智库建设相对滞后，科研成果转化率不高。

4.国际化办学水平有待提高。海外交流项目不能完全满足学生多元化学习需求，留学生教育仍有提升空间，与境外高校合作需要整合和扩展。

5.学校办学的基础设施和条件保障需进一步加强。办学条件、保障能力不能满足高质量办学要求，与国际惯例、国民待遇要求相配套的公共服务体系尚有差距。

6.文化、制度等软环境尚不能满足高水平办学要求。与一流财经大学相匹配的一流软环境尚未真正形成，学校的品牌、声誉和影响力有待进一步提升。

二、“十三五”机遇与挑战

（一）机遇

1. 国家“十三五”规划实施的新机遇。“十三五”时期是全面建成小康社会的决胜阶段，“创新、协调、绿色、开放、共享”五大发展理念将引领经济新常态体制机制和发展方式的转变，为国家各项事业的发展绘制了蓝图，学校也迎来了难得的历史机遇。

2. 国家创新战略和教育改革的新机遇。科教兴国战略和创新驱动发展战略是实现中华民族伟大复兴的重大战略举措，为充分发挥高校在知识、技术、经济和文化等方面的创新作用，推动高等教育内涵式发展、深化教育领域综合改革、促进高校协同创新等成为高等教育改革的重点，为学校在教育教学模式改革、高质量的科学研究与社会服务、高水平师资队伍建设和内部治理等方面创造良好环境。

3. 世界一流大学和一流学科建设的新机遇。为实现从高等教育大国到高等教育强国的历史性跨越，国家继“211”“985”工程以及“2011 计划”后，做出建设世界一流大学和一流学科的重大战略决策，为学校建设一流财经大学和一流经管学科提供了前所未有的发展契机。

4. 首都发展的新机遇。北京拥有得天独厚的区位优势，在智力资源、经济实力和文化积淀方面有着巨大的吸引力。在国家实施“一带一路”倡议、京津冀协同发展重大战略的背景下，“十三五”时期将是北京主动融入京津冀协同发展、落实首都城市战略定位、建设国际一流的和谐宜居之都的重要 5 年，也是北京服务“一带一路”倡议的重要时期，为学校提供了更为广阔的发展平台。

（二）挑战

1. 教育国际化的挑战。随着世界多极化和经济全球化的深入发展，国际化成为世界高等教育发展的趋势，这使我们在国际化创新人才培养、留学生教育、深层次国际交流与合作、国际高层次人才汇聚、国际声誉提升、多元化文化融合等方面面临新的考验。

2.“互联网 +”时代的挑战。由于信息技术的不断创新与发展，催生了“互联网 +”时代。在高等教育领域，信息技术也改变了教育活动的时空结构与形态，创造了教与学的新模式，为此，学校在创新教育方式、智慧校园建设等方面将面临巨大的挑战。

3. 国内高校竞争的挑战。新一轮高等教育的竞争日趋激烈，各校无不抢抓机遇和扩大竞争优势，学校经过“十二五”时期的发展，在本科生生源和学术研究等方面获得了一定的优势，但在人才培养理念、教学质量、研究生教育和国际化水平等方面仍有差距。不进则退，慢进亦退，对此，必须高度重视，未雨绸缪。此外，北京高校云集的状况使学校在吸引优质生源、优秀人才和办学资源等方面面临更为激烈的竞争，学校的特色发展尤为紧迫。

4. 疏解非首都功能的挑战。随着北京“政治中心、文化中心、国际交往中心、科技创新中心”战略定位的确定，有序疏解非首都功能是实现北京可持续发展、建设国际一流和谐宜居之都的根本出路，也是京津冀协同发展的关键环节，这将对学校产生深远的影响。

第二部分　战略思路

一、指导思想

高举中国特色社会主义伟大旗帜，全面贯彻党的十八大和十八届三中、四中、五中全会精神，以马克思列宁主义、毛泽东思想、邓小平理论、“三个代表”重要思想、科学发展观为指导，深入贯彻习近平总书记系列重要讲话精神，坚持立德树人，遵循教育发展规律，立足学校办学特色和发展实际，以学科建设为龙头，以全面提高人才培养质量为核心，以综合改革和协同创新为动力，坚持内涵发展、质量优先，坚持特色化、国际化和品牌化的发展路径，夯实基础，跻身一流。

二、总体目标

“十三五”时期，学校的总体目标是：立足北京、服务社会，把学校建设成为现代化、国际化、多科性、特色鲜明的国内一流、国际知名的财经大学，为融入国家建设“世界一流大学和一流学科”的战略奠定了基础。

学校总体实现“6 个前列”的目标：

1. 形成国内一流、国际有影响、优势突出的学科体系，主体学科进入国内学科排名前 30%，优势特色学科跻身国内前列；

2. 形成高质量、高社会满意度、具有国际视野的应用型和创新型人才培养体系，人才培养质量和学生就业质量位居财经大学前列；

3. 形成以创新为主导的科学研究和社会服务体系，产出一批原创性、标志性的学术成果，打造高水平中国特色高校智库，特大城市经济社会重大问题研究取得创新性成果，协同创新中心建设取得重大突破，科学研究和社会服务水平进入财经大学前列；

4. 形成以学术领军人才、学术梯队、创新团队为标志的一流人才队伍体系，高层次人才数量进入财经大学前列；

5. 形成以加强国际合作与交流为核心的全方位

国际化战略，加强国际化人才培养，发展高层次留学生教育，提升师资与科研国际化水平，学校国际化水平位居财经大学前列；

6. 形成与高等教育发展趋势相契合的现代大学治理体系和学术创新软环境，提高党建与思想政治工作的科学化水平，不断丰富文化建设成果，软实力和党的建设走在财经大学的前列。

三、具体目标

（一）全面提高人才培养质量

通过深化本科教学改革，形成"以学生为中心"的人才培养体系，凸显多样化、个性化人才培养特色，课堂教学、课程体系、实践教学、教学管理等改革取得明显成效。提高学术型研究生的科研创新能力和学位论文水平，发展有特色、有竞争力的专业研究生教育。

专栏 1：人才培养主要发展指标

在校普通本科生（人）	10 000
在校博士生（人）	400
在校硕士生（人） 其中：专业学位硕士比例	3 600 70% ~75%
国家级教学成果奖（项）	1 ~2
国家级实验教学示范中心（个）	1 ~2
国家级校内外创新实践基地（个）	2
本科毕业生就业率	95%
本科毕业生深造率	40%
用人单位满意度	90%

（二）加强学科内涵建设

学科布局进一步优化，形成以经管学科为主、各学科协调发展、特色鲜明的学科格局。加强学科内涵建设，显著提升学科整体实力，巩固和提升经管优势学科的地位，法、文、理、工学科建设成效显著，交叉学科和新兴学科获得发展空间，形成若干达到国内外高水平的学科和研究领域。

专栏 2：学科建设主要发展指标

博士学位授权一级学科（个）	6 ~7
硕士学位授权一级学科（个）	12
国内排名前 15% 的一级学科（个）	2
国内排名前 15% ~30% 的一级学科（个）	2
获得国际认证的硕士专业（个）	1 ~2

（三）形成高水平学术创新和决策咨询能力

理论研究取得突破，应用研究不断加强，逐渐形成一批在国内外具有重大影响的标志性成果。提升协同创新能力，中国特色高校智库建设取得突破性进展。提高学术影响力和决策影响力，学术地位得以巩固和加强。

专栏 3：科学研究与社会服务主要发展指标

国家级项目（项）	200
科研经费（亿元）	1.5
权威论文（篇）	700
SCI/SSCI 收录论文（篇）	200
省部级以上科研奖励（项）	60
专利数（个）	40
教育部人文社会科学重点研究基地或省部级智库（个）	1 ~2
"2011 计划"主持或主要参与项目（项）	1 ~2

（四）建设一流师资队伍

提升师资队伍的整体水平，梯队建设满足学校和学科发展要求，高层次领军人才和优秀中青年人才队伍实现数量和质量的双提升，重视教师的职业发展、身心健康和师德建设，人才竞争优势明显增强。

专栏 4：人才队伍建设主要发展指标

教职工数（人）	1 800
专任教师（人）	1 000
生师比	18∶1
专任教师博士比	75%
国家级人才项目（人）： 长江学者 千人计划 国家百千万人才工程 国家杰青	 1 ~2 3 2 ~3 1 ~2
省部级创新团队（个）	50

（五）加速推进国际化进程

实施国际化发展战略，提高国际化人才培养质量和留学生教育层次，推动师资队伍国际化，支持学术交流国际化，深化国际交流与合作层次，扩大学校国际知名度。

专栏5:国际化主要发展指标

在校留学生比例	10%
学历留学生比例	3% ~5%
赴境外交流学生比例	15%
外籍教师占专任教师比例	5%
国外高水平大学学缘比	20%
具有海外学习进修经历的教师比例	50%
北京海外人才聚集工程(人)	11

(六)营造师生满意的校园环境

合理规划办学空间,建设高水平的公共服务体系,积极筹措办学资源,改善师生工作、学习和生活条件,满足高质量、国际化办学需求,营造和谐校园氛围。

专栏6:办学条件主要发展指标

重点项目建设面积(万平方米)	5.76
生均教学行政用房(平方米)	14
宽带接入能力(G)	6

(七)大幅提升办学软实力

坚持文化传承和创新,构建首都经济贸易大学精神文化体系。推进中国特色现代大学制度建设,完善内部治理结构。通过思想、文化和制度等软实力的提升,对内提高凝聚力和创造力,对外扩大学校的影响力和吸引力。

(八)提升和加强党的建设水平

发挥学校党委的领导核心作用,坚持全面从严治党,加强思想建设、组织建设、作风建设、反腐倡廉建设、制度建设,着力建设服务型党组织,切实发挥各级党组织的战斗堡垒作用和广大党员的先锋模范作用,党的建设争创一流。

第三部分　主要任务

一、人才培养

(一)稳定招生规模,提高生源质量

学生总体规模基本保持稳定,本科生与研究生保持合理比例。稳定本科生招生规模,适度发展博士研究生教育,稳定学术学位硕士研究生规模,扩大专业学位研究生招生规模。

深化本科生招生改革,推进大类招生,强化分类培养,建立优质生源保障机制,吸引京内外优质生源。坚持“公开、公平、公正”的研究生招生选拔机制,完善推荐免试制度,试点开展以联合培养基地、重大项目和研究机构为特色的项目招生工作,吸引有潜质的生源。博士研究生主要实行“申请—审核”制度,扩大硕博连读招生比例,严格控制在职博士生比例。

(二)深化本科教学改革,提高本科生人才培养质量

继续深入推进学分制改革。坚持以“学生为中心”的教育教学理念,深化学分制改革,扩大和落实学生的选择权。以学生为本,完善多样化、个性化培养方案,推进弹性学制,增加课程数量和小班化教学占总学时数的比例。

提升专业和课程建设水平。优化本科专业结构,加强特色专业以及复合型、交叉性专业建设,组织引导相关专业开展国内、国际认证和职业资格考试课程认证。遵循人才成长规律,坚持德育为先、全面发展的原则,完善课程体系建设,创新课程内容。以培养学生健全人格,培育科学精神、人文精神和时代精神为目标,基本形成人文、科学、美育、体育、通识教育课程体系。实施外语、数学、计算机等基础课程教学改革,建立以学生需求和能力培养为导向的基础课教学体系。推进慕课和微课程建设,提升课程建设质量。

创新教学方法。坚持因材施教,推动教学内容和方法的改进,探索课内课外、线上线下、校内校外的学习体系,引导课堂教学与课外学生自主学习相结合,提高课堂吸引力。

强化“创新创业”教育。把“创新创业”教育贯穿于人才培养的全过程,强化实践教学,进一步加强“四位一体”实践创新平台建设,提高校内外实践基地、实验教学示范中心的建设水平。深化大学生科研创新计划项目,组织学生根据特长和意愿参与各类竞赛。加大学生创客社区建设力度,探索建立具有首都经济贸易大学特色的一体化创新创业教育体系,提高学生的创新创业能力。

促进教学信息化建设。开展基于数字平台与数字资源的教学改革,丰富教学资源,推动教学互动,试行考试改革,完善教学考评方式,使互联网技术在教学工作中得到广泛应用,教学信息化水平达到国内高校先进水平。

加强本科教学质量保障体系建设。完善本科教学激励机制,建立教学质量奖评选制度,调动教师教学的积极性。推行本科生导师制,促进教学方法的

创新。完善教学质量保障机制和人才培养质量标准体系。开展教育理念、课程建设、教学方法等教育教学研究,提高教学质量。

(三)创新研究生培养模式,提升研究生培养质量

创新研究生培养模式,深化学分制和弹性学制改革,强化研究生课程体系建设,构建高素质、复合型、国际化、本硕博教育贯通的创新人才培养体系。实施"研讨型小班教学"综合配套改革,加大对研究生科研创新的支持力度。

强化博士生的基础理论训练,重视学术素养、创新能力和实践能力培养,完善博士点学科专业主文献制度,鼓励以重点优势学科、重大创新平台为载体开展博士生培养工作。

提高专业学位研究生教育质量,以实际应用为导向,以提高职业发展能力为目标,推行产学研联合培养的"双导师制",加强实践基地建设,发展与相关职业资格认证有机衔接的多元化专业学位研究生培养途径。

完善研究生教育质量保障体系。建立研究生教育质量自我评估制度,定期对学位授权点和研究生培养质量进行诊断式评估。完善研究生淘汰和分流机制,实施学位论文质量建设工程和问责制度。实行导师负责制,扩大导师自主权,发挥导师对研究生思想品德、科学伦理的示范和教育作用。完善研究生奖学金体系、科研项目资助和学术新人支持计划,发挥奖助体系对研究生的支持和激励作用。

(四)完善终身教育体系,实现继续教育转型

稳步发展以夜大、函授为主的学历继续教育,积极发展高端培训类的非学历继续教育,搭建远程教育平台,构建具有学校特色的继续教育体系。

提高学历教育的教学质量,优化专业设置,在校生规模稳定在3 000人左右。为社会提供非学历继续教育服务,年均培训人数达到500~1 000人。研发培训产品,培育特色项目,建成3~5个具有较好社会声誉的品牌项目。

构建网络化、数字化、智能化、媒体化相结合的远程教育平台和教学管理信息平台,开发一批优质网络课程,实现继续教育与网络教育的有机统一。

(五)构建学生成长全方位支持体系,提高学生发展核心素养

把握学生成长成才规律,实现学生工作由管理模式向服务模式、由知识本位向能力本位、由传统形式向智能形式转型。围绕学生发展核心素养,统筹理想信念、心理健康、就业创业、体育美育等教育资源,整合评奖评优、比赛竞赛、社会实践等课外教育手段,构建与学生成长和学校发展相适应的全方位支持体系,促进学生全方位的发展。

实施大学生思想政治教育质量提升工程。创新学生思想政治教育的载体形式与话语体系,增强学生思想政治教育工作的感染力。推进"学生心理健康素质提升计划",构建心理健康教育校院两级分工协作机制,塑造学生健全人格。完善大学生职业生涯发展培训和就业创业指导体系,引导学生树立生涯发展整体观念,增强学生就业创业能力。以校友会为基础,强化与社会各界的联系,搭建校企、校地、校校合作平台,营造良好的学生成长环境。

二、学科建设

(一)优化学科布局,加强学科内涵建设

面向创新人才培养、学科主流和学术前沿、经济社会发展重大需求,遵循学科发展规律,优化学科布局,打造特色鲜明、结构合理的学科体系。

整合资源,突出特色和优势,巩固和提升经管学科的整体实力和地位,积极发展法、文、理和工学等学科,培育新兴学科,发展交叉学科,拓展学科发展空间,形成学科集成优势和新的学科增长点,促进经、管、文、理、工和法学等学科相互支撑和协调发展。明确学科建设的层次、重点和方向,以学科发展目标为依据配置资源。

(二)提升经管学科核心竞争力,加快法、文、理和工学学科发展

加强应用经济学、统计学、工商管理、管理科学与工程学科的建设,进一步凝练方向、突出特色,重视梯队建设,扩大学科优势和学术影响力,提升学科核心竞争力。保持"全球经济学科研究机构排名"国内高校前5名的水平,实现经济与商业学科达到ESI前10%的标准,为进入ESI排名奠定坚实的基础。在国内学科排名中,应用经济学和统计学进入前15%,工商管理进入前25%,管理科学与工程力争进入前30%。

重视经管学科中相对弱势学科的发展,明确发展思路,凝练学科方向和研究重点,汇聚学术队伍,提升学科整体水平,理论经济学和公共管理学科建设在财经类大学中达到较高水平,争取增列为博士学位授权一级学科。

加快法、文、理和工学学科建设,明确定位和目标,找准主攻方向,整合资源,探索具有相对优势和财经特色的发展路径,法学、安全科学与工程争取增列为博士学位授权一级学科。

(三)完善学科建设工作机制,建立学科评价体系

建立和完善一级学科建设指导委员会制度,按

专业学位类别成立教育指导委员会,建立健全“学校主导、学院主体、多方参与”的学科建设工作机制,强化学校学术委员会对学科建设的指导。

以学科评价促进学科建设,支持学科参加全国一级学科整体水平评估,建立学科建设绩效评价体系和学科动态调整机制,探索国内外同行评价机制,提升学科竞争力。建立学科管理信息系统,开展相关研究,为学科发展提供支持。

三、科学研究与社会服务

(一)倡导学术创新,产出一批标志性成果

继承优良学术传统,突出学术创新,打造学术精品和标志性成果,以高水平科学研究支持高质量人才培养,提升学校的学术影响力。强化对学科交叉、协同创新和学术前沿的引导和扶持,提高交叉研究、协同创新的广度和深度。处理好社会需求和自由探索的关系,支持重大理论研究和应用研究创新。

优化学术论文评价,突出论文的质量和学术影响力,注重论文的“刊物影响因子”和“他引次数”。积极参与国家和北京市重大科学研究计划和项目,重视国家级课题申报质量,探索重大课题联合攻关的有效模式。逐步建立中长期项目支持制度,鼓励学者开展长线研究,扶持青年教师开展前沿研究。提升专利申请质量,鼓励发明专利申请,推进专利成果的转移和转化。

开展高水平科研团队建设,建成具有一定影响力的学科创新团队、重大项目攻关科研团队和社会服务团队,争取更多的团队进入教育部和北京市创新团队行列。

提升学校学术期刊的学术影响力,有条件的期刊适时向国际期刊转型,做大做强杂志总社和出版社,扩大学校国内外影响力。

(二)增强社会服务能力,打造新型高校智库

瞄准国家和首都发展中的重大战略问题,围绕亟需解决的现实和民生问题,开展前瞻性、对策性研究,促进研究成果的转化与应用。强化华侨学院的对侨服务功能,丰富学校的社会服务内容。

坚持“顶天立地、研以致用、协同创新”的理念,打造在国家和北京市发展战略决策上有一定影响力的中国特色新型高校智库,体现中国特色,提升国际水平。发挥特大城市经济社会发展研究院和京津冀大数据研究中心等科研平台的作用,主动为推进京津冀协同发展、“一带一路”倡议提供智力支持。

结合“2011”协同创新中心建设要求,巩固和发展特色基地平台建设,探索校内外科研协同创新模式,理顺学校、学院与研究基地的关系,增强决策咨询能力。

(三)完善多维度科研评价机制,重视学术道德建设

坚持学术原则,正确处理短期效益和长远目标、数量与质量、个人发展与团队合作的关系,将科研评价与奖励制度结合,不断完善以质量和创新为导向、多维度的科研评价机制。

加强学术道德建设,处理好学术自由、学术规范、学术责任的关系,完善学术自律与学术监督的有效机制,规范学术行为,杜绝学术不端和学术腐败。

四、队伍建设

(一)扩大师资队伍规模,优化人才队伍结构

扩大师资队伍规模。到2020年,专任教师数量应达到人才队伍的60%以上。逐步优化和调整教师队伍的学缘结构、学科专业结构、学历结构、年龄结构,打造一支结构合理、富有活力的师资队伍。

优化教职工队伍结构。控制管理人员、专业技术人员的数量,逐渐减少工勤技能人员比例,逐步建立行政人员非事业编的补充机制,对事业编制和非事业编制实行统一核定和配置。

(二)坚持人才强校战略,建设高水平师资队伍

推进“1253”人才工程的实施,即专任教师规模达到1 000人,着力引进培养20名获得国家级人才项目称号、在国内外有重要影响的专家和学科带头人,培育50个创新团队,培养和储备学科后备人才300名。

完善人才布局,构建优秀人才培养体系。围绕重点发展的学科或研究领域,加大对领军人才的支持力度,培养和引进一批具有深厚学术造诣和国际视野、道德高尚的学科带头人、学术领军人物。通过后备学科带头人培育、项目资助、海外研修、社会实践等方式,培养出一批具有宽阔视野、把握学术前沿、研究功底扎实的中青年教师。

通过学术休假制度、教师休养制度、人才津贴、经费资助、团队建设、办公空间、关怀与服务等方式,激励和支持教师潜心学术。以教书育人为核心,加强师德师风建设,切实提高教师的思想政治素质、职业理想、职业道德和业务能力。

(三)创新人才管理制度,营造有利于人才成长的环境

创新人才管理制度。推动人才引进和聘用方式多样化,完善“柔性引进机制”,落实全员聘用制,建立新教师准聘和长聘制度,完善“双轨制”海归人才管理机制。建立多元化人才分类评价体系,健全数量与质量结合、以创新和贡献为导向的教师评价和职称晋升机制,构建有利于党政管理人员、专业技术人员和工勤技能人员充分发挥才能的评价体系。完

善绩效导向的薪酬激励机制，建立重实绩、重贡献、向高层次人才和重点岗位倾斜的薪酬分配制度，逐步提高教职工收入水平，促进全体教职工福祉的提升。

完善教师发展体系，根据教师职业特点和不同职业发展阶段的教师需求，围绕职业生涯发展、能力提升、心理健康等主题，建立健全多层次、多渠道、多元化的教师发展与培训体系。

打破事业单位身份终身制，建立与人事制度相匹配、开放性的人员退出机制，形成人员能进能出、岗位能上能下的良好氛围，促进人力资源的合理配置。

五、国际化发展

（一）实施国际化发展战略，提高学校的国际声誉

积极实施国际化战略，将国际化理念贯彻到学科建设、人才培养、科学研究、社会服务和管理工作的全过程，充分发挥学院作为国际化办学主体的积极性和主动性。

结合国家"一带一路"倡议和学校发展目标，以实质性合作项目为抓手，探索"政府—大学—企业"多边国际合作创新模式，与国际一流大学、科研机构和企业建立长期稳定的战略合作伙伴关系。通过参与具有较大影响力的地区国际教育协会的活动、参加多边高等教育国际组织与合作联盟等方式，融入主流的国际合作交流渠道。构建海外校友网络，统筹海内外资源，服务学校发展。

发挥孔子学院在国际合作与交流中的平台作用，与"一带一路"沿线国家合作建设 1 ~ 2 个海外孔子学院，推动中国文化"走出去"，促进中外文化交流。

（二）推进国际化人才培养，发展高层次留学生教育

提高本土学生跨文化学习、交流和工作能力。适应国家经济社会对外开放、与国际接轨的要求，结合学校经、管、法、文等学科优势，培养一批具有国际视野、通晓国际规则的复合型国际化人才。加强实验班和国际化班建设，推动双语课程和全英文课程建设，优化课程设计和教材选用，实现高水平的国际化教学。实施海外交流提升计划，丰富学生交换和暑期学校等合作交流项目，推进联合授课、学分互认、国际学位互授联授、联合培养等工作，提高学生赴海外交流的比例，扩大学生的国际视野。

扩大留学生规模，优化留学生结构层次，发展高层次留学生教育。落实"留学首经贸计划"，实施"留学生教育吸引力提升工程"，吸引国外尤其是"一带一路"沿线国家的优秀生源，加强优势专业、精品课程和特色研究方向建设，改善学习环境和生活条件，创建具有首经贸特色的留学生教育品牌，争取进入北京地区高校留学生教育的前列。

（三）加快师资与科研国际化，加强国际学术交流

推进师资队伍国际化。从制度和经费上支持教师赴海外访学，参加国际会议或讲学；建立海外教师培训基地，推动师资队伍国际化建设。引进海外高层次人才、外籍教师、海归博士，吸引海外学者访学，发挥国际经济管理学院的海外人才聚集平台作用，提高师资队伍的国际化程度。

提高科研国际化水平。支持与国内外高水平大学、研究机构开展科研合作，鼓励与主管部门的交流，参与政府和国际组织开展的国际合作研究项目，鼓励教师在海外高水平期刊发表论文和在国际知名学术出版社出版学术著作，组织优秀学术成果外文翻译出版工作。

深入广泛地开展国际学术交流。继续举办有影响、有特色的国内外学术会议，鼓励院系和科研单位主办或承办高水平国际学术会议和论坛，及时向国际学术界展示最新研究成果，扩大学校的国际学术影响力。

六、软实力建设

（一）加强校园文化建设，不断丰富文化建设成果

把社会主义核心价值观融入教育全过程。培养师生爱国精神，促使其以高度责任感和使命感在社会进步和经济发展中实现人生价值。坚持文化传承和创新的统一，建设文化传承和文化交流体系，为实现中华民族伟大复兴做出贡献。

以 60 周年校庆为契机，系统梳理学校历史传统、人文底蕴和办学理念，进一步挖掘和凝练"崇德尚能，经世济民"校训的内涵。开展校史、校志编写工作，加强对校史的研究挖掘，增强师生、校友的认同感和归属感。加强文化载体建设，发挥艺术团和高水平运动队的育人作用，打造校园文化品牌活动，推动校史馆、文化墙等文化设施建设，形成独特的校园文化气质。

坚持以人为本，促进"自强不息，求实创新"的校风建设。完善师德建设体系建设，以师德建设促进教风建设。加强学风建设，激发学生学习的积极性和主动性，营造独立思考、自由探索、勇于创新的学习氛围。

增强学校的新闻传播水平和影响力。新闻宣传工作始终坚持正确的政治方向，围绕学校中心工作，发挥成风化人、凝心聚力的作用。统筹资源，推动传

统媒体与新媒体的融合发展，适应分众化、差异化传播趋势，提升学校的海内外影响力。

（二）推进现代大学制度建设，夯实依法治校的制度基础

开展中国特色现代大学制度建设，为学校发展营造良好的制度环境。贯彻实施《首都经济贸易大学章程》，全面梳理和规范学校规章制度，推进依法治校，提升办学水平。

坚持和完善党委领导下的校长负责制。建立健全党委统一领导、党政分工合作、协调运行的工作机制，完善领导班子议事规则和决策程序。探索教授治学的有效途径，充分发挥学术组织在学科建设、学术评价、学术发展和学风建设方面的重要作用，激发基层学术组织的活力，实现学术繁荣。

增强院系的办学自主权和活力。根据学校宏观管理、院（系）自主办学的改革方向，完善学院党政联席会议制度和“三重一大”集体决策制度，完善二级管理运行机制，落实学院（系）办学的主体地位。

加强党对统战和群团工作的领导，推进民主管理和监督。充分发挥教职工代表大会、学生代表大会、研究生代表大会及工会和共青团等群团组织在民主决策机制中的作用，调动民主党派、无党派人士、教工团体、学生团体等的主动性和积极性，发挥离退休老同志在支持学校发展和关心下一代工作中的作用。推进民主的制度化、规范化、程序化，健全校务、院务公开制度，推动教代会提案制度的落实，保障广大师生员工的知情权、参与权、表达权和监督权。

七、办学条件

（一）做好校园规划和基本建设，合理规划办学空间

根据学校事业发展的长期需要和办学特色，着力解决土地资源利用和空间配置问题，拓展办学空间。校园规划和建设坚持以人为本，体现文化品位、节能环保与硬件环境的有机结合，营造优美的校园环境。

校本部主要发展研究生、全日制本专科生教育，强化教育、教学功能和与其相配套的辅助设施，完成学术研究中心、研究生公寓和综合服务楼建设以及图书馆综合改造，合理调配资源，提高空间利用率，改善师生的学习、办公和生活条件。结合北京市和学校的发展需要，进一步明确红庙校区的功能定位和发展思路，将红庙校区建设成为高端教育和国际交流基地、智库基地、产学研创新基地。

（二）推进公共服务体系建设，提高师生满意度

提高公共服务水平。梳理机关职能，优化服务流程，建设为决策服务、为学术服务、为院系服务、为师生服务的服务型机关。以人为本，关注教职工、学生的身心健康，加强师生健康教育，开展心理咨询、体质测试、运动康复等服务，提高医疗服务水平。坚持公益性和安全性，深化后勤社会化改革，打造后勤保障“小机关、多实体、社会化”的体系格局，形成服务优良、竞争有序、效率提高的后勤保障体系。落实节能监控体系各项指标，建设节约型和花园式校园。推进“平安校园”建设提升工程，提高校园安全管理服务水平，确保校园安全稳定。

构建智慧校园。以需求和应用为导向，以数据管理为核心，建设数据融合、信息共享、校务协同和智能服务的智慧校园。以改建图书馆为契机，优化借阅环境，实现藏借阅一体化服务模式，建设高水平学校文献中心。加强数字图书馆建设，推动从文献服务向知识服务的转型，构建富有财经特色的数字资源体系。加强档案工作的资源体系、利用体系、安全体系、制度体系及信息化建设。

（三）扩展资金筹措渠道，增强办学资源保障能力

拓宽学校资金来源。通过争取国家和北京市支持、吸引社会资源、拓展专业学位教育和高端培训、承接科研项目、教育基金会、资产管理公司运营等方式，增强筹资能力，实现学校收入的持续增长。

完善财务和审计管理制度，实行校院两级预算管理。改革学校各类经费的再分配机制，提高资金使用效率和效益。在强化校级管理能力的同时，逐步尝试权责相匹配的财务管理权下放，完善和落实多层次的经济责任体系。

加强国有资产管理，逐步形成产权明晰、配置科学、使用合理、处置规范的资产管理模式，积极稳妥地盘活现有资产，重视对学校品牌和无形资产的保护和利用，实现资产的保值增值。

八、党的建设

（一）加强思想理论建设，筑牢党员干部思想基础

用中国特色社会主义理论体系教育师生，将培育和践行社会主义核心价值观融入育人全过程。落实青年教师“驼峰计划”，完善教师思想理论培训体系建设。加大对重大理论和实际问题的研究，发挥马克思主义学院和党建研究会的作用，形成若干高水平、有影响力、有价值的党建研究成果。

发挥党委理论中心组学习的示范引领作用，深化学习型党组织建设。完善校领导讲党课制度和党员干部学习制度，认真落实意识形态工作责任制。

（二）加强领导班子和干部人才队伍建设，提高

办学理校能力

坚持党管干部的原则，优化领导班子配备和干部队伍结构。推进干部人事制度改革，优化完善选人用人机制。完善领导班子和领导干部考核评价体系，进一步加强考核结果的运用。坚持从严管理干部，完善从严管理制度体系，严格落实领导干部报告个人有关事项、经济责任审计、问责和任职回避等制度，逐步构建干部能上能下、能进能出的有效机制。

重视干部思想政治建设和能力建设，优化完善分层分类培训体系，着力加强新任干部、党务干部、非党员干部的教育培训工作。强化实践锻炼，做好干部校内外挂职锻炼和交流任职工作，提升领导干部的综合素质和能力。

（三）创新基层党建工作，提高基层党组织的战斗力

优化基层党组织设置，认真执行党政联席会制度，健全校、院两级党建工作责任体系。进一步加强教师党支部建设，健全学生党支部、团支部、班委会协同工作机制。推进学习型、服务型、创新型党组织建设，创新工作形式，引导各级党组织和广大党员为立德树人、学校发展和社会进步服务。

以坚定理想信念为重点，加强党员教育培训。严把党员入口关，强化思想入党，进一步做好在教师、学生中发展党员的工作，优化完善发展前教育培养工作机制。严格执行"三会一课"制度，提高组织生活质量。从严加强党员日常管理，进一步健全党内激励、关怀、帮扶机制。

（四）推进党内民主和作风建设，增强党组织的创造力和凝聚力

完善党代表大会制度，实行重大事项票决制，落实党代表大会代表任期制和提案制。加强党内监督，深化党务公开，严格落实党代表情况通报制度、联系党员群众制度和党代表列席全委会、常委会向全委会定期报告等制度，健全全委会向党代表定期报告制度。

深化作风建设，贯彻党的群众路线，落实中央八项规定精神，践行"三严三实"，密切同师生的联系。推进领导干部深入基层、调查研究等有关制度的落实，改进会议、公文、公务接待等制度。坚持开好高质量的民主生活会，认真开展批评和自我批评，不断提高班子解决自身问题的能力。

（五）加强反腐倡廉工作，营造风清气正的校园环境

全面贯彻党要管党、从严治党的要求，认真落实党委的党风廉政建设主体责任，坚持"一岗双责"，加大责任考核和追究力度。认真执行党内监督条例，加强对民主集中制执行情况、领导干部廉洁自律情况、重点部门和关键环节的监督。

以干部人事、财务管理、科研经费、学术规范、招生考试、基建工程、物资采购等工作领域为重点，推进学校权力结构科学化配置、权力运行规范化监督和廉政风险信息化防控"三个体系"建设。深入开展诚信教育、领导干部从政道德教育、廉洁文化创建活动，加强反腐倡廉宣传工作，营造良好的舆论氛围。

第四部分　组织实施

一、加强组织领导

在学校党委的领导下，处理好当前与长远、局部与全局的关系，不断增强学校领导班子对《规划》的宏观指导、战略管理和执行能力，专项工作由分管校领导牵头，按照分工切实落实各项任务。学校发展规划处负责《规划》的组织、协调和督办，加强与各学院（系）、部门的沟通。

做好中长期规划纲要、五年规划、专项规划、学院（系）规划和年度计划相互衔接和互动，远近结合，形成合力，使《规划》中所确定的目标、任务和各项措施得到贯彻落实。

学校各院（系）和相关部门从实际出发，根据《规划》的精神，完善本单位的"十三五"规划，明确发展目标，分阶段、分步骤组织实施，自觉把本单位工作放在学校发展的全局中科学谋划，扎实推动，确保规划中的任务落到实处。

二、坚持改革引领

积极贯彻《中共中央关于全面深化改革若干重大问题的决定》的重要精神，以新的发展理念引领办学质量的提升，聚焦国家和北京市深化高等教育领域综合改革的部署，落实学校《关于全面深化综合改革的意见》（以下简称《意见》）的精神与任务，改革创新，使学校在新常态下实现新发展，迈上新台阶。

《规划》的实施应与《意见》所设计的改革路线紧密结合，通过全面深化综合改革，切实解决在人才培养、学科建设与科学研究、人才队伍建设、国际化办学、内部治理、资源配置、信息化建设等重点领域和关键环节中阻碍学校发展的瓶颈问题，为实现"国内一流、国际知名"的战略目标提供强有力的改革保障。

三、完善监督评估

加强《规划》执行过程监督，定期对实施过程、进度和效果进行监测和评价，对发展方向、阶段性目标落实情况、各项强制性内容执行情况进行检查分析，

提高《规划》的可操作性和实施效率。

健全规划中期评估制度，在“十三五”中期阶段对《规划》实施情况进行全面评估、分析和反馈，充分考虑校内外的意见和建议，及时调整和完善发展目标、任务及举措，提升《规划》的执行力和时效性。

完善考核机制和问责制度，《规划》确定的各项工作任务和指标要纳入学校各单位的综合评价和绩效考核体系。

四、确保资源配套

以《规划》为导向，统筹学校人力资源、空间资源、物质资源、经费资源的配置，确保《规划》中各项建设任务的顺利实施。编制经费预算时，首先要保证《规划》中重点任务的需要，并明确经费主要投入方向。学校的目标管理、绩效考核、干部教师评价考核都要与《规划》的实施相结合。加强重大项目的审计和监督，提高资金的使用效益和安全性。

五、强化规划共识

采取多种形式，充分利用各种媒介，广泛宣传和解读《规划》，统一思想认识，增强全校师生员工对学校未来 5 年发展思路的认同和实现战略目标的信心，形成落实《规划》的共识。

加强《规划》的执行意识，紧密依靠广大师生员工，充分发挥民主党派、离退休老同志、教代会、学代会、校友会等各类代表的积极作用，凝聚各方面的智慧与力量，形成促进学校改革与发展的整体合力，确保学校战略目标的实现。

首都经济贸易大学建校 60 周年纪念活动

北京市教委主任刘宇辉在首都经济贸易大学建校60 周年纪念大会上的讲话

北京市教育委员会主任　刘宇辉

（2016 年 10 月 16 日）

各位来宾，老师们、同学们：

今天，我们在这里共同庆祝首都经济贸易大学 60 周年华诞。首先，我代表北京市委教育工委、市教委，向首都经济贸易大学全体师生员工和海内外广大校友致以诚挚的问候和热烈的祝贺！向长期以来关心支持学校建设和北京高等教育事业发展的各位来宾表示衷心的感谢！

经过 60 年的不懈努力，首都经济贸易大学已发展成为以经济学、管理学为重要特色和突出优势，各学科相互支撑、协调发展的现代化、多科性财经类大学。60 年来，学校秉承“崇德尚能，经世济民”的校训，践行“自强不息，求实创新”的校风，在人才培养、科学研究、社会服务、文化传承创新等方面取得了重要成绩，为国家和首都的经济社会发展做出了积极贡献。

近年来，首都经济贸易大学坚持立足北京、服务社会，紧密地融入国家“京津冀协同发展战略”和北京“四个中心”建设的进程中，与首都同脉动、共发展。学校充分发挥经济管理学科门类较为齐全和学科交叉的优势，承担国家和北京市多项重大科研项目，组建特大城市经济社会发展研究院，一批标志性成果转化为相关政策。国家级科研项目获批量位居市属高校前列。学校围绕京津冀一体化的发展状况和发展战略进行深入研究，连续 4 年发布《京津冀蓝皮书》，引起社会的强烈反响以及中央和地方的高度关注。今年 4 月 26 日，市委书记郭金龙同志到学校调研，对学校取得的成绩给予了充分肯定。

“十三五”时期是全面建成小康社会、实现我们党确定的第一个百年奋斗目标的决胜阶段，是落实新时期首都城市战略定位、建设国际一流和谐宜居之都的关键时期。首都高等教育要以国家和北京市经济社会发展的新形势、新任务、新要求为引领，切实深化综合改革，更加注重质量提升和内涵式发展，办好中国特色社会主义大学。

希望首都经济贸易大学认真总结 60 年来的办学经验，继承发扬光荣传统，科学确定学校办学定位和发展目标，坚持与国家战略、首都发展需要同向同行，不断完善顶层设计，明晰发展思路，力争经过努力，在一流学科建设上有所突破，开辟学校发展新局面。希望学校牢固树立政治意识、大局意识、核心意识、看齐意识、首善意识，带头做好服务首都这篇大文章，加强资源整合，创新体制机制，构建平台环境，促进成果转化，不断提高学校的贡献力和影响力。北京市委教育工委、市教委将一如既往地关心、支持首都经济贸易大学的发展，努力为学校创造良好的环境。

“六十一甲子，从此再出发。”衷心祝愿首都经济贸易大学建校 60 周年纪念活动取得圆满成功，祝愿首都经济贸易大学的明天更加美好！

谢谢大家！

甲子聚首，筑梦远航
——首都经济贸易大学建校 60 周年纪念大会主旨发言

校党委书记　冯培

（2016 年 10 月 16 日）

尊敬的各位嘉宾、各位校友，老师们、同学们，女士们、先生们：

大家上午好！

今天，海内外嘉宾和师生校友在这里齐聚一堂，共同庆祝首都经济贸易大学建校 60 周年华诞。首先，请允许我代表首都经济贸易大学向各个时期为学校竭诚奉献的师生员工，向为母校增光添彩的广大校友，向一直关心支持学校发展的各级领导、国内兄弟院校、海外友好学校及社会各界朋友，表示最热烈的欢迎！

首都经济贸易大学诞生于新中国朝阳初升的金色平台上，成长在改革开放的浩荡春风里。学校创办伊始就受到了党和国家领导人的亲切关怀与高度重视。1957 年 1 月和 6 月，毛泽东、刘少奇、周恩来、朱德、陈云、邓小平等新中国的缔造者们先后两次在中南海接见学校师生代表，赋予了学校崇德尚能的情怀和经世济民的力量。这 60 年，首都经济贸易大学以锐意进取、永不停歇的脚步，与祖国共命运，与时代同呼吸，与发展中的首都北京一起发展。这 60 年，有太多的名字值得我们深深铭记，有太多的故事需要我们细细品读，由此最终凝练成的首经贸骆驼精神已经深深地内化于师生员工自强不息的心灵里，博大地弘扬于历届校友求实创新的身影中，成为学校历经风雨而生生不息、薪火相传的宝贵精神财富。

勇担重负、执着前行的坚定信念 是骆驼精神的内在禀赋，它激励着首经贸人 60 年矢志不渝，玉汝于成。当中华人民共和国第一个五年计划号角吹响的时刻，一批批专家学者和青年才俊从四面八方来到首经贸，筚路蓝缕，辛勤创业。没有教室，我们自己平整土地建造校舍；没有教材，我们自己翻译和编写。回首俱往，在东郊红庙、枣林前街、窦店营房、南城花乡，首经贸人始终不忘 60 年前党和国家领导人的重托，坚守三尺讲台为国家和北京市培养经济管理专门人才。一直以来，在国家相关部委、北京市委市政府、北京市教育两委的关心指导下，经过几代首经贸人辛勤耕耘，学校已逐渐发展为拥有经济学、管理学、法学、文学、理学和工学 6 大学科，以经济学、管理学为重要特色和突出优势的多科性财经类大学。

自强不息、崇德尚能的奋斗状态是骆驼精神的外在体现，它激励着首经贸人 60 年孜孜不倦，培育栋梁。我们始终把提升人才培养质量作为学校的中心工作，积极推进人才培养机制改革。近些年，学校获得了国家级教育教学成果奖、全国百篇优秀博士论文提名奖，获批了国家级精品视频公开课、国家级精品资源共享课、国家级专业综合改革试点专业以及国家和北京市校内外创新实践基地。

我们拥有一支兢兢业业，用爱和责任传播正能量的教师队伍：这里，汇集了傅筑夫、孙敬之、白拓方、陈达、金家瑞、罗元铮等著名教授、学者；这里，拥有了一支包括全国优秀教师、国家级教学名师、中国“千人计划”学者、教育部新世纪人才、北京市教学名师等在内的师资队伍。

我们培养了 15 万名敬业乐群、贡献卓著的校友：有一批在理论界颇有学术影响的、任职于国家研究机构和高校的专家学者；有一批在国家和北京市大中型企业中担任董事长、总经理的著名企业家；有一批校友成为国家和北京市的优秀管理人才。他们活跃在全国和北京市的政府部门、教育界、学术界和金融、财税、会计等行业以及各大企事业单位，成为服务经济社会发展的重要力量。连续 10 年，学校的本科招生分数在北京市属高校中名列前茅，毕业生就业率和用人单位满意度位居全国高校前列。

求实创新、经世济民的开拓意识是骆驼精神的思想动力，它激励着首经贸人 60 年追求真理，勇攀高峰。学校积累储藏了丰富的学术资源和科研成果，不断提升学校的核心竞争力。学校在学科建设方面已拥有应用经济学、管理科学与工程、工商管理、统计学 4 个一级学科博士学位授权点以及相应的博士后科研流动站，10 个一级学科硕士学位授权点和 17 个专业硕士学位授权点。劳动经济学获批国家级重点学科，并入选教育部“特色重点学科项目”；应用经济学等 12 个学科获批北京市重点学科或重点建设学科。一批推动社会经济发展、解决社会重大问题的前沿学科、交叉学科和新兴学科获得了广阔的发展空间。

学校的科学研究正在顶天立地，教研人员立足国际最前沿，结合满足国家需求和为区域经济做出贡献的任务，在国家高层次科研项目申报和标志性研究成

果方面取得了显著突破。近3年来，学校获批国家社科基金项目数量平均年增长率达58%。学校充分发挥“智库”作用，推进协同创新，谋划与国家战略、首都发展和京津冀一体化同向同行的进取蓝图。学校从2007年启动京津冀一体化相关研究，自2012年开始连续5年发布《京津冀蓝皮书》，引起了社会的强烈反响，得到了中央和地方的高度关注。学校的智库研究成果近年来多次获得习近平总书记、李克强总理、张德江委员长、张高丽副总理等中央领导同志的批示，一批研究成果转化为国家和北京市相关政策，凸显了学校智库建设的鲜明特色和广泛的社会影响力。

脚踏实地、博纳敏行的求真作风是骆驼精神的行为取向，它激励着首经贸人60年春风化雨，传承文化。历经六秩风雨而传承不息的、具有深厚财经专业底蕴的大学精神，使学校在新的历史时期不断焕发出新的生机、展现出新的风貌。

我们搭起跨文化交流与友谊的桥梁，助力国家“一带一路”教育行动的实施。学校与20多个国家和地区的150余所大学和研究机构开展了友好交流往来，进一步拓展了与非洲、欧洲、北美洲、大洋洲、亚洲等国家和地区高校的合作。

我们积极推进现代大学制度建设，制定完成《首都经济贸易大学章程》，成为首批获北京市教委核准的市属高校。以校史校志编撰、校歌创作、校内楼宇道路命名等为载体的校园文化体系初步构建，荣获教育部全国高校校园文化建设优秀成果一等奖和“国家生态文明教育基地”称号，获得多项国际与国家级艺术教育奖，高水平运动队在游泳和篮球项目上成绩喜人。

我们加强党建和思想政治工作，获得第六次北京市党的建设和思想政治工作先进高校提名奖，顺利通过“北京普通高等学校党建和思想政治工作基本标准”集中检查，被确定为市级建设学习型党组织工作示范点，育人环境有了坚强保证。

我们加强校园总体规划和基础建设，办学空间和办学条件得到进一步改善；加强信息化升级改造、数字图书馆、后勤一站式服务、医疗服务体系等建设，公共服务保障水平不断增强。

学校60年来取得的办学成绩离不开北京市委市政府、市教育两委的正确领导，离不开全体首经贸人的共同努力，更离不开社会各界人士、兄弟院校、广大校友的关心支持。在此，我代表学校，向积极投身学校建设与发展的全校师生员工，离退休的老领导、老同志致以崇高的敬意！向所有关心、支持学校发展的各级领导、各界朋友、各位校友表示衷心的感谢！特别是向长期以来指导和支持首都经济贸易大学发展的北京市委市政府、市教育两委和相关区县、委办局等致以诚挚的谢意！

情怀依旧敢坚守，不忘初心再前行。今天，站在一甲子的历史节点上，我们更需要眺望未来。推进中华民族伟大复兴的“中国梦”，建设国际一流和谐宜居之都的“北京梦”，都为首都高等教育带来了新的机遇和挑战。在筑梦远航的征程上，我们要坚守和履行好大学的根本使命，保持和彰显自己的优势和特色，更加注重质量提升和内涵式发展，坚持建设“现代化、国际化、多科性、有特色的国内一流、国际知名财经大学”的奋斗目标不动摇、不懈怠，在首经贸精神和文化传承中实现新的超越、激起新的期待和新的梦想。

我们期待和梦想的首经贸，是一个水平一流的首经贸。她将形成国内一流、国际有影响、优势突出的学科体系，到2020年，主体学科进入国内学科排名前30%，优势特色学科跻身国内前列。

我们期待和梦想的首经贸，是一个人才辈出的首经贸。她将形成高质量、高社会满意度、具有国际视野的应用型和创新型人才培养体系，人才培养质量和学生就业质量位居财经大学前列。

我们期待和梦想的首经贸，是一个富于创新的首经贸。她将形成以创新为主导的科学研究和社会服务体系，产出一批原创性、标志性的学术成果，打造高水平中国特色高校智库，特大城市经济社会重大问题研究取得创新性成果，协同创新中心建设取得重大突破，科学研究和社会服务水平进入财经大学前列。

我们期待和梦想的首经贸，是一个名师荟萃的首经贸。她将形成以学术领军人才、学术梯队、创新团队为标志的一流人才队伍体系，高层次人才数量进入财经大学的前列。

我们期待和梦想的首经贸，是一个开放进取的首经贸。她将形成以加强国际合作与交流为核心的全方位国际化战略，加强国际化人才培养，发展高层次留学生教育，提升师资与科研国际化水平，学校国际化水平走在财经大学的前列。

我们期待和梦想的首经贸，是一个环境优美的首经贸。她将形成与高等教育发展趋势相契合的现代大学治理体系和学术创新软环境，提高党建与思想政治工作的科学化水平，不断丰富文化建设成果，软实力和党的建设走在财经大学的前列。

各位领导，各位嘉宾，各位校友，老师们、同学们：今天的首经贸，无愧于先辈们的艰辛创业，无愧于国家对财经类高等教育的期望，无愧于社会各界对首经贸的信任；未来的首经贸，等待着我们去砥砺前行，等待着我们去开拓奋进，等待着我们去赢得下一个60年的壮丽与荣光！

下一个60年，让我们期待踔厉风发的首都经济贸易大学！

下一个60年，让我们期待笃行致远的首都经济贸易大学！

今天，我们甲子聚首，握手共话当年时；

明天，我们筑梦远航，一路弦歌绘新篇！

谢谢大家！

首都经济贸易大学建校60周年纪念活动工作总结

校党委副书记　孙善学

（2016年11月16日）

老师们、同学们，同志们：

2015年10月，首都经济贸易大学启动建校60周年纪念活动筹备工作，2016年10月，集中组织校庆纪念活动，期间，学校和各单位先后组织了学术论坛、海内外交流、校友互动、校史编撰、文化丛书出版等几大系列活动。在全校师生员工、离退休老同志、各地校友会及广大校友的共同努力下，学校建校60周年纪念活动真正办成了一场展示办学成就、弘扬骆驼精神、提升海内外影响力的文化盛会；办成了一场振奋人心、凝聚力量、描绘蓝图的发展盛会；办成了一场交流学术成果、推进科学研究、宣扬科学精神的学术盛会；办成了一场首经贸人增进师生之情、密切校友与母校联系、交流多国多元文化的欢乐盛会。纪念活动实现了预期目标，取得了预想效果，赢得了一致好评。下面，我代表校庆筹备工作委员会回顾一下一年多来我们做的主要工作。

一、精心做好整体筹划，明确各项任务分工

任何事情的成功都离不开事前的科学规划，建校60周年纪念活动这样一项庞大而繁杂的系统工程更是如此。在活动筹备过程中，广大师生纷纷献计献策，相关负责同志多方走访调研，学校领导班子更是广泛听取意见、精心研究筹划，整个纪念活动坚持“隆重、热烈、简朴、务实”的原则，以“回顾历史、总结经验、弘扬校风、展示成就、凝聚力量、开创未来”为目标，以学术文化活动、校友返校交流活动为主线。

为了在组织上确保规划的顺利实施，学校成立了由校党委书记和校长为主任、其他校领导为副主任、各有关部门单位主要负责人为成员的校庆筹备工作委员会，下设的校庆筹备工作办公室为日常工作机构，具体分10个专项工作组，即综合协调组、校友联络接待组、宣传组、学术活动组、文艺演出组、校志校史组、志愿服务组、综合活动组、后勤保障组、经费保障组，各组分别由校领导牵头负责。与此同时，各学院也相继成立了校庆筹备工作组。在明确机构分工的基础上，学校制定了《60周年校庆筹备工作方案》，召开专题会议，部署相关工作任务，大力推进各项工作的落实，为纪念活动的顺利完成奠定了坚实基础。

二、提炼60年办学经验，挖掘学校办学内涵

学校抓住纪念建校60周年的难得机遇，充分认识学校文化凝聚、激励师生的重要作用，以载体建设作为丰富和深化学校文化的重要途径，主要做了6项文化建设工作：一是创作完成校歌《远航》；二是出版以回顾学校历史、展示发展成就为主要内容的《首经贸记忆》、《图说首经贸》和以展示师生精神文化气质为主要内容的《首经贸书画作品集》；三是制作推出学校中英文宣传片《筑梦远航》；四是设计推出学校新版中英文宣传册；五是举办“纪念建校60周年书画作品展”，共展出140余幅师生和校友的书法、篆刻、绘画作品；六是完善校园命名系统，为主要道路、主题广场及新建楼宇进行了命名。

尤其令人高兴的是，通过全校上下共同合作，学校完成了第一部志书——《首都经济贸易大学志（1956—2014）》的编纂和出版工作。全书共计15篇、89章、200万字，对学校近60年的办学历程和各方面工作进行了精要的回顾与总结，全面记述了学校近60年发展大事。同时，本着“存史、资治、教化、育人”的指导思想，历经一年半时间的走访调研、筹划设计、紧张施工，学校完成了校史馆建设。校史馆以“大道同行、甲子华章”为主题，纪念活动期间共接待各界人士3 000余人，提供讲解近200场次，已成为学校文化传承的重要载体和学校宣传交流的重要窗口。需要提出的是，全校各学院利用校志校史建设的机遇，系统总结了学院学科建设、科学研究、人才培养、队伍建设的历程，凝练办学经验，积累办学成果，积淀学院文化，取得了一系列的成果。

三、营造舆论氛围，做好内外宣传工作

学校重视校庆宣传工作，强化与社会媒体的沟通联动。纪念活动前后，《人民日报》、《光明日报》、《经济日报》、《北京日报》、《中国教育报》、《北京晨报》、《北京青年报》、《中国城市报》、《经济参考报》、《法制晚报》、《北京考试报》、人民网、光明网、第一财经网、China Daily（中国日报网）等各大媒体多角度、全方位地报道学校发展成果及系列纪念活动近30篇（不含转载）稿件。北京电视台《北京新闻》栏目用时一分钟时间报道学校特大城市高端论坛“从国家规划到城市治理”，获得了社会广泛关注。

同时，学校推出了校庆专题网、校报特刊、校庆宣传片3个集中展示平台，并运用校报、新闻网、官微等各类媒体开设专栏，展示学校60年来教学科研、人才培养、师资队伍、党的建设等方面的发展成果，以及纪念建校60周年活动盛况。

校友会利用微信平台动态介绍校庆筹备进展、校庆活动安排、校园建设新貌，受到广大师生、校友的关注和喜爱；各学院利用新媒体加强同校友和社会各界的联系，形式活泼、内容丰富、互动性强，取得了良好的宣传效果，营造了良好的校庆氛围。

四、加快校园建设，做好各项保障工作

根据学校建校60周年纪念活动的总体部署，学校加紧落实校园规划和基础设施建设，学校有关部门很多同志牺牲了暑假、国庆节假日及双休日的时间，完成了博远楼、琢玉讲堂等新建工程；栋梁广场和图书馆综合建设改造工程；南门及停车场改造工程；驼韵广场建设工程；校医院南侧停车场改造等各项工程项目；设计完成了校园绿化工程和校园亮化工程，完善了各类交通硬件设施。期间，学校在丰台交管大队的大力支持下，集中整治周边道路乱停车，校园周边环境得到一定程度的改善。学校制定了详细的供餐方案和食品卫生保障、水电保障方案预案、医疗保障方案和安保应急处理保障方案，确保为建校60周年纪念活动和校友返校提供有力保障。新建设的楼宇、广场注重加强文化感染力、亲和力，提高了建筑环境与人之间的协调性，整个校园装扮一新，面貌发生了显著变化，为广大校友和来宾呈现了一个布局合理、整洁明亮、平安有序、文明和谐的校园环境。

在有关项目的新建、改建过程中，有的部门整体搬家，有的部门腾退用房，有的员工宿舍重新安置，有的交通出行和日常办公生活受到影响，但大家顾全大局、主动配合、克服困难，保障工程顺利实施，体现出宝贵的主人翁精神，为校庆贡献了满满的正能量。

五、建立联络体系，喜迎各地校友“回家”

建校60周年是全校师生员工和广大校友共同的节日，校友的联络和发动工作尤为重要。近年来，学校高度重视校友工作，先后成立了15个国内地方校友会和1个海外校友会。建校60周年纪念活动期间，学校举办了发展建设座谈会，50余名校友、曾在首经贸工作过的部分校领导齐聚一堂，对学校建校60周年表示祝贺，并对学校建设发展提出宝贵建议；校友总会举办了首届地方校友会发展论坛，邀请各地校友会负责人和兄弟院校校友组织负责人共同交流经验，为促进学校发展建设出谋划策；成立学校首个行业校友会——保险行业校友会，同时启动了以学校保险专业创始人郭晓航教授命名的“晓航基金”。举行校友伉俪返校活动、校友嘉年华等活动，各院系举办校友座谈会和各类纪念活动27项，共接待返校签到校友6 100多人，接受校友个人自愿捐款共计1 000余人次，共39万余元。

在此期间，校友会完成《校友风采》（第二辑）、《匆匆那年——我与母校》纪念文集和《校友通讯》的采编出版工作；先后在网上推出6期宣传活动；各个学院通过校友总会协助近千名70岁以上的原北京财贸学校、原北京劳动工人技术学校、原北京劳动学院机械系、原北京经济学院物资管理系等历史上不同时期的老校友组织了多场座谈会、联谊会。富有成效的工作使所有回家的校友感受到了家的温馨、家人的温暖，加深了校友与母校的联系，增进了对“首经贸人”共同文化的认同，得到了所有校友的高度称赞。

六、认真筹划组织，开展系列纪念活动

纪念活动期间，学校先后举办了“2016中国特大城市高端论坛——从国家规划到城市治理”、第三届中美经贸发展论坛、第七届哈博·高校（经管）博士学术论坛等学术会议，连同各学院组织的学术活动一道，进一步提升了学校的学术影响力；举办了首都经济贸易大学—美国克利夫兰州立大学孔子学院理事会会议（2016）、举办了第二届留学生国际文化节，进一步拓宽了学校国际合作交流的空间和领域；举办了教工徒步活动、离退休同志联欢会、师生书画作品展、栋梁广场“栋梁柱”揭幕仪式、首经贸筑梦成长风采展暨2016京津冀大学生创新创业论坛等活动，进一步展示了师生风采，强化了全校师生员工的爱校荣校精神。

尤其值得一提的是，建校60周年文艺演出的具体负责同志和编创团队认真领会校庆宗旨，深入挖掘学校的历史和文化，发现和组织本校文艺人才，不辞辛苦、不拘一格、不落俗套，敢于创新，精心创作，广大演职人员刻苦排练，在有关部门和学院积极配合和全力保障下，最终为我们呈现了一台立意高、水平高、形式新、原创性强的文艺晚会。这是一台属于首经贸人自己的文艺演出，充分展现了首经贸人的精神风貌和文化素养，受到了国内外来宾、广大师生和校友的一致好评。

七、精心筹划组织，成功举办纪念大会

建校60周年纪念大会是全体师生员工、广大校友及社会各界最关注的一项重要活动。10月16日上午，首都经济贸易大学隆重举行建校60周年纪念大会，北京市教育委员会主任刘宇辉，北京市财政局局长李颖津，北京市审计局局长吴素芳，中央财经大学校长王广谦等 51 所国内高校的领导，澳大利亚迪肯大学校长简·登霍兰德等 9 位境外高校领导，丰台区政府和共建单位的主要领导，全体首经贸校领导，学校老领导、老教师和 4 000 余名各届校友到场，共同庆祝母校甲子华诞。国内外近百所高校发来了贺信、贺电。学校党委书记冯培同志作了题为“甲子聚首，筑梦远航”的主旨演讲，深情回顾了学校 60 年的奋斗历程及在人才培养、科学研究、社会服务、国际交流等领域取得的成绩，号召首经贸人砥砺前行，开拓奋进，赢得下一个 60 年的壮丽与荣光。纪念大会取得了圆满成功，得到了各级领导、各界友人和广大师生校友的高度评价。

在纪念大会筹备过程中，校庆工作办公室认真研究制定活动方案，从机关和学院抽调干部，组建京外嘉宾接待组、文字起草组和大会协调组；为了做好中外嘉宾和校友的接待工作，机关干部和学生志愿者组成了全程“一对一、一站式”服务的接待队伍，动用信息平台发送短信提示、接站送站、提供翻译等方式，完成中外嘉宾和海内外校友的接待工作，从各个角度确保衔接有序、服务到位；文字起草组与有大会发言任务的校领导、师生及校友代表进行多次沟通交流，做好发言稿的撰写和修改工作；在大会上发言的师生、校友代表主动调整工作安排，全力保障校庆大会的需要，反复斟酌发言内容，倾注不少精力，充分代表了广大师生和校友对母校的情与爱。纪念大会前夜，冯培等校领导亲自带领校庆工作办公室工作团队加班加点、通宵奋战，对纪念大会场地布置、活动流程安排及现场导播进行了极为细致的安排，确保大会各项活动的顺利进行。

同志们、同学们，回想起这一年来围绕校庆筹备工作经历的一桩桩事情，我们的心头总是涌上一股热流，我们为学校光荣的奋斗史而骄傲；我们为学校桃李芬芳、声播四海而自豪；我们为每一位同志、同学在校庆筹备工作中的友谊表现和真情投入而感动。总体来说，60 周年校庆活动基本做到了使来宾满意、校友满意、全校师生员工满意，充分展示了学校 60 年办学取得的显著成就和良好精神面貌，极大地激发了全校师生员工和海内外校友的自豪感与凝聚力，进一步提升了学校的知名度和影响力，为学校未来的新发展奠定了重要基础。

纪念活动的成功是建立在首都经济贸易大学 60 年风雨兼程、求索奋进的根基之上的，是学校影响力大幅提升、得到海内外各方面高度认可的体现，是党和政府、各级领导、社会各界、广大校友关心支持，全校各部门、各单位和全体师生员工团结协作、无私奉献的结果。学校全体师生员工、离退休老同志以强烈的主人翁精神、昂扬的精神面貌、饱满的工作热情、扎实的工作作风，全身心投入，在活动筹备、联络接待、组织保障等方面做了大量的工作，付出了辛勤的劳动，为纪念活动的成功举办做出了重要贡献。在此，我代表校庆筹备工作委员会，向参与活动的机关各部门、各学院和全体工作人员、志愿者，向关心支持纪念活动的广大校友表示衷心的感谢，并致以崇高的敬意！

60 年的发展为学校百年发展基业奠定了坚实的基础，希望全校师生员工以建校 60 周年为新起点，继续弘扬校风传统，继续发扬筹备校庆活动的工作热情、工作干劲和奉献精神，大力推动学校综合改革方案和“十三五”规划的实施，向着更高远的奋斗目标迈进，为早日把学校建设成为“现代化、国际化、多科性、有特色的国内一流、国际知名财经大学”做出新的更大贡献！

谢谢大家！

中央政治局委员、北京市委书记郭金龙一行来首经贸调研

4 月 26 日，中央政治局委员、北京市委书记郭金龙一行来到首经贸调研，郭金龙一行走访了学校城市运行与应急管理实验中心和学生创客社区，观看了城市应急仿真模型系统。

特大城市研究院常务副院长段霞教授汇报了学校城市运行与应急管理实验室研发的服务首都和京津冀的城市研究数据库系统，通过数据演算举例介绍了学校如何利用大数据技术为公共政策提供支持，研究工作与成果得到了北京市领导的充分肯定。

在创客社区，负责创业工作的庄首建老师汇报了学校创客社区的基本情况。首经贸创客社区入住了众多有创意点子和创业激情的创业团队，学校也会为在校及毕业两年内的学生提供创业培训、导师咨询服务及其他第三方服务。创客社区 C - lab 的服

务团队负责人赵月莹同学汇报了团队的主要工作，郭金龙对法律税务咨询、工商注册等第三方服务方面进行了认真地询问。郭金龙参观了原野同学所在的“设计佳”公司，了解到公司主营项目是通过共享设计师的碎片化时间，为中小企业提供服务，他对企业利用共享模式提高服务效率和质量的做法表示了肯定。郭金龙鼓励正在“孵化”的小企业负责同学，要以钻研学问的精进态度、勇于打破常规创新创业的开拓精神，努力闯出一片天地。

在师生座谈会上，首先，柯文进从学校基本情况、加强党的建设、人才培养、科学研究和智库建设、学校面临的机遇和挑战等方面做了汇报。城市经济与公共管理学院祝尔娟教授以“服务国家战略，助力区域发展”为题汇报了京津冀协同发展取得的研究成果，工商管理学院副院长范合君教授作为青年教师代表汇报了自己教书育人的体会，经济学院石一晨同学汇报了在校创新创业的收获。郭金龙认真听取了大家的发言，并发表了重要讲话。他指出，首都经济贸易大学建校60年来，特别是改革开放以来，认真贯彻党的教育方针，坚持社会主义的办学方向，坚持立德树人，办学实力和办学质量不断提升，拥有一支优秀的教师队伍和一批有特色的重点学科，已经成为具有较高知名度和影响力的财经类大学。

郭金龙从“瘦身健体”、生态文明建设、协同发展、城市总体规划等方面介绍了北京市深入学习贯彻习近平总书记视察北京市重要讲话精神以及认真贯彻落实《京津冀协同发展规划纲要》取得的新进展。他说，推动新时期北京的发展就是要自觉运用好发展新理念，不断破解发展新难题，厚植发展新优势，努力开创发展新局面。

谈到高等教育，郭金龙说，推动高等教育改革发展，事关实施科教兴国、人才强国战略，也事关增强首都城市核心功能，特别是建设全国文化中心、科技创新中心。北京落实首都城市战略定位，也为首都高校的发展提供了广阔空间，创造了良好条件。希望首都高校认真学习贯彻习近平总书记系列讲话重要精神，紧紧围绕“四个全面”战略布局，牢牢把握社会主义办学方向，认真贯彻中央决策部署，进一步加强和改进党的建设，坚持以人才培养为中心，全面深化综合改革、努力提高教育质量，更好地担负起国家发展、民族振兴赋予的历史重任。

郭金龙指出，要深入推进供给侧的结构性改革，更多、更好地培养经济社会发展急需的人才。希望老师带着同学们认真学习党史、国史、民族史，学习改革开放以来的发展史，用心体会国家面貌发生的历史性变化，用心体会实现“两个一百年”战略目标、实现中华民族伟大复兴的光明前景，切实增强对中国特色社会主义的理论认同、政治认同、情感认同。郭金龙叮嘱各高校深入推进内涵式发展，努力建设一批中国特色、世界一流的学科，提升学校核心竞争力和文化软实力。

在座谈会上，郭金龙对首都经济贸易大学建校60周年表示祝贺，对学校未来的发展寄予了深切厚望。

陪同调研的北京市领导有市委常委、教工委书记苟仲文，市委常委、秘书长、副市长张工，副市长王宁以及北京市有关部门负责同志。

首经贸领导班子专题学习市委书记郭金龙视察学校重要讲话

4月27日，校党委书记柯文进主持召开党委理论中心组专题讨论会，深刻学习领会郭金龙书记在师生座谈会上的重要讲话精神。

校领导班子一致认为，郭金龙高屋建瓴、深入浅出地对首都在新时期的发展形势和发展任务进行了阐述，并饱含深情地结合自身经历对青年学生、教师培育和践行社会主义核心价值观，讲好当代中国故事提出了希望，同时对首都高校特别是首都经济贸易大学加强内涵建设、全面深化改革、提升教育质量、主动服务社会提出了新的要求。

郭金龙在首都经济贸易大学即将迎来建校60周年的重要时刻来到学校并发表重要讲话，既是对学校发展成绩的充分肯定，更是对全校师生的极大鼓舞，体现了市委、市政府对学校发展的关心、关注和对师生的厚爱，对学校深入推进综合改革、实现“十三五”时期各项任务具有极其重要的指导意义。

校领导班子成员在发言中谈感想、谈体会。有校领导认为，郭金龙在讲话中特别强调高校要坚持以人才培养为中心，“不固守，也不将就”，这对学校牢牢把握社会主义办学方向、进一步改革和创新人才培养机制、提升人才培养质量具有重要的指导意义。学校要牢固确立人才培养中心地位，切实肩负起培养中国特色社会主义事业建设者和接班人的历史使命，为国家和北京市培养更多优秀的人才。

校领导班子成员认为，郭金龙在讲话中谈到了“顶天立地”，结合学校实际，有两方面含义：一是学校在青年学生思想政治教育工作中要“顶天立地”，“顶天”就是把培育和践行社会主义核心价值观融入人才培养全过程，增强坚定中国特色社会主义理论道路自信、理论自信、制度自信，“立地”就是要加强在党史、国史和法律、纪律等方面的教育，培养学生做合格公民。二是科研和服务社会要"顶天立地"，"顶天"就是在"双一流"建设中积极作为，"立地"就是更好地发挥高校智库作用，紧紧围绕北京经济社会发展中面临的问题，积极开展应用研究，提升高校服务社会的水平。

首经贸师生学习市委书记郭金龙重要讲话精神

4 月 27 日，学校召开师生座谈会，学习市委书记郭金龙讲话精神。

马克思主义学院院长刘冠军教授认为，郭金龙书记的讲话蕴含着讲好中国故事、探索中国规律、总结中国理论的深刻用意。郭书记从自己的亲身经历出发，用讲故事的方式讲中国近现代史、讲改革开放以来的发展史、讲党的十八大以来全面深化改革的进程，发自内心、充满感情，为我们上了一堂非常生动的课，特别是对思想政治理论课教师改进课堂教学方法、提高课堂教学实效是一种深刻启迪。我们一定要讲好中国故事、讲好北京故事，用当代中国化的马克思主义讲好中国的理论，引导青年树立正确的世界观、人生观和价值观，为全面建成小康社会和首都经济社会发展贡献力量，不辜负郭书记的期望。

劳动经济学院副教授张航空表示，郭书记对首都和特大城市在发展中遇到的问题进行了深刻剖析，谈到人口、资源、环境的矛盾，希望高校能为北京市委市政府的研究决策提供智库支持，这对自己从事人口调控研究有很大的启发和鼓励。下一步，自己将在人口调控目标的确定、人口调控与城市发展、人口调控中的综合施策等方面继续开展研究，力争提出更好的研究建议。

经济学院副教授闫云凤表示，现场聆听郭金龙书记的教诲很受启发，其中印象特别深刻的是郭书记在讲话中提到的南水北调。北京作为一个严重缺水的特大城市，国家通过实施南水北调工程解决包括北京在内的北方地区严重缺水问题，为北京建设和谐宜居之都奠定了基础。作为首都市民，我们现在喝上了甘甜可口的南水，感到非常幸福。这同时也时刻警示我们，要自觉爱护北京的自然环境，保护好每一寸青山绿水，才能让北京的明天天更蓝，水更清。

经济学院邓阳同学认为，作为首都高校学子，我们有责任把自我成长和青春追求融入首都的建设发展中，筑崇德尚能之魂，立经世济民之志，以探求之心超越自我，以突破之力成就华章，为首都北京的发展贡献自己的力量。

财政税务学院谢浩然同学表示，我们当代大学生都要积极思考首都在发展中面临的机遇和问题，着力用年轻人全新的视角去理解和解决问题，将创新的思路和扎实的专业知识相结合，为首都及国家的发展努力学习。

工商管理学院研究生刘通表示，时代的责任赋予青年，时代的光荣属于青年，青年兴则国家兴，青年强则国家强。郭书记的重要讲话鼓舞了青年学子要更加努力学好科学文化知识，为北京的建设，为国家的发展，为实现中华民族伟大复兴的中国梦做出自己的贡献。

第三届教职工代表大会暨工会会员代表大会六次会议

在第三届教职工代表大会暨工会会员代表大会六次会议上的报告

校长　王稼琼

（2016 年 4 月 27 日）

各位代表、同志们：

上午好！今天我向大家报告并请大家审议的内容有两部分：一部分是学校去年的工作总结和今年的重点工作，另一部分是"十三五"规划征求意见稿。在过去的 2015 年，在学校党委的正确领导下，在全校师生员工的共同努力下，学校在学科建设、人才培养、科学研究、社会服务、国际化办学、内部治理与服务等方面取得了很多成绩，学校整体水平继续提升，实现了"十二五"规划的顺利收官。同时，学校还启动了综合改革和"十三五"规划编制和 60 周年校庆的筹备工作。有关 2015 年工作的总结我整合在"十三五"规划汇报中，一会儿一并汇报。

2015 年是“十三五”的开局之年，各方面改革与发展的任务依然很重，在复杂的条件下能否实现“十三五”的良好开局，对学校争创一流目标的实现至关重要。有关今年的工作要点，柯书记在今年年初的多次会议上都反复讲过，并且发给各个单位贯彻落实，这里不再占用大家时间重复，发给大家的文字稿里也有相关的内容，请大家审议。

下面，我着重就“十三五”规划征求意见稿向大家做汇报。

“十三五”规划的编制是我们全校师生员工集体智慧的结晶。早在 2015 年 3 月，学校印发了《关于开展“十三五”时期发展规划编制工作的通知》，并成立了“十三五”规划领导小组，具体由立宏校长来负责工作。之后校内外开展了广泛的调研活动，特别是召开了 4 次校内座谈会。后来又在校园网上发出了“我为‘十三五’规划建言献策活动”。经过大半年的努力，通过各种方式，向学校的学术委员、各级人大代表、委员、各院系领导、职能部门，校内外知名专家、民主党派、老干部和广大师生员工广泛征求意见，形成了初稿。2015 年 11 月 17 日，初稿经校长办公会讨论；2016 年 2 月 23 日，学校班子务虚会专门就“十三五”规划的讨论稿进行了审议。

能否编制一个具有前瞻性，特别是符合首都经济贸易大学发展实际的“十三五”规划，制定的原则和基本思路就显得特别重要。这里面我们必须考虑 3 大因素。第一个因素是国际高等教育发展的潮流。世界发展潮流浩浩荡荡，必须适应这个发展潮流。第二，中国高等教育创新的各种战略层出不穷，我们要适应中国高等教育改革这一大的趋势。第三，必须遵照和符合学校发展的实际情况，它的历史、它的现状、它的特色等。只有充分考虑到 3 大因素，才能制定出一个符合学校未来发展实际的规划，所以 3 大因素缺一不可。

另外，在编制过程中，我们坚持 4 个原则：创新发展、夯实基础、质量优先、跻身一流。创新发展指的是在“十三五”期间，学校的快速发展依然是主旋律，但是新时期的发展需要通过不断的改革和创新来提供动力。在夯实基础方面，“十二五”期间，学校在“打基础、上水平”方面工作很有成效，但为了保持学校长期发展的竞争力和可持续发展能力，“十三五”期间，必须进一步夯实各方面的基础，这依然是我们必须遵循的基本原则。在质量优先方面，由于我们目前办学空间的局限，我们在“十三五”期间不会排斥任何外延扩张的机会，但是，内涵发展特别是质量和水平的提升应该是优先考虑的基本原则。同时，“十三五”期间，学校到了建成国内一流财经大学的冲刺阶段，这是几代首经贸人共同努力的结果，“十三五”规划应该谋划好、设计好“跻身一流”这一冲刺阶段学校的总体目标。

在初稿形成之后，我们又学习和对接了国家的、北京市教委的“十三五”规划，参考和交流了国内不同类型高校的“十三五”规划，吸收了网上建言献策活动的许多好的意见，同时召开了 6 次不同代表人士的征求意见座谈会，书面征求了学术委员会的意见，形成了今天提交给大家的征求意见稿。

我主要从 4 个方面向大家汇报《“十三五”规划征求意见稿》的主要内容：“十二五”发展回顾、“十三五”面临的机遇和挑战、“十三五”的主要目标和任务，以及“十三五”规划的实施。

首先汇报“十二五”规划的发展回顾。“十二五”期间，在学校党委的正确领导下，通过全校员工的不懈努力，我们出色地完成了“十二五”规划的主要任务，我从以下几个方面列举一些数据进行回顾。

在人才培养质量方面：本科教育方面，我们实现了国家级教学名师零的突破，获得国家级教育教学成果奖二等奖 1 项，获批国家级“十二五”规划教材 4 部、国家级精品视频公开课 1 门、国家级精品资源共享课 2 门和教育部专业综合改革项目 2 个，新建 1 个国家级和 4 个北京市级校内外创新实践基地，获得国际及国家级大学生数学建模比赛奖项 77 项。研究生教育方面，我们同样实现了全国百篇优秀博士论文提名奖零的突破，获得北京市优秀博士论文 1 篇，全国研究生数学建模大赛奖项 48 项。招生方面，本科生招生生源省的本科一批投放比例达到 2015 年的 90%，2010 年，我们本科在北京以外全国 30 个省招生，一本招生的比例只有 11 个省市；2015 年，一本招生的比例达到 27 个省，只剩 3 个在第二批次招生。生源质量明显提升。在北京的招生分数也多年排在市属院校前列。本科生、研究生毕业生就业率和用人单位满意度都持续攀高。

在学科建设方面：2012 年我们经历了教育部第三轮学科评估，应用经济学跻身全国的前 15%，统计学跻身全国的前 20%，在财经类高校中均列在第 5 位。“十二五”期间，我们的一级学科博士学位授权点达到 4 个、一级学科硕士学位授权点达到 10 个，覆盖面越来越广。

在科学研究方面：“十二五”期间，承接各类研究课题 1 550 项，其中特别需要指出的是，国家级项目立项数 141 项，国家级项目立项数量是“十一五”时期的 4 倍多，并且首次实现国家级项目全覆盖。另外，科研项目研究经费共计 1.34 亿元，增长率高达 78%。出版专著、编著、教材及译著 832 部；发表论文5 469篇,其中,国际高水平论文45篇、权威论文626篇。2015年有个数据给大家列出来,国家社科基金项目的立项数我们居全国第12位、财经类高校第2位。

学校社会服务能力明显提升,成立了特大城市经济社会发展研究院等6个协同创新研究机构,举办了一系列具有一定影响力的高层次学术论坛。智库研究的各种成果获批中央和省部级领导批示。《京津冀蓝皮书》连续两年获得全国优秀皮书一等奖,2016年蓝皮书实现了向大数据的转型。4篇社科基金研究成果在《国家社会科学基金项目成果要报》上刊发。

师资队伍结构得到不断优化。“十二五”期间,学校补充专任教师282人,其中,正高职人员7人,博士269人。新老交替、以老带新的格局逐步形成,学历结构、学缘结构不断趋于合理。在此期间,学校实现了聘用中组部“千人计划”获得者零的突破、国家百千万人才工程获得者零的突破,教育部新世纪优秀人才支持计划获得者零的突破,师资队伍的整体水平不断提升。

社会声誉也不断提高。学校成立了首都经济贸易大学国际经济管理学院,学院自成立以来发表(含已接受)国际A类论文27篇、国际B类论文17篇。有一个数据和大家说一下,我们马上参加第四次学科评估,刚才说在第三次学校评估中我们的应用经济学非常好,在全国排第12名,但是当初有一个很大的缺项,就是在ESI高被引论文中,我们在国际A刊高水平论文中发表的论文数是零,第四次学科评估邀请函中专门列举了国际上12本顶级期刊上发表论文的情况,这12本期刊是固定的,现在我们在这12本期刊上的发文数是14篇。从0到14,这是一个很大的飞跃,这是我们科研“顶天”方面取得的一个很大的成绩,也是我们全校师生员工共同努力的结果。另外,2013年有5篇论文列入“全球经济学科研究机构排名”,这是学校首次跻身国际公认的经济类最高水平论文收录榜。2015年学校排名上升到国内高校的第4位。与美国芝加哥大学、英国南安普顿大学等37所境外高校签订了校际合作交流协议,留学生教育稳步提升,学生赴国外学习交流的比例和数量不断扩大。社会声誉方面,现在同行、社会普遍认可的一个财经类大学排行榜我们排在第7位,前面6位是6所211院校和东北财经大学。

同时,“十二五”期间,学校的现代大学制度建设取得了实质性进展。制定完成《首都经济贸易大学章程》,完成《学术委员会章程》修订工作。完善工会、教代会、学代会等民主管理和民主监督机制建设。深化内部管理体制改革,逐步实施校院两级管理体制,提高了内部管理运行机制的科学化、透明化和民主化水平。

文化建设不断深化。通过校史校志编撰、校歌创作、艺术团和运动队建设、师德建设、楼宇景观新名称推广等系列工作,丰富了校园文化体系,获得评“国家生态文明教育基地”称号,获得国际与国家级艺术教育奖项13项,连续两年荣获教育部全国高校校园文化建设优秀成果一等奖和二等奖,高水平运动队在游泳和篮球项目上成绩喜人。

办学条件明显改善。完成一批基建项目并投入使用,启动学术研究中心建设,初步完成华侨学院资产权益回购工作。筹资能力不断提高,各项经费收入较“十一五”期间同比增长76%以上,“十一五”期间学校的综合收益是27个亿,“十二五”期间达到47.6亿。通过信息化基础设施升级改造、数字图书馆建设、后勤一站式服务、医疗服务体系完善等工作,增强了公共服务体系的保障能力。

党建工作也进一步加强。开展党的群众路线教育实践活动和“三严三实”教育活动,全面落实党风廉政建设责任制、加强对重点领域的监督、推进惩治和预防腐败体系建设等工作。学校党建工作成效显著,获得第六次北京市党的建设和思想政治工作先进高校提名奖。2012年,顺利通过“北京普通高等学校党建和思想政治工作基本标准”集中检查,成绩优秀;2015年,学校被确定为市级建设学习型党组织工作示范点。

回顾“十二五”时期的工作,总体来看,经过大家的共同努力,我们出色地完成了“十二五”规划提出的主要任务,这其中凝聚着全体首经贸人的心血,大家在“十二五”期间辛勤、卓越的工作将载入首都经济贸易大学的史册。我也代表党委和行政对大家的工作表示深深的谢意。由于国家政策变化等种种原因,“十二五”规划当中也有几项没有完成,在此和大家汇报下。比如,由于国家没有启动或取消申报工作,一级博士学位授权点增加的任务没有完成;整个“十二五”期间,新增博士点的任务都在调整过程中。另外,党的十八大以后,国家级重点学科的评审向“双一流”建设转化,新增国家级重点学科的任务也没有实现。教育部人文社科基地建设是我们多年来一直想完成的,但是教育部连续十年都没有启动。还有因为国家和北京市政策调整的原因,我们的科研获奖数量的变化因国家和省部级科研评奖的范围大幅下降,学校获奖的数量也有所影响。另外,受北京市疏解非首都功能的影响,征地面积及一些重大项目建设数量的指标没有完成,等等。

下面汇报一下“十三五”面临的机遇和挑战。我们面临的机遇是很大的。首先是国家“十三五”规划实施的新机遇，我们面临着广阔的前景。另外，国家创新战略和教育改革的新机遇，特别是世界一流大学和一流学科建设的重大战略为我们提供了前所未有的发展契机，以及京津冀协同发展的新机遇为学校提供了更加广阔的发展平台。

与此同时，我们面临的挑战也是非常大的。比方说，教育国际化的挑战，来自全球教育市场的竞争我们能否适应，这是一个挑战。互联网时代给我们提供了很多方便，但是我们传统的教学方式，包括传统的科研方式能否适应或跟上“互联网+”时代的要求，这是一个挑战。国内同行高校竞争的压力也越来越大，不进则退。另外，非首都功能疏解也给我们的办学空间提出了挑战。

所以，我们“十三五”规划的完成将是在这样一种机遇与挑战并存的情况下实现。分析我们自身的条件，我们面临的问题也是比较多的，体现在以下几个方面：我们整体的学科水平有待进一步提升；创新人才培养还显不足；标志性科研成果和社会服务有待进一步突破；国际化办学水平有待进一步提升；学校办学的基础设施和条件保障还要进一步加强；特别是文化、制度等软环境，尚不能满足我们办学的需求。这些都是“十三五”期间学校需要解决的深层次的问题。

接下来和大家汇报学校“十三五”规划的主要目标和任务。“十三五”规划要回答的问题或者说贯穿“十三五”规划的灵魂体现在3个方面：一是“十三五”规划的目标是建成“国内一流、国际知名的财经大学”。那么，怎样才是建成了？一流财经大学的标志是什么？二是学校如何对接国家的“双一流”战略。三是在北京市的“十三五”规划中，京津冀协同发展是一个重要内容，在这期间学校如何发挥自身的作用。

学校“十三五”规划的指导思想是：高举中国特色社会主义伟大旗帜，全面贯彻党的十八大和十八届三中、四中、五中全会精神，以马克思列宁主义、毛泽东思想、邓小平理论、“三个代表”重要思想、科学发展观为指导，深入贯彻习近平总书记系列重要讲话精神，坚持立德树人，遵循教育发展规律，立足学校办学特色和发展实际，以学科建设为龙头，以全面提高人才培养质量为核心，以综合改革和协同创新为动力，坚持内涵发展、质量优先，坚持特色化、国际化和品牌化的发展路径，夯实基础，跻身一流。

学校“十三五”时期的总体目标是：立足北京，服务社会，把学校建设成为现代化、国际化、多科性、特色鲜明的国内一流、国际知名的财经大学，为融入国家建设“世界一流大学和一流学科”战略奠定基础。这里需要解释两点：一是“跻身一流、国内一流”指的是什么？站在国内高校分类分层这个角度看，国内有50多所财经类大学，总体分为3个层次，一是5～6所以央属211高校为主的第一集团；二是以首经贸、江财、天财、浙江工商等十几所地方高水平大学为主的第二集团；其他高校为第三集团。目前，整体上看，我们属于第二集团靠前的位置，但在一些同行认定的主要指标方面，如学术声誉、影响力、社会影响力、国际影响力、人才培养质量以及校园治理、现代大学制度建设等方面，我们还有一定的差距。所以我们说，在“十三五”期间建成一流、跻身一流或是位于财经大学前列，指的是尽快弥补与第一集团的差距，到“十三五”末期，学校的整体水平要跻身第一集团。这就是我们所说的建成一流大学的主要标志。应该讲，经过几代首经贸人的不懈努力，这个目标是可以实现的，也是一定要实现的。具体的标志体现在6个前列上，一是形成国内一流、国际有影响、优势突出的学科体系，主体学科进入国内学科排名前30%，优势特色学科跻身国内前列；二是人才培养质量和学生就业质量位居财经大学前列；三是科学研究和社会服务水平进入财经大学前列；四是高层次人才数量进入财经大学的前列；五是学校国际化水平走在财经大学的前列；六是党建和软实力建设走在财经大学的前列。

第二个要解释的是如何对接国家的“双一流”建设。许多老师认为这个战略离我们太远，因为我们与世界一流大学的水平遥不可及，这个战略不是我们这样层面的大学需要考虑的问题。但是，我们需要了解的有两点：一是国家建设世界一流大学和一流学科有两个层次，一个是世界一流大学，这个目标在短期和中期内确实不是我们需要考虑的，但是在另外一个层面，建设世界一流学科，我们应该有所准备，有所作为。如果我们的优势学科、特色学科可以跻身世界前列的话，再经过10～15年的努力，跻身世界一流学科不是没有可能的。另外，国家“双一流”建设是一个长期战略，分为3个阶段，跨度30多年，作为我国高等教育长期主流的发展战略，学校作为一流财经大学有必要也应该早日融入这个战略，这对长远发展是一种负责任的态度。我们也在“十三五”规划中为这个战略做了很多铺垫，具体的任务通过以下几个数据来说明：我们的规划是通过一系列可以操作、可以监测、可以评估的数据来落实的，我们在设计时参考了中国教育监测与评估统计体系的主要内容、第三和第四次学科评估指标体系、本科教学评估指标体系、世界大学排行榜、ESI评估体系等几种长期坚持的指标体系等。举一个例子,ESI是表征世界一流学科的指标体系,我们经过反复测算,到“十三五”末期,我们可以进入ESI前10%的标准,争取到“十四五”或更长的时期进入ESI前1%,这是有可能的。

下面再和大家汇报下几个指标体系。在人才培养方面,在校普通本科生10 000人,也就是说,本科生规模保持不变,适度扩大博士生和研究生的规模,特别是博士生的规模,包括专业学位硕士的比例要有适当的提升。另外,国家级教学成果奖、国家级实验教学示范中心、国家级校内外创新实践基地等要有新的突破;本科生就业率、毕业生深造率特别是用人单位满意度都要保持在较高的水平。在学科建设方面特别举几个例子,比方说在博士学位授权点方面,我们在“十二五”期间有意识地自设了几个交叉学科授权点,就是为了“十三五”期间博士点的建设做准备。“十三五”期间,我们的理论经济学、法学、公共管理、安全工程甚至其他学科都要有所准备。硕士学位授权点也要有相应的提升,实现全校主体学科硕士学位授权点全覆盖。国内排名前15%的一级学科,现在有应用经济学,我们的统计学也应该达到这样的水平;国内排名前15% ~30%的一级学科,现在是统计学,我们的工商管理、管理科学与工程也应该具备这样的水平。还有国际认证方面,我们也希望在“十三五”期间有所作为。

在科学研究与社会服务方面有3类指标。一是国家级项目、科研经费和权威论文都要比“十二五”期间有所提升。二是我们希望在“十三五”期间通过政策的调整来鼓励SCI/SSCI收录论文的产出,为ESI指标做铺垫。三是在省部级以上科研奖励、专利数、教育部人文社科重点研究基地或省部级智库、“2011计划”等方面都要有所作为。

在队伍建设方面,通过3个方面来实现相关目标。一是教职工队伍数量,教师、管理人员和工勤队伍稳定在1 800人,专任教师争取由目前的800多人稳步上升到1 000人。生师比目前22:1,教育部要求的是18:1,我们通过提升教师数量来达到这一目标。另外,我们在国家级人才项目方面有一些新的需要突破的内容,比如我们在长江学者和国家杰青方面要有零的突破,在千人计划和国家百千万人才工程方面要继续有所增加。

在国际化建设方面,国际化是各个高校在“十三五”期间高度重视的方面,我们在国际化方面面临的任务是非常繁重的,基本上在指标上,相比“十二五”要翻番。

另外,在软实力建设方面,我们特别强调加强校园文化建设,不断丰富文化建设的成果,推进现代大学制度建设,不断夯实依法治校的基础等。

还有我们的办学条件,我们师生的工作、生活条件、科研条件都需要进一步改善,我们的重点项目建设面积、生均教学行政用房、宽带接入能力都要比“十二五”期间有很大的提升。

在党的建设方面,“十三五”期间要加强思想建设、组织建设、作风建设、反腐倡廉建设、制度建设,这是我们主要的支撑和保障,在发挥党委的领导作用方面也有具体的任务。

最后一部分内容是“十三五”的组织和实施。具体包括加强组织领导、坚持改革引领、完善监督评估、确保资源配套、强化规划共识几个方面,这些方面不再详细展开。我有几个方面想和大家交流:“十三五”规划是否制定得好、落实得好,通过“十三五”规划能否实现我们建设一流大学的目标,这里面要处理好各种关系,特别是要处理好六对关系。这六对关系是并重的,是两手抓两手都要硬的关系。

一是教学与科研的关系。对一流大学来讲,教学与科研并重,这是我们必须要遵循的基本原则。现在的问题是如何解决好“轻教学重科研”这个几乎是世界性的难题。现在国际国内对高校的各种评价体系都加大了对人才培养的比重,教学应有的中心地位正在得到加强。2015年,学校教学工作会出台的一系列措施也是为了补上这一短板。“十三五”期间,我们将继续实施多元化的考核政策,让适合教学的老师多做教学工作,让适合科研的老师多做科研工作,力争使老师各尽所能,发挥特长。

二是科研“顶天”和“立地”的关系。科研“顶天”体现了学术和理论的创新,一般体现在高水平论文的发表、课题的申报等方面,体现了学术的逻辑;“立地”是转化和应用,体现了社会需求的逻辑。中国世界一流大学和一流学科建设一定要体现学术逻辑和社会需求逻辑的共同标准。也就是说,“顶天”和“立地”同样重要,两手都要抓,两手都要硬。

三是人才引进和培养的关系。人才流动是高校的一个基本特征,引进人才特别是高水平的领军人才是提高学校学科建设水平的主要途径。“十三五”期间,学校将继续加大引进高水平领军人才的力度,帮助学校尽快提高学科水平。同时,我们也要通过多种渠道强化对现有教师的培养,使他们不断提高学术水平,适应一流学科建设的需要。

四是国际市场和国内市场的关系。国际化将是“十三五”期间高校发展一个非常显著的特点。国际化给我们带来的机遇和挑战是并存的,如何开拓国际、国内两个市场,用好国际、国内两种资源,对实现我们一流大学的目标也是至关重要的。

五是学校事业发展与教职工生活条件、待遇改善的关系。这两者都是我们教职工所关心期盼的，我们当然两手都要抓、两手都要硬。

六是软环境和硬指标的关系。我们经常议论我国和发达国家的差距，经过改革开放近40年突飞猛进的发展，我们硬的指标和环境已经不输他们，差距依然很大的是背后的软环境。同样，我们在建设一流财经大学的过程中，一些标志性指标经过努力能够达到。难的是制度建设、文化环境、校园氛围等软环境，能否与一流大学的称号相匹配，所以软环境建设也是“十三五”期间学校建设的一项重要内容。

以上就是我跟大家简要汇报的“十三五”规划的主要内容，请大家批评指正，谢谢大家！

在第三届教职工代表大会暨工会会员代表大会六次会议闭幕式上的讲话（实录）

校党委书记　柯文进

（2016年4月27日）

各位代表、同志们：

学校第三届“双代会”六次会议经过认真的筹备顺利召开了，为期一天。首先，我代表学校党委向全体与会代表积极地参与审定、讨论学校发展规划表示感谢，也为这次会议顺利召开而辛勤工作的工作人员表示衷心的感谢！

这次大会是学校站在新的历史起点上，认真总结、分析高等教育形势，科学谋划“十三五”时期的发展目标和重要任务，加快一流财经大学建设的一次重要会议。刚才，稼琼校长代表学校，就学校“十三五”发展规划起草的过程、学校在“十三五”期间提出的办学总体定位、发展目标、发展思路和发展举措，相应的关键发展指标体系，包括学校在“十三五”期间面临的机遇和挑战，以及要处理的各种关系等，向代表们进行了解释和解读。校长讲得非常好，我完全赞同。在这次大会上，我们还进一步听取了各位代表的意见，汇聚全校师生的智慧，共同制定好学校的“十三五”发展规划。今天的会议，对于进一步统一思想、凝聚共识、汇聚人心，共同推进学校事业发展具有非常重要的作用。

另外，在今天的会议期间，代表们还以高度的责任感和神圣的使命感，认真听取并审议学校2015年学校工作报告，财务工作报告，工会、教代会工作报告，教代会提案工作报告等，这对我们进一步发挥教代会在现代大学内部治理中民主管理和民主决策具有重要的作用。

“十二五”期间，在学校党委的领导下，全校师生积极落实“打基础，上水平”的发展战略，不断深化改革，创新发展思路，踏实工作，学校各项事业取得了长足发展。刚才，校长在报告中对学校“十二五”期间取得的成绩进行了总结，取得的成就远超预期。当然，也有一些目标由于外界的原因没有实现。这为“十三五”时期战略目标的实现奠定了良好基础。“十三五”时期，学校的战略目标将经过教代会的审议进一步明确下来，学校要围绕“建成‘国内一流、国际知名’财经大学”这个宏伟而又艰巨的目标努力奋斗，为了更好地实现该战略目标，在此，我谈3点想法和认识。

一、要准确把握国家战略和首都定位

党的十八大确立了两个一百年奋斗目标，开启了中华民族伟大复兴的新征程，国家“十三五”规划的编制承载着第一个百年梦想的实现，“创新、协调、绿色、开放、共享”五大发展理念将引领经济新常态下我们的发展方向和前进步伐。“十三五”时期也是北京落实首都城市战略定位、建设国际一流和谐宜居之都的决胜期。那么，在今天的会议上，有个信息我想和大家通报下，在昨天下午3点，中央政治局委员、北京市委书记郭金龙同志一行人到首经贸调研，到6点20分才离开学校。在校期间，参观了学校城市运行与应急管理实验中心和学生创客社区，用了两个多小时的时间和学校部分干部、师生座谈，并发表了重要讲话。郭金龙书记听取了我们党委、行政的汇报，听取了一个科研团队、青年教师和学生的发言，并在昨天下午的讲话中表达了这么几个意思，我想转达一下，一是对首都经济贸易大学60年来取得的办学成绩表示肯定；二是对学校今年60年甲子之年的校庆表示祝贺。当然在昨天的会议上，他结合“十三五”时期北京市在京津冀协同发展、生态建设、创新驱动、城市治理、民生工作等各个方面，介绍了未来北京市“十三五”发展规划的蓝图、着重要解决的问题及面临的挑战。另外，在讲解的过程中，由于他听取了学校的汇报、参观了学校以及前期对学校的了解，他对每一项工作中与首都经济贸易大学的人才培养、科学研究、智库建设相关联的工作都提出了希望。他希望首都经济贸易大学发挥学科交叉的优势，发挥学科专家的优势，包括我们一些学科平台的优势，更好地为首都经济社会发展做出贡献。所以，我觉得在这样一个重大的历史节点上，在制定学校“十三五”发展规划的过程中，郭金龙书记的重要讲话和他的希望，包括对学校的要求都是我们重要的指导思想。因此，我们要准确把握国家和首都战略的实质及发展方向。大学的发展始终与国家和民族振兴同向同行，大学需要明确自身的定位、角色和责任，在国家和区域发展中充分发挥作为人才培养基地、科研和文化传承平台的作用。我们只有以战略的思维和全局的观点来深化对“十三五”规划的认识，才能使规划深入人心，成为行动的纲领，才能更好地聚焦国家和首都发展战略，提升学校服务首都的核心竞争力。

二、要主动适应和把握高等教育发展形势

刚才校长在介绍“十三五”发展形势当中已经全面分析了高等教育发展面临的新形势、新任务。当前，信息革命突飞猛进，高等教育国际化已是大势所趋，大学精神和使命的重塑、知识创造和人才培养的重新理解、教学技术的改进、教育资源的共享和交换、开放办学等方面都对高等教育提出了新机遇和新挑战。北京市已经率先进入高等教育普及化阶段，传统的数量增长模式逐渐转化为以质量为核心的内涵发展模式。所以昨天下午在会议上，郭金龙书记最后对北京市的高校也是对我们首都经济贸易大学提出了一个希望，就是希望在“十三五”期间，高校要深入推进内涵式发展，努力建设一批世界一流学科，提升核心竞争力和文化软实力。所以，发展主旋律的转变对高校的布局优化、办学体制、课程和教学形式、学术标准、社会服务、管理决策、资源配置和质量保障等提出了更新更高的要求。在国家推进一流大学和一流学科建设战略的过程中，国家为高校和教师发展提供了更加广阔的空间。郭金龙书记在调研中强调，希望各个学校在深化综合改革和推进一流学科建设的过程中，进一步提升学校的实力。那么，面对这种国内外新趋势和新形势，我们需要在学校“十三五”规划的制定过程中进一步解放思想、全面深化改革，激发各方面的创造性，紧紧抓住创建一流财经大学的目标不动摇，为学校的未来发展赢得主动。

三、要认真踏实地做好规划的落实工作

学校“十三五”时期的发展蓝图，经过反复讨论和今天教代会上的讨论，最终要确定下来。然而，科学谋划只是成功的第一步，只有切切实实地落实规划，才能使蓝图变为现实。正如李克强总理前不久在北京大学召开的高等教育改革创新座谈会上所强调的，建设高水平的大学要充分调动广大教学和科研人员的积极性，要实行符合智力劳动特点和规律的政策，为青年教师施展才华提供舞台。所以，学校在规划的落实当中，要全心全意地依靠广大的教职工，要发扬首创精神，激发员工的创造力，在积极推进综合改革的过程中逐步解决影响和制约学校发展的体制和机制问题，激发教职工的积极性，全面提升学校的治理水平。另外，我们希望全校教职工要着眼于大局，分清形势，确实将思想和行动统一到学校“十三五”规划的部署和要求上来，为实现学校“十三五”的目标和任务贡献我们的智慧和力量。

各位代表、同志们，此次教代会的成功召开必将对我校“十三五”时期的发展产生积极而深远的影响。希望各位代表认真学习、深刻领会本次教代会精神，特别是对稼琼校长所做的大会报告，要在进一步贯彻讨论的基础上抓好落实，增强责任感、紧迫感和使命感，做好学校与教职工沟通交流的桥梁，当好敬业奉献的表率，广泛汇聚正能量，共同开创学校事业发展的新局面！

谢谢大家！

党风廉政建设大会

在全校党风廉政建设大会上的讲话

校党委书记　柯文进

（2016年3月31日）

同志们：

学校党委历来对党风廉政建设和反腐败工作高度重视，每年都专题研究部署学校党风廉政建设大会的相关工作。今年的会议是在北京市委专项巡视期间召开的，其意义更加不同寻常。刚才，杨世忠同志受党委委托做了工作报告，我都赞成，全校各单位要结合实际抓好贯彻落实。

党的十八大以来，以习近平同志为总书记的党中央着眼于新的形势任务，把全面从严治党纳入“四个全面”战略布局，把党风廉政建设和反腐败斗争作为全面从严治党的重要内容。在今年党的十八届中央纪委六次全会上，习近平总书记强调，全面从严治党是我们立下的军令状，要保持坚强政治定力，坚持全面从严治党。王岐山同志提出，监督执纪问责是全面从严治党的必然要求，是做好纪律检查工作的纲。中央领导同志的重要讲话为深入推进学校党风廉政建设和反腐败工作指明了方向，提供了遵循。

近年来，学校深入学习贯彻习近平总书记系列重要讲话精神，把管党治党作为根本的政治责任，把守纪律、讲规矩摆在更加突出的位置，推动党风廉政建设和反腐败工作取得了一定成效。同时我们也清醒地认识到，面对中央和北京市委的要求，面对广大师生员工的期盼，工作中还存在一些问题和不足，如在去年11月的全市党风廉政建设责任制检查反馈意见中提出的：一是学校各级党组织对全面履行党风廉政建设主体责任认识不够到位，措施不够有力，执行不够坚决，自觉性和主动性亟需加强；二是推动落实“两个责任”的压力传导层层递减，“个性化”配套制度措施不健全，一些基层单位落实责任成效不明显；三是权力制约和监督机制还需进一步完善，制度的刚性约束不够，制度执行的自觉性要进一步强化。

针对这些问题和不足，学校已经形成了整改方案。我们要切实增强政治意识、大局意识、核心意识、看齐意识，坚决落实全面从严治党的要求，深入推进党风廉政建设和反腐败工作，努力营造风清气正的校园政治生态。刚才，世忠同志已经全面部署了2016年的工作，我这里着重强调几点意见：

一是切实肩负起全面从严治党主体责任。

全面从严治党主体责任是政治责任，是各级党组织职责所在、使命所系。全校各级党组织、领导班子和干部要进一步增强管党治党的思想自觉和行动自觉，落实党政同责、一岗双责，把管党治党作为分内之事、应尽之责，以高度的政治责任感谋划好党建工作。要进一步明确党建工作的目标任务、重点内容和责任要求，构建主体明晰、责任明确、有机衔接的责任体系，推动全面从严治党向二级单位延伸、向基层党支部延伸、向全体党员干部延伸，把加强党的领导落实到学校改革、发展、稳定各方面。要加强督促、检查、问责，探索建立常态化、长效化的监督检查和考核问责机制。2016年，校级领导班子成员要亲自带队对二级单位履责情况进行检查考核，以强有力的督促问责倒逼责任落实。

二是把纪律建设摆在更加突出的位置。

纪律是党的生命，加强纪律建设是全面从严治党的职责。各级党组织都要把纪律放在前面，用纪律管住全体党员。要深入开展党的纪律教育，结合“两学一做”学习教育，把党章和廉政自律准则、纪律处分条例纳入校院两级党委中心组学习、党课、党校教育课程中，教育引导广大党员，特别是领导干部，真正弄清楚该做什么不该做什么，能做什么不能做什么，牢记各项纪律要求和党的纪律底线。要把严明政治纪律和政治规矩放在首位，尤其是各级领导干部要时刻绷紧政治纪律这根弦，强化看齐意识，要向党中央看齐，向党的理论和路线方针政策看齐，在思想上、政治上、行动上同以习近平同志为总书记的党中央保持高度一致。同时，要严格执行纪律。作为党内专司纪律检查的监督机构，纪委要紧盯“六项纪律”，抓早抓小、动辄得咎，以更加严格的执纪促使党员干部远离纪律和规矩的红线。

三是锲而不舍抓好作风建设。

作风建设只有进行时，没有完成时。各级党组织必须始终保持一抓到底的决心，在坚持中深化，在深化中坚持，使中央八项规定精神落地生根。要突出重点和抓好节点，对违反中央八项规定精神、市委实施意见和学校实施意见的，实行“零容忍”，发现一起，查处一起，通报一起。要切实巩固领导干部办公用房、干部兼职、公务接待等突出问题的整改成果，切实抓好学校因公出国（境）、会议、培训以及《公务接待暂行办法》等制度的落实，坚决防止制度悬而不落，规定成为摆设。要持续推进改进工作作风、密切联系群众工作的常态化机制建设，完善管理制度，规范办事程序，不断提高服务大局、服务基层、服务师生的能力和水平。

四是配合专项巡视，抓好整改落实。

自觉接受巡视监督、积极配合市委巡视组开展工作既是学校各级党组织的政治责任，也是严肃的政治任务。自3月初市委第六巡视组对学校开展专项巡视以来，至今已经有1个月的时间了，目前各项工作仍在紧张有序地进行之中。

在接下来的时间里，全校各级党组织、广大干部党员要继续全力支持和配合好巡视组的工作，和巡视组的同志们一起共同完成好市委交办的巡视任务。同时，各级党组织和领导干部要从现在开始，研究部署整改落实工作。一方面，对巡视组已经指出的、短时间可以整改的，相关单位要即知即改，立行立改。另一方面，对确需一段时间整改的，要紧紧围绕巡视组反馈的意见，从思想作风、体制机制、监督管理上剖析产生问题的原因，形成问题清单、任务清单、责任清单，逐一抓好落实，按时报告整改情况，确保件件有着落，事事有回音。

同志们，全面从严治党永远在路上。全校各级党组织和党员领导干部要领会新精神、把握新要求，切实增强“四个意识”，全面落实“两个责任”，以更大的决心和更高的标准完成好党风廉政建设和反腐败各项工作任务，为学校改革事业发展提供更加坚强有力的保障。

首都经济贸易大学成立外国语学院

5 月 26 日，首都经济贸易大学举办外国语学院成立大会暨外语学科发展论坛。学校党委书记柯文进和校长王稼琼为外国语学院揭牌。

新设立的外国语学院有教职工 67 人，其中，专职教师 59 人，拥有商务英语、英语（经贸翻译、英法双语）和法语 3 个本科专业，13 个专业班级，1 个翻译专业（MTI）硕士点，1 个外国语言文学一级学科硕士学位授予点。成立后，学院将贯彻“以学科建设为龙头，以人才培养质量为中心，以应用能力改革为重点，以提高学科层次、教师教学科研水平和学生就业核心竞争能力为主要目标”的发展战略，在人才培养中借力学校经济学、管理学等优势学科，突出学院外国语言文学学科优势，培养具有国际视野的复合型、应用型人才。

在外语学科发展论坛上，在学校执教 30 多年的程虹教授做了以“学者风范，精神追求”为主题的学术讲座。她从英国著名学者塞缪尔·约翰逊博士的人生故事讲到中国古典文学中天人合一的思想追求，又谈到自然文学中的三景，从风景、声景及心景的三维角度带领师生领略了自然文学的魅力，鼓励大家静心治学，用心灵感知自然，从自然的角度透视艺术，实现人与自然的和谐相处。整个演讲也体现了她在生态文学研究领域的 4 个结合：学术理论和实践的结合；中国文论和西方文论的结合；生态文本研究和生态审美批评的结合；中国古典文化与现代文明的结合。

出席成立大会的还有美国范德堡大学威廉姆·弗兰克教授，加拿大渥太华大学基齐托·泰克瓦博士，斯洛伐克共和国驻华大使馆参赞杜尚·马鲁夏克先生，学校纪委书记杨世忠和中国人民大学、中国传媒大学、北京科技大学、中央财经大学等兄弟院校的专家学者，学校相关职能部门负责人，各学院院长、党委（党总支）书记，以及外国语学院全体师生。

第三篇

2016 年十大新闻与大事记

2016 年学校十大新闻

1. 首经贸举办系列活动纪念建校 60 周年

10 月，学校举办特大城市发展论坛、中外经贸论坛、地方校友会论坛、纪念建校 60 周年文艺晚会、建校 60 周年纪念大会、国际文化节、各学院纪念活动等系列活动。博远楼、琢玉讲堂落成，校园增添了多处新景观。校史馆开馆，学校发布《校志》《首经贸记忆》《图说首经贸》《校友风采》《任扶善先生百岁文集》等系列文化丛书。5 月 26 日，首都经济贸易大学外国语学院成立。

2. 北京市委书记郭金龙来首经贸调研并与师生座谈

4 月 26 日，中央政治局委员、北京市委书记郭金龙一行来到学校调研，郭金龙走访了学校城市运行与应急管理实验中心和学生创客社区，观看了城市应急仿真模型系统，详细了解学校在京津冀协同发展等方面的研究成果，与 100 多名师生代表亲切座谈。郭金龙在调研过程中对学校发展和服务京津冀的成果表示了肯定。

3. 首经贸“十三五”规划编制完成

学校“十三五”规划编制完成，全文共 16 800 多字，分为发展基础与环境、战略思路、主要任务和组织实施 4 个部分。规划确定了未来 5 年学校发展的总体目标：立足北京、服务社会，把学校建设成为现代化、国际化、多科性、特色鲜明的“国内一流、国际知名”的财经大学，为融入国家建设“世界一流大学和一流学科”的战略奠定基础。2016 年，学校共 14 个学位授权点顺利通过教育部专项评估。

4. 首经贸科研工作再创佳绩，获批国家级项目 50 项

2016 年，学校科研成果丰硕，获批国家级项目 50 项，其中国家社科基金项目 30 项（年度项目 27 项），国家自然基金项目 20 项。获批省部级项目 44 项，各类委办局项目 51 项。智库建设取得新成果，获批城市群系统演化与可持续决策北京市重点实验室，学校继续发布 2016 年《京津冀蓝皮书》。

5. 首经贸启动制订 2017 年版本科人才培养方案，完善多样化人才培养模式

学校加强人才培养工作，启动制订 2017 年版本科人才培养方案，完善多样化人才培养模式。“走进管理的世界”入选教育部精品视频公开课。学校获批北京地区高校示范性创业中心。

6. 首经贸开展“两学一做”学习教育，市委第六巡视组到学校开展专项巡视

2016 年，学校深入开展“两学一做”学习教育，各党支部围绕“学党章、讲政治”“学党规、守规矩”“学讲话、做表率”“学规划、作贡献”等主题开展集中学习，积极开展“六个一百”计划，根据岗位特点和工作实际自主创新活动方式。2016 年，按照北京市委统一部署，市委第六巡视组进驻学校开展专项巡视。

7. 首经贸获全国高校校园文化建设优秀成果一等奖和北京高校党建和思想政治工作优秀成果二等奖

学校校园文化建设取得新进展,学校申报的《升华"骆驼精神"文化,建设"六个一"工程》系统总结了首经贸通过开展"六个一"工程,厚植"骆驼精神"文化土壤的工作经验,获全国高校校园文化建设优秀成果一等奖。此外,学校申报的《构建"骆驼精神"文化体系,引领首经贸筑梦远航》获北京高校党建和思想政治工作优秀成果二等奖。

8. 首经贸国内外合作交流取得新突破

2016 年,学校与美国马里兰大学、美国新泽西州立罗格斯大学、英国贝尔法斯特女王大学等境外高校新签署 28 项校院两级合作协议。新增企业管理等 6 个留学生全英文本硕博招生专业,学历留学生规模进一步扩大。首经贸校友会新成立 7 个二级组织,其中包括首个海外校友会和首个行业校友会。

9. 首经贸获"全国模范职工之家"称号,多名教师获省部级以上荣誉称号

2016 年,学校师资队伍建设工作取得新成果,深入开展教职工"暖心工程",获得"全国模范职工之家"称号。李奇、张连城、刘冠军、马立平、陈立平、谢海霞、蔡秀云等多名教师获省部级以上荣誉称号。学校开展了新一轮教师职务聘任工作,并评出 2 名人才培养型教授。

10. 首经贸学生获多项殊荣,本专科毕业生就业率 99.67%,研究生就业率 100%

2016 年,学校本专科毕业生就业率 99.67%,研究生毕业生就业率 100%。学校大学生社会实践工作获全国社会实践活动优秀单位、优秀团队和优秀个人等奖项。多名学生在美国大学生数学建模竞赛、全国高校商业精英挑战赛等多类国际和国家级竞赛中获奖。学校游泳队在亚洲、全国和北京市级游泳比赛中获 19 个冠军奖项。

2016 年学校大事记

1 月

1 月 4 日,学校举行"日新奖励基金"签约仪式,校党委书记、教育基金会理事长柯文进,校纪委书记杨世忠,1985 级企业管理专业研究生校友、项目捐赠人刘廷儒,原北京财贸学院党委书记陈日新家属等参加会议。

1 月 6 日,学校同中国社会科学研究院、天津财经大学、河北经贸大学,以及三地社科院等多家单位共同成立"京津冀协同发展智库",校长王稼琼出席成立仪式并做"财经类高校智库建设要持续追求质量提升"主题演讲。

1 月 13 日,学校与北京第二外国语学院举行共同培养博士后签约仪式。校长王稼琼、副校长丁立

宏与北京第二外国语学院党委书记冯培、校长曹卫东共同为博士后联合工作站揭牌。

1月15日，学校杂志总社举办2015年北京市高教学会社会科学学报研究会。

1月，学校荣获全国无偿献血促进奖单位奖。

2月

2月1日，工商管理学院高闯教授等主讲的课程“走进管理的世界”入选教育部第八批精品视频公开课。

3月

3月22日，学校召开入选北京市“人才强教三期计划”项目结题考核会，针对2013年立项的“特聘教授计划”“长城学者培养计划”“创新团队建设提升计划”中的10个项目进行结题验收。经专家组考核，参与结项评审的10个项目全部被评为优秀。

3月25日，学校通过2014年学位授权点专项评估，学校此次共参评博士学位授权点1个，硕士学位授权点1个，专业硕士学位授权点12个。

3月29日，学校与瑞华会计师事务所签订战略合作框架协议，校长王稼琼代表学校聘请瑞华会计师事务所首席合伙人、党委书记杨剑涛为客座教授，并向其颁发聘书。

3月31日，学校召开2016年党风廉政建设大会，会议以“夯实管党治党责任，推进全面从严治党”为主题，由校长王稼琼主持，校党委书记柯文进，校党委副书记孙善学，纪委书记杨世忠，副校长王文举、丁立宏、王传生，校党委副书记朱玉华，副校长徐芳、孙昊哲等校领导及校长助理戚聿东、崔也光出席会议。

3月，学校获准设立商务经济学、法语2个本科专业。

3月，学校马克思主义学院院长、教授刘冠军入选中央宣传部新一批文化名家暨“四个一批”人才工程理论界名单。

3月，学校教授张连城被授予第十二批“北京市有突出贡献的科学、技术、管理人才”荣誉称号。

4月

4月7日，校党委理论中心组开展党风廉政专题集中学习，传达中央、教育部和北京市委关于开展党风廉政建设的相关精神，重点传达了习近平总书记关于党风廉政建设的重要论述。校党委书记柯文进主持学习活动，中心组成员王稼琼、孙善学、杨世忠、王文举、丁立宏、王传生、朱玉华、徐芳、孙昊哲、戚聿东、崔也光参加了学习活动。

4月8日，学校、北京市社科联和中共北京市委办公厅信息综合室联合举办“特大城市治理现代化”专题研讨会。

4月8日，副校长徐芳会见澳大利亚迪肯大学常务副校长史密斯·盖瑞一行，双方就两校在学生联合培养、教师互派、科研合作等方面达成进一步深化合作的共识。

4月8日，九三学社北京市委员会成立65周年纪念大会在中国科学院大学举行，学校九三学社社员、劳动经济学院教授王静因获“优秀社员”称号。九三学社首都经济贸易大学（校本部）支社主委、校工会副主席刘颖，九三学社首都经济贸易大学（红庙校区）支社主委、工商管理学院院长柳学信获“优秀社务干部”称号。

4月11日，副校长徐芳会见英国贝尔法斯特女王大学国际办公室中国市场主管杨卉、中英联合学院副院长大卫·鲁尼教授一行，双方就两校建立合作关系、开展学生联合培养、教师互派交流、科研合作等进行了友好交流并达成初步共识。

4月13日，学校党委理论中心组（扩大）邀请北京市发改委主任卢彦就“北京市‘十三五’规划暨京津冀协同发展”做专题报告。校党委书记柯文进主持学习活动，中心组成员王稼琼、孙善学、杨世忠、王文举、丁立宏、王传生、朱玉华、徐芳、孙昊哲、戚聿东、崔也光等参加了学习活动。

4月15日，北京财贸职业学院院长王成荣等一行来访，针对北京市教育委员会出台的高端技术技能人才贯通培养试点项目与学校进行交流研讨。校长王稼琼、副校长王传生出席本次会议。

4月21日，校长王稼琼会见罗马尼亚驻华大使馆公使衔参赞奥古斯丁·约希沸斯库，布加勒斯特经济大学管理学院院长伊恩·波帕、管理系主任多布林·科斯明一行，双方就两校开展学生交换项目、教师互派交流、科研合作等进行了友好交流并达成共识。

4月26日，中央政治局委员、北京市委书记郭金龙一行来校调研。郭金龙一行走访了学校城市运行与应急管理实验中心和学生创客社区，观看了城市应急仿真模型系统。特大城市研究院常务副院长、教授段霞汇报了学校城市运行与应急管理实验室研发的服务首都和京津冀的城市研究数据库系统。在创客社区,郭金龙对学校创客社区的基本情况进行了了解,对法律税务咨询、工商注册等第三方服务方面进行了认真询问。郭金龙在调研过程中对学校党的建设、人才培养、科学研究、智库建设、服务京津冀等各项工作给予了高度肯定,对学校就加强内涵建设、全面深化改革、提升教育质量、主动服务社会提出了新的要求。陪同调研的北京市领导有市委常委、教工委书记苟仲文,市委常委、秘书长、副市长张工,副市长王宁以及北京市有关部门负责同志。

4 月 27 日,校党委书记柯文进主持召开党委理论中心组专题讨论会,深刻学习领会郭金龙书记在师生座谈会上的重要讲话精神,中心组成员王稼琼、孙善学、杨世忠、王文举、丁立宏、王传生、朱玉华、徐芳、孙昊哲、戚聿东、崔也光参加学习。

4 月 27 日,学校召开第三届教职工代表大会暨工会会员代表大会六次会议。学校领导,工会、教代会代表,以及列席代表、特邀代表参加了大会。会议由纪委书记、工会主席杨世忠主持。校长王稼琼在会上做了题为“落实五大发展理念、不断提高办学质量,实现学校‘十三五’发展良好开局”的工作报告。会议审议通过了学校财务工作报告,学校工会、教代会工作报告,学校提案工作报告。会议通过了《首都经济贸易大学第三届“双代会”六次会议决议》。

4 月 28 日,学校同社会科学文献出版社联合举办《京津冀蓝皮书:京津冀发展报告(2016)》发布会。

5 月

5 月 6 日,学校召开“两学一做”学习教育座谈会,传达习近平总书记关于“两学一做”学习教育的重要指示精神及刘云山同志在 4 月 6 日中央“两学一做”学习教育工作座谈会上的重要讲话,并部署了学校“两学一做”学习教育活动实施方案。

5 月 6 日,学校同云南省普洱学院、红河学院、保山学院 3 所国内大学举行“1 + 3”教育联盟战略合作签约仪式,校长王稼琼、校纪委书记杨世忠、副校长徐芳、普洱市市委书记卫星、副书记陆平,普洱学院党委书记毛保祥、院长成文章,红河学院院长甘雪春,保山学院副院长邓忠汉等出席仪式。

5 月 11 日,副校长徐芳会见美国马里兰大学中国事务中心主任安奈德,就推动两校建立正式校际合作关系,合作开展学生交流项目、师生交流与科研合作等进行了积极沟通并达成共识。

5 月 12 日,副校长徐芳会见意大利罗马第二大学副校长古斯塔沃・佩贾、经济学院安德烈・阿波罗尼教授、国际办公室达米阿诺・皮纳奇和意大利教育中心中国区负责人邢建军一行,并同其签订校际合作框架协议。

5 月 13 日,校党委书记柯文进、校长王稼琼、副校长徐芳等会见爱尔兰阿斯隆理工学院校长卡荣・欧・凯伦和国际部亚洲区总监孟晶一行,就两校间继续深化合作进行了交流,并续签校际合作谅解备忘录。

5 月 16 日,副校长徐芳会见美国贝尔法斯特女王大学校长帕特里克・庄士敦,并签订校际合作协议。

5 月 18 日,高等财经教育分会秘书长张国才一行来访,就创立京津冀“9 + 3”新型智库联盟问题进行专题调研。校长王稼琼会见张国才一行。

5 月 20 日,校党委书记柯文进主持召开党委全委(扩大)会,原则通过了《“十三五”时期发展规划(审议稿)》,王稼琼、孙善学、王文举、王传生、朱玉华、徐芳等校领导,校长助理戚聿东出席会议。

5 月 26 日,学校召开外国语学院成立大会暨外语学科发展论坛,党委书记柯文进、校长王稼琼为外国语学院揭牌,学校外国语学院程虹教授、教育部大学外语教指委副主任委员向明友教授在会上做学术讲座。大会由副校长徐芳主持。

5 月 26 日,校党委书记柯文进为党政办公室党支部和工商管理学院战略管理系党支部做题为“学习党章、践行党章,推动学校事业发展”的“两学一做”学习教育专题党课。

5 月 30 日,校长王稼琼会见台北商业大学校长张瑞雄,并签署两校合作谅解备忘录。

6 月

6 月 2 日,党委理论中心组开展“两学一做”,集中学习党章和党委会的工作方法,校党委书记柯文进主持会议,王稼琼、孙善学、王文举、丁立宏、王传生、朱玉华、徐芳、孙昊哲、戚聿东等中心组成员参加了学习活动。

6 月 8 日,校长王稼琼为财务处党支部和劳动经济学院教师第一党支部做“从心入党”为主题的“两学一做”专题党课。

6 月 8 日,副校长丁立宏为发展规划处党支部党员讲授“两学一做”专题党课。

6 月 13 日,广西经济管理干部学院院长朱朝霞一行来校调研,校长王稼琼出席调研座谈会。

6 月 13 日，校长王稼琼、校党委副书记孙善学一行就区校合作事宜赴丰台区政府交流座谈，丰台区区长冀岩，副区长吴继东、李岚等参加座谈。

6 月 14 日，校党委副书记孙善学为学生处、保卫处、基建处和团委党支部教师党员做“学做合一”为主题的“两学一做”专题党课。

6 月 14 日，市委“两学一做”学习教育第五巡回督导组来校调研“两学一做”学习教育开展情况，第五巡回督导组督导员卢思峰、联络员蒋桂达、学校党委副书记朱玉华等参加了调研座谈会。

6 月 15 日，学校与北京光华纺织集团有限公司共同设立“光华奖学金”，主要对品学兼优且愿意到新疆工作的学生进行奖励。

6 月 15 日，北京市丰台区副区长高峰，食品药品监督管理局党组书记、局长李云鸿，新村街道办事处主任郭新占一行来学校调研餐饮工作。

6 月 16 日，校纪委书记杨世忠为纪监审党支部、校工会党支部党员讲授“严格党规党纪，学做合格党员”主题党课。

6 月 16 日，校部机关党委邀请清华大学人文学院唐少杰教授做“忆党史，做合格共产党员”为主题的“两学一做”专题党课。

6 月 19 日，学校举行校园开放日活动。北京市教委主任刘宇辉，北京教育考试院院长钱军，北京市教委委员张永凯，北京教育考试院副院长袁槐莲，校长王稼琼、副校长王传生到各院系、部门及兄弟院校的咨询处进行了视察。

6 月 19 日—26 日，学校教务处处长张学平、财政税务学院院长姚东旭、金融学院院长尹志超、马克思主义学院院长刘冠军一行赴俄罗斯普列汉诺夫经济大学、圣彼得堡国立经济大学和白俄罗斯教育部、白俄罗斯国立大学、国立经济大学等高校和教育行政管理部门进行访问交流，并与俄罗斯圣彼得堡国立经济大学和白俄罗斯国立经济大学签订了校际合作框架协议。

6 月 20 日，学校召开“两学一做”学习教育专题工作会议，阶段性总结“两学一做”学习教育工作开展情况。校党委副书记朱玉华、孙善学，校纪委书记杨世忠，副校长徐芳参加会议。

6 月 20 日，副校长王传生为城市经济与公共管理学院行政管理系、教务处、信息处党支部党员讲授“两学一做”专题党课。

6 月 20 日，副校长徐芳会见美国纽约州立大学奥尔巴尼分校副教务长哈维 · 查尔斯博士，双方就两校开展合作交流项目达成初步共识。

6 月 22 日，副校长徐芳为宣传部、档案馆、文化与传播学院汉语言文学支部教师党员讲授“立足岗位，做合格党员，讲好首经贸故事”为主题的“两学一做”专题党课。

6 月 22 日，副校长王文举会见丰台区副区长张婕一行，双方就丰台区干部培训、大学生实习创业、基础教育合作等事项进行了深入交流。

6 月 22 日，副校长王文举为研究生部、科研处、经济学院经济系党支部党员讲授“两学一做”专题党课。

6 月 24 日，学校举行 2016 届研究生毕业典礼暨学位授予仪式。

6 月 24 日，学校同丰台区人力资源和社会保障局、中关村丰台园签订战略合作协议，三方将围绕促进大学生创新创业方面进行长期密切合作。

6 月 25 日，学校举行 2016 届本科生毕业典礼暨学位授予仪式。

6 月 28 日，校党委副书记孙善学为马克思主义中国化教研室党支部讲授“如何做一名合格的共产党员”专题党课。

6 月 29 日，学校举行纪念建党 95 周年大会，大会对学校 28 个先进基层党组织、123 名优秀共产党员和 24 名优秀党务工作者进行表彰。柯文进、王稼琼、孙善学、杨世忠、王文举、丁立宏、王传生、朱玉华、徐芳等校领导，校长助理戚聿东出席会议。

6 月 30 日，校党委副书记朱玉华为组织部党支部讲授“两学一做”专题党课。

6 月，学校经济学院学生党支部报送的《党旗党徽的故事》荣获北京高校“两学一做”专题精品党课、微党课、微视频、微动漫征集推广活动三等奖。

7 月

7 月 1 日，学校同中企华资产评估有限公司共同成立北京高校市级校外人才培养基地（首经贸—中企华基地）。

7 月 1 日，学校 5 位党外教师获批北京市第二批党外代表人士项目挂职锻炼，分别是：城市经济与公共管理学院教授、民盟盟员张贵祥，信息学院教授、无党派人士徐天晟，法学院教授、民建会员高桂林，安全与环境工程学院教授、民革党员吕淑然和副教授、民盟盟员陈大伟。

7 月 5 日，学校召开“两学一做”学习教育党风廉政建设专题报告会。会议邀请北京市纪委第二纪检监察室主任李正斌做题为“坚持把纪律和规矩挺在前面，坚决守住党的纪律这条‘底线’”的报告。校长王稼琼，校党委副书记孙善学，副校长王文举、丁立宏、王传生，校党委副书记朱玉华，副校长徐芳、孙昊哲，校长助理戚聿东参加了报告会。

7月3日，学校金融学院教授尹志超的论文《金融可得性、金融市场参与和家庭资产选择》获孙冶方金融创新论文奖。

7月6日，学校党委统战部组织北京市人大代表、丰台区人大常委、校工会副主席刘颖，丰台区政协常委、会计学院教授刘文辉，丰台区政协委员、经济学院副教授杜军一行实地考察了学校北门、东门、南门及首经贸地铁站口的交通治理情况。

7月8日，学校举行首都经济贸易大学60周年校庆倒计时100天活动。

7月8日，副校长孙昊哲为资产管理处党支部讲授“两学一做”专题党课。

7月11日，学校举行干部大会，北京市委组织部副部长张彤军代表北京市委宣布，免去柯文进中共首都经济贸易大学委员会书记职务，调北京市政协工作，任命冯培为中共首都经济贸易大学委员会书记。北京市委教育工委常务副书记张雪，市委教育工委委员、干部处处长陈江华出席会议。校长王稼琼主持会议。

7月11日，《首都经济贸易大学年鉴(2013)》获评全国地方志优秀成果(年鉴类)三等奖。

7月12日，副校长徐芳会见中国台湾淡江大学副校长胡宜仁和该校保险系EMBA学生代表团一行。

7月13日，北京市委第六巡视组向首都经济贸易大学党委反馈专项巡视情况，并向校党委书记冯培传达了北京市委书记郭金龙在市委“五人小组”专题会议上的讲话精神。

7月18日，学校党委理论中心组集中学习习近平总书记在庆祝中国共产党成立95周年大会上的重要讲话。校党委书记冯培主持学习，王稼琼、杨世忠、王文举、丁立宏、王传生、朱玉华、徐芳、孙昊哲、戚聿东、崔也光等中心组成员参加学习。

7月，学校荣获首批“北京地区高校示范性创业中心”称号。

8月

8月17日，2016年度国家自然科学基金项目评审揭晓，学校共获批20项课题，其中，面上项目4项，青年项目16项，总资助金额474万元。

9月

9月7日，学校举行2016级研究生新生开学典礼。

9月7日，学校举行2016级本科新生开学典礼。

9月8日，学校召开庆祝教师节座谈会，校党委书记冯培，校纪委书记、工会主席杨世忠，副校长王传生及市级先进集体会计学院领导、2016年北京市“师德先锋”、2016年校级“师德榜样”、从教30年教职工参加座谈会。会上表彰了北京市工人先锋号、北京市先进教职工小家，2016年校级“师德榜样”，2016年从事教育工作满30年教职工。

9月8日，校党委书记冯培会见河南财经政法大学校长杨宏志一行，双方就共同提高人才培养质量、师资队伍建设、加强学科和学位点建设、全面提升学校管理水平等方面展开交流。

9月8日，学校组织召开党外代表人士座谈会。校党委书记冯培出席会议，学校各级党外人士代表、政协委员及民主党派基层组织负责人等参加了座谈会。

9月9日，学校劳动经济学院博士生导师纪韶教授参加习近平总书记在北京八一学校同教师代表、学生代表的座谈会，并作为唯一高校教师代表以“甘守三尺讲台，争做‘四有’教师”为题，汇报了自己的工作。习近平总书记在座谈讲话中对纪韶教授关于“要用爱与责任传播正能量，守牢学生心底良知的底线”的发言表示认可，对纪韶教授“带队进行新就业形态的调研”表示鼓励。

9月13日，学校党委理论中心组集中学习习近平总书记在第32个教师节上的讲话。劳动经济学院教授、博士生导师纪韶传达了习近平总书记的重要讲话精神，分享了她在现场聆听习近平总书记讲话的感受。校党委书记冯培主持学习，孙善学、杨世忠、丁立宏、王传生、朱玉华、孙昊哲、戚聿东、崔也光等中心组成员参加了学习。

9月15日，校党委书记冯培、副校长丁立宏看望学校百岁老人、我国劳动经济学专业创始人与奠基人之一、学校原劳动经济系主任、教授任扶善，并邀请任扶善题写校史馆馆名。

9月18日，学校与诺信金融集团研究院、中国家庭金融调查与研究中心共同举行“京津冀金融研究联盟”成立仪式，并发布《京津冀金融普惠报告》。

9月19日，英国剑桥大学合唱团到访并与学校大学生艺术团、学生社团等开展互动交流。

9 月 21 日，学校党委理论学习中心组（扩大）开展专题学习活动，学校法学院院长、教授喻中做题为“《中国共产党问责条例》解读”的专题讲座。校党委书记冯培主持学习活动，孙善学、杨世忠、丁立宏、王传生、朱玉华、孙昊哲、戚聿东、崔也光等中心组成员参加了学习活动。

9 月 21 日，学校举行 2016 年经贸学者、后备学科带头人和中青年骨干教师座谈会。

9 月 22 日，学校统计学院与京津冀开发区创新发展联盟签订战略合作框架协议，并进行了产业发展研究中心及研究生培养基地揭牌仪式。

9 月 24 日，学校法学院副院长、教授张世君获第二届“首都十大杰出青年法学家”（提名奖）称号。

9 月 26 日，校党委书记冯培会见内蒙古财经大学校长杜金柱一行。

9 月 27 日，学校与对外经济贸易大学、北京时尚控股有限责任公司共同成立北京时尚产业研究院。

9 月 29 日，学校举行离退休同志纪念建校 60 周年联欢会，为全体离退休通知颁发建校 60 周年纪念章。

9 月 30 日，校党委书记冯培会见西北政法大学校长贾宇，双方就进一步加强两校间的交流和合作，共同推动高等教育，特别是法学高等教育的发展等问题进行了深入交流。

9 月，学校统计学院教授马立平、工商管理学院教授陈立平入选 2015 年北京市高层次创新创业人才支持计划（简称“高创计划”）教学名师，法学院教授谢海霞、财政税务学院教授蔡秀云荣获第十二届北京市高等学校教学名师奖。

10 月

10 月 7 日，首都经济贸易大学校史馆正式开馆，部分在京校友、曾在学校工作过的部分校领导、全体在任校领导、学校有关部门及师生代表参加了开馆仪式。

10 月 7 日，学校举行首都经济贸易大学发展建设座谈会，50 余名校友、曾在学校工作过的部分校领导对学校建校 60 周年表示祝贺，并对学校的建设发展提出宝贵建议。

10 月 11 日，学校正式发布《首都经济贸易大学志》、“文化丛书”、“校友风采”、任扶善先生《百岁文集》，北京日报报业集团副总编辑初小玲，北京市委教育工委宣教处副处长寇红江，校党委书记冯培、副校长丁立宏出席发布会。

10 月 12 日，首都经济贸易大学校园文化景观栋梁柱揭幕。

10 月 13 日，学校举办筑梦成长暨大学生创新创业成果展。

10 月 15 日，学校与美国克利夫兰州立大学共建的孔子学院 2016 年理事会会议在学校举行。校党委书记冯培，孔子学院理事会理事长严云泰，克利夫兰州立大学副校长辛迪・斯科卢贝，孔子学院美方院长徐岩，孔子学院中方院长张旭红出席会议。

10 月 15 日，学校与美国克利夫兰州立大学联合举办第三届经贸发展论坛。副校长徐芳、校长助理戚聿东，孔子学院理事会理事长严云泰，克利夫兰州立大学副校长辛迪・斯科卢贝，中航安盟财产保险有限公司总裁奥利维尔和学校专家学者参加了论坛。

10 月 15 日，学校举行“2016 中国特大城市高端论坛——从国家规划到城市治理”，国家发展和改革委员会宏观经济研究院、国务院发展研究中心、中国科学院地理科学与资源研究所、中国城市科学研究会、中国区域科学协会、北京市社会科学界联合会、北京市哲学社会规划科学办公室等单位与会。

10 月 15 日，学校举行首届地方校友会发展论坛。校党委书记冯培，副校长丁立宏出席会议并讲话。学校 15 个国内校友会和首个海外校友会——澳大利亚校友会的负责人及校友代表共 60 余人出席论坛并做了交流。

10 月 15 日，学校举行京津冀大学生创新创业论坛。北京高校毕业生就业指导中心主任匡校震出席论坛。

10 月 15 日，学校举行华侨捐赠陈列馆开馆暨“回报”奖学金设立仪式。北京市委统战部副部长、市侨联党组书记赵宏生，市侨联主席荣洋，市侨联副主席马坚，市侨联原主席林其珍，以及部分参与陈列馆建设的侨界代表，校党委书记冯培，副校长孙昊哲，侨联领导及学院领导班子全体成员、师生代表参加了开馆仪式。

10 月 15 日，学校举办建校 60 周年文艺演出。

10 月 16 日，学校举行建校 60 周年纪念大会。北京市教育委员会主任刘宇辉，北京市财政局局长李颖津，北京市审计局局长吴素芳，中央财经大学校长王广谦等 51 所国内高校的领导，澳大利亚迪肯大学校长简・登霍兰德等 9 所国外高校的领导，丰台区政府和共建单位的主要领导，全体首经贸校领导，学校老领导、老教师和 4 000 余名各届校友出席活动。国内外近百所高校发来了贺信、贺电。

10 月 16 日，学校举行第二届留学生国际文化节。

10 月 16 日，首都经济贸易大学保险行业校友会成立，会上学校启动了以我国农业保险事业拓荒者、学校保险系教授郭晓航名字命名的“晓航基金”。

10 月 16 日，校党委书记冯培会见孔子学院理事会理事长严云泰，双方就美国克利夫兰州立大学孔子学院发展和以孔子学院建设为平台推动两校间合作进行了会谈。

10 月 16 日，学校举办“马克思主义理论专业研究生培养与就业质量暨北京高校思政课教改示范点建设”研讨会，校党委书记冯培、党委副书记孙善学出席本次会议。

10 月 19 日，校党委书记冯培会见爱尔兰阿斯隆理工学院校长卡荣·欧·凯伦和国际部亚洲区总监孟晶，双方就深入推进学生交流、联合培养和科研创新合作等内容进行了友好沟通。

10 月 20 日，学校举办第七届哈博·高校（经管）博士学术论坛，来自国内高校和科研机构的 30 余位专家学者、150 余名博士、200 余名硕士研究生参加了本次论坛。

10 月 24 日—26 日，学校安全工程专业接受了教育部工程教育专业认证委员会安全工程分委会专家组审核。

10 月 25 日，学校党委召开基层党组织专题工作会议，对“两学一做”学习教育、专项工作、人大换届选举等工作进行部署。

10 月 26 日，学校组织校院两级领导干部参观《英雄史诗不朽丰碑——纪念中国工农红军长征胜利 80 周年主题展》，将其作为党委理论中心组（扩大）的一个重要学习内容。冯培、孙善学、杨世忠、丁立宏、朱玉华、徐芳、孙昊哲等中心组成员及全校中层干部参加了学习。

10 月，学校马克思主义学院院长刘冠军教授作为哲学社会科学领军人才入选第二批国家“万人计划”领军人才名单。

11 月

11 月 2 日，党委书记冯培会见天普大学常务副校长兼教务长乔安娜·爱珀斯、法学院代理院长格雷戈里·曼德、法学院副院长路易斯·汤姆森、法学院副教授兼中国法制项目主任桑国亚和中国办公室负责人班爽一行。双方共同签订了“3 + 2”本硕联合培养项目协议书。

11 月 6 日—14 日，党委副书记孙善学率学校代表团对非洲坦桑尼亚达雷斯萨拉姆大学、圣奥古斯丁大学、桑给巴尔大学和莫桑比克爱德华多·蒙德拉内大学、赞比西大学 5 所高校进行了访问交流，并与坦桑尼亚圣奥古斯丁大学、莫桑比克爱德华多·蒙德拉内大学签订了框架性协议，与坦桑尼亚桑给巴尔大学、莫桑比克赞比西大学签订了校际合作框架性协议，

11 月 9 日，学校获评“全国模范职工之家”称号。

11 月 11 日，学校召开第三届教职工代表大会暨工会会员代表大会七次会议。会议通过了《首都经济贸易大学教师职务聘任工作实施方案（2017—2020 年）》。

11 月 11 日—12 日，学校科研处、特大城市经济社会发展研究院与中共北京市委社会工作委员会共同举办 2016 年城市国家化论坛。

11 月 14 日，校党委书记冯培会见北京市地方税务局局长杨志强一行，双方就深化科学研究、人才培养、社会服务等领域的战略合作进行了洽谈。

11 月 15 日，学校校本部与红庙校区分别作为丰台区新村街道地区选举分会第十六选区及朝阳区呼家楼街道地区选举分会第十九选区参加了北京市区乡镇人大代表换届选举投票。校党委常委、副校长孙昊哲当选为丰台区第十六届人民代表大会代表，经济学院副教授封岩当选为朝阳区第十六届人民代表大会代表。

11 月 16 日，学校召开建校 60 周年纪念活动总结表彰会。

11 月 17 日，学校举行“英雄史诗不朽丰碑”纪念中国工农红军 80 周年主题演讲大会。

11 月 17 日—22 日，副校长王传生率代表团赴俄罗斯参加中国—俄罗斯经济类大学联盟第四届年会，并访问了南乌拉尔国立大学，双方签订了校际合作框架协议。

11 月 30 日，党委副书记孙善学会见三菱东京 UFJ 国际财团理事长三木繁光一行，双方就三菱东京 UFJ 银行奖学金项目合作情况进行了交流。

11 月 30 日，学校举行“青年服务国家”首都经济贸易大学 2016 年暑期大学生社会实践总结分享会，团市委大学中专工作部部长张秀峰，校党委书记冯培，副书记孙善学，副校长王传生、徐芳出席会议，分别为 115 个获奖团队和个人、33 项获奖成果进行了颁奖。

11 月，《首都经济贸易大学年鉴（2014）》荣获第二届北京市年鉴编校质量评比一等奖。

12 月

12 月 1 日，校党委书记冯培会见来学校参加金融风险高层论坛的法国前财长、法国燃气苏伊士集团 Egie 战略委员会主席、野村证券欧洲首席顾问埃德蒙·阿尔方戴利一行，就加强相互了解、拓展互利共赢合作领域等方面进行了友好洽谈。

12 月 1 日，学校金融风险研究院、金融学院、中国社会科学院金融研究所共同举办第四届金融风险高层论坛暨《中国金融风险报告（2016）》蓝皮书发布会。

12 月 1 日，北京高校思想政治理论课建设督查组专家到访学校，对学校思想政治理论课建设的组织管理、教学管理、队伍管理、学科建设等开展专项督查。

12 月 1 日，党委副书记孙善学会见来自全国 30 余所高校的主管创新创业工作的校领导、院长及部门负责人组成的国家教育行政学院第一期高校创新创业教育专题研修班一行，并举行“高校创新创业教育与人才培养”主题座谈。

12 月 9 日，学校举行纪念“一二·九”运动 81 周年歌咏大会。中国国家交响乐团国家一级演员陈俊华、中国广播艺术团国家一级演员魏金栋、著名音乐人和词曲作家侯钧受聘为学校艺术教育专家团顾问，校党委副书记孙善学代表学校为其颁发聘书。

12 月 9 日，学校同美国克利夫兰州立大学签订共建中美金融研究中心合作协议。克利夫兰州立大学副校长辛迪·斯科卢贝、首都经济贸易大学副校长徐芳、北京市教育委员会国际合作与交流处处长潘芳芳出席签约仪式。

12 月 13 日，学校党委理论中心组成员冯培、丁立宏、王传生、朱玉华、徐芳、孙昊哲赴通州区调研北京城市副中心建设。通州区委常委、副区长刘贵明陪同调研。

12 月 13 日，学校党委书记冯培会见了国际劳工组织总部（ILO）研究司司长莫赞·马穆德教授。双方就加强学术交流、科研合作以及如何平衡好经济增长和就业稳定等内容进行了友好交流。

12 月 14 日，党委副书记孙善学会见新泽西城市大学常务副校长、教务长丹尼尔·朱利叶斯一行，并与新泽西城市大学签署了校际合作谅解备忘录。

12 月 16 日，学校举行干部大会，北京市委组织部副部长张彤军代表北京市委、市政府宣布，任命付志峰为首都经济贸易大学校长。北京市委教育工委常务副书记张雪，市委教育工委委员、干部处处长陈江华出席会议。校党委书记冯培主持会议。

12 月 19 日，校长付志峰会见埃及本哈大学校长埃尔萨耶·埃尔卡蒂一行，双方就留学生教育、共建孔子学院等事宜进行了友好洽谈，并签署了校际合作谅解备忘录。

12 月 21 日，学校党委理论学习中心组进行专题学习，进一步深入学习贯彻党的十八届六中全会精神。校党委书记冯培主持学习活动，孙善学、杨世忠、丁立宏、王传生、朱玉华、孙昊哲、戚聿东、崔也光等中心组成员参加了学习活动。校长付志峰受邀参加了学习并发言。

12 月 21 日，学校举行“传承经贸魂·接力中国梦”第五届“经贸榜样”学生颁奖典礼，表彰在 2015—2016 学年荣获各类奖学金和荣誉称号的学生个人与集体。

12 月，学校《升华“骆驼精神”文化建设“六个一”工程》获得第九届高校校园文化建设优秀成果一等奖。

第四篇

人　物

学校党政领导

柯文进　党委书记(2016年7月免)

1958年2月出生,江苏海安人,汉族,中共党员,教育学博士,教授,博士生导师,享受国务院政府特殊津贴专家。

1982年毕业于中国矿业大学力学专业,2004年获北京师范大学教育学博士学位;

1987年6月至1994年4月,历任中国矿业大学团委副书记、团委书记、党委宣传部部长、党办主任;

1994年4月至2002年12月,历任中国矿业大学副校长,中国矿业大学(北京)党委副书记、副校长、纪委书记;

2002年12月,任北京建筑工程学院党委书记;

2008年6月,任首都经济贸易大学党委书记。

主要社会兼职:中国建设教育协会副会长、中国建设教育高等教育学会会长、教育部公共管理类专业教学指导委员会委员。

分管工作:负责学校党委全面工作,党政办公室工作。

联系院系:工商管理学院。

冯培　党委书记(2016年7月任)

1960年7月出生,北京人,汉族,中共党员,管理学博士,教授,硕士生导师。

1984年8月获北京工业大学工学学士,1988年6月获清华大学法学双学士,2008年6月获北京工业大学管理学博士;

1984年8月至1994年10月,历任北京工业大学团委宣传部长、团委副书记、团委书记;

1994年10月,任北京工业大学党委副书记;

2006年11月,任首都经济贸易大学党委副书记;

2010年4月,任北京第二外国语学院党委书记;

2016年7月,任首都经济贸易大学党委书记。

主要社会兼职:教育部高校思想政治理论课教学指导委员会委员、教育部大学生思想政治教育研究中心专家委员会委员、北京高校党建研究会监事长、中国高教学会思想政治教育研究分会副理事长、中国高教学会公共关系专业教育委员会副理事长等。

分管工作:负责学校党委全面工作。

主管部门:党政办公室,党委组织部、党校。

联系院系:工商管理学院、劳动经济学院。

王稼琼　党委常委 校长(2016年8月免)

1964年5月出生,山西大同人,汉族,中共党员,经济学博士,教授,博士生导师。

1981年9月考入南开大学,先后获得理学学士和经济学硕士学位,1995年获北方交通大学经济学博士学位;

1996年至2004年10月,历任北京交通大学经济系副主任、经济管理学院副院长、校长办公室主任、经济管理学院院长;

2004年10月,任北京交通大学副校长;

2008年3月,任北京物资学院院长;

2010年3月,任首都经济贸易大学校长。

主要社会兼职:中国市场学会副会长、中国物流与采购联合会副会长、教育部经济学类专业教学指导委员会副主任委员、北京市高校管理研究会理事长、中国高等教育学会高等财经教育分会副理事长。

分管工作:负责学校行政全面工作,分管财务工作、审计工作。

联系院系:劳动经济学院。

付志峰　校长(2016年11月任)

1965年5月出生,河北人,汉族,九三学社社员,材料学博士,教授,博士生导师。

1984年获天津大学高分子化工专业学士学位,1987年获天津大学高分子材料专业硕士学位,1999年获北京化工大学材料学博士学位;

1987年至2007年1月,历任北京化工大学材料科学与工程学院聚合物工程系系主任、研究生院院长;

2007年1月,任北京化工大学副校长;

2010年7月,任北京市教育委员会副主任;

2016年11月,任首都经济贸易大学校长;

主要社会兼职:北京市政协委员。

分管工作:负责学校行政全面工作,分管审计工作。

主管部门:审计处。

联系院系:信息学院。

孙善学　党委副书记

1966年8月出生，河北滦南人，汉族，中共党员，理学博士，研究员。

1987年本科毕业于北京大学地质系，1990年获中国地质大学理学硕士，2006年获中国科学院理学博士；

1993年7月至2001年2月，历任中国地质大学办公室副主任、“211工程”办公室主任；

2001年2月至2003年6月，历任北京市教委科学技术与研究生工作处处长，北京市学位委员会办公室主任；

2003年6月至2012年2月，任北京市教委委员（副局级），其中2004年9月至2005年11月任北京市教委人事处处长。

2012年2月，任首都经济贸易大学党委副书记。

主要社会兼职：中华职业教育社常务理事、学术委员，北京奥运城市发展促进会会员，北京市青年联合会常委、教育界别主任，中国成人教育协会副会长，中国职业教育学会信息化工作委员会副主任，首都学习型社会研究院院长。

分管工作：分管学生工作、就业工作，安全稳定与保卫工作，马克思主义理论课和思想政治教育课建设工作，基建工作，校园规划工作。

主管部门：学生处、学生工作部、武装部，保卫处、保卫部，研究生工作部，基建处，团委。

联系院系：马克思主义学院。

杨世忠　纪委书记

1957年5月出生，云南思茅人，汉族，中共党员，管理学博士，教授，博士生导师，享受国务院政府特殊津贴专家。

1982年7月获河北地质学院地质经济管理系经济学学士学位，1988年7月获北京经济学院财政会计系经济学硕士学位，2007年6月获华中科技大学管理学博士学位；

1991年6月至2003年12月，历任北京经济学院财政会计系副主任，首都经济贸易大学会计学院院长；

2003年12月至2010年12月，历任首都经济贸易大学党委副书记、副校长；

2010年12月，任首都经济贸易大学纪律检查委员会书记、副校长；

2011年3月，任首都经济贸易大学纪律检查委员会书记；

2011年11月，任首都经济贸易大学纪律检查委员会书记、校工会主席；

主要社会兼职：中国会计学会常务理事，中国成本研究会常务理事，财政部管理会计咨询专家。

分管工作：分管纪检、监察工作，工会、教代会工作，协助校长分管审计工作。

主管部门：纪委办公室、监察处、工会。

联系院系：会计学院。

丁立宏　党委常委、副校长

1962年6月出生，江苏苏州人，汉族，中共党员，经济学硕士，教授，硕士生导师，享受国务院政府特殊津贴专家。

1984年8月毕业于北京经济学院统计专业，1997年获首都经济贸易大学经济学硕士；

1994年6月至2004年5月，历任首都经济贸易大学统计系副主任、主任，学校办公室主任；

2004年5月至2006年11月，历任首都经济贸易大学校长助理兼任党政办公室主任、发展规划处处长；

2006年11月，任首都经济贸易大学副校长。

主要社会兼职：中国统计学会副会长、中国投资学会理事、中国投资咨询委员会常务理事、国家统计局全国统计教材编审委员会委员、北京市统计学会顾问等。

分管工作：分管人事工作，发展规划工作，对外联络合作工作。

主管部门：人事处、发展规划处（高等教育研究所）、对外联络合作处。

联系院系：统计学院、财政税务学院。

王传生　党委常委、副校长

1961年11月出生，辽宁北票人，汉族，中共党员，工学博士，教授，硕士生导师。

1989年7月获阜新矿业学院工学硕士，2003年4月获辽宁工程技术大学工学博士；

1999年3月至2004年12月，历任山东工商管理学院管理系副主任、教务处处长；

2004年12月，任首都经济贸易大学任教务处处长；

2010年7月，任首都经济贸易大学副校长。

主要社会兼职：教育部管理科学与工程类专业教学指导委员会委员。

分管工作：分管本科教学、招生工作，体育工作，图书馆工作、信息化建设工作，首都经济贸易大学附属小学和附属中学工作。

主管部门及单位：教务处（经济与管理实验教学中心）、信息处（教育技术中心）、图书馆。

联系院系：城市经济与公共管理学院、体育部、国际经济管理学院。

朱玉华　党委副书记

1956年8月出生，北京人，汉族，中共党员，经济学学士，研究员；

1983年7月毕业于北京经济学院贸易经济专业；

1992年1月至2010年11月，历任北京经济学院经济系党总支副书记兼副主任、首都经济贸易大学经济学院党总支书记、党委常委、组织统战部部长；

2010年11月，任首都经济贸易大学党委副书记。

分管工作：分管组织、干部、统战工作，党校工作，离退休工作。

联系院系：信息学院、法学院。

徐芳　党委常委、副校长

1970年10月出生，辽宁大连人，汉族，中共党员，经济学博士，教授。

1992年获哈尔滨工程大学法学学士学位，1995年获中国人民大学经济学硕士学位，2001年获中国人民大学经济学博士学位；

2003年7月至2007年10月，历任中国人民大学劳动人事学院副教授、硕士生导师、书报资料中心副主任，其间，2005年8月至2006年8月美国康奈尔大学人力资源研究系访问学者；

2007年10月，挂职任北京市密云县人民政府副县长；

2009年2月，任北京市密云县人民政府副县长；

2011年12月，任中共密云县委常委、县委宣传部部长（副局级）；

2013年1月至2014年1月，参加北京市第五期区县局级领导干部研修班学习；

2014年1月，任首都经济贸易大学党委常委、副校长。

主要社会兼职：中国劳动经济学会副会长、北京科技人才研究会副理事长、北京市青年联合会常委。

分管工作：分管宣传思想工作，国际合作与交流工作，档案馆、校史馆工作。

主管部门及单位：党委宣传部（新闻中心）、国际合作交流处（港澳台办公室）、档案馆、校史馆。

联系院系：文化与传播学院、外国语学院、国际学院。

孙昊哲　党委常委、副校长

1972年1月出生，天津蓟县人，汉族，中共党员，经济学博士，研究员。

1996年7月获首都经济贸易大学法学学士学位，2004年7月获首都经济贸易大学法学硕士学位，2011年获首都经济贸易大学经济学博士学位；

2001年3月至2013年9月，历任首都经济贸易大学校团委常务副书记、书记，学生工作处（部）处长，资产管理处处长，校长助理，党委常委、校长助理；

2013年9月，任首都经济贸易大学党委常委、副校长。

主要社会兼职：中国教育后勤协会常务理事、北京高校后勤研究会理事长、北京市丰台区人大代表、首都经济贸易大学资产管理公司董事长。

分管工作：分管资产管理及经营工作，后勤工作，红庙校区管理工作，医疗卫生与计划生育工作。

主管部门及单位：资产管理处、后勤管理处、机关党委、校医院、资产管理公司。

联系院系：安全与环境工程学院、华侨学院。

享受国务院政府特殊津贴专家

截至2016年12月31日，学校在职人员中共有　6人享受国务院政府特殊津贴。

序号	姓名	所在学院	获得时间
1	柯文进	工商管理学院	1993年
2	高闯	工商管理学院	1998年
3	丁立宏	统计学院	2000年
4	张强	城市经济与公共管理学院	2002年
5	戚聿东	工商管理学院	2008年
6	杨世忠	会计学院	2016年

2016 年北京市高等学校教学名师奖获得者

序号	姓名	所在学院
1	谢海霞	法学院
2	蔡秀云	财政税务学院

2016 年新增学术硕士研究生导师

序号	所在学院	姓名	专业
1	城市经济与公共管理学院	吴康	城市经济与战略管理
2	工商管理学院	关鑫	企业管理
3		孙喜	企业管理
4	经济学院	闫云凤	国际贸易学
5		申萌	国际商务
6		杜雯翠	西方经济学
7		方明月	西方经济学
8		蒋雪梅	数量经济学
9		王钰	增长经济学
10	文化与传播学院	贺心颖	媒介经营与管理
11	信息学院	周晓磊	信息管理与信息系统
12		冀付军	信息管理与信息系统
13	安全与环境工程学院	任冬梅	劳动卫生与环境卫生学
14		谢中朋	劳动卫生与环境卫生学
15	法学院	朱路	国际法学
16	金融学院	徐昕	金融学
17		陈奉先	金融学
18	外国语学院	姚成贺	英语语言文学

2016 年新增专业硕士研究生导师

序号	所在学院	姓名	专业
1	城市经济与公共管理学院	王蕾	公共管理硕士
2	工商管理学院	关鑫	工商管理硕士
3		孙喜	工商管理硕士
4		高中华	工商管理硕士
5	经济学院	闫云凤	国际商务硕士
6		申萌	国际商务硕士
7	会计学院	卿小权	会计硕士
8	信息学院	周晓磊	软件工程硕士
9		冀付军	软件工程硕士
10		范焫	软件工程硕士
11		卢山	软件工程硕士
12	安全与环境工程学院	任冬梅	工程硕士
13		谢中朋	工程硕士
14	法学院	朱路	法律硕士
15	金融学院	陈奉先	金融硕士
16		赵然	金融硕士
17		余颖丰	金融硕士
18	统计学院	裴艳波	应用统计硕士

2016 年教学岗位正高职聘任人员

序号	部门	岗位级别	姓名
1	校领导	三级教授	冯培　付志峰　丁立宏　杨世忠　王传生
		四级教授	徐芳
2	城市经济与公共管理学院	二级教授	张强
		三级教授	段霞　王德起　祝尔娟　安树伟
		四级教授	王文　彭文英　张贵祥　张杰　徐君　叶堂林　刘业进　刘欣葵　张国山　赵韵玲　赵秀池

续表

序号	部门	岗位级别	姓名
3	工商管理学院	二级教授	戚聿东　高闯
		三级教授	柯文进　张映红　赵慧军　吴冬梅　柳学信
		四级教授	赵艳　蔡红　宋克勤　徐炜　佘镜怀　郭卫东　范合君　陈立平
4	经济学院	三级教授	郎丽华　王军　廖明球　刘宏
		四级教授	徐雪　李雪　马方方　张弘　李婧　徐则荣　沈宏亮　康增奎　董烨然　赵家章　王钰
5	会计学院	二级教授	付磊
		三级教授	汪平　马元驹　崔也光
		四级教授	王海林　李百兴　闫华红　贺宏　顾奋玲　段新生　王凡林　栾甫贵　刘文辉　杨鹃
6	劳动经济学院	二级教授	童玉芬
		三级教授	吕学静　张琪　王静　纪韶
		四级教授	亓昕　赵耀　朱勇国　吕新萍　齐明珠　王桂胜　徐斌　宋湛　冯喜良　张杉杉　肖周燕
7	文化与传播学院	四级教授	吴伟凡　王昕　张小乐　郭媛媛　石刚　郑文明　朱琳　杨同庆
8	信息学院	二级教授	杨一平
		三级教授	马慧　张军
		四级教授	傅星　牛东来　徐天晟　高迎　陈炜　姚翠友　金继东　刘克强
9	安全与环境工程学院	三级教授	吕淑然
		四级教授	王勇毅　郭晓宏　李洪枚　何向军　王庆　马峻
10	财政税务学院	二级教授	郝如玉
		三级教授	蔡秀云　丁芸　赵仑
		四级教授	姚东旭　杨全社　曹静韬　梁美健　王竞达　赵书博　李红霞
11	法学院	三级教授	喻中　李晓安
		四级教授	焦志勇　金晓晨　米新丽　谢海霞　王显勇　张世君　沈敏荣　高桂林　王剑波
12	金融学院	二级教授	王曼怡
		三级教授	蒋三庚　谢太峰　李树生　尹志超
		四级教授	朱超　巩云华　祁敬宇　高杰英　李新　方兴　龙菊
13	统计学院	二级教授	纪宏
		三级教授	马立平　刘黎明　张宝学
		四级教授	刘娟　郭文英　刘强

续表

序号	部门	岗位级别	姓名
14	外国语学院	三级教授	程虹
		四级教授	高秋萍 郝钦海 刘重霄 朱安博 赵海燕
15	马克思主义学院	三级教授	刘冠军
		四级教授	王小莹 李丽娜 王文鸾 王瑞昌 李久林 周宇宏
16	继续教育学院	二级教授	田新民
17	科研处	二级教授	祝合良
18	研究生部、研究生工作部	三级教授	周明生
		四级教授	阮敬
19	教务处	四级教授	张学平
20	审计处	四级教授	许江波
21	工会	四级教授	刘颖
22	体育部	四级教授	蒋薇 廖彦罡 贺慨
23	国际学院	四级教授	王少国
24	国际经济管理学院	四级教授	刘文川
25	图书馆	四级教授	吴启富

2016 年教学岗位副高职聘任人员

序号	部门	职称名称	姓名
1	城市经济与公共管理学院	一级副教授	武永春 刘智勇 吴庆玲 谭善勇
		二级副教授	周伟 王晖 单吉堃 刘正恩 张智新 赵文 李强 冯浩 刘水杏 马洪波
		三级副教授	张昕 徐虹 王霖琳 邬晓霞 王蕾 李青淼 潘娜 缪明月 吴康
2	工商管理学院	一级副教授	肖霞 陶峻 赵冰 周永强 张祖群 李云鹏 崔佳颖 张晗
		二级副教授	陈超 宋云 赵越 罗鹏 卢志明 尹丽萍 解永秋 陈蔚珠 翟春娟 林力 杨震
		三级副教授	孙月婷 田正育 韩光军 陈庆 程丽霞 李佳 卢宇 黄苏萍 高中华 关鑫 陆文婷 彭广茜 孙喜 王振江 涂建民 曹兰 刘建梅

续表

序号	部门	职称名称	姓名
3	经济学院	一级副教授	周华 燕秋梅 朱京曼 封岩 田彦 陈江 张锦冬 胡晖 汪新波 兰英 王佃凯 赵涛 武晋军
		二级副教授	王明荣
		三级副教授	苏威 赵娟 汪洋 方明月 申萌 董香书 于晓云 辛宪 闫云凤 郝宇彪 杜雯翠 李智 蒋雪梅
4	会计学院	一级副教授	袁小勇 李刚 邹颖 于鹏 赵天燕 刘瑛 王国生 蔡立新
		二级副教授	陈郡 张凤环 尹世芬 李慧丽 叶青 王海洪 袁光华 申慧慧 王淑梅 唐丽春 尤小雁 石彦文 梁淑美 蒋燕辉
		三级副教授	汤炳亮 阎竣 王伟 张馨艺 黄亮华
5	劳动经济学院	一级副教授	吴江 陈红 唐军 刘丽玲 边文霞 黎煦
		二级副教授	王晶 周施恩 范围
		三级副教授	黄琦 曾宪新 魏华颖 杨旭华 陶文忠 詹婧 牟俊霖 陈小平 杨波 张航空 陈书洁 盛亦男 苗仁涛
6	文化与传播学院	一级副教授	彭利芝 李毅
		二级副教授	赵建梅 司新丽 陆彦明 杨景越
		三级副教授	贺心颖 吴三军 许敏玉 毛琦 何磊 杨伶 张蕾 母晓文
7	信息学院	一级副教授	邵丽 郑小玲 娄不夜 张丽玮 申蔚
		二级副教授	高静 武装 田瑾
		三级副教授	杨艳红 卢山 康跃 白晓明 邱月 尚华艳 周晓磊 范焜 胡磊 冀付军 孙茂华 闫志强 刘经纬
8	安全与环境工程学院	一级副教授	孟超 陈文瑛 许联锋
		二级副教授	岳忠 杨玲 陈大伟
		三级副教授	李茂龄 杨静 谢中朋 李宗圣 郝鹏鹏 李伟 任冬梅 王洁
9	财政税务学院	一级副教授	刘辉 包健
		二级副教授	史兴旺 陈蕾 何辉 张晓慧 郎大鹏 赵琼 张立彦
		三级副教授	黄芳娜 陈汉明 何晴
10	法学院	一级副教授	王德山 尚琤 李长城
		二级副教授	徐丽雯 刘润仙 周平 郑文科 翟业虎
		三级副教授	李璐玲 朱路 高雁 何锦前

续表

序号	部门	职称名称	姓名
11	金融学院	一级副教授	施慧洪　梁万泉　周晔　王苹
		二级副教授	冯瑞河　刘妍芳　王德河　王雅婷　张小红
		三级副教授	李文中　唐伟霞　雒庆举　徐昕　陈奉先　余颖丰　赵然　张欲晓
12	统计学院	一级副教授	李宇　张慧欣　梅超群　张玉春　任韬　董寒青　朱梅红
		二级副教授	张传保　郭洪伟　姚丽芳　陶桂平　聂高琴　裴艳波　李峰
		三级副教授	常虹　李锋　聂力　陈江荣　于威威　张娟　宋捷　范林元　古楠楠　窦昌胜　陈红梅　孙激流　沈俊山
13	外国语学院	二级副教授	王春花　蒋立珠　曲文洁　王宏玉　张春玲
		三级副教授	高建平　张慧宇　刘欣　刘润楠　张宏峰　姚成贺　贾冬梅　刘燕梅　白云红　石海毓　高悦伶
14	马克思主义学院	一级副教授	匡长福
		二级副教授	王峻　王玉　谷军　成林萍　梁玉秋　王颖　何绍铭　杨春风
		三级副教授	苏世兰　白习凤　宋恩平　周迈　王晓红　崔玲　王靖华　刘隽　张晓萍　徐辉
15	体育部	一级副教授	王伟　黎臣
		二级副教授	吴春霞
		三级副教授	马明非　牟春蕾　杨华　张小航　孙杨　袁荣凯
16	国际学院	二级副教授	李林立
		三级副教授	许晓华　万凯艳　周磊　郭凌云

2016 年其他专业技术岗位正高职聘任人员

序号	部门	姓名	性别	职称名称
1	图书馆	杨燕玲	女	研究馆员（图书）
2	图书馆	张桂岩	女	研究馆员（图书）
3	首经贸大（北京）资产管理有限公司	杨玲	女	编审
4	首经贸大（北京）资产管理有限公司	乔剑	女	编审

2016年其他专业技术岗位副高职聘任人员

序号	部门	姓名	性别	职称名称
1	发展规划处(高等教育研究所)	朱宁洁	女	副研究员
2	财务处	夏颖	女	高级审计师
3	财务处	于玉环	女	高级会计师
4	财务处	王京芳	女	高级会计师
5	财务处	王晓婷	女	高级会计师
6	财务处	陈学淼	男	高级会计师
7	审计处	刘红梅	女	高级审计师
8	审计处	孙士霞	女	高级审计师
9	信息处	沈毅直	男	高级工程师
10	信息处	陈康	男	高级工程师
11	资产管理处	韩芳	女	高级会计师
12	基建处	梁耀	男	高级工程师
13	后勤管理处	王娟娟	女	高级工程师
14	劳动经济学院	方志	男	副编审
15	安全与环境工程学院	丘波澜	女	副研究员
16	图书馆	毕振德	男	副研究馆员(图书)
17	图书馆	杨阳	男	副研究馆员(图书)
18	图书馆	陈梅	女	副研究馆员(图书)
19	图书馆	颜丽虹	女	副研究馆员(图书)
20	图书馆	刘海翼	男	副研究馆员(图书)
21	图书馆	张艳	女	副研究馆员(图书)
22	图书馆	王春晖	女	副研究馆员(图书)
23	图书馆	刘卓	女	副研究馆员(图书)
24	图书馆	赵铁琴	女	副研究馆员(图书)
25	图书馆	张蕾	女	副研究馆员(图书)
26	杂志总社	周斌	男	副编审
27	杂志总社	魏小奋	女	副编审
28	教育技术中心	李宇	女	高级工程师
29	教育技术中心	于建云	女	高级工程师

续表

序号	部门	姓名	性别	职称名称
30	教育技术中心	赵宇	男	高级工程师
31	教育技术中心	张俊祥	男	高级工程师
32	校医院	谭洁	女	副主任医师
33	校医院	阎博	男	副主任医师
34	校医院	王晓红	女	副主任医师
35	首经贸大(北京)资产管理有限公司	陈蔷	女	副编审
36	首经贸大(北京)资产管理有限公司	薛捷	男	副编审
37	首经贸大(北京)资产管理有限公司	周义军	男	副编审
38	首经贸大(北京)资产管理有限公司	孟岩岭	男	副编审
39	首经贸大(北京)资产管理有限公司	王玉荣	女	副编审
40	经济与管理实验教学中心	纪长青	男	高级工程师

2016 年组织机构及负责人

序号	单位	职务	姓名
1	校长助理	校长助理	戚聿东
2		校长助理	崔也光
3	党政办公室	主任	商筱辉
4		副主任	高菲
5		副主任	马晓宁
	党委组织部、统战部、党校	部长兼党校常务副校长	刘宇(2016 年 5 月免)
6		副部长	刘威
7		党校副校长兼副部长	韩静
8		副部长	宋晓颖(2016 年 11 月任)
		副处级组织员	宋晓颖(2016 年 11 月免)
9	党委宣传部(新闻中心挂靠)	部长兼新闻中心主任	邸燕茹
10		副部长	冯博
11		副部长兼新闻中心常务副主任(副处级)	付蓓
12	纪委办公室、监察处	主任、处长	林卫
13		监察处副处长(正处级待遇)	田宏(2016 年 11 月任)
		正处级纪检员	吴烨(2016 年 11 月免)
14		副主任、副处长	王泽羽

续表

序号	单位	职务	姓名
15	学生处（学生工作部）	处（部）长兼武装部部长	马力
16		副处（部）长	李晓鸥
17		副处（部）长	姜蓓蓓
18		副处（部）长兼武装部副部长	冯俊鹏
19	保卫处（部）	处（部）长	赵广
20		副处（部）长	卢萌
21		副处（部）长	贾学森
22	离退休工作处	处长	翟连琦
23		副处长	沈镅
	发展规划处（高等教育研究所挂靠）	处长兼高等教育研究所主任	周明生（2016 年 9 月免）
24		副处长	朱宁洁
25	教务处（经济与管理教学实验中心挂靠）	处长	张学平
26		副处长	范延英
27		副处长	曾庆梅
28		副处长兼招生办公室主任	崔颖
29		经济与管理教学实验中心主任（副处级）	郝海波
30	科研处	处长	祝合良
31		副处长	姜红
		副处长（挂职）	李善廷（2016 年 5 月任）
	研究生部（研究生工作部）	主任	张军（2016 年 9 月免）
32		主任兼研究生工作部部长	周明生（2016 年 9 月任）
33		副主任	刘玉梅
34		副主任	阮敬
35		研究生工作部副部长兼研究生部副主任	孟毅芳
36	人事处	处长	邢琪
37		副处长	李玫玉
38		副处长	麻艳如
		副处长（兼）（不占职数）	刘文川
39	财务处	处长	夏颖
40		副处长	王晓婷
41		副处长	陈学淼
		副处长（挂职）	赵凤旗

续表

序号	单位	职务	姓名
42	审计处	处长	许江波
43		副处长	刘红梅
	国际合作交流处	处长兼港澳台办公室主任	杨全社(2016 年 1 月免)
44		副处长兼港澳台办公室主任	黄立伟
45	对外联络合作处	处长	赵喜玲
	信息处(教育技术中心挂靠)	处长	赵慧军(2016 年 1 月免)
46		副处长兼教育技术中心主任(副处级)	沈毅直
47		副处长	陈康
48	资产管理处	处长	王金宝
49		副处长兼红庙管委办公室主任	王鑫
	基建处	处长	房永明(2016 年 11 月免)
50		副处长	李华
51	后勤管理处	处长	刘学伟
52		党委书记兼后勤管理处副处长	王春生
53		副处长	许纯
54		副处长	魏有亮
55	工会	常务副主席	李民
56		副主席(正处级)	刘俊虹(2016 年 11 月任)
		正处级组织员	田宏(2016 年 11 月免)
57		副主席(副处级)	刘颖
58		副主席(副处级)	韩邦利
59	团委	团委书记	张彤
	校部机关党委	党委书记	刘俊虹(2016 年 11 月免)
60		党委书记	房永明(2016 年 11 月任)
61		党委副书记(正处级)	王引
62	城市经济与公共管理学院	院长	张国山
63		党委书记兼副院长	王德起
64		副院长	张杰
65		副院长	彭文英
66		党委副书记	杨曦
67	工商管理学院	院长	柳学信
68		党委书记兼副院长	金京虎
69		副院长	徐炜
70		副院长	范合君
		副院长	崔佳颖(2016 年 5 月免)
71		党委副书记	李娟婷

续表

序号	单位	职务	姓名
72	经济学院	院长	郎丽华
73		党委书记兼副院长	徐雪
74		副院长	王军
75		副院长	赵家章
76		党委副书记	蔡斌
	会计学院	校长助理、院长	崔也光
77		党委书记兼副院长	解小娟
78		副院长	李百兴
79		副院长	顾奋玲
80		党委副书记	孙庆福
81	劳动经济学院	院长	冯喜良
82		党委书记兼副院长	王明会
83		副院长	童玉芬
84		副院长	范围
85		党委副书记	丁志艳
86	文化与传播学院	院长	石刚
87		党总支书记兼副院长	付琳
88		副院长	郭媛媛
89		副院长	陆彦明
	信息学院	院长	马慧(2016 年 5 月免)
90		院长	张军(2016 年 9 月任)
91		党委书记兼副院长	周广军
92		副院长	高迎
93		副院长	陈炜
		副院长(挂职)	林天华(2016 年 9 月免)
94		党委副书记	季岩砚
95	安全与环境工程学院	院长	王勇毅
96		党委书记兼副院长	陈润源
97		副院长	李伟
98		副院长	陈文瑛
99		党委副书记	蔡丹

续表

序号	单位	职务	姓名
100	财政税务学院	院长	姚东旭
		学术院长(聘)	贾康
101		党委书记兼副院长	李红霞
102		副院长	王竞达
103		副院长	何晴
104		党委副书记	王珂
105	法学院	院长	喻中
		党委书记兼副院长	谢海霞(2016 年 4 月免)
106		副院长	米新丽
107		副院长	张世君
108		党委副书记	张益铭
109	金融学院	院长	尹志超
110		党委书记兼副院长	玉红玲
111		副院长	高杰英
		副院长	朱超(2016 年 11 月免)
112		党委副书记	刘辉
113	统计学院	院长	张宝学
114		党委书记兼副院长	马立平
115		副院长	刘强
116		副院长	任韬
117		党委副书记	田瑜
	外语系(2016 年 5 月撤销)	主任	朱安博(2016 年 5 月免)
		党总支书记兼副主任	刘文东(2016 年 5 月免)
		副主任	刘重霄(2016 年 5 月免)
		副主任	张宏峰(2016 年 5 月免)
		党总支副书记	王海鹏(2016 年 5 月免)
118	外国语学院(2016 年 5 月成立)	院长	朱安博(2016 年 5 月任)
119		党总支书记兼副院长	刘文东(2016 年 5 月任)
120		副院长	刘重霄(2016 年 5 月任)
121		副院长	张宏峰(2016 年 5 月任)
122		党委副书记	王海鹏(2016 年 5 月任)

续表

序号	单位	职务	姓名
123	华侨学院	院长	焦勇
124		党总支书记兼副院长	何丽
		副院长（聘）	孙英
		副院长（聘）	陈洪海
		副院长（聘）	徐连春
125	马克思主义学院	院长	刘冠军
126		党总支书记兼副院长	王银江
127		副院长	李久林
	国际经济管理学院	院长（聘）	李奇
128		常务副院长兼直属党支部书记（正处级）	刘文川
		副院长（聘）	李鲲鹏（2016 年 11 月免）
		副院长（聘）	高静
		副院长（聘）	李红军（2016 年 11 月任）
		副院长（聘）	侯蕾（2016 年 11 月任）
129	体育部	主任	蒋薇
130		党总支书记兼副主任	贺慨
131		副主任	王长友
132	国际学院	院长	王少国
133		直属党支部书记兼副院长（副处级）	李凤磊
134		副院长	朱红
135	继续教育学院	院长	田新民
		直属党支部书记兼副院长（正处级）	张琪（2016 年 11 月免）
136		直属党支部书记兼副院长（享受正处级待遇）	吴烨（2016 年 11 月任）
137		副院长	刘伟
138	图书馆	馆长	吴启富
139		党总支书记兼副馆长	程显秋
140		副馆长	张桂岩
141	杂志总社	社长	牛志伟
142		副社长兼副总编辑	周斌
143	档案馆、校史馆	馆长（副处级）	徐彦红
144	校医院	院长（副处级）	王晓红
145		直属党支部书记（副处级）	张艳华

续表

序号	单位	职务	姓名
146	首经贸大(北京)资产管理有限责任公司	党委书记	庞志平
147		总经理(正处级)	云喆
148		副总经理(享受副处级待遇)	刘荻
149		副总经理(享受副处级待遇)	李浩
150		北京首都经济贸易大学出版社有限责任公司总经理(享受正处级待遇)	周义军
151			
152		北京首都经济贸易大学出版社有限责任公司副总经理(享受副处级待遇)	朱志平
153		北京首都经济贸易大学版社有限责任公司总编辑兼副总经理(享受副处级待遇)	杨玲
		北京首都经济贸易大学版社有限责任公司副总经理(享受副处级待遇)	王学江
154	美国克里夫兰州立大学孔子学院	中方院长(副处级)	张旭红

2016 年从事教育工作满 30 年教职工

单位	姓名
城市经济与公共管理学院	周伟　吴庆玲　范慧萱　赵秀池
经济学院	田彦　陈玲　武晋军
会计学院	李刚　王淑梅　叶青　李慧丽　顾奋玲
劳动经济学院	吴博棣
文化与传播学院	夏凡　杨同庆　张艳君
信息学院	伍尔灿
安全与环境工程学院	郭晓宏
财政税务学院	姚东旭　李红霞
法学院	高雁　金晓晨
统计学院	刘娟　张传保　李峰
外国语学院	高秋萍　蒋立珠　曲文洁
马克思主义学院	宋恩平　白习凤
体育部	蒋薇

续表

单位	姓名
图书馆	刘海翼　杨燕玲　郭静美
校部机关	王传生　王秋玲　沈兰成　赵　钢
后勤管理处	董建设　李景龙　王亚军　陈文群　赵锦平　刘俊杰　梁君彪
校医院	张玉梅
资产管理公司	杨玲

2016 年新增外聘高级专家

序号	聘任单位	姓名	聘任类别
1	科研处	王树彤	兼职
2	工商管理学院	杨剑涛	兼职
3	经济学院	Janine Bosak	兼职
4	统计学院	陈敏	讲座
5	统计学院	孙六全	讲座
6	劳动经济学院	常凯	讲座
7	华侨学院	罗欣	兼职

2016 年新增后备学科带头人

序号	单位	姓名
1	城市经济与公共管理学院	潘娜
2	工商管理学院	高中华
3	经济学院	王钰
4	会计学院	邹颖
5	会计学院	于鹏
6	安全与环境工程学院	李伟
7	财政税务学院	曹静韬
8	财政税务学院	何辉
9	统计学院	裴艳波
10	马克思主义学院	徐辉

2016年新增中青年骨干教师

序号	单位	姓名
1	城市经济与公共管理学院	邬晓霞
2	经济学院	杜雯翠
3	会计学院	黄亮华
4	会计学院	王元芳
5	劳动经济学院	侯俊丹
6	劳动经济学院	苗仁涛
7	劳动经济学院	江华
8	文化与传播学院	李先知
9	信息学院	曹娜
10	安全与环境工程学院	陈源
11	法学院	贺燕
12	法学院	张娜
13	金融学院	刘剑蕾
14	统计学院	窦昌胜
15	外国语学院	姚成贺
16	马克思主义学院	李厚羿

2016年退休人员

序号	单位	工资号	姓名	办理退休时间
1	首经贸大(北京)资产管理有限公司	0990	刘霞	2016年1月
2	首经贸大(北京)资产管理有限公司	0255	王者平	2016年2月
3	后勤管理处	0730	滕景新	2016年2月
4	继续教育学院	3641	沈丽珺	2016年2月
5	安全与环境工程学院	0747	钮英建	2016年2月
6	马克思主义学院	3366	刘宁元	2016年2月
7	后勤管理处	1242	杨海	2016年3月
8	安全与环境工程学院	0945	贾明飞	2016年3月

续表

序号	单位	工资号	姓名	办理退休时间
9	文化与传播学院	1628	李景强	2016 年 3 月
10	后勤管理处	0226	赵锦亮	2016 年 3 月
11	后勤管理处	3500	李昌	2016 年 3 月
12	后勤管理处	0973	刘通	2016 年 3 月
13	校医院	0169	王浩然	2016 年 3 月
14	后勤管理处	3575	盛君	2016 年 3 月
15	文化与传播学院	3585	杜文娟	2016 年 3 月
16	继续教育学院	3645	周晓兰	2016 年 3 月
17	后勤管理处	3565	李祝	2016 年 4 月
18	后勤管理处	3566	李茂清	2016 年 4 月
19	会计学院	3481	曹健	2016 年 4 月
20	外语系	2403	于阳阳	2016 年 4 月
21	首经贸大(北京)资产管理有限公司	1603	杨琳琳	2016 年 4 月
22	后勤管理处	1771	张锦平	2016 年 4 月
23	后勤管理处	3529	侯世英	2016 年 5 月
24	劳动经济学院	0393	武明芳	2016 年 5 月
25	后勤管理处	1182	宫敬文	2016 年 5 月
26	经济学院	0653	张连城	2016 年 5 月
27	后勤管理处	3547	张德义	2016 年 6 月
28	文化与传播学院	3433	宫双华	2016 年 6 月
29	国际学院	2198	董淑英	2016 年 6 月
30	人事处	3339	张凤杰	2016 年 7 月
31	图书馆	3274	阮唯真	2016 年 7 月
32	保卫处(部)	3691	杨如义	2016 年 8 月
33	研究生部、研究生工作部	0580	赵铁生	2016 年 8 月
34	后勤管理处	3497	代文达	2016 年 8 月
35	首经贸大(北京)资产管理有限公司	0138	刘宝全	2016 年 8 月
36	首经贸大(北京)资产管理有限公司	2599	刘耀辉	2016 年 8 月
37	劳动经济学院	0507	杨河清	2016 年 9 月
38	城市经济与公共管理学院	3587	杨晓芳	2016 年 9 月
39	首经贸大(北京)资产管理有限公司	1437	林玉民	2016 年 10 月
40	后勤管理处	1269	田丽荣	2016 年 10 月

续表

序号	单位	工资号	姓名	办理退休时间
41	首经贸大(北京)资产管理有限公司	4020	李宝桐	2016 年 11 月
42	后勤管理处	0157	徐海军	2016 年 11 月
43	后勤管理处	3506	董继红	2016 年 11 月
44	国际学院	0143	寇金红	2016 年 12 月
45	信息学院	0841	张宏	2016 年 12 月
46	后勤管理处	1454	徐洪义	2016 年 12 月
47	城市经济与公共管理学院	2559	陈及	2016 年 12 月
48	法学院	3609	周序中	2016 年 12 月

2016 年去世人员

退休	李文耀 宋倩茹 邓成福 刘振鑫 刘素梅 黄祖琳 张鸣 程达 安毓兢 章臣贵 袁振 史悠荣 王宝海 李增顺 李鲁山 张铁成 毕斯基 于金娥 王锡山 于福元
离休	李得兴 贾培文 万家增 李素和 徐长新 郑永 张清波 王健冬
在职	高谷明 韩泽民 杜军

第五篇

教育教学

上图　6 月 14 日，学校创立创业实验班

中图　7 月 1 日，北京高校市级校外人才培养基地（首经贸—中企华基地）揭牌

下图　12 月 1 日，国家教育行政学院第一期高校创新创业教育专题研修班到校参观座谈，图为参观学校卡摩咖啡厅

上图　10月26日，学校对新增硕士研究生导师进行岗前培训

中图　11月8日，学校召开学科建设工作会

下图　11月18日—20日，学校开展2016年研究生干部培训活动纪念长征胜利80周年，图为研究生干部模拟重走长征路

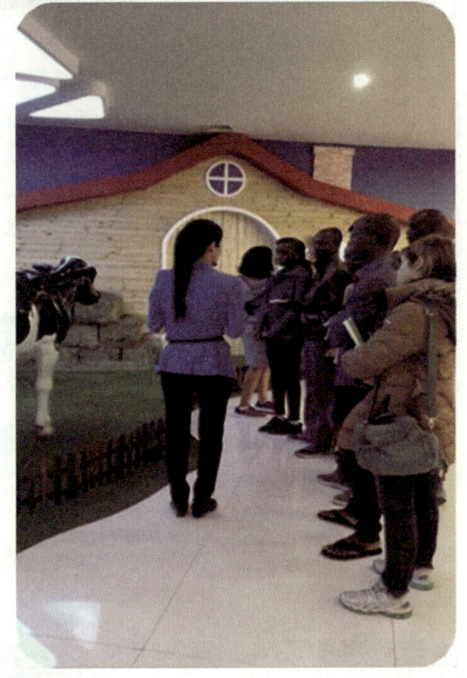

上图　4 月 23 日，学校首次组织留学生辩论队参加北京市教委主办的 2016 北京高校外国留学生汉语辩论邀请赛

中图　6 月 2 日，学校组织 2015 级留学研究生赴内蒙古博物馆、伊利集团考察学习

下图　10 月 14 日，学校召开继续教育暨函授工作研讨会

上图 4 月 22 日，学校第十三届春季运动会开幕式

中图、下图 4 月 22 日，运动会精彩瞬间

本页图　4 月 22 日，运动会精彩瞬间

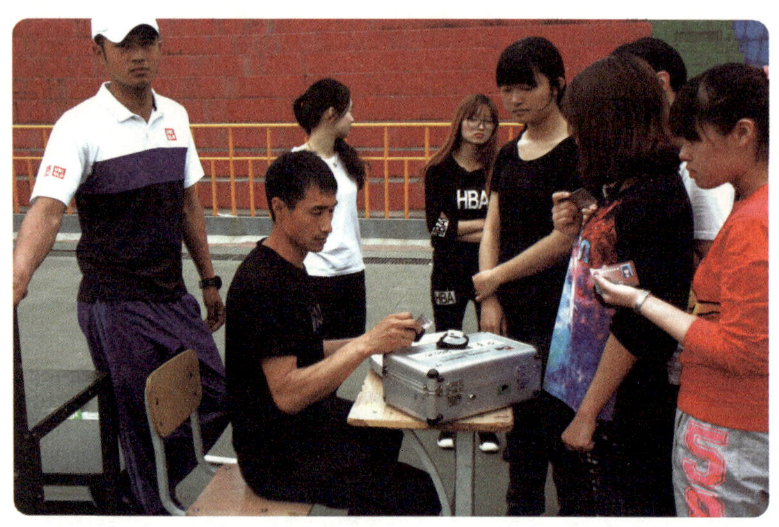

上图　5月9日，学校开展学生身体素质测试

中图　7月20日，学校高水平游泳运动员参加“浩沙杯”第十六届大学生游泳锦标赛

下图　11月，学校篮球队获CUBA中国大学生篮球联赛北京赛区预选赛第四名

本(专)科教育

概　况

学校设教务处负责本、专科教育工作。教务处下设教务科、考务科、教学研究与质量科、信息科、实践教学办公室、学籍办公室和招生办公室 7 个科室，主要承担学校全日制本专科生的教学管理、教学建设与改革工作。教务处现有职工 22 人，其中，高级职称 3 人，中级职称 15 人，中级以下 4 人。

2016 年，学校加大力度提升教学质量，本科教学取得了一系列成果：获批 40 项国家级大学生创新创业训练计划立项项目；谢海霞、蔡秀云荣获北京市第十二届教学名师奖，马立平、陈立平顺利入选 2015 年北京市"高创计划"教学名师；获评高校数学微课程教学设计竞赛华北赛区二等奖以及北京市一等奖、二等奖；特大城市智慧管理人才培养创新实践基地入选 2015 年北京高等学校示范性校内创新实践基地建设单位；外语语言综合实验中心入选 2015 年北京市高等学校实验教学示范中心；67 项校级教育教学改革项目获批立项，获评 70 项校级教育教学成果奖；完成 36 名新聘教师的审批备案，为师资队伍建设提供了有力保障；首次利用教务管理系统管理教学研究、学科竞赛指导等教学成果，并将其纳入教师考核聘任体系；完成多项教学质量报告，进一步完善教学质量标准体系。

学校积极推进教学改革，推动"外培""实培"计划，加强本科人才交叉培养；新增 2 个"双培计划"培养方案，选送 42 名在校生到国外交流学习，推荐报送 2015 年北京市"实培项目"优秀案例 11 项；积极拓展"暑期国际学校"，增设金融学(国际金融英文班)专业；推进课程综合改革，19 门校级微课程，5 门校级双语(全英文)教学示范课程，新增通选课 46 门次，更新 113 门网络通识课程；改革选课、考试模式，推动数学类、英语类通识教育必修课改革，推进学分制建设；推动实践教学资源建设，出台创业虚拟实验班实施方案、培养方案，建立创业教育虚拟教研室，首次开设创业班课程；强化全校本科毕业论文(设计)检测，确保毕业论文(设计)含金量；加强学业过程管理，形成对学困生学习过程追踪帮扶机制；组织课堂教学质量状况调研，完善教学评价机制和教学奖励体系；首次引入第三方外部机构开展在校生和应届毕业生培养质量评价。

(崔峰)

教学质量与建设

【2 名教师获第二届(2016)全国高校数学微课程设计竞赛华北赛区二等奖】　2016 年，在高校数学微课程设计竞赛中，学校统计学院教师陈江荣获得全国高校数学微课程设计竞赛华北赛区二等奖、北京高校数学微课程设计竞赛一等奖；教师孙阳获得全国高校数学微课程设计竞赛华北赛区二等奖、北京高校数学微课程设计竞赛二等奖。

(崔峰)

【42 名"外培学生"前往美国高校学习】　9 月，按照北京市教委的要求，学校派出"外培项目"42 名学生前往美国德州农工大学、美国加州大学圣地亚哥分校等 4 所国外高校进行为期 1 ~ 2 年的学习。

(崔峰)

【加强专业及公共基础课建设】　2016 年，学校以专业建设为平台，以教学理念、方法、模式创新以及课程建设为基本内容，深化全校性公共基础课教学改革，促进国际化人才培养模式试点工作的开展，资助行政管理等 42 个专业、大学英语等 6 类公共基础课建设项目，资助金额共 591.5 万元。

(崔峰)

【5 门课程获批校级双语(全英文)教学示范课程】　2016 年，学校 5 门课程获批校级双语(全英文)教学示范课程。

2016 年双语(全英文)教学示范课程一览表

序号	单位名称	课程名称	课程负责人
1	金融学院	商业银行经营学(双语)	高杰英
2	金融学院	国际金融市场(英语)	余颖丰
3	金融学院	国际金融学(英语)	赵然
4	华侨学院	财务会计基础(英语)	党铁超
5	华侨学院	Java 程序设计(英语)	李京宁

(崔峰)

【67 个项目被评为校级教改立项项目】 2016 年, 学校批准 67 个校级教学改革项目立项。

2016 年教育教学改革立项项目一览表

重大项目			
序号	项目名称	项目负责人	申报单位
1	英美高等教育质量保障体系与人才培养模式借鉴研究	周伟	城市经济与公共管理学院
2	“互联网” + 环境下的“管理会计信息化”课程体系实施模式研究	王海林	会计学院
重点项目			
1	北京市高等教育“外培计划”质量保障体系研究	潘娜	城市经济与公共管理学院
2	同伴关系对本科生学习效果的影响机制探索	李婧	经济学院
3	经济学专业创业型人才培养方案研究	徐则荣	经济学院
4	论高校国际化会计人才培养课程设置的优化	闫华红	会计学院
5	会计专业课程课堂效果提升研究与实践	杨鹃	会计学院
6	“会计学”慕课建设与实施的研究	唐丽春	会计学院
7	学校辅修专业人才培养机制改革实证研究	柳志强	会计学院
8	本科专业人才协同培养体系与机制研究——以新闻传播专业人才协同培养为例	郭媛媛	文化与传播学院
9	通识选修课课堂教学效果提升的研究与实践	李毅	文化与传播学院
10	虚拟信息类教学的专业初识游戏软件	周广军	信息学院
11	“管理信息系统”课程课堂教学效果提升研究与实践	牛东来	信息学院
12	基于 CDIO 的项目驱动教学法在“数据仓库与数据挖掘”课程教学中的研究	覃爱明	信息学院
13	“互联网 + ”时代 O2O 融合教学模式的研究与实践——以程序设计课程为例	申蔚	信息学院
14	MOOC 平台上自主学习为特征的立体化教学模式研究	梁美健	财政税务学院
15	财经类院校本科生法律思维训练研究	刘迎泽	法学院
16	“统计学”公共课软件应用技术研究	董寒青	统计学院

续表

重点项目			
序号	项目名称	项目负责人	申报单位
17	混合式学习模式下大学数学微课教学设计研究——以“微积分”为例	聂力	统计学院
18	中国传统文化资源在心理健康教育中的应用	徐辉	马克思主义学院
19	主体间性视域下高校思想政治理论课教学改革研究	王颖	马克思主义学院
20	结合学生自评的教评体系初探	侯蕾	国际经管学院
21	志愿填报方式改革对学校生源质量提升的实证研究	钱程	教务处
22	基于社会需求的普通高校专业结构动态调整策略研究	崔峰	教务处
一般项目			
1	学校土地资源管理专业财经特色的培育与课程设置改进研究	徐虹	城市经济与公共管理学院
2	知识可视化教学工具在物流管理专业课堂教学中的应用研究	王丽颖	工商管理学院
3	“管理学”微课程建设与课堂教学效果提升路径研究	关鑫	工商管理学院
4	高等教育国际化视角下的学生事务管理工作研究	赵灵翡	经济学院
5	中外对比视角下的学分制改革研究	杜军	经济学院
6	运用移动智能终端开展会计专业教学的创新模式研究	王海洪	会计学院
7	基于毕业生职业发展状况追踪调查的劳动关系专业人才培养方案优化研究	詹婧	劳动经济学院
8	本科分析性写作课程设置意义、内容及效果的研究	张成刚	劳动经济学院
9	基于就业需求导向的人力资源管理专业人才培养模式优化研究	朱勇国	劳动经济学院
10	复合型、应用型广告学人才培养模式创新研究	王端	文化与传播学院
11	汉语国际教育专业《中国现当代文学》课教学内容和教学模式的研究	司新丽	文化与传播学院
12	北京文化资源与汉语国际教育专业文化课程实践教学	彭利芝	文化与传播学院
13	财经类高校 BIM 实践教学路径探索研究	尚华艳	信息学院
14	基于学习者交互模式演化的混合式协作学习应用与探究	李伟	安全与环境工程学院
15	面向工程教育认证的教学质量保障体系建设的研究	周洁琼	安全与环境工程学院
16	国际化人才培养视阈下资产评估专业双语课程资源库建设	赵琼	财政税务学院
17	税收学专业卓越人才培养模式研究	何辉	财政税务学院
18	微课在高校课堂教学应用中的调查研究	黄春元	财政税务学院
19	司法研修——我国法律职业教育的必经之路	高雁	法学院
20	学校本科推免研究生的“三维一体”衔接培养模式研究	陈奉先	金融学院
21	基于中国金融史课程的课堂教学效果提升研究与实践	祁敬宇	金融学院

续表

一般项目			
序号	项目名称	项目负责人	申报单位
22	探究互动式教学在“中国近现代史纲要”中的构建与应用	成林萍	马克思主义学院
23	专题式教学在“思想道德修养与法律基础”课中的运用与探索	王小莹	马克思主义学院
24	“大思政”视域下思想政治理论课实践环节教学管理体系构建研究	张颖	马克思主义学院
25	创新创业虚拟实验班培养模式的构建	欧锦林	教务处
26	实践教学在基于学分制的人才培养方案中的设计与安排	谢飞	教务处
青年项目			
1	基于应用型人才培养的“财务报表分析”教学框架研究	卿小权	会计学院
2	学校教师教学评价模式研究	李楠	劳动经济学院
3	高校卓越人才协同培养模式研究——以传播学卓越班为例	刘吉冬	文化与传播学院
4	研究生助教在本科教学中的应用探索	赵志清	文化与传播学院
5	汉语国际教育专业教学中的跨文化传播策略研究	何磊	文化与传播学院
6	基于 SUCCES 原则的黏性课堂教学策略初探——以“创意思维训练”课为例	李佳蔚	文化与传播学院
7	“互联网 + 实践教学”创新模式研究	刘经纬	信息学院
8	抛锚式教学在环境监测实验课程的探索与实践	陈源	安全与环境工程学院
9	论国际竞赛对法学教育的促进	张娜	法学院
10	学校建立完善多元化本科生导师制的探索性研究:以法学院为例	李璐玲	法学院
11	创业法律人才协同培养机制研究	王漪鸥	法学院
12	学分制改革下的本科教学管理制度创新	郝思源	金融学院
13	基于认知规律的学教并重理念在数学教学中的实践研究	刘智聪	统计学院
14	“证券投资分析”课程教学改革研究	魏晓云	统计学院
15	“实变函数与泛函分析”课程的课堂教学效果提升研究和实践	窦昌胜	统计学院
16	财经类高校体育理论课程的整体优化与改革研究	廖彦罡	体育部
17	MOOC 时代学校体育在线课程发展模式与对策研究	杨华	体育部

（崔峰）

【19 门课程获批为校级微课程建设立项项目】 2016 年，经过教务处初审、专家评审，共有 19 门课程获批校级微课程建设立项项目。

2016 年校级微课程建设立项项目一览表

序号	单位	微课名称	课程名称	课程类别	负责人
1	工商管理学院	旅游管理专业“遗产旅游”微课	遗产旅游	专业选修课	张祖群

续表

序号	单位	微课名称	课程名称	课程类别	负责人
2	工商管理学院	创业学基础	创业学	专业选修课	宋克勤
3	工商管理学院	管理学经典理论	管理学	学科基础课/专业课/专业选修课	关鑫
4	经济学院	消费经济学	消费经济学	专业课/专业选修课	申萌
5	经济学院	微观经济学主要知识点	微观经济学	学科基础课/网络通识课	辛宪
6	会计学院	中级财务会计重点难点讲解	中级财务会计	专业课/专业选修课	于鹏
7	会计学院	高级财务会计微课系列	高级财务会计	专业课/专业选修课	刘瑛
8	劳动经济学院	劳动经济学	劳动经济学	学科基础课/专业课	纪韶
9	劳动经济学院	10 分钟人事测评速成	人事测评技术	专业课/专业选修课	边文霞
10	劳动经济学院	劳动法律制度	劳动法律制度	专业课/专业选修课	范围
11	劳动经济学院	管理中的心理学	劳动心理学	专业课	张杉杉
12	劳动经济学院	绩效管理	绩效管理	专业课	杨波
13	文化与传播学院	传播学概论	传播学概论	学科基础课	石刚
14	安全与环境工程学院	大学物理	普通物理学及实验Ⅰ、普通物理学及实验Ⅱ、大学物理	公共基础课	李伟
15	安全与环境工程学院	环境工程微生物学	环境工程微生物学	学科基础课	李洪枚
16	财政税务学院	“财政学”微课	财政学	学科基础课/专业课/专业选修课	姚东旭
17	金融学院	现代信用学	现代信用学	专业课/专业选修课	梁万泉
18	外语系	TOEFL(托福)考试口语和写作	TOEFL(托福)考试培训	无	刘小溪
19	外语系	TOEFL(托福)考试听力和阅读	TOEFL(托福)考试培训	无	喻永阳

（崔峰）

【全面推动 2017 年版本科人才培养方案制定】　2016 年，教务处以教育部、北京市相关文件精神为指导，启动 2017 年版本科人才培养方案制定工作，组织调研及汇报，完成《关于制定 2017 年原则性指导意见》等文件，组织各学院制定培养方案。

（陈海沐）

【2 名教师入选 2015 年北京市“高创计划”教学名师】　9 月，根据《北京市高层次创新创业人才支持计划》和《关于开展 2015 年“高创计划”遴选工作的通知》安排，经各平台遴选和专家评议，学校教授马立平和陈立平入选 2015 年北京市“高创计划”教学名师。

（李萍）

【2 名教师获第十二届北京市高等学校教学名师奖】　根据《北京市教育委员会关于做好第十二届北京市高等学校教学名师奖评选工作的通知》（京教函

〔2016〕183 号）精神，经过学校遴选推荐以及市教委组织的申报、评审、观摩课现场评价等评选环节，谢海霞、蔡秀云最终荣获北京市第十二届教学名师奖。截至目前，学校已有 19 名教授荣获北京市高等学校教学名师奖。

（李萍）

【30 名教师获 2015—2016 学年优秀课堂教学效果奖】 根据《首都经济贸易大学优秀教学人员奖励办法》（首经贸政发〔2011〕28 号）的规定，学校授予 2015—2016 学年本科生网上评教得分最高的 30 名教师首都经济贸易大学优秀课堂教学效果奖。这是学校连续 10 年评选该奖项，对鼓励广大教师爱岗敬业、不断提高教学质量起到了良好的影响。

2015—2016 学年优秀课堂教学效果奖获奖名单

名次	教师姓名	所在学院
1	闫华红	会计学院
2	李青淼	城市经济与公共管理学院
3	张春平	财政税务学院
4	殷德	金融学院
5	吕新萍	劳动经济学院
6	陈蕾	财政税务学院
7	李智	经济学院
8	杨鹛	会计学院
9	张松波	工商管理学院
10	李毅	文化与传播学院
11	詹婧	劳动经济学院
12	栾甫贵	会计学院
13	王冲	文化与传播学院
14	何辉	财政税务学院
15	盖良子	体育部
16	毛艾琳	劳动经济学院
17	高寒	体育部
18	冯浩	城市经济与公共管理学院
19	唐丽春	会计学院
20	杨静	安全与环境工程学院
21	刘潇	劳动经济学院
22	赵然	金融学院
23	崔佳颖	工商管理学院
24	戚聿东	工商管理学院
25	梁美健	财政税务学院
26	叶青	会计学院

续表

名次	教师姓名	所在学院
27	卢志明	工商管理学院
28	刘颖	财政税务学院
29	王伟	体育部
30	周华	经济学院

（李萍）

【教学督导专家换届】 9月，经各学院推荐和学校领导研究决定，聘任14名老师担任2016—2017学年教学督导专家，督导专家人数由原来的9人增加为14人。新一届督导专家有：艾春岐、胡茂桐、孟芳娥、刘仲文、沈大庆、孙丽、陈春燕、庄建国、胡加荣、孙国平、刘文辉、李丁、赵青平、钮英建，其中，艾春岐为督导专家组组长，刘仲文为督导专家组副组长。

（李萍）

【新聘教师任课资格审批】 根据《新聘教师本科课堂教学准入制度实施办法》（首经贸政发〔2014〕4号）的规定，教务处于2016年4月组织了对2015年新聘教师的任课资格审批备案工作，经各院系审查合格并报教务处审批备案后，学校共有36名2015年新聘教师取得任课资格。

2016年新聘教师取得任课资格名单

序号	院系	教师姓名
1	城市经济与公共管理学院	闫觅　张杨　姜金秋　王世强
2	工商管理学院	孙忠娟　王紫薇　曹燚　边展　汪雯娟
3	会计学院	王茂林　林慧婷　黄亮华
4	劳动经济学院	常成　张成刚　李英飞
5	文化与传播学院	刘骏晟
6	信息学院	沈睿芳　曹海清
7	安全与环境工程学院	乔剑锋　孙宝平　李媛媛
8	财政税务学院	黄春元　刘永涛
9	法学院	张娜　陈皓　高洁
10	金融学院	李胜旗　李雪　王洋天　杨龙光　王佳妮　张若希
11	统计学院	房厦
12	外国语学院	崔佳悦　陈媛媛
13	体育部	陈天庚

（李萍）

【在校生培养全程跟踪评价和应届毕业生社会需求与培养质量评价】 为对在校生和毕业生培养质量进行真实客观的评价，提供关于教学内容、方法以及其他教学相关工作的改进建议，进一步提升教学工作改进的针对性和学生培养的质量，学校委托麦可思公司从2016年开始对大一至大三在校生开展在校生培养跟踪评价，对2016届毕业生开展应届毕业生社会需求与培养质量评价。

（李萍）

【70 个成果获评为校级教学成果奖】 经过教务处初审，校外专家评审，校内专家复核，共有 70 个项目获批 2016 年校级教改立项项目。

2016 年校级教育教学成果奖获奖名单

序号	单位	成果完成人	成果名称	获奖等级
1	工商管理学院	高闯　张学平　范合君 戚聿东　李娟婷	基于“四维能力”培养的卓越商科人才培养体系	特等奖
2	教务处	王传生　张学平　张琪 陈海沐　崔峰	财经类院校应用型人才培养体系 3.0 版的构建与实践	特等奖
3	文化与传播学院	郭媛媛　王端　曹健 张艳君　王冲	组织拟真、项目联动、能力递进，十年培养传媒经管人才的新探索	特等奖
4	统计学院	阮敬　任韬　宋捷 朱梅红　姚丽芳	协同创新与交叉融合——大数据分析应用型人才培养体系的构建与实践	特等奖
5	金融学院	朱超　周晔　陈奉先 唐伟霞　赵然	“提前半步走”，以“半硕士”定位因材施教拔尖本科生的探索与实践	特等奖
6	外国语学院	刘重霄　朱安博　白云红 张春玲　李冰	校本大学英语“三分”模式构建与实践	特等奖
7	马克思主义学院	刘冠军　李久林　李丽娜 张晓萍　王银江	学科视域中的思想政治理论课教学研究——重点难点梳理解析、教学内容创新设计与实践教学模式构建	特等奖
8	劳动经济学院	范围　赵建新　李楠 魏华颖　孙乐	聚焦核心任务和中心工作、突出“三个特色”的本科人才培养模式	特等奖
9	法学院	喻中　米新丽　谢海霞 王德山　李英	以“三并重”理念、“三结合”模式培养卓越法律人才	特等奖
10	华侨学院	孙英　刘丽　党轶超 王利君　孟雨晴	“学术课程” + “证书课程”全英文本科教学模式探索	特等奖
11	工商管理学院	柳学信　范合君　李娟婷 关鑫　王璐	“知—行—省”模式下商科学术型研究生三阶实践能力培养体系	一等奖
12	统计学院	刘强　郭文英　孙阳 任韬　聂力	地方财经院校数学类公共基础课课程体系综合改革与实践	一等奖
13	会计学院	顾奋玲　崔也光　李百兴 蔡立新　袁小勇	校企协同人才培养机制创新与实践探索	一等奖
14	经济学院	郎丽华　王文举　张连城 周明生　赵家章	“资源共享、协同创新”：北京高校经贸类专业群建设与实践	一等奖
15	安全与环境工程学院	李伟　李媛媛 岳忠　文华	基于工程教育认证，构建安全工程专业创新型人才培养体系的改革与实践	一等奖
16	信息学院	高迎　周广军　卢山 林天华　刘经纬	互联网 + 京津冀协同发展人才培养——三地创新、转化、实践教育探索	一等奖

续表

序号	单位	成果完成人	成果名称	获奖等级
17	财政税务学院	王竞达　梁美建　张晓慧 赵琼　李蕾	“内外汇聚、校企联动、课程设置和个人发展相结合”资产评估二维人才培养的创新与实践	一等奖
18	文化与传播学院	陆彦明　张艳君　曹健 石刚　郭媛媛	通识教育与专业教育相融通的实验教学平台的创新与实践	一等奖
19	劳动经济学院	吕新萍　黄琦 徐静　魏文一	实践中反思 行动中成长——推动实践教学成为社会工作专业人才培养中心环节的改革与探索	一等奖
20	会计学院	蔡立新　孙军鹏　王国生 尹世芬　陈杰	互联网+环境下财经类院校会计人才培养实践教学体系改革与实践	一等奖
21	经济学院	李雪　陈江　胡　晖 任光宇　贺小丹	深化开展建模活动，探索经济学创新人才培养新模式	一等奖
22	教务处	李萍　范延英　曾庆梅 陈海沐　贾卫星	本科课堂教学质量持续改进机制的探索与实践	一等奖
23	教务处	欧锦林　庄首建　周从周 孙亮　邱晶	财经类高校创业人才培养的全方位多视角多层次体系	一等奖
24	法学院	谢海霞　金晓晨　李璐玲 王剑波　朱路	依托学科竞赛平台，创新实践人才培养机制	一等奖
25	督导组	艾春岐　张六琥　胡茂桐 刘仲文　韩泽民	高校督导对提高本科教学质量的探索、建设与实践	一等奖
26	城市经济与 公共管理学院	周伟　章　浩　叶堂林 赵文　邬晓霞	区域经济创新与应用型人才培养模式体系的构建与实践	一等奖
27	安全与环境 工程学院	陈蒲晶　蔡丹 王佩　刘志敏	形成“一一三四”战略，探索创新型人才培养路径——安全与环境工程学院本科生创新实践教育探索	一等奖
28	会计学院	王海洪	会计软件应用课程翻转课堂教学模式研究	一等奖
29	城市经济与 公共管理学院	张杰　吴庆玲　章浩 潘娜　杨曦	城市背景、经济特色、管理方向：公共管理人才培养模式构建与实践	一等奖
30	统计学院	聂力　刘强　李宇 陶桂平　梅超群	大学生数学竞赛项目与人才培养的探索与实践	一等奖
31	教务处	陈海沐　张琪 范延英　曾庆梅	强化财经院校特色，满足多样需求：通识教育选修课体系的建设与管理	一等奖
32	法学院	米新丽　张世君　金晓晨 郑文科　李英	精细管理、内涵发展的卓越法律人才培养模式	一等奖
33	法学院	王剑波　刘迎泽　李璐玲 朱路　尹少成	完善中国特色社会主义法律实训课程，推进高素质应用型法治人才培养	一等奖

续表

序号	单位	成果完成人	成果名称	获奖等级
34	会计学院	杨鹏　李百兴　栾甫贵 王淑梅　陈杰	应用型人才培养模式改革探讨——暨立体化、多维度教学体系建设改革与实践	一等奖
35	华侨学院	卜丽雅　张薇　韦漫秋	“三大导向”下的松绑式教学模式在金融信息管理专业教学中的探索	一等奖
36	经济学院	王军　蔡斌　王海鹏 高琼　冯汐	以学生学术刊物为平台，探索拔尖创新人才培养的有效路径	二等奖
37	教务处	崔峰　张琪 范延英　孙军鹏	加强实践教学，培养创新能力——地方本科院校实践系列教材的建设与研究	二等奖
38	华侨学院	闫晓玲　罗常青　张薇 徐童　宋鲜丽	“I Class 爱上课堂”全英文总动员大学英语课堂创新	二等奖
39	文化与传播学院	王冲　陆彦明　郑文明 贺心颖　任伯杰	场景迁移与范式转换——基于工作坊形式的新闻采写教学实践	二等奖
40	马克思主义学院	徐辉　杨眉 王玉　苏世兰	心理学理论教育——高等教育中心理健康教育的理论与实践	二等奖
41	华侨学院	杜悦　李亚玲　李险峰 孙玥　华章	新媒体时代大学英语课堂主权移交探索	二等奖
42	金融学院	王苹　高杰英 王婉婷　赵大萍	“自主学习”理念下金融拔尖人才差异化培养实践	二等奖
43	财政税务学院	张晓慧　王竞达　赵琼 梁美建　陈蕾	基于自主研学、互动考评的资产评估双语课程群建设	二等奖
44	马克思主义学院	张晓萍　何绍铭 成林萍　崔玲	提高思想政治理论课实践教学实效性的改革与实践	二等奖
45	马克思主义学院	王颖　王小莹 王瑞昌　黄芩	育人为本 德育为先 能力为重——高校思想政治理论课立体实践教学模式的探索	二等奖
46	马克思主义学院	谷军　成林萍 崔玲　王勇	《毛泽东思想和中国特色社会主义理论概论》课专题教学模式研究	二等奖
47	马克思主义学院	成林萍　李久林　王峻 谷军　刘宁元	研究性教学模式在“中国近现代史纲要”中的建构与实践探索	二等奖
48	教务处	段莹莹　崔颖　钱程 陈泓　谢飞	基于多维自主选择平台的生源与人才培养质量“推拉模式”探索与实践	二等奖
49	文化与传播学院	宫双华　陆彦明	基于培养大学生创新能力及人文素养的“文化书法”教学模式的探索与实践	二等奖
50	工商管理学院	赵艳　周永强 王丽颖　彭广茜	重实践强创新，培育卓越物流人才	二等奖
51	工商管理学院	王振江　涂建民　韩光军 赵刚　付晏	转变教学理念，改善教学方法	二等奖

续表

序号	单位	成果完成人	成果名称	获奖等级
52	金融学院	施慧洪　李新　巩云华 王佳妮　余颖丰	课堂、大赛及社团联贯机制探索——以证券投资课程为例	二等奖
53	外国语学院	潘速　罗晓萌　刘小溪 张潮　卢清亮	促进高校内涵发展——大学财经英语慕课	二等奖
54	劳动经济学院	盛龙飞　宋湛 詹婧　雷晓天	集体谈判模拟实验课程的建设与探索	二等奖
55	法学院	王漪鸥　孟庆庆	法学综合素质学分评价体系	二等奖
56	经济学院	马方方　王少国　张锦冬 周明生　沈宏亮	《中国经济概论》教材建设成果	二等奖
57	信息学院	周晓磊	基于CDIO的Android移动开发教学改革与创新实践	二等奖
58	文化与传播学院	李培涛　张小乐　朱琳 彭利芝　吴伟凡	基于CDIO理念的汉语国际教育专业实践教学方案	二等奖
59	外国语学院	侯燕玫　尹朦	“以学生为中心”的外语实验型教学模式的研究与实践	二等奖
60	法学院	张益铭　王漪鸥　张娜	法学人才培养体系中文化素养提升课堂	二等奖
61	华侨学院	党轶超　秦小舒	慕课与苏格拉底教学法在审计学教学中的结合应用	二等奖
62	金融学院	徐昕　谢飞　余颖丰 赵大萍	基于“4+1”的美国大学生数学建模竞赛教学培训模式研究	二等奖
63	金融学院	余颖丰	“微创”模式破解新兴学科筹建的“三性困局”:以量化金融学科建设为例	二等奖
64	工商管理学院	余镜怀　陈蔚珠,程丽娟	分层渐进式实践教学的探索与实践:经管类大学生管理实践能力培养模式创新	二等奖
65	经济学院	李婧　姜红　沈少博 冯汐　余悦旻	促进大学生高质量学习:学习取向和学习模式的视角	二等奖
66	安全与环境工程学院	乔剑锋　王洁 吕淑然　杨玲	基于闭环反馈的“4+1”工程教育人才培养评价体系构建与实施	二等奖
67	劳动经济学院	孙乐　姜蓓蓓　吕新萍 陈书洁　胡雪	以学生为主体、体验为核心的新生适应课程体系构建提升生涯决策能力、延伸人才培育路径	二等奖
68	工商管理学院	赵冰　陈立平　张松波 邱琪　崔佳颖	营销国际化人才培养体系的实践与探索	二等奖
69	金融学院	祁敬宇　孔祥毅　刘辉 常彪　郝思源	以专业课建设推进传统文化与德育教育之实践	二等奖
70	马克思主义学院	王小莹　王瑞昌　王颖 黄芩　连欢	“思想道德修养与法律基础”课“教学方法群”建构的实践探索	二等奖

（崔峰）

教学改革与创新

【落实大学公共外语应用能力培养改革】 2016 年，为了提升学校大学英语教育教学质量水平，提高学生的听、说、写、译等英语实用能力，配合外国语学院完成了 2015 级大学公共外语应用能力培养的改革，推行分级教学、模块教学，重构了课程体系。新的大学英语课程体系改由通用英语课程模块、专门用途英语课程模块、跨文化交际课程模块以及外教口语实践教学课程模块构成。在完成所要求修读的课程及学分后，学生可以根据自身需要选修外教口语实践教学模块的课程。

（熊骞）

【提升“暑期国际学校”项目课程质量】 2016 年，为了推动国际化人才培养模式创新，在全校范围内启动了第四期“暑期国际学校”项目，项目对授课教师的资质以及课程大纲进行了严格的把关，确保将最优质的教学资源提供给各位同学，邀请到 Patrick Flood 等 16 位境外知名学者为本科生开设 16 门全英文课程，约有 467 名学生报名学习。

（熊骞）

【开展慕课建设】 2016 年，组织统计学院开展慕课建设，共建设视频 158 个。

（孙亮）

【大学英语施行机考】 2016 年，为提高大学英语教育教学质量，紧紧围绕应用型人才培养核心内容的目标，以学生英语交际与应用能力培养为改革的着力点，提高学生的听、说、写、译等英语实用能力，改革评测体系和考试方式。1 月，大学英语施行机考，于 2015—2016 学年第一学期期末考试中施行。

（张明芳）

【大学英语考试中使用手机信号屏蔽器系统】 现代通信技术的高速发展使原有的手机信号屏蔽器系统对现在的多种手机信号屏蔽能力减弱。6 月，大学英语考试中使用手机信号屏蔽器，防范考试不良风气，严肃考风考纪。

（张明芳）

【结业生考试】 9 月，由于培养方案的修订，部分课程学期调整或停开。2010 级、2011 级、2012 级结业生可以跨学期参加所有停开课程的考试，六年级结业生可以参加结业生考试，以保证顺利毕业。

（张明芳）

【组织北京市中小学教师资格考试】 11 月，根据教育部和北京市教委相关文件的精神，学校成为北京市中小学教师资格考试考点，组织 2 980 名考生参加考试。

（张明芳）

实践教学与创新

【4 个校外人才培养基地被评为 2016 年校级校外人才培养基地】 4 月，学校新增 4 个校级校外人才培养基地。

2016 年新增校级校外人才培养基地一览表

序号	学院名称	基地名称	项目负责人
1	经济学院	平安银行北京分行——首都经济贸易大学经济学院校外人才培养基地	赵家章
2	安全与环境工程学院	安全与环境工程学院北京排水集团校外人才培养基地	李洪枚
3	财政税务学院	鑫税广通涉税服务人才培养基地	何辉
4	华侨学院	首都经济贸易大学华侨学院东软睿道人才实习实训基地	刘丽

（吕铮）

【11 项“实培计划”入选 2015 年“北京高等学校高水平人才交叉培养计划——实培计划”项目优秀案例】 6 月，根据北京市教委的通知，对学校 2015 年“实培计划”的毕业设计（论文类）、毕业设计（创业类）、大创计划深化项目进行结项评审，并遴选优秀案例上报北京市教委，共有 11 项“实培计划”案例入选优秀案例。

2015 年“北京高等学校高水平人才交叉培养计划——实培计划”优秀案例一览表

序号	学院名称	毕业设计（论文）研究方向（题目）	校内指导教师姓名	项目名称
1	安全与环境工程学院	臭氧微气泡氧化三价砷形成臭葱石沉淀除砷方法的研究	李洪枚	毕业设计（论文类）
2	财政税务学院	市场法在并购重组中的应用研究	王竞达	毕业设计（论文类）
3	金融学院	中国大型银行国际化布局研究	高杰英	毕业设计（论文类）
4	文化与传播学院	我国农村地区宗教传播的主要动因：经济因素抑或非经济因素	陆彦明	毕业设计（论文类）
5	安全与环境工程学院	再生水补给河湖水生态环境安全研究	李洪枚	大创计划深化项目
6	财政税务学院	文化创意企业的知识产权价值评估研究	梁美健	大创计划深化项目
7	财政税务学院	网络电商纳税问题研究	丁芸	大创计划深化项目
8	工商管理学院	兰格钢铁电子商务交易平台供应链金融研究	佘镜怀	大创计划深化项目
9	会计学院	注册会计师职业道德对会计师事务所核心竞争力的影响	陈郡	大创计划深化项目
10	信息学院	ECC 校验算法的探究与应用	徐天晟	大创计划深化项目
11	信息学院	创客空间云创业平台	刘经纬	毕业设计（创业类）

（吕铮）

【7 项毕业论文（设计）入选 2016 年大学生毕业设计（科研类）项目】　2016 年，根据北京市教育委员会《关于公布 2016 年入选北京高等学校高水平人才交叉培养“实培计划”项目的通知》（京教高〔2016〕14 号），学校选拔 2012 级本科生参加大学生毕业设计（科研类）项目，经学校申报、市教委遴选等环节，共有 7 项毕业论文（设计）入选。

2016 年“北京高等学校高水平人才交叉培养计划——实培计划”大学生毕业设计（科研类）入选项目一览表

序号	学院名称	入选毕业设计（论文）研究方向（题目）	校外导师姓名/职称	校内指导教师姓名/职称
1	安全与环境工程学院	粉煤灰表面化学性质及碱活化特征	郑诗礼/研究员	李洪枚/教授
2	经济学院	“多米诺”：代理人间的博弈	付敏杰/副研究员	蒋雪梅/讲师
3	财政税务学院	互联网公司价值驱动因素和评估方法研究	刘玉廷/教授	王竞达/教授
4	经济学院	跨境电商对我国进出口贸易的影响	袁富华/研究员	宋丕丞/讲师
5	安全与环境工程学院	水泥工业控汞途径研究	王新春/研究员	李洪枚/教授
6	财政税务学院	税收政策效应及政策优化	于树一/副研究员	何辉/副教授
7	财政税务学院	政府购买服务的质性分析	马珺/研究员	何晴/副教授

（吕铮）

【16 个项目入选 2016 年北京市大学生科研训练计划　深化项目】　2016 年，根据北京市教育委员会《关于

公布2016年入选北京高等学校高水平人才交叉培养“实培计划”项目的通知》(京教高〔2016〕14号),学校选拔优秀的2013级、2014级、2015级本科生参加大学生科研训练计划深化项目,经学校申报、市教委遴选等环节,共有16项大学生科研训练计划深化项目入选。

2016年入选北京市大学生科研训练计划深化项目一览表

序号	学院名称	项目名称	学生负责人姓名	校内导师
1	工商管理学院	大宗商品电子商务交易平台供应链金融风险管理研究	鲍永霞	佘镜怀
2	劳动经济学院	北京大学生就业压力调查	祁钰	宋玥
3	劳动经济学院	养老保险行政争议案件分析及行政争议案件解决方法完善建议	陈昕烨	范围
4	信息学院	基于图像的古籍处理关键技术研究	陈玥	曹海青
5	信息学院	图书书脊识别关键技术研究	王丹煜	曹海青
6	安全与环境工程学院	北京市城市污水处理厂职业环境危害因素调查与控制现状研究	丁天白	李洪枚
7	财政税务学院	互联网公司价值评估研究	徐浩宇	王竞达
8	法学院	我国受贿罪量刑差异问题实证研究	王子琛	王剑波
9	法学院	关于安乐死在中国合法化的研究	田宇慧	尚琤
10	法学院	政府对社会慈善行为规制研究	孙蕾	焦志勇
11	法学院	论网络消费者隐私权保护	江春燕	陶盈
12	法学院	论当前中国法定结婚年龄的合法性	洪小玲	贺燕
13	法学院	旅游合同中消费者保护问题研究	黄玉婕	米新丽
14	城市经济与公共管理学院	城市建设投融资规划:问题及方案研究——以北京市房山区长阳镇为例	权思颖	谭善勇
15	安全与环境工程学院	应用多组学技术研究污泥固体厌氧发酵过程甲烷累积的微生态机理	周博	李洪枚
16	信息学院	BIM云应用一体机解决方案	刘仕奇	邱月

(吕铮)

【1项毕业论文(设计)入选2016年大学生毕业设计(创业类)支持计划】 2016年,根据北京市教育委员会《关于公布2016年入选北京高等学校高水平人才交叉培养“实培计划”项目的通知》(京教高〔2016〕14号),学校选拔优秀的大四学生参加大学生毕业设计(创业类)支持计划,经学校申报、市教委遴选等环节,共有1项大学生毕业设计(创业类)支持计划入选,该项目为信息学院李丹、马嘉玮、申紫涵的“淘宝——基于强关系社区的二手物品交易平台”,校内导师为刘经纬。

(吕铮)

【评选2016届本科校级优秀学士学位论文(设计)】 2016年,根据《首都经济贸易大学优秀学士学位论文(设计)评选及奖励办法》(首经贸政发〔2007〕5号),学校共推荐77篇优秀毕业论文(设计)参加评选,最终评选出《海淀区主导产业选择的战略分析及对策研究》等34篇论文(设计)为首都经济贸易大学2016届优秀学士学位论文(设计)。

2016届校级优秀学士学位论文(设计)一览表

序号	学院名称	论文(设计)题目	作者姓名	指导教师姓名
1	城市经济与公共管理学院	从Theil指数看山西省经济发展的不均衡性	任霄	李青淼
2	城市经济与公共管理学院	大数据时代政府危机沟通中的网络舆情管理——以天津8·12爆炸事件为例	谷彦雯	宋心然
3	城市经济与公共管理学院	基于雾霾治理的土地利用结构调控	张荻翰	彭文英
4	工商管理学院	长、短期导向人力资源管理模式对工作满意度影响的实证研究——中庸思维模式的中介作用	魏婕	张勃
5	工商管理学院	地方政府在房地产行业行为的量化分析——基于中国省际层面的理论与实证研究	王雪晴	张晗
6	工商管理学院	优酷土豆换股并购研究	邱晓光	徐炜
7	经济学院	美国量化宽松货币政策的实证及效果分析	彭雨晴	杜军
8	经济学院	基于消费者偏好的捆绑销售经济学分析	蓝天意	董烨然
9	经济学院	基于国家文化距离因素扩充的贸易引力模型——以中国的对外贸易数据为例	鲍宗禹	赵家章
10	经济学院	分享经济效应初探——理论阐述与实例解析	刘芳芳	李智
11	经济学院	我国进口商品结构对GDP的影响分析	龚胜男	申萌
12	会计学院	多元化投资对公司业绩的影响——基于华塑控股的案例研究	周春丽	卿小权
13	会计学院	DCF模型在电子商务企业估值中的应用研究	乔迪	许江波
14	会计学院	绩效评价体系对企业财务行为影响的实证分析	王子一	闫华红
15	劳动经济学院	阿马蒂亚·森的贫困思想对我国城市低保制度的启示	陶政宇	朱俊生
16	劳动经济学院	员工视角的人力资源管理系统与员工建言行为的影响研究——心理资本的中介作用	张春梅	苗仁涛
17	劳动经济学院	社工学生的专业认同水平及影响因素的实证研究——以A大学本科高年级学生为例	吴晶晶	亓昕
18	文化与传播学院	文化基因理论视域下的天主教代际传播——以河北省张家口市崇礼县为例	李阳	陆彦明
19	文化与传播学院	纸媒传播新路径——基于北京晚报微信公众号的案例分析	黄小雨	杨同庆
20	信息学院	基于NAND FLASH芯片存储算法的建立与实现	蒋乾凯	王纪文
21	信息学院	房屋租赁信息系统	李莹	张丽玮
22	安全与环境工程学院	针铁矿法处理低浓度含砷废水探究	门玉	李洪枚
23	财政税务学院	EUA在B2C电子商务企业价值评估中的应用	卢雨臻	张晓慧
24	财政税务学院	财政中期框架下的地方税收收入预测	陈彪	李红霞

续表

序号	学院名称	论文(设计)题目	作者姓名	指导教师姓名
25	法学院	间接接收中东道国与投资者利益的平衡	余晓睿	金晓晨
26	金融学院	生育新政背景下“二胎保险”问题研究	王琳	张小红
27	金融学院	中外股票市场联动效应研究	赵晗	张萍
28	金融学院	中国交通基础设施建设投资与进出口贸易关系研究	龙心怡	高杰英
29	金融学院	基于预防资本骤停风险的最优外汇储备规模研究	闫飞宇	陈奉先
30	统计学院	供给侧改革背景下的投资策略分析	刘家琳	裴艳波
31	统计学院	大学生价格心理影响因素对线上冲动性购买行为作用的实证分析	马昕瑶	马立平
32	外国语学院	The Identity Construction of Angela Merkel as a Popular Female Leader—Based on the Analysis of Her Political Speeches	许冰莹	高秋萍
33	华侨学院	3~6 岁幼儿识图教育软件的设计与实现	刘祝辰	李京宁
34	华侨学院	分析和评估公司并购的财务与运营影响——以中联重科收购意大利 CIFA 案例为例	李悦彤	党轶超

（吕铮）

【创立学校首届创业实验班】 2016 年，按照《首都经济贸易大学深化创新创业教育改革实施方案（2015—2020 年）》，深化创新创业教育改革，加快创新创业人才培养，完成创业实验班实施方案、培养方案的制定，创立学校首届创业实验班，精选课程，开展选课。

（欧锦林）

【外语语言综合实验中心入选北京市高等学校实验教学示范中心名单】 为推进学校高等教育综合改革，积极响应国家关于大众创业、万众创新的号召，进一步丰富学校实验教学示范体系，2015 年 12 月，学校组织外语系申报 2015 年北京市高等学校实验教学示范中心。2016 年 1 月，北京市教育委员会公布学校外语语言综合实验中心入选 2015 年北京市高等学校实验教学示范中心名单。学校将继续对实验教学中心给予经费支持，加大投入，持续建设，加大实验教学改革与实验室建设力度，创新实验室运行管理机制，确保实验教学中心在实验教学方面发挥的示范辐射作用。

（欧锦林）

【特大城市智慧管理人才培养创新实践基地入选北京高等学校示范性校内创新实践基地建设单位名单】 2015 年 10 月，学校组织城市经济与公共管理学院完成北京高等学校示范性校内创新实践基地申报工作。2016 年 1 月，北京市教育委员会公布学校特大城市智慧管理人才培养创新实践基地入选 2015 年北京高等学校示范性校内创新实践基地建设单位名单。此次入选有助于学校契合国家和首都社会经济发展对高等学校创新人才培养的要求，有助于创新高水平人才培养机制，推动优质教育资源共享，深化实践教学综合改革。

（欧锦林）

【开展大学生创新创业训练计划项目】 2016 年，为探索以问题和课题为核心的教学模式改革，调动学生的积极性、主动性和创造性，培养创新创业的兴趣，使学生在本科阶段得到创新创业能力的训练，按照《首都经济贸易大学大学生科研与创新训练计划实施办法》，开展大学生创新创业训练计划项目立项工作，全校本科生对此项活动积极响应，踊跃申报，通过各院系评选和学校复核，本年度共立项 287 项，参与学生数 1 030 人。同时完成对 2015 年立项项目的结题工作，打印大学生科研创新证书 1 000 余份，证书在学生找工作时越来越受到用人单位认可。完成第九届全国大学生创新创业年会参展项目推荐和第三届北京市大学生创新创业成果展示与经验交流会参展材料提交。

（欧锦林）

【40 个项目入选国家级大学生创新创业训练计划项目名单】 5 月，学校组织开展 2016 年国家级大学生创新创业训练计划立项项目推荐工作，本着优中选优的原则，从 2016 年校级大学生创新创业训练计划项目名单中选取重点项目 105 项进行分组回避评审，根据学科特点和各学科的项目数量，共分为理工文法组、经济组、管理组，最终学校教学指导委员会评选出 40 项推荐至教育部。9 月，教育部高等教育司公布 2016 年国家级大学生创新创业训练计划项目名单，学校 40 个项目全部入选。

（欧锦林）

【开展学科竞赛项目建设申报】 2016 年，依据《首都经济贸易大学大学生学科竞赛项目定级管理办法》，学校组织教学指导委员会对各院系申报的竞赛项目进行审核认定，在考虑竞赛的主办单位、举办届数、参赛高校数、竞赛层次性、社会影响力等因素的基础上，对各院系申报的 9 项学科竞赛进行定级，最终定级竞赛项目 9 项，其中，B 级 4 项，C 级 1 项，D 级 3 项，E 级 1 项。

（欧锦林）

2016 年新增大学生学科竞赛项目一览表

序号	竞赛项目名称	竞赛主办单位	竞赛承办单位	级别
1	中国“互联网 +”大学生创新创业大赛	教育部	信息学院	B
2	全国高校商业精英挑战赛流通业经营模拟竞赛	教育部高等学校经济与贸易类专业教学指导委员会、中国国际商会商业行业商会、中国国际贸易促进委员会商业行业分会	经济学院	B
3	全国高等学校安全科学与工程类专业大学生实践与创新作品大赛	国家安全生产监督管理总局、教育部安全科学与工程类专业教学指导委员会、中国职业安全健康协会、全国高校安全工程专业学术年会委员会、公共安全科学技术学会	安全与环境工程学院	B
4	“贸仲杯”国际商事仲裁模拟仲裁庭辩论赛	中国国际经济贸易仲裁委员会	法学院	B
5	北京市大学生物理实验、化学实验竞赛	北京市教育委员会	安全与环境工程学院	C
6	全国高校互联网金融应用创新大赛	互联网应用创新开放平台联盟	金融学院	D
7	全国大学生互联网软件设计大奖赛	中国电子商务协会与杭州市商务委员会、杭州经济技术开发区	信息学院	D
8	全国高校“斯维尔杯”BIM 建模大赛	中国建设教育协会	信息学院	D
9	“安工杯”大学生课外学术科技作品大赛	安全与环境工程学院	安全与环境工程学院	E

（欧锦林）

【大学生学科竞赛获奖成绩突出】 学校积极组织学生参加近60项各级各类大学生学科竞赛，参赛人数达3 000余人，获得省部级及以上竞赛奖项共229项。

2016年全国大学生创新创业训练计划项目一览表

项目编号	项目名称	项目类型	项目负责人	项目其他成员信息	指导教师
201610038001	建筑施工噪音对周围环境影响分析	创新训练项目	陈鹏	李婷婷	谢中朋
201610038002	中关村先行先试税收政策实施效果评估——以上市公司为例	创新训练项目	何明俊	陈缘　徐秋萍	陈远燕
201610038003	文艺美术画材实体店	创业训练项目	高萌	孙雨曦　邱婷　尚旭　沙丽玛·苏力兰	王海南
201610038004	城六区人口居住与疏解意愿调查	创新训练项目	赵子薇	韩梦丽　邢一洁　杜迎	赵秀池
201610038005	公共管理类大学生创业意向、领域及政策引导研究	创新训练项目	董欢	权思颖　李安宁	谭善勇
201610038006	我国受贿罪量刑差异问题实证研究	创新训练项目	王子琛	刘鹏　夏雨润　魏一帆	王剑波
201610038007	网约私家车的合法性研究	创新训练项目	郭雪怡	金双雪　李洁　冯勤熙　杜佳美	米新丽
201610038008	海外代购的法律问题	创新训练项目	陈春晖	张景锋　张硕　杨欣远　陆明浩	兰燕卓
201610038009	DIY 礼品	创业训练项目	冷建和	徐晴　侯梦琪　张羽翼　牟轩逸	孙忠娟
201610038010	大学生伴旅——京津冀修学旅游运作模式	创业训练项目	周化羽	李强　刘倩	张祖群
201610038011	懒鬼(Languiller)背单词 APP	创业训练项目	张敬和	朱函　朱皓月　顾心雪　赵炜烨	黄苏萍
201610038012	技能交换 APP——“淘技能”	创业训练项目	杨丹丹	张少雪　鲍心宇	孙喜
201610038013	“碳中和”旅游现状和前景分析——以北京为例	创新训练项目	蔡雨竹	王妍　黄恺睿　刘紫筠　王天棋	高静
201610038014	首经贸内水资源优化方案	创新训练项目	张芃楠	罗雪安　张家增	王烁
201610038015	互联网 + 新时代医患云公共平台	创新训练项目	刘智敏	黄沿中　黄天旭　邵帅	章婕
201610038016	“墨印”自助打印技术研究	创新训练项目	杨靖	刘若水　李童欢　周光南　卢松昀	律媛媛
201610038017	上课考勤请假平台的设计	创新训练项目	耿子暄	宋博远　张轩豪　张富珩	李京宁
201610038018	Fresh 怡悦专业健身减脂餐 O2O 平台	创业训练项目	张莹洁	王倚晴　刘紫伊	卜丽雅

续表

项目编号	项目名称	项目类型	项目负责人	项目其他成员信息	指导教师
201610038019	“不拘e格”（大学生原创创意/闲置物品交流平台）	创业训练项目	王朝仪	李萌瑄　鲁彤　李凡	王海洪
201610038020	灯光颜色和亮度对营业额的影响	创新训练项目	曲春阳	何潇　张楚　付兆棱	林慧婷
201610038021	O2O模式下在线短租现状分析及创新方案策划	创新训练项目	张圆	张梦圆　胡卓婷 郝雪岑　隋圆	黄亮华
201610038022	大学生投资理财风险及其规避探讨	创新训练项目	阎祺	简媛媛　直宇思 齐雨思	尹世芬
201610038023	红楼梦中的宗教研究	创新训练项目	霍佳乐	徐上　王梓珩	李百兴
201610038024	供给侧视角下房贷与房价实证分析	创新训练项目	齐雯	杜嘉雯	高杰英
201610038025	我国影子银行的监管效率研究	创新训练项目	董宇佳	刘耕贺　慕思思	王曼怡
201610038026	无偿占位行为实现的条件及成因研究	创新训练项目	唐子棋	袁萌	方明月
201610038027	“模拟面试”就业辅导服务项目	创业训练项目	马瑞娜	胡乔莹	汪洋
201610038028	对非传统物流O2O几大阵营商业模式的分析和预测	创新训练项目	周晓易	高杨　罗德鑫	王钰
201610038029	北京、上海、深圳三地“积分落户”政策比较及分析研究	创新训练项目	曹琛琪	蒋潮鑫　王晓光　徐蕊 祁琪	张琪
201610038030	全面二孩政策对白领女性就业的影响研究——以北京市为例	创新训练项目	袁盼盼	孙赫男　姜帆　李佳珊 张婷	孟泉
201610038031	分析未来SUV在中国市场的前景	创新训练项目	毛文静	张颖超　张嘉宸 秦皓月　韦丞婧	刘娟
201610038032	“有书”——大学生自己的二手教材交易平台	创业训练项目	田云祁	陈浩　郭思宇　姚博伦	简思綦
201610038033	棉质运动袜及女士丝袜的便民式销售	创业训练项目	徐艺铭	康弘哲　郭嘉懿 陈虹瑗	刘艳
201610038034	分析英美文学作品在中国的翻译情况（以《飘》为例）	创新训练项目	戈梦依	邓琪　高思艳	张宏峰
201610038035	从西方影视作品透析被曲解的中国文化及其原因	创新训练项目	孙晔芃	赵婉	崔佳悦
201610038036	英语地域变体间口音差异	创新训练项目	徐莹莹	尹月　常思源	郝钦海
201610038037	自媒体盈利模式初探——以微信和电台为例	创新训练项目	张丹	臧云頔　刘牧琳 岳辰皓　段雪纯	陆彦明

续表

项目编号	项目名称	项目类型	项目负责人	项目其他成员信息	指导教师
201610038038	大学生选课指南 APP	创新训练项目	段家祺	闵昱瑶　李硕　陈一熊文昊	高迎
201610038039	"喵汪回家"流浪猫狗救助平台	创业训练项目	王婧	于彤　邢静宇　李天昊刘仕奇	范烺
201610038040	"菲力欧"智能养老解决方案	创业训练项目	程生辉	翁雅澜　邝安琪　姜严	刘经纬

（欧锦林）

2015—2016 年度大学生科研与创新训练计划优秀项目一览表

项目编号	院(系)	项目名称	项目类型	项目负责人	指导教师
2015003	安全与环境工程学院	毒物对厌氧氨氧化的影响及其机理研究	创新训练	毕竑	丁爽
2015004	安全与环境工程学院	首经贸宿舍楼火灾逃生方案模拟研究	创新训练	汪志勇	王勇毅
2015005	安全与环境工程学院	基于 Pathfinder 的首经贸慎思楼紧急疏散研究	创新训练	单益林	吕淑然
2015011	财政税务学院	促进工业文化发展的财税政策研究	创新训练	陈实	蔡秀云
2015014	财政税务学院	京津冀一体化战略对大学生就业的影响研究	创新训练	程雪	何辉
2015015	财政税务学院	新兴真人互动娱乐项目的活动设计及开展	创业训练	陈晓融	张晓慧
2015022	财政税务学院	税收学专业毕业生就业方向及发展状况的调研	创新训练	郭捷	王珂
2015030	财政税务学院	文化创意企业知识产权的价值评估	创新训练	刘阳瑞	梁美健
2015034	城市经济与公共管理学院	北京市产业疏解的问题与对策研究	创新训练	杨明明	谭善勇
2015035	城市经济与公共管理学院	影响(学校)课堂教学效果因素调查研究	创新训练	关芯	汪剑鲲
2015038	城市经济与公共管理学院	北京市公租房土地供应现状与问题研究	创新训练	王妍	刘水杏
2015039	城市经济与公共管理学院	北京市保障性住房融资存在的问题和改进建议	创新训练	邢晓辰	吴庆玲
2015047	法学院	大学生开微店的法律风险与对策研究	创新训练	郭嘉豪	陈寒非
2015049	法学院	明初四大案浅探	创新训练	王钰璋	尚琤
2015051	法学院	国家监护权对亲权的制约——从未成年人保护角度	创新训练	刘晶	刘润仙

续表

项目编号	院(系)	项目名称	项目类型	项目负责人	指导教师
2015052	法学院	大数据时代个人信息安全问题的新论	创新训练	赵文超	陶盈
2015061	工商管理学院	上市公司员工持股方案设计研究——基于案例的研究	创新训练	盛涵	张学平
2015062	工商管理学院	篮球周边产品创业项目计划书	创业训练	何佳婧	张松波
2015063	工商管理学院	历史文化名城的遗产旅游对比	创新训练	李文颖	张祖群
2015079	工商管理学院	首经贸校园生活圈起来	创业训练	武亦文	黄苏萍
2015096	工商管理学院	物流银行业务模式风险研究	创新训练	陈宏英	周永强
2015103	国际经济管理学院	雾霾与电力行业发展的相关性分析及预测	创新训练	陈悦铭	高静
2015106	华侨学院	预约停车位 APP	创新训练	邢炜玮	李梦
2015109	华侨学院	幼儿学英语手机软件开发	创新训练	李郁	李京宁
2015125	华侨学院	手机软件市场现状调查	创新训练	戈壁溪	朱磊磊
2015131	华侨学院	手机安全软件对比研究	创新训练	常嘉萌	茹常君
2015140	华侨学院	金融和保险部门系统性风险的经济衡量	创新训练	孙宇	王妍
2015142	会计学院	除夕、春节期间燃放烟花爆竹产生二氧化硫质量的估算	创新训练	魏建武	陶桂平
2015145	会计学院	大学生合作交流平台	创新训练	刘英爱	李百兴
2015146	会计学院	会计专业学生辅修经济类双学位对就业影响的实证调研——以北京市大学为研究对象	创新训练	邓阳诗艺	林乐
2015148	会计学院	商品流通环节的研究与优化	创新训练	刘欣	杨鹏
2015149	会计学院	少数民族文化产业在京发展前景	创新训练	金乐	王健琪
2015150	会计学院	对留守儿童教育问题的调查及研究——以河南杞县为例	创新训练	李润波	林乐
2015169	会计学院	关于大学生炒股问题的相关研究	创新训练	杨皓南	陈郡
2015174	金融学院	从“微信红包”看网络融资新模式	创新训练	范海	赵大萍
2015176	金融学院	互联网背景下的保险消费行为研究——基于中等收入群体的视角	创新训练	王子丰	张小红
2015177	金融学院	对大学生兼职现状的调查和研究	创新训练	王蓓	王苹
2015179	金融学院	大学生理性网络购物情况的调查	创新训练	张震	李晓鸥
2015181	金融学院	银担融资博弈及其合作之路的探索	创新训练	夏金娇	余颖丰
2015185	金融学院	存款保险制度的推出对银行业和民众的影响	创新训练	张潇南	徐昕

续表

项目编号	院(系)	项目名称	项目类型	项目负责人	指导教师
2015189	金融学院	比较不同的期权定价模型	创新训练	毛荣坚	刘威仪
2015190	金融学院	以资产证券化为基础的企业环保设备融资方案研究	创新训练	孙若愚	李新
2015196	经济学院	Go·书——大学生订购教材网络平台	创业训练	田驰	李智
2015198	经济学院	县域电商发展状况、问题及前景浅析	创新训练	谢方洲	赵家章
2015200	经济学院	电子红包现状分析及其前景预测	创新训练	田旭	马方方
2015205	经济学院	北京市新能源汽车推广普及面临的问题及建议	创新训练	肖华子	徐雪
2015206	经济学院	基于多元统计分析的啤酒品质评测体系的应用研究	创新训练	姚晴	文魁
2015207	经济学院	环境问题对于北京市经济结构的影响	创新训练	赵嘉文	李春梅
2015208	经济学院	十字路口左转待转区对交通压力的缓解	创新训练	郑袤	马方方
2015209	经济学院	上市公司职工持股方案设计研究——以京东员工持股方案为主例进行调查研究	创新训练	钟泽鹏	王军
2015212	经济学院	首经贸旧书回收利用与定价机制研究:基于Magic旧书淘宝屋的实验	创新训练	张翼先	方明月
2015220	经济学院	网络"微商"发展策略分析及前景探究	创新训练	张舒澜	黄灿
2015235	劳动经济学院	首经贸本科生手机依赖状况调查	创新训练	肖覃	毛畅果
2015237	劳动经济学院	探究中国无序罢工问题的原因及解决机制	创新训练	马灵	范围
2015243	劳动经济学院	以专业型学生社团为载体扩展复合型专业人才培育路径	创新训练	邹雨君	孙乐
2015248	统计学院	大数据背景下大型网企的崛起历程	创新训练	高琪	阮敬
2015251	统计学院	病毒的研究与建模	创新训练	田世元	任韬
2015256	统计学院	被遗忘的人人网	创新训练	戴德	张赛茵
2015261	统计学院	影响大学生手机游戏选择因素的调查研究	创新训练	徐丽	张赛茵
2015262	统计学院	基于数据挖掘的北京雾霾状况分析及大学生行为研究	创新训练	蒋瑞琪	王琳
2015271	外国语学院	莎士比亚与汤显祖人生观之比较——以《哈姆雷特》与《南柯记》为例	创新训练	丁可含	高秋萍
2015274	外国语学院	从某些单词的一词多义现象探讨语言的奇妙	创新训练	朱思奕	刘重霄
2015275	外国语学院	英语在清朝	创新训练	如扎	贾冬梅

续表

项目编号	院(系)	项目名称	项目类型	项目负责人	指导教师
2015276	外国语学院	翻译对中国当代文学海外传播的影响	创新训练	邓慧翀	张潮
2015277	外国语学院	彩礼与嫁妆——中英婚姻观念之异同	创新训练	张欣	刘欣
2015283	外国语学院	国产剧出口的翻译现状及准确性研究	创新训练	黄莉杰	杨述伊
2015293	文化与传播学院	我国农村宗教传播的主要动因:经济因素抑或非经济因素?————以张家口市崇礼县为例	创新训练	李阳	李景强
2015294	文化与传播学院	古装微电视剧的文化传播作用和发展趋势	创新训练	徐彤	郭媛媛
2015298	文化与传播学院	对博物馆文化传播的效果研究	创新训练	石涵颖	王冲
2015300	文化与传播学院	少数民族传统文化的流转——以白族为例	创新训练	贾雪楠	李先知

(欧锦林)

2016 年大学生学科竞赛获奖名单

竞赛名称	获奖学生	获奖类别	获奖等级	团队/个人	指导教师/学院
美国大学生数学建模竞赛	袁媛	国际赛事	美国赛二等奖	团队	徐昕/金融学院 余颖丰/金融学院 谢飞/金融学院 徐新扩/金融学院
	孙旋				
	杨颜媛				
	武文韬	国际赛事	美国赛二等奖	团队	
	郝欣宇				
	何佳婧				
	段悦斌	国际赛事	美国赛二等奖	团队	
	王子元				
	顾世瑞				
	魏雪	国际赛事	美国赛二等奖	团队	
	伊芯慧				
	林秦				
	李夏晴	国际赛事	美国赛二等奖	团队	
	梁湛瑶				
	张瑞琪				
	吴桐	国际赛事	美国赛二等奖	团队	
	王子丰				
	张明楚				

续表

竞赛名称	获奖学生	获奖类别	获奖等级	团队/个人	指导教师/学院
美国大学生数学建模竞赛	李宗谕	国际赛事	美国赛二等奖	团队	徐昕/金融学院 余颖丰/金融学院 谢飞/金融学院 徐新扩/金融学院
	檀心彤				
	马爽				
	张天翼	国际赛事	美国赛二等奖	团队	
	林山				
	郭捷				
	兰宇	国际赛事	美国赛二等奖	团队	
	程静怡				
	刘缇				
	范海	国际赛事	美国赛二等奖	团队	
	李建业				
	蒋潮鑫				
	戴智宇	国际赛事	美国赛二等奖	团队	
	贾亚男				
	管梦茹				
	李阳	国际赛事	美国赛一等奖	团队	陈江/经济学院 李雪/经济学院 任光宇/经济学院 贺小丹/经济学院 蒋雪梅/经济学院
	张鑫				
	王涵				
	巴云明	国际赛事	美国赛一等奖	团队	
	于洪岗				
	陈露				
	张嘉俊	国际赛事	美国赛一等奖	团队	
	杨庆				
	孙屹				
	张翼先	国际赛事	美国赛一等奖	团队	
	董昱含				
	余璐				
	齐颖	国际赛事	美国赛一等奖	团队	
	尹元				
	王新杰				
	张岩	国际赛事	美国赛一等奖	团队	
	谭丽渊				
	杨诗雨				

续表

竞赛名称	获奖学生	获奖类别	获奖等级	团队/个人	指导教师/学院
美国大学生数学建模竞赛	王欣蕊 常荣平 陈思含	国际赛事	美国赛一等奖	团队	陈江/经济学院 李雪/经济学院 任光宇/经济学院 贺小丹/经济学院 蒋雪梅/经济学院
	刘文倩 陈洁 詹泽玉	国际赛事	美国赛一等奖	团队	
	张雯天 戈乔 张琼月	国际赛事	美国赛二等奖	团队	
	马小然 张潇逸 张泽芳	国际赛事	美国赛二等奖	团队	
	陈瑀琼 高乎嘉 李妙晨	国际赛事	美国赛二等奖	团队	
	马海飞 赵京晶 景钰	国际赛事	美国赛二等奖	团队	
	张少雪 阮浩 袁利多	国际赛事	美国赛二等奖	团队	
	申羽暄 司博 张行天	国际赛事	美国赛二等奖	团队	
	郭鸿猷 马序 白桐延	国际赛事	美国赛二等奖	团队	
	王乃千 范心缘 张续	国际赛事	美国赛二等奖	团队	
	任德艺 沈奕昕 李肇晗	国际赛事	美国赛二等奖	团队	

续表

竞赛名称	获奖学生	获奖类别	获奖等级	团队/个人	指导教师/学院
美国大学生数学建模竞赛	刘聪铮 郭鸣笳 杨顺喆	国际赛事	美国赛二等奖	团队	陈江/经济学院 李雪/经济学院 任光宇/经济学院 贺小丹/经济学院 蒋雪梅/经济学院
	许朵 吴静宜 王雨晴	国际赛事	美国赛二等奖	团队	
	邱阳 沈冠澜 陈国伟	国际赛事	美国赛二等奖	团队	
	张思聪 宋炳妮 柯星雨	国际赛事	美国赛二等奖	团队	
	周瀚 于海潇 计爽	国际赛事	美国赛二等奖	团队	
	姜雪晴 刘瑞 王子怡	国际赛事	美国赛二等奖	团队	
	缪淑寅 张凌琦 陈虹	国际赛事	美国赛二等奖	团队	
	张嘉翊 向风扬 潘臻	国际赛事	美国赛二等奖	团队	
	王雪涵 杜萌萌 蔚金霞	国际赛事	美国赛二等奖	团队	
	郭嘉 李绪恒 杨林林	国际赛事	美国赛二等奖	团队	

续表

竞赛名称	获奖学生	获奖类别	获奖等级	团队/个人	指导教师/学院
美国大学生数学建模竞赛	陆璐	国际赛事	美国赛一等奖	团队	田瑜/统计学院 任韬/统计学院 陈江荣/统计学院 刘艳/统计学院 叶飞/统计学院 阮敬/统计学院
	李郁				
	邵雯雯				
	周子钰	国际赛事	美国赛二等奖	团队	
	林曼诗				
	魏鑫原				
	黄沿中	国际赛事	美国赛二等奖	团队	
	张家增				
	王子路				
	张琳娜	国际赛事	美国赛一等奖	团队	
	荣向荣				
	陈方正				
	文浩楠	国际赛事	美国赛二等奖	团队	
	张棪彬				
	梁策				
	许妍青	国际赛事	美国赛二等奖	团队	
	何春莉				
	王惠旌				
	姚默涵	国际赛事	美国赛二等奖	团队	
	张旸				
	王天泽				
	曹雅昕	国际赛事	美国赛二等奖	团队	
	王菲菲				
	景佳雯				
	韩毅	国际赛事	美国赛二等奖	团队	
	杨棋				
	刘欣				
	杨润苗	国际赛事	美国赛二等奖	团队	
	冉丰凯				
	陈钰				
	海日罕	国际赛事	美国赛二等奖	团队	
	王鹏				
	李鑫瑶				

续表

竞赛名称	获奖学生	获奖类别	获奖等级	团队/个人	指导教师/学院
美国大学生数学建模竞赛	李时宇 张雯天 李晔	国际赛事	美国赛二等奖	团队	田瑜/统计学院 任韬/统计学院 陈江荣/统计学院 刘艳/统计学院 叶飞/统计学院 阮敬/统计学院
	丛翘楚 黄舒玥 李泓池	国际赛事	美国赛二等奖	团队	
	林峥琪 赵爽 冯太	国际赛事	美国赛二等奖	团队	
	高璐 卫冰清 刘志颖	国际赛事	美国赛二等奖	团队	
	王一明 吴静钰 王玥雯	国际赛事	美国赛二等奖	团队	
国际刑事法院审判竞赛	祁琪 李沛霖 陈雨思 林楠	国际赛事	优秀三等奖	团队	王剑波/法学院
IMA 管理会计案例大赛	郎凡羽 李伟 孙衍清 莫钰涵	全国赛事	全国二等奖	团队	赵懿清/会计学院 孙庆福/会计学院
红十字国际人道法模拟法庭竞赛	孙桐 董诗雯 邵笛	国际赛事	三等奖	团队	朱路/法学院
全国大学生数学建模竞赛	宋艳彤 任若寒 胡子蒙	北京市赛事	一等奖	团队	陈江/经济学院 李雪/经济学院 任光宇/经济学院 贺小丹/经济学院 蒋雪梅/经济学院 胡晖/经济学院
	沈奕昕 任德艺 于海潇	北京市赛事	一等奖	团队	

续表

<table>
<tr><th>竞赛名称</th><th>获奖学生</th><th>获奖类别</th><th>获奖等级</th><th>团队/个人</th><th>指导教师/学院</th></tr>
<tr><td rowspan="27">全国大学生
数学建模竞赛</td><td>许若琳</td><td rowspan="3">北京市赛事</td><td rowspan="3">二等奖</td><td rowspan="3">团队</td><td rowspan="9">陈江/经济学院
李雪/经济学院
任光宇/经济学院
贺小丹/经济学院
蒋雪梅/经济学院
胡晖/经济学院</td></tr>
<tr><td>崔一迪</td></tr>
<tr><td>杨硕</td></tr>
<tr><td>张思聪</td><td rowspan="3">北京市赛事</td><td rowspan="3">二等奖</td><td rowspan="3">团队</td></tr>
<tr><td>柯星雨</td></tr>
<tr><td>宋炳妮</td></tr>
<tr><td>焦韵晔</td><td rowspan="3">北京市赛事</td><td rowspan="3">二等奖</td><td rowspan="3">团队</td></tr>
<tr><td>熊睿</td></tr>
<tr><td>王凌晨</td></tr>
<tr><td>才子</td><td rowspan="3">北京市赛事</td><td rowspan="3">一等奖</td><td rowspan="3">团队</td><td rowspan="18">任韬/统计学院
陈江荣/统计学院
叶飞/统计学院</td></tr>
<tr><td>姚沛君</td></tr>
<tr><td>杨佳睿</td></tr>
<tr><td>李雨鑫</td><td rowspan="3">北京市赛事</td><td rowspan="3">一等奖</td><td rowspan="3">团队</td></tr>
<tr><td>王宇青</td></tr>
<tr><td>张震</td></tr>
<tr><td>陈翰墨</td><td rowspan="3">北京市赛事</td><td rowspan="3">一等奖</td><td rowspan="3">团队</td></tr>
<tr><td>廖锂川</td></tr>
<tr><td>唐奇</td></tr>
<tr><td>薛蒋光宇</td><td rowspan="3">北京市赛事</td><td rowspan="3">二等奖</td><td rowspan="3">团队</td></tr>
<tr><td>王子丰</td></tr>
<tr><td>刘祎露</td></tr>
<tr><td>雷佳睿</td><td rowspan="3">北京市赛事</td><td rowspan="3">二等奖</td><td rowspan="3">团队</td></tr>
<tr><td>齐雯</td></tr>
<tr><td>席聪</td></tr>
<tr><td>陈明仪</td><td rowspan="3">北京市赛事</td><td rowspan="3">二等奖</td><td rowspan="3">团队</td></tr>
<tr><td>周万帆</td></tr>
<tr><td>任格</td></tr>
<tr><td>景黎阳</td><td rowspan="3">北京市赛事</td><td rowspan="3">二等奖</td><td rowspan="3">团队</td></tr>
<tr><td>钟金金</td></tr>
<tr><td>韩柳</td></tr>
<tr><td>刘雪莹</td><td rowspan="3">北京市赛事</td><td rowspan="3">二等奖</td><td rowspan="3">团队</td></tr>
<tr><td>张娇</td></tr>
<tr><td>余娇</td></tr>
</table>

续表

竞赛名称	获奖学生	获奖类别	获奖等级	团队/个人	指导教师/学院
全国大学生数学建模竞赛	陈正阳 韦康悦 陈晓宇	北京市赛事	二等奖	团队	任韬/统计学院 陈江荣/统计学院 叶飞/统计学院
	吴燕宁 马越林 文浩楠	北京市赛事	二等奖	团队	
	杨浩然 陈浩 姚博伦	北京市赛事	二等奖	团队	
	丛秋楚 仝京津 张温琦	北京市赛事	二等奖	团队	
	李惟肖 闵昱瑶 唐然	北京市赛事	二等奖	团队	
	刘凯 杨诗雨 孙玥诗	北京市赛事	二等奖	团队	
	刘东隅 方雪婧 刘心宇	北京市赛事	二等奖	团队	
“创青春”全国大学生创业大赛	张天婵 石一晨 姚晶晶	全国赛事	三等奖	团队	朱超/金融学院
	吴言 陈昕烨 马茂 孙宏皓 夏伶芮 李娅	北京市赛事	北京市二等奖	团队	孙乐/劳动经济学院
	何佳婧 张俊怡 乐洋	北京市赛事	北京市三等奖	团队	张松波/工商管理学院

续表

竞赛名称	获奖学生	获奖类别	获奖等级	团队/个人	指导教师/学院
"创青春"全国大学生创业大赛	王鹏	北京市赛事	北京市三等奖	团队	张松波/工商管理学院
	林青				
	杨丹丹	北京市赛事	北京市三等奖	团队	程丽娟/工商管理学院
	李蕙芷				
	张少雪				
	阮浩				
	罗金平				
	鲍心宇				
	吴瑶				
	宗怡				
	陈鹏				
	张林贺	北京市赛事	北京市三等奖	团队	田峥/国际经管学院
	伍鹏程				
	吕伟伟				
	牛博				
	丁纪君				
	陈敬				
	李艳茹				
	陈晓慧				
	余孝贵				
	裴佩				
	陈迎港	北京市赛事	北京市三等奖	团队	刘经纬/信息学院
	高玥				
	管玥				
	江浩				
	马嘉玮				
	常翔宇				
	蒲艳婧				
	童安琪				
	张雨晴				
	张鑫鑫	北京市赛事	北京市三等奖	团队	刘经纬/信息学院
	程生辉				
	翁雅斓				

续表

竞赛名称	获奖学生	获奖类别	获奖等级	团队/个人	指导教师/学院
“创青春”全国大学生创业大赛	邝安琪	北京市赛事	北京市三等奖	团队	刘经纬/信息学院
	陈国娇				
	姜鳗芮				
	郭慧婕				
	姜严				
全国大学生英语辩论赛	谭天放	全国赛事	华北赛区二等奖	团队	崔佳悦/外国语学院，孟思彤/外聘/外国语学院
	丁可含	全国赛事	华北赛区二等奖	团队	崔佳悦/外国语学院，孟思彤/外聘/外国语学院
全国大学生计算机应用能力与信息素养大赛	姜鳗芮	全国赛事	全国一等奖	个人	卢山/信息学院
	班天	全国赛事	全国二等奖	个人	杨艳红/信息学院
	徐欣祺	全国赛事	全国三等奖	个人	陈炜/信息学院
	罗西	全国赛事	全国三等奖	个人	卢山/信息学院
	叶海东	全国赛事	全国三等奖	个人	高迎/信息学院
	王婧	全国赛事	全国三等奖	个人	杨艳红/信息学院
	金晴	全国赛事	全国三等奖	个人	陈炜/信息学院
	袁丁逸含	全国赛事	全国三等奖	个人	卢山/信息学院
	张宇豪	全国赛事	全国三等奖	个人	刘兵/信息学院
	左芳玲	全国赛事	全国三等奖	个人	马慧/信息学院
	于彤	全国赛事	全国三等奖	个人	杨艳红/信息学院
	纪凌波	全国赛事	全国三等奖	个人	凌丰/信息学院
	金扬凯	全国赛事	全国三等奖	个人	郭高卉子/信息学院
	黄静媛	全国赛事	全国三等奖	个人	姚翠友/信息学院
	李宇婷	全国赛事	全国三等奖	个人	高迎/信息学院
国际企业管理挑战赛(GMC)	罗颖达	全国赛事	全国一等奖	团队	林力/工商管理学院 徐礼德/工商管理学院 赵迎秋/工商管理学院
	张喆				
	魏紫春				
	钱颖				
	谭宇辰				
	史丹娅	全国赛事	全国二等奖	团队	林力/工商管理学院 徐礼德/工商管理学院 赵迎秋/工商管理学院
	彭圣萱				
	刘晶				
	董佳惠				
	樊星				

续表

竞赛名称	获奖学生	获奖类别	获奖等级	团队/个人	指导教师/学院
国际企业管理挑战赛(GMC)	赵炜烨 刘晨蕊 张凡 张羽翼 党博	全国赛事	全国二等奖	团队	林力/工商管理学院 徐礼德/工商管理学院 赵迎秋/工商管理学院
	杜世杰 张梦蝶 杨依含 张伊影 汪开明	全国赛事	全国三等奖	团队	林力/工商管理学院 徐礼德/工商管理学院 赵迎秋/工商管理学院
	刘真 况明阳 武佳 杨佳文	全国赛事	全国三等奖	团队	林力/工商管理学院 徐礼德/工商管理学院 赵迎秋/工商管理学院
	姬梦珊 高靖怡 李婉晴 王鹏莉 齐家蕙	全国赛事	全国三等奖	团队	林力/工商管理学院 徐礼德/工商管理学院 赵迎秋/工商管理学院
	刘冠群 陈庆磊 何丹 闫莉 杜诗佳	全国赛事	全国三等奖	团队	林力/工商管理学院 徐礼德/工商管理学院 赵迎秋/工商管理学院
	张晨悦 杨璐瑜 龚慧芳 徐晴 刘欢	全国赛事	全国三等奖	团队	林力/工商管理学院 徐礼德/工商管理学院 赵迎秋/工商管理学院
	马志达 刘泽宣 戴子缘 任楚颐 王嫒媛	全国赛事	全国三等奖	团队	林力/工商管理学院 徐礼德/工商管理学院 赵迎秋/工商管理学院

续表

竞赛名称	获奖学生	获奖类别	获奖等级	团队/个人	指导教师/学院
国际企业管理挑战赛（GMC）	田朴 张翰 张依萌 张鑫媛 王思畅	全国赛事	全国三等奖	团队	林力/工商管理学院 徐礼德/工商管理学院 赵迎秋/工商管理学院
	李祎辰 刘佳艺 韩淑宇 孙天一阳	全国赛事	全国三等奖	团队	林力/工商管理学院 徐礼德/工商管理学院 赵迎秋/工商管理学院
	刘培培 周雪 李梦晗 潘佳妹 陈晓玥	全国赛事	全国三等奖	团队	林力/工商管理学院 徐礼德/工商管理学院 赵迎秋/工商管理学院
	徐牟晗 蒋遨宇 陈亮直 周正 应宇梦	全国赛事	全国三等奖	团队	林力/工商管理学院 徐礼德/工商管理学院 赵迎秋/工商管理学院
	张明瑞 史金笛 徐婷婷 孙潇 农新秀	全国赛事	全国三等奖	团队	林力/工商管理学院 徐礼德/工商管理学院 赵迎秋/工商管理学院
	赵佳琳 赵海星 麻芳菲 张姗 任洁	全国赛事	全国三等奖	团队	林力/工商管理学院 徐礼德/工商管理学院 赵迎秋/工商管理学院
	郭雅昕 张兰心 李正剑 岳帅 杨婧	全国赛事	全国三等奖	团队	林力/工商管理学院 徐礼德/工商管理学院 赵迎秋/工商管理学院

续表

竞赛名称	获奖学生	获奖类别	获奖等级	团队/个人	指导教师/学院
国际企业管理挑战赛(GMC)	齐颖	全国赛事	全国三等奖	团队	林力/工商管理学院 徐礼德/工商管理学院 赵迎秋/工商管理学院
	杨丹丹				
	张少雪				
	姜帝				
	彭松				
	李泽丰	全国赛事	全国三等奖	团队	林力/工商管理学院 徐礼德/工商管理学院 赵迎秋/工商管理学院
	周凯旋				
	王京				
	李塈斌				
	周子桢				
	郑可欣	全国赛事	全国三等奖	团队	林力/工商管理学院 徐礼德/工商管理学院 赵迎秋/工商管理学院
	陈思				
	胡微				
	刘畅				
	杨舒钺				
	袁萌	全国赛事	全国三等奖	团队	林力/工商管理学院 徐礼德/工商管理学院 赵迎秋/工商管理学院
	杜嘉欣				
	韩阳				
	桑梦雨				
	曾子妍				
	崔世杰	全国赛事	全国三等奖	团队	林力/工商管理学院 徐礼德/工商管理学院 赵迎秋/工商管理学院
	霍广楠				
	李宏坤				
	王维澜				
	滕钰				
全国 MBA 培养院校企业竞争模拟大赛/全国高等院校企业竞争模拟大赛	刘杰	全国赛事	全国二等奖	团队	涂建民/工商管理学院 王振江/工商管理学院
	田英汉				
	周凯旋				
	熊数一	全国赛事	全国三等奖	团队	
	杨烽				
	王蕊同	北京市赛事	北京市二等奖	团队	
	王树楠				
	周莹				

续表

竞赛名称	获奖学生	获奖类别	获奖等级	团队/个人	指导教师/学院
全国MBA培养院校企业竞争模拟大赛/全国高等院校企业竞争模拟大赛	田英汉	北京市赛事	北京市三等奖	团队	涂建民/工商管理学院 王振江/工商管理学院
	周凯旋				
	何明俊	北京市赛事	北京市三等奖	团队	
	朱亚楠				
全国大学生电子商务“创新、创意及创业”挑战赛	殷笑语	全国赛事	三等奖	团队	徐天晟/信息学院
	熊数一				
	常翔宇	全国赛事	三等奖	团队	
	卫洪光				
	李丹				
	陈子豪				
	林雨欣				
	俞敬方				
全国大学生数学竞赛	于海潇	全国赛事	全国二等奖	个人	聂力/统计学院 刘强/统计学院 李宇/统计学院 陶桂平/统计学院 梅超群/统计学院 窦昌胜/统计学院 范林/统计学院
	祖玉涛	全国赛事	全国三等奖	个人	
	赵敏	北京市赛事	北京市一等奖	个人	
	蔚金霞	北京市赛事	北京市一等奖	个人	
	林先梅	北京市赛事	北京市一等奖	个人	
	张玲云	北京市赛事	北京市一等奖	个人	
	廖锂川	北京市赛事	北京市一等奖	个人	
	王梦彤	北京市赛事	北京市一等奖	个人	
	汪芹	北京市赛事	北京市一等奖	个人	
	曹翼	北京市赛事	北京市二等奖	个人	
	李涛	北京市赛事	北京市二等奖	个人	
	王润	北京市赛事	北京市二等奖	个人	
	张涛	北京市赛事	北京市二等奖	个人	
	田世元	北京市赛事	北京市二等奖	个人	
	崔一迪	北京市赛事	北京市二等奖	个人	
	鄢晓伟	北京市赛事	北京市二等奖	个人	
	刘美君	北京市赛事	北京市二等奖	个人	
	张汉杰	北京市赛事	北京市二等奖	个人	
	曾丹	北京市赛事	北京市二等奖	个人	
	陈昱蓉	北京市赛事	北京市二等奖	个人	
	张咏雪	北京市赛事	北京市二等奖	个人	

续表

竞赛名称	获奖学生	获奖类别	获奖等级	团队/个人	指导教师/学院
全国大学生数学竞赛	李文婷	北京市赛事	北京市三等奖	个人	聂力/统计学院 刘强/统计学院 李宇/统计学院 陶桂平/统计学院 梅超群/统计学院 窦昌胜/统计学院 范林/统计学院
	喻雅菲	北京市赛事	北京市三等奖	个人	
	于宁溪	北京市赛事	北京市三等奖	个人	
	袁悦	北京市赛事	北京市三等奖	个人	
	许欢	北京市赛事	北京市三等奖	个人	
	谭欣	北京市赛事	北京市三等奖	个人	
	刘子麒	北京市赛事	北京市三等奖	个人	
	王峻伟	北京市赛事	北京市三等奖	个人	
	徐晴	北京市赛事	北京市三等奖	个人	
	廖晓妹	北京市赛事	北京市三等奖	个人	
	周瀚	北京市赛事	北京市三等奖	个人	
	李依韩	北京市赛事	北京市三等奖	个人	
	何叶	北京市赛事	北京市三等奖	个人	
	刘丰贤	北京市赛事	北京市三等奖	个人	
	王伊凡	北京市赛事	北京市三等奖	个人	
	卓梦茹	北京市赛事	北京市三等奖	个人	
	裘娜	北京市赛事	北京市三等奖	个人	
	张雪微	北京市赛事	北京市三等奖	个人	
	李想	北京市赛事	北京市三等奖	个人	
全国/北京市大学生交通科技大赛	王琪	北京市赛事	北京市三等奖	团队	汪雯娟/工商管理学院
	汪开明				
	胡莹颖				
	张遥岑				
	刘春青				
全国应用统计专业学位研究生案例大赛	刘宏晶	全国赛事	全国一等奖	团队	阮敬/统计学院
	杨磊磊				
	苏洁				
	李泽卿	全国赛事	全国一等奖	团队	朱梅红/统计学院
	刘雪裴				
	张冉				
	李重勋	全国赛事	全国三等奖	团队	任韬/统计学院
	刘宇				
	辛虹安				

续表

竞赛名称	获奖学生	获奖类别	获奖等级	团队/个人	指导教师/学院
中国“互联网+”大学生创新创业大赛	陈迎港	北京市赛事	二等奖	团队	高迎/信息学院 卢山/信息学院 刘经纬/信息学院
	高玥				
	管玥				
	卫洪光				
	程生辉				
	常翔宇				
	翁雅斓				
	范延丽				
	邝安琪				
	段家祺				
	李少鹏				
	刘心月				
	申紫涵				
	李嘉欣				
	李丹				
	李丹	北京市赛事	三等奖	团队	徐天晟/信息学院 刘经纬/信息学院
	陈子豪				
	林雨欣				
	廖岩				
	贺佳欢				
	关添渊				
	段家祺	北京市赛事	三等奖	团队	刘经纬/信息学院 徐天晟/信息学院 刘兵/信息学院
	闵昱瑶				
	李嘉欣				
	李少鹏				
	申紫涵				
	马鑫宇				
	刘心月				
	齐琳				
	陈彤				
	杨亚楠				

续表

竞赛名称	获奖学生	获奖类别	获奖等级	团队/个人	指导教师/学院
中国"互联网+"大学生创新创业大赛	常翔宇 江含宇 范延丽 李少鹏	北京市赛事	三等奖	团队	刘经纬/信息学院 郭高卉子/信息学院 卢山/信息学院
	程生辉 翁雅斓 邝安琪 张宇豪	北京市赛事	三等奖	团队	马慧/信息学院 刘经纬/信息学院 高静/信息学院
	王婧 张硕 于彤	北京市赛事	三等奖	团队	高迎/信息学院
	申媛菲 王昭萌 乔浩凯	北京市赛事	三等奖	团队	李欣午/信息学院
	石夫磊	北京市赛事	三等奖	团队	高迎/信息学院
	韩子夜 张行天	北京市赛事	三等奖	团队	高迎/信息学院
	殷笑语 卫洪光	北京市赛事	三等奖	团队	徐天晟/信息学院 汪洋/经济学院
全国高校商业精英挑战赛流通业经营模拟竞赛	盘珊珊 徐天炯 王丹 熊睿 徐炜昊 吕剑凤	全国赛事	全国二等奖	团队	张弘/经济学院
	周若彤 郭慧莹 郑翔宇 向城 李莹宇 马梓真	全国赛事	全国二等奖	团队	郝宇彪/经济学院

续表

竞赛名称	获奖学生	获奖类别	获奖等级	团队/个人	指导教师/学院
全国高校商业精英挑战赛流通业经营模拟竞赛	赵凯	全国赛事	全国二等奖	团队	宋丕丞/经济学院
	李宽宇				
	王唯名				
	张泽芳				
	果然				
	丁天阳				
全国高等学校安全科学与工程类专业大学生实践与创新作品大赛	汪志勇	全国赛事	国家级三等奖	团队	谢中朋/安全与环境工程学院
	熊数一				
	刘浩				
	窦梦荷	全国赛事	国家级三等奖	团队	
	李凤怡				
	田琦				
	郝语林	全国赛事	国家级三等奖	团队	
	刘汀				
	李士元				
	李天诚				
	王若彤				
北京市大学生英语演讲比赛	刘思婕	北京市赛事	三等奖	个人	王宏玉/外国语学院
北京市大学生书法大赛	李佳雨	北京市赛事	北京市一等奖	个人	宫双华/文化与传播学院
	卓然	北京市赛事	北京市一等奖	个人	
	顾叶陶	北京市赛事	北京市二等奖	个人	
	张瀚潮	北京市赛事	北京市二等奖	个人	
	蒋忠磊	北京市赛事	北京市三等奖	个人	
	高黄慧	北京市赛事	北京市三等奖	个人	
	汤一佩	北京市赛事	北京市三等奖	个人	
	杜文久	北京市赛事	北京市三等奖	个人	
北京市大学生模拟法庭竞赛	郭毅	北京市赛事	北京市二等奖	团队	李长城/法学院
	崔晨晔				
	马丝雯				
	袁紫葳				
	陈静怡				
	王晗				

续表

竞赛名称	获奖学生	获奖类别	获奖等级	团队/个人	指导教师/学院
全国大学生市场调查分析大赛	张冉	全国赛事	全国二等奖	团队	刘娟/统计学院
	尹丹蕾				
	刘雪裴				
	左慧敏				
	范玉	北京市赛事	北京市三等奖	团队	
	田世元				
	王姿				
	王璐				
	王若梅				
全国高校集体谈判模拟大赛	李丹	全国赛事	全国一等奖	团队	盛龙飞/劳动经济学院 宋湛/劳动经济学院
	郭海博				
	刘成华				
	邱环				
	辛芯				
	崔凡	全国赛事	全国三等奖	团队	盛龙飞/劳动经济学院 宋湛/劳动经济学院
	胡友冬				
	杨若西				
	孟磊				
	殷兰菊				
全国大学生"用友杯"沙盘模拟经营大赛	赵爽	北京市赛事	北京市一等奖	团队	佘镜怀/工商管理学院
	谢欢响				
	蔡宋名卉				
	王媛				
	杨烨青				
	高黄慧	北京市赛事	北京市二等奖	团队	佘镜怀/工商管理学院
	谢美芳				
	闫语桐				
	刘梅梅				
	孙琦				
全国大学生创业综合模拟大赛	林峥琪	北京市赛事	北京市二等奖	团队	程丽娟/工商管理学院
	赵爽				
	陈晨				

续表

竞赛名称	获奖学生	获奖类别	获奖等级	团队/个人	指导教师/学院
全国大学生创业综合模拟大赛	武亦文	北京市赛事	北京市二等奖	团队	程丽娟/工商管理学院
	张碧涵				
	祖玉涛				
	闫语桐	北京市赛事	北京市二等奖	团队	
	林楚楚				
	姚若雯				
“中华会计网校杯”全国校园财会大赛	巩晓薇	全国赛事	全国特等奖	团队	王哲兵/会计学院 孙庆福/会计学院
	廉英麒				
	林家芳				
校园精英管理会计案例大赛	齐迪	北京市赛事	一等奖	团队	许江波/审计处 孙庆福/会计学院
	张甜甜				
	赵佳坤				
	张雅萌				
“德勤之道”审计案例大赛	郭兖畴	北京市赛事	二等奖	团队	陈郡/会计学院 谭静/会计学院
	邢莉莉				
	陈明仪				
	段乐晨				
	刘昱彤	北京市赛事	三等奖	团队	李盈璇/会计学院
	王子玥				
	刘懿瑶				
	陈亦楠				
	刘子麒	北京市赛事	三等奖	团队	陈郡/会计学院
	许欢				
	商嘉慧				
	裴悦彤				
	于塈	北京市赛事	三等奖	团队	刘瑛/会计学院
	李政				
	王思遥				
	刘思岑				
全国高校商业精英挑战赛物流管理竞赛	常荣平	全国赛事	全国一等奖	团队	赵艳/工商管理学院
	陈思含				
	张肇耕				

续表

竞赛名称	获奖学生	获奖类别	获奖等级	团队/个人	指导教师/学院
全国高校商业精英挑战赛物流管理竞赛	张少雪 于泽琦	全国赛事	全国一等奖	团队	赵艳/工商管理学院
	孙琦 冯太 马维兰 鲍永霞 韩雅君	全国赛事	全国二等奖	团队	王丽颖/工商管理学院
	林峥琪 郭慧婕 张春姁 付彦玲 杨丹丹	全国赛事	全国二等奖	团队	王丽颖/工商管理学院
	李蕙芷 周晨康慧 杨睿 崔佳名 吴弦霜	全国赛事	全国二等奖	团队	边展/工商管理学院
	李娟 陈倪娇 柴烨心 刘璇 李应东	全国赛事	全国三等奖	团队	彭广茜/工商管理学院
"中金所杯"高校大学生金融及衍生品知识竞赛	陈斯	全国赛事	全国二等奖	个人	汪洋/经济学院 苏威/经济学院 蔡斌/经济学院
	耿司旭	全国赛事	全国三等奖	个人	汪洋/经济学院 赵灵翡/经济学院
	李艳茹	全国赛事	全国三等奖	个人	蔡斌/经济学院
	于梁	全国赛事	全国三等奖	个人	高琼/经济学院
	周炳恒	全国赛事	全国三等奖	个人	苏威/经济学院 高琼/经济学院
	周阳	全国赛事	全国三等奖	个人	赵灵翡/经济学院

续表

<table>
<tr><th>竞赛名称</th><th>获奖学生</th><th>获奖类别</th><th>获奖等级</th><th>团队/个人</th><th>指导教师/学院</th></tr>
<tr><td rowspan="4">全国高校资产
评估知识竞赛</td><td>吴培璋</td><td rowspan="4">全国赛事</td><td rowspan="4">一等奖</td><td rowspan="4">团队</td><td rowspan="4">王竞达/财政税务学院
梁美健/财政税务学院
赵琼/财政税务学院
张晓慧/财政税务学院</td></tr>
<tr><td>张惠姝</td></tr>
<tr><td>王春萌</td></tr>
<tr><td>李欣月</td></tr>
<tr><td rowspan="3">全国高校互联网
金融应用创新大赛</td><td>田宇</td><td rowspan="3">全国赛事</td><td rowspan="3">优胜奖</td><td rowspan="3">团队</td><td rowspan="3">王佳妮/金融学院</td></tr>
<tr><td>许杞蕴</td></tr>
<tr><td>尚策</td></tr>
<tr><td rowspan="6">全国高校“斯维尔杯”
BIM 建模大赛</td><td>肖菲</td><td rowspan="3">华北赛事</td><td rowspan="3">三等奖</td><td rowspan="3">团队</td><td rowspan="3">杨艳红/信息学院</td></tr>
<tr><td>侯松妍</td></tr>
<tr><td>张章</td></tr>
<tr><td>闫锡今</td><td rowspan="3">华北赛事</td><td rowspan="3">三等奖</td><td rowspan="3">团队</td><td rowspan="3">李欣午/信息学院</td></tr>
<tr><td>马天煜</td></tr>
<tr><td>侯旭</td></tr>
</table>

（欧锦林）

招生与学籍管理

【启动优秀新生转专业工作】 3 月，为充分调动学生学习的积极性，增加学生自主的、多元化的选择机会，促进学生个性发展和特长发挥，学校正式启动 2015 级优秀新生转专业工作，教务处本着公开、公平、公正的原则进行，严把转专业流程。经过公布计划、学生申请、院系推荐、转专业考试、院系审核、转专业复核等程序，2015 级共有 238 名同学报名参加转专业，有 204 名学生通过考核转入自己喜欢的专业，占 2015 级学生总数的 9%。

（陈泓）

【开展推优保研工作】 2016 年，根据教育部和学校的要求，教务处加强组织领导，严格规范推免程序，保推免各环节公开、透明，同时严把审核环节，经学生个人申请、资格审查、面试答辩、院系推荐、教务处审核，学校推荐免试硕士研究生工作领导小组认真研究决定，2013 级共有 124 名优秀应届本科毕业生获得推荐免试资格，较 2015 年增加了 4 个推免名额。

（陈泓）

【迎新工作】 2016 年，教务处与研究生部共同制定《2016 级新生报到工作安排》，组织召开了新生报到协调会、新生报到落实会，协同各相关部门明确职责功能，提前合理规划功能区，对可能出现的突发事件做好应急预案，现场及时做好人员分流、指导和安全工作，新生报到全程始终秩序良好、平稳安全。2016 级本科生实际报到人数为 2 484 人，报到率为 98.5%，与 2015 年基本持平。

（陈泓）

【学生毕业和学位授予工作】 2016 年，根据《首都经济贸易大学全日制本科学生学籍管理规定》，经学生所在院系审核，教务处终审，6 月，共有 2 260 名本科生、107 名高职生毕业。根据《首都经济贸易大学学位授予工作细则》，经学生申请，学院学位委员会审核，学校学位委员会通过，授予 2 250 名毕业生学士学位，154 名毕业生同时获得辅修学士学位。

（陈泓）

【推进“双培计划”学生规范管理】 2016 年，学校接收 97 名“双培计划”新生，涉及 4 个学院的 6 个专业。为加强对“双培”生的规范管理，教务处组织“双培计划”新生的返校工作，为新生解读“双培计划”的学籍管理、学习过程管理、毕业等相关规定；同时，积极与培养高校沟通联系，落实签订三方协议、“双培计划”学生学习成绩、四六级报名等事项。

（陈泓）

【编写《本科生在校修读实用手册》】　为践行“群众路线”，更好地为学生服务，学籍办公室编写了2016年《本科生在校修读实用手册》，手册共分8大部分，设置了228个问题，涵盖了课程修读、考试、学籍注册、毕业及学位授予及辅修等学业修读的各个方面，为学生了解和办理相关事项的规定及流程提供了权威的解读和清晰的指引。

（陈泓）

2016届夏季本、专科毕业生统计表

学院	专业名称	学历	结论	人数
总计			毕业	2 367
本科			毕业	2 260
专科			毕业	107
安全与环境工程学院	安全与环境工程学院合计			75
	安全工程（注册安全工程师）	本科	毕业	29
	工业工程	本科	毕业	20
	环境工程	本科	毕业	26
财政税务学院	财政税务学院合计			158
	财政学	本科	毕业	26
	税务	本科	毕业	1
	税务（注册税务师）	本科	毕业	63
	资产评估（注册资产评估师）	本科	毕业	68
城市经济与公共管理学院	城市经济与公共管理学院合计			166
	城市管理	本科	毕业	29
	城市管理（区域经济管理）	本科	毕业	29
	公共事业管理	本科	毕业	14
	行政管理	本科	毕业	39
	行政管理（电子政务）	本科	毕业	5
	土地资源管理（房地产开发经营与管理）	本科	毕业	50
法学院	法学院合计			95
	法律文秘	专科	毕业	0
	法学	本科	毕业	95
工商管理学院	工商管理学院合计			179
	电子商务	本科	毕业	23
	工商管理	本科	毕业	60
	工商管理（实验班）	本科	毕业	34
	工商管理（管理会计）	本科	毕业	0
	旅游管理	本科	毕业	1
	市场营销	本科	毕业	53
	物流管理	本科	毕业	8

续表

学院	专业名称	学历	结论	人数
华侨学院	华侨学院本科合计			156
	华侨学院专科合计			107
	工商管理(管理会计)	本科	毕业	1
	信息管理与信息系统(IT 项目管理)	本科	毕业	79
	工商管理(国际会计)	本科	毕业	76
	财务管理	专科	毕业	27
	国际经济与贸易	专科	毕业	26
	计算机应用技术	专科	毕业	28
	旅游管理	专科	毕业	26
外国语学院	外国语学院合计			82
外国语学院	英语(经贸英语)	本科	毕业	0
	商务英语	本科	毕业	56
	英语(经贸翻译)	本科	毕业	26
会计学院	会计学院合计			209
	财务管理	本科	毕业	29
	会计学	本科	毕业	56
	会计学(国际会计)	本科	毕业	28
	会计学(注册会计师专门化)	本科	毕业	96
金融学院	金融学院合计			253
	保险	本科	毕业	27
	金融工程	本科	毕业	39
	金融学	本科	毕业	92
	金融学(国际金融)	本科	毕业	95
经济学院	经济学院合计			297
	国际经济与贸易	本科	毕业	71
	国际经济与贸易(实验班)	本科	毕业	35
	经济学	本科	毕业	75
	经济学(实验班)	本科	毕业	31
	贸易经济	本科	毕业	84
	贸易经济(期货贸易)	本科	毕业	0

续表

学院	专业名称	学历	结论	人数
劳动经济学院	劳动经济学院合计			195
	劳动关系	本科	毕业	26
	劳动与社会保障	本科	毕业	29
	人力资源管理	本科	毕业	42
	人力资源管理(国际人力资源管理)	本科	毕业	44
	人力资源管理(实验班)	本科	毕业	40
	社会工作	本科	毕业	14
文化与传播学院	文化与传播学院合计			148
	传播学	本科	毕业	17
	传播学(媒体经营与管理)	本科	毕业	61
	广告学	本科	毕业	47
	对外汉语	本科	毕业	23
统计学院	统计学院合计			124
	数学与应用数学(金融数学)	本科	毕业	29
	统计学	本科	毕业	33
	统计学(经济分析)	本科	毕业	53
	统计学(国际统计)	本科	毕业	9
信息学院	信息学院合计			123
	工程管理	本科	毕业	27
	计算机科学与技术	本科	毕业	40
	信息管理与信息系统	本科	毕业	56

（刘娜）

2016 届夏季本科结业生统计表

学院	专业名称	学历	结论	人数
总计			结业	84
安全与环境工程学院	安全工程(注册安全工程师)	本科	结业	0
	工业工程	本科	结业	1
	环境工程	本科	结业	4
城市经济与公共管理学院	城市管理	本科	结业	3
	公共事业管理	本科	结业	3
	行政管理(电子政务)	本科	结业	0
	土地资源管理(房地产开发经营与管理)	本科	结业	2
	城市管理(区域经济管理)	本科	结业	2
	行政管理	本科	结业	4

续表

学院	专业名称	学历	结论	人数
工商管理学院	电子商务	本科	结业	4
	工商管理	本科	结业	2
	旅游管理	本科	结业	1
	市场营销	本科	结业	2
	物流管理	本科	结业	2
	工商管理(实验班)	本科	结业	1
经济学院	国际经济与贸易	本科	结业	7
	国际经济与贸易(实验班)	本科	结业	2
	经济学	本科	结业	1
	经济学(实验班)	本科	结业	0
	贸易经济	本科	结业	3
劳动经济学院	人力资源管理	本科	结业	3
	社会工作	本科	结业	2
	人力资源管理(实验班)	本科	结业	1
信息学院	信息管理与信息系统	本科	结业	2
	信息管理与信息系统(IT 项目管理)	本科	结业	0
	工程管理	本科	结业	3
	计算机科学与技术	本科	结业	2
财政税务学院	财政学	本科	结业	3
	资产评估(注册资产评估师)	本科	结业	5
	税务(注册税务师)	本科	结业	2
会计学院	会计学	本科	结业	2
统计学院	数学与应用数学(金融数学)	本科	结业	2
	统计学(经济分析)	本科	结业	1
	统计学	本科	结业	1
文化与传播学院	传播学(媒体经营与管理)	本科	结业	3
	广告学	本科	结业	1
	对外汉语	本科	结业	1
法学院	法学	本科	结业	2
华侨学院	工商管理(管理会计)	本科	结业	0
金融学院	金融学(国际金融)	本科	结业	3
	金融学	本科	结业	1

(刘娜)

2016 届夏季毕业生学士学位获得情况统计表

学位类别	获学位人数
工学学士	75
经济学学士	688
管理学学士	1 038
法学学士	109
理学学士	111
文学学士	229
合计	2 250

（刘娜）

【完成本科招生计划】 2016 年，北京市教委下达学校招生计划共 2 510 人，均为本科生计划，招生专业及方向 41 个。招生计划分为统招、高水平运动队、保送生、农村专项计划、双培计划、外培计划、少数民族预科班、内地西藏班、新疆高中班、和田和玉树地区定向招生、港澳台联合招生等形式。其中，北京计划招生 1 690 人、京外计划招生 710 人、其他类型计划招生（含高水平运动队、保送生、少数民族预科班、内地西藏班、新疆高中班等）110 人。实际录取2 521 人，完成本科招生计划。

（段莹莹）

【首次实现全国 32 个省、自治区和直辖市、港澳台地区招生】 2016 年，学校按照北京市教委编制计划的统一要求，本科招生计划投放省份新增西藏自治区，实现招生范围覆盖全国 32 个省、自治区、直辖市和港澳台地区。西藏自治区为一批次招生，投放计划 4 人，生源情况良好，顺利完成招生计划。

（段莹莹）

【招生计划向贫困地区和落后省份倾斜调整】 学校为了贯彻落实党中央、国务院新阶段扶贫宏观战略部署、促进教育公平、推进招生制度改革，积极落实教育部实施的“农村贫困地区定向招生计划”，面向河南、湖北、湖南、四川、贵州、云南、陕西贫困地区招收学生。同时，招生计划向贫困地区和落后省份倾斜。2016 年，贵州省和广西壮族自治区的招生计划为 86 人和 46 人，比 2015 年分别增加了 50 人和 16 人。

（段莹莹）

【新增商务经济学、金融学（国际金融英文班）专业（方向）招生】 为了优化专业设置，吸引优秀生源，2016 年，学校新增商务经济学、金融学（国际金融英文班）2 个专业（方向），文理兼收。生源情况较好，录取分数高，在京均为一批次招生，商务经济学专业文史类最高 620 分，最低 604 分，平均 612.4 分；理工类最高 606 分，最低 589 分，平均 595.3 分；金融学（国际金融英文班）专业文史类最高 638 分，最低 628 分，平均 633 分；理工类最高 635 分，最低 606 分，平均 613.8 分。京外各省上述专业录取情况良好。

（段莹莹）

【普通本科优秀新生奖学金获奖人数继续增加】 新生奖学金获得人数较往年继续提升，总获奖人数为 335 人，其中，一等奖学金人数为 146 人，二等奖学金人数为 189 人。京外生源获奖人数较多，涉及 22 个省、自治区、直辖市，占总获奖人数的 78%。一等奖获奖人数中，京外生源涉及 17 个省、自治区和直辖市，获奖人数占一等奖学金获奖人数的 80%；二等奖学金获奖人数中，京外生源涉及 19 个省、自治区、直辖市，获奖人数占二等奖学金获奖人数的 76%。

（段莹莹）

【开展招生宣传活动】 2016 年，学校继续举办“校园开放日”和“校园开放周”活动，邀请 30 余所兄弟高校参与，3 000 多名考生及家长到现场咨询，北京电视台、法制晚报、新京报等多家媒体进行报道。与北京城市广播“教育面对面”栏目合作开展“名嘴带你逛校园”活动 2 场，近 200 名考生和家长参与，并通过广播平台和微信群进行广泛宣传和报道，大大提高了学校的知名度和考生及家长对学校的关注度。在北京地区，实地深入优质生源丰富的重点中学，参与北京地区高校和考试院等部门组织的招生宣传活动共 42 场，选派教师赴 22 个京外城市参加大型招生宣传活动。注重网络和媒体宣传，实时更新本专科招生网和微信平台，在中国教育电视台、教育部阳光高考信息平台、人民网等 20 家电视台、网络、电台、报纸等进行宣传和网络答疑。

（段莹莹）

【招生与录取】 2016 年，学校招生录取分数，各学院在京招生录取分数，“双培计划”“外培计划”录取分数继续保持稳中有升。经录取与遴选，学校向 335 名普通本科优秀新生颁发奖学金，其中，一等奖获得者 146 人，二等奖获得者 189 人。

2016 年招生录取分数统计表

省份（地区）	批次	分省控制线		文史类			理工类		
		文史类	理工类	最高分	最低分	平均分	最高分	最低分	平均分
北京	提前批 B 段	583	548	639	590	618.0	635	562	612.8
	提前批 C 段			617	602	608.9	624	588	598.4
	一批			644	601	617.1	645	584	600.1
	二批	532	494	599	581	586.2	596	552	562.9
天津	一批	532	512	579	573	575	619	582	590
河北	一批	535	525	616	611	615	648	633	640
山西	一批	518	519	557	543	547	589	566	575
内蒙古	一批	477	484	556	543	549	590	580	583
辽宁	一批	525	498	589	571	576	627	601	609
吉林	一批	531	530	591	570	581	588	565	575
黑龙江	一批	481	486	576	553	562	612	598	604
上海	二批/本科批	368	360	431	420	426	437	428	432
江苏	一批	355	353	381	378	380	383	374	377
浙江	二批	603	600	573	568	571	572	559	565
安徽	一批	521	518	587	582	584	602	593	597
福建	一批	501	465	549	542	545	584	556	566
江西	一批	523	529	575	564	569	596	583	588
山东	一批	530	537	591	585	587	646	627	633
河南	一批	517	523	573	567	570	613	602	606
	贫困批			566	556	560	590	536	575
湖北	一批	520	512	567	562	565	613	592	598
	贫困批			566	560	563	594	578	589
湖南	一批	530	517	580	576	578	597	576	587
	贫困批			578	573	575	588	573	581
广东	二批	514	508	538	533	535	544	533	541
广西	一批	545	502	597	582	588	612	564	579

续表

省份（地区）	批次	分省控制线		文史类			理工类		
		文史类	理工类	最高分	最低分	平均分	最高分	最低分	平均分
海南	一批	653	602	732	731	732	733	706	716
重庆	一批	527	525	586	572	579	631	596	608
四川	一批	540	532	589	587	588	620	603	608
	贫困批			588	582	585	604	595	600
贵州	一批	551	473	624	604	611	602	574	586
	贫困批			618	605	611	582	574	577
云南	一批	560	525	618	600	609	619	598	606
	贫困批			621	609	616	605	588	599
西藏	一批	440	425	446	446	446	470	470	470
陕西	一批	511	470	583	578	581	615	598	605
	贫困批			564	542	552	580	497	555
甘肃	一批	504	490	552	535	545	603	554	569
青海	一批	457	416	526	478	510	560	423	527
宁夏	一批	516	465	590	566	572	575	533	550
新疆	一批	487	464	559	559	559	585	573	580
港澳台	一批	400	400	504	403	461	—	—	—

（钱程）

2016 年各学院在京招生录取分数线统计表

院系	批次	专业	文史类			理工类		
			最高分	最低分	平均分	最高分	最低分	平均分
城市经济与公共管理学院	一批次	公共管理类	617	601	605.0	600	584	587.4
合计			617	601	605.0	600	584	587.4
工商管理学院	一批次	工商管理类	623	609	614.4	620	589	596.3
		旅游管理	620	607	611.6	601	590	594.8
		电子商务	623	615	617.3	609	591	598.5
		物流管理	614	604	610.6	601	588	592.7
合计			623	604	613.9	620	588	594.5

续表

院系	批次	专业	文史类			理工类		
			最高分	最低分	平均分	最高分	最低分	平均分
经济学院	一批次	经济学(实验班)	—	—	—	637	601	614.5
		经济学	630	623	625.5	612	600	605.5
		国际经济与贸易	626	620	622.6	611	596	600.6
		贸易经济	625	605	613.6	615	590	597.2
		商务经济学	620	604	612.4	606	589	595.3
合计			630	604	618.7	637	589	602.5
会计学院	一批次	会计学(注册会计师专门化)	644	629	634.1	645	613	624.6
		会计学	629	626	627.5	623	610	613.9
		财务管理	626	622	623.6	611	600	605.1
合计			644	622	630.1	645	600	619.1
劳动经济学院	一批次	人力资源管理	631	615	619.7	618	591	598.4
		劳动与社会保障	607	601	603.4	596	588	591.6
		劳动关系	612	601	605.9	589	586	587.8
		社会工作	611	601	604.7	588	586	586.8
合计			631	601	611.3	618	586	595.0
文化与传播学院	二批次	广告学	595	581	584.2	580	563	568.9
		传播学	599	583	586.3	571	557	560.7
		汉语国际教育	594	582	585.8	—	—	—
合计			599	581	585.4	580	557	563.1
信息学院	一批次	管理科学与工程类	—	—	—	598	584	588.4
		计算机科学与技术	—	—	—	604	593	597.5
合计			—	—	—	604	584	592.2
安全与环境工程学院	二批次	安全工程(注册安全工程师)	—	—	—	571	553	557.6
		环境工程	—	—	—	567	553	556.4
		工业工程	—	—	—	563	552	555.8
合计			—	—	—	571	552	556.7
财政税务学院	一批次	财政学	621	613	616.7	607	594	599.5
		税收学(税务师)	627	616	621.8	634	596	603.2
		资产评估	627	618	621.5	610	591	597.2
合计			627	613	620.3	634	591	599.9

续表

院系	批次	专业	文史类			理工类		
			最高分	最低分	平均分	最高分	最低分	平均分
法学院	二批次	法学	598	581	583.4	568	554	557.8
合计			598	581	583.4	568	554	557.8
金融学院	一批次	金融学	637	628	631.2	642	612	620.4
		金融学(国际金融英文班)	638	628	633.0	635	606	613.8
		金融工程	—	—	—	635	598	606.8
		保险学(保险精算)	—	—	—	629	598	605.4
		投资学	622	618	619.8	610	596	600.9
合计			638	618	628.3	642	596	609.4
统计学院	一批次	数学与应用数学(金融数学)	—	—	—	613	597	600.7
		经济统计学	—	—	—	604	591	595.6
		统计学	—	—	—	610	588	594.3
合计			—	—	—	613	588	596.3
外国语学院	二批次	外国语言文学类	599	584	590.0	575	562	567.0
合计			599	584	590.0	575	562	567.0
华侨学院	二批次	信息管理与信息系统(金融信息管理)	597	583	585.1	581	557	562.5
		工商管理(国际会计)	599	585	588.9	596	564	571.8
合计			599	583	587.3	596	557	566.9
国际经济管理学院	一批次	金融学(金融经济)	—	—	—	615	590	600.4
合计			—	—	—	615	590	600.4
总计	一批次		644	601	617.1	645	584	600.1
	二批次		599	581	586.2	596	552	562.9

（钱程）

2016 年“双培计划”录取情况统计表(分专业)

区县	文史类				理工类			
	录取数	最高分	最低分	平均分	录取数	最高分	最低分	平均分
西城区	4	634	620	629	9	625	607	615
东城区	4	634	617	624	6	629	607	619
海淀区	6	628	619	622	18	635	600	619
丰台区	1	631	631	631	1	619	619	619

续表

区县	文史类				理工类			
	录取数	最高分	最低分	平均分	录取数	最高分	最低分	平均分
朝阳区	3	626	624	625	8	623	608	615
石景山区	1	629	629	629	1	616	616	616
房山区	1	604	604	604	6	630	586	608
顺义区	3	623	621	622	4	621	583	597
通州区	0	—	—	0	1	611	611	611
昌平区	1	597	597	597	1	601	601	601
大兴区	2	601	590	596	4	623	562	596
平谷区	1	592	592	592	1	595	595	595
怀柔区	1	592	592	592	1	589	589	589
延庆区	2	599	592	596	1	609	609	609
密云区	2	605	604	605	2	612	591	602
总计	32	634	590	617	64	635	562	612

（钱程）

2016 年“外培计划”录取情况统计表（分专业）

培养院校	专业	文史类				理工类			
		录取数	最高分	最低分	平均分	录取数	最高分	最低分	平均分
美国加州大学圣地亚哥分校	经济学	2	628	628	628	4	631	593	618
美国加州大学圣地亚哥分校	国际经济与贸易	4	639	608	627	4	632	619	626
美国罗格斯新泽西州立大学	公共管理类	2	622	609	615	2	617	611	614
美国德州农工大学	金融学（金融经济）	—	—	—	—	10	627	580	609
总计		8	639	608	625	20	632	580	615

（钱程）

2016 年“外培计划”录取情况统计表（分区县）

区县	文史类				理工类			
	录取数	最高分	最低分	平均分	录取数	最高分	最低分	平均分
西城区	1	635	635	635	4	631	617	625
东城区	1	628	628	628	2	623	619	621
海淀区	2	639	622	631	4	628	611	622
丰台区	1	608	608	608	1	608	608	608

续表

区县	文史类				理工类			
	录取数	最高分	最低分	平均分	录取数	最高分	最低分	平均分
朝阳区	1	628	628	628	1	632	632	632
石景山区	1	628	628	628	—	—	—	—
房山区	1	609	609	609	2	618	593	606
顺义区	—	—	—	—	1	613	613	613
通州区	—	—	—	—	1	612	612	612
昌平区	—	—	—	—	—	—	—	—
大兴区	—	—	—	—	—	—	—	—
平谷区	—	—	—	—	1	627	627	627
怀柔区	—	—	—	—	1	590	590	590
门头沟区	—	—	—	—	1	580	580	580
延庆区	—	—	—	—	—	—	—	—
密云区	—	—	—	—	1	602	602	602
总计	8	639	608	625	20	632	580	615

（钱程）

2016 年普通本科优秀新生奖学金获奖情况统计表

获奖等级	省市	获奖人数	获奖条件
一等奖	北京	29	高考原始成绩北京市排名： 文科前 950 名（637 分及以上）理科前 4 000 名（632 分及以上）
	京外	117	高考原始成绩高于生源所在省区重点本科控制分数线 100 分
小计		146	
二等奖	北京	46	高考原始成绩北京市排名： 文科前 1 200 名（631 分及以上）理科前 4 800 名（625 分及以上）
	京外	143	高考原始成绩高于生源所在省区重点本科控制分数线 80 分
小计		189	
总计		335	

备注：符合以上奖励条件的考生应具备以下基本条件：

1. 高考志愿填报学校并已被正式录取；
2. 考生按时报到注册后学校发放相应奖励，中途退学应返还相应奖励。

（钱程）

2016年普通本科优秀新生奖学金获奖名单

序号	等级	地区	批次	科类	考生成绩	学号	姓名	系（院）	专业	备注
1	一等	北京	本科一批	理工	634	32016090059	祁梓巍	财政税务学院	税收学（税务师）	
2	一等	北京	本科一批	理工	645	32016040081	郑淇方	会计学院	会计学（注册会计师专门化）	
3	一等	北京	本科一批	理工	639	32016040138	韩源	会计学院	会计学（注册会计师专门化）	
4	一等	北京	本科一批	理工	637	32016040151	李博鸿	会计学院	会计学（注册会计师专门化）	
5	一等	北京	本科一批	理工	636	32016040073	孙雯	会计学院	会计学（注册会计师专门化）	
6	一等	北京	本科一批	理工	635	32016040118	胡彪	会计学院	会计学（注册会计师专门化）	
7	一等	北京	本科一批	理工	633	32016040099	王壮	会计学院	会计学（注册会计师专门化）	
8	一等	北京	本科一批	理工	633	32016040152	张馨月	会计学院	会计学（注册会计师专门化）	
9	一等	北京	本科一批	文史	644	32016040079	刘雨凝	会计学院	会计学（注册会计师专门化）	
10	一等	北京	本科一批	文史	641	32016040094	郭大为	会计学院	会计学（注册会计师专门化）	
11	一等	北京	本科一批	文史	639	32016040109	左欣怡	会计学院	会计学（注册会计师专门化）	
12	一等	北京	本科一批	文史	638	32016040097	吕紫莹	会计学院	会计学（注册会计师专门化）	
13	一等	北京	本科一批	文史	638	32016040154	莫羽飞	会计学院	会计学（注册会计师专门化）	
14	一等	北京	本科一批	文史	637	32016040092	赵雨菲	会计学院	会计学（注册会计师专门化）	
15	一等	北京	本科一批	理工	642	32016110053	王心怡	金融学院	金融学	
16	一等	北京	本科一批	理工	635	32016110044	张笑然	金融学院	金融学	
17	一等	北京	本科一批	理工	635	32016110097	毛逸宣	金融学院	金融学（国际金融英文班）	
18	一等	北京	本科一批	理工	635	32016110126	于海号	金融学院	金融工程	
19	一等	北京	本科一批	理工	635	32016110127	王泽宇	金融学院	金融工程	

续表

序号	等级	地区	批次	科类	考生成绩	学号	姓名	系(院)	专业	备注
20	一等	北京	本科提前批(B)	理工	635	32016110148	张童	金融学院	保险学(保险精算)	双培计划
21	一等	北京	本科提前批(B)	理工	634	32016110060	付浩博	金融学院	金融学	双培计划
22	一等	北京	本科一批	理工	632	32016110023	刘孟茜	金融学院	金融学	
23	一等	北京	本科一批	文史	638	32016110091	白千惠	金融学院	金融学(国际金融英文班)	
24	一等	北京	本科一批	文史	638	32016110092	张瑞政	金融学院	金融学(国际金融英文班)	
25	一等	北京	本科一批	文史	637	32016110057	王志博	金融学院	金融学	
26	一等	北京	本科一批	理工	637	32016030094	毛赢	经济学院	经济学(实验班)	
27	一等	北京	本科一批	理工	632	32016030098	史凯轩	经济学院	经济学(实验班)	
28	一等	北京	本科提前批(B)	理工	632	32016030170	李颢玓	经济学院	国际经济与贸易	外培计划
29	一等	北京	本科提前批(B)	文史	639	32016030122	王子琦	经济学院	国际经济与贸易	外培计划
30	一等	福建	本科一批	理工	570	32016090103	高冰静	财政税务学院	税收学(税务师)	
31	一等	福建	本科一批	理工	572	32016140030	陈嘉靓	华侨学院	工商管理(国际会计)	
32	一等	福建	本科一批	理工	568	32016140099	程力	华侨学院	信息管理与信息系统(金融信息管理)	
33	一等	福建	本科一批	理工	584	32016040105	蔡丹娜	会计学院	会计学(注册会计师专门化)	
34	一等	福建	本科一批	理工	573	32016040142	吴晨怡	会计学院	会计学(注册会计师专门化)	
35	一等	福建	本科一批	理工	568	32016070098	郑敏香	信息学院	管理科学与工程类	
36	一等	甘肃	本科一批	理工	592	32016040063	孙怡心	会计学院	会计学	
37	一等	甘肃	本科一批	理工	603	32016110228	任宇翔	金融学院	投资学	
38	一等	广西	本科一批	理工	612	32016110178	陆振朝	金融学院	保险学(保险精算)	

续表

序号	等级	地区	批次	科类	考生成绩	学号	姓名	系(院)	专业	备注
39	一等	贵州	本科一批	理工	580	32016080096	王德政	安全与环境工程学院	工业工程	
40	一等	贵州	本科一批	理工	591	32016090164	周梦	财政税务学院	资产评估	
41	一等	贵州	本科一批	理工	576	32016090044	向万洪	财政税务学院	税收学(税务师)	
42	一等	贵州	本科一批	理工	576	32016090134	刘美吟	财政税务学院	资产评估	
43	一等	贵州	本科一批	理工	575	32016090042	袁烨	财政税务学院	财政学	
44	一等	贵州	本科一批	理工	588	32016100124	程子燚	法学院	法学	
45	一等	贵州	本科一批	理工	588	32016020182	金振	工商管理学院	电子商务	
46	一等	贵州	本科一批	理工	576	32016020150	吴涛	工商管理学院	工商管理类	
47	一等	贵州	本科一批	理工	579	32016040163	赵娟	会计学院	财务管理	
48	一等	贵州	本科一批	理工	576	32016040031	石新民	会计学院	会计学	
49	一等	贵州	本科一批	理工	574	32016040030	冯芳琳	会计学院	会计学	
50	一等	贵州	本科一批	理工	595	32016110019	姜思倩	金融学院	金融学	
51	一等	贵州	本科一批	理工	574	32016110033	罗妮果	金融学院	金融学	
52	一等	贵州	本科一批	理工	602	32016030002	蒲鑫	经济学院	经济学	
53	一等	贵州	本科一批	理工	593	32016030273	胡建锋	经济学院	贸易经济	
54	一等	贵州	本科一批	理工	591	32016030003	丁红敏	经济学院	经济学	
55	一等	贵州	本科一批	理工	591	32016030037	杨军舰	经济学院	经济学	
56	一等	贵州	本科一批	理工	591	32016030071	刘泓宇	经济学院	经济学	
57	一等	贵州	本科一批	理工	590	32016030036	吕新如	经济学院	经济学	
58	一等	贵州	本科一批	理工	590	32016030074	邓超	经济学院	经济学	
59	一等	贵州	本科一批	理工	589	32016030044	张良娜	经济学院	经济学	
60	一等	贵州	本科一批	理工	583	32016030272	代小立	经济学院	贸易经济	
61	一等	贵州	本科一批	理工	580	32016050147	何兴铭	劳动经济学院	劳动与社会保障	
62	一等	贵州	本科一批	理工	579	32016050146	林欢欢	劳动经济学院	劳动与社会保障	
63	一等	贵州	本科一批	理工	586	32016120036	叶洛瑜	统计学院	经济统计学	
64	一等	贵州	本科一批	理工	585	32016120089	严静	统计学院	统计学	
65	一等	贵州	本科一批	理工	585	32016120092	吴林鸿	统计学院	统计学	
66	一等	贵州	本科一批	理工	583	32016120066	饶凌竹	统计学院	统计学	
67	一等	贵州	本科一批	理工	584	32016070129	李杰	信息学院	计算机科学与技术	

续表

序号	等级	地区	批次	科类	考生成绩	学号	姓名	系(院)	专业	备注
68	一等	贵州	本科一批	理工	582	32016070003	郭亚	信息学院	管理科学与工程类	
69	一等	贵州	本科一批	理工	582	32016070128	杨彪	信息学院	计算机科学与技术	
70	一等	贵州	本科一批	理工	574	32016070006	马兴玉	信息学院	管理科学与工程类	
71	一等	贵州	本科一批	理工	574	32016070072	田露露	信息学院	管理科学与工程类	
72	一等	海南	本科一批	理工	723	32016040160	林诗瑜	会计学院	财务管理	
73	一等	海南	本科一批	理工	715	32016040177	王彬	会计学院	财务管理	
74	一等	海南	本科一批	理工	733	32016110002	林中玉	金融学院	金融学	
75	一等	海南	本科一批	理工	710	32016110003	黄钰雯	金融学院	金融学	
76	一等	海南	本科一批	理工	706	32016120103	陈丹	统计学院	数学与应用数学(金融数学)	
77	一等	海南	本科一批	理工	706	32016120130	戴立茹	统计学院	数学与应用数学(金融数学)	
78	一等	河北	本科一批	理工	635	32016080017	杨铁晴	安全与环境工程学院	环境工程	
79	一等	河北	本科一批	理工	633	32016080001	靳子怡	安全与环境工程学院	环境工程	
80	一等	河北	本科一批	理工	645	32016140128	朱皓正	华侨学院	信息管理与信息系统(金融信息管理)	
81	一等	河北	本科一批	理工	637	32016140176	崔建宇	华侨学院	信息管理与信息系统(金融信息管理)	
82	一等	河北	本科一批	理工	648	32016040114	孙雨欣	会计学院	会计学(注册会计师专门化)	
83	一等	河北	本科一批	理工	643	32016040141	郑嘉淇	会计学院	会计学(注册会计师专门化)	
84	一等	河北	本科一批	理工	642	32016110161	刘伯寅	金融学院	保险学(保险精算)	
85	一等	河北	本科一批	理工	640	32016110141	黄梦瑶	金融学院	保险学(保险精算)	

续表

序号	等级	地区	批次	科类	考生成绩	学号	姓名	系(院)	专业	备注
86	一等	河北	本科一批	理工	642	32016030303	许家禄	经济学院	商务经济学	
87	一等	河北	本科一批	理工	642	32016030313	赵若贤	经济学院	商务经济学	
88	一等	河北	本科一批	理工	641	32016120031	张语晨	统计学院	经济统计学	
89	一等	河北	本科一批	理工	641	32016120032	尹薇雅	统计学院	经济统计学	
90	一等	河北	本科一批	理工	641	32016070093	刘东明	信息学院	管理科学与工程类	
91	一等	河北	本科一批	理工	639	32016070054	王璐	信息学院	管理科学与工程类	
92	一等	河北	本科一批	理工	636	32016070126	刘月	信息学院	计算机科学与技术	
93	一等	河北	本科一批	理工	635	32016070157	邢恺娆	信息学院	计算机科学与技术	
94	一等	黑龙江	本科一批	理工	599	32016140145	常毓	华侨学院	信息管理与信息系统(金融信息管理)	
95	一等	黑龙江	本科一批	理工	599	32016140178	李婧妍	华侨学院	信息管理与信息系统(金融信息管理)	
96	一等	黑龙江	本科一批	理工	612	32016040057	许晓宇	会计学院	会计学	
97	一等	黑龙江	本科一批	理工	611	32016040032	邹欣格	会计学院	会计学	
98	一等	黑龙江	本科一批	理工	608	32016050010	高鹏飞	劳动经济学院	人力资源管理	
99	一等	黑龙江	本科一批	理工	608	32016050067	周璇	劳动经济学院	人力资源管理	
100	一等	黑龙江	本科一批	理工	604	32016120044	刘雨霏	统计学院	统计学	
101	一等	黑龙江	本科一批	理工	599	32016120086	张子琦	统计学院	统计学	
102	一等	黑龙江	本科一批	理工	606	32016070132	刘乃琪	信息学院	计算机科学与技术	
103	一等	黑龙江	本科一批	理工	598	32016070163	吴珺	信息学院	计算机科学与技术	
104	一等	湖北	本科一批	理工	613	32016040029	游佑	会计学院	会计学	
105	一等	辽宁	本科一批	理工	601	32016080066	赵昱阳	安全与环境工程学院	安全工程(注册安全工程师)	
106	一等	辽宁	本科一批	理工	601	32016080067	李瑞	安全与环境工程学院	安全工程(注册安全工程师)	

续表

序号	等级	地区	批次	科类	考生成绩	学号	姓名	系(院)	专业	备注
107	一等	辽宁	本科一批	理工	627	32016110062	罗婉宁	金融学院	金融学	
108	一等	辽宁	本科一批	理工	613	32016110054	关彦博	金融学院	金融学	
109	一等	辽宁	本科一批	理工	610	32016030169	梁伊	经济学院	国际经济与贸易	
110	一等	辽宁	本科一批	理工	610	32016030193	宋志峰	经济学院	国际经济与贸易	
111	一等	辽宁	本科一批	理工	615	32016120108	程瀚哲	统计学院	数学与应用数学(金融数学)	
112	一等	辽宁	本科一批	理工	603	32016120121	毕成	统计学院	数学与应用数学(金融数学)	
113	一等	辽宁	本科一批	理工	609	32016060026	张雯淼	文化与传播学院	广告学	
114	一等	辽宁	本科一批	理工	601	32016060053	刘清泉	文化与传播学院	广告学	
115	一等	辽宁	本科一批	理工	612	32016070160	张馨心	信息学院	计算机科学与技术	
116	一等	辽宁	本科一批	理工	605	32016070161	杨宇	信息学院	计算机科学与技术	
117	一等	内蒙古	本科一批	理工	590	32016120072	付晓璇	统计学院	统计学	
118	一等	宁夏	本科一批	理工	567	32016090026	王丽丝	财政税务学院	财政学	
119	一等	宁夏	本科一批	理工	575	32016050079	沈慧	劳动经济学院	人力资源管理	
120	一等	青海	本科一批	理工	557	32016040178	李瑞婷	会计学院	财务管理	
121	一等	青海	本科一批	理工	545	32016040175	徐文静	会计学院	财务管理	
122	一等	青海	本科一批	理工	532	32016110011	刘晟怡	金融学院	金融学	
123	一等	青海	本科一批	理工	525	32016110070	尕玛才仁	金融学院	金融学	
124	一等	青海	本科一批	理工	536	32016030275	常熙源	经济学院	贸易经济	
125	一等	青海	本科一批	理工	539	32016070162	蒋珊珊	信息学院	计算机科学与技术	
126	一等	青海	本科一批	理工	522	32016070131	贾清玲	信息学院	计算机科学与技术	
127	一等	山东	本科一批	理工	646	32016040054	王文超	会计学院	会计学	
128	一等	山东	本科一批	理工	638	32016040020	车鑫	会计学院	会计学	
129	一等	山东	本科一批	理工	638	32016040021	潘远胜	会计学院	会计学	
130	一等	山东	本科一批	理工	641	32016110098	张佳慧	金融学院	金融学(国际金融英文班)	

续表

序号	等级	地区	批次	科类	考生成绩	学号	姓名	系（院）	专业	备注
131	一等	山东	本科一批	理工	641	32016110099	张立博	金融学院	金融学（国际金融英文班）	
132	一等	陕西	本科一批	理工	615	32016110015	李金珊	金融学院	金融学	
133	一等	陕西	本科一批	理工	604	32016110040	翟芮	金融学院	金融学	
134	一等	陕西	本科一批	理工	580	32016110058	曹嘉乐	金融学院	金融学	
135	一等	陕西	本科一批	理工	610	32016030079	白俊	经济学院	经济学（实验班）	
136	一等	陕西	本科一批	理工	605	32016030100	巨心玥	经济学院	经济学（实验班）	
137	一等	陕西	本科一批	理工	570	32016030103	华敏	经济学院	经济学（实验班）	
138	一等	陕西	本科一批	理工	600	32016120041	屈紫荆	统计学院	经济统计学	
139	一等	陕西	本科一批	理工	598	32016120040	黄卓文	统计学院	经济统计学	
140	一等	陕西	本科一批	理工	577	32016120039	严爽	统计学院	经济统计学	
141	一等	陕西	本科一批	理工	570	32016070044	张蕊蕊	信息学院	管理科学与工程类	
142	一等	天津	本科一批	理工	619	32016040113	李怡旸	会计学院	会计学（注册会计师专门化）	
143	一等	新疆	本科一批	理工	573	32016010133	赵一帆	城市经济与公共管理学院	公共管理类	
144	一等	新疆	本科一批	理工	585	32016110014	陈宇翔	金融学院	金融学	
145	一等	新疆	本科一批	理工	583	32016110051	张津锐	金融学院	金融学	
146	一等	重庆	本科一批	理工	625	32016040075	张思捷	会计学院	会计学（注册会计师专门化）	
147	二等	安徽	本科一批	理工	600	32016140146	陈晗	华侨学院	信息管理与信息系统（金融信息管理）	
148	二等	安徽	本科一批	理工	602	32016040150	于斐	会计学院	会计学（注册会计师专门化）	
149	二等	安徽	本科一批	理工	600	32016040126	章绪然	会计学院	会计学（注册会计师专门化）	
150	二等	安徽	本科一批	理工	602	32016110129	刘君亚	金融学院	金融工程	
151	二等	安徽	本科一批	理工	600	32016110128	尤悦	金融学院	金融工程	
152	二等	安徽	本科一批	理工	598	32016120042	张飞跃	统计学院	统计学	
153	二等	北京	本科提前批（B）	文史	632	32016020135	范姝妍	工商管理学院	工商管理类	双培计划

续表

序号	等级	地区	批次	科类	考生成绩	学号	姓名	系(院)	专业	备注
154	二等	北京	本科提前批(B)	理工	627	32016150024	王畅	国际经济管理学院	金融学(金融经济)	外培计划
155	二等	北京	本科一批	理工	630	32016040091	谢之凝	会计学院	会计学(注册会计师专门化)	
156	二等	北京	本科一批	理工	630	32016040143	王粲	会计学院	会计学(注册会计师专门化)	
157	二等	北京	本科一批	理工	629	32016040101	安笑言	会计学院	会计学(注册会计师专门化)	
158	二等	北京	本科一批	理工	629	32016040130	李芸濛	会计学院	会计学(注册会计师专门化)	
159	二等	北京	本科一批	理工	628	32016040083	王艺璇	会计学院	会计学(注册会计师专门化)	
160	二等	北京	本科一批	理工	628	32016040120	王跃翰	会计学院	会计学(注册会计师专门化)	
161	二等	北京	本科一批	理工	628	32016040153	柳淙	会计学院	会计学(注册会计师专门化)	
162	二等	北京	本科一批	理工	627	32016040098	邢力文	会计学院	会计学(注册会计师专门化)	
163	二等	北京	本科一批	理工	627	32016040146	闫若旸	会计学院	会计学(注册会计师专门化)	
164	二等	北京	本科一批	理工	626	32016040110	贺思清	会计学院	会计学(注册会计师专门化)	
165	二等	北京	本科一批	理工	626	32016040131	马泽腾	会计学院	会计学(注册会计师专门化)	
166	二等	北京	本科一批	理工	625	32016040080	董肇萱	会计学院	会计学(注册会计师专门化)	
167	二等	北京	本科一批	理工	625	32016040116	高天宜	会计学院	会计学(注册会计师专门化)	
168	二等	北京	本科一批	理工	625	32016040145	王苏原	会计学院	会计学(注册会计师专门化)	
169	二等	北京	本科一批	文史	636	32016040155	王钰棋	会计学院	会计学(注册会计师专门化)	
170	二等	北京	本科一批	文史	635	32016040119	高娜	会计学院	会计学(注册会计师专门化)	

续表

序号	等级	地区	批次	科类	考生成绩	学号	姓名	系(院)	专业	备注
171	二等	北京	本科一批	文史	633	32016040085	陈荟洁	会计学院	会计学(注册会计师专门化)	
172	二等	北京	本科一批	文史	632	32016040096	周子怡	会计学院	会计学(注册会计师专门化)	
173	二等	北京	本科一批	文史	632	32016040137	杨应钦	会计学院	会计学(注册会计师专门化)	
174	二等	北京	本科一批	文史	632	32016040157	王永浩	会计学院	会计学(注册会计师专门化)	
175	二等	北京	本科一批	文史	631	32016040111	韦靖婷	会计学院	会计学(注册会计师专门化)	
176	二等	北京	本科一批	文史	631	32016040117	刘金祺	会计学院	会计学(注册会计师专门化)	
177	二等	北京	本科提前批(B)	理工	630	32016110022	李天	金融学院	金融学	双培计划
178	二等	北京	本科提前批(B)	理工	629	32016110065	张宇轩	金融学院	金融学	双培计划
179	二等	北京	本科一批	理工	629	32016110159	刘思婕	金融学院	保险学(保险精算)	
180	二等	北京	本科一批	理工	627	32016110049	迟雨桐	金融学院	金融学	
181	二等	北京	本科提前批(B)	理工	626	32016110207	张雪琨	金融学院	投资学	双培计划
182	二等	北京	本科提前批(B)	理工	626	32016110208	樊川	金融学院	投资学	双培计划
183	二等	北京	本科提前批(B)	理工	625	32016110018	王昕	金融学院	金融学	双培计划
184	二等	北京	本科一批	理工	625	32016110086	许彦妮	金融学院	金融学(国际金融英文班)	
185	二等	北京	本科一批	文史	634	32016110008	邵祎迪	金融学院	金融学	
186	二等	北京	本科提前批(B)	文史	634	32016110035	郝博晨	金融学院	金融学	双培计划
187	二等	北京	本科一批	文史	634	32016110096	刘昆鹏	金融学院	金融学(国际金融英文班)	

续表

序号	等级	地区	批次	科类	考生成绩	学号	姓名	系(院)	专业	备注
188	二等	北京	本科提前批(B)	文史	634	32016110209	郭语嫣	金融学院	投资学	双培计划
189	二等	北京	本科一批	文史	633	32016110090	张曦	金融学院	金融学(国际金融英文班)	
190	二等	北京	本科一批	文史	632	32016110089	方天雨	金融学院	金融学(国际金融英文班)	
191	二等	北京	本科提前批(B)	文史	631	32016110017	刘澄澈	金融学院	金融学	双培计划
192	二等	北京	本科提前批(B)	文史	631	32016110043	魏婷	金融学院	金融学	双培计划
193	二等	北京	本科一批	文史	631	32016110069	林子豪	金融学院	金融学	
194	二等	北京	本科提前批(B)	理工	631	32016030011	李凯璇	经济学院	经济学	外培计划
195	二等	北京	本科提前批(B)	理工	630	32016030149	陈韵思	经济学院	国际经济与贸易	外培计划
196	二等	北京	本科提前批(B)	理工	628	32016030050	刘宸晴	经济学院	经济学	外培计划
197	二等	北京	本科一批	理工	626	32016030078	刘芮彤	经济学院	经济学(实验班)	
198	二等	北京	本科一批	文史	631	32016050016	刘晓晓	劳动经济学院	人力资源管理	
199	二等	福建	本科一批	理工	562	32016090071	李淑芬	财政税务学院	税收学(税务师)	
200	二等	福建	本科一批	理工	560	32016140022	张璐	华侨学院	工商管理(国际会计)	
201	二等	福建	本科一批	理工	556	32016140116	陈春兰	华侨学院	信息管理与信息系统(金融信息管理)	
202	二等	福建	本科一批	理工	561	32016030298	赖锶琦	经济学院	商务经济学	
203	二等	福建	本科一批	理工	559	32016030309	段哲晟	经济学院	商务经济学	
204	二等	福建	本科一批	理工	558	32016070010	甘新平	信息学院	管理科学与工程类	
205	二等	甘肃	本科一批	理工	571	32016090102	郭桐	财政税务学院	税收学(税务师)	
206	二等	甘肃	本科一批	理工	575	32016040062	王贤贤	会计学院	会计学	
207	二等	甘肃	本科一批	理工	579	32016030180	史俊贤	经济学院	国际经济与贸易	
208	二等	甘肃	本科一批	理工	573	32016030029	台瑶	经济学院	经济学	

续表

序号	等级	地区	批次	科类	考生成绩	学号	姓名	系(院)	专业	备注
209	二等	甘肃	本科一批	理工	572	32016030070	王斌	经济学院	经济学	
210	二等	甘肃	本科一批	理工	571	32016030185	任蕾玉	经济学院	国际经济与贸易	
211	二等	广西	本科一批	理工	582	32016020145	黄馨慧	工商管理学院	工商管理类	
212	二等	广西	本科一批	理工	587	32016140055	符家畅	华侨学院	工商管理(国际会计)	
213	二等	广西	本科一批	理工	586	32016140066	徐和桢	华侨学院	工商管理(国际会计)	
214	二等	广西	本科一批	理工	597	32016040022	王金莲	会计学院	会计学	
215	二等	广西	本科一批	理工	592	32016040055	肖雨	会计学院	会计学	
216	二等	广西	本科一批	理工	584	32016110226	张展源	金融学院	投资学	
217	二等	广西	本科一批	理工	583	32016110163	李梓屾	金融学院	保险学(保险精算)	
218	二等	广西	本科一批	理工	582	32016110225	黄禹铭	金融学院	投资学	
219	二等	广西	本科一批	理工	590	32016030135	陆金	经济学院	国际经济与贸易	
220	二等	广西	本科一批	理工	588	32016030145	刘小园	经济学院	国际经济与贸易	
221	二等	广西	本科一批	理工	594	32016120028	叶芝宏	统计学院	经济统计学	
222	二等	贵州	本科一批	理工	563	32016080095	杨泊	安全与环境工程学院	工业工程	
223	二等	贵州	本科一批	理工	568	32016090104	潘正花	财政税务学院	税收学(税务师)	
224	二等	贵州	本科一批	理工	555	32016090041	牟文欣	财政税务学院	财政学	
225	二等	贵州	本科一批	理工	554	32016010063	宁煊	城市经济与公共管理学院	公共管理类	
226	二等	贵州	本科一批	理工	568	32016100080	李姗姗	法学院	法学	
227	二等	贵州	本科一批	理工	570	32016020210	郑清予	工商管理学院	电子商务	
228	二等	贵州	本科一批	理工	562	32016020216	田进磊	工商管理学院	电子商务	
229	二等	贵州	本科一批	理工	560	32016020191	李慧卿	工商管理学院	电子商务	
230	二等	贵州	本科一批	理工	557	32016020088	王乾莹	工商管理学院	工商管理类	
231	二等	贵州	本科一批	理工	562	32016040162	刘庆	会计学院	财务管理	
232	二等	贵州	本科一批	理工	564	32016120035	冉雨昕	统计学院	经济统计学	
233	二等	贵州	本科一批	理工	562	32016120051	陈柄桡	统计学院	统计学	
234	二等	贵州	本科一批	理工	561	32016120081	石倩	统计学院	统计学	

续表

序号	等级	地区	批次	科类	考生成绩	学号	姓名	系(院)	专业	备注
235	二等	贵州	本科一批	理工	567	32016070008	杨文鑫	信息学院	管理科学与工程类	
236	二等	贵州	本科一批	理工	566	32016070038	甘金花	信息学院	管理科学与工程类	
237	二等	贵州	本科一批	理工	565	32016070079	杨东林	信息学院	管理科学与工程类	
238	二等	贵州	本科一批	理工	562	32016070036	韦天月	信息学院	管理科学与工程类	
239	二等	贵州	本科一批	理工	559	32016070052	骆俊安	信息学院	管理科学与工程类	
240	二等	贵州	本科一批	理工	559	32016070070	杨丽莎	信息学院	管理科学与工程类	
241	二等	贵州	本科一批	理工	557	32016070001	蒋舟兰	信息学院	管理科学与工程类	
242	二等	贵州	本科一批	理工	554	32016070061	杨镇宁	信息学院	管理科学与工程类	
243	二等	贵州	本科一批	理工	554	32016070069	李咏航	信息学院	管理科学与工程类	
244	二等	河北	本科一批	文史	616	32016090162	赵雪戈	财政税务学院	资产评估	
245	二等	河北	本科一批	文史	616	32016020079	杨家旺	工商管理学院	工商管理类	
246	二等	河北	本科一批	文史	616	32016020116	刘玲慧	工商管理学院	工商管理类	
247	二等	河南	本科一批	理工	606	32016090074	杨草原	财政税务学院	税收学(税务师)	
248	二等	河南	本科一批	理工	604	32016090100	程若轩	财政税务学院	税收学(税务师)	
249	二等	河南	本科一批	理工	607	32016020117	李尚昱	工商管理学院	工商管理类	
250	二等	河南	本科一批	理工	606	32016140088	张丽君	华侨学院	工商管理(国际会计)	
251	二等	河南	本科一批	理工	606	32016140177	程银	华侨学院	信息管理与信息系统(金融信息管理)	
252	二等	河南	本科一批	理工	605	32016140045	董海辉	华侨学院	工商管理(国际会计)	
253	二等	河南	本科一批	理工	613	32016040140	李慧玲	会计学院	会计学(注册会计师专门化)	

续表

序号	等级	地区	批次	科类	考生成绩	学号	姓名	系(院)	专业	备注
254	二等	河南	本科一批	理工	610	32016040112	王淑祎	会计学院	会计学(注册会计师专门化)	
255	二等	河南	本科一批	理工	609	32016110133	郑迪	金融学院	金融工程	
256	二等	河南	本科一批	理工	608	32016110132	周旭雁	金融学院	金融工程	
257	二等	河南	本科一批	理工	608	32016110171	付苗苗	金融学院	保险学(保险精算)	
258	二等	河南	本科一批	理工	608	32016110184	李一甲	金融学院	保险学(保险精算)	
259	二等	河南	本科一批	理工	613	32016030076	董帅帅	经济学院	经济学(实验班)	
260	二等	河南	本科一批	理工	610	32016030105	李悦铭	经济学院	经济学(实验班)	
261	二等	河南	本科一批	理工	608	32016030110	康译丹	经济学院	国际经济与贸易	
262	二等	河南	本科一批	理工	606	32016030153	刘亚馨	经济学院	国际经济与贸易	
263	二等	河南	本科一批	理工	604	32016050040	朱科名	劳动经济学院	人力资源管理	
264	二等	河南	本科一批	理工	603	32016050092	郑涵月	劳动经济学院	人力资源管理	
265	二等	河南	本科一批	理工	604	32016130069	张淑喜	外国语学院	外国语言文学类	
266	二等	河南	本科一批	理工	604	32016130093	向丽蓉	外国语学院	外国语言文学类	
267	二等	黑龙江	本科一批	文史	564	32016030234	张文平	经济学院	贸易经济	
268	二等	黑龙江	本科一批	文史	561	32016030245	陈思宇	经济学院	贸易经济	
269	二等	黑龙江	本科一批	文史	576	32016060027	周存	文化与传播学院	广告学	
270	二等	湖北	本科一批	理工	611	32016090070	熊楚健	财政税务学院	税收学(税务师)	
271	二等	湖北	本科一批	理工	596	32016010118	周树云	城市经济与公共管理学院	公共管理类	
272	二等	湖北	本科一批	理工	594	32016010058	张淦	城市经济与公共管理学院	公共管理类	
273	二等	湖北	本科一批	理工	592	32016010057	李一玲	城市经济与公共管理学院	公共管理类	
274	二等	湖北	本科一批	理工	598	32016020044	刘家祺	工商管理学院	工商管理类	
275	二等	湖北	本科一批	理工	597	32016140039	李金玉	华侨学院	工商管理(国际会计)	
276	二等	湖北	本科一批	理工	596	32016140081	谢子瀛	华侨学院	工商管理(国际会计)	
277	二等	湖北	本科一批	理工	602	32016040061	裴格	会计学院	会计学	

续表

序号	等级	地区	批次	科类	考生成绩	学号	姓名	系(院)	专业	备注
278	二等	湖北	本科一批	理工	594	32016040028	张喻朝	会计学院	会计学	
279	二等	湖北	本科一批	理工	601	32016110037	刘思敏	金融学院	金融学	
280	二等	湖北	本科一批	理工	601	32016110068	邓羽恒	金融学院	金融学	
281	二等	湖北	本科一批	理工	594	32016050083	钱思源	劳动经济学院	人力资源管理	
282	二等	湖北	本科一批	理工	593	32016050076	熊佳	劳动经济学院	人力资源管理	
283	二等	湖北	本科一批	理工	593	32016130045	程潇笛	外国语学院	外国语言文学类	
284	二等	湖北	本科一批	理工	592	32016130046	罗辰	外国语学院	外国语言文学类	
285	二等	湖北	本科一批	理工	594	32016070034	张风	信息学院	管理科学与工程类	
286	二等	湖北	本科一批	理工	592	32016070095	李浩澜	信息学院	管理科学与工程类	
287	二等	湖南	本科一批	理工	597	32016040088	刘祯凌	会计学院	会计学（注册会计师专门化）	
288	二等	内蒙古	本科一批	理工	583	32016120050	商浩为	统计学院	统计学	
289	二等	内蒙古	本科一批	理工	583	32016120053	陈浩	统计学院	统计学	
290	二等	内蒙古	本科一批	理工	582	32016120043	王新颖	统计学院	统计学	
291	二等	内蒙古	本科一批	理工	573	32016120098	刘峻玮	统计学院	统计学	
292	二等	内蒙古	本科一批	理工	582	32016070068	王思澄	信息学院	管理科学与工程类	
293	二等	内蒙古	本科一批	理工	580	32016070077	张振艺	信息学院	管理科学与工程类	
294	二等	内蒙古	本科一批	理工	574	32016070051	包蓝鑫	信息学院	管理科学与工程类	
295	二等	内蒙古	本科一批	理工	570	32016070033	张亦安	信息学院	管理科学与工程类	
296	二等	内蒙古	本科一批	理工	570	32016070101	谢方圆	信息学院	管理科学与工程类	
297	二等	宁夏	本科一批	理工	553	32016040190	海平	会计学院	财务管理	
298	二等	宁夏	本科一批	理工	547	32016110064	喇志超	金融学院	金融学	
299	二等	宁夏	本科一批	理工	546	32016110050	余欣	金融学院	金融学	
300	二等	宁夏	本科一批	理工	553	32016130019	赵莉	外国语学院	外国语言文学类	
301	二等	青海	本科一批	理工	515	32016030274	林洁	经济学院	贸易经济	

续表

序号	等级	地区	批次	科类	考生成绩	学号	姓名	系(院)	专业	备注
302	二等	青海	本科一批	理工	501	32016070130	李毛才让	信息学院	计算机科学与技术	
303	二等	山东	本科一批	理工	631	32016010010	孙明霞	城市经济与公共管理学院	公共管理类	
304	二等	山东	本科一批	理工	628	32016010071	王天娇	城市经济与公共管理学院	公共管理类	
305	二等	山东	本科一批	理工	627	32016020172	李玞瑶	工商管理学院	物流管理	
306	二等	山东	本科一批	理工	627	32016020173	李梦雪	工商管理学院	物流管理	
307	二等	山东	本科一批	理工	627	32016020174	路尚宏	工商管理学院	物流管理	
308	二等	山东	本科一批	理工	634	32016140025	见东宸	华侨学院	工商管理(国际会计)	
309	二等	山东	本科一批	理工	633	32016140019	曲卫桓	华侨学院	工商管理(国际会计)	
310	二等	山东	本科一批	理工	632	32016110131	孟政辉	金融学院	金融工程	
311	二等	山东	本科一批	理工	631	32016110130	车琳琳	金融学院	金融工程	
312	二等	山东	本科一批	理工	631	32016030104	刘安然	经济学院	经济学(实验班)	
313	二等	山东	本科一批	理工	630	32016030099	管智超	经济学院	经济学(实验班)	
314	二等	山东	本科一批	理工	630	32016030231	李鑫绪	经济学院	贸易经济	
315	二等	山东	本科一批	理工	629	32016030265	姚羽含	经济学院	贸易经济	
316	二等	山东	本科一批	理工	628	32016070123	吴春洁	信息学院	计算机科学与技术	
317	二等	山东	本科一批	理工	628	32016070154	王嫣然	信息学院	计算机科学与技术	
318	二等	陕西	本科一批	理工	562	32016110031	杨溪溪	金融学院	金融学	
319	二等	陕西	本科一批	理工	566	32016030086	张银燕	经济学院	经济学(实验班)	
320	二等	陕西	本科一批	理工	552	32016120038	刘思源	统计学院	经济统计学	
321	二等	陕西	本科一批	理工	565	32016070063	李姣	信息学院	管理科学与工程类	
322	二等	四川	本科一批	理工	620	32016110025	童爽	金融学院	金融学	
323	二等	四川	本科一批	理工	614	32016110001	王珏珏	金融学院	金融学	
324	二等	天津	本科一批	理工	593	32016040147	曹雪薇	会计学院	会计学(注册会计师专门化)	

续表

序号	等级	地区	批次	科类	考生成绩	学号	姓名	系(院)	专业	备注
325	二等	云南	本科一批	理工	605	32016090060	荀娅婷	财政税务学院	税收学(税务师)	
326	二等	云南	本科一批	理工	607	32016010088	朱晓忆	城市经济与公共管理学院	公共管理类	
327	二等	云南	本科一批	理工	614	32016020045	赵雪芳	工商管理学院	工商管理类	
328	二等	云南	本科一批	理工	605	32016020089	李秋羽	工商管理学院	工商管理类	
329	二等	云南	本科一批	理工	609	32016110032	徐玉雄	金融学院	金融学	
330	二等	云南	本科一批	理工	609	32016030154	周映彤	经济学院	国际经济与贸易	
331	二等	云南	本科一批	理工	606	32016070134	张坤碧	信息学院	计算机科学与技术	
332	二等	重庆	本科一批	理工	624	32016040065	樊玥	会计学院	会计学	
333	二等	重庆	本科一批	理工	621	32016040127	孙雨宏	会计学院	会计学(注册会计师专门化)	
334	二等	重庆	本科一批	理工	620	32016040064	广洋	会计学院	会计学	
335	二等	重庆	本科一批	理工	623	32016030217	唐子芸	经济学院	贸易经济	

（钱程）

经济与管理实验教学中心

【基本情况】 经济与管理实验教学中心(简称经管实验教学中心)结合自身的工作目标及定位,始终坚持“服务教学、科学管理、开放共享、创新发展”的工作宗旨,在学校及教务处各位领导的支持下,在全体工作人员的辛勤努力下,经管实验教学中心完成了2016 年度的实验教学工作任务。经管实验教学中心坚持服务优先,使实验中心的日常管理规范建设进步明显;加强开放共享,经管实验中心的信息化管理与开放建设日渐完善;结合教学实际,经管实验教学中心实验室软硬件环境建设成果显著,加强对外交流,使经管实验中心的管理队伍得到进一步锻炼提高。

（郝海波　纪长青）

2016 年经济与管理实验教学中心实验室使用情况统计表

使用数据	2016 年下半年	2016 年上半年
实验室开放数量	10	9
总开放机时	6 120	5 508
实验课门数	80	60
上课老师人数	70	68
相关学院数	11	11
专业数	38	35
学生人次	9 331	4 827
总人机时数	107 430	79 580
总上课机时	2 906	2 325
实验室平均使用率	47.48%	42.21%

（郝海波　纪长青）

【小学期实习及暑期国际学校工作】 7 月,根据学校本科人才培养方案,经管实验教学中心根据相关学院的小学期教学实习计划,全力协助会计学院、财政税务学院、华侨学院、信息学院等开展 2016 年校内小学期实习等各项实验实训工作。此次实习实训工作共接纳 5 个学院学生 601 人,重点培养学生的实践创新能力,提高学生的综合素质。在各学院教师的积极支持下,经管实验教学中心圆满完成 2016 学年小学期实习工作任务。7 月,统计学院暑期国际学校课程在经管实验中心进行授课,主要包括统计学习、大数据和结构方程等课程,上课学生将近 150 人。

(郝海波 纪长青)

【202 翻转课堂实验室建设】 2016 年,为探索新的实验室课堂教学模式,在学校领导和各个职能部门的支持下,经管实验教学中心对 202 沙盘推演实验室进行改造建设,在新改造的实验室基础上建成一个以翻转教学、互动教学为主的共享实验室,同时兼有沙盘推演实验室的功能。这个多功能翻转课堂实验室强调学生课前自主学习,教师课堂上互动讨论为主,师生课下互动交流复习,翻转了过去的课堂教学模式,对老师和同学都提出了新的要求。9 月和 11 月,翻转课堂实验室基础设施改造项目和实验室设备购置项目分别通过了校内专家组的验收。12 月,202 翻转课堂实验室正式投入测试使用。

(郝海波 纪长青)

【实验室设备基础环境及实验教学系统建设】 2016 年,经管实验教学中心陆续对 204、212、301、303、311 实验室的设备和强弱电基础环境以及网络环境进行改造升级,主要包括更新实验室的微机 230 台,更换 5 个实验室的防静电地板,将实验室网络环境升级到千兆和基础强电改造等。通过这几个实验室的升级改造,解决了原来微机设备陈旧、运行速度慢和网络速度缓慢等问题,提高了实验室的用电安全性,改善了师生在实验室上课的体验,保证了实验教学的顺利进行。6 月,经管实验教学中心为金融学院实验教学购置了《金融理财规划系统平台》,为统计学院实验教学购置了 SAS JMP Clinical 和 JMP 学院版系统软件。11 月,经管实验教学中心为财政税务学院实验教学采购了企业税务实训教学系统和税务稽查实训教学系统。这些软件平台在各个学院的实验教学工作中得到了很好的应用。

(郝海波 纪长青)

【实验室多媒体智能教学系统建设】 2016 年,经管实验教学中心对实验室多媒体教学系统进行了建设,根据经管实验教学中心实验室的现状,建设了 8 套实验室多媒体智能教学系统,该教学系统具有多种教学功能模式,包括常规使用模式(上下课一键操作)、自定义选择模式(只使用部分教学设备,需手动操作)、自带笔记本电脑、自带移动终端(移动终端镜像同屏至投影)等,同时还可以进行在线课堂的直播,可实现学生在校内不同教室异地同步上课。该项目的建成为老师上课提供了更多的技术条件,为改善课堂效果、丰富课堂内容打造了基础平台,而且设备操作方便,使用简单。11 月 4 日,该项目通过校内专家组验收。

(郝海波 纪长青)

【信息化管理平台建设】 经管实验教学中心继续加强信息化建设,在 2014 年开始建设的实验中心信息化管理平台的基础上升级扩展,新建虚拟仿真实验教学管理平台,改进系统平台登录方式,增加课表查询显示方式,改善实验室预约方式、增加工作人员刷卡考勤和考勤统计,增加资产可视化查询显示,增加实验数据分类统计,多系统组织架构升级等。该项目的建成完善了经管实验教学中心信息化管理平台,提高了信息化管理水平,可以为学校师生提供更加便捷的实验教学服务。该项目 11 月 8 日通过由信息处组织的校内外专家组的验收。

(郝海波 纪长青)

【加强对外交流合作】 2016 年,经管实验教学中心多次参加高校间实验教学相关研讨会、交流会等,主要包括 1 月 15 日在北京林业大学参加北京文科实验实践教学云平台研讨会;4 月 8 日—11 日在上海商学院参加全国"经管类学科高等学校国家级实验教学示范中心建设暨双创建设主题讲堂"培训会;4 月 27 日—28 日在合肥中国科技大学参加高等学校国家级实验教学示范中心建设研讨会暨虚拟仿真技术与教学资源建设论坛;9 月 21 日—25 日在昆明参加 VR 技术特色与教学资源共享——2016 年高等学校国家级实验教学示范中心建设巡回交流会;10 月 22 日在北京工商大学参加首届全国高校经管类实验教学案例大赛研讨会等。通过参加各种交流和学习,了解了当前实验教学的发展状况,学习到许多的新技术和新知识,锻炼了队伍,提高了服务管理水平。

(郝海波 纪长青)

研究生教育

概 况

学校自1979年开始招收硕士研究生,1999年开始招收博士研究生,迄今为止,已有三十余年的研究生教育历史。2016年,学校拥有应用经济学、管理科学与工程、工商管理、统计学等4个博士学位授权一级学科,应用经济学、工商管理、统计学、管理科学与工程等4个博士后科研流动站,10个硕士学位授权一级学科,17个专业硕士学位授权点,博士生导师68人,硕士生导师418人,录取博士研究生74人、硕士研究生1123人。

学校研究生教育工作由研究生部、研究生工作部负责。部门共有编制16个,其中正处1个,副处3个,正科及主任科员4个,副科及副主任科员3个,科员5个。9月,经学校党委研究决定,原研究生部主任张军调任信息学院院长,原发展规划处处长周明生接任研究生部主任、研究生工作部部长。同时,因上半年科级聘任工作和人员退休等问题,造成培养办公室和学位办公室各缺岗1人。为了确保各项工作顺利进行,研究生部、研究生工作部进行了办公室整合和职能调整,撤销了创新与实践办公室,将其职能划归研究生工作办公室。目前,研究生部、研究生工作部下设5个办公室,即综合办公室、招生办公室、培养办公室、学位办公室和研究生工作办公室。综合办公室负责行政工作和高研班管理工作、同等学力人员申硕学位课考试、四六级考试等工作;招生办公室负责研究生招生及考试等工作;培养办公室负责研究生培养等工作;学位办公室负责学校学科建设、学位授予以及研究生指导教师的管理等工作;研究生工作办公室负责研究生思想政治教育、研究生党建和奖助管理、学籍管理、研究生科研项目与科研成果管理等工作。研究生部、研究生工作部现有在职职工14人,其中高级职称3人,中级职称7人,硕士及以上学历13人。

(张玉放)

研究生招生与录取

【招考录取2016级硕士研究生】 2016年,共有3 332人(含单独考试硕士研究生17人)报考学校硕士研究生,实际录取1 123人(含推免生191人,单独考试硕士研究生10人),其中,学术型硕士研究生487人,专业型硕士研究生636人;来自“985”“211”高校考生168人,较上一年度增加48.67%。1月—4月,学校组织安排各学院开展2016级硕士研究生招生录取工作。1月13日—14日,学校组织79名教师进行自命题考试科目统一阅卷,并对全程录音录像。3月18日—4月8日,学校组织研究生院、各学院分别开展2016级硕士研究生复试及录取工作,原则为依据总成绩择优录取且不录取复试成绩不满60分者,拟录取名单经公示无异议后,学校正式录取拟录取考生。

(蔡梦)

2016年硕士研究生各专业实际录取人数及复试分数线统计表

学院	专业代码	专业名称	类型	报名人数	实际录取人数(含推免生)	推免生人数	复试分数线(总分)	单科线(满分=100分)	单科线(满分>100分)
城市经济与公共管理学院001	020202	区域经济学	学术	27	11	4	325	45	68
	120401	行政管理	学术	57	18	2	335	45	68
	120403	教育经济与管理	学术	10	7		335	45	68

续表

学院	专业代码	专业名称	类型	报名人数	实际录取人数（含推免生）	推免生人数	复试分数线（总分）	单科线（满分＝100分）	单科线（满分＞100分）
城市经济与公共管理学院001	1201J1	城市经济与战略管理	学术	7	9		335	45	68
	120405	土地资源管理	学术	15	9	1	335	45	68
	125200	公共管理硕士	专业	68	30		165	39	78
工商管理学院002	120202	企业管理	学术	136	42	6	335	45	68
	120203	旅游管理	学术	2	1		335	45	68
	120204	技术经济及管理	学术	3	1		335	45	68
	125400	旅游管理硕士	专业	20	4		165	39	78
	125100	工商管理硕士（MBA）	专业	279	115		165	39	78
经济学院003	020101	政治经济学	学术	12	4		325	45	68
	020104	西方经济学	学术	21	8	4	325	45	68
	020105	世界经济	学术	12	2	1	325	45	68
	020201	国民经济学	学术	46	14	6	325	45	68
	020205	产业经济学	学术	145	24	12	325	45	68
	020206	国际贸易学	学术	65	14	9	325	45	68
	020209	数量经济学	学术	16	10	7	325	45	68
	020102	经济思想史	学术	5	1		325	45	68
	025400	国际商务硕士	专业	47	47	9	325	45	68
会计学院004	120201	会计学	学术	169	42	19	335	45	68
	025700	审计硕士	专业	181	22	4	209	39	78
	025700	审计硕士(非全日制定向)	专业	24	10		165	39	78
	125300	会计硕士	专业	514	56	20	217	39	78
	125300	会计硕士(非全日制定向)	专业	145	21		189	39	78
劳动经济学院005	020106	人口、资源与环境经济学	学术	5	2		325	45	68
	020207	劳动经济学	学术	49	21	8	325	45	68
	0202Z1	人力资源开发与人才发展	学术	14	4	3	325	45	68
	030302	人口学	学术	6	6		315	45	68
	120404	社会保障	学术	76	35		335	45	68
	1202J1	劳动关系	学术	9	3		335	45	68
	035200	社会工作	专业	77	24		315	45	68

续表

学院	专业代码	专业名称	类型	报名人数	实际录取人数（含推免生）	推免生人数	复试分数线（总分）	单科线（满分 = 100 分）	单科线（满分 > 100 分）
文化与传播学院 006	1202J2	媒介经营与管理	学术	3	4	4	335	45	68
信息学院 007	120100	管理科学与工程	学术	27	24	3	335	45	68
	085212	软件工程硕士	专业	14	18		265	36	54
安全与环境工程学院 008	083700	安全科学与工程	学术	16	16		265	36	54
	105300	公共卫生硕士	专业	37	14		295	41	123
	085224	安全工程硕士	专业	49	19		265	34	51
财政税务学院 009	020203	财政学	学术	39	14	4	325	45	68
	025300	税务硕士	专业	45	36	6	325	45	68
	025600	资产评估硕士	专业	39	35		325	45	68
法学院 010	030105	民商法学	学术	57	18	4	315	45	68
	030107	经济法学	学术	29	14	1	315	45	68
	030101	法学理论	学术	9	4	1	315	45	68
	030103	宪法学与行政法学	学术	2	3		315	45	68
	030109	国际法学	学术	7	4		315	45	68
	035102	法律（法学）	专业	43	15		315	45	68
	035101	法律（非法学）	专业	32	15		315	45	68
金融学院 011	020204	金融学	学术	132	35	19	330	45	68
	025100	金融硕士	专业	221	65	23	330	45	68
	025500	保险硕士	专业	16	20	1	325	45	68
统计学院 012	027000	统计学	学术	14	6	2	325	45	68
	071400	统计学	学术	28	6		285	39	59
	025200	应用统计硕士	专业	82	39	3	325	45	68
外语系 013	050201	英语语言文学	学术	6	3		350	53	80
	050211	外国语言学及应用语言学	学术	11	7	4	350	53	80
	055100	翻译硕士	专业	52	31	1	350	53	80
马克思主义学院 019	030501	马克思主义基本原理	学术	5	4		315	45	68
	030505	思想政治教育	学术	12	5		315	45	68
	030503	马克思主义中国化研究	学术	6	4		315	45	68
	030506	中国近现代史基本问题研究	学术	1	3		315	45	68

续表

学院	专业代码	专业名称	类型	报名人数	实际录取人数（含推免生）	推免生人数	复试分数线（总分）	单科线（满分 = 100 分）	单科线（满分 > 100 分）
国际经济管理学院 020	020209	数量经济学（金融计量方向）	学术	20	15		325	45	68
研究生部		单考单招	学术	17	10		293	不限	不限

（蔡梦）

2017 级普通招生统一考试硕士研究生报名统计表

学院	专业代码	类别	专业名称	现场确认人数合计	确认人数（京内）	确认人数（京外）
城市经济与公共管理学院	020202	学术	区域经济学	25	6	19
	120401	学术	行政管理	98	30	68
	120403	学术	教育经济与管理	15	2	13
	1201J1	学术	城市经济与战略管理	8	3	5
	120405	学术	土地资源管理	16	7	9
	125200	专业	公共管理硕士（MPA）（全日制）	64	59	5
	125200	专业	公共管理硕士（MPA）（非全日制）	59	55	4
工商管理学院	120202	学术	企业管理	161	40	121
	120203	学术	旅游管理	8	6	2
	120204	学术	技术经济及管理	3	1	2
	125100	专业	工商管理硕士（MBA）（全日制）	332	304	28
	125100	专业	工商管理硕士（MBA）（非全日制）	144	131	13
	125100	专业	金融工商管理硕士（FMBA）（全日制）	43	39	4
	125100	专业	金融工商管理硕士（FMBA）（非全日制）	9	7	2
	125400	专业	旅游管理硕士（全日制）	9	8	1
	125400	专业	旅游管理硕士（非全日制）	5	4	1
经济学院	020101	学术	政治经济学	15	4	11
	020104	学术	西方经济学	28	9	19
	020105	学术	世界经济	8	1	7
	020201	学术	国民经济学	51	15	36
	020205	学术	产业经济学	121	23	98
	020206	学术	国际贸易学	58	17	41

续表

学院	专业代码	类别	专业名称	现场确认人数合计	确认人数（京内）	确认人数（京外）
经济学院	020209	学术	数量经济学	19	4	15
	020102	学术	经济思想史	4	0	4
	025400	专业	国际商务硕士	140	60	80
会计学院	120201	学术	会计学	210	30	180
	025700	专业	审计硕士	245	98	147
	125300	专业	会计硕士	677	224	453
	125300	专业	会计硕士(非全日制)	149	144	5
劳动经济学院	020106	学术	人口、资源与环境经济学	1	0	1
	020207	学术	劳动经济学	55	25	30
	0202Z1	学术	人力资源开发与人才发展	7	4	3
	030302	学术	人口学	9	1	8
	120404	学术	社会保障	102	41	61
	1202J1	学术	劳动关系	8	6	2
	035200	专业	社会工作硕士	73	34	39
文化传播学院	1202J2	学术	媒介经营与管理	1	0	1
信息学院	120100	学术	管理科学与工程	27	9	18
	085212	专业	软件工程硕士(全日制)	26	14	12
	085212	专业	软件工程硕士(非全日制)	4	4	0
安全与环境工程学院	083700	学术	安全科学与工程	27	4	23
	105300	专业	公共卫生硕士	22	14	8
	085224	专业	安全工程硕士(全日制)	55	16	39
	085224	专业	安全工程硕士(非全日制)	5	4	1
财政税务学院	020203	学术	财政学	36	4	32
	025300	专业	税务硕士	68	30	38
	025600	专业	资产评估硕士	52	22	30
法学院	030105	学术	民商法学	46	23	23
	030107	学术	经济法学	24	5	19
	030101	学术	法学理论	2	1	1
	030103	学术	宪法学与行政法学	5	3	2
	030109	学术	国际法学	5	4	1

续表

学院	专业代码	类别	专业名称	现场确认人数合计	确认人数（京内）	确认人数（京外）
法学院	035102	专业	法律（法学）	55	27	28
	035101	专业	法律（非法学）	63	23	40
金融学院	020204	学术	金融学	178	48	130
	025100	专业	金融硕士	368	125	243
	025100	专业	金融硕士（量化金融）	31	16	15
	025500	专业	保险硕士	57	10	47
统计学院	027000	学术	统计学	8	2	6
	071400	学术	统计学	25	7	18
	025200	专业	应用统计硕士	153	45	108
外国语学院	050201	学术	英语语言文学	7	3	4
	050211	学术	外国语言学及应用语言学	10	2	8
	055100	专业	翻译硕士	97	23	74
马克思主义学院	030501	学术	马克思主义基本原理	4	1	3
	030505	学术	思想政治教育	9	3	6
	030503	学术	马克思主义中国化研究	8	2	6
	030506	学术	中国近现代史基本问题研究	5	1	4
国际经济管理学院	020209	学术	数量经济学（金融计量方向）	14	3	11
研究生部		学术	单独考试管理学、会计学	18	18	0
合计				4 494	1 958	2 536

（蔡梦）

【**接收 2017 级硕士研究生推免生**】 6 月，学校通过网上预申请系统开始接收 2017 级本科推荐免试攻读硕士研究生的预申请。9 月 20 日，教育部网上报名系统正式开通。截至 10 月底，推免生网上报名、复试及录取工作全部完成。共接收推免生 219 人，创近年来新高。学校接收的 2017 级推免生中，“211”院校 15 人（含“985”院校 1 人），与 2016 年持平；本校生 101 人，较 2016 年增加 12 人，非“985”“211”院校 103 人，较 2016 年增加 16 人。学校接收推免生数排名前三位的学院分别是：经济学院（53 人）、会计学院（52 人）、金融学院（35 人）。从学位类型来看，学术型硕士 137 人，专业型硕士 82 人。从性别来看，女生人数 190 人，占总人数的 86.75%。

2017 级硕士研究生推免人数统计表

学院	总人数	其中：女生	学硕	专硕
经济学院	53	45	38	15
会计学院	52	47	20	32

续表

学院	总人数	其中:女生	学硕	专硕
金融学院	35	30	15	20
劳动经济学院	15	13	15	
工商管理学院	14	14	14	
统计学院	11	9	3	8
城市经济与公共管理学院	10	7	10	
财政税务学院	9	9	3	6
文化与传播学院	6	4	6	
安全与环境工程学院	4	4	3	1
法学院	4	4	4	
外国语学院	4	3	4	
信息学院	2	1	2	
总计	219	190	137	82

（蔡梦）

【招考录取 2016 级博士研究生】 2015 年 12 月—2016 年 6 月,学校通过"申请—审核"制、硕博连读、普通招生统一考试相结合的方式,组织开展了 2016 级博士研究生招生录取工作。学校招生计划以招收"申请—审核"制与硕博连读考生为主,招收普通招考考生为辅。学校收到有效硕博连读研究生报名 17 人,录取 14 人,其中,男 6 人,女 8 人,非定向 17 人;"申请—审核"制博士研究生报名 137 人,录取 39 人,其中,男 18 人,女 21 人,定向 16 人,非定向 23 人;录取普通招生统一考试考生 21 人,其中,男 10 人,女 11 人,企事业单位人员 8 人(占统考录取人数的 38%),高校教师 7 人(占统考录取人数的 33%),科研院所研究人员 4 人(占统考录取人数 19%),应届硕士毕业生 2 人(占统考录取人数 10%)。

2016 年"申请—审核"制与硕博连读博士研究生录取名单

序号	姓名	录取专业	录取类别	导师	复试分数	考生类别
1	张梅	城市经济与战略管理	定向	柯文进	84	申请—审核
2	霍露萍	城市经济与战略管理	非定向	张强	80	申请—审核
3	朱正浩	技术经济及管理	定向	戚聿东	90.17	申请—审核
4	杨蕊竹	劳动关系	非定向	冯喜良	93.4	申请—审核
5	刘想	企业管理	非定向	高闯	89.5	申请—审核
6	孔晓旭	企业管理	非定向	柳学信	88.33	申请—审核
7	孙立莉	企业管理	定向	吴冬梅	86.17	申请—审核
8	吕静	企业管理	非定向	赵慧军	87	申请—审核
9	张洁琼	企业管理	非定向	戚聿东	87.17	申请—审核
10	王艳波	企业管理	定向	高闯	88	申请—审核
11	王秀哲	财政学	非定向	赵书博	79	申请—审核

续表

序号	姓名	录取专业	录取类别	导师	复试分数	考生类别
12	徐乾	财政学	非定向	蔡秀云	71	申请—审核
13	李胜博	产业经济学	定向	王稼琼	70.4	申请—审核
14	赵瑞琴	产业经济学	非定向	祝合良	72	申请—审核
15	王颖	城市经济与战略管理	定向	段霞	82	申请—审核
16	郭璨	法律经济学	非定向	喻中	92	申请—审核
17	廖流緯	管理科学与工程	非定向	姚翠友	91.76	申请—审核
18	周兵	管理科学与工程	非定向	王传生	90.08	申请—审核
19	张宇栋	管理科学与工程	非定向	吕淑然	89.92	申请—审核
20	雷娜	国际贸易学	定向	郎丽华	72.6	申请—审核
21	孙哲	国民经济学	定向	王少国	75.11	申请—审核
22	周畅	会计学	非定向	崔也光	86	申请—审核
23	聂帆飞	会计学	非定向	马元驹	86.8	申请—审核
24	尤明渊	会计学	非定向	汪平	85.8	申请—审核
25	曾皓	会计学	非定向	王海林	85.1	申请—审核
26	廖宇航	劳动经济学	定向	童玉芬	91.55	申请—审核
27	桂莉	劳动经济学	定向	吕学静	90.5	申请—审核
28	张琳	劳动经济学	非定向	张琪	88.85	申请—审核
29	杨雪	劳动经济学	非定向	吕学静	84	申请—审核
30	崔丽杰	劳动经济学	非定向	刘冠军	83	申请—审核
31	何晓瑶	区域经济学	定向	彭文英	90.1	申请—审核
32	郁鹏	区域经济学	定向	安树伟	88.4	申请—审核
33	孙铮	区域经济学	定向	张强	87.8	申请—审核
34	张凡	区域经济学	非定向	王德起	87.1	申请—审核
35	单海鹏	数量经济学	定向	王文举	84	申请—审核
36	马乐	统计学(经济学)	定向	马立平	91.8	申请—审核
37	周雪娇	统计学(经济学)	非定向	张宝学	84.2	申请—审核
38	赵繁荣	统计学(理学)	非定向	张宝学	89	申请—审核
39	王也	增长经济学	非定向	徐则荣	72.25	申请—审核
40	昝杨杨	产业经济学	非定向	张弘	80	硕博连读
41	李牵	管理科学与工程	非定向	张军	92.56	硕博连读

续表

序号	姓名	录取专业	录取类别	导师	复试分数	考生类别
42	张鑫鑫	管理科学与工程	非定向	张军	90.44	硕博连读
43	赵恒园	国际贸易学	非定向	刘宏	79.83	硕博连读
44	于国栋	国民经济学	非定向	周明生	77.29	硕博连读
45	谭振华	会计学	非定向	杨世忠	84.2	硕博连读
46	易祯	金融学	非定向	朱超	87.66	硕博连读
47	岳鹏鹏	金融学	非定向	尹志超	86.08	硕博连读
48	甄晗蕾	金融学	非定向	王曼怡	84.86	硕博连读
49	潘北啸	金融学	非定向	尹志超	84.5	硕博连读
50	陆亚晨	数量经济学	非定向	田新民	88.4	硕博连读
51	崔江龙	统计学(经济学)	非定向	刘黎明	88.2	硕博连读
52	高仙立	统计学(理学)	非定向	刘强	92.4	硕博连读
53	宋秀娜	增长经济学	非定向	王军	81.68	硕博连读

(蔡梦)

2016年博士研究生各专业一志愿复试分数线统计表

专业名称	第一阶段		第二阶段	总分
	外国语	专业课基础	专业课综合	
法律经济学	50	60	60	200
产业经济学	50	60	60	205
国际贸易学	50	60	60	203
国民经济学	50	60	60	234
数量经济学	50	60	60	205
城市经济与战略管理	50	60	60	211
金融学	50	60	60	209
人力资源开发与人才发展	50	60	60	210

(蔡梦)

2016年普通招生统一考试博士研究生录取名单

序号	考生编号	姓名	录取专业	导师	综合成绩
1	100386102020406	王莉娜	金融学	蒋三庚	83.15
2	100386102020404	冯颖	金融学	谢太峰	75.72
3	100386102021101	彭春	法律经济学	李晓安	87.05
4	100386102021102	周璞	法律经济学	喻中	82.58

续表

序号	考生编号	姓名	录取专业	导师	综合成绩
5	100386102021103	冯艳艳	法律经济学	喻中	77.50
6	100386102020302	崔振东	财政学	郝如玉	75.13
7	100386102020301	李呈豪	财政学	郝如玉	76.12
8	100386102022103	单士甫	人力资源开发与人才发展	童玉芬	80.75
9	100386112011106	张馨丹	城市经济与战略管理	柯文进	76.77
10	100386102020507	刘庆琳	产业经济学	祝合良	78.74
11	100386102020503	金达	产业经济学	沈宏亮	72.54
12	100386102020605	马云飞	国际贸易学	郎丽华	80.39
13	100386102020103	张彩琴	国民经济学	李婧	84.25
14	100386102020102	矫立军	国民经济学	周明生	77.64
15	100386102020101	胡越秋	国民经济学	王军	77.47
16	100386112011107	张瑞红	劳动经济学	朱俊生	80.81
17	100386102020405	王雪祺	劳动关系	冯喜良	79.15
18	100386102020903	贾辰歌	数量经济学	王文举	76.90
19	100386102020601	李俊锋	数量经济学	李奇	77.92
20	100386102020413	王旭东	数量经济学	李奇	72.48
21	100386102020407	赵静	会计学	栾甫贵	69.88

（蔡梦）

【加入经济类专业学位综合能力考试改革试点院校】 5月，经教育部和经济类联考组考机构批准，学校成为包括中国人民大学、厦门大学（在职）、南开大学、吉林大学、湖南大学、中央财经大学、对外经济贸易大学、同济大学等高校在内的经济类专业学位综合能力考试改革试点院校之一。除应用统计外，学校经济类专业学位硕士研究生（金融硕士、税务硕士、国际商务硕士、保险硕士及资产评估专业硕士）入学考试初试科目均使用“396 经济类联考综合能力”替代“303 数学三”，考试内容和范围由数学扩大至数学、逻辑和写作等更多方面。加入经济类专业学位综合能力考试改革试点院校后，报考学校 2017 年金融硕士、税务硕士、国际商务硕士、保险硕士及资产评估硕士 5 个专业的考生总人数达到 716 人，较 2016 年的 368 人增长了 94.57%。

（蔡梦）

【召开 2016 年研究生招生工作总结暨 2017 年招生宣传工作会】 6月23日，研究生部召开“2016 年研究生招生工作总结暨 2017 年招生宣传工作会议”，副校长王文举出席了会议并做重要讲话，各院系主管研究生工作的副院长和研究生秘书参加了会议，会议由研究生部主任张军主持。会上，研究生部副主任刘玉梅对 2016 年招生录取工作中存在的问题、应对策略和工作思考进行了总结和分析，并在总结以往工作经验的基础上认真分析了 2017 年研究生招生的新形势和新挑战，制定了 2017 年学校研究生招生宣传工作方案。2016 年研究生招生办公室第一次对年度招生数据进行系统分析并形成《2016 年度研究生招生工作报告》，同时委托统计学院面向学校 2015 级硕士研究生新生进行问卷调查工作。通过对调查问卷结果的分析，了解新生相关需求，为学校研究生招生工作提供翔实的数据支持。

（蔡梦）

【参加全国硕士研究生招生咨询会】　6月—9月，研究生部参加了由教育部科技发展中心、中国教育和科研计算机网、中国教育在线承办的“2017年全国硕士研究生招生咨询会”，共参加南京师范大学、浙江理工大学、宁波诺丁汉大学、云南大学、江西财经大学、天津理工大学、湖南农业大学、太原理工大学、华中科技大学、西北民族大学、哈尔滨理工大学、郑州大学、华南师范大学、山东师范大学14场次的咨询会，免费发放招生宣传册8 000余份。

（蔡梦）

【走访学院调研研究生招生情况】　7月，研究生部副主任刘玉梅带领研究生招生办公室全体工作人员对全校15个研究生招生学院进行调研。各学院领导班子、研究生教学秘书、辅导员等参加了座谈交流。会上，刘玉梅副主任就招生计划分配、复试过程中甄别心理问题考生、推免生暑期夏令营的推广、开展本硕博连读项目等问题与各学院进行了深入交流。此次调研有利于招生办公室深入了解学院研究生招生面临的实际问题与需求，进一步提高了学校研究生招生工作的质量。

（蔡梦）

【在职人员攻读硕士专业学位(单证)研究生招生考试改革】　9月14日，教育部办公厅下发《关于2017年全国硕士研究生招生计划初步安排的通知》(教发厅〔2016〕7号)文件，明确指出：从2017年起，教育部会同国家发展改革委按全日制和非全日制两类分别编制和下达全国博士、硕士研究生招生计划。全日制和非全日制研究生考试招生依据国家统一要求，执行相同的政策和标准。根据以往在职人员攻读硕士专业学位的录取情况，经招生领导小组决定，学校2017年非全日制招生专业为工商管理硕士、公共管理硕士、旅游管理硕士、会计硕士、软件工程硕士、安全工程硕士。

（蔡梦）

【组织2017级统考硕士研究生入学考试】　10月—12月，2017级硕士研究生招生报名与考试工作逐步开展，报考人数达4 494人，其中，非全日制专业375人。12月24日—25日，“2017年全国硕士研究生统一入学考试”学校考点共设73个考场，2 155人参加了考试，其中含报考北京电子信息科技学院和长江商学院的199名考生。

（蔡梦）

【举行2017年校内研究生招生宣传咨询活动】　9月21日，学校2017年全国硕士研究生招生咨询会在博学楼前举行，校长助理戚聿东亲临现场指导工作，并亲切慰问各学院参加咨询活动的老师和同学。校内招生咨询日是学校历年来研究生招生宣传的一项重要活动，研究生部本着“服务考生、方便考生”的原则，组织学校各学院集中参加，选派熟悉业务的老师前来为考生解答疑难。另外，研究生部还制作了详细清楚的报考流程说明图，并免费发放2017年招生简章和2016年考研试题汇编。当天，研究生部、各学院、团委、教务处、学生处等部门均派出咨询人员，共计接待考生和家长咨询达到2 000余人次。同时，保卫处、校医院、后勤管理处也给予了大力的支持和保障。

（蔡梦）

【开展2017级博士研究生招生报名工作】　11月21日，学校2017级博士研究生招生简章正式公布，2017级博士研究生招生报名工作开始启动，这项工作持续至2017年2月10日。简章规定，学校2017年博士招生继续通过硕博连读、“申请—审核”制及普通招考3种方式进行，并对硕博连读的招生条件进行了修改，增加了“除导师外以第一作者公开发表论文”的要求。简章还完善了博士研究生招生“申请—审核”制实施办法，将博士招生“申请—审核”制和普通招考制合并进行，采用同时报名、合并复试的方式进行选拔，扩大了导师的自主权和选择权，有利于优秀学生脱颖而出。

（蔡梦）

研究生培养

【开展硕士研究生中期考核】　2016年，根据《首都经济贸易大学关于2015级硕士研究生中期考核工作的通知》的要求，各学院认真组织，本着全面、客观、公正的原则，对2015级硕士研究生进行中期考核。在各学院考核的基础上，学校坚持标准，严格审核，评选出57名中期考核优秀的研究生。

（王少华）

2015 级硕士研究生中期考核优秀人员名单

学院	学号	专业	姓名	考核结果
文化与传播学院	22015060513	媒介经营与管理	沈菁	优秀
	22015060511	媒介经营与管理	谢烨凤	优秀
工商管理学院	22015020071	企业管理	张文丽	优秀
	22015020072	企业管理	郝钱红	优秀
	22015020109	企业管理	刘欢	优秀
	22015020111	企业管理	武文静	优秀
	22015020084	企业管理	曹晓芳	优秀
	22015020099	企业管理	孟令尧	优秀
	22015020103	企业管理	李雪丹	优秀
	22015020112	企业管理	杨依含	优秀
统计学院	22015120931	统计学	林雷	优秀
法学院	22015100696	宪法学与行政法学	王欣	优秀
	22015100710	民商法学	李鹏志	优秀
	22015100716	经济法学	钱义	优秀
	22015100729	经济法学	沈晴文	优秀
	22015100730	经济法学	王玉琪	优秀
	22015100715	经济法学	刘燚	优秀
经济学院	22015030136	世界经济	刘瑶	优秀
	22015030144	国民经济学	王帅	优秀
	22015030147	国民经济学	赵啟麟	优秀
	22015030179	国际贸易学	韩涛	优秀
	22015030184	国际贸易学	宋喆	优秀
	22015030185	国际贸易学	刘雪	优秀
	22015030188	国际贸易学	张瑶琪	优秀
	22015030189	国际贸易学	司雨	优秀
	22015030199	数量经济学	陈斯	优秀
	22015030200	数量经济学	王喆	优秀
金融学院	22015110795	金融学	王舒敏	优秀
	22015110790	金融学	李一田	优秀
	22015110811	金融学	林聿静	优秀
	22015110815	金融学	朱小敏	优秀
	22015110813	金融学	高艺	优秀
	22015110812	金融学	王瑾	优秀
	22015110796	金融学	王婧	优秀

续表

学院	学号	专业	姓名	考核结果
劳动经济学院	22015050494	社会保障	袁梦	优秀
	22015050480	社会保障	范硕	优秀
	22015050478	社会保障	李娟	优秀
	22015050491	社会保障	郭淑婷	优秀
	22015050497	社会保障	薛晶予	优秀
	22015050486	社会保障	姚梦影	优秀
	22015050508	社会保障	高选艳	优秀
	22015050498	社会保障	吴小琴	优秀
	22015050423	人口学	周琳	优秀
	22015050425	人口学	赤新月	优秀
	22015050416	劳动经济学	李梽羽	优秀
	22015050405	劳动经济学	高凡	优秀
	22015050411	劳动经济学	郑朝阳	优秀
	22015050407	劳动经济学	付亚超	优秀
	22015050403	劳动经济学	卢孟珍	优秀
	22015050473	劳动关系	王艺	优秀
马克思主义学院	22015191077	思想政治教育	陈立萍	优秀
	22015191063	马克思主义基本原理	刘伟玉	优秀
	22015191068	马克思主义中国化研究	崔俊	优秀
国际经济管理学院	22015201079	数量经济学	夏晓佳	优秀
	22015201092	数量经济学	张泽皓	优秀
	22015201086	数量经济学	李劭琛	优秀
	22015201088	数量经济学	何侃芝	优秀

（王少华）

【开展硕博连读选拔】 根据教育部及国务院学位委员会有关文件的精神，为进一步提高研究生的培养质量，学校从2008级硕士研究生开始，实行硕博连读制度。对在学校已完成规定课程学习、成绩优秀、创新精神和科研能力突出的在学硕士，可以在不通过硕士学位申请过程和博士生入学考试的基础上实行硕博连读的培养模式，体现了硕士研究生和博士研究生培养过程的连续性、系统性和完整性。10月，在学校2015级硕士研究生中开展硕博连读选拔工作，经过本人申请、所报学院初审、研究生部审核等环节，共9人获得硕博连读资格。

（王少华）

2015级获得硕博连读资格的研究生名单

序号	姓名	申请专业	申请导师	考生类别
1	李雪亚	国际贸易学	郎丽华	硕博连读
2	王帅	国民经济学	周明生	硕博连读

续表

序号	姓名	申请专业	申请导师	考生类别
3	解萧语	产业经济学	祝合良	硕博连读
4	郭珺妍	金融学	王曼怡	硕博连读
5	滕宇帆	管理科学与工程	张军	硕博连读
6	陈国娇	管理科学与工程	姚翠友	硕博连读
7	曹晓芳	企业管理	柳学信	硕博连读
8	周行	会计学	汪平	硕博连读
9	姜晓文	会计学	崔也光	硕博连读

（王少华）

【开展研究生教育教学改革立项工作】 4月，学校组织开展2016年校级教学改革立项评审工作，经认真评审，共有11项研究生教育教学改革课题项目立项，其中，重点项目3项，一般项目8项。

（王少华）

2016年研究生教育教学改革立项项目一览表

序号	单位	项目名称	项目负责人	项目类型
1	工商管理学院	中美研究生淘汰分流机制比较研究	周永强	重点项目
2	劳动经济学院	情绪劳动在研究生教育中的作用研究——以研究生校院两级培养机制改革研究为基础	张杉杉	重点项目
3	研究生部	研究生课程教学评价体系构建——基于评价指标设计的角度	王少华	重点项目
4	会计学院	全日制专业学位硕士研究生的理论教育与实践能力的平衡实施——以MPACC会计专业硕士为例	段新生	一般项目
5	信息学院	软件工程专业学位研究生协同培养机制研究	卢山	一般项目
6	外语系	研究生外语教学中的跨文化能力培养机制	杨述伊	一般项目
7	安全与环境工程学院	研究生弹性学制改革及其在学校的应用	孙宝平	一般项目
8	工商管理学院	基于360°反馈视角的研究生课程教学评价机制与效用研究	高中华	一般项目
9	财政税务学院	税务专业学位硕士联合培养机制研究	包健	一般项目
10	经济学院	研究生中期考核指标量化研究及淘汰机制构建探索	沈少博	一般项目
11	劳动经济学院	研究生社会实践能力的培养研究——以社会保障专业为例	黎煦	一般项目

（王少华）

【开展研究生示范课程建设立项工作】 为进一步加强学校研究生课程建设，深化研究生课程教学改革，学校重点建设一批富有创新特色和示范效应的研究生示范课程，经专家评审，共确定立项项目10项。

（王少华）

2016 年研究生示范课程建设立项项目一览表

序号	学 院	课程负责人	课程名称
1	城市经济与公共管理学院	崔高鹏	教育学理论与前沿
2	工商管理学院	赵慧军	组织行为学
3	经济学院	王军	中级微观经济学
4	会计学院	段新生	MATLAB 财务建模与分析
5	劳动经济学院	徐斌	绩效与薪酬
6	劳动经济学院	张航空	多元统计与软件应用
7	安全与环境工程学院	李伟	工程数学
8	信息学院	陈炜	金融模型与方法
9	财政税务学院	王竞达	企业价值评估
10	金融学院	朱超	货币经济学

（王少华）

【开展专业学位硕士教育系列教材建设立项工作】 为进一步推进学校研究生教育改革与发展，促进专业学位研究生教育更好地适应经济社会发展对高层次应用型人才的需要，6 月，学校继续开展专业学位硕士教育系列教材建设工作。经专家评审，共确定立项项目 5 项。

（王少华）

2016 年专业学位硕士教育系列教材建设立项项目一览表

序号	学 院	申报人	教材名称	所在专业学位名称
1	劳动经济学院	黄琦	社会创业导论	社会工作专业硕士
2	信息学院	卢山	IOS 软件开发	软件工程硕士
3	法学院	周平	知识产权法原理与案例教程	法律硕士
4	统计学院	刘强	应用数理统计	应用统计硕士
5	金融学院	余颖丰	量化金融导论	金融硕士（量化金融）

（王少华）

【开展暑期学校课程】 聘请国外教授开设 18 门课程，全校 502 名研究生选修，占在校生总数的 18%，极大地促进了教学水平的国际化。

（王少华）

2016 年暑期学校课程设置状况一览表

序号	课程名称	教师姓名	学时
1	管理研究方法	Satya Chattopadhyay	32
2	Leadership and Change（领导力与变革）	Patrick C. Flood	16
3	Statistics in Financial Economics（金融经济统计）	Chuanshu Ji	32
4	行为与实验经济学	Christos A. Ioannou	32
5	Structural Equation Models（SEM 结构方程）	Fan Yang Wallentin	32
6	Big Data（大数据）	Chung – Ching Wang	32
7	Economics English（经济学学科英语）	吴丛生	32

续表

序号	课程名称	教师姓名	学时
8	综合英语:应用写作部分	David Onufrock	16
9	国际人力资源管理	Xuebing Cao	16
10	商业伦理学	RYU Keikoh	16
11	中国家庭、福利、社会政策	Weiguo Zhang	16
12	公共产品与公共选择:理论与实践	Jianbo Zhang	32
13	随机边界分析与应用	Hung - jen Wang	16
14	实质经济周期模型下之宏观经济动态、均衡与调控政策	Jang - Ting Guo	16
15	供应链管理	Sun Jiong	32
16	统计学习	刘西嘉	32
17	多准则决策模型	Pankaj Gupta	16
18	人力资源管理	Fang Lee Cooke	32

(王少华)

【大学英语四六级考试工作】 6月18日,学校组织637名研究生参加全国大学英语四六级考试。其中,四级报考28人,6人成绩425分以上,合格率20.6%;六级报考609人,183人成绩425分以上,合格率30.1%。12月17日,735名研究生报名参加全国大学英语四六级考试,四级报考28人,8人成绩425分以上,合格率28.6%;六级报考707人,179人成绩425分以上,合格率25.3%。

(石文鹏)

【同等学力申请硕士学位考试工作】 6月25日—26日,完成了2016年上半年同等学力申请硕士学位课考试工作,工商管理学院、会计学院、劳动经济学院、经济学院、信息学院、法学院、金融学院考生合计2 300人次参加考试。12月10日—11日,完成了2016年下半年同等学力申请硕士学位课考试工作,工商管理学院、会计学院、劳动经济学院、经济学院、信息学院、法学院、金融学院考生合计1 200人次参加考试。

(石文鹏)

【研究生毕业工作】 10月,学校开展2015级研究生提前毕业审核工作,经过严格的审核程序,共有25名同学获得提前毕业资格。2016年,学校共1 001名研究生毕业,其中,博士研究生38人,硕士研究生942人,留学生21人。

(刘秋丽)

【研究生产学研联合培养】 为落实北京市研究生教育创新工程,提升研究生实践能力和创新水平,2016年共有产学研联合培养基地27个,累积培养研究生193人。12月,经研究生部验收,27个产学研联合培养基地通过考核,其中,6个基地考核获得优秀。

(高晨)

2016年产学研联合培养研究生基地项目考核结果一览表

学院	基地项目名称	考核结果
统计学院	史丹索特(北京)信息技术有限公司统计学研究生培养基地	优秀
	北京华通人商用信息有限公司统计学研究生培养基地	合格
	京津冀开发区创新发展联盟研究生培养基地	合格
安全与环境工程学院	首都经济贸易大学与北京劳动保护科学研究所共建研究生产学研培养基地	合格
	首都经济贸易大学与北京城市系统工程研究中心共建产学研联合培养研究生基地	合格
	首都经济贸易大学与中国建筑一局(集团)有限公司共建研究生产学研培养基地	优秀

续表

学院	基地项目名称	考核结果
金融学院	首都经济贸易大学—渤海银行北京市分行产学研联合培养研究生基地	合格
	中国人寿保险股份有限公司北京市分公司产学研联合培养研究生基地	优秀
城市经济与公共管理学院	首都圈水资源与水生态安全基地	合格
	平安北京建设与综合治理创新研究基地	合格
经济学院	研究生联合培养中国社科院经济所科研实践基地	合格
	研究生联合培养北京市经济信息中心科研实践基地	合格
	北京纺织控股集团公司实践基地	优秀
工商管理学院	首都技术创新产学研研究中心	合格
	长城战略咨询产学研联合培养研究生基地	合格
	首都经济贸易大学工商管理学院研究生实践基地	合格
	工商管理学院市场营销系产学研基地	优秀
	世界级供应链节点规划设计研究中心	合格
	北京正信嘉和管理咨询有限责任公司首都经济贸易大学 MBA 产学研基地	合格
	中蓝国电科级(北京)有限公司首都经济贸易大学 MBA 产学研基地	合格
劳动经济学院	社会工作硕士研究生实务能力提升产学研基地	合格
财政税务学院	资产评估产学研联合研究生培养基地	优秀
	税务产学研联合研究生培养基地	合格
会计学院	德勤华永会计师事务所	合格
外国语学院	首都经济贸易大学国际化窗口建设研究服务基地	合格
文化与传播学院	北京市丰台区委宣传部	合格
	湖南广电集团	合格

（高晨）

【开展研究生科技创新项目】 2016 年,为加强研究生科研创新意识、创新思维和创新能力的培养,鼓励研究生选择创新性强及富有挑战性的基础研究或应用研究课题,造就拔尖创新人才,形成具有前瞻性、创新性、学术水平高的原创性成果,依据“首都经济贸易大学研究生科技创新资助项目管理办法”,经研究生自主报名、导师确认、院系审核、专家组评审等环节,321 个一般项目、76 个重点项目分别于 7 月开展结项考核工作,并给予了项目经费资助,其中,一般项目中 32 项优秀,289 项合格;重点项目中 7 项优秀,16 项合格,53 项不合格。经研究生自主报名、导师确认、学院及研究生部评审等环节,10 月,新立项 300 个一般项目、77 个重点项目。

（高晨）

【开展国内外联合培养项目】 2016 年,为拓宽学校研究生的国际视野,推进研究生培养的国际化进程,提升研究生教育竞争力和国际影响力,学校开展国内外联合培养研究生项目,主要以联合培养方式选派研究生到国外学习,进行学术交流以及从事科学研究等活动,共派出 41 名学生,并给予相应的经费资助。

（高晨）

2016 年首都经济贸易大学国内外联合培养人员名单

序号	姓名	申报国外学校	研究生类别	学生所属院系	专业
1	张惠	美国波士顿大学	硕士	城市经济与公共管理学院	土地资源管理
2	付佳	加拿大蒙特利尔大学	硕士	劳动经济学院	劳动经济学
3	李丛雪		硕士	劳动经济学院	劳动经济学
4	刘玲		硕士	劳动经济学院	劳动经济学
5	王德晓		硕士	劳动经济学院	人力资源与人才发展
6	雷梦		硕士	劳动经济学院	人力资源与人才发展
7	刘濡源		硕士	劳动经济学院	社会保障
8	袁璇	加州大学圣地亚哥分校	硕士	经济学院	产业经济学
9	田琳		硕士	经济学院	数量经济学
10	何洁阳		硕士	金融学院	金融
11	王悦		硕士	财政税务学院	财政学
12	徐天炯		硕士	经济学院	产业经济学
13	王子璐	乔治城大学	硕士	金融学院	金融学
14	袁玥		硕士	金融学院	金融学
15	魏彩虹		硕士	经济学院	国际商务
16	姬亚锋		硕士	法学院	宪法与行政法
17	吕牧		硕士	会计学院	会计学
18	袁小叶		硕士	会计学院	审计
19	梁婷婷		硕士	马克思主义学院	马克思主义中国化
20	闫妙思	日本专修大学	硕士	工商管理学院	企业管理
21	孙洁		硕士	工商管理学院	企业管理
22	吕佳蕊		硕士	工商管理学院	企业管理
23	闫瑾	瑞典林奈大学	硕士	信息学院	产业经济学
24	原锦凤		硕士	经济学院	产业经济学
25	姚慧君		硕士	经济学院	产业经济学
26	张然	法国第戎商学院	硕士	经济学院	国际贸易学
27	黄湏		硕士	经济学院	国际商务
28	宋仕豪	法国克莱蒙费朗商学院	硕士	经济学院	国民经济学
29	韩洁		硕士	经济学院	国际商务
30	李岩	德国富特旺根应用科学大学	硕士	经济学院	产业经济学
31	赵鲁月		硕士	经济学院	产业经济学
32	苏日娜		硕士	经济学院	国际商务

续表

序号	姓名	申报国外学校	研究生类别	学生所属院系	专业
33	王晨	法国克莱蒙费朗商学院	硕士	经济学院	国际贸易学
34	刘晓洁		硕士	国际经济管理学院	数量经济学
35	吴雪莹		硕士	工商管理学院	企业管理
36	杜博		硕士	经济学院	国际贸易学
37	雷昊	新西兰坎特伯雷大学	硕士	财政税务学院	资产评估
38	李颖	日本专修大学	博士	工商管理学院	技术经济及管理
39	李博	中国台湾政治大学	博士	会计学院	会计学
40	陈海霞	斯克兰顿大学	博士	工商管理学院	企业管理
41	周玮	美国天普大学	硕士	法学院	经济法学

【开展霍普金斯项目】 霍普金斯项目自1986年以来已经连续招收来自中国、美国和其他国家的2 000多名学生以优秀的成绩从本项目结业。2016年，该项目继续面向学校研究生招生，3月，研究生部举办了初试，11位学生从众多的报名学生中脱颖而出，顺利进入5月份举办的复试环节，最终3名同学荣获进入“中心”学习的机会。在“中心”学习期间，研究生部给予每人4 000元的资助。

（高晨）

2016年霍普金斯项目获批人员名单

序号	姓 名	学　号	类别	院　系	专　业
1	孙园	22015020073	学硕	工商管理学院	企业管理
2	刘竞予	22015100731	学硕	法学院	国际法学
3	宁心源	22015030151	学硕	经济学院	国民经济学

（高晨）

【组织研究生参加数学建模竞赛】 全国研究生数学建模竞赛是“全国研究生创新实践系列活动”主题赛事之一，是一项面向全国研究生数学建模应用研究的学术竞赛活动，是广大在校研究生提高创新实践能力和团队意识的培育平台。2016年“华为杯”第十三届全国研究生数学建模竞赛由重庆大学承办，本届比赛，学校3支参赛队伍获得二等奖，4支队伍获得三等奖，15支队伍获得成功参赛奖。

（高晨）

2016年研究生数学建模获奖名单

序号	队长	学院	队员1	队员2	获奖
1	高寒	统计学院	张丽影	陈敬	二等奖
2	陆亚晨	经济学院	黄璐	蓝天意	二等奖
3	王浩童	信息学院	李丹丹	郑元庆	二等奖
4	刘慧	经济学院	余静芸	齐钰	三等奖
5	陶龙娇	会计学院	王欣	李嘉欢	三等奖
6	郑可馨	经济学院	侯伟凤	王慧强	三等奖

续表

序号	队长	学院	队员 1	队员 2	获奖
7	马姗子	工商管理学院	郭溢华	马莉萍	三等奖
8	兰宁	国际经济管理学院	陈晓慧	陈卉林	成功参与奖
9	李庆章	金融学院	梁潇	代雨桐	成功参与奖
10	宋培涵	统计学院	李宁宁	陆海洋	成功参与奖
11	春雨童	信息学院	马志珩	张晓琪	成功参与奖
12	许晶晶	经济学院	陈思嘉	刘莹	成功参与奖
13	王一名	经济学院	黄琴棋	曹明新	成功参与奖
14	夏静	经济学院	谢田田	王玉莹	成功参与奖
15	王健	统计学院	赵尉景	包敏	成功参与奖
16	鲍鑫	统计学院	闫晓	王丽	成功参与奖
17	江薇	统计学院	胡嘉	米雪薇	成功参与奖
18	冯美琪	信息学院	刘胜男	崔亚群	成功参与奖
19	侯小培	信息学院	万全	陈敏杰	成功参与奖
20	陈晓婷	统计学院	王媛	刘露露	成功参与奖
21	李一鸣	经济学院	宋海涵	刘传伟	成功参与奖
22	程子珍	信息学院	王金浩	郝悦	成功参与奖

（高晨）

【开展学术新人计划】 为提高学校博士生培养质量，加强拔尖创新人才的培养，鼓励科学探索，培育学术新人，依据《首都经济贸易大学校级学术新人计划管理办法》，10 月，学校开展了 2015—2017 年项目中期和 2014—2016 年项目结项考核工作，经过专家组评审答辩，通过考核的项目开始拔付项目经费。

（高晨）

2015—2017 年学术新人计划中期考核通过名单

序号	姓名	学号	学院	专业	指导老师
1	张任之	12016010010	工商管理学院	企业管理	戚聿东
2	赵海珠	12014050045	劳动经济学院	劳动经济学	朱俊生
3	刘贝妮	12014050048	劳动经济学院	人力资源开发与人才发展	杨河清
4	徐齐利	12016010030	经济学院	数量经济学	王文举

2014—2016 年学术新人计划结项考核通过名单

序号	姓名	学号	学院	专业	指导老师
1	朱志胜	12014050044	劳动经济学院	劳动经济学	纪韶
2	王莹莹	12014050046	劳动经济学院	劳动经济学	童玉芬
3	王欣	12014050043	劳动经济学院	劳动经济学	杨河清

研究生学位

【学校学位评定委员会会议】　6月23日，学校学位评定委员会召开会议，会议审议决定授予李磊等36人博士学位；授予张策等1 093人硕士学位（学术硕士502人，专业硕士448人，同等学力143人）；授予郑可馨等2 597人学士学位（统招本科2 405人、成人本科165人、来华留学生27人）；审议通过2016届优秀硕士学位论文名单，决定授予邵培等48人优秀硕士学位论文荣誉称号；审议通过徐昕等18人获得学术硕士研究生导师资格；审议通过陈奉先等18人获得专业硕士研究生导师资格；审议通过2016年度导师考核评优名单，决定授予王德起等47人优秀研究生导师称号。9月23日，宋涛、胡颖两名同学公开发表论文达到要求，补授宋涛、胡颖博士学位；补授黄超等10名同学硕士学位（学术硕士1人，专业硕士5人，同等学力4人）。10月19日，补授李春森等50名同学学士学位；11月28日，补授陈凌浩学士学位。

（杨晓蕾）

【研究生学位论文不端行为筛查】　2016年，学校继续与同方知网软件公司合作，使用“学位论文学术不端行为检测系统”对2016届研究生学位论文进行防止学术不端行为筛查，具体情况为：博士共49人，其中，合格47人、不合格2人；学术硕士共513人，其中，合格512人、不合格1人；专业硕士共475人，其中，合格462人、不合格13人；同等学力共169人，其中，合格157人，不合格12人。研究生部在学生论文撰写初期邀请知网专家对学生毕业论文写作规范与学术道德进行专题教育。从筛查结果来看，研究生在论文写作规范和学术道德的自律意识方面不断增强，同时也使学校的学术环境得到进一步净化。

（杨晓蕾）

【学位论文双盲评审】　为了提高学校研究生学位论文的写作质量及学术水平，2016年，学位办公室组织了研究生学位论文校外匿名评审工作。博士共47人/篇，其中，合格41人/篇、不合格6人/篇；学术硕士共512人/篇，其中，合格505人/篇、不合格7人/篇；专业硕士共462人/篇，其中，合格455人/篇、不合格7人/篇；同等学力共157人/篇，其中，合格151人/篇、不合格6人/篇。

（杨晓蕾）

【优秀硕士学位论文】　2016年，学校共有48篇硕士学位论文获奖。

（杨晓蕾）

2016届（年）优秀硕士学位论文名单

序号	姓名	学院	专业	论文题目	指导教师
1	邵培	城市经济与公共管理学院	行政管理	第三检测机构在我国食品安全监管体制中的角色职能研究	刘智勇
2	王会娥	城市经济与公共管理学院	城市经济与战略管理	新型城镇化背景下的农村居民点布局优化研究	王琳霖
3	段非	城市经济与公共管理学院	公共管理	基层人民政协参与社会治理的实践与措施研究	王德起
4	张丽亚	城市经济与公共管理学院	土地资源管理	碳平衡目标下北京市土地利用结构优化研究	彭文英
5	吴亚楠	工商管理学院	企业管理	家族上市公司终极股东掏空与支持行为转换区间测度	高闯
6	潘阳	工商管理学院	企业管理	基于工作要求—资源模型的企业研发人员离职意愿研究	吴冬梅
7	王悦	工商管理学院	旅游管理	旅游目的地官方网站对旅游决策的影响研究	蔡红 李佳

续表

序号	姓名	学院	专业	论文题目	指导教师
8	王宇	工商管理学院	工商管理	Y 集团组织变革设计研究	宋克勤
9	郭晋花	工商管理学院	工商管理	经济新常态下煤炭企业去杠杆研究——以JCK 公司为例	张学平
10	钱兵	工商管理学院	工商管理	红星美凯龙社区精准营销策略研究——以抚顺红星美凯龙为例	陈立平
11	李茜	工商管理学院	工商管理	私募股权基金投资项目的价值评估研究——以 A 投资项目为例	赵天燕
12	胡晓凤	经济学院	国际商务	中国高新技术产品出口的影响因素分析	张连城 孙尧
13	谢超	经济学院	政治经济学	资本主义技术创新与资本积累长波	沈宏亮
14	陆伟军	经济学院	西方经济学	对中国人口老龄化与住房价格相关性的实证研究	辛宪
15	孟泽	经济学院	数量经济学	我国股指期货价格发现及影响因素的实证研究	田新民
16	董博	经济学院	国民经济学	汇率制度与货币错配问题研究——以中国和印度为例	李婧
17	冯大同	经济学院	产业经济学	服务品牌创建的微观经济分析及路径研究	祝合良
18	韩乐	经济学院	国民经济学	Impact of Discretionary Monetary Policy on Inflation Case Study of Madagascar 1994—2015	李婧
19	龚润泽	经济学院	数量经济学	我国分级基金波动性及决定因素实证研究	陈江
20	胡晓丹	会计学院	会计	签字注册会计师个人特征与审计质量	于鹏
21	段彩艳	会计学院	会计	业务伙伴集中度、股权性质与企业绩效	王海林
22	刘婕	会计学院	会计学	研发投入与企业价值相关性研究	崔也光
23	张宁	会计学院	会计学	套期保值会计问题研究	刘文辉
24	赵志卜	会计学院	会计学	新国际租赁准则及对我国租赁市场的影响	李百兴
25	毕洁	会计学院	会计学	基于碳排放价值链的企业绩效评价体系研究	闫华红
26	张烨	会计学院	审计	基于标准化视角的事务所品牌建设研究	顾奋玲
27	郭祎	会计学院	审计	会计师事务所实施函证程序存在的问题及其改进建议	陈郡
28	王萌	劳动经济学院	社会保障	家庭结构对城镇老年人养老需求的影响研究	黎煦
29	胡勇	劳动经济学院	劳动经济学	北京市产业结构变动与劳动力流动互相影响研究	纪韶

续表

序号	姓名	学院	专业	论文题目	指导教师
30	邱杨	劳动经济学院	人口、资源与环境经济学	首都圈人口空间分布特征及其差异比较研究	童玉芬
31	胡晓婷	劳动经济学院	社会工作	乡约制度与农村自治	侯俊丹
32	刘华	劳动经济学院	劳动经济学	同胞数量与教育获得的性别差异研究	黎煦
33	何贵敏	信息学院	管理科学与工程	突发公共事件微博舆情演化机理的计算机仿真研究	姚翠友
34	张艺凡	安全与环境工程学院	安全科学与工程	人为、环境因素影响下城市轨道交通单线运营风险评估研究	毛海峰 陈文瑛
35	田菁芳	财政税务学院	财政学	我国区域基本公共服务差距及均等化政策研究	姚东旭
36	王敬琦	财政税务学院	资产评估	弱周期性行业估值中 Beta 系数特征及其估算研究	赵仑
37	樊丽卓	财政税务学院	税务	我国房产税的收入分配效应实证研究	何辉
38	王燕燕	法学院	经济法学	税法上的债务加入制度研究	周序中
39	黄诗怡	法学院	民商法学	我国股权众筹投资者保护法律机制研究	米新丽
40	徐弘毅	法学院	法学理论	法律的不确定性及其克服研究	李晓安
41	陈颖奇	法学院	法律（法学）	论冷冻胚胎的法律归属	米新丽
42	李会敏	金融学院	金融学	北京市商业养老保险发展潜力评价研究	张小红
43	顾书铭	金融学院	金融学	我国中小板 IPO 抑价研究	龙菊
44	王丹	金融学院	金融学	我国保险业中长期发展轨迹研究	雒庆举
45	王玉清	金融学院	金融	香港离岸中心的发展对境内货币政策影响研究	唐伟霞
46	张楠	金融学院	保险	四子王旗城乡居民养老保险满意度调查报告	雒庆举
47	石乐	外国语学院	外国语言学及应用语言学	Ups and Downs: A Hundred Year's Translation of Byron's "*The Isles of Greece*" in China	朱安博
48	王时丹	马克思主义学院	马克思主义中国化	中国共产党文化建设的历史考察	王文鸾

（杨晓蕾）

【学位论文抽检】　2016 年，北京市教育督导委员会对 2014—2015 学年度北京地区硕士学位论文进行了随机抽检，学校共 33 篇硕士学位论文被抽检，其中 32 篇论文评议结果为通过，1 篇论文有两位专家评议结果为不合格。国务院教育督导委员会办公室对 2013—2014 学年度全国授予博士学位的论文进行了随机抽检，学校共 2 篇博士学位论文被抽检，评议结果均为“不存在问题学位论文”。

（杨晓蕾）

【导师考核遴选】 2016 年,学校建立了导师考核和新遴选导师培训制度,完成 397 名校内导师和 287 名校外导师的年度考核以及 18 名新增导师的培训工作。考核中,47 人获得优秀研究生导师荣誉称号,3 人不合格,1 人连续两年不合格,经学位评定委员会讨论取消其导师资格。

(杨晓蕾)

2016 年度优秀研究生导师名单

序号	学院	姓名
1	城市经济与公共管理学院	王德起　王霖琳　刘智勇　彭文英
2	工商管理学院	吴冬梅　蔡红　陈立平　范合君
3	经济学院	李婧　廖明球　刘宏　王少国　王文举　祝合良　董烨然
4	会计学院	马元驹　蔡立新　杨世忠　闫华红
5	劳动经济学院	纪韶　黎煦　童玉芬　肖周燕　杨河清
6	文化与传播学院	郭媛媛
7	信息学院	马慧　姚翠友　张军
8	安全与环境工程学院	吕淑然　马峻　杨玲
9	财政税务学院	何辉　姚东旭　赵琼
10	法学院	焦志勇　张世君
11	金融学院	朱超　张小红　高英杰
12	统计学院	刘强　郭文英　刘黎明
13	外国语学院	高秋萍
14	马克思主义学院	刘冠军
15	国际经济管理学院	李鲲鹏　尚英　林蔚

【同等学力人员硕士学位授予情况】 2016 年,学校同等学力人员符合学位授予条件申请硕士学位人员 173 人,授予硕士学位 147 人。

(杨晓蕾)

研究生事务管理

【举行 2016 届研究生毕业典礼暨学位授予仪式】 6 月 24 日,学校 2016 届研究生毕业典礼暨学位授予仪式在校本部体育馆举行。校党委书记柯文进,校长王稼琼,校党委副书记孙善学,纪委书记杨世忠,副校长王文举、丁立宏、王传生、徐芳,校长助理戚聿东、崔也光及各学院领导、负责老师、毕业班班主任及博士、硕士研究生毕业生参加了典礼。毕业典礼由孙善学主持。校党委书记柯文进宣读了首都经济贸易大学学位评定委员会授予毕业研究生博士学位、硕士学位的决议,副校长王文举宣读了 2016 届"北京市优秀毕业生"的表彰决定,副校长丁立宏为 2016 届校友联络员代表武照人同学颁发了聘书,会计学院刘婕同学作为 2016 届研究生毕业生代表发言,劳动经济学院院长冯喜良教授作为导师代表为 2016 届研究生毕业生送上了祝福,校长王稼琼向 2016 届毕业研究生致毕业贺辞。最后,校长王稼琼为获得博士学位的研究生进行学位授予仪式,各学院分别为硕士毕业生举行了学位授予仪式。

(刘秋丽)

【举行 2016 级研究生新生开学典礼】 9 月 7 日上午 10 点,2016 级研究生开学典礼在学校体育馆举行。校党委书记冯培,校党委副书记孙善学,纪委书记杨世忠,副校长王传生,校党委副书记朱玉华,副校长孙昊哲,校长助理戚聿东、崔也光及各学院相关负责人,部分研究生导师和全体 2016 级研究生参加开学典礼。典礼由孙善学主持。校党委书记冯培致辞欢迎2016级研究生，导师代表财政税务学院姚东旭教授发言，经济学院2015级研究生司雨同学代表在校研究生发言，劳动经济学院2016级硕士研究生胡雪同学代表新生发言。

（刘秋丽）

【开展研究生入学教育系列活动】 开学第一周，为引导新生尽快适应研究生期间的学习和生活，尽早规划自身的职业生涯，更好地开启新的学习生活和科研工作，更有效地利用学校提供的各类资源，营造积极向上、和谐温馨、学风浓郁的校园氛围，根据《首都经济贸易大学2016级研究生新生入学教育实施方案》，从开学典礼开始，研究生工作部协同各学院，通过"校史校情教育""理想信念教育""政策制度解读""学术道德及学风教育""心理健康教育""新生入学适应"六个模块，组织开展了内容丰富、务实的研究生新生入学第一课活动。研究生工作部邀请研究生部领导、老师为全体2016级新生进行了研究生系统使用培训、科研项目介绍、奖助体系介绍等。除此之外，还特别邀请城市经济与公共管理学院党总支书记王德起教授，劳动经济学院纪韶教授、朱俊生教授，图书馆副馆长张桂岩老师，为全体2016级研究生新生进行了"学术道德""学术生涯规划""科研规划"等方面的讲解与指导。

（刘秋丽）

【实施研究生助教、助研、助管制度】 2016年，为提高学校研究生参与学校管理、教学、科研的积极性，增强研究生自教自管和实践创新能力，发挥研究机构和导师参与人才培养的作用，依据《首都经济贸易大学研究生助教、助研、助管工作管理办法》的要求，研究生工作部分别于3月和6月开展了两期研究生"三助"岗位聘用工作，共聘任助教岗位191人次，助研岗位296人次，助管岗位264人次。

（刘秋丽）

【开展研究生干部培训】 11月18日—20日，以长征胜利80周年为契机，精心安排、组织研究生干部培训。共有来自14个院系的60名研究生干部参与。通过重走长征路、素质拓展、再忆长征展示、打靶体验环节，使研究生在实践中学习、传承长征精神，并运用到未来的学习工作中。

（高晨）

【开展综合素质提升系列活动】 4月—6月，学校开展"我和我的导师"微征文活动，收到各学院学生稿件40篇，体现了学校良好的师生关系，最后，根据教师与学生评审、投票，最终确定8个作品获奖。活动通过线上与线下相结合的方式，扩大了宣传效果和影响力。

（高晨）

【开展博士生素质拓展活动】 4月16日—17日，2015级博士生赴北京市怀柔区开展了春季素质拓展活动。9月24日—25日，2016级博士生赴北京市平谷区开展了秋季素质拓展活动。

（高晨）

【组织形势与政策报告】 4月20日晚，研究生工作部邀请国外问题专家、军事专家陈思就当前南海形势特点和发展趋势做了主题报告。研究生工作部副部长孟毅芳以及学校40余名硕士、博士及青年教师参加了此次报告。

（高晨）

【组织开展2016届北京市优秀毕业生评选工作】 2016年，为进一步完善大学生思想政治教育与毕业生就业相结合的工作机制，鼓励研究生积极进取，引导高校毕业生树立正确的就业观和成才观，根据北京市教委《关于进一步做好北京市普通高等学校优秀毕业生评选工作的意见》（京教学〔2012〕1号）和《首都经济贸易大学遴选推荐北京市普通高等学校优秀毕业生实施办法》等文件的要求，学校于5月20日组织开展了2016届北京市优秀毕业生评选工作，经学生申报、学院初审、研究生工作部复审等环节，共49名研究生获北京市优秀毕业生称号。

（高晨）

2016届研究生优秀毕业生名单

序号	姓名	性别	民族	学历	学位	专业
1	李杰	男	汉	研究生	博士	管理科学与工程
2	张晓丽	女	汉	研究生	博士	财政学

续表

序号	姓名	性别	民族	学历	学位	专业
3	丁雪峰	男	汉	研究生	博士	人力资源开发与人才发展
4	王婧婧	女	汉	研究生	硕士	法律硕士(法学)
5	叶呈嫣	女	汉	研究生	硕士	民商法学
6	黄建生	男	汉	研究生	硕士	经济法学
7	曹骏飞	男	汉	研究生	硕士	金融学
8	刘果果	女	汉	研究生	硕士	金融
9	田晴	女	汉	研究生	硕士	保险
10	徐聪	男	汉	研究生	硕士	金融
11	薛路遥	女	汉	研究生	硕士	金融学
12	游蕊	女	汉	研究生	硕士	金融学
13	杜博	男	汉	研究生	硕士	企业管理
14	叶胜然	女	汉	研究生	硕士	企业管理
15	于文强	男	汉	研究生	硕士	企业管理
16	刘杰	女	汉	研究生	硕士	数量经济学
17	宋泽龙	男	汉	研究生	硕士	西方经济学
18	唐梦	女	汉	研究生	硕士	数量经济学
19	张琳琳	女	汉	研究生	硕士	产业经济学
20	张莹	女	汉	研究生	硕士	产业经济学
21	袁旭菲	女	汉	研究生	硕士	国际商务
22	师磊	男	汉	研究生	硕士	国际商务
23	丁爽斯	男	汉	研究生	硕士	应用统计
24	马仙	女	汉	研究生	硕士	会计学
25	兰京	女	汉	研究生	硕士	会计学
26	高爽	女	汉	研究生	硕士	会计学
27	刘婕	女	汉	研究生	硕士	会计
28	张宁	女	汉	研究生	硕士	会计
29	毕洁	女	汉	研究生	硕士	会计
30	刘昆	男	汉	研究生	硕士	审计
31	张帆	女	汉	研究生	硕士	劳动经济学
32	柴静	女	汉	研究生	硕士	劳动关系
33	张琳	女	汉	研究生	硕士	社会保障
34	贾曼丽	女	汉	研究生	硕士	人口学

续表

序号	姓名	性别	民族	学历	学位	专业
35	石郑	男	汉	研究生	硕士	人口学
36	张艺凡	女	汉	研究生	硕士	安全科学与工程
37	黄有波	男	汉	研究生	硕士	安全工程
38	张涛	男	汉	研究生	硕士	安全科学与工程
39	武照人	男	汉	研究生	硕士	城市经济与战略管理
40	肖福军	男	汉	研究生	硕士	教育经济管理
41	肖留阳	女	汉	研究生	硕士	区域经济学
42	葛梦瑶	女	汉	研究生	硕士	管理科学与工程
43	徐云云	女	汉	研究生	硕士	外国语言学及应用语言学
44	张倩	女	汉	硕士	法学	思想政治教育
45	莫旋	男	汉	硕士	硕士	工商管理硕(MBA)
46	罗金柱	男	汉	硕士	硕士	工商管理硕(MBA)
47	周千里	男	汉	研究生	硕士	资产评估
48	陈江山	男	汉	研究生	硕士	税务
49	郜明忠	男	汉	研究生	硕士	资产评估

（刘秋丽）

【组织开展研究生评奖评优工作】 2016 年，为激励学校研究生勤奋学习、潜心科研、勇于创新、积极进取、全面发展，根据《关于开展 2016 年研究生国家奖学金评选工作的通知》、《关于开展 2016 年度研究生学业奖学金评审工作的通知》及《关于评选 2016 年度研究生优秀学生干部的通知》等文件的要求，研究生部按照公开、公平、公正的原则，认真组织开展了 2016 年度研究生评奖、评优工作。经学生自主申报、学院初评、研究生工作部复评等环节，共评选出 10 名博士和 59 名硕士获得研究生国家奖学金；297 人获得研究生学业奖学金一等奖，479 人获得研究生学业奖学金二等奖，497 人获得研究生学业奖学金三等奖；134 人荣获“研究生优秀学生干部”称号。

（刘秋丽）

2016 年研究生国家奖学金获奖人员名单

序号	姓名	学院	专业	类别	学号
1	朱志胜	劳动经济学院	人力资源开发与人才发展	博士	12014050044
2	王春雪	安全与环境工程学院	管理科学与工程	博士	12015010054
3	康蕊	劳动经济学院	劳动经济学	博士	12015010047
4	王静文	劳动经济学院	劳动经济学	博士	12015010046
5	王欣	劳动经济学院	劳动经济学	博士	12014050043
6	王莹莹	劳动经济学院	劳动经济学	博士	12014050046

续表

序号	姓名	学院	专业	类别	学号
7	刘贝妮	劳动经济学院	人力资源开发与人才发展	博士	12014050048
8	唐玮	会计学院	会计学	博士	12014040034
9	赵海珠	劳动经济学院	劳动经济学	博士	12014050045
10	肖旭	工商管理学院	企业管理	博士	12014020008
11	冯满	财政税务学院	财政学	硕士	22014090605
12	张晶	财政税务学院	财政学	硕士	22015090624
13	郭明明	财政税务学院	税务	硕士	22015090643
14	马铁芳	财政税务学院	资产评估	硕士	22015090670
15	李胡扬	工商管理学院	企业管理	硕士	22014020132
16	吕雨露	工商管理学院	企业管理	硕士	22014020127
17	王超	工商管理学院	企业管理	硕士	22014020141
18	许爽	工商管理学院	企业管理	硕士	22014020144
19	李晨	工商管理学院	MBA	硕士	22015181061
20	郭谦	工商管理学院	企业管理	硕士	22014020135
21	袁从伦	国际经济管理学院	数量经济学	硕士	22014201004
22	刘建新	金融学院	金融学	硕士	22014110751
23	赵婕伶	金融学院	金融学	硕士	22014110752
24	郑月蔚	金融学院	金融	硕士	22015110869
25	樊若琛	金融学院	金融学	硕士	22015110805
26	蒋静芳	金融学院	金融学	硕士	22014110749
27	荀济帆	金融学院	金融	硕士	22015110864
28	郭珺妍	金融学院	金融学	硕士	22015110810
29	邓阳	经济学院	产业经济学	硕士	22014030217
30	孙樱偲	经济学院	西方经济学	硕士	22014030184
31	张然	经济学院	国际贸易学	硕士	22014030231
32	陈斯	经济学院	数量经济学	硕士	22015030199
33	周珺	经济学院	产业经济学	硕士	22014030214
34	楚珊珊	经济学院	西方经济学	硕士	22015030129

续表

序号	姓名	学院	专业	类别	学号
35	崔时雨	经济学院	产业经济学	硕士	22015030172
36	张鹏	统计学院	统计学	硕士	22014120869
37	李重勋	统计学院	应用统计	硕士	22015120924
38	王赟	信息学院	管理科学与工程	硕士	22015070548
39	张 炯	信息学院	产业经济学	硕士	22014070539
40	张一鸣	信息学院	软件工程	硕士	22015070526
41	谢东虹	劳动经济学院	劳动经济学	硕士	22014050447
42	赵丽红	劳动经济学院	劳动经济学	硕士	22014050456
43	王荣明	劳动经济学院	劳动经济学	硕士	22014050450
44	丁雯雯	劳动经济学院	劳动经济学	硕士	22014050443
45	孙姣	劳动经济学院	劳动经济学	硕士	22014050449
46	张强	劳动经济学院	人口学	硕士	22014050473
47	杨瑞	劳动经济学院	劳动经济学	硕士	22014050454
48	孙慧	外国语学院	外国语言学及应用语言学	硕士	22014130874
49	钟佩佩	外国语学院	翻译硕士	硕士	22015130950
50	白翔宇	马克思主义学院	马克思主义基本原理	硕士	22014190988
51	李斌	会计学院	会计学	硕士	22014040329
52	王垒垒	会计学院	会计学	硕士	22014040338
53	王一冉	会计学院	会计学	硕士	22014040362
54	黄颖	会计学院	会计学	硕士	22015040322
55	李燕茹	会计学院	会计学	硕士	22015040319
56	赵雨彤	会计学院	会计专硕	硕士	22015040393
57	邵应倩	会计学院	会计学	硕士	22015040316
58	卫梦婉	城市经济与公共管理学院	区域经济学	硕士	22014010006
59	戴劲	城市经济与公共管理学院	土地资源管理	硕士	22014010048
60	马思瀛	城市经济与公共管理学院	土地资源管理	硕士	22015010051
61	张惠	城市经济与公共管理学院	土地资源管理	硕士	22014010051
62	王宇光	城市经济与公共管理学院	区域经济学	硕士	22014010009
63	郭丹彤	安全与环境工程学院	安全科学与工程	硕士	22014080579
64	朱华蓉	安全与环境工程学院	劳动卫生与环境卫生学	硕士	22014080570

续表

序号	姓名	学院	专业	类别	学号
65	马子超	安全与环境工程学院	安全工程	硕士	22015080594
66	陈名利	法学院	宪法学与行政法学专业	硕士	22014100671
67	孙栋汉	法学院	法学理论专业	硕士	22014100666
68	石家男	法学院	法律硕士专业	硕士	22015100759
69	李倩楠	法学院	民商法学专业	硕士	22015100712

（刘秋丽）

2016 年研究生优秀学生干部名单

序号	姓名	年级	学院	专业	职务
1	杨荣星	2015	工商管理学院	工商管理硕士	集中班班长
2	孟阳	2015	工商管理学院	工商管理硕士	脱产班生活委员
3	王海龙	2015	工商管理学院	工商管理硕士	周末班文体委员
4	杜筱倩	2015	工商管理学院	工商管理硕士	联合会秘书长
5	孙平	2015	工商管理学院	工商管理硕士	联合会副主席
6	原旭峰	2015	工商管理学院	工商管理硕士	联合会副主席
7	陈昭润	2015	工商管理学院	工商管理硕士	联合会副主席
8	吕雨露	2014	工商管理学院	企业管理	院研会主席；班长
9	许爽	2014	工商管理学院	企业管理	院研会副主席
10	程艳伟	2014	工商管理学院	企业管理	团支部宣传委员
11	闫盼盼	2015	工商管理学院	企业管理	班长
12	杨依含	2015	工商管理学院	企业管理	院研会宣传部部长；学习委员
13	张梦蝶	2015	工商管理学院	企业管理	院研会文体部部长
14	张伊影	2015	工商管理学院	企业管理	院研会学术实践部部长
15	冯满	2014	财政税务学院	财政学	班长
16	郭腾	2015	财政税务学院	资产评估	班长
17	李苗苗	2015	财政税务学院	财政学	班长
18	徐煊琦	2015	财政税务学院	资产评估	研究生党支部书记
19	贾祎漪	2015	财政税务学院	税务	班长、院研究生会主席
20	穆亚杰	2015	财政税务学院	财政学	团支书
21	刘宇	2014	经济学院	政治经济学	2014 级政经班班长

续表

序号	姓名	年级	学院	专业	职务
22	马芳	2014	经济学院	西方经济学	2014 级团支部书记
23	马伦伦	2014	经济学院	西方经济学	2014 级西经班班长
24	周珺	2014	经济学院	产业经济学	2014 级产经班班长
25	邓阳	2014	经济学院	产业经济学	2014 级党支部书记
26	邱雨可	2014	经济学院	国际贸易学	院研究生会主席
27	刘紫雄	2014	经济学院	数量经济学	2014 级数量班班长
28	白天	2014	经济学院	数量经济学	2014 级团支部宣委
29	楚珊珊	2015	经济学院	西方经济学	2015 级党支部宣委
30	乔晶	2015	经济学院	西方经济学	2015 级西经班班长
31	江秀秀	2015	经济学院	世界经济	2015 级党支部组委
32	王帅	2015	经济学院	国民经济学	2015 级国民班班长
33	张妍	2015	经济学院	国民经济学	院研会实践部部长
34	张亚琦	2015	经济学院	产业经济学	2015 级党支部书记
35	徐盼	2015	经济学院	产业经济学	2015 级产经班班长
36	周欣博	2015	经济学院	国际商务	院研会学术部部长
37	刘洪	2015	经济学院	国际商务	2015 级团支部书记
38	耿世英	2015	经济学院	国际商务	2015 级国商班班长
39	于戈	2014	金融学院	金融学	2014 级学术硕士党支部书记
40	赵荣	2014	金融学院	金融学	2014 级学术硕士班团支书
41	岳鹏鹏	2014	金融学院	金融学	2014 级学术硕士班原班长
42	罗琦	2014	金融学院	金融学	2014 级学术硕士班班长
43	樊若琛	2015	金融学院	金融学	2015 级学术硕士党支部书记
44	穆瑶	2015	金融学院	金融学	2015 级学术硕士党支部组织委员
45	郭珺妍	2015	金融学院	金融学	2015 级学术硕士班班长
46	龙云飞	2015	金融学院	金融	2015 级专业硕士党支部书记
47	董冬	2015	金融学院	保险	2015 级专业硕士班班长
48	张晨	2015	金融学院	金融	院研究生会文体部部长
49	董红建	2015	金融学院	保险	2015 级专业硕士班团支书
50	曹锐	2015	金融学院	金融	2015 级专业硕士班班长

续表

序号	姓名	年级	学院	专业	职务
51	李静静	2014	马克思主义学院	思想政治教育	学习委员、院研会学术部部长
52	郭明睿	2015	马克思主义学院	马克思主义基本原理	班长
53	徐银鹭	2014	劳动经济学院	社会保障	班长
54	楼婷慧	2014	劳动经济学院	社会保障	团支书
55	甘罗娜	2014	劳动经济学院	人口、人资环	班长
56	徐太辉	2014	劳动经济学院	劳动经济学	班长
57	祖文静	2014	劳动经济学院	人力资源开发与人才发展	学习委员
58	卢孟珍	2015	劳动经济学院	劳动经济学	党支部宣传委员
59	左祎琦	2015	劳动经济学院	人才学	团支书
60	张靓	2015	劳动经济学院	人口学	团支书
61	潘汗青	2015	劳动经济学院	社会工作	班长
62	贾岩	2015	劳动经济学院	社会工作	团支书
63	周琳	2015	劳动经济学院	人口人资环	班长
64	付佳	2015	劳动经济学院	劳动经济学	党支部书记、班长
65	赵柳	2015	劳动经济学院	社会保障	班长
66	张雪婷	2014	信息学院	产业经济学(信息经济)	团支部书记
67	郑津	2014	信息学院	产业经济学(信息经济)	研究生会主席
68	李圆圆	2015	信息学院	管理科学与工程	研会主席
69	陈旺	2015	信息学院	软件工程	班长、党支部副书记
70	闵雨晨	2014	国际经济管理学院	数量经济学(金融计量方向	班长
71	于秋洪	2015	国际经济管理学院	数量经济学(金融计量方向	研究生会文体部部长
72	武帆	2015	城市经济与公共管理学院	行政管理	团支书、党支部组委(现任副书记)、院宣传部副部长
73	陈策	2015	城市经济与公共管理学院	土地资源管理专业	班长/院研会部长
74	张长	2015	城市经济与公共管理学院	区域经济学	班长、院研会宣传部副部长
75	李秀峰	2015	城市经济与公共管理学院	城市经济与战略管理	年级班长、专业班长、院研究生会学术实践部部长
76	荣幸	2014	城市经济与公共管理学院	城市经济与战略管理	班长
77	王彩霞	2014	城市经济与公共管理学院	教育经济与管理	城市经济与公共管理学院研会副主席
78	穆嫣红	2014	城市经济与公共管理学院	行政管理	班长、学院研究生会主席
79	张源	2014	城市经济与公共管理	行政管理	党支部书记

续表

序号	姓名	年级	学院	专业	职务
80	王爽	2014	安全与环境工程学院	2014 级研究生	院研究生会主席
81	卓舜鹏	2014	安全与环境工程学院	管理科学与工程	研究生党支部副书记
82	黄希	2015	安全与环境工程学院	2015 级专硕研究生	班长
83	陈晨	2015	安全与环境工程学院	安全专硕	班长、院研会文体部部长
84	张姝歆	2015	安全与环境工程学院	2015 级专硕	班级团支书
85	李思	2014	会计学院	会计学硕	会计学院研究生会学习部长
86	邢立红	2014	会计学院	会计学硕	会计学院研究生会编辑部部长
87	武雅楠	2014	会计学院	会计学硕	会计学院研究生会文体部部长
88	陶宇	2014	会计学院	会计学硕	2014 级会计学硕班党支书
89	方叶子	2015	会计学院	会计学硕	2015 级会计学硕班党支书
90	邵应倩	2015	会计学院	会计学硕	2015 级会计学硕班班长
91	尤聚州	2015	会计学院	会计学硕	2015 级会计学硕班班长
92	赵雨彤	2015	会计学院	会计专硕	2015 级会计专硕班党支书
93	孙文悦	2015	会计学院	会计专硕	2015 级会计专硕班班长
94	吕金格	2015	会计学院	会计专硕	2015 级会计专硕班党支部宣传委员
95	舒雅婷	2015	会计学院	会计专硕	2015 级会计专硕班党支部组织委员
96	苗帅	2015	会计学院	审计专硕	2015 级审计专硕班党支书
97	秦佳琛	2015	会计学院	审计专硕	2015 级审计专硕班班长
98	袁小叶	2015	会计学院	审计专硕	2015 级审计专硕班班长
99	张寒月	2015	会计学院	审计学硕	2015 级审计专硕班党支部组织委员
100	李昂	2015	法学院	民商法	党支部书记
101	沈晴雯	2015	法学院	经济法	班长
102	王博	2015	法学院	民商法	团支书
103	姬亚锋	2015	法学院	宪法学与行政法学	班长
104	曹钰坤	2015	法学院	法律硕士	党支部宣传委员
105	许思奇	2015	法学院	法律硕士	团支书
106	弓印岭	2014	法学院	经济法	团支书
107	刘娜	2014	法学院	民商法	团支书
108	赵文博	2014	法学院	经济法	班长

续表

序号	姓名	年级	学院	专业	职务
109	李晓飞	2014	法学院	宪法与行政法学	班长
110	李亚文	2014	外国语学院	外国语言学及应用语言学	2015 届院研会主席
111	刘安琪	2015	外国语学院	外国语言学及应用语言学	2015 届院研会办公室主任
112	潘曙光	2015	外国语学院	笔译专业硕士	2015 级笔译班班长
113	司雨	2015	经济学院	国际贸易	办公室主任
114	王旭	2015	财政税务学院	资产评估	社会实践部副部长
115	贺雨芳	2015	财政税务学院	税务专硕	宣传部长
116	解彤	2015	城市经济与公共管理学院	行政管理	办公室副主任
117	张馨予	2015	财政税务学院	资产评估	文体部副部长
118	李迪扬	2015	会计学院	会计	实践部部长
119	杨瑶	2015	安全与环境工程学院	公共卫生	文体部副部长
120	陈祥梅	2015	城市经济与公共管理学院	教育经济与管理	学术部副部长
121	谢琥	2015	法学院	经济法	学术部副部长
122	曲歌	2015	统计学院	统计学	实践部副部长
123	江上	2015	经济学院	国际商务	生活部副部长
124	房文冬	2015	会计学院	审计学	宣传部部长
125	解祥优	2014	经济学院	国民经济学	2014 级博士生班长/博士生会主席
126	焦晓松	2014	经济学院	国际贸易学	博士生会副主席
127	杨琳	2014	统计学院	统计学	博士生会副主席
128	刘天琦	2014	财政税务学院	财政学	2014 级博士生班长
129	陈文翔	2015	经济学院	国民经济学	2015 级博士班班长
130	王春雪	2015	信息学院	管理科学与工程	2015 级博士班班长
131	金太阳	2014	统计学院	统计学	班长/2014 级院研会主席
132	杨磊磊	2015	统计学院	应用统计	班长
133	陈敬	2015	统计学院	统计学	班长
134	汪明亮	2015	统计学院	应用统计	2015 级研究生党支部书记

（刘秋丽）

【开展“双百奖学金”评选工作】 为加强马克思主义理论学科人才培养，加大马克思主义理论专业学生培养支持力度，打造优质人才后备军，根据《北京高校马克思主义理论专业研究生新生奖学金、学术奖学金评定办法（试行）》（京教工〔2016〕20 号）和《首都经济贸易大学马克思主义理论专业研究生新生奖学金、学术奖学金评选办法（试行）》等文件的精神，按照《关于开展 2016 年度北京高校马克思主义理论专业研究生新生奖学金、学术奖学金评定工作的通知》(京教工办〔2016〕20 号)的要求,学校于 10 月开展了首都经济贸易大学“双百奖学金”评选工作,通过学生申请、学院初评、研工部复评等程序,2 人获得研究生新生奖学金。

(刘秋丽)

2016 年研究生“双百奖学金”获奖人员名单

序号	姓名	推荐类别	专业	年级
1	张甜甜	新生奖学金	马克思主义基本原理	2016 级
2	吕春晓	新生奖学金	马克思主义中国化研究	2016 级

(刘秋丽)

【举办第七届哈博·高校(经管)博士学术论坛】 10 月 20 日,第七届哈博·高校(经管)博士学术论坛在学校举办,来自国内高校和科研机构的 30 余位专家学者、150 余名博士、200 余名硕士研究生参加了本次论坛。20 日上午,在本届博士论坛的主论坛上,国防大学经济研究中心主任卢周来、中国社会科学院经济研究所副所长张平先后为参会博士生做了题为“收入分配、社会公平与可持续发展”与“增长和结构转型的理论、证据和政策——中国经济增长展望”的主题报告。20 日下午,来自全国 34 所高校的 70 余名博士生分别在区域经济学、企业管理、产业经济、国际经济、国民经济、会计学、劳动经济、财政税务、金融学、信息与安全工程 10 个分论坛宣讲了自己的研究成果。每一场分论坛都邀请了学界知名专家学者参加,并为博士生们带来学术研究方法、社会热点问题、前沿科学思想等方面的主题报告。北京航空航天大学、北京师范大学、北京理工大学、北京工业大学、首都师范大学等 10 余所高校的研工部部长出席了 20 日下午的研究生教育座谈会。21 日,评选出第七届哈博·高校(经管)博士学术论坛优秀论文成果并公布。

(高晨)

第七届哈博·高校(经管)博士学术论坛优秀论文成果名单

序号	姓名	学校	分论坛	论文名称
1	李松林	东南大学	区域经济	中国城市体系的规模分布是否趋于扁平化?——多维区域验证与经济解释
2	汪立	上海财经大学	企业管理	地理距离与风险投资策略选择
3	马洪坤	山东大学	产业经济	Ranking Disclosure Policies in All – Pay Auctions
4	苗双有	厦门大学	国际经济	中间品贸易自由化与中国制造业企业生产技术选择
5	李莹	北京师范大学	国民经济	机会不平等在多大程度上引致了我国城镇收入不平等?
6	刘馨茗	“台湾政治大学”	会计学	Internal Control Audit Fee and Financial Statement Audit Quality
7	张昭	北京师范大学	劳动经济	中国农村多维贫困测度及减贫政策有效性评估
8	李德刚	对外经济贸易大学	财政与税务	中国减税的经济效应评估——基于所得税分享改革“准自然试验”
9	赖黎	西南财经大学	金融学	新闻媒体报道与信贷资源获取
10	彭子衿	华南理工大	信息与安全工程	基于多周期非对称均值回归的反转策略

(高晨)

留学生教育

概　况

首都经济贸易大学自1986年开始招收留学生，在留学生教育已具有了本科生、硕士研究生、博士研究生、高级进修生、普通进修生等多种层次。2007年，为留学生专门设立了全英文授课的硕士生班（应用经济学专业）；2011年，为留学生专门设立了全英文授课的博士生班，使留学生学历生数量和层次得到提升。学校将留学生工作作为国际化和现代化大学的重要标准之一，提出了“扩大规模、提高质量、突出特色、优化结构”的留学生发展方针。国际学院下设留学生办公室和对外汉语教学中心，分别负责留学生的招生、管理和教学工作。学校正在加大投入，进一步完善和改进留学生的学习环境和生活条件，加强留学生的教学管理，为学校留学生教育的跨跃式发展打好基础。

（于佳）

留学生招生、培养

【招生】 2016年，学校在校各类留学生总人数786人，其中，汉语进修生171人、本科生111人、硕士研究生74人、博士研究生27人、校际交流院校学生37人，短期进修生366人；学校有146人获得中国政府奖学金，其中，本科生57人、硕士研究生67人、博士研究生15人、普通进修生7人，占留学生总人数的18.6%；学校有5人获得孔子学院奖学金，176人获得北京市外国留学生奖学金，其中，本科生61人、硕士研究8人、博士研究生9人、汉语进修生98人，占留学生总人数的22.4%。2016年招生人数596人，其中，汉语进修生122人、本科生36人、硕士研究生29人、博士研究生14人、校际交流院校学生29人，短期进修生366人。

（于佳）

2016年在校留学生情况统计表　（单位：人）

类　别	在校生	新生	获得中国政府奖学金生	获得孔子学院奖学金生	获得北京市外国留学生奖学金
汉语进修生	171	122	7	5	98
本　科　生	111	36	57	—	61
硕士研究生	74	29	67	—	8
博士研究生	27	14	15	—	9
校际交流生	37	29	—	—	—
短期留学生	366	366	—	—	—
合计	786	596	146	5	176

注：“新生”中所列“汉语进修生”“校际交流生”“短期留学生”分别包含春、秋两季招生。

（于佳）

2016—2017学年留学生国别及人数统计表　（单位：人）

序号	国籍	人数	序号	国籍	人数
1	韩国	250	38	埃塞俄比亚	1
2	日本	33	39	巴布亚新几内亚	1

续表

序号	国籍	人数	序号	国籍	人数
3	加拿大	29	40	巴基斯坦	1
4	老挝	17	41	巴拿马	1
5	蒙古	16	42	贝宁	1
6	哈萨克斯坦	12	43	玻利维亚	1
7	俄罗斯	8	44	博茨瓦纳	1
8	塔吉克斯坦	8	45	厄瓜多尔	1
9	爱尔兰	5	46	斐济	1
10	法国	5	47	佛得角	1
11	越南	5	48	吉尔吉斯斯坦	1
12	赤道几内亚	4	49	几内亚	1
13	柬埔寨	4	50	加蓬	1
14	肯尼亚	4	51	拉脱维亚	1
15	坦桑尼亚	4	52	莱索托	1
16	印度尼西亚	4	53	立陶宛	1
17	白俄罗斯	3	54	利比里亚	1
18	马里	3	55	罗马尼亚	1
19	阿根廷	2	56	马达加斯加	1
20	阿塞拜疆	2	57	马拉维	1
21	安哥拉	2	58	摩尔多瓦	1
22	巴西	2	59	纳米比亚	1
23	保加利亚	2	60	南非	1
24	波兰	2	61	尼日利亚	1
25	多哥	2	62	萨摩亚	1
26	芬兰	2	63	塞拉利昂	1
27	刚果（布）	2	64	圣多美和普林西比	1
28	吉布提	2	65	汤加	1
29	加纳	2	66	土库曼斯坦	1
30	津巴布韦	2	67	乌干达	1
31	喀麦隆	2	68	乌兹别克斯坦	1
32	毛里塔尼亚	2	69	亚美尼亚	1
33	泰国	2	70	意大利	1
34	瓦努阿图	2	71	印度	1
35	乌克兰	2	72	赞比亚	1
36	伊朗	2	73	中非	1
37	阿富汗	1			

（于佳）

【加强留学生培养】 2016—2017学年，首都经济贸易大学组织留学生赴蒙牛乳业集团、北京现代汽车有限公司等地参观实习，并为留学生开设太极拳、书法和烹饪等选修课。每学期组织留学生参观长城、故宫、颐和园，观看杂技等。塔吉克斯坦籍留学生陆特夫(NURALIEV LUTFULLO)在2016全国道馆俱乐部柔道锦标赛中荣获第三名，并获"国家一级运动员"称号。中非籍留学生白飞(BEFIO PAULIN EPAPHRODITE)代表首都经济贸易大学参加"汉语桥"2016全球外国人汉语大会并进入决赛。10月16日，在经贸广场成功举办首都经济贸易大学第二届国际文化节。

(于佳)

【评选留学生奖学金】 2016—2017年度奖学金实际参评学生61人。按照国家留学基金委员会"留金来〔2003〕4003号文件"和《首都经济贸易大学外国留学生奖学金年度评审标准和实施细则》，学校于4月12日召开留学生所在学院和参评学生会议。经过国际学院、各专业学院任课教师对留学生在学习成绩、学习态度、考勤情况、行为表现、奖惩情况等方面的认真考评，同意61名留学生通过评审，建议2016—2017年度继续给予奖学金。评审情况上报国家留学基金委员会，并接到同意批复。

(于佳)

2016年中国政府奖学金年度评审合格名单

序号	登记号	国籍	护照用名
1	2012204T10	贝宁	LOUMEDJINON FIFONSI ELODIE NINA
2	2012226T25	赤道几内亚	MONSUY SIMA MIGUEL
3	2012226004	赤道几内亚	MBANA ENGONGA SILVIA BENITA - ONGOGONO
4	2012894T24	赞比亚	MTONGA DUNCAN
5	2012496T23	蒙古	MUNKHBAT BOLOR
6	2012496T45	蒙古	NARAN AYANGA
7	2013496T08	蒙古	NARAN MUNKHBAYASGALAN
8	2013496T17	蒙古	GANBAATAR UYANGA
9	2013496T23	蒙古	NARANKHUU ENEREL
10	2013496T37	蒙古	TUMURBAATAR OYUN - ERDENE
11	2012398T06	哈萨克斯坦	KABDESHEV TAMERLAN
12	2012178T11	刚果(布)	MOUAYA MOUNGALLA EARVYK AMBROISE KIT
13	2012068T03	玻利维亚	ZEBALLOS TERAN ERWIN SILVESTRE
14	2012CS0049	吉尔吉斯	DURUSALIEV ALMAZ
15	2014762010	塔吉克斯坦	NURALIEV, LUTFULLO
16	2014762T13	塔吉克斯坦	IBRAGIMOV, BAKHODURKHODZHA
17	2013478T03	毛里塔尼亚	JAIREB, MOHAMED VALL
18	2013116021	柬埔寨	CHEA, BUNLENG
19	2013132T08	佛得角	DA COSTA TAVARES GILSON CARLOS
20	2013398037	哈萨克斯坦	KINCHINBAYEVA, ALINA
21	2011024T05	安哥拉	PINTO EVANDRO N DA SILVA GUEDES
22	2012800T04	乌干达	TURYABANAWE MOSES

续表

序号	登记号	国籍	护照用名
23	2015496V37	蒙古	OYUNGEREL,MINJIN
24	2014116051	柬埔寨	YI, PHANHARITH
25	2014112T03	白俄罗斯	USATY, MIKITA
26	2014004003	阿富汗	TAJ, AHMAD YASER
27	2014762T46	塔吉克斯坦	AZIMDZHANOV, ILKHOM
28	2014496004	蒙古	GANBAT, BILGUUNBAATAR
29	2014404T41	肯尼亚	MACHARIA, JANE WANGUI
30	2014CPS003	萨摩亚	WILLIAMS, TONE ANNE
31	2014398T19	哈萨克斯坦	YEGEY, ZHANARYS
32	2014116T01	柬埔寨	PROM PENRIDH
33	2013643T24	俄罗斯	KUDINOVA, EKATERINA
34	2013DFH476	老挝	PHALAYOK, THETNIVONG
35	2013DFH475	老挝	SOMPHAVATH, VISANOU
36	2013DFH474	柬埔寨	MUTH, LINDETH
37	2014DFH971	老挝	MONGKHONVILAY, NETPASEUTH
38	2014410076	韩国	HWANG, JISU
39	2014496023	蒙古	DUGERSUREN, PUREVSUREN
40	2014498003	摩尔多瓦	CAMENSCHI, DORINA
41	2014DFH970	老挝	DUANGVILAISOUK, SOUDJAI
42	2015643T37	俄罗斯	EVSTRATENKOV, NIKITA
43	2010031002	阿塞拜疆	ALISHANZADE ELNUR
44	2011178006	刚果(布)	MADOUKA KOUMOU ROQUIA FANE
45	2012032003	阿根廷	SANDOVAL VERONICA ISABEL
46	2012704018	越南	TO TRONG HUNG
47	2012AUN018	印度尼西亚	ANGELIA WIDIYANTI
48	2014643T30	俄罗斯	VISHNEVSKIY, ALEXANDER
49	2015024T20	安哥拉	ABíLIO, BELIZáRIO JOAO
50	2015076008	巴西	VASQUES FIUZA, DEBORA
51	2015218011	厄瓜多尔	MARTINEZ HERRERA, ANDRES FERNANDO
52	2015288T12	加纳	KUNBUOR, VICTOR KUNSOFAH
53	2015430T19	利比里亚	BROWNE, JULIUS PAH
54	2015516003	纳米比亚	SHIGWEDHA, MAIJA TUWILIKA KANTELE

续表

序号	登记号	国籍	护照用名
55	2015776T09	汤加	FILI, SIOANA YASMINA
56	2015DFH168	土库曼斯坦	DURDYYEV, MERGEN
57	2014716T12	津巴布韦	MUKAZHI, TAWANDA LUCKSON CHOICE
58	2014566008	尼日利亚	ADI, AGYA ATABANI
59	2015484015	墨西哥	CALLES LOPERENA, LAURA YADIRA
60	2015140001	中非	BEFIO, PAULIN EPAPHRODITE
61	2015466021	马里	DIA, AMADOU

（于佳）

【留学生学历生毕业情况】 2016 年,留学生学历生预毕业人数为 61 人,其中,本科生 32 人,硕士研究生 22 人,博士研究生 7 人。实际毕业人数为 49 人,其中,本科生 27 人,占毕业总人数的 55.1%;硕士研究生 19 人,博士研究生 3 人,占毕业总人数的 44.9%。

（于佳）

2016 年外国留学生毕业预报及实际毕业情况一览表

序号	姓名 （护照用名）	性别	国籍	专业	层次	奖学金生/ 自费生
1*	DANCI PETRE	男	罗马尼亚	国际经济与贸易	本科生	自费
2*	GHIURCOI IULIU – SERBAN	男	罗马尼亚	国际经济与贸易	本科生	自费
3*	AMGALANBAATAR OYUNTUYA	女	蒙古	国际经济与贸易	本科生	自费
4*	ERDENEBAATAR SAINZAYA	女	蒙古	国际经济与贸易	本科生	自费
5*	VINOKUROV ROMAN	男	乌兹别克斯坦	国际经济与贸易	本科生	自费
6*	ULCINAS GABRIELIUS	男	立陶宛	国际经济与贸易	本科生	自费
7*	GNOUNFOUGOU YENDOUTIE	女	多哥	国际经济与贸易	本科生	公费
8*	EHMES SOHSES KALVIN	男	密克罗尼西亚联邦	国际经济与贸易	本科生	公费
9*	SOK VICHEA	男	柬埔寨	国际经济与贸易	本科生	公费
10*	BATAA BATJAVKHAA	女	蒙古	国际经济与贸易	本科生	公费
11*	KANEZA EMMA – CARINE	女	布隆迪	国际经济与贸易	本科生	公费
12*	MABENGA ELIZABETHNYAMBE	女	赞比亚	国际经济与贸易	本科生	公费
13*	ZAROUKIN YAHOR	男	白俄罗斯	国际经济与贸易	本科生	公费
14	BARRY MAHAMADOU	男	马里	国际经济与贸易	本科生	公费
15*	ENKHBOLD ENKHZAYA	女	蒙古	国际经济与贸易	本科生	公费
16*	NAIGULEVU OLANA LAVENIA RANADI	女	斐济	国际经济与贸易	本科生	自费
17*	ISKANDIROV ALKEN	男	俄罗斯	国际经济与贸易	本科生	自费

续表

序号	姓名 （护照用名）	性别	国籍	专业	层次	奖学金生/ 自费生
18 *	KAMZINA ASSEL	女	哈萨克斯坦	国际经济与贸易	本科生	自费
19 *	JAN MARIYA	女	哈萨克斯坦	国际经济与贸易	本科生	自费
20 *	GALBADRAKH ENKHZAYA	女	蒙古	国际经济与贸易	本科生	自费
21 *	IM EUN GYU	男	韩国	国际经济与贸易	本科生	自费
22 *	KLIMOV ROMAN	男	哈萨克斯坦	国际经济与贸易	本科生	自费
23 *	NYAMDORJ BUYANJARGAL	女	蒙古	国际经济与贸易	本科生	自费
24	LE VU CONG ANH	男	越南	国际经济与贸易	本科生	自费
25	MWANZA NDIBU ELIE	男	刚果（金）	国际经济与贸易	本科生	自费
26	MALET EKOFO VINNIE	男	刚果（金）	国际经济与贸易	本科生	自费
27	RAHMA SALEH DJAMA	女	吉布提	国际经济与贸易	本科生	自费
28	SHILOVA VIKTORIYA	女	哈萨克斯坦	国际经济与贸易	本科生	自费
29 *	DAOVIENE PHOUMEUANG	男	老挝	国际贸易	硕研	公费
30 *	CHANTALAKEO DUANGCHAI	男	老挝	国际贸易	硕研	公费
31 *	CHANTHALYVONG SOMXAY	男	老挝	国际贸易	硕研	公费
32 *	NAVAS GALLARDO GABRIEL STALIN	男	厄瓜多尔	人口资源与环境经济学	硕研	公费
33 *	TOGOLA TIEMOKO	男	马里	国民经济学	英研	公费
34 *	ALVAREZ ESPINOZA JORGE JAVIER	男	巴拿马	国际贸易	英研	公费
35 *	SESAY YAYAH	男	塞拉利昂	国民经济学	英研	公费
36 *	ABDALLAH HAMISI ABDULRAHMAN	男	坦桑尼亚	国民经济学	英研	公费
37 *	RAKOTOSAMIMANANA HENINTSOA	男	马达加斯加	国民经济学	英研	公费
38 *	BADEBO MELAT SIMA	女	埃塞俄比亚	国民经济学	英研	公费
39 *	NEKWAYA JOHANNA JEPEKANO	女	纳米比亚	国民经济学	英研	公费
40 *	NANKELA MONIKA NDINELAGO	女	纳米比亚	国民经济学	英研	公费
41 *	KIPTUM GEORGE KOSGEI	男	肯尼亚	数量经济学	英研	公费
42 *	CARVAJAL LAVAD MICHAEL STEVEN	男	哥伦比亚	数量经济学	英研	公费
43 *	SOSSO DIWONDI HERMINE GAELLE	女	喀麦隆	国民经济学	英研	自费

续表

序号	姓名（护照用名）	性别	国籍	专业	层次	奖学金生/自费生
44 *	MVOGO FOUDA JOSEPH BIENVENUE	男	喀麦隆	国际贸易	英研	自费
45 *	FOLEGA ZOUNOGO ABDOU - RAZAK	男	多哥	国民经济学	英研	自费
46 *	ABDULLINA ASSEM	女	哈萨克斯坦	国际贸易	英研	自费
47 *	KATRINA BARKANE	女	拉脱维亚	国际贸易	英研	自费
48	KAMAL RABBIYA	女	巴基斯坦	国际经济与贸易	英研	公费
49	MORALES REYES JAVIER ELOY	男	巴拿马	国民经济学	英研	公费
50	BOSELEKA BERLONDE BERLONDE	女	刚果(金)	国民经济学	英研	公费
51	MADOUKA KOUMOU ROQUIA FANE	男	刚果(布)	金融学	博士	公费
52	SANDOVAL VERONICA ISABEL	女	阿根廷	经济学	博士	公费
53	TO TRONG HUNG	男	越南	国民经济学	博士	公费
54	ANGELIA WIDIYANTI	女	印度尼西亚	国际经济与贸易	博士	公费
55 *	KAPTCHOUANG NGUEPDJOP REVE TARDIVEL	男	喀麦隆	国民经济学	英博	自费
56 *	DORZHIEV ZHAMSO	男	俄罗斯	国际贸易	英博	自费
57 *	SAADEH SHAKER OTHMAN SAADEH	男	约旦	国际贸易	英博	自费
58 *	ENITILINA TATIANI MARIA KUATALUPE FETUU	女	汤加	国际经济与贸易	本科生	自费
59 *	HOANG QUANG MINH	男	越南	国际经济与贸易	本科生	自费
60 *	SHIN HARIM	男	韩国	国际经济与贸易	本科生	自费
61 *	LANGI FINEFEUIAKI	女	汤加	国际经济与贸易	本科生	自费

注:序号加“ * ”的留学生表示 2016 年毕业学生。未加“ * ”表示 2016 年结业学生。

（于佳）

【留学生非学历生结业情况】 2016 年春季学期留学生汉语进修生 100 人,结业 37 人,未结业 63 人,其中,继续学习 21 人。秋季学期留学生汉语进修生 92 人,结业 16 人,未结业 76 人,其中,继续学习 54 人。

（于佳）

【加强对外汉语教学师资队伍建设】 2016 年,国际学院共有专职对外汉语教师 20 人,其中,副教授 5 人,讲师 15 人。从学历结构来看,博士学位教师 10 人,硕士学位教师 8 人,学士学位教师 2 人。在具有硕士学位的 8 人中,有 2 人正在在职攻读博士学位,已进入论文撰写与答辩阶段,有望于 2017 年获得博士学位。从教师所学专业来看,涵盖汉语语言、中国文化、汉语教学与测试、经济管理等多学科。从年龄结构来看,40 岁以下的教师有 12 人。2016 年共发表论文 20 篇,著作 4 部,承担各级科研项目 1 项。此外,国际学院还长期聘用合同制对外汉语教师(兼职对外汉语教师)5 人。

（刘文政）

2016 年国际学院师资队伍名单

序号	姓名	学历	专业	职称
1	李林立	本科	中文	副教授
2	牛杰	硕士研究生	语言学	讲师
3	刘文政	本科	对外汉语	讲师
4	栾育青	硕士研究生	课程与教学论	讲师
5	许晓华	博士研究生	汉语言文字学	副教授
6	赵睿	硕士研究生	汉语言文字学	讲师
7	常晓宇	硕士研究生	课程与教学论	讲师
8	辛玉彤	博士研究生	思想史	讲师
9	杨颖	博士研究生	汉语言文字学	讲师
10	魏鹏程	硕士研究生	语言学与应用语言学	讲师
11	万凯艳	博士研究生	语言学与应用语言学	副教授
12	崔淑燕	硕士研究生	课程与教学论	讲师
13	覃俏丽	硕士研究生	中国古代文学	讲师
14	周磊	硕士研究生	课程与教学论	副教授
15	郭凌云	博士研究生	中国古代文学	副教授
16	姚京晶	博士研究生	语言学与应用语言学	讲师
17	王默凡	博士研究生	企业管理	讲师
18	刘一杉	博士研究生	汉语言文字学	讲师
19	张娟	博士研究生	语言学与应用语言学	讲师
20	李红	博士研究生	中国古典文献学	讲师

（刘文政）

【合理设置汉语进修生课程】 国际学院按照训练听、说、读、写 4 项技能的基本要求，科学设置留学生课程。必修课由综合课、口语课（会话课）、听力课、阅读课、写作课等课程组成，其中，综合课是听、说、读、写 4 项技能的综合训练课。从课程安排来看，综合课、口语课和听力课，从初级水平、中级水平到高级水平，连贯设置。其中，高级阶段的听力课是实况听力课，有效保证了教学和学习的连续性，有利于提高学生的汉语水平。学院还开设了选修课，一类是汉语类选修课，教学目的是对必修课的内容进行补充、扩展、提高；另一类是文化类选修课，教学目的是让学生了解中国文化、培养他们对中国文化的兴趣，进而加深对中国的了解。

（刘文政）

2016 年汉语进修生课程设置一览表

	课程一	课程二	课程三	课程四	课程五	课程六	课程七	课程八
初级一	汉语综合 1	汉语口语 1	汉语听力 1	写汉字				
初级二	汉语综合 2	汉语口语 2	汉语听力 2					
初级三	汉语综合 3	汉语口语 3	汉语听力 3	初级汉语阅读				

续表

	课程一	课程二	课程三	课程四	课程五	课程六	课程七	课程八
中级一	汉语综合 4	中级汉语听说 1		报刊阅读 1				
中级二	汉语综合 5	中级汉语听说 2		报刊阅读 2	汉语写作 1			
高级一	汉语综合 6	高级口语 1	实况听力 1	报刊阅读 3	汉语写作 2			
高级二	汉语综合 7	高级口语 2	实况听力 2	报刊阅读 4	汉语写作 3			
一对一	汉语综合	汉语会话						
短期班	汉语综合	汉语会话						
选修课（汉语类）	初中级视听说	初中级经贸汉语	唱歌学汉语	听故事学汉语	汉语正音	汉字	HSK4 级辅导	HSK5 级辅导
选修课（文化类）	书法	中国菜	太极拳	京剧	瑜伽	古代诗歌	中国文化	
其他								

（刘文政）

体育教育

概　况

首都经济贸易大学体育教学任务由体育部承担。体育部成立于 2009 年，其前身为体育教学部。体育部下设教学教研室、群体与训练教研室、体质测试中心、场馆中心、行政办公室。负责全校体育教学，体育科研，运动队训练、竞赛，群众体育活动及体育场馆管理工作。

2016 年，体育部全体教师本着健康第一、终身体育的理念，坚持以人为本，尽职尽责，紧紧围绕学校"培养高素质应用型人才"的目标，继续把工作重点放在加强师资队伍建设、提高教学质量、深化教学改革、培养教师教学科研能力上，不断提高体育部的整体教学水平。

体育部现有在岗教职员工 38 名，其中，教师 30 名，行政、教辅人员 8 名。专职教师中有 3 名教授、10 名副教授，国际级裁判 1 人，国家级裁判 4 人，具有博士学位 4 人（博士后 1 人）、具有硕士学位 20 人。

（贺慨）

【师资队伍建设】 2016 年，体育部孙杨被评选为校级爱岗敬业先进个人；贺慨获评为先进工会工作者；孙杨、张小航、赵巍、史娟获评为工会积极分子；王长友获评优秀处级领导干部；王伟、高寒、盖良子"学评教"排名位居学校前列；张小航、廖彦罡获得优秀共产党员称号；王长友被评为优秀党务工作者；舒心、高寒、盖良子、陈天庚、杨华、宋旭辉、孙红月、王刚 2016 年考核优秀；高寒荣获第十六届全国大学生田径锦标赛优秀教练员称号。廖彦罡晋升为教授四级，舒心和宋旭辉晋升为讲师三级。群体与训练教研室被评为学校优秀基层党组织。

（贺慨）

【师资队伍培训】 2016 年，根据教师的专项特点及教师职业生涯规划，体育部继续支持教师业务进修与培训，支持李朔老师赴美国进修学习，支持其他教师参加各种全国、地区性学术会议，同时外请专家来学校讲学，不断完善、提高师资队伍的整体水平。这些培训和考察使教师在教学理念、教学能力、教学水平等多方面得到锻炼与培养。

（贺慨）

【课程建设】　2016 年，体育部在课程建设方面，主要加强了排球、羽毛球课程的教学建设，计划在条件进一步成熟的基础上开展大二专项，目前具备排球专项教学能力的老师有 2 名，羽毛球专项教学能力的老师有 3 名；体育部重点对乒羽馆进行设置，希望能够尽快推出此课程，不断丰富大二学生的选课内容，提高教学质量。

（贺慨）

【日常教学管理】　2016 年，体育部认真做好每学期初的教师排课、调课，学期中的学生补（缓）考、重修，体育课调班及学期末的体育课理论课学习、考试等工作，本学年共完成 10 348 多学时的教学任务。坚持完善备课制度，实施专题备课模式，打破教研室界限，充分发挥教师专业特长，在场地障碍与拓展、教师体能训练、体质健康与急救、专业技能提高等方面进行系统学习。加强建设体育课安全保障措施，进一步完善各项安全预案，强化教师安全意识及安全事故的处理能力，全年教学过程中学生没有发生任何重大运动损伤或意外事件。注重与各学院的沟通交流，及时解决体育课教学过程中学生遇到的各种问题。完成本年度的教学期中检查工作。

（贺慨）

【教学改革】　2016 年，体育部对一年级第一学期女生 24 式太极拳的教学内容进行了创新性的调整。每年度的第一学期，教授前 12 式，第二学期教授后 12 式。此外，在本学期教学备课中开展了气排球教学演示与体验，计划将气排球教学内容逐步引入日常教学。

（贺慨）

【人事及福利工作】　2016 年，体育部配合学校完成党政管理、工勤技能岗位聘任工作；严格按照学校聘期考核工作要求，认真完成体育部教师 2013—2016 年教师职务聘期考核工作；协助完成体育部部分教职工医保定点医院变更工作；做好体育部 2016 年度年鉴汇编工作；做好各项专项报销工作；认真积极准备审计材料，报送 2012—2016 年体育部审计材料，配合学校审计部门完成体育部审计工作；配合学校离退休工作处完成部门特困退休教师医疗费用报销工作；组织做好退休教师春游、秋游及年终慰问等各项工作；协助离退休工作处发放退休教职工福利。

（贺慨）

【科研成果】　2016 年，体育部教师独立完成并发表学术论文 18 篇，专著 2 部，课题 4 项。其中，贺慨、黎臣、廖彦罡 3 位教师获得科研处科研奖励，贺慨的论文"'互联网 + 体育'产业的兴起与发展策略研究"被认定为核心 B 论文；杨华获北京市级社科基金项目 1 项，孙杨获北京市教委社科基金 1 项；举办 1 次体质健康学术会议。第十八届科报会共有 16 位老师投稿，26 篇论文送审。2016 年，体育部教师积极参加国内外各类不同级别学术会议。

2016 年体育部科研成果一览表

论文题目	所有作者	发表/出版时间	论文类型	发表刊物/论文集	刊物类型	学科门类	一级学科	发表范围
脏腑图点穴法对调理人体亚健康状态的作用	栾丽美	2016 – 11 – 25	期刊论文	运动	一般期刊	社科类	体育科学	国内公开发行
我国男女三级跳远运动员三跳比例及对成绩的影响	高寒	2016 – 10 – 15	论文集	第十八届全国运动生物力学学术交流大会	一般期刊	社科类	体育科学	国内公开发行
The 6th Asian Society of Sports Biomechanics Conference	高寒	2016 – 10 – 13	论文集	Proceedings of the Sixth Asian Society of Sport Biomechanics Conference	一般期刊	社科类	体育科学	国内外公开发行

续表

论文题目	所有作者	发表/出版时间	论文类型	发表刊物/论文集	刊物类型	学科门类	一级学科	发表范围
大学体育教学中拓展训练的运用研究	朱睿	2016-09-25	期刊论文	体育时空	一般期刊	社科类	体育科学	国内外公开发行
团体操活动对大学生教育效果的研究	栾丽美	2016-08-05	期刊论文	运动	一般期刊	社科类	体育科学	国内公开发行
大学生体育教练评价体系建模	陈思 袁荣凯	2016-08-01	期刊论文	文体用品与科技	一般期刊	社科类	体育科学	国内公开发行
对 24 式太极拳在高校体育教学的探索	栾丽美	2016-07-20	期刊论文	运动	一般期刊	社科类	体育科学	国内公开发行
高校教师信息化课堂教学有效性研究——以首都经济贸易大学为个案	牟春蕾	2016-07-15	期刊论文	运动	一般期刊	社科类	体育科学	国内外公开发行
首都经济贸易大学女教职工骨密度评定报告分析	栾丽美	2016-06-20	期刊论文	运动	一般期刊	社科类	体育科学	国内公开发行
少年竞赛项目活动中肌肉放松方法的研究	原英	2016-06-16	期刊论文	运动	一般期刊	社科类	体育科学	国内外公开发行
简论女生强制体能练习的重要性	张伟毅	2016-06-10	期刊论文	运动	一般期刊	社科类	体育科学	国内公开发行
“互联网+体育”产业的兴起与发展策略研究	贺慨	2016-05-22	期刊论文	体育文化导刊	核心 B	社科类	体育科学	国内外公开发行
关于高校游泳教学安全问题的思考	黄今	2016-05-16	期刊论文	一般期刊	一般期刊，国际 F 刊	社科类	教育学	国内公开发行
冰球运动员压步滑行解剖学和生理学分析	原英	2016-05-15	期刊论文	运动	一般期刊	社科类	体育科学	国内外公开发行
高校体育课教学存在的不足及策略研究	张伟毅	2016-05-05	期刊论文	运动	一般期刊	社科类	体育科学	国内公开发行

续表

论文题目	所有作者	发表/出版时间	论文类型	发表刊物/论文集	刊物类型	学科门类	一级学科	发表范围
The Current Sports and Fitness Market of Wearable Smart Devices and Its Propect	廖彦罡 蒋薇	2016－03－22	论文集	Proceeding of 2016 6th International Conference on Education and Sports Education	国际F（会议检索论文）	社科类	体育科学	国内外公开发行
高校教师信息素养的培养及培训模式研究	牟春蕾	2016－02－05	期刊论文	运动	一般期刊	社科类	体育科学	国内外公开发行
论高校体育教育缺失的部分	黎臣	2016－01－24	期刊论文	运动	一般期刊	社科类	体育科学	国内公开发行

（贺概）

【召开高水平优秀运动员免试攻读硕士学位保研答辩会】 9月22日，体育部召开高水平优秀运动员免试攻读硕士学位保研答辩会。学校从2010年开始，经教育部批准试办高水平运动队（男子篮球、游泳两个项目），2011年开始招收第一批高水平运动员学生，在学校的大力支持下取得了较好的成绩。实施办法的适用从2013级毕业生开始，为了进一步提升学校高水平运动队在高校的宣传和窗口作用，高水平运动员推免政策从2012级高水平运动员学生开始执行。

（贺概）

【学生及教工体质健康测试】 本学年完成了对学校近万名学生的体测工作。体测成绩按20%计入学生体育课成绩。2016年，对体质健康实验室进行了软、硬件的深度整合，完成教职工体质健康测试及运动处方工作。

（贺概）

【对外竞赛】 2016年，学校代表队参加了全国、北京市各类比赛20余次，取得了良好成绩，为学校扩大对外宣传影响做出了一定的贡献。

（贺概）

2016年运动队获奖情况一览表

运动队	比赛名称	获奖情况
游泳队	2016首都高校游泳冠军赛	甲A男团第三名、女团第三名，总团体第三名 甲B男团第二名、总团体第三名 乙男团第三名、女团第一名，总团体第一名
	2016首都高校游泳锦标赛	甲A组女子团体总分第二名、甲B组女子团体总分第三名、甲A组男子团体总分第二名、甲A组团体总分第二名 乙组男团第三名、女团第一名、乙组团体第一名
	2016年全国游泳冠军赛暨里约奥运选拔赛 2016年亚洲游泳锦标赛（日本）	刘兆尘4×100米自由泳接力冠军（入选奥运会） 刘兆尘4×100米自由泳冠军（破赛会纪录）
田径队	首都高等学校第54届学生田径运动会	女乙团体总分第七名。裘娜女乙100米第三名、200米冠军；刘硕男乙跳高冠军；单丹妮女乙标枪冠军；赵宇轩男乙200米第六名；王琪女乙5000米第七名；女乙4×100米接力第四名。

续表

运动队	比赛名称	获奖情况
田径队	首都高校第 8 届秋季学生田径运动会	裘娜女子 200 米第一名，破纪录；刘硕男子跳高第一名；单丹妮女子标枪第一名；女子团体总分第六名
	全国大学生田径锦标赛	刘硕同学获男子跳高铜牌
篮球	第 19 届中国大学生篮球联赛北京预赛	第四名
	Star 杯首都高校篮球联赛	亚军
棒垒球队	第 21 届北京市大学生棒垒球联赛	垒球乙组第二名
乒乓球队	2016 年首都高校乒乓球锦标赛	女子甲 B 组团体第七名、男子乙 B 组团体第四名
	2016 年首都高校乒乓球锦标赛	叶孟尔男子单打第五名
藤球队	北京市大学生藤球比赛	男子第四名、女子亚军

（贺概）

【群体工作】 2016 年，学校体育部共组织学校群众性大型体育活动 12 次，参加学生人数达 6 319 人次，形成了“周周有比赛，天天要锻炼”的良好局面，极大地丰富了学校的业余文化生活，提高了学生锻炼的积极性与主动性，为实现终身体育奠定了基础。

（贺概）

2016 年首都经济贸易大学群体活动统计表

项目	时间	场次	参加人次
体育运动大会	4 月 21 日—4 月 22 日	2 天	918
3V3 男子组篮球赛	3 月 23 日—3 月 30 日	46	368
首届趣味排球联赛	5 月 16 日—23 日	44	352
首届气排球比赛	12 月 5 日—12 月 11 日	75	600
学校乒乓球比赛	5 月 17 日—6 月 1 日	14	112
“院系杯”篮球赛	10 月 17 日—10 月 31 日	50	1 500
“五四杯”足球联赛小组赛	10 月 10 日—11 月 16 日	24	960
高校跳绳选拔赛	10 月 26 日	半天	180
“一二・九”长跑接力赛	12 月 7 日	半天	165
院系杯羽毛球比赛	11 月 23 日—27 日	5 天	268
“同心鼓”比赛	11 月 25 日	半天	280
拔河比赛	11 月 2—11 月 4 日	3 天	616

（贺概）

【高水平运动队建设】 3 月 14 日—15 日，体育部在学校招生办公室等部门的共同参与下，于学校体育馆分别进行了游泳、篮球高水平运动员体育成绩测试工作。9 月，共 14 名高水平运动员进入学校学习，其中，男子篮球运动员 7 名，游泳运动员 7 名。

（贺概）

【召开体育运动大会】 4月21日—22日,学校第13届体育运动大会隆重召开。王稼琼、柯文进、孙善学、杨世忠、王文举、丁立宏、王传生、朱玉华、徐芳、孙昊哲等校领导以及部分学院党总支书记、副书记等参加了开闭幕式。体育运动大会由副校长王传生主持。经济学院获得团体总分第一名,获得团体总分二至八名的学院依次是会计学院、工商管理学院、统计学院、华侨学院、劳动经济学院、金融学院、城市经济与公共管理学院。

(贺慨)

党建工作

【概述】 2016年,体育部深入贯彻学习党的十八大以及习近平总书记系列重要讲话精神,紧紧围绕学校中心工作,加强党组织建设,组织开展党建与思想政治工作,贯彻落实学校党委提出的“六个一百计划”,组织“三严三实”与“专题教育活动”,深刻领会十八届四中全会精神,结合党的十八大、十八届二中、三中全会和习近平总书记系列重要讲话精神,融会贯通,真正把思想和行动统一到中央的部署上来,进一步提高了学校体育工作的整体水平,为学校体育教学工作提供了坚强的政治保障。

(贺慨)

【提高教职工政治理论素养】 2016年,体育部以学习党的十八大报告、新党章、习近平总书记系列重要讲话以及中国共产党纪律处分条例和“三严三实”“两学一做”教育活动等为主要内容,积极开展教职工思想政治教育工作,组织党员与教职工探讨新形势下如何实现高校体育工作的育人功能,如何在“美丽中国”建设过程中发挥高校体育工作的作用,如何在中国梦实现的过程中构筑大学生体育事业的蓝图。在体育部党总支切实有力的组织团队保障下,体育部将工作重点转移到凝聚全体教师共同奋斗上来,不断加强学习型党组织、服务型党组织建设,充分发挥党员干部工作的积极性和创造性。

(贺慨)

【选拔百名优秀党员服务标兵】 2016年,体育部体质健康党支部书记孙杨,教学教研室党支部书记黎臣,高水平运动队主教练舒心、王伟与袁荣凯荣获百名优秀教师党员称号;场馆与办公室党支部王云荣获优秀党员服务标兵称号。

(贺慨)

【开展中国特色社会主义和“中国梦”的学习宣传】 2016年,根据学校党委下发的“三严三实”“两学一做”专题民主生活会通知精神,体育部党总支集中开展了党风廉政教育活动。围绕学校体育工作的中心任务,开展党员领导干部廉洁从政教育、招生与管理重点部位和关键岗位人员廉洁从业教育、教师廉洁执教教育,引导体育部全体党员、教职员工牢固树立廉洁意识,进一步改进党风、政风和教风。开展中国特色社会主义和“中国梦”的学习宣传,开展党员批评和自我批评,加强体育新闻宣传。2016年,学校体育运动成绩与教练、运动员表现良好,特别是高水平运动队中的游泳队,在全国大学生游泳大赛中表现抢眼,学校游泳运动员刘兆臣同学入选参加奥运会;高水平篮球首次亮相东北赛区,亦是第三次代表北京参加东北赛区比赛。这些均展现了首都经济贸易大学的形象,活跃了校园体育文化氛围。

(贺慨)

继续教育

概　况

首都经济贸易大学成人高等学历教育创办于20世纪80年代初,经过30余年的发展,已形成一套完整的、全方位发展的成人高等教育和继续教育体系。2016年,成人高等学历教育和继续教育总规模4 000余人。成人高等学历教育有函授和业余两种办学形式,层次有高中起点本科、专科起点本科及高中起点专科等,先后开设了会计学、工商管理、人力资源管理等13个专业。学生修业期满,成绩合格,由学校发给国家承认的毕业证书；本科毕业生符合国务院学位委员会成人高等教育学士学位条件者，可授予相应的学士学位。

为满足社会的不同需求，继续教育学院还举办了各类职业培训，以适应当今经济发展的需要。为确保教学质量，继续教育学院坚持不断深化改革、坚持依法办学和规范管理，重视加强教学基本建设，建立健全规章制度。经过多年的不懈努力，逐步办出了自己的特色，取得了丰硕的教学成果，赢得了良好的办学声誉，在教育部和北京市教委的教学质量评估中多次被评为“优秀”。

2016 年，继续教育学院在学校党委的领导下，深入学习贯彻党的文件精神，认真开展“两学一做”专题教育活动，并贯彻落实教育部和市教委关于高等教育改革的最新精神，坚持内涵发展，不断提高学历教育人才培养质量，努力探索继续教育新模式。

截至 2016 年年底，继续教育学院成人高等学历教育在籍学生 3 655 人，各类继续教育共培训学员 488 余人次，就读学生人数共计 4 143 余人。其中，成人高等学历教育业余 3 022 人（高起本 772 人，专升本 1 312 人，高起专 938 人）；函授 633 人（专升本 210 人，高起专 619 人）。

2016 届春季毕业生人数为 216 人，其中，高起本 126 人，专升本 67 人，高起专 23 人。

2016 届夏季毕业生人数为 1 075 人，其中，业余 677 人（高起本 4 人，专升本 531 人，高起专 142 人）；函授 398 人（专升本 90 人，专科 308 人）。

2016 届共有 222 名学生获得学士学位，约占本科毕业生人数的 27.13%。

（宋岩）

招生工作

【招生情况】 2016 年，业余报考的学生共有 811 人，为计划招生数的 117.88%。其中，高起本报名人数为 123 人，专升本为 465 人，高起专为 223 人。2016 年，业余实际招生人数为 680 人（高起本 91 人，专升本 407 人，高起专 182 人）；函授实际招生人数为 186 人（专升本 75 人，专科 111 人）。

（刘薇　王树明）

【继续实行推优免试入学】 2016 年，学校根据《北京市教育委员会关于部分成人高校招生考试改革试点的通知》（京教函〔2014〕301 号）的相关要求，制定《2016 年首都经济贸易大学推优免试成人教育专升本招生方案》，并开展审核推优相关工作，全年实际推优免试入学人数为 62 人。

（刘薇）

学历教育

【业余教育】 业余教育工作包括专业设置、考试工作、教学工作等。2016 年，业余学习形式共开设 11 个专业，其中，高中起点本科设有会计学专业；专升本设有会计学、金融学、人力资源管理、工商管理、国际经济与贸易 5 个专业；高中起点专科设有会计、工商企业管理、商务英语、市场营销、人力资源管理 5 个专业。

2016 年，业余学习共组织 6 次课程考试，累计设立考场约 651 个（含考查课）；共组织成人本科学士学位英语统一考试两次，报名人数为 1 430 人。

2016 年，教学工作共安排 36 个班级两个学期的课程共 280 门次，完成教学任务 13 776 课时。其中，第一学期 144 门次，7 100 课时；第二学期 136 门次，6 676课时。2016 年论文工作共组织安排了 2016 届（春季）2 个高起本毕业班，共 388 课时。组织安排了 2016 届（夏季）21 个毕业班，共 2 676 课时。其中，本科 14 个班，专科 7 个班。2016 年上、下两个学期分别针对 36 个教学班进行期中教学检查，共涉及课程 280 门次。其中，第一学期涉及授课教师 96 位，第二学期涉及授课教师 86 位。

（刘薇　薛咏梅　陈思）

【继续教育教学改革与发展调研】 继续教育学院于 2016 年先后走访了北京理工大学、北京工业大学、贵州师范大学、四川泸州民族师范学院、贵州兴义职业技术学院、黔西南民族职业技术学院，围绕继续教育人才培养模式改革、完善教育教学质量监控体系及如何建立远程教学平台等内容展开调研，了解兄弟院校继续教育的整体发展水平、教学运行与教学改革过程中的先进经验以及远程教育的运行机制、管理特点等内容，对学校不断深入继续教育教学改革，完成传统教学模式向远程教学模式的转变，实现继续教育的可持续发展具有十分重要的指导意义。

（宋岩）

【继续教育教学模式改革】 2016 年上半年，学院领导参加了京津冀成人继续教育协同发展研讨会、北京高校“教育服务模式”研讨会，按照上级精神，通过学院内部不断研讨论证，确定以弘成教育集团（公共服务体系）为技术支撑平台，开始远程教育模式改革的试点。10 月 14 日，在喜迎学校 60 华诞之际，继续教育学院组织召开继续教育与函授工作研讨会，来自会计学院、劳动经济学院的教学副院长和外省 8 个函授站以及弘成教育集团的负责人共同就今后高等学历继续教育教学模式改革进行了深入细致的研讨，推动学校继续教育教学模式改革走向深入。

（宋岩）

【试行线上线下混合式教学模式】　继续教育学院经过前期的充分调研，网络课程试点工作有了实质性进展，于 2016 年下半学年（2016 年 7 月至 2017 年 1 月）在高中起点专科和高中起点本科层次共 7 个教学班开设“经济法概论”和“毛泽东思想和中国特色社会主义理论体系概论”两门网络课程，开展传统面授与网络授课相结合的试点工作。线上线下混合式教学形式灵活，不受约束，适合在职继续教育学生的学习特点，效果良好，参与的师生对这种学习方式表示了认同。

（宋岩）

【函授教育】　学院设有 8 个函授站点，分布在湖南、甘肃、广东、河北、海南、江苏及西藏、宁夏，函授在校生规模保持在 633 人左右。

函授学习形式共开设 9 个专业，其中，专升本设有会计学、人力资源管理和工商管理 3 个专业；高中起点专科设有会计、工商企业管理、人力资源管理、市场营销、物流管理、法律事务 6 个专业。

（王树明）

【继续教育】　2016 年，学院举办了成人高考补习班和导游证培训班，学员共计 488 人。其中，成人高考补习班 152 人，导游证培训班 336 人。

（王树明）

毕业情况

2016 年首都经济贸易大学继续教育学院专业设置一览表

<table>
<tr><th>学习形式</th><th>培养层次</th><th>专业</th><th>学习形式</th><th>培养层次</th><th>专业</th></tr>
<tr><td rowspan="10">业余</td><td>高中起点本科</td><td>会计学</td><td rowspan="10">函授</td><td rowspan="3">专科起点本科</td><td>工商管理</td></tr>
<tr><td rowspan="5">专科起点本科</td><td>金融学</td><td>会计学</td></tr>
<tr><td>会计学</td><td>人力资源管理</td></tr>
<tr><td>国际经济与贸易</td><td rowspan="7">高中起点专科</td><td>工商企业管理</td></tr>
<tr><td>工商管理</td><td>会计</td></tr>
<tr><td>人力资源管理</td><td>人力资源管理</td></tr>
<tr><td rowspan="4">高中起点专科</td><td>会计</td><td>市场营销</td></tr>
<tr><td>市场营销</td><td>物流管理</td></tr>
<tr><td>人力资源管理</td><td>法律事务</td></tr>
<tr><td>工商企业管理</td><td></td></tr>
</table>

（宋岩）

2016 年首都经济贸易大学继续教育学院招生情况统计表

学习形式	培养层次	专业名称	计划数	实际招生人数
业余	高中起点本科	会计学	105	91
	专科起点本科	工商管理	63	61
		国际经济与贸易	19	20
		会计学	119	125
		金融学	63	67
		人力资源管理	130	134
	高中起点专科	工商企业管理	34	35
		会计	41	50
		商务英语	15	0
		人力资源管理	64	65
		市场营销	35	32
		合计	688	680
函授	专科起点本科	工商管理	15	14
		会计学	38	33
		人力资源管理	35	28
	高中起点专科	工商企业管理	25	26
		会计	31	34
		法律事务	16	18
		人力资源管理	23	22
		市场营销	16	7
		物流管理	3	4
		合计	202	186

（刘薇　王树明）

首都经济贸易大学继续教育学院 2016 届（春季）毕业情况统计表

学习形式	培养层次	专业	毕业生人数
业余	高中起点本科	会计学	126
	专科起点本科	金融学	2
		会计学	27
		国际经济与贸易	3
		工商管理	11
		人力资源管理	24

续表

学习形式	培养层次	专业	毕业生人数
业余	高中起点专科	会计	12
		金融管理与实务	2
		市场营销	6
		经济管理	2
		物流管理	1
		合计	216

（高铭）

首都经济贸易大学继续教育学院 2016 届（夏季）毕业情况统计表

学习形式	培养层次	专业	毕业生人数
业余	高中起点本科	会计学	4
	专科起点本科	金融学	41
		会计学	167
		国际经济与贸易	40
		人力资源管理	186
		信息管理与信息系统	19
		工商管理	78
	高中起点专科	会计	68
		金融管理与实务	1
		市场营销	11
		经济管理	19
		国际经济与贸易	10
		工商企业管理	33
		合计	677
函授	专科起点本科	工商管理	5
		会计学	36
		人力资源管理	49
	高中起点专科	工商企业管理	17
		会计	193
		人力资源管理	45
		市场营销	10
		物流管理	28
		法律事务	15
		合计	398

（高铭　王树明）

国际合作

2002 年 5 月，英国爱德思国家职业学历与学术考试机构正式认证学校具备开办 BTEC(HND)国际商务 5 个专业方向课程的资格，使学校成为国内首批承办 BTEC(HND)经济类课程的院校。该项目由继续教育学院承办，开办 10 余年来，BTEC 中心凭借雄厚的师资力量和科学完善的管理得到了英方专家的肯定，在课业评估质量、教学资源配置、内部质量审核 3 个方面得到了最高评价，成为国内首家“三 A”中心。

2016 年，BTEC 中心在读生人数为 327 人，2016 届生源中有 98% 的学生取得了 HND 职业资格证书，雅思通过率达 95%。

（李淑珍）

第六篇

学科建设与科学研究

上图　2月25日，北京市经济社会发展政策研究基地研究人员赴张家口对京张两地共建生态补偿机制进行实地考察与调研

中图　4月8日，特大城市经济社会发展研究院联合北京市社科联、中共北京市委办公厅共同举办"特大城市治理现代化"专题研讨会

下图　4月8日，学校召开2016年第一季度"两岸四地消费者信心指数"发布会

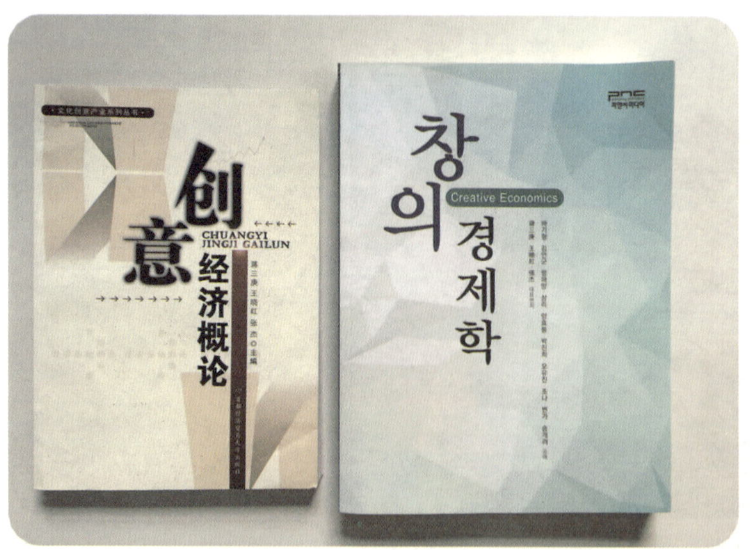

上图　4 月 10 日，韩国出版社翻译出版 CBD 发展研究基地研究成果《创意经济概论》

中图　5 月 18 日，北京市经济社会发展政策研究基地研究人员赴河北省沧州渤海新区共商建立合作研究基地事宜

下图　8 月 5 日，京津冀蓝皮书（2015）《京津冀协同创新研究》获得全国第七届“优秀皮书奖”二等奖

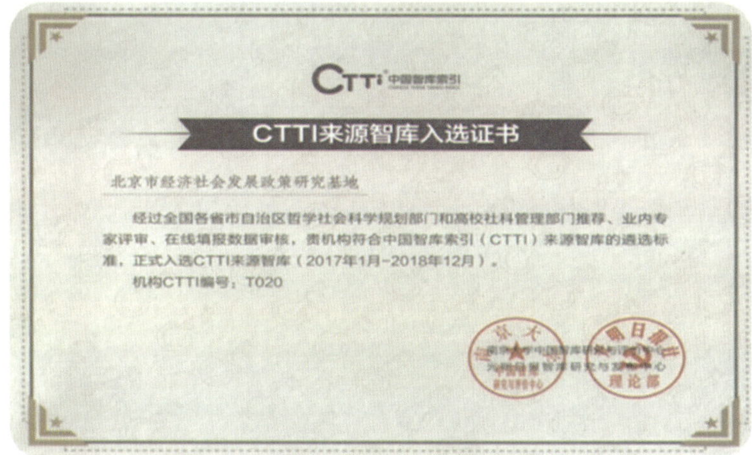

CTTI 中国智库索引

CTTI来源智库入选证书

北京市经济社会发展政策研究基地

经过全国各省市自治区哲学社会科学规划部门和高校社科管理部门推荐、业内专家评审、在线填报数据审核，贵机构符合中国智库索引（CTTI）来源智库的遴选标准，正式入选CTTI来源智库（2017年1月-2018年12月）。

机构CTTI编号：T020

上图　11 月 29 日，第十届北京安全文化论坛在学校举办

中图　12 月 8 日，学校召开第三届“科学监管与监管科学”论坛

下图　12 月 17 日，学校北京市经济社会发展政策基地入选中国智库索引（CTTI）来源智库(2017 年 1 月—2018 年 12 月)

学科建设

【开展学科评估】 根据国务院学位中心的部署，学校6个学科参加了全国第四轮学科评估，包括应用经济学、统计学、工商管理和管理科学与工程4个博士一级学科，理论经济学、公共管理2个硕士一级学科。按教育部要求，组织了会计、法律、工商管理3个专业学位水平的评估。根据北京市学位委员会要求，完成了马克思主义理论、法学、外国语言文学、安全科学与工程4个硕士一级学科和社会学、公共卫生与预防医学2个硕士二级学科的摸底评估。组织会计、法律、工商管理3个专业学位参加教育部组织的专业硕士水平评估。

（杨晓蕾）

【启动硕士、博士点申报工作】 根据国务院学位办开展国家第十二批硕士、博士学位授权点遴选以及学位点动态调整的会议精神，启动了硕士、博士学位授权点的预申报工作以及学位点动态调整的相关事宜。

（杨晓蕾）

【加强学科队伍建设】 根据学校学科分散的特点，坚持一级学科与二级学科相结合的管理模式，逐步明确专任教师的二级学科归属，明确了今后学科建设和发展的学术队伍基础。更新和完善了教育部学位中心的学位与研究生教育专家信息库中学校469名专家的信息。推荐学校金融、应用统计、税务、国际商务、保险、资产评估、审计、法律、翻译、公共管理、会计、旅游管理12个学科共12名专家任专业学位教育指导委员会委员。

（杨晓蕾）

【开展MBA专业硕士自查自纠】 2016年，按照教育部教研〔2016〕1号《教育部关于部属非中管高校MBA教育专项调查和自查自纠情况的通报》和京学位办〔2016〕4号《关于转发〈教育部关于部属非中管高校MBA教育专项调查和自查自纠情况的通报〉的通知》，学校组织工商管理学院对MBA教育进行了自查自纠，并形成书面报告上报北京市学位管理办公室。

（杨晓蕾）

科学研究

概　况

2016年，秉承“顶天立地，研以致用”的科研理念，学校科学研究工作继续保持较强的活力和较高的水平。获批的高层次项目数量再创新高：获批各类国家级项目50项，其中，国家社会科学基金项目30项，国家自然科学基金项目20项，各类省部级项目50项。国家社科基金项目立项数量再创历史新高，获批数量位列全国财经类高校第一，并连续4年在北京市属高校中排名第一。学校教师出版专著86部，发表国际高水平期刊论文16篇，中文权威期刊论文79篇，核心期刊论文257篇，获批发明专利8项。以“2011协同创新中心”建设为抓手，积极探索中国特色新型高校智库建设的有效路径。学校教师的多项科研成果得到了相关领导的高度重视，产生广泛的社会影响，有2项研究成果获中央领导批示，2项研究成果获得北京市领导批示，6项研究成果刊发在国家、北京市成果要报。学校整体学术氛围浓厚，围绕社会热点问题，联合社会各界力量，出版了《京津冀蓝皮书2016》《中国金融风险报告2016》蓝皮书等成果，发布了北京市大学生发展信心指数、两岸四地消费者信心指数、中国城市生活质量指数等具有参考意义的衡量指数体系，举办了第十届中国经济增长与周期论坛、第四届金融风险高层论坛、2016 城市国际化论坛等学术研讨活动，以及第十一届中国雇主品牌年度评选等社会评选活动。学校科研管理制度建设也取得显著进步。学校召开校学术委员会会议 5 次，研究决定各类高级别项目申报、科研成果认定、省部级奖励推荐等重要事项。

（李艳杰）

科研项目和科研经费

【概述】 2016 年，学校共获得各类科研项目 276 项，批准经费达 3 489. 536 万元。其中，纵向项目 156 项，批准经费 2 084. 376 万元；横向项目 120 项，获得经费1 405. 16万元。学校获批各类国家级项目 50 项，批准经费 1 208. 876 万元。其中，国家社会科学基金项目 30 项，批准经费 645 万元；国家自然科学基金项目 20 项，批准经费 563. 876 万元。学校获批各类省部级项目 50 项，批准经费 528 万元。其中，教育部人文社会科学研究一般项目各类研究项目 3 项，批准经费 24 万元；北京市社会科学基金项目 34 项（含北京市教育委员会社科重点项目 5 项），批准经费 256 万元；北京市自然科学基金项目 2 项，批准经费 21 万元；其他省部级项目 11 项，批准经费 227 万元。学校获批各类委办局级项目 56 项，批准经费 347. 5 万元。其中，北京市教育委员会科研计划面上项目 16 项，批准经费 94 万元；首都经济贸易大学校级项目 23 项，批准经费 33 万元；其它委办局级项目 17 项，批准经费 220. 5 万元。

2016 年纵向科研项目一览表

序号	项目名称	承担单位	负责人
国家社会科学基金重点项目			
1	加快我国从商品出口大国迈向强国战略转变及流通企业“走出去”实现路径研究	经济学院	祝合良
2	中国消费金融发展、风险与监管研究	金融学院	尹志超
国家社会科学基金年度项目（一般项目）			
3	在华外资联盟合作与我国产业安全研究	马克思主义学院	周丽群
4	研发费用所得税加计扣除政策对企业开发支出会计政策选择的影响及经济后果	财政税务学院	刘永涛
5	复合功能型环境税的法律构造研究	法学院	何锦前
6	新常态下兼顾雇佣双方利益的高绩效工作系统的结果及其作用机制的追踪研究	劳动经济学院	苗仁涛
7	基于现代演化经济学的“中国经验”及其可持续性问题研究	城市经济与公共管理学院	刘业进
8	中国劳动力市场供给扭曲与结构性改革研究	统计学院	任韬
9	“一带一路”沿线国家税收政策比较研究	财政税务学院	赵书博
10	“巴黎协定”对中国低碳发展的法律和政策影响及对策研究	文化与传播学院	郭锦鹏
11	僵尸企业的僵化指数与市场退出机制研究	会计学院	栾甫贵
12	供应链金融促进京津冀实体经济适应性发展的创新模式研究	安全与环境工程学院	何向军
13	基于大数据与可视化的我国城市雾霾成因分析研究	信息学院	武装
14	共享改革发展成果的理论、测度方法与实现路径研究	统计学院	阮敬
15	基于异质性半参数面板模型的精准扶贫效果的测度研究与应用	统计学院	刘强

续表

序号	项目名称	承担单位	负责人
16	公共服务购买模式与组织间管理控制的匹配性研究	财政税务学院	何晴
17	碳权资产估值方法及其应用研究	财政税务学院	梁美健
国家社会科学基金年度项目(青年项目)			
18	基于代际效应的提振效应的工业 4.0 对中国制造业发展质量的影响机理研究	经济学院	李春梅
19	我国 PPP 模式 VfM 定量评价方法研究及应用	工商管理学院	汪雯娟
20	刑事对物之诉研究	法学院	高洁
21	人口老龄化背景下人力资本影响贸易模式的作用机制研究	经济学院	黄灿
22	唯物史观中的社会心理范畴相关前沿问题研究	马克思主义学院	李厚羿
23	新形势下个人生活信息的法律保护研究	法学院	陶盈
24	新 SDP 框架下人民币参与国际货币博弈与全球资产配置问题研究	金融学院	赵然
25	梁漱溟的乡村治理思想及其在乡土社会秩序重建中的应用研究	劳动经济学院	魏文一
26	移动互联网时代青年网民的公共舆论事件参与研究	文化与传播学院	李先知
27	经济激励对贫困地区乡村教师吸引与保留的影响机制研究	城市经济与公共管理学院	姜金秋
28	供给侧价格粘性与货币政策传导机制阻滞研究	金融学院	李雪
29	新《环境保护法》下企业环境责任与财务绩效关系研究	金融学院	刘剑蕾
30	新常态下我国经济增长转型与结构变迁研究	经济学院	陆明涛
国家自然科学基金年度项目(面上项目)			
31	非递进多状态复发时间数据统计建模及变量选择	统计学院	裴艳波
32	函数型数据的检验问题	统计学院	张宝学
33	中国城市收缩的空间格局与演化机理研究	城市经济与公共管理学院	吴康
34	忧患型领导的理论构建、结构测量及其对员工变革反应的影响机制研究	工商管理学院	高中华
国家自然科学基金年度项目(青年科学基金项目)			
35	阿尔兹海默症患者的大脑 MRI 数据的结构研究和统计推断	统计学院	安百国
36	产业链视角下的京津冀工业遗产群关联性研究	城市经济与公共管理学院	闫觅
37	不对称趋势周期分解与随机分解:方法与应用	国际经济管理学院	黄宇凡
38	约束交互效应面板数据模型:理论与应用	国际经济管理学院	李红军
39	高维金融数据的波动性因子分析:方法与理论	国际经济管理学院	李委明
40	基于高频极值数据的金融资产跳跃行为建模研究	金融学院	刘威仪
41	稀缺营销视角下消费者社交口碑的形成机制研究	工商管理学院	李研
42	政党制度背景下的高管激励与国有企业治理研究:治理机制及其经济后果	会计学院	王元芳

续表

序号	项目名称	承担单位	负责人
43	技术门槛的并购效应:基于吸收能力与整合程度的研究	工商管理学院	孙忠娟
44	区域制度环境、相对绩效与跨国企业子公司在华后续投资策略研究	国际经济管理学院	张婷婷
45	品牌排斥现象中的消费者自我保护动机研究	工商管理学院	王紫薇
46	基于移动互联的多式联运网络下甩挂运输组织优化研究	工商管理学院	边展
47	基于计算机文本分析的 IPO 申请材料的披露质量研究	会计学院	黄亮华
48	全球价值链与经济周期协同性:基于开放条件下多部门动态随机一般均衡模型	国际经济管理学院	彭道菊
49	人口流动背景下的地方公共教育支出研究	劳动经济学院	王晓霞
50	绿色金融视角下消费信贷的碳排放溢出效应与减排策略研究	金融学院	徐新扩
教育部人文社会科学研究一般项目(青年基金项目)			
51	财政分权与京津冀劳动力市场一体化研究	财政税务学院	王海南
52	发审委员的 IPO 审核质量研究:驱动因素和经济后果	会计学院	黄亮华
53	从经济结构变迁的视角看区域经济增长	国际经济管理学院	黄宗晔
北京市社会科学基金年度项目(重点项目)			
54	京津冀人才国际化协同发展机制与实现路径研究	劳动经济学院	徐芳
55	基于多主体满意度的北京智慧城市建设和治理路径	信息学院	杨一平
56	“一带一路”视角下的欧亚金融史研究	金融学院	祁敬宇
北京市社会科学基金年度项目(一般项目)			
57	以明清制艺为论赋的中国古代文赋研究	文化与传播学院	吴伟凡
58	“互联网+”环境下北京公共信息流动机制及协同获取模式研究	信息学院	高迎
59	基于自组织理论的首都创新集群协同演化生态系统研究	工商管理学院	郭卫东
60	“一带一路”下保护海外利益的私营安保公司法律问题研究	法学院	谢海霞
61	基于京津冀新功能定位的产业转移升级、空间分布与协同发展研究	城市经济与公共管理学院	周伟
62	北京市跨年度预算平衡机制与实现路径研究	财政税务学院	李红霞
63	地区公平视角下城镇职工基本养老保险全国统筹研究	金融学院	王雅婷
64	中国近现代高校英语教育发展的文化路径及当代启示研究	外国语学院	赵海燕
65	马克思主义群众观中国化的历史经验研究	马克思主义学院	成林萍
北京市社会科学基金年度项目(青年项目)			
66	工作场所不文明行为的冲突演化机制:基于压力交互模型的跨层次研究	劳动经济学院	毛畅果
67	北京市自然灾害综合防御分区策略研究	安全与环境工程学院	白鹏飞
68	北京车牌供给与交易机制构建仿真研究	财政税务学院	陈蕾
69	北京市医疗卫生体系公平性评估	劳动经济学院	刘潇

续表

序号	项目名称	承担单位	负责人
70	法治评估体系的本土化建构与应用研究	法学院	陈寒非
71	供给侧改革下减税对北京市企业创新的激励效应分析	财政税务学院	陈远燕
72	北京市住房对家庭资产配置及财富分配的影响研究	金融学院	赵大萍
73	北京市流动人口居住意愿的影响机制与效应研究	劳动经济学院	盛亦男
74	对立与补充:巴特勒与达尔文作品中进化论思想范式建构	外国语学院	苏明鸣
75	海上丝绸之路沿线亚洲地区金融稳定与脆弱研究	金融学院	张若希
76	促进数字音乐产业发展的法律规制研究	法学院	张娜
北京市社会科学基金研究基地项目(重点项目)			
77	京津冀金融资源供给与产业结构转型升级的机制与路径	金融学院	王曼怡
北京市社会科学基金研究基地项目(一般项目)			
78	以 CBD 功能建设推进京津冀区域金融合作的机制与路径研究	金融学院	李丰杉
79	首都新定位下 CBD 高端产业国际化发展研究	金融学院	高杰英
80	“国际 ISO 标准化”视野下京津冀协同建设世界级优质养老产业研究	信息学院	刘经纬
81	京津冀区域差异与地区一体化政策研究	城市经济与公共管理学院	李青淼
82	首都发展研究报告 2017——京津冀协同发展新形势与新进展	城市经济与公共管理学院	叶堂林
北京市自然科学基金年度项目(面上项目)			
83	城市燃气管道泄漏多因素耦合致灾机理及风险管理研究	安全与环境工程学院	吕淑然
北京市自然科学基金年度项目(青年项目)			
84	京津冀一体化视角下的非常规突发事件应急准备分区问题研究——以地震为例	安全与环境工程学院	白鹏飞
北京市教育委员会社科重点项目暨北京市社会科学基金一般项目			
85	北京市高校青年教师职业幸福感与绩效天生的跨层次路径研究	劳动经济学院	苗仁涛
86	社会媒体情境下京津冀跨域突发事件应急决策支持体系研究	工商管理学院	陆文婷
87	北京居民生存压力的缓解途径与社会信心的形成机制研究	统计学院	阮敬
88	新媒体语境下北京影视文化产业的创新力与传播力研究	文化与传播学院	毛琦
89	德性伦理学及其对我国高校德育理论建设的借鉴意义研究	马克思主义学院	王瑞昌
其他省部级项目			
90	南海仲裁案后续影响的法律和政治应对问题研究	文化与传播学院	郭锦鹏
91	“能人治村”及其法律规制研究	法学院	陈寒非
92	保险业提升普惠性的路径创新研究	金融学院	张欲晓
93	农村软法治理问题实证研究	法学院	陈寒飞
94	国际合作反避税形势下我国一般反避税规则重构研究	法学院	贺燕

续表

序号	项目名称	承担单位	负责人
95	全国人大常委会法规备案审查制度的实证研究	法学院	张鹏
96	社会工作介入反家庭暴力研究	城市经济与公共管理学院	冯浩
97	慈善组织税收优惠政策研究	财政税务学院	王海南
98	城市污水处理厂悬浮颗粒物及挥发性有机物复合职业病危害风险评估的研究	安全与环境工程学院	李洪枚
99	我国企业碳排放会计体系研究	会计学院	崔也光
100	企业风险管理相关管理会计工具应用研究	会计学院	马元驹
北京市教育委员会社科计划一般项目			
101	西方会计研究的科学知识图谱分析	会计学院	王伟
102	财政视角下的机关事业单位职业年金及其投资	财政税务学院	郎大鹏
103	大数据环境下的北京市企业研发投入的政府资助政策效应评估	财政税务学院	陈远燕
104	应急储备安排的机制障碍与破解路径	金融学院	陈奉先
105	北京市机动车尾气对雾霾的影响分析及控制对策	统计学院	陶桂平
106	互联网征信时代的个人信息权问题研究	法学院	陶盈
107	厄普代克美国 20 世纪后半叶中产阶级文化建构研究	外语学院	任菊秀
108	科技投入、科技创新与京津冀经济增长的实证研究	首都经济贸易大学	杜军
109	北京实际国际人才红利路径研究	劳动经济学院	魏华颖
110	当代北京老年公共文化空间研究	文化与传播学院	何磊
111	拜厄特小说中的科学与文学知识研究	外国语学院	姚成贺
112	北京现代公共文化服务数字化建设研究	文化与传播学院	徐轶瑛
113	地方债务的宏观经济效应及其风险约束机制构建	经济学院	郝宇彪
114	新媒体时代特稿中的北京形象构建研究	文化与传播学院	王冲
北京市教育委员会科技计划一般项目			
115	数据驱动的质量跟踪评价模型及京津冀养老服务水平研究	信息学院	马慧
116	基于传感器网络的地铁车站安全状态检测的关键技术研究	安全与环境工程学院	周洁琼
其他委办局级项目			
117	京津冀普惠金融调查与研究	金融学院	尹志超
118	京津冀跨域突发事件应急决策支持体系研究	工商管理学院	陆文婷
119	金融高频极值数据建模	金融学院	刘威仪
120	基于扎根理论的京津冀环境治理研究	城市经济与公共管理学院	王烨
121	海上丝绸之路沿线亚洲地区金融稳定与脆弱研究	金融学院	张若希
122	北京市城六区人口调控的思路和对策研究	城市经济与公共管理学院	赵秀池

续表

序号	项目名称	承担单位	负责人
123	首都非公有制经济发展政策环境研究	工商管理学院	柳学信
124	京津冀生态涵养区生态补偿机制研究——以张家路为例	城市经济与公共管理学院	祝尔娟
125	京津冀与长三角、珠三角产业协作比较研究	城市经济与公共管理学院	安树伟
126	北京市属国有企业改革面临的困难及解决路径研究	工商管理学院	戚聿东
127	复杂系统视角下的特大城市运行管理建模仿真研究	信息学院	张军
128	京津冀一体化下基本公共服务存量差异动态研究	财政税务学院	李林君
129	城市交通污染排放机理及节能减排优化方法研究	信息学院	杨艳妮
130	基于人才国际化的协同创新共同体建设研究	劳动经济学院	徐芳
131	研究性教学模式在思想政治理论课中的探索与实践	马克思主义学院	成林萍
132	全媒体时代构建高校新闻宣传新格局的路径研究	宣传部	邸燕茹
133	媒体融合背景下高校校园媒体传播力建设的策略研究	宣传部	杨俊
首都经济贸易大学校级科研项目			
134	北京市共有产权住房多元化发展模式研究	城市经济与公共管理学院	徐虹
135	人力资源管理部门变革管理职能角色对组织柔性以及组织绩效的影响研究	工商管理学院	张勃
136	北京市企业绿色采购的三维制度应用研究：由“知而不行”到“行有所成”	工商管理学院	张松波
137	基于大型中介语语料库的留学生汉语书面嵌偶单音词习得与教学对策研究	国际学院	许晓华
138	北京创新驱动新动力生成机理及实现路径研究	经济学院	封岩
139	我国自贸区建设与发展问题研究	经济学院	燕秋梅
140	中国特色新型工业化道路研究	马克思主义学院	张晓萍
141	塞缪尔·巴特勒 Erewhon 进化论视角解读与翻译	外国语学院	苏明鸣
142	生态视域下公示语翻译管理研究	外国语学院	张春玲
143	智能控制及其在智能家居系统中的应用研究	信息学院	刘经纬
144	新型生物法烟气脱硝工艺的基础研究	安全与环境工程学院	丁爽
145	普惠金融体系财税支持政策优化研究	财政税务学院	王海南
146	基于协同发展视角下的京津冀产业用地优化与调控技术研究	城市经济与公共管理学院	王建强
147	城镇化过程中存量建设用地再开发模式及管控机制研究	城市经济与公共管理学院	张扬
148	商品组合中呈现的多样性对消费者评价及购买行为的影响	工商管理学院	王夏
149	中国传统文化对企业绩效影响的案例研究	会计学院	任梦杰
150	企业绿色行为驱动机制及绩效影响研究	经济学院	李溪

续表

序号	项目名称	承担单位	负责人
151	北京市基本养老保险转移接续路径研究	劳动经济学院	刘潇
152	克拉申二语习得理论在信息化教学模式中的应用研究	外国语学院	方俊青
153	英语课堂中国际化人才培养的协同效应研究	外国语学院	罗晓萌
154	中国企业文化海外传播模式与路径研究	外国语学院	喻咏阳
155	企业项目管控能力的战略资源属性研究	信息学院	曹娜
156	中文链接数据构建关键技术研究	信息学院	王汀

（文玮）

【获批多项国家级项目】 2016年，学校共获批50项国家级高水平科研项目，其中，获批国家社会科学基金项目30项，位列全国财经类高校第一，并连续4年在北京市属高校中排名第一；获批国家自然科学基金项目20项。2016年获批的国家社会科学基金项目覆盖了理论经济学、应用经济学、管理学、统计学、哲学、新闻学与传播学、法学、国际问题研究、社会学等9个学科，青年项目数量超过总体立项数的40%。

（文玮）

科研成果

【概述】 2016年，学校教师出版专著87部，编著或教材25部，译著7部，工具书或参考书5部，其它专业出版物18部；发表国际高水平论文16篇，中文权威A论文11篇，权威B论文68篇，核心期刊论文257篇。

2016年出版专著一览表

序号	著作名称	第一作者	所属单位	出版单位	出版时间
1	经济波动、宏观调控与产业升级	周明生	经济学院	中国金融出版社	2016-12-20
2	翻译对比及跨文化启示	张慧宇	外国语学院	中译出版社	2016-12-13
3	宪法社会学	喻中	法学院	中国人民大学出版社	2016-12-10
4	助力打造和谐宜居之都及未来问题预警	方兴	金融学院	中国书籍出版社	2016-12-02
5	“一带一路”战略下北京国际交往中心的发展	方兴	金融学院	中国书籍出版社	2016-12-02
6	北京CBD教育	方兴	金融学院	中国书籍出版社	2016-12-02
7	非法非正常收入形成的博弈机理及其对国民收入分配格局的影响研究	王少国	经济学院	经济管理出版社	2016-12-02
8	可压纳维-斯托克斯方程和布辛尼斯克方程解的性质研究	窦昌胜	统计学院	首都经济贸易大学出版社	2016-12-01
9	法学是什么	喻中	法学院	中国法制出版社	2016-11-18
10	企业会计准则实施（2007—2016）研究	尤小雁	会计学院	经济科学出版社	2016-11-15

续表

序号	著作名称	第一作者	所属单位	出版单位	出版时间
11	保险与侵权法:参与限度的研究	陈皓	法学院	中国政法大学出版社	2016 - 11 - 15
12	清代的男风、性与司法	陈寒非	法学院	上海三联书店	2016 - 11 - 15
13	城市交通污染分时段管理措施建模及优化	杨艳妮	信息学院	首都经济贸易大学出版社	2016 - 11 - 01
14	基于专利分析的高新技术企业技术威胁识别研究	张丽玮	信息学院	科学技术文献出版社	2016 - 11 - 01
15	企业会计准则(2006)实施的经济后果研究	刘文辉	会计学院	中国商务出版社	2016 - 11 - 01
16	资源环境约束下的首都北京发展研究	段霞	城市经济与公共管理学院	中国经济出版社	2016 - 11 - 01
17	战略人力资源管理的本土化研究	苗仁涛	劳动经济学院	中国人事出版社	2016 - 10 - 28
18	现代广告形与色	张蕾	文化与传播学院	中国工商出版社	2016 - 10 - 20
19	中国学生英语语用能力发展研究——基于互动视角	郝钦海	外国语学院	首都经济贸易大学出版社	2016 - 10 - 20
20	管理层语调有信息含量吗?——基于业绩说明会的文本分析	林乐	会计学院	经济科学出版社	2016 - 10 - 20
21	北京市基础教育学龄人口预测研究	姚翠友	信息学院	中国财政经济出版社	2016 - 10 - 18
22	西部大都市区管治	安树伟	城市经济与公共管理学院	经济科学出版社	2016 - 10 - 15
23	全球治理背景下的金融监管重建与大国金融	祁敬宇	金融学院	中国金融出版社	2016 - 10 - 10
24	银行国际化进程、度量及效应	高杰英	金融学院	中国金融出版社	2016 - 10 - 06
25	移动卫星天线姿态控制策略	曹海青	信息学院	机械工业出版社	2016 - 10 - 01
26	京津冀协同发展中的首都功能定位与产业分工研究	周伟	城市经济与公共管理学院	经济科学出版社	2016 - 10 - 01
27	上市公司信息披露选择研究	张馨艺	会计学院	经济科学出版社	2016 - 10 - 01
28	理性疏忽框架下的经济周期理论研究	王军	经济学院	经济日报出版社	2016 - 10 - 01
29	邮政业监管的行政法研究	尹少成	法学院	中国政法大学出版社	2016 - 09 - 20
30	涉税服务的视野与视角	刘颖	财政税务学院	经济科学出版社	2016 - 09 - 20
31	社会企业兴起的路径研究——两大部门的相互融合与结构差异	王世强	城市经济与公共管理学院	首都经济贸易大学出版社	2016 - 09 - 01

续表

序号	著作名称	第一作者	所属单位	出版单位	出版时间
32	中国国情下高校英语教育改革研究	赵海燕	外国语学院	首都经济贸易大学出版社	2016-09-01
33	资本成本约束与公司财务政策	邹颖	会计学院	经济科学出版社	2016-09-01
34	简·奥斯汀《劝导》的研究	苏明鸣	外国语学院	首都经济贸易大学	2016-09-01
35	集合运算中的隐私保护问题研究	孙茂华	信息学院	首都经济贸易大学出版社	2016-09-01
36	现代密码学——基于安全多方计算协议的研究	孙茂华	信息学院	电子工业出版社	2016-09-01
37	中国医疗信息化发展研究——持续采纳的视角	余镜怀	工商管理学院	经济管理出版社	2016-09-01
38	在华跨国公司跨文化整合模式选择研究——关系资本建构视角	刘重霄	外国语学院	首都经济贸易大学出版社	2016-09-01
39	时间序列预测与神经计算人工智能理论及其在复合经典控制中的应用与Matlab实现	刘经纬	信息学院	首都经济贸易大学出版社	2016-09-01
40	社会资本视角下的我国区域协调发展战略研究	赵家章	经济学院	经济日报出版社	2016-09-01
41	高尔夫运动与训练	黎臣	体育部	首都经济贸易大学出版社	2016-08-10
42	家庭生产、社会网络与自选择——非正规就业决策因素与影响	李晓曼	劳动经济学院	中国劳动社会保障出版社	2016-08-01
43	财税政策促进文化产业创新发展的作用研究	丁芸	财政税务学院	中国税务出版社	2016-08-01
44	我国特大城市CBD金融集聚差异化发展研究	王曼怡	金融学院	中国金融出版社	2016-08-01
45	中国税收立法研究	曹静韬	财政税务学院	经济科学出版社	2016-08-01
46	人才创新思维	徐斌	劳动经济学院	中国人事出版社	2016-08-01
47	最低工资的制度逻辑:基于劳动力的社会成本与策略选择的视角	盛龙飞	劳动经济学院	中国劳动社会保障出版社	2016-08-01
48	先进模糊智能复合经典PID控制理论与应用及其Matlab实现	刘经纬	信息学院	首都经济贸易大学出版社	2016-08-01
49	汉语比喻造词中名词性喻指成分属性义研究	许晓华	国际学院	首都经济贸易大学出版社	2016-08-01
50	射击运动员专项:认知眼动特征的研究	廖彦罡	体育部	中国书籍出版社	2016-08-01
51	多方法建模原理与应用	马峻	安全与环境工程学院	科学出版社	2016-08-01

续表

序号	著作名称	第一作者	所属单位	出版单位	出版时间
52	社会转型中的民间组织研究——民间组织合法性机制的建立	吕新萍	劳动经济学院	清华大学出版社	2016-08-01
53	钢铁企业副产煤气系统优化调度研究	孔海宁	工商管理学院	经济科学出版社	2016-07-05
54	现代英语语法图表解析	方俊青	外国语学院	首都经济贸易大学出版社	2016-07-04
55	人力资源管理与人才开发培训	王默凡	国际学院	现代出版社	2016-07-01
56	社会本位:政府购买服务的转型及其人才开发	陈书洁	劳动经济学院	社会科学文献出版社	2016-07-01
57	经济大师论黄金	祝合良	经济学院	首都经济贸易大学	2016-07-01
58	深入了解电子口碑——前因与影响	付东普	信息学院	首都经济贸易大学出版社	2016-07-01
59	农村医生工作满意度影响机制的实证分析——来自公立医院的微观证据	董香书	经济学院	首都经济贸易大学出版社	2016-07-01
60	中国意识形态面临的挑战与对策研究	匡长福	马克思主义学院	首都经济贸易大学出版社	2016-06-14
61	依法制章,依章治校:我国公立高等学校章程建设研究	焦志勇	法学院	中国政法大学出版社	2016-06-10
62	北京商务中心区(CBD)发展指数研究	蒋三庚	金融学院	首都经济贸易大学出版社	2016-06-10
63	功能基因组学统计方法	王琳	统计学院	中国统计出版社	2016-05-31
64	外部冲击、资本管制与外汇储备策略	魏晓云	统计学院	首都经济贸易大学出版社	2016-05-10
65	法官行为与涉诉信访研究	宋心然	城市经济与公共管理学院	清华大学出版社	2016-05-01
66	博弈论应用与经济学发展	王文举	经济学院	中国人民大学出版社	2016-05-01
67	基于随机规划的多阶段投资组合选择	赵大萍	金融学院	科学出版社	2016-05-01
68	政府购买公共服务中的组织间管理控制问题研究	何晴	财政税务学院	中国财政经济出版社	2016-05-01
69	消费者响应视角下的企业社会责任行为研究	黄苏萍	工商管理学院	经济管理出版社	2016-04-26
70	京津冀发展报告(2016)——协同发展指数研究	文魁	经济学院	社会科学文献出版社	2016-04-01
71	以工业历史遗存为特色的生态旅游城市建设	李佳蔚	文化与传播学院	北京理工大学出版社	2016-04-01

续表

序号	著作名称	第一作者	所属单位	出版单位	出版时间
72	首都流动人口融合研究	亓昕	劳动经济学院	中国劳动社会保障出版社	2016-03-30
73	特大城市中心城区国际交往功能提升研究	张杰	城市经济与公共管理学院	吉林出版集团股份有限公司	2016-03-18
74	首都人口分布与城市地域结构研究	曾宪新	劳动经济学院	中国劳动与社会保障出版社	2016-03-12
75	首都人口调控研究	肖周燕	劳动经济学院	中国劳动社会保障出版社	2016-03-09
76	首都人口老龄化与养老问题研究	张航空	劳动经济学院	中国劳动社会保障出版社	2016-03-01
77	大气污染联防联控法制研究	高桂林	法学院	中国政法大学出版社	2016-03-01
78	认知·现实·主体:A. S. 拜厄特四部曲中的知识话语研究	姚成贺	外国语学院	南京大学出版社	2016-03-01
79	酶催化氧化类固醇激素研究	李洪枚	安全与环境工程学院	知识产权出版社	2016-03-01
80	中国现代消遣小说研究	司新丽	文化与传播学院	中国人民大学出版社	2016-03-01
81	国际品牌象征价值的形成机制研究	邱琪	工商管理学院	经济科学出版社	2016-02-10
82	马克思主义前沿问题	谷军	马克思主义学院	首都经济贸易大学出版社	2016-01-18
83	国有垄断企业改革与高管薪酬	杜雯翠	经济学院	中国出版集团东方出版中心	2016-01-15
84	出版企业动态能力研究	杨玲	出版社	中国人民大学出版社	2016-01-01
85	协同创新思维	徐斌	劳动经济学院	人民邮电出版社	2016-01-01
86	货币国际化的内在影响因素研究	赵然	金融学院	首都经济贸易大学出版社	2016-01-01
87	2015 中国股市:投资、动荡与治理	施慧洪	金融学院	中国金融出版社	2016-01-01

（李艳杰）

2016 年发表国际高水平期刊论文一览表

序号	论文题目	作者	所属单位	发表期刊名称
1	Maximum Likelihood Estimation and Inference for Approximate Factor Models of High Dimension	李鲲鹏	国际经济管理学院	Review of Economics and Statistics
2	Estimation and inference of FAVAR models	李鲲鹏	国际经济管理学院	Journal of Business & Economic Statistics
3	Modelling Multivariate Volatilities via Latent Common Factors	李委明,等	国际经济管理学院	Journal of Business & Economic Statistics
4	Efficiency of Thin and Thick Markets	李奇	国际经济管理学院	Journal of Econometrics
5	Consistent Model Specification Tests Based on K-Nearest-Neighbor Estimation Method	李红军,等	国际经济管理学院	Journal of Econometrics
6	Determinants of Global CO_2 Emissions Growth	蒋雪梅,等	经济学院	Applied Energy

续表

序号	论文题目	作者	所属单位	发表期刊名称
7	Revisiting the Global Net Carbon Dioxide Emission Transfers by Internaitonal Trade: the Impact of Trade Heterogeneity of China	蒋雪梅,等	经济学院	Journal of industrial ecology
8	Household Carbon Inequality in Urban China, Its Sources and Determinants	徐新扩,等	金融学院	Ecological Economics
9	Modeling Water Trading under Uncertianty for Supporting Water Resources Management in An Arid Region	曾雪婷,等	劳动经济学院	Journal of water resources planning and management
10	A Developed Fuzzy – stochastic Optimization for Coordinating Human Activity and Eco – environmental Protection in A Regional Wetland Ecosystem Under Uncertainties	曾雪婷,等	劳动经济学院	Ecological Engineering
11	Development of A Fuzzy – stochastic Programming with Green Z – score Criterion Method for Planning Water Resources Systems with A Trading – mechanism	曾雪婷,等	劳动经济学院	Environmental Science and Pollution Research
12	Time – varying Latent Model for Longitudinal Data with Informative Observation and Terminal Event times	裴艳波,等	统计学院	Science China – Mathematics
13	Surveying Traffic Congestion Based on the Concept of Community Structure of Complex Networks	马丽丽,等	统计学院	International Journal of Modern Physics C
14	Expectations, Effectiveness and Discrepancies: Exploring Multiple HR Roles in the Chinese Business Context	高中华,等	工商管理学院	International Journal of Human Resource Management
15	Multistage Investment Actions with the Emission Cap	王明荣,等	经济学院	Mathematical Problems in Engineering
16	Joint Analysis of Longitudinal Data with Additive Mixed Effect Model for Informative Observation Times	房厦,等	统计学院	Journal of Statistical Planning and Inference

（蔡万江）

【10 部学术著作获得 2016 年出版资助】 6 月 21 日,学校出版基金委员会召开首都经济贸易大学学术著作出版资助评审会。本次评审共收到参评著作 17 部,共 10 部学术著作获得出版资助。

2016 年出版资助著作一览表

序号	著作名称	作者	单位
1	复杂矿井通风系统稳定性研究	谢中朋	安全与环境工程学院
2	社会保障的供给与财政责任——供给侧结构性改革的视角	郎大鹏	财政税务学院

续表

序号	著作名称	作者	单位
3	公司的环境责任论	高桂林	法学院
4	国有企业分类绩效评价体系的构建	闫华红	会计学院
5	金融普惠与京津冀协同发展研究	尹志超	金融学院
6	中国碳排放权交易的机制设计与影响评估研究	闫云凤	经济学院
7	雇主品牌研究	朱勇国	劳动经济学院
8	北京市城镇居民幸福指数的追踪研究	郭洪伟	统计学院
9	基于言语行为理论的"把"字句研究	赵志清	文化与传播学院
10	决策分析与决策树算法优化	高静	信息学院

（王爱玲）

【2 项研究成果获中央领导批示】 2 月 22 日，财政税务学院教授郝如玉、曹静韬提交的研究报告《从税与费的科学界限看环保税法立法》获得中共中央总书记、国家主席、中央军委主席习近平重要批示。9 月 7 日，首都圈研究团队教授叶堂林、祝尔娟等刊发在《人民日报内参》（第 574 期—575 期）的《对京津冀 44 个市区县企业协同发展情况的调查》获得中央政治局常委、国务院副总理、京津冀协同发展领导小组组长张高丽的重要批示。

（李艳杰）

【2 项研究成果获北京市领导批示】 9 月 12 日，由学校教授张强完成的《北京新阶段城乡一体化问题研究》刊发在中共北京市委办公厅《北京信息》（第 89 期），获得北京市副市长林克庆批示；10 月 12 日，由学校教授叶堂林、祝尔娟等完成的《京津冀与长三角、珠三角企业发展对比研究及政策建议》获得时任北京市市长王安顺批示。

（李艳杰）

【6 项研究成果刊发在国家、北京市成果要报】 学校有 1 项研究成果刊发在全国哲学社会科学规划办公室的《国家社会科学基金项目成果要报》上，有 5 项研究成果刊发在北京市哲学社会科学规划办公室的《北京社科基金成果要报》上。

2016 年国家、北京市成果要报刊发情况一览表

序号	成果名称	完成人	发表刊目	刊发日期
1	制定民法典应重视民商事习惯调查	张世君	《国家社科基金成果要报》2016 年第 33 期（总第 1171 期）	2016－08－18
2	在中关村设立政策性科技保险公司的建议	特大城市研究院	《北京社科基金项目成果要报》2016 年第 27 期	2016－11－14
3	京津冀与长三角、珠三角企业发展对比研究及政策建议	叶堂林、祝尔娟，等	《北京社科基金项目成果要报》2016 年第 24 期	2016－10－12
4	关于城镇住宅用地自动续期的四点建议	赵秀池	《北京社科基金项目成果要报》2016 年第 9 期	2016－05－10
5	京津冀产业协同发展的最新进展	祝尔娟，等	《北京社科基金项目成果要报》2016 年第 7 期	2016－04－19
6	从大数据看北京企业疏解的工作重点	叶堂林、祝尔娟，等	《北京社科基金项目成果要报》2016 年第 1 期	2016－01－12

（李艳杰）

【8项发明专利获得国家授权】 2016年,学校有8项发明专利获得国家授权,其中实用新型专利2项,其他知识产权专利6项。

2016年获批专利情况一览表

序号	专利名称	完成人	专利类型	授权日期
1	智能互动系统	索绪香,等	实用新型	2016-10-12
2	家用电子蔬菜培育装置	徐天晟	实用新型	2016-05-18
3	包含情绪影响的群行为仿真系统V1.0	马峻,等	其他知识产权	2016-12-01
4	实验室智能控制系统V1.0	陆辉	其他知识产权	2016-10-18
5	NAND Flash数据重组算法演示和实现软件	徐天晟,等	其他知识产权	2016-09-28
6	跨平台互动教学系统V1.0	陆辉	其他知识产权	2016-08-11
7	可支持多种设备的图像采集软件	曹海青	其他知识产权	2016-02-14
8	古籍图像预处理软件V1.0	曹海青	其他知识产权	2016-02-05

（李艳杰）

学术活动

【概述】 2016年,学校科研处、各学院、各研究院积极合作,举办了多种形式和规模的学术论坛、学术会议、学术讲座等,共计261场次,其中,国际会议2次,全国性会议16次;出版《京津冀蓝皮书》《中国金融风险报告》蓝皮书等成果;发布北京市大学生发展信心指数、两岸四地消费者信心指数、中国城市生活质量指数等具有参考意义的衡量指数体系。学校教研人员积极参加校内外各类学术活动。

2016年举办国际会议一览表

序号	会议名称	主办单位	会议时间	参加人
1	"经济下行中的劳动关系规制与政府劳工政策"国际研讨会	首都经济贸易大学	9月24日	来自我国人力资源和社会保障部劳动关系司、加拿大劳工部、中国经济体制改革研究会、中国人民大学劳动关系研究所的专家学者,以及我校和中国人民大学的100多名硕士、博士研究生
2	第三届经贸发展论坛	首都经济贸易大学、美国克利夫兰州立大学	10月15日	首都经济贸易大学、克利夫兰州立大学相关专家学者及中航安盟财产保险有限公司总裁等

2016年举办全国性会议一览表

序号	会议名称	主办单位	会议时间	参加人
1	2016一季度"两岸四地消费者信心指数"发布,总体乐观稳定	首都经济贸易大学	4月8日	两岸四地消费者信心指数研究团队的成员,中国国际广播电台、福建海峡卫视、光明日报、中国财经报、京华时报等30余家媒体的记者和代表

续表

序号	会议名称	主办单位	会议时间	参加人
2	2016 京津冀蓝皮书"京津冀协同发展指数"发布会	首都经济贸易大学	4 月 28 日	北京市社科规划办、社科文献出版社、首都经济贸易大学、首经贸特大城市研究院及来自京津冀三地的各界领导、专家、特约嘉宾和首经贸部分师生，还有中央电视台、北京电视台、天津卫视、中央人民广播电台、中国教育电视台、新华社、光明日报、经济日报、经济参考报、北京日报、中国城市报、北京晨报、北京晚报、新京报、北京青年报、21 世纪经济报道、法制日报、投资北京、人民网、中国网、中新网、中国经济网等 20 多家新闻媒体，近 200 人
3	第八届全国比较管理学术研讨会	首都经济贸易大学	5 月 14 日	来自中国社会科学院工业发展研究所、中国企业管理研究会、中央财经大学、南开大学、对外经济贸易大学以及首都经济贸易大学等 40 所科研院所、高校及企业的专家学者 120 余人
4	第五届全国中央商务区发展研究高峰论坛	首都经济贸易大学	6 月 17 日	来自中国社会科学院、国务院发展研究中心、商务部、中国城市经济学会、北京市哲学社会科学规划办公室、中国人民大学、南开大学、北京工商大学、北京邮电大学、安徽科技学院、北京联合大学、北京 CBD 管委会、郑州郑东 CBD 管委会、西安 CBD 管委会等单位的有关领导和知名专家学者，我校部分师生、新闻媒体共计 200 多人
5	"京津冀金融研究联盟"成立仪式暨"京津冀金融普惠报告发布会"	首都经济贸易大学	9 月 18 日	中国人民大学、对外经济贸易大学、中央财经大学、北京工商大学、北京联合大学、天津财经大学、河北大学、河北经贸大学、河北金融学院、首都经济贸易大学等 10 余所高校
6	2016 北京智慧旅游论坛	首都经济贸易大学	9 月 28 日	全国人大财经委员会、北京市旅游发展委员会、首都经济贸易大学、北京各区旅游发展委员会领导，旅游景区、酒店、旅行社、在线旅游企业、IT 互联网企业、国内主流媒体，超过 300 人
7	2016 中国特大城市高端论坛	首都经济贸易大学	10 月 15 日	来自清华大学、北京大学、中国人民大学、北京师范大学、东北大学、中国社会科学院、中国科学院等十余所高校和科研机构的专家学者，国务院发展研究中心、住房和城乡建设部、国家发改委宏观经济研究院、北京市委办公厅综合信息室、北京市政协、北京市城管执法局等政府机构的嘉宾，以及我校 400 余名师生

续表

序号	会议名称	主办单位	会议时间	参加人
8	第四届中国国有企业改革与治理学术研讨会	首都经济贸易大学	10月23日	来自中国社会科学院工业经济研究所、中国社会科学院民营经济研究中心、国务院发展研究中心、新华社、中国企业联合会、北京大学、南京大学、中国人民大学、北京师范大学、南开大学、对外经贸大学、首都经济贸易大学、北京工商大学、北京科技大学、北京印刷学院、中央民族大学、安徽财经大学、天津财经大学、重庆工商大学、南京中医药大学、南京理工大学等50多所大学和研究机构的专家学者以及学校工商管理学院部分教师、博士生、硕士生等
9	2016首都企业改革研究会年会	首都经济贸易大学	12月18日	来自首都经济贸易大学、中国社会科学院、中央民族大学、山东黄金有色矿业集团、北京冬奥会组委会、中央财经大学的专家、学者
10	2016应用微观金融学术研讨会	首都经济贸易大学	12月22日	世界银行研究部、中国人民大学财政金融学院、对外经济贸易大学、中国人民大学、南开大学经济学院、清华大学、山东大学等多所高校和研究机构的科研人员
11	第十届中国经济增长与周期论坛	中国经济增长与周期研究中心、中国社会科学院、首都经济贸易大学	7月2日	来自国家统计局、国家发展和改革委员会、国务院研究发展中心、中国社会科学院、北京大学、中国人民大学、加州大学圣地亚哥分校、佛罗里达大学、北京师范大学、南京大学、厦门大学、上海财经大学以及其他国内外高校、科研机构等单位的近200多位专家学者
12	2016城市国际化论坛	中共北京市委社会工作委员会、首都经济贸易大学	11月11日至12日	来自清华大学、中国人民大学、北京师范大学等15所高校,中国科学院、中国社科院、中国建筑设计研究院等6家研究机构,国家卫生计生委、河北省委省政府等8家政府机关及下属机构以及亚太城市研究会、中国城市科学研究会等7家公共组织和企业单位的专家与学者共计71名注册代表和90名博士硕士研究生
13	第十届北京安全文化论坛	北京市安全生产监督管理局、首都经济贸易大学、北京市安全文化促进会、北京市职业病防治联合会、北京市安全生产青年人才促进会	11月29日	首都经济贸易大学、北京市安全文化促进会、北京市职业病防治联合会、北京市安全生产青年人才促进会和国家安全生产监督管理总局等

续表

序号	会议名称	主办单位	会议时间	参加人
14	第四届金融风险高层论坛暨《中国金融风险报告(2016)》蓝皮书发布会	首都经济贸易大学、中国社会科学院金融研究所	12月1日	首都经济贸易大学,法国 Engie 公司,野村证券,西南财经大学中国金融研究中心、金融风险研究院,中国工商银行金融研究所,中国城市金融学会,国务院发展研究中心金融研究所等多家金融领域研究机构的主要负责人
15	第三届"科学监管与监管科学"论坛	首都经济贸易大学、中国市场监督管理学会	12月8日	来自国家行政学院、清华大学、北京大学、中国人民大学、南开大学等20余所研究机构的50余名专家学者,以及来自中国行政管理学会、中国市场监督管理学会、北京市城市管理综合行政执法局和工商系统的领导干部
16	第十一届中国雇主品牌论坛	首都经济贸易大学中国雇主品牌研究中心、国际人力资源管理协会、中国雇主品牌网	12月31日	人力资源和社会保障部《职业》杂志社、新华社、全国工商联研究室、中国民营经济研究会、北京大学等单位相关专家学者以及中国教育电视台、凤凰网、中国新闻网、搜狐网、新浪网、《人力资源》、风岐茶社等60多家媒体

(李琳)

科研管理

【获评北京社会科学基金项目优秀二级管理单位】 4月1日,在北京市哲学社会科学规划工作会上,学校连续5年被评为北京社科基金项目优秀二级管理单位,科研处刘佳获评2016年度北京市社会科学基金项目管理工作先进个人。

(刘佳)

【编辑发行2016年《科学研究》】 2016年,学校编辑并在校内发行《科学研究》2期。《科学研究》第1期(总第13期)以"国家高端智库建设应寻求产出高质量成果"为内容,聚焦国家高端智库建设现状;第2期(总第14期)以"高校社科界学习贯彻习近平哲学社会科学工作座谈会重要讲话精神",围绕高校学习贯彻习近平总书记讲话精神,结合中国特色社会主义伟大实践,加快构建中国特色哲学社会科学展开。

(李琳)

【召开校学术委员会会议】 5月3日、5月26日、6月30日、7月14日、10月26日,学校分别召开5次校学术委员会会议,分别就评审2016年度北京市社会科学基金项目申报工作,科研成果认定,审议2017年北京市教育委员会科研计划拟推荐项目,评议2016年度校级经贸学者、后备学科带头人、中青年骨干教师的考核结果和入选名单,审议拟推荐参评2016年北京市第十四届哲学社会科学优秀成果,审议讨论《首都经济贸易大学教师职务聘任工作实施方案(2017—2020年)(征求意见稿)》等问题开展。

(李琳)

【举办第三届经贸发展论坛】 10月15日,学校和美国克利夫兰州立大学联合主办第三届经贸发展论坛。副校长徐芳、校长助理戚聿东、孔子学院理事会理事长严云泰、克利夫兰州立大学副校长辛迪·斯科卢贝、中航安盟财产保险有限公司总裁奥利维尔和学校的专家学者参加了论坛。在大会主题演讲环节,克利夫兰州立大学金融系主任、教授周海刚,克利夫兰州立大学教授特里·汤姆林森,中航安盟财产保险有限公司总裁奥利维尔及学校金融学院院长、教授尹志超等中外学者先后就自己关注的领域进行了学术演讲。

(李琳)

【举办 Web of Science 培训讲座】 11 月 2 日,学校举办主题为"获取前沿研究动态及论文写作与投稿——Web of Science 核心合集数据库的检索和利用"的专题培训讲座。讲座邀请汤森路透集团资深培训师马亚鹏主讲,对收录了全球 12 400 多种权威的、高影响力的学术期刊,内容涵盖自然科学、工程技术、生物医学、社会科学、艺术与人文等领域的重要数据库 Web of Science 核心合集数据库,以及有助锁定各学科中的研究前沿及高质量论文深层次分析工具 ESI(Essential Science Indicators)的使用进行了讲解。科研处、研究生部、图书馆相关工作人员及师生代表共 50 余人参加了本次讲座。

(李琳)

【举办 2017 年国家自科、社科基金申报辅导会】 12 月,学校举办"林汉川教授 2017 年国家自然科学(简称"自科")、社会科学(简称"社科")基金申报辅导会"。林汉川详细介绍了国家自科、社科基金的申报过程,并针对学校教师在国家级项目申报过程中遇到的主要问题,进行了分析和指导。就国家自科、社科基金的选题确定、国内外研究现状与意义、研究目标与研究内容、研究技术路线与研究方法、研究基础与研究队伍描述等方面的技巧和应注意的问题进行了深入全面的分析,并针对国家项目的同行评议标准与评审特点做了说明。各学院(系、部)分管科研工作副院长(副主任)、教师及科研团队成员等近 100 人参加了此次讲座活动。

(文玮)

科研基地

概　况

2016 年,首都经济贸易大学特大城市经济社会发展研究院的各项工作迈上了一个新台阶,体制机制进一步完善,研究院在原有 6 个研究中心的基础上新增 3 个研究中心。10 月,研究院经学校批复成为实体性组织机构,有利于进一步增强特大城市研究院研究实力。依托于研究院成立的特大城市协同创新中心在市教委评估中取得佳绩,"城市群系统演化与可持续发展的决策模拟实验室"获批为北京市重点实验室;市委书记郭金龙调研我校时重点考察了城市运行与应急管理实验中心并对其给予肯定;研究院开展协同创新研究,服务经济社会发展的能力不断提升。同时,学校继续稳步推进两个北京市哲学社会科学研究基地——CBD 发展研究基地和北京市经济社会发展政策研究基地的建设。CBD 发展研究基地在促进学校协同创新方面发挥了重要作用;北京市经济社会发展政策研究基地发布的京津冀蓝皮书社会反响强烈。两个研究基地在充分利用研究资源、开展科研活动、促进成果应用转化、加强人才培养、服务首都经济发展等方面取得了显著成效。

(李艳杰)

特大城市经济社会发展研究院

【北京市委书记郭金龙调研城市运行与应急管理实验中心】 4 月 26 日,北京市委书记郭金龙来校调研,特别考察了城市运行与应急管理实验中心。在城市运行与应急管理实验中心,郭金龙察看了城市运行与应急管理教学研究系统及空间、环境、交通、产业仿真决策模型,详细了解研究院运用大数据分析,在首都可持续发展、破解城市病及京津冀协同发展等方面的研究成果。在与学校师生交流的座谈会上,郭金龙再次提到了在实验中心参观有强烈共鸣,提出要用新的理念引领创新发展,自觉应用新技术,破解城市发展难题,并肯定了实验中心展示北京 3 000年城市发展历史的做法。

(段霞)

【特大城市协同创新中心在市教委评估中取得佳绩】 4 月 14 日,北京市教委相关领导和北京高校 2016 协同创新中心评估专家听取了特大城市协同创新中心的现场汇报。5 月 5 日,北京市教委专门组织召开工作座谈会,反馈本次阶段评估意见。会议宣布:本次评估专家在认真听取完 15 个中心的汇报后,一致认为首都经济贸易大学的特大城市经济社会发展研究协同创新中心是本周期建设中成绩比较突出的单位。特大城市协同创新中心副院长段霞教授受邀做了经验总结和汇报交流。

（段霞）

【召开学术会议】 4月8日，研究院联合北京市社科联、中共北京市委办公厅信息综合室共同举办“特大城市治理现代化”专题研讨会；10月15日，研究院召开“2016中国特大城市高端论坛”，论坛主题为“从国家规划到城市治理”；11月11日—12日，研究院主办“2016城市国际化论坛”，论坛主题为“社会组织发展与城市治理”。

（段霞）

【公开招标课题】 2016年，研究院2011协同创新中心与科研处联合进行课题招标，收到有效申报书60份，其中6项课题（京津冀上市公司外汇风险暴露研究、世界级城市群的形成机理与发展趋势研究、特大城市中央商务区综合竞争力评价指数研究等）获得立项。

（段霞）

【支持提升研究生研究水平】 特大城市协同创新中心联合学校研究生部和北京市哲学社会科学CBD发展研究基地，面向学校硕士、博士研究生联合招标课题，收到有效申报书130多份，其中28项课题获批立项。

（段霞）

【推进特大城市协同创新中心建设】 6月，研究院在原有6个研究中心的基础上，新增3个研究中心，即世界城市研究中心、区域发展研究中心、生态城市与区域研究中心。6月3日，召开京津冀协同发展联合创新中心第二次理事会，以北京大学、南开大学、清华大学、河北经贸大学、首都经济贸易大学为核心的协同单位领导，分别就京津冀协同发展联合创新中心的理事会成员变更情况说明、理事会会议议程审议等进行了商讨。12月，特大城市协同创新中心与北京市委办公厅信息综合室就协同创新中心相关研究成果作为北京市政府重要决策资讯信息资料签订了合作协议。

（段霞）

【成为实体性组织】 10月26日，校党委常委会第175次会议批复同意研究院成为实体性组织，作为学校无行政级别的二级研究机构。

（段霞）

【获批为北京市重点实验室】 12月，以研究院为主体申报的“城市群系统演化与可持续发展的决策模拟北京市重点实验室”通过北京市科委认定，这是学校获批的首个北京市重点实验室，也是学校在自然科学与社会科学跨学科领域获批的第一个省部级实验室。

（段霞）

【完善数据库建设】 2016年，研究院进一步加强数据库建设。中国城市数据库、国际城市比较数据库、北京发展数据要览等8个子数据库最新数据均更新至2016年；初步开发了城市灾害数据库，作为城市灾害应急准备能力评估系统的子模块，对城市应急准备能力评估起到重要基础数据录入、清理、结构化及多维统计分析等支撑作用。

（段霞）

北京市哲学社会科学CBD研究基地

【举办第五届全国中央商务区发展研究高峰论坛】 6月17日，学校举办第五届全国中央商务区发展研究高峰论坛，论坛的主题为“中央商务区发展与治理”。

（蒋三庚）

【与国内CBD工作交流】 研究基地应邀赴郑州、长沙、福州、西安、重庆、广州等地CBD进行学术交流、考察调研，学习我国其他城市CBD发展的重要经验，取得一批基础数据。

（蒋三庚）

【获批北京社会科学基地基金项目】 2项研究基地项目“首都新定位下CBD高端产业国际化发展研究”和“以CBD功能建设推进京津冀区域金融合作的机制与路径研究”获批北京社科基地基金项目。

（蒋三庚）

【推进开放性研究】 研究基地公开招标立项5项课题，分别是：“深圳CBD发展特色研究”“新常态下北京CBD现代服务业融合发展的对策研究”“广州天河CBD开发的投融资模式研究”“新常态下北京CBD与京津冀一体化相互作用的研究——对比瑞典首都与中心商务区建设”。

（蒋三庚）

【专项研究成果】　“金融中央商务区基础设施与投融资研究”“上海金融集聚对长三角地区产业结构升级的影响”“广州天河中央商务区发展特色研究”“重庆解放碑 CBD 发展特色研究”“西安长安路 CBD 发展特色研究”“关于促进特大城市 CBD 金融发展政策的研究”“中央商务区(CBD)大型社会活动组织与事故预防”“北京城市副中心的 CBD 人才聚集分析”“北京 CBD 文化传媒产业发展战略研究”等一批研究基地自设研究项目顺利结项。

（蒋三庚）

【社会服务成效】　研究基地承担并完成了“北京商务中心区指数研究”“我国 CBD 金融资源优化问题研究”“郑州市郑东新区中央商务区“十三五”发展规划研究”“昆明市“十三五”时期现代服务业发展规划”“服务贸易在国民经济中的作用研究”“土地增值收益成本核算实证研究”等 CBD 管委会、各级政府委托研究项目。研究中很多观点、意见被相关政府部门在决策中采纳。其中,北京商务中心区管理委员会为研究报告《北京商务中心区指数研究》出具了成果采纳证明,专著《中国土地市场研究:理论探源·政策调控·指数解析》荣获北京市第十四届哲学社会科学优秀成果二等奖。此外,研究基地发表关于 CBD 学术论文 20 余篇。

（蒋三庚）

【出版发行 2015 年度报告】　6 月,由学校蒋三庚教授等撰写的北京市哲学社会科学 CBD 发展研究基地 2015 年度报告《北京商务中心区(CBD)发展指数研究》正式出版发行。该报告是 CBD 发展研究基地年度系列报告的第 11 本专著,在总结我国 CBD 发展程度、功能评价和可持续发展指标体系基础上,重点对北京 CBD 指数进行了研究和编制,包括发展指数的设计原则、构建目标、构建思路、编制说明和指数分析等。该报告延续了上一年度报告的思路,撰写了郑州郑东 CBD、长沙芙蓉区 CBD 和福州鼓楼区五四路 CBD 发展的特点和经验。

（蒋三庚）

北京市经济社会发展政策研究基地

【与张家口社科联商讨共建合作研究基地】　2 月 25 日—26 日,文魁、祝尔娟、云喆等一行 8 人赴河北省张家口市调研考察,就京津冀协同发展、北京非首都功能疏解、2022 冬奥会等给张家口市带来的机遇和挑战及合作建设研究基地等进行了探讨。

（叶堂林）

【发布“京津冀协同发展指数”】　4 月 28 日,学校和社会科学文献出版社联合举办 2016 京津冀蓝皮书“京津冀协同发展指数”发布会。北京市社科规划办主任崔新建,社科文献出版社副主编蔡继辉,学校校长王稼琼、副校长孙昊哲,特大城市研究院首席专家文魁以及来自京津冀三地的各界领导、专家、特约嘉宾和学校部分师生出席发布会。

（叶堂林）

【赴沧州调研考察】　5 月 18 日—19 日,首都圈研究团队一行 8 人赴河北省沧州渤海新区进行实地调研考察,共商建立合作研究基地等事宜。

（叶堂林）

【获全国第七届“优秀皮书报告”二等奖】　8 月 5 日,在第十七次全国皮书年会上,京津冀蓝皮书(2015)“京津冀协同创新研究”获得全国第七届“优秀皮书奖”二等奖。

（叶堂林）

【召开 2017 京津冀蓝皮书启动会】　9 月 2 日,学校召开 2017 京津冀蓝皮书启动会。学校首都圈研究团队、京津冀大数据研究中心、龙信数据有限公司的数据支持团队以及京津冀三地专家学者参加了会议,会议由蓝皮书主编文魁教授主持。

（叶堂林）

【召开“2016 首都圈发展高层论坛”】　11 月 19 日,召开首都圈论坛——京津冀论坛暨 2016 蓝皮书推进会。学校原校长、教授文魁,学校城市学院教授、博士生导师祝尔娟,河北经贸大学副校长武义清,中国科学院地理研究所教授方创琳,天津市委党校、天津行政学院经济发展战略研究所所长、教授臧学英,中国人民大学社会与人口学院副教授、博导张耀军以及河北经贸大学、龙信数据公司等京津冀三地的专家、老师及学生代表参加会议。

（叶堂林）

【入选 CTTI 来源智库】　12 月 17 日,南京大学、光明日报社主办,南京大学中国智库研究与评价中心、光明日报智库研究与发布中心承办的 2016 中国智库治理论坛召开。会上发布了我国首个智库垂直搜索引擎和数据管理平台——中国智库索引(CTTI)。

学校北京市经济社会发展政策基地入选中国智库索引(CTTI)来源智库(2017年1月—2018年12月,机构CTTI编号:J020)。祝尔娟和叶堂林教授参加了该论坛。

(叶堂林)

【国内主流媒体报道2篇研究成果】 “京津冀产业协同发展的新进展和新动向”,刊登在《经济日报·理论版》2016年5月12日第13版;“京津冀地区创新能力的大数据分析”,刊登在《光明日报·理论版》2016年5月25日第15版。

(叶堂林)

科研机构

概　况

2016年,学校各研究机构在本学科学术带头人的领导下,积极开展研发活动。各研究机构立足北京、放眼全国,开展国内外合作研究,紧密联系中国的社会实际,以应用经济和管理学研究为基础,积极开展各种学术研究和社会服务。首都经济贸易大学科研管理中心已经形成了集教学科研为一体,拥有自身重点和特色的多学科领域研究机构,参与国家级研究中心重大课题的规划与设计,成为承担国家社科基金、教育部人文社科、国家软科学基金及国家自然科学基金的重大相关研究项目的学术中心。

(姜红)

【京津冀协同发展智库成立】 1月6日,中国社会科学院主办、保定市人民政府承办的“第四届中国工业发展论坛——‘十三五’中国工业与京津冀协同发展”学术研讨会暨“京津冀协同发展智库”成立仪式举行。校长王稼琼受邀出席会议并做“财经类高校智库建设要持续追求质量提升”主题演讲,从智库定位、成员来源、质量提升、发展助力、质量保障5个方面,系统阐述了智库建设的思路、途径及容易产生的问题,并以我校为例分享了学校智库建设的经验做法和取得的成果。“京津冀协同发展智库”是由中国社会科学院牵头,首都经济贸易大学、天津财经大学、河北经贸大学,以及三地社科院等多家单位共同发起成立的,目的在于组织三地的智库力量,共同为京津冀协同发展献计献策。

(蔡万江)

学术刊物

概　况

首都经济贸易大学学术刊物包括《首都经济贸易大学学报》《经济与管理研究》《当代经理人》。这三本期刊的办刊宗旨是:坚守学术规范,引领学术研究;发表高水平的学术文章,为学校的教学科研与学科建设服务,充分展示学校在经济学、管理学和其他学科领域的研究成果;提供学术交流平台,传播国内外前沿、创新的经济管理学术思想,为繁荣中国哲学社会科学文化事业服务。

(戚聿东)

《经济与管理研究》

【概述】 《经济与管理研究》创刊于1980年,是中文社会科学引文索引(CSSCI)来源期刊、全国中文核心期刊和中国人文社会科学核心期刊。《经济与管理研究》选题关注国计民生,阐述政策热点,跟踪发展前沿,捕捉思想创见。《经济与管理研究》定位一个"专"字,即办成一本在全国经济管理专业领域具有重要影响力的学术期刊,为经济管理理论研究人员和经济管理部门工作人员提供最前沿的学术思想,开展政策研究。在宏观经济、公共经济与管理、金融和企业管理等传统重点栏目上着力刊发关注国计民生、阐述政策热点、跟踪发展前沿的文章,力争在保持较高学术品质的同时,使本刊在同类期刊中更具前沿性。

(魏小奋)

【出版与发行】　《经济与管理研究》2016 年共出版 12 期,刊载论文 227 篇,校内稿件占 11.0%。期刊全年稿件录取率为 4.27%。《经济与管理研究》期均发行量为 3 300 册。

(魏小奋)

【影响因子】　9 月,中国科学文献计量评价研究中心与清华大学图书馆联合发布《中国学术期刊影响因子年报(人文社会科学)》(2016 年)。《经济与管理研究》综合指标如下:

综合总被引	1 202
综合影响因子	0.802
复合影响因子	1.762
综合即年指标	0.153

(魏小奋)

【转载情况】　2016 年,《经济与管理研究》被转/摘文章 31 篇,其中《新华文摘》2 篇,中国人民大学复印报刊资料 28 篇,《社会科学报・学术看台》1 篇。在 2016 年度复印报刊资料转载指数排名中,《经济与管理研究》在 475 种综合性期刊中排名第 39 名,转载率排名第 77 名,综合指数排名第 57 名。在 378 种应用经济学科期刊中,《经济与管理研究》转载量名列第 19 名;在 459 种管理学科期刊中,《经济与管理研究》转载量位居第 18 名。

(魏小奋)

【入选"复印报刊资料"重要转载来源期刊】　3 月,根据 2014—2015 年"复印报刊资料"转载论文综合评价数据和中国人民大学人文社会科学学术成果评价中心专家组评议,《经济与管理研究》入选 2016 年版"复印报刊资料"重要转载来源期刊。

(魏小奋)

《首都经济贸易大学学报》

【概述】　《首都经济贸易大学学报》创刊于 1999 年,是首都经济贸易大学主办的以经济管理类论文为主的学术期刊,是 CSSCI(扩展版)来源期刊、人大复印报刊资料重要转载来源期刊、中国人文社会科学核心期刊(扩展版)、RCCSE 中国核心学术期刊。办刊重点是全面反映经济学、管理学的教学科研成果,特别是国家级和省部级研究项目的代表性成果。选题突出学术性和创新性,注重前瞻性与现实性相统一,强调规范分析与实证分析相结合。选稿以关注国家经济转型及构建和谐社会的热点问题为侧重点,筛选具有创新性的学术论文。

(周斌)

【出版与发行】　《首都经济贸易大学学报》2016 年共出版 6 期,刊载论文 94 篇,校内稿件占 21%。期刊全年稿件录取率为 15%。《首都经济贸易大学学报》期均发行量为 1 500 册。

(姚望春)

【影响因子】　9 月,中国科学文献计量评价研究中心与清华大学图书馆联合发布《中国学术期刊影响因子年报(人文社会科学)》(2016 年)。《首都经济贸易大学学报》综合指标如下:

综合总被引	456
综合影响因子	0.500
综合他引影响因子	0.482
综合即年指标	0.215

(姚望春)

【转载情况】　2016 年,《首都经济贸易大学学报》被转/摘文章 3 篇,其中《新华文摘》1 篇,中国人民大学复印报刊资料 2 篇。

(姚望春)

《人口与经济》

【概述】　《人口与经济》由学校劳动经济学院承办,学术影响较大,被复旦大学、上海交通大学、武汉大学等 70 余所大学认定为权威期刊,是全国中文核心期刊、CSSCI 来源期刊以及中国人文社会科学核心期刊，全年刊登人口学、人力资源管理与就业以及社会保障等栏目的优秀文章 80 余篇。2012 年，期刊通过全国哲学社会科学规划办公室审核，成为“国家社科基金资助期刊”；在 2014 年度“复印报刊资料”转载学术论文指数排名中，《人口与经济》名列前茅，在“社会学学科期刊”全文转载排名中位列第 19 名，并入选为 2014 年版人大“复印报刊资料”重要转载来源期刊；2014 年，《人口与经济》在第五届全国高校社科期刊评优活动中荣获“全国高校精品社科期刊”以及“北京市高校人文社会科学名刊”称号；2015 年和 2016 年，在教育部科技发展中心主持的“中国科技论文在线优秀期刊”评比中，《人口与经济》期刊连续获得二等奖。

（冯喜良）

【登陆海外图书馆】 5 月 13 日，学校《人口与经济》期刊作为中国知网国际出版部门“中文百种精品期刊双语数字出版工程”中少数社会学类期刊成果之一，以《人口与经济》（英文 · 电子版）形式被美国各大图书馆收录。

（童玉芬）

【编辑部获奖】 11 月 22 日—23 日，《人口与经济》编辑部编辑武玉获全国高等学校文科学报研究会举办的第二届中国高校社科期刊青年编辑业务技能大赛三等奖。

（童玉芬）

【期刊获奖】 12 月 25 日，《人口与经济》获教育部科技发展中心主持的“中国科技论文在线优秀期刊”评比二等奖。

（童玉芬）

《当代经理人》

【概述】 《当代经理人》前身系《北京财贸学院学报》《北京经济瞭望》。《北京财贸学院学报》创刊于 1980 年，后更名为《北京经济瞭望》，2003 年更名为《当代经理人》。办刊宗旨是为首都经济贸易大学的管理学科建设服务，特别是为专业硕士教育服务。《当代经理人》定位一个“实”字，即办成一本反映中国经济管理实践中的热点问题，面向职业经理人阶层和 MBA 教育，为其提供管理实践经验交流和管理教育交流的学术期刊。办刊重点是及时反映国有企业、民营企业和外资企业职业经理人关注的热点问题以及 MBA 教育的前沿问题；办好“企业家”和“MBA 教育”两个重点栏目。《当代经理人》2016 年共出版 4 期，第 1 期发行 2 200 册，第 2 ~ 4 期每期发行量为 500 册。

（姜莱）

第七篇

人才队伍建设

上图　5月18日，学校开展“与压力共舞”OTA主题午餐会

中图　7月4日，学校开展2016年新教工入职培训活动

下图　7月7日，学校开展新教工职业化培训与沟通技能培训

上图　10 月 12 日，学校开展“红楼梦的管理智慧——文本分析的视角”OTA 主题午餐会

下图　7 月 12 日，学校为新教工开展“一站式”便捷入职服务

人才队伍情况

概 况

2016年,学校积极实施人才强校战略,科学配置人力资源,加大海外高层次人才引进力度,科学补充专任教师队伍,师资队伍水平持续提升。2016年,学校聘用各类人才65人,其中专任教师37人,接收博士后进站4人;聘请讲座教授3人,兼职教授4人;启动了2017年人才引进与补充工作;完成非教学人员岗位聘任工作;组织教职工336人次参加国内各类培训;遴选10名后备学科带头人和16名中青年骨干教师;组织中青年教师开展社会实践活动;发挥教师促进中心(OTA)、青年教师学会作用,开展教学研讨会、午餐会等活动。2016年,学校教师中"享受国务院政府特殊津贴专家"1人,入选北京高校思想政治理论课特级教授1人、特级教师1人,获北京市教学名师称号1人,入选北京市哲学社会科学和文化艺术领军人才1人,入选北京市青年拔尖人才1人。

(张馨予)

人才队伍结构

【概述】 2016年,学校在职教职工人数为2 215人,其中非在编人员775人。全校在编教职工人数为1 440人,其中,教师783人,管理人员343人,其他专业技术人员166人,工勤技能人员148人。

(周静)

【教师队伍结构】 2016年,学校在职教师783人,其中教授175人,副教授301人,讲师295人,助教12人;45岁以下教授37人,占教授总数的21.14%,45岁以下的中青年教师454人,占教师总数的57.98%;具有博士学位的教师516人,占教师总数的65.9%;教师学缘构成中有90.55%来自其他学校。

(周静)

【职务晋升】 2016年,学校18名教师晋升为教授,26名教师晋升为副教授,3名教师晋升为讲师,9名其他专业技术岗位教师晋升高级、中级职称,1名思想政治岗位教师晋升高级职称。

2016年教师职务晋升情况一览表

序号	单位	姓名	晋升职称
1	城市经济与公共管理学院	刘业进	教授
2	工商管理学院	佘镜怀	教授
3	经济学院	赵家章	教授
4	经济学院	王钰	教授
5	会计学院	杨鹃	教授
6	会计学院	贺宏	教授
7	劳动经济学院	宋湛	教授
8	劳动经济学院	张杉杉	教授

续表

序号	单位	姓名	晋升职称
9	文化与传播学院	吴伟凡	教授
10	信息学院	高迎	教授
11	安全与环境工程学院	王庆	教授
12	财政税务学院	刘颖	教授
13	财政税务学院	曹静韬	教授
14	法学院	王剑波	教授
15	法学院	王显勇	教授
16	金融学院	高杰英	教授
17	外国语学院	赵海燕	教授
18	体育部	廖彦罡	教授
19	城市经济与公共管理学院	李青淼	副教授
20	城市经济与公共管理学院	缪明月	副教授
21	工商管理学院	陆文婷	副教授
22	工商管理学院	彭广茜	副教授
23	经济学院	董香书	副教授
24	经济学院	郝宇彪	副教授
25	经济学院	蒋雪梅	副教授
26	会计学院	王伟	副教授
27	会计学院	张馨艺	副教授
28	会计学院	黄亮华	副教授
29	劳动经济学院	魏华颖	副教授
30	劳动经济学院	盛亦男	副教授
31	劳动经济学院	苗仁涛	副教授
32	劳动经济学院	陈书洁	副教授
33	文化与传播学院	何磊	副教授
34	信息学院	闫志强	副教授
35	信息学院	刘经纬	副教授
36	信息学院	孙茂华	副教授
37	安全与环境工程学院	王洁	副教授
38	法学院	何锦前	副教授
39	金融学院	陈奉先	副教授
40	金融学院	余颖丰	副教授

续表

序号	单位	姓名	晋升职称
41	金融学院	赵然	副教授
42	统计学院	沈俊山	副教授
43	统计学院	范林元	副教授
44	国际学院	许晓华	副教授
45	外国语学院	栾婷	讲师
46	体育部	舒心	讲师
47	体育部	宋旭辉	讲师

（张馨予）

2016 年其他专业技术系列职务晋升情况一览表

序号	单位	姓名	晋升职称
1	图书馆	张桂岩	研究馆员
2	财务处	陈学森	高级会计师
3	劳动经济学院	方志	副编审
4	经济与管理实验教学中心	纪长青	高级工程师
5	校医院	谭洁	副主任医师
6	首经贸大(北京)资产管理有限公司——出版公司	王玉荣	副编审
7	劳动经济学院	武玉	编辑
8	校医院	李卫红	主管护师
9	校医院	高振河	主管药师

2016 年思想政治系列职务晋升情况一览表

序号	单位	姓名	晋升职称
1	城市经济与公共管理学院	杨曦	副教授

增减员情况

【增员情况】 2016 年,学校新增教职工 65 人。

2016 年教职工增员情况统计表

2016 年新增人员 65 人	类别
增员的系列分布	专任教师 37 人
	管理人员 22 人
	其他专业技术人员 6 人

续表

2016 年新增人员 65 人	类别
增员的学历分布	获得博士学位 37 人
	获得硕士学位 21 人
	获得本科学历 7 人
	获得专科学历 0 人
增员的来源分布	选留毕业生 50 人
	其中:本校 5 人
	海外留学 8 人
	211 院校 37 人
	调入 4 人
	招收脱产博士后 4 人
	接收军转干部 7 人

（张馨予）

2016 年教职工增员名单

姓名	应聘部门	性别	出生日期	岗位类型	学历	学位
黄衔鸣	城市经济与公共管理学院	女	1989－01－06	教学岗位	研究生	博士
陈曦	城市经济与公共管理学院	男	1987－01－22	教学岗位	研究生	博士
徐正	城市经济与公共管理学院	男	1986－06－24	教学岗位	研究生	博士
颜燕	城市经济与公共管理学院	女	1986－11－13	教学岗位	研究生	博士
褚福磊	工商管理学院	男	1988－09－20	教学岗位	研究生	博士
王凯	工商管理学院	男	1989－12－19	教学岗位	研究生	博士
贾汇源	工商管理学院	女	1987－09－07	教学岗位	研究生	博士
韩慧林	工商管理学院	女	1986－03－20	教学岗位	研究生	博士
赵爱莉	工商管理学院	女	1979－11－19	教学岗位	研究生	博士
王俏	经济学院	女	1987－12－13	教学岗位	研究生	博士
张冬洋	经济学院	男	1987－11－12	教学岗位	研究生	博士
陆明涛	经济学院	男	1982－07－26	教学岗位	研究生	博士
张瑶	会计学院	女	1987－05－01	教学岗位	研究生	博士
方心童	会计学院	女	1988－03－06	教学岗位	研究生	博士
唐乐	劳动经济学院	女	1982－05－07	教学岗位	研究生	博士
曾雪婷	劳动经济学院	女	1981－12－31	教学岗位	研究生	博士
刘冠宇	信息学院	男	1988－03－28	教学岗位	研究生	博士
徐刚	信息学院	男	1986－04－28	教学岗位	研究生	博士

续表

姓名	应聘部门	性别	出生日期	岗位类型	学历	学位
范庆泉	财政税务学院	男	1985-10-06	教学岗位	研究生	博士
张莉	财政税务学院	女	1988-04-03	教学岗位	研究生	博士
尹少成	法学院	男	1986-06-25	教学岗位	研究生	博士
何锦前	法学院	男	1979-03-12	教学岗位	研究生	博士
魏庆坡	法学院	男	1984-01-01	教学岗位	研究生	博士
廉永辉	金融学院	男	1990-08-20	教学岗位	研究生	博士
张琳琬	金融学院	女	1989-01-16	教学岗位	研究生	博士
曹红	金融学院	女	1985-01-05	教学岗位	研究生	博士
李亚男	金融学院	女	1987-11-18	教学岗位	研究生	博士
高强	金融学院	男	1983-07-17	教学岗位	研究生	博士
沈俊山	统计学院	男	1974-02-25	教学岗位	研究生	博士
安百国	统计学院	男	1982-08-04	教学岗位	研究生	博士
林鹏	统计学院	男	1980-09-26	教学岗位	研究生	博士
霍忻	统计学院	男	1986-05-14	教学岗位	研究生	博士
平原	外国语学院	女	1986-03-02	教学岗位	研究生	博士
朱萌	马克思主义学院	女	1988-03-21	教学岗位	研究生	博士
杨欣桐	国际经济管理学院	女	1987-02-15	教学岗位	研究生	博士
张正宜	国际经济管理学院	男	1984-07-15	教学岗位	研究生	博士
樊诚	体育部	男	1991-01-18	教学岗位	研究生	硕士
王婧婧	党政办公室	女	1991-06-25	管理岗位	研究生	硕士
陶鹤	党政办公室	男	1983-04-08	管理岗位	大学本科	学士
张莹	学生处	女	1990-04-10	管理岗位	研究生	硕士
黄钰	学生处	女	1990-02-23	管理岗位	研究生	硕士
周旭东	离退休工作处	男	1980-03-29	管理岗位	大学本科	学士
周静	人事处	女	1989-09-26	管理岗位	研究生	硕士
李山山	国际合作交流处(港澳台办公室)	女	1990-05-02	管理岗位	研究生	硕士
武洁	对外联络合作处	女	1980-11-15	管理岗位	研究生	硕士
刘昕	信息处	女	1983-04-21	其他专业技术岗位	研究生	硕士
田永红	后勤管理处	男	1980-01-08	其他专业技术岗位	研究生	硕士
刘爽	工会	女	1983-07-19	管理岗位	大学本科	学士
吴媛媛	团委	女	1994-03-03	管理岗位	大学本科	本科
于云鹏	城市经济与公共管理学院	男	1984-10-20	管理岗位	大学本科	学士
许博祥	工商管理学院	男	1991-07-12	管理岗位	研究生	硕士

续表

姓名	应聘部门	性别	出生日期	岗位类型	学历	学位
孙晨	经济学院	男	1991-06-12	管理岗位	研究生	硕士
代启蒙	文化与传播学院	女	1991-08-19	管理岗位	研究生	硕士
贾西贝	信息学院	女	1990-07-07	管理岗位	研究生	硕士
郭高卉子	信息学院	女	1990-08-28	管理岗位	研究生	硕士
宋傲雪	财政税务学院	女	1992-04-22	管理岗位	研究生	硕士
吴瑛楠	法学院	女	1990-12-12	管理岗位	研究生	硕士
王雅洁	金融学院	女	1990-11-10	管理岗位	研究生	硕士
贾琳	统计学院	男	1985-07-15	管理岗位	大学本科	学士
王宇婷	国际学院	女	1991-05-25	管理岗位	研究生	硕士
胡大成	继续教育学院	男	1980-02-23	管理岗位	研究生	硕士
姜莱	杂志总社	女	1983-11-13	其他专业技术岗位	研究生	博士
黄少卿	档案馆(校史馆)	男	1991-01-29	其他专业技术岗位	研究生	硕士
袁月	校医院	女	1984-09-10	其他专业技术岗位	研究生	硕士
张璐	校医院	女	1974-03-02	其他专业技术岗位	研究生	硕士

【减员情况】 2016年,学校在编人员减少69人。

2016年教职工减员情况统计表

2016年减少人员69人	类别
减员的系列分布	专任教师人20人
	管理人员人14
	其他专业技术人员人16
	工勤人员人16
	博士后研究人员3人
减员的原因分布	退休48人
	调出校外18人
	其中:教师12人
	管理6人
	其他专业技术0人
	工勤0人
	辞职、辞退、自动离职0人
	在职死亡3人

(张馨予)

【接收应届毕业生】　2016 年,学校接收新教工 58 人。其中,教师岗位 37 人,党政管理岗位 16 人,其他专业技术岗位 5 人;具有博士后研究经历的 10 人,具有博士学位的 37 人,具有硕士学位的 20 人;211 或 985 类院校毕业生 38 人,海外留学归国人员 8 人。学校为 24 位应届毕业生办理了进京指标审批手续。

(赵娟)

【接收军转干部】　2016 年,学校申报军转干部招聘岗位 7 个,接收军转干部 7 人。

2016 年接收军转干部情况一览表

接收单位	拟补充岗位名称	专业研究方向	人数	接收人员
工会	工会基础岗	具备文体特长优先	1	刘爽
城市经济与公共管理学院	城市经济与公共管理学院办公室行政管理	计算机、通讯专业	1	于云鹏
党政办公室	党政办公室信访接待	法律、心理学或思想政治教育专业优先	1	陶鹤
后勤管理处	后勤管理处工程管理	有水、电、暖、土建实际工作经验优先	1	田永红
统计学院	统计学院行政管理	计算机及相关专业	1	贾琳
离退休工作处	离退休工作处办公室行政管理	具备较强文字写作能力优先	1	周旭东
继续教育学院	继续教育学院考务管理	经济管理类、计算机类优先	1	胡大成

(赵娟)

博士后情况

【博士后管理】　2016 年,10 人进入学校博士后流动站。截至 12 月 31 日,学校博士后流动站博士后在站 28 人。其中,2 人获得中国博士后科学基金面上资助,资助等级均为二等;2 人获北京市博士后科研活动经费资助,资助类别均为 A 类资助。

2016 年中国博士后科学基金面上资助情况一览表

序号	年度	类别	批次	姓名	一级学科	资助等级
1	2016	面上资助	59	张伟东	应用经济学	二等
2	2016	面上资助	59	李峰	应用经济学	二等

2016 年北京市博士后科研活动经费资助情况一览表

序号	资助年度	姓名	性别	从事专业	技术职称	申请资助项目名称	申请类别	资助金额(万元)
1	2016	刘爱华	女	劳动经济学	讲师	京津冀流动人口空间分布形成机制研究	A	3
2	2016	李丰杉	男	金融学	讲师	“一带一路”倡议与中央商务区(CBD)金融产业国际化建设研究	A	3

(张馨予)

人才队伍培养

人才项目

【享受国务院政府特殊津贴专家】 2016 年,经首都经济贸易大学、北京市人力资源和社会保障局推荐,人力资源和社会保障部审批,学校杨世忠教授成为"享受国务院政府特殊津贴专家"。

(张馨予)

【获评北京高校思想政治理论课特级教授、特级教师】 2016 年,学校刘冠军教授被评为首批北京高校思想政治理论课特级教授,刘隽副教授被评为首批北京高校思想政治理论课特级教师。

(张馨予)

【入选北京市高层次创新创业人才支持计划】 2016 年,学校李红霞教授入选北京市教学名师,段霞教授入选北京市哲学社会科学和文化艺术领军人才,陆文婷副教授入选北京市青年拔尖人才。

(张馨予)

【外聘高级专家】 截至 12 月 31 日,学校共聘任讲座教授 3 人,兼职教授 4 人。

(张馨予)

进修与培训

【岗前培训及教师资格认定】 2016 年,学校组织教职工 40 人参加了第 71 期和第 72 期岗前培训。培训总学时为 136 学时,授课方式为网络授课、面授和自学,培训课程为高等教育学、高等教育心理学、高等教育法规概论、高等学校教师职业道德修养和大学教学技能。经过北京市统考,32 人成绩合格,取得结业证书。4 月 3 日—28 日、9 月 18 日—10 月 26 日,学校进行教师资格认定工作,58 名教师获得高等学校教师资格。

(艾睿楠)

【开展海外研修项目】 2016 年,学校继续加强海外研修计划的实施。经选拔,2016 年共 19 名教师获得进修资格。

2016 年海外研修项目进修人员名单

序号	姓名	所在院系	申请国家/地区	海外访学申请院校	进修年限
1	郑文明	文化与传播学院	美国	密歇根州立大学	12 个月
2	朱勇国	劳动经济学院	美国	密歇根州立大学	12 个月
3	陶桂平	统计学院	美国	密歇根州立大学	12 个月
4	王明荣	经济学院	美国	密歇根州立大学	6 个月
5	何辉	财政税务学院	美国	密歇根州立大学	12 个月
6	尚华艳	信息学院	英国	利兹大学	6 个月
7	张晗	工商管理学院	美国	伊利诺伊大学	6 个月
8	岳忠	安全与环境工程学院	美国	普度大学	12 个月
9	周平	法学院	中国台湾	东吴大学	4 个月
10	刘重霄	外语系	美国	新泽西州立大学	6 个月
11	王钰	经济学院	美国	新泽西州立大学	12 个月

续表

序号	姓名	所在院系	申请国家/地区	海外访学申请院校	进修年限
12	徐礼德	工商管理学院	美国	新泽西州立大学	12 个月
13	李伟	安全与环境工程学院	美国	新泽西州立大学	6 个月
14	高迎	信息学院	美国	新泽西州立大学	6 个月
15	刘正恩	城市经济与公共管理学院	美国	密歇根州立大学	12 个月
16	杨波	劳动经济学院	美国	密歇根州立大学	12 个月
17	贺燕	法学院	美国	密歇根州立大学	12 个月
18	张蕾	文化与传播学院	美国	密歇根州立大学	12 个月
19	史兴旺	财政税务学院	中国台湾	东吴大学	4 个月

（艾睿楠）

【组织参加哲学社会科学骨干研修班】 2016 年，根据《中组部、中宣部、中央党校、教育部、总政治部关于印发〈2010—2016 年哲学社会科学教学科研骨干研修工作规划〉的通知》精神以及市委组织部、市委宣传部、市委教育工委、市财政局、市委党校关于《北京市哲学社会科学教学科研骨干研修工作规划（2010—2016 年）》的文件要求，学校选派 3 名教师参加中央级研修班，16 名教师参加北京市级研修班。

2016 年参加哲学社会科学教学科研骨干研修班人员名单

序号	姓名	性别	民族	职称	所在单位	培训级别
1	李云鹏	男	汉	副教授	工商管理学院	央级
2	王德起	男	汉	教授	城市经济与公共管理学院	市级
3	马立平	女	汉	教授	统计学院	市级
4	李丽娜	女	汉	教授	马克思主义学院	市级
5	杨春风	女	汉	副教授	马克思主义学院	市级
6	栾育青	女	汉	讲师	国际学院	市级
7	李厚羿	男	汉	讲师	马克思主义学院	市级
8	宋克勤	男	汉	教授	工商管理学院	央级
9	吕新萍	女	汉	教授	劳动经济学院	央级
10	杨春风	女	汉	副教授	马克思主义学院	市级
11	李厚羿	男	汉	讲师	马克思主义学院	市级
12	郎大鹏	男	汉	副教授	财政税务学院	市级
13	何辉	男	汉	副教授	财政税务学院	市级
14	王德河	男	汉	副教授	金融学院	市级
15	梁万泉	男	满	副教授	金融学院	市级
16	连欢	女	汉	讲师	马克思主义学院	市级
17	江华	男	汉	讲师	劳动经济学院	市级

（艾睿楠）

【评选后备学科带头人与中青年骨干教师】 2016年，根据学校评选年度校级后备学科带头人和中青年骨干教师的规定（首经贸政发〔2016〕7号），遴选经贸学者3人，后备学科带头人10名，中青年骨干教师16名。

2016年度经贸学者入选人员名单

序号	姓名	单位
1	叶堂林	城市经济与公共管理学院
2	肖周燕	劳动经济学院
3	张世君	法学院

2016年度后备学科带头人入选人员名单

序号	姓名	单位	入选类别
1	潘娜	城市经济与公共管理学院	专业课
2	高中华	工商管理学院	专业课
3	王钰	经济学院	专业课
4	邹颖	会计学院	专业课
5	于鹏	会计学院	专业课
6	李伟	安全与环境工程学院	专业课
7	曹静韬	财政税务学院	专业课
8	何辉	财政税务学院	专业课
9	裴艳波	统计学院	专业课
10	徐辉	马克思主义学院	公共课

2016年度中青年骨干教师入选人员名单

序号	姓名	单位	入选类别
1	邬晓霞	城市经济与公共管理学院	专业课
2	杜雯翠	经济学院	专业课
3	黄亮华	会计学院	专业课
4	王元芳	会计学院	专业课
5	侯俊丹	劳动经济学院	专业课
6	苗仁涛	劳动经济学院	专业课
7	江华	劳动经济学院	专业课
8	李先知	文化与传播学院	专业课
9	曹娜	信息学院	专业课
10	陈源	安全与环境工程学院	专业课
11	贺燕	法学院	专业课
12	张娜	法学院	专业课

续表

序号	姓名	单位	入选类别
13	刘剑蕾	金融学院	专业课
14	窦昌胜	统计学院	公共课
15	姚成贺	外国语学院	公共课
16	李厚羿	马克思主义学院	公共课

（艾睿楠）

【新教工入职培训】　7月4日—8日，学校组织全体新教工参加入职培训，通过校内、校外培训加深了新教工对学校的了解，增强了其对自我以及岗位的认知。

（艾睿楠）

【邀请名家谈外语教学与科研】　11月，为了深入贯彻落实《北京市属高等学校人才强教深化计划》的精神，进一步加强市属高校青年教师教学素养养成体系建设，学校举办"高校教学名师谈教学"——青年骨干教师教学能力提升培训班，学校马克思主义学院中国近现代史专业教师朱萌参加了课程培训并达到要求，取得由北京市高等学校师资培训中心签章的培训结业证书。

（艾睿楠）

【组织参加高校语言教师教学科研能力提升高级研修班】　10月21日—23日、11月20日—23日，学校英语专业蒋立珠副教授和法语专业平原助教分别参加了北京市高等学校师资培训中心举办的高校语言教师教学科研能力提升高级研修班，达到要求并取得由北京市高等学校师资培训中心签章的培训结业证书。

（艾睿楠）

【组织参加北京市属高校管理干部论文发表与写作能力提升高级研修班】　5月18日—22日，学校共12位管理干部按照规定参加北京市高等学校师资培训中心举办的北京市属高校管理干部论文发表与写作能力提升高级研修班，达到要求并取得由北京市高等学校师资培训中心签章的培训结业证书。

2016年参加北京市属高校管理干部论文发表与写作能力提升高级研修班人员名单

序号	姓名	性别	所在单位	职务
1	刘丽丽	女	人事处	正科
2	艾睿楠	女	人事处	副科
3	金湜	女	国际经管学院	行政秘书
4	雷露	女	国际经管学院	教学秘书
5	王银	男	华侨学院	办公室
6	刘娜	女	教务处	科员
7	沈少博	女	经济学院	办公室主任
8	高晨	女	研究生部	科员
9	张馨丹	女	研究生部	正科
10	黄晶晶	女	国际合作交流处	项目主管
11	付博	女	教务处	科员
12	钱程	男	教务处	科员

（艾睿楠）

【组织参加骨干教师科研能力与师德素养提升高级研修班】 5月15日—18日、10月30日—11月2日，学校12名教师分别参加了北京市高等学校师资培训中心举办的北京市属高等学校骨干教师科研能力与师德素养提升高级研修班，达到要求并取得由北京市高等学校师资培训中心签章的培训结业证书。

2016 年参加骨干教师科研能力与师德素养提升高级研修班人员名单

序号	姓名	性别	职称	序号	姓名	性别	职称
1	祁敬宇	男	教授	7	杨阳	女	讲师
2	方兴	女	教授	8	徐新扩	男	讲师
3	王海洪	女	副教授	9	廉永辉	男	讲师
4	栾育青	女	讲师	10	张琳琬	女	讲师
5	高强	男	讲师	11	李强	男	副教授
6	李亚男	女	讲师	12	申蔚	女	副教授

（艾睿楠）

【组织参加青年骨干教师教学能力提升培训班】 4月，学校5名教师参加了北京市高等学校师资培训中心（以下简称“高师中心”）举办的“高校教学名师谈教学”——青年骨干教师教学能力提升培训班，并取得由北京市高等学校师资培训中心签章的培训结业证书。

2016 年参加青年骨干教师教学能力提升培训班人员名单

序号	姓名	性别	职称	专业
1	李先知	女	讲师	传播学
2	闫云凤	女	副教授	国际贸易
3	陈蔚珠	女	副教授	企业管理
4	张祖群	男	副教授	文化产业
5	王元芳	女	讲师	会计学

（艾睿楠）

【组织参加人力资源和社会保障系统干部上岗培训班】 2016年，学校教师周彤、艾睿楠参加了北京市人才服务中心举办的“2016年度北京市人力资源和社会保障系统干部上岗培训班”，并取得由北京市人力资源和社会保障局签章的培训结业证书。

（艾睿楠）

【组织参加北京市属高校后勤管理干部能力提升培训班】 10月27日—30日，学校8名后勤管理干部参加了北京市高等学校师资培训中心举办的北京市属高校后勤管理干部能力提升培训班，并取得由北京市高等学校师资培训中心签章的培训结业证书。

2016 年参加北京市属高校后勤管理干部能力提升培训班人员名单

序号	姓名	性别	职称	序号	姓名	性别	职称
1	魏有亮	男	后勤管理处	5	王景鸿	男	餐饮中心
2	张新锋	男	住宅中心	6	荆利兵	男	餐饮中心
3	李兰勇	男	餐饮中心	7	刘钊	男	餐饮中心
4	李哲贤	男	物业中心	8	陈玮琪	女	后勤管理处

（艾睿楠）

【组织参加北京市属高校新入职管理干部培训班】 11月3日—6日，学校10名管理干部参加了北京市高等学校师资培训中心举办的新入职管理干部培训班，并取得由北京市高等学校师资培训中心签章的培训结业证书。

2016年参加北京市属高校新入职管理干部培训班人员名单

序号	姓名	性别	所在部门	职务/岗位/分工
1	周静	女	人事处	管理九级（科员）
2	许博祥	男	工商管理学院	管理九级（科员）
3	郭高卉子	女	信息学院	管理九级（科员）
4	宋傲雪	女	财政税务学院	管理九级（科员）
5	王宇婷	女	国际学院	管理九级（科员）
6	黄少卿	男	档案馆（校史馆）	技术十二级（初级）
7	袁月	女	校医院	技术十级（中级）
8	张璐	女	校医院	技术十级（中级）
9	吴瑛楠	女	法学院	管理九级（科员）
10	孙雪原	男	国际合作交流处	管理九级（科员）

（艾睿楠）

【组织参加高校外语教师教学科研能力提升高级研修班】 2016年，学校教师蒋立珠参加了北京市高等学校师资培训中心举办的高校外语教师教学科研能力提升高级研修班，并取得由北京市高等学校师资培训中心签章的培训结业证书。

（艾睿楠）

【组织参加北京市属高校双语教学教师国内延续深化培训】 2016年，学校16名教师参加了北京市高等学校师资培训中心举办的市属高校双语教学教师国内延续深化培训，并取得由北京市高等学校师资培训中心签章的培训结业证书。

2016年参加北京市属高校双语教学教师国内延续深化培训人员名单

序号	姓名	性别	学院	职称	教授课程
1	祁敬宇	男	金融学院	教授	金融监管（双语）
2	李雪	女	金融学院	讲师	货币银行学
3	张若希	女	金融学院	讲师	国际金融学
4	刘民俐	女	金融学院	讲师	国际结算
5	高杰英	女	金融学院	副教授	金融企业会计
6	刘重霄	男	外国语学院	教授	英语
7	高悦伶	女	外国语学院	副教授	英语
8	刘颖	女	外国语学院	讲师	英语
9	蒋立珠	男	外国语学院	副教授	英语
10	曾雪婷	女	劳动经济学院	讲师	资源环境管理与优化
11	赵志清	女	文化与传播学院	讲师	第二语言习得

续表

序号	姓名	性别	学院	职称	教授课程
12	辛玉彤	女	国际学院	讲师二	汉语、口语
13	杨颖	女	国际学院	讲师二	阅读、口语
14	栾育青	女	国际学院	讲师一	综合、阅读
15	牛杰	男	国际学院	讲师二	报刊阅读、综合
16	刘文政	男	国际学院	讲师二	汉语、口语

（艾睿楠）

【组织参加双语与外语教学和科研能力提升高级研修班】 11 月 25 日—27 日，学校 6 名教师参加了北京市高等学校师资培训中心举办的双语与外语教学和科研能力提升高级研修班，并取得由北京市高等学校师资培训中心签章的培训结业证书。

2016 年参加北京市属高校双语教学教师国内延续深化培训人员名单

序号	姓名	性别	学院	职称	教授课程
1	王钰	女	经济学院	副教授	西方经济学
2	陈文瑛	女	安全与环境工程学院	副教授	城市灾害与减灾
3	祁敬宇	男	金融学院	教授	金融监管学
4	李胜旗	男	金融学院	讲师	国际结算
5	李雪	女	金融学院	讲师	金融学
6	张若希	女	金融学院	讲师	国际金融学

（艾睿楠）

【组织现代教育技术培训】 5 月 19 日、5 月 25 日、11 月 24 日、12 月 1 日，学校联合高等师资培训中心举办了 2016 年现代教育技术培训，针对教育技术理论、Word 2003、PowerPoint 2003、Photoshop CS3 等内容展开培训，学校 100 余名教职工参加了培训。

（艾睿楠）

【组织教职工休养】 2 月 1 日—11 月 5 日，学校组织安排学校 20 个单位 429 名教职工分 28 期赴北京市教工休养院进行休养。

（艾睿楠）

教师促进中心（OTA）

【概述】 2016 年，教师促进中心（OTA）继续以“释放教师潜能、追求卓越教学、提升科研层次”为宗旨，全面促进教师的教学、科研和身心健康发展，通过多种方式进行调研，围绕教师关注的热点问题开展相关活动，有计划地举办了 8 场主题“午餐会”活动，共有 280 多名教职员工参与其中；与学校人事处等单位合作举办了境外研修归来教师“访学观察”报告会；与北京高校经贸专业群联合举办第三场“青年论坛”讲座；围绕教师成长、教学策略与师生关系等主题，组织编辑出版了 4 期《教与学》专刊；继续组织专人做好 OTA 学术交流室开放的值班工作。

（王冬）

【举办系列主题午餐会】 2016 年，教师促进中心（OTA）举办 8 场主题午餐会，260 余人次参与，为学校教职员工提供了分享与提升平台。

2016 年教师促进中心主题午餐会情况一览表

序号	举办时间	主题	主讲人
1	3 月 16 日	学术规范:破除量化分析的神秘化与质性分析的庸俗化	工商管理学院教授吴冬梅
2	4 月 14 日	高被引论文发表经验分享	信息学院副教授尚华艳
3	5 月 18 日	与压力共舞	北京师范大学心理咨询中心原常务主任聂振伟
4	6 月 15 日	Windows10 和 Office2016 的使用技巧	微软认证讲师裴胜韬
5	9 月 21 日	全英文教学环境下的“教与学”	华侨学院英语系教师闫晓玲
6	10 月 12 日	红楼梦的管理智慧——文本分析的视角	工商管理学院教授吴冬梅
7	11 月 9 日	系统提升科研工作的效率与质量	国际经管学院教师李红军
8	12 月 7 日	高校教师体质健康评价与运动干预	体育部教师杨华

（王冬）

【举办境外研修教师“访学观察”报告会】　3 月 10 日,教师促进中心(OTA)联合学校人事处、青年教师协会(YTA)举办了境外研修教师“访学观察”报告会。报告会邀请了李婧、赵耀、沈敏荣、高静、朱俊生等部分 2015 年访学代表,分享了在境外学习的感悟。副校长丁立宏、人事处副处长麻艳如、发展规划处副处长朱宁洁,各学院教师代表和学生代表参加了本次报告会。

（王冬）

【联合举办第三场“青年论坛”讲座】　6 月 24 日,教师促进中心(OTA)与北京高校经贸专业群联合举办第三场“青年论坛”讲座,主题为“本土经济学者如何在高水平 SSCI 期刊发表论文”,北京大学、中国人民大学、北京师范大学、北京科技大学、北京交通大学等 10 所院校单位的 50 余名师生参加了本场讲座。

（王冬）

【《教与学》专刊(网络版)上线】　2016 年,教师促进中心(OTA)编辑出版 4 期《教与学》专刊,每期 1 万字,以邮件形式发送至全校教师邮箱中,并在学校 OTA 网站上发行电子版。《教与学》专刊主要介绍国内外大学教师发展的有益举措和宝贵经验,推荐有利于教师成长的经典书籍,梳理我校教师发展中的重点工作,为教师的成长和发展提供服务。

（王冬）

【开放教师促进中心(OTA)学术交流室】　2016 年,教师促进中心(OTA)进一步改善学术交流室环境,妥善安排学术交流室开放时间和值班人员,开放时间内确保有 1 人值守,参加轮值人员由 2 人增至 3 人。2016 年,教师促进中心(OTA)协助学生处在学术交流室举办了 3 场“成长加油吧”活动,并为各学院教师开展学术研讨活动提供场地服务。

（王冬）

第八篇

对外交流与合作

上图 2月8日，美国克利夫兰州立大学孔子学院举办2016年春节文化庆典活动

中图 5月12日，副校长徐芳与罗马第二大学副校长古斯塔沃·佩贾签订校际合作框架协议

下图 9月27日，克利夫兰州立大学孔子学院举办教师感谢日活动

上图　10 月 15 日，澳大利亚迪肯大学代表团参加学校建校 60 周年纪念活动

中图　10 月 15 日，校党委书记冯培会见爱尔兰阿斯隆理工学院校长卡荣·凯伦

下图　10 月 16 日，学校召开美国克利夫兰州立大学孔子学院 2016 年理事会

上图　11 月，校党委副书记孙善学率代表团访问莫桑比克爱德华多·蒙德拉内大学

下图　12 月 1 日，校党委书记冯培会见法国前财长埃德蒙·阿尔方戴利

上图　12 月 13 日，校党委书记冯培会见国际劳工组织总部研究司司长莫赞姆·马穆德教授

下图　学校与克利夫兰州立大学孔子学院组织的美国高中生夏令营营员参观北京 798 艺术区

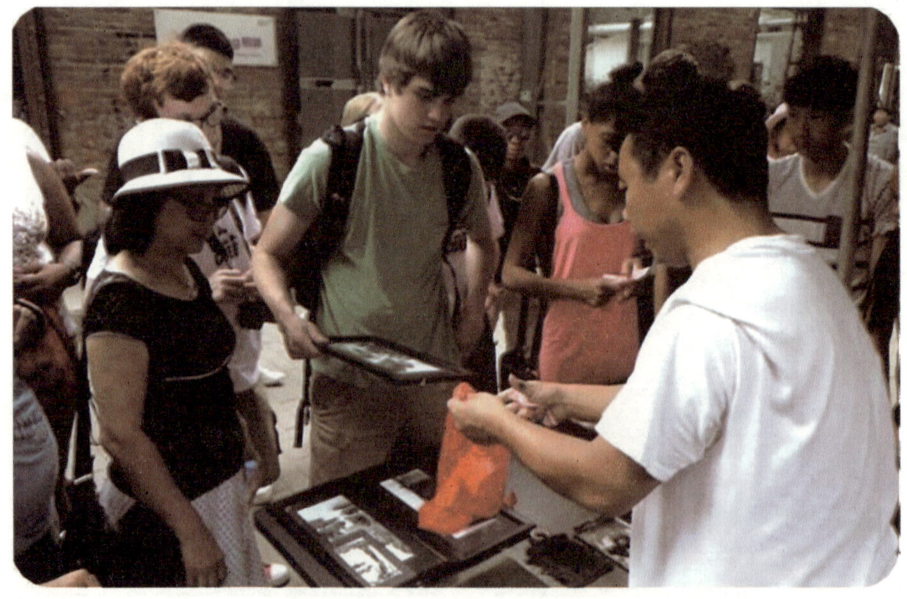

综 述

截至2016年年底，学校共与全球28个国家和地区116所高校与机构签署合作协议，与俄罗斯、白俄罗斯、波兰、匈牙利、罗马尼亚、保加利亚、印度尼西亚、埃及、埃塞俄比亚、坦桑尼亚、莫桑比克等“一带一路”沿线的11个国家19所高校正式签署校际合作协议。2016年，学校与美国马里兰大学、英国贝尔法斯特女王大学、爱尔兰阿斯隆理工学院、意大利罗马第二大学、俄罗斯圣彼得堡国立经济大学、白俄罗斯国立经济大学、坦桑尼亚达累斯萨拉姆大学、莫桑比克赞比西大学、埃及本哈大学等全球18所高校新签署两校合作谅解备忘录；与美国罗格斯新泽西州立大学、密歇根州立大学、德州农工大学、天普大学、英国南安普顿大学、新西兰坎特伯雷大学、澳大利亚迪肯大学、法国巴黎第七大学等全球10所高校新签或续签院级学生交流交换协议。2016年，学校共派遣309名学生赴国(境)外参加长短期的交流交换和暑期学习项目，同比增加42%。其中，赴国外学生273名(本科生219名，硕士研究生54名)，赴港澳台地区学生36名(本科生35名，博士研究生1名)。学校聘请长短期外籍专家和教师共计97人次，分别来自美国、英国、澳大利亚、新西兰、加拿大、法国等国家。

(黄立伟 雷静)

友好合作院校

概 况

2016年，学校与澳大利亚、白俄罗斯、英国、加拿大、埃及、芬兰、法国、爱尔兰、意大利、日本、韩国、莫桑比克、新西兰、俄罗斯、坦桑尼亚、美国等国家及我国台湾地区的28所院校建立了合作交流关系，进一步推进了合作办学、学术交流进程。

(陈晓彤)

2016年与境外高校新签署校级合作交流协议一览表

序号	国家(地区)	境外高校中文名称	境外高校英文名称
1	英国	贝尔法斯特女王大学	Queen's University Belfast
2	爱尔兰	阿斯隆理工学院	Athlone Institute of Technology
3	意大利	罗马第二大学	University of Rome Tor Vergata
4	中国台湾	台北商业大学	Taipei University of Business
5	加拿大	纽芬兰纪念大学	Memorial University of Newfoundland
6	日本	专修大学	Senshu University
7	韩国	东首尔大学	Dong Seoul College
8	白俄罗斯	白俄罗斯国立经济大学	Belarus State University of Economics
9	俄罗斯	圣彼得堡国立经济大学	Saint – Petersburg State University of Economics

续表

序号	国家(地区)	境外高校中文名称	境外高校英文名称
10	美国	马里兰大学	University of Maryland
11	坦桑尼亚	达累斯萨拉姆大学	University of Dar es Salaam
12	坦桑尼亚	圣奥古斯丁大学	St. Augustine University of Tanzania
13	坦桑尼亚	桑给巴尔大学	Zanzibar University
14	莫桑比克	爱德华多·蒙德拉内大学	Eduardo Mondlane University
15	莫桑比克	赞比西大学	Zambeze University
16	俄罗斯	南乌拉尔国立大学	South Ural State University
17	美国	新泽西城市大学	New Jersey City University
18	埃及	本哈大学	Benha University

(陈晓彤)

2016 年与境外高校新签署院级合作交流协议一览表

序号	国家(地区)	境外高校中英文名称	合作学院	合作模式
1	芬兰	赛纳约基应用科技大学 Seinajoki University of Applied Sciences	经济学院	学生交换
2	美国	新泽西州立罗格斯大学 Rutgers, The State University of New Jersey	城市学院	外培计划
3	美国	密歇根州立大学 Michigan State University	金融学院	学生交流
4	英国	南安普顿大学 University of Southampton	劳动经济学院	一学年交流和 硕士联合培养
5	新西兰	坎特伯雷大学 University of Canterbury	会计学院	本硕连读
6	美国	天普大学 Temple University	文化与传播学院 信息学院 法学院 安全与环境工程学院	3 +2 本硕连读
7	澳大利亚	迪肯大学 Deakin University	会计学院	硕士联合培养
8	法国	巴黎七大 Université Paris Diderot - Paris 7	外语学院	学生交流
9	美国	德州大学 Texas A&M University	国际经管学院	学生交换
10	中国台湾	台北商业大学 Taipei University of Business	经济学院	学生交流

(陈晓彤)

友好往来

与北美洲的校际交流

【美国马里兰大学代表来访】　5月11日，副校长徐芳会见美国马里兰大学(University of Maryland)中国事务中心主任安奈德(Nathaniel Ahrens)，就推动两校建立正式校际合作关系、合作开展学生交流项目、师生交流与科研合作等进行了积极沟通并达成共识。教务处处长张学平、国际合作交流处副处长黄立伟参加会见。

（陈晓彤）

【美国纽约州立大学奥尔巴尼分校代表来访】　6月20日，副校长徐芳会见美国纽约州立大学奥尔巴尼分校(State University of New York at Albany)主管国际合作交流的副教务长哈维·查尔斯(Harvey Charles)，就两校开展合作交流项目达成初步共识。劳动经济学院院长冯喜良，会计学院副院长李百兴，城市经济与公共管理学院副院长张杰、行政管理系主任潘娜，国际合作交流处副处长黄立伟参加会谈。

（陈晓彤）

【美国天普大学代表来访】　11月2日，校党委书记冯培会见天普大学常务副校长兼教务长乔安娜·爱珀斯、法学院代理院长格雷戈里·曼德、法学院副院长路易斯·汤姆森、法学院副教授兼中国法制项目主任桑国亚和中国办公室负责人班爽一行，双方共同签订了“3+2”本硕联合培养项目协议书。副校长徐芳主持会见和签约仪式。法学院院长喻中、信息学院院长张军、安全与环境工程学院院长王勇毅、文化传播学院院长石刚、教务处处长张学平、国际合作交流处副处长黄立伟参加会谈。

（陈晓彤）

【美国新泽西城市大学代表来访】　12月14日，校党委副书记孙善学在博远楼和畅厅会见了新泽西城市大学常务副校长、教务长丹尼尔·朱利叶斯(Daniel J. Julius)一行，双方签署了校际合作谅解备忘录。文化与传播学院院长石刚、国际合作交流处副处长黄立伟参加会谈。

（陈晓彤）

与欧洲的校际交流

【英国贝尔法斯特女王大学代表来访】　4月11日，副校长徐芳会见英国贝尔法斯特女王大学(Queen's University Belfast，以下简称“女王大学”)国际办公室中国市场主管杨卉和中英联合学院副院长大卫·鲁尼一行，就两校建立合作关系、开展学生联合培养、教师互派交流、科研合作等进行了友好交流并达成初步共识。宣传部部长邸燕茹、外语系主任朱安博、会计学院副院长李百兴、金融学院副院长高杰英、国际合作交流处副处长黄立伟、工商管理学院国际化项目主管彭广茜等参加会谈。5月16日，副校长徐芳与女王大学校长帕特里克·庄士敦(Patrick Johnston)签订了两校校际合作协议。女王大学市场、招生、对外联络和国际化部主任伊莎贝尔·詹宁斯(Isabel Jennings)，艺术和社会科学学部商务拓展经理克莱尔·格琳伍德(Clare Greenwood)，学校国际合作交流处副处长黄立伟等参加签约仪式。5月17日，女王大学艺术和社会科学学部研究生处主任麦克·奥尔康姆(Michael Alcorn)、管理学院金融学助教程斯(Si Cheng)、国际办公室高级国际事务官员及中国区经理杨卉(Monica Yang)一行与工商管理学院院长柳学信、外语系主任朱安博、会计学院副院长李百兴、金融学院院长助理杨阳就学生交流、联合培养、教师互访、科研合作等具体合作意向进行深入交流并达成合作意向。

（陈晓彤）

【罗马尼亚驻华大使馆商务参赞和布加勒斯特经济大学代表来访】　4月21日，校长王稼琼会见罗马尼亚驻华大使馆公使衔商务参赞奥古斯丁·约希沸斯库、布加勒斯特经济大学管理学院院长伊恩·波帕、管理系主任多布林·科斯明一行。双方就本硕学生交流交换项目、留学生招生项目、教师长短期讲学、科研合作等事宜进行了沟通并达成初步共识。国际合作交流处副处长黄立伟、国际学院副院长朱红等参加会谈。

（陈晓彤）

【意大利罗马第二大学代表来访】 5月12日，副校长徐芳会见意大利罗马第二大学（University of Rome Tor Vergata）主管国际合作交流的副校长古斯塔沃·佩贾（Gustavo Piga）、经济学院安德烈·阿波罗尼（Andrea Appolloni）教授、国际办公室达米阿诺·皮纳奇（Damiano Pinnacchio）和意大利教育中心中国区负责人邢建军一行，双方签订了校际合作框架协议。经济学院院长郎丽华、工商管理学院院长柳学信、法学院副院长张世君、国际合作交流处副处长黄立伟参加会谈。

（陈晓彤）

【爱尔兰阿斯隆理工学院代表来访】 5月13日，校党委书记柯文进会见爱尔兰阿斯隆理工学院校长卡荣·欧·凯伦（Ciarán Ó Catháin）和国际部亚洲区总监孟晶。校长王稼琼与爱尔兰阿斯隆理工学院校长凯伦续签了校际合作谅解备忘录。劳动经济学院院长冯喜良，国际经济管理学院常务副院长、人事处副处长刘文川，国际合作交流处副处长黄立伟等参加会谈与签约仪式。10月19日，校党委书记冯培、副校长徐芳会见爱尔兰阿斯隆理工学院校长凯伦和国际部亚洲区总监孟晶，双方就深入推进学生交流、联合培养和科研创新合作等内容进行了友好沟通。劳动经济学院院长冯喜良、学院党委书记王明会、副院长范围、学院国际项目主管魏华颖，国际合作交流处副处长黄立伟等参加会谈。

（陈晓彤）

【法国前财长埃德蒙·阿尔方戴利来访】 12月1日，校党委书记冯培、副校长徐芳会见法国前财长、法国燃气苏伊士集团 Egie 战略委员会主席、野村证券欧洲首席顾问埃德蒙·阿尔方戴利一行。双方就加强相互了解、拓展互利共赢合作领域等方面进行了友好洽谈。会见结束后，埃德蒙·阿尔方戴利在金融风险高层论坛上做了题为“英国脱欧后的欧元区：量化宽松、通货紧缩和日本经验”的主旨发言。金融学院院长尹志超、国际合作交流处副处长黄立伟参加会谈。

（陈晓彤）

与大洋洲的校际交流

【澳大利亚迪肯大学代表来访】 4月8日，副校长徐芳会见澳大利亚迪肯大学常务副校长史密斯·盖瑞一行，双方就学生联合培养、教师互派、科研合作等方面，达成进一步深化合作的共识。经济学院院长郎丽华、国际合作交流处副处长黄立伟参加会谈。

（陈晓彤）

【澳大利亚格里菲斯大学代表来访】 6月2日，副校长徐芳会见澳大利亚格里菲斯大学副校长戴维·格兰特（David Grant）、商学院国际部主任彼得·伍兹（Peter Woods）、旅游孔子学院院长助理丁培毅一行。双方在长短期学生交流与实习、本科生“2+2”联合培养项目、“3.5+1.5”本硕连读项目、教师学术互访交流、科研合作等方面探讨了合作的可能性并达成初步合作意向。工商管理学院院长柳学信、会计学院副院长李百兴、安全与环境工程学院副院长李伟、劳动经济学院副院长范围、国际合作交流处副处长黄立伟、工商管理学院 MBA 中心国际化项目主管成诚参加会谈。

（陈晓彤）

与非洲的校际交流

【埃及本哈大学来访】 12月19日，校长付志峰会见埃及本哈大学校长埃尔萨耶·埃尔卡蒂一行，双方就留学生教育、共建孔子学院等事宜进行了友好洽谈，并签署了校际合作谅解备忘录。信息学院院长张军、文化与传播学院院长石刚、国际学院副院长朱红、国际合作交流处副处长黄立伟参加会谈。

（陈晓彤）

9所境外友好院校代表参加学校建校60周年纪念活动

10月15日—16日，澳大利亚迪肯大学、日本流通经济大学、美国克利夫兰州立大学、意大利罗马第二大学、英国南安普顿大学、澳大利亚格里菲斯大学、俄罗斯普列汉诺夫经济大学、白俄罗斯国立经济大学、台湾静宜大学等9所境外友好院校的26位外宾来校参加建校60周年纪念系列活动。

纪念活动期间,校党委书记冯培集中会见了友好院校代表,副校长徐芳主持会见活动。冯培书记首先对境外嘉宾们不远万里来到北京,共同见证首都经济贸易大学建校60周年的重要时刻表示热烈欢迎与衷心感谢。他以“一个甲子、二源合一、三地研究、四个一级学科博士学位点、五大发展理念、六大学科”概括性地介绍了首都经济贸易大学60年来的发展历程与特色亮点,并强调在中国经济新常态及全球化趋势的发展背景下,学校期待与境外友好院校协力合作,促进学科交融,实现共赢发展。会谈中,日本流通经济大学校长野尻俊明和意大利罗马第二大学副校长古斯塔沃·佩贾作为代表发言。境外友好院校代表们在校期间还参加了建校60周年纪念大会,澳大利亚迪肯大学校长简登·霍兰德作为境外嘉宾代表在会上致辞。

(陈晓彤)

孔子学院

概　况

由首都经济贸易大学和美国克利夫兰州立大学共建的美国克利夫兰州立大学孔子学院成立于2008年8月28日,2009年10月26日正式揭牌并运行,位于美国俄亥俄州克利夫兰市克利夫兰州立大学校园内。孔子学院理事会由7人组成。现任理事长为在当地很有影响的华人侨领严云泰博士,副理事长由中方学校校长担任,理事会成员分别由美方学校校长、美方学校常务副校长、中方学校分管国际合作交流工作的副校长以及中外方孔子学院院长担任。目前,孔子学院中方执行院长为首都经济贸易大学张旭红副研究员。2016年8月进行了孔子学院美方院长更替,美国克利夫兰州立大学周海刚教授卸任孔子学院美方院长,克利夫兰州立大学徐岩教授新任孔子学院美方院长。

(朱红)

汉语教学与学术活动

【课程设置】 2016年,美国克利夫兰州立大学孔子学院教学规模增长明显,教学影响力越来越大,所开课程更加多元化、特色化。孔子课堂5个,教学点14所,全部教师人数为23人;学员总人数达到2 972人,比2015年增长28%。课程层次继续保持小学、初中、高中、大学(初/中/高)、硕士及社区层次。课程包括:少儿汉语、初级汉语、中级汉语、大学初级/中级/高级汉语、研究生层次综合汉语、中国文化、武术、太极、商务汉语等。使用教材包括《中文听说读写》、《长城汉语》、《汉语乐园》、《新世纪商用汉语初级会话》、《快乐汉语》、自编教材等。全年开课门数39门,授课时数4~5小时,是2015年的2.5倍。

(张旭红)

【新建中国文化中心】 孔子学院位于CSU图书馆的中国文化中心落成,正式启用。新增教学面积203.5平方米,新增办公面积70平方米。

(张旭红)

【汉语水平考试】 来自10余所中小学、大学的学生参加了考试,考试数量累计超过240人次,为2015年的1.3倍。

(张旭红)

【学术活动】 孔子学院教师经常参加各类学术活动,结合教学和管理工作开展学术研究,并应邀在相关学术论坛上发言。孔子学院美方院长徐岩教授还出席了在河南郑州举办的世界中医药学会联合会中药饮片质量专业委员会第二届学术年会暨国际研讨会。

(张旭红)

【教师培训】 孔子学院每月定期举办教师培训和交流活动并举办汉办新任汉语教师到岗培训,聘请经验丰富的汉办教师和本土教师,对教师们在课堂管理、文化适应方面的短板,针对性地开展培训活动。培训活动吸引了周边本土教师的参与,同时还建立了培训师数据库,以方便中文教师进行交流。2016年,孔子学院举行8次教师培训并已形成品牌,近

300 人参加，多位孔子学院教师在主办的教师培训研讨会上发言以分享教学和课堂管理经验。培训人数是去年的 3 倍，并建立了培训师数据库。

（张旭红）

文化传播与推广工作

【第二届克利夫兰地区大学生汉语桥中文比赛】 2016 年来自俄亥俄州的 5 所高校的大学生参加汉语桥中文比赛。通过赛事的举办和宣传，更多的学校和学生了解了中国，促进了他们的汉语学习。同时，进一步推动了本地区的中文和中国文化教学活动。

（张旭红）

【汉语桥项目】 汉语桥——美国高中生汉语桥来华夏令营项目，由孔子学院与美国国会议员办公室合作举办，首都经济贸易大学（孔子学院中方合作院校）作为承办单位负责该团组在华活动期间接待安排。在招募学员及项目推广的过程中，孔子学院与美国国会众议院非洲裔议员团主席、民主党联邦众议员玛西亚·富奇（Marcia L. Fudge）办公室，紧密合作、互相促进。议员和汉办分别向 8 位来自议员选区的贫困营员资助了国际旅费，共资助 16 名营员。2016 年参加项目的总人数为 34 人。该项目受到美国学生和家长的普遍欢迎。在议员和项目的影响下，美国普通民众从正面了解了孔子学院，认识了中国和中国文化，项目的开展还催生了潜在的中美合作项目。

（张旭红、朱红）

【第九届教师感谢日暨第三届“全球孔子学院日”活动】 教师感谢日暨“全球孔子学院日”活动项目创办于 2008 年，是克利夫兰州立大学孔子学院老牌特色项目，也是全美国唯一举办教师感谢日以表彰教师和弘扬中华文化的孔子学院。活动日期一般设在孔子诞辰日（9 月 27 日）前后，旨在展示本地区中小学的中文教学成果、宣传中国文化，并对学区教育官员和中小学优秀汉语教师进行表彰。2016 年来自克利夫兰地区 35 所大中小学校的 789 位学生、54 位教师、23 位学校领导参加了活动。

（张旭红）

【俄亥俄州中小学生演讲暨作文比赛】 赛事创办于 2013 年，已经成为俄亥俄州规模最大、知名度最高的中小学生中文比赛。2016 年来自克利夫兰、阿克伦等地区 40 所学校的 850 余名中小学生参加了此次大赛，相比 2015 年的 500 余名学生、33 所学校，有大幅增长。同时，学生水平不断提高，有些作文和演讲内容，不仅在语言水平上有提高，在表达的思想情感上也不断丰富和深刻，表明中文教育水平的不断提升。

（张旭红）

【开展春节活动】 2016 年春节，孔子学院联合当地数家文化、教育机构，在克利夫兰州立大学、孔子学院下属 13 个教学点和当地文化机构共同举办了春节文艺汇演、传统文化体验展台等特色活动，累计将近 1 万人次参与。春节庆典活动，除孔子学院自身力量外，还邀请了 6 位本土中文教师带领学生参与文化展台活动，展示对普通民众更具吸引力的文化活动。还与克利夫兰骑士队的首次联手举办春节庆祝，2 万多名观众见证了中国春节与篮球文化的首次牵手，共同庆祝猴年新春，发挥孔子学院软实力。

（张旭红）

【开展夏令营活动】 在过去组织夏令营的基础上，2016 年在组织招生、管理模式、教学模式都有创新，学员人数也有突破。在项目组织上，今年对项目进行了精选，保留了单独主办的两个项目，共招生 45 名学员，较 2015 年增长了一倍。在管理上，聘请当地教师作为顾问和督导，建立了以夏令营督导为核心，任课教师、教师助理为两翼，志愿者服务为补充的多维教学管理模式。做到了环环相扣、层层补充，确保夏令营运行期间的学员安全与教学服务的顺利进行。

（张旭红）

【中国驻纽约总领事章启月访问克利夫兰州立大学孔子学院】 7 月 19 日，中国驻纽约总领事章启月率教育参赞徐永吉等一行 5 人，对克利夫兰州立大学及孔子学院进行了访问，与克利夫兰州立大学校长罗纳德·伯克曼（Ronald M. Berkman）进行了会谈，克利夫兰州立大学教务副校长朱建平、孔子学院中方院长张旭红参加了会谈。章启月一行访问了克利夫兰州立大学孔子学院，听取了张旭红对孔子学院工作的汇报，对孔子学院为推动中华文化推广、促进中美交流做出的成绩表示肯定，对汉办外派教师的无私奉献和辛勤付出表示感谢。

（张旭红）

【其他各类活动】 2016年,孔子学院更加注重与当地各界的交流沟通以及对中国文化的传播,举办多种多样的活动。如孔子学院下设孔子课堂校园国际学院的"饺子节"和中国新年音乐会;孔子学院离任汉语教师送别会;第三届中文沉浸式夏令营;第71届"同一世界日"庆祝活动;国际社区日活动,等等。另外,接待了江苏省中医院代表团等团组的来访。

(张旭红)

中外合作

【概述】 2016年,孔子学院在推动两校合作交流方面继续发挥重要作用,已经成为两校合作的有效平台。两校按照"积极促进、科学发展、资源共享、合作双赢"的原则,发挥各自学科优势,在校级和院级两个层面都开展了多项合作。特别是在国家汉办和北京市教委的支持下,学校特大城市研究院与克利夫兰州立大学城市经济与公共管理学院开展的特大城市研究项目和两校共建的CSC－CUEB金融研究中心最具影响力和代表性。目前本科生赴克利夫兰州立大学攻读硕士学位项目、学生"2＋2"项目、教师和学生间交流等项目正在商谈中。

(朱红)

【提供政策支持和制度保障】 2016年,学校重点加强两校在孔子学院建设和相关合作领域的协调沟通,发挥孔子学院理事会的指导作用,制定和完善相关制度、管理规章、工作流程和与孔子学院的联络机制,为孔子学院良性发展以及以孔子学院建设为平台促进两校间合作交流项目的具体开展提供政策支持和制度保障。

(朱红)

【实现教育资源共享】 充分发挥孔子学院桥梁和纽带作用,以孔子学院建设为发展平台,促进两校开展合作交流。着重与美方学校就教师互访、合作科研、共同举办学术论坛、开展学生学分互认交换项目、长短期教师和学生交流项目、美方学校教师来校讲学、接待美方学校组织的各类来华团组、接收美方学校来华留学生、接收孔子学院奖学金生等领域的合作进行了沟通和商谈。

(朱红)

【打造特色孔子学院】 充分调动各方积极性,稳步推进建设经贸特色孔子学院的各项工作。2016年双方根据两校学科设置情况,达成一致意见,侧重于经贸类学科合作交流项目的开展,力争将孔子学院建设得具有经贸特色。

(朱红)

【联合召开2016年孔子学院理事会会议】 10月,在首都经济贸易大学召开了2016年孔子学院理事会会议,听取孔子学院工作和财务情况汇报,并就修订理事会议事规则、孔子学院发展方向以及中方、美方孔子学院院长考核制度等相关工作达成共识。

(朱红)

【联合举办第三届(2016)国际学术论坛】 10月,第三届"中美经贸发展论坛"于首都经济贸易大学建校60周年之际,在北京举行。两校校领导出席并致辞,来自中国、美国、法国、坦桑尼亚等国家的专家学者和青年教师分别就论坛主题做主旨发言。该论坛的举行,标志着孔子学院的发展进一步融入了大学的发展和需要,开始打造专业性孔子学院。

(朱红)

【成立CSU－CUEB中美金融研究中心】 两校以孔子学院建设为平台共建的CSU－CUEB中美金融研究中心于12月在全球孔子学院大会召开之际正式揭牌成立。

(朱红)

学生交流交换

2016年,学校新开设了美国密歇根州立大学本科生一学期交流(VIPP)项目、天普大学"3＋1＋1"本硕连读项目等;利用北京市国际教育交流中心项目渠道选派16名文化与传播学院、外语学院本科生赴美国、韩国进行专业实习;首次选派4名研究生赴俄罗斯圣彼得堡国立经济大学参加由中俄经济类大学联盟和圣彼得堡俄中青年友好交流协会主办的"中俄青年论坛"。

(雷静)

外专外教

2016年,学校共聘请长期外籍教师16人次,其中拥有博士学位2人、硕士学位9人、本科学位4人,分别来自美国、英国、澳大利亚、新西兰、加拿大、法国等国家,为学校本科生和研究生提供英语、法语、及专业课程教学；暑期国际学校聘请短期境外专家来校授课 21 人次，其他短期境外专家来校讲学、讲座和合作科研 60 人次。

（黄晶晶）

2016 年在职外教人员名单

序号	姓名	国籍	学历	毕业院校	任职单位	授课专业
1	Heather Nicole Smith	美国	英语教育硕士	美国芬德利大学	外语系	英语
2	DAVID BURGESS	英国	国际关系专业硕士	英国北安普顿大学	外语系	英语
3	Rose Golder – Novick	美国	教育学硕士	美国长岛大学	外语系	英语
4	Enrico Mancarella	澳大利亚	教育学学士	澳大利亚新南威尔士大学	外语系	英语
5	SHANG YING	加拿大	经济学博士学位	加拿大女皇大学	国际经管	专业课
6	Gaelle Margouet	法国	教育学硕士	法国图卢兹第二大学	经济学院	专业课
7	Lynda BENSIZERARA	法国	语言学硕士	法国巴黎第七大学	经济学院	专业课
8	SEBASTIEN GAUDIN	法国	经济学硕士	法国巴黎第十三大学	经济学院	专业课
9	DIANA DANG	新西兰	财务和金融专业硕士	英国曼彻斯特大学	华侨学院	专业课
10	JOHN RYAN EATHORNE	新西兰	社会学学士	新西兰惠灵顿维多利亚大学	华侨学院	英语
11	LILY LIU	澳大利亚	信息工程管理硕士	澳大利亚新南威尔士大学	华侨学院	专业课
12	SHANE D. HENDERSON	美国	历史学学士	美国东俄勒冈州立大学	华侨学院	英语
13	Manship Smith III	美国	科学及计算机学士	新奥尔良杜伦大学	华侨学院	专业课

（黄晶晶）

因公出国（境）

2016 年，学校共派出 28 个团组 46 人次赴美国、俄罗斯、白俄罗斯、加拿大、瑞典、爱沙尼亚、荷兰、澳大利亚、新西兰、坦桑尼亚、莫桑比克、韩国、日本及我国香港、台湾等 15 个国家和地区执行担任访问学者（2 人次）、校际交流（16 人次）、参加国际会议（26 人次）、带领学生专业实习（2 人次）等因公临时出国（境）任务。其中，22 个出国团组 37 人次；赴香港 1 个团组 2 人次；赴台湾 5 个团组 7 人次。

（孙雪原）

重要访问活动

【教务处处长张学平等访问俄罗斯、白俄罗斯】 6 月 19 日—26 日，学校教务处处长张学平、财政税务学院院长姚东旭、金融学院院长尹志超、马克思主义学院院长刘冠军一行赴俄罗斯普列汉诺夫经济大学、圣彼得堡国立经济大学和白俄罗斯教育部、白俄罗斯国立大学、国立经济大学等高校和教育行政管理部门进行访问交流，并与俄罗斯圣彼得堡国立经济大学和白俄罗斯国立经济大学签订了校际合作框架协议。

（孙雪原）

【工商管理学院院长柳学信等访问澳大利亚】 9 月 8 日—12 日，工商管理学院院长柳学信、对外联络处处长赵喜玲、会计学院副院长顾奋玲、国际合作交流处副处长黄立伟一行访问澳大利亚格里菲斯大学和精英高等教育学院，开展校际合作交流，并于9月11日在悉尼召开首都经济贸易大学首个海外校友会澳大利亚校友会成立大会。

（孙雪原）

【校党委副书记孙善学等访问坦桑尼亚和莫桑比克】 11月6日—14日，校党委副书记孙善学、文化与传播学院院长石刚、经济学院副院长王军、国际学院副院长朱红、保卫处处长赵广一行对非洲坦桑尼亚和莫桑比克5所高校（坦桑尼亚达累斯萨拉姆大学、圣奥古斯丁大学、桑给巴尔大学和莫桑比克爱德华多·蒙德拉内大学、赞比西大学）进行了访问交流，旨在进一步拓宽国际化办学思路，继续深化学校与非洲地区高校的交流与合作。

（孙雪原）

【副校长王传生等参加中俄经济类大学联盟年会系列活动】 11月17日—22日，副校长王传生、图书馆馆长吴启富、教务处副处长曾庆梅一行赴俄罗斯参加中国－俄罗斯经济类大学联盟第四届年会，并对南乌拉尔国立大学和俄罗斯经济学家联合会进行了访问交流。

（孙雪原）

港澳台交流与合作

概　况

2016年，学校接待台湾彰化师范大学、政治大学、淡江大学，香港专业教育学院等高校来校访问交流代表近70人次；与台北商业大学签订校际合作框架协议；访问香港理工大学，参加“一带一路”主题的国际会议，巩固和拓展与香港理工大学的合作；访问台湾彰化师范大学。学校积极开展与港澳台地区院校的学生交换和教师学术交流项目，选派36名学生赴台湾东吴大学、静宜大学、铭传大学、台南大学、政治大学参加长短期学习交流和暑期项目，选派7名教师赴彰化师范大学、东吴大学、台湾“中央研究院”，参加学术会议、访学和短期进修学习。截至12月31日，学校共有港澳台在校学生35名，其中香港籍学生21名，澳门籍学生1名，台湾籍学生14名。

（雷静）

港澳台侨学生

【招生】 2016年，学校招收2名香港籍本科生、2名台湾籍本科生，1名台湾籍全日制博士生。

（雷静）

【学生活动】 3月和11月，学校分两次组织港澳台学生参加香港中资企业情况介绍暨香港籍学生招聘说明会；4月，按照北京市台办要求对台湾籍学生就业情况进行问卷调查；5月，组织港澳台学生在湖广会馆参加中华文化大课堂体验活动；10月，动员学生参加2016年北京高校港澳台侨学生迎新系列活动。

（雷静）

【奖学金评审】 2016年，学校9名港澳台侨学生获得教育部港澳台侨学生奖学金。

（雷静）

【交换生项目】 2016年，学校向东吴大学、静宜大学、铭传大学、台南大学、政治大学5所台湾地区高校派出10个学生团组36名学生进行交流学习，赴台湾交流时间从19天至144天不等。

（雷静）

第九篇

学校管理

上图　5月20日，学习召开党委全委（扩大）会，审议并原则通过《学校“十三五”时期发展规划（审议稿）》

中图　4月19日，学校开展公文拟制培训活动

下图　4月29日，学校召开保密工作会

上图　12 月 29 日，学校召开 2016 年度财务工作会

中图　3 月 24 日，审计处召开内部审计制度和流程研讨会

下图　5 月 5 日，学校表彰 2016 年度资产管理工作先进集体和先进个人

上图　11 月，学校召开第二届后勤管理岗位练兵暨技术能手总结表彰大会

下图　6 月 1 日，副校长丁立宏为首批毕业生联络员颁发校友证书、联络员聘书及专属名章

上图　9 月 11 日，学校首个海外校友会——澳大利亚校友会成立

下图　10 月 16 日，学校 60 对校友伉俪共聚纪念建校 60 周年

发展规划

概　况

2016 年,学校积极制定“十三五”规划,先后在学校学术委员会和教代会讨论,经学校党委常委会审议并原则通过后,提交学校党委全委(扩大)会议,并向北京市教委呈报了《首都经济贸易大学“十三五”时期发展规划》文本。6 月—9 月,以学校的“十三五”规划为基准,学校组织各学院和校部机关各部门进一步修订了各二级单位的“十三五”规划及有关专项规划,并开展了 2016 年高等教育科研项目立项工作。根据学校统一部署,学校发展规划处承担了教育部第四轮学科评估中学校应用经济学一级学科材料填报工作,承担了国家高校本科教学基本状态数据库采集的组织和材料呈报工作。2016 年,学校继续组织编发《高教信息》,共计 10 期。

(林昱)

“十三五”规划制定

【学校“十三五”规划意见征求】　3 月—4 月,发展规划处先后召开由各职能部门、学院负责人、退休的校级领导、教师代表和学生代表参加的 4 场学校“十三五”规划征求意见座谈会,面向全校征集意见和建议,并结合校领导班子务虚会意见,形成提交学校学术委员会、学校教代会、学校党委常委会、学校党委全委(扩大)会议的学校“十三五”规划审议稿。

(王冬)

【学校“十三五”规划审议与上报】　5 月,学校学术委员会和教代会先后讨论和审议了学校“十三五”规划文本,发展规划处认真研究反馈内容,落实规划文本修订工作,于 5 月 4 日向学校党委常委会正式提交学校“十三五”规划文本,学校党委常委会审议并原则通过;5 月 20 日,学校党委全委(扩大)会表决通过;5 月 24 日,按照北京市教委统一部署和要求,学校正式向市教委呈报了《首都经济贸易大学“十三五”时期发展规划》文本。

(王冬)

【修订“十三五”专项、专题等规划】　6 月—9 月,发展规划处组织各学院和校部机关各部门进一步修订了各二级单位的“十三五”规划及有关的专项规划,为编辑出版学校“十三五”规划汇编做好准备。

(王冬)

【“十二五”规划成果展示和“十三五”规划宣传】　10 月,为展示学校“十二五”成果及宣传“十三五”规划,发展规划处配合宣传部撰写了“‘十二五’收官,首经贸主要指标超预期”等新闻稿件,并利用学校网站主页“十三五”规划专题这一平台,实时发布与规划相关的信息。发展规划处完成规划解读本(草稿)、“一张图读懂规划”等宣传材料,为“十三五”规划后期宣传工作做好准备。

(王冬)

高等教育研究

【高等教育研究校内项目申报评审】　3 月,发展规划处完成 2016 年高等教育研究校内项目的申报评审工作。围绕“十三五”期间学校的改革发展问题(高等教育综合改革、学科与学科群建设、人才和科研评价体系、大学治理、师资队伍建设);推进世界一流大学和一流学科建设;国外知名经管类大学或学院的成功经验及借鉴;京津冀协同发展背景下学校智库建设和成果转化;教师发展和优质教学(教师发展体系、创新创业人才培养、教学改革与课程设置、教育技术);“创新、协调、绿色、开放、共享”发展理念引领下的大学发展这六大主题组织,学校开展了 2016 年高等教育研究项目的申报工作,并于 3 月 25 日聘请有关专家认真审阅项目申请书,经投票表决,共 18 个项目获批立项,其中重点项目 4 项,一般项目 14 项,完成了共计 31 万的项目研究经费拨付工作。

（郭剑川）

【编辑发行《高教信息》】 2016年，学校共编辑发行10期《高教信息》，每期约2万字，印制数量170份，主要围绕在线课程建设；推进管办评分离，构建政府、学校、社会之间新型关系；五大发展理念背景下高校的改革与发展；“双一流”建设；高校该如何贯彻落实党中央、国务院战略决策部署，推动学校适应新形势，实现新发展；大学与国家发展和民族振兴同向同行等热点问题作为主题。

（郭剑川）

【采集本科教学基本数据】 11月4日—30日，由学校发展规划处牵头，学校各单位采集了本科教学基本状态数据，并将其录入国家高校本科教学基本状态数据库。学校本科教学基本状态数据涵盖了该数据库7大类、78张表、674项数据。

（郭剑川）

党政管理

概　况

党政办公室是学校党委、行政的综合办事机构，法律事务室挂靠。2016年，党政办公室围绕学校中心工作，充分履行办公室综合协调、参谋助手、管理服务等各项职能，认真做好学校大型活动的组织协调、重要决策会议服务及督察督办、公文处理、来信来访、法律事务管理等各项工作，工作质量和水平进一步提升。

（张嘉艳）

决策会议服务

【概述】 2016年，党政办公室加强了对党委常委会、校长办公会会前材料的审核、协调力度，督促相关责任部门会前进行有效沟通，努力提高会议决策效率，全年共服务党委全委会3次，审议议题8个；服务党委常委会32次，研究议题195个；服务校长办公会21次，研究议题113个，撰写决策会议新闻稿件42篇。

2016年校长办公会主要议题一览表

时　间	会　议	议　题
1月7日	第1次 校长办公会	听取办公用房整改情况汇报；审议2016年校院两级因公出国（境）计划；研究2016年博士生招生工作
1月14日	第2次 校长办公会	研究工商管理学院企业管理专业招收全英文硕士、博士学位留学生事宜；审议2016年会议和培训费申报计划；审议2015年处级以下人员考核结果，2016年专任教师（第一批）和党政管理、其他专业技术拟录用人选以及2015年专业技术岗位聘任结果；审议校园绿化方案；审议学术中心楼报告厅和会议室深化设计方案；研究其他事项
2月24日	第3次 校长办公会	研究招投标有关问题；研究华侨学院专科招生工作
3月17日	第4次 校长办公会	研究近期行政重点工作；研究华侨学院高职招生指标事宜；研究外语人才贯通培养事宜

续表

时 间	会 议	议 题
4月7日	第5次 校长办公会	听取MBA自查情况汇报;研究杂志总社近期工作情况;审议学校《招投标管理办法》;研究“创青春”首都大学生创业大赛承办工作;研究就业办公室更名事宜;研究学校60周年校庆筹备工作;研究其他事项
4月26日	第6次 校长办公会	审议学校2016—2017学年教学日历;研究学生退学事宜;研究文化与传播学院增设留学生专业问题;审议南门绿化方案;审议“双代会”学校工作报告;研究推荐北京市享受政府特殊津贴人选
5月4日	第7次 校长办公会	审议“1+3”教育联盟战略合作框架协议;听取第四轮学科评估准备工作汇报;审议2016年教师岗位第二批拟录用人选;审议文化与传播学院专技人员转岗事宜;审议特聘教授续聘事宜;研究2016年市级百千万人才工程推荐人选;研究2017年度北京市科技新星计划推荐人选
5月19日	第8次 校长办公会	审议经济学院发展与学科建设战略指导委员会组成人员名单;审议学校学位证书设计方案;研究北京市级教学名师推荐人选;审议2016年上半年延长退休人员名单;通报北京高校教师职称结构比例调整事宜;审议北京高校思政课特级教授、特级教师推荐人选
6月2日	第9次 校长办公会	研究2016年组织选拔博士生(后)、高校青年教师、辅导员到北京市挂职锻炼工作;审议学校2016年国有资产清查及产权登记工作方案;审议学校《经贸学者、后备学科带头人、中青年骨干教师选拔与培养办法》;研究学术研究中心东门绿化工作;审议学校60周年校庆日活动安排
6月17日	第10次 校长办公会	通报暑假前重点工作安排;研究北京市优秀教师宣传典型和师德建设优秀工作案例推荐事宜;审议基础课改革方案;研究校门周边加装违法停车监控系统事宜;讨论学校立体车库建设方案;研究学术研究中心报告厅命名及一层大厅艺术布置事宜;研究北京市和学校优秀毕业生评选事宜;研究2016年大学生征兵工作;审议校庆公告(2号);审议经济学院2016年会议申请;听取市教委拨款机制改革试点工作汇报
7月7日	第11次 校长办公会	审议2016年经贸学者、后备学科带头人、中青年骨干教师遴选、考核结果;审议2016年科级管理岗位空岗聘任结果;审议校史馆深化设计方案;研究体育馆管理事宜;研究委派资产管理公司董事监事事宜;研究2016年公积金跨年清册工作
7月18日	第12次 校长办公会	研究2016年北京市“高创计划”教学名师推荐人选;审议校园文化丛书编排方案;研究校史馆建设方案调整事宜
9月13日	第13次 校长办公会	研究优干保研、推优保研工作;研究应用系统出外网事宜;审议《马克思主义理论专业研究生新生奖学金、学术奖学金评选办法(试行)》;审议《本硕博连读研究生选拔与管理规定(试行)》;通报事业单位退休人员调整养老金及市属单位参加机关事业养老保险等有关工作会议精神;审议学校与河南财经政法大学合作框架协议;审议建校60周年纪念大会会场设计方案;审议学校《国内公务接待管理办法》;审议建校60周年活动安排和纪念大会议程;审议会计学院2016年会议申请;研究其他事项
9月28日	第14次 校长办公会	审议学校宣传片;研究校内部分楼宇、道路命名事宜;研究安全与环境工程学院专业认证评估事宜;研究建校60周年纪念活动有关事宜;研究校园交通规划工作

续表

时间	会议	议题
10月10日	第15次 校长办公会	通报一餐厅一层招标结果;研究建校60周年纪念活动有关事宜
10月16日	第16次 校长办公会	审议2015—2016学年本科生、研究生国家奖学金评审结果; 审议“双百奖学金”评审结果;审议2017年进人计划;研究特聘教授聘任事宜;研究2016年教育管理职称评审事宜;研究其他事项
11月1日	第17次 校长办公会	审议2016年校级教育教学成果奖评选结果;通报教育部高校数据平台建设有关情况;研究召开建校60周年纪念活动表彰会事宜;审议教师职务聘任工作实施方案
11月10日	第18次 校长办公会	研究引进学科带头人事宜;审议学校《研究生招生工作条例》(修订版);审议建校60周年纪念活动表彰人员名单;研究学校公车改革事宜;审议学校《结核病防治工作方案》《预防控制艾滋病工作方案》
11月28日	第19次 校长办公会	审议高级专家延迟退休年龄人员名单;研究高校数据库平台填报工作;审议城市经济与公共管理学院会议申请
12月13日	第20次 校长办公会	研究2016年非处级教职工年度考核结果;研究2013—2016年教师聘期考核结果;审议2015—2016年度校长奖学金评选结果;审议财政税务学院会议申请
12月27日	第21次 校长办公会	审议学校《关于制定2017版人才培养方案的指导意见》;研究教室改造事宜;研究增设工商管理学院本科全英文授课项目和信息学院研究生全英文授课项目事宜;审议学校《2016年度毕业生就业质量报告》;研究学科带头人引进事宜;研究其他事项

2016年党委常委会主要议题一览表

时间	会议	议题
1月7日	第153次 党委常委会	研究北京市“三八”红旗集体和“三八”红旗奖章推荐人选;审议学校2015年度工作总结;审议学校领导班子“三严三实”专题民主生活会对照检查材料;审议15位干部经济责任审计结果报告;通报2016年巡视工作有关安排;研究其他事项
1月14日	第154次 党委常委会	通报2015年十大新闻评选结果;审议学校2015年就业质量年报;听取大学生心理健康教育工作汇报;研究党员发展工作;研究干部问题;通报假期工作安排;研究其他事项
2月24日	第155次 党委常委会	研究6号学生公寓建设投资事宜;审议学校2016年工作要点;通报市委第六巡视组入校巡视事宜;审议向市委第六巡视组汇报的有关材料;研究其他事项
2月26日	第156次 党委常委会	研究推荐党内表彰摸底人选;研究干部问题
3月17日	第157次 党委常委会	研究推荐北京市“工人先锋号”事宜;审议2016年校内预算;审议2016年校院两级党委理论中心组学习计划;审议2016年宣传思想工作要点;审议2016年党风廉政建设和反腐败工作主要任务分工;审议2016年纪律检查委员会工作要点;审议2016年安全稳定工作要点及分工;审议2016年学生工作要点;审议2016年共青团工作要点;审议2016年组织统战工作要点;审议《关于开展党员组织关系集中排查的实施意见》;研究干部考核工作

续表

时　间	会　议	议　题
3 月 31 日	第 158 次党委常委会	审议学校党委中心组理论学习制度(修订版);审议学校对北京市党风廉政建设责任制检查反馈意见的整改方案;审议学校 2016 年重点工作台账;研究预备党员转正事宜;研究少数民族代表人士推荐工作;通报 2015 年处级单位和处级干部考核优秀公示情况;研究处级干部兼职情况;研究处级干部试用期满考核事宜;通报部分处级干部参加上级培训情况
4 月 14 日	第 159 次党委常委会	研究召开第三届“双代会”第六次会议事宜;听取 2016 年就业工作汇报;审议经济学院、工商管理学院、法学院综合改革试点方案;研判学校意识形态及安全稳定形势;学习传达北京教育系统党风廉政建设工作会议精神;学习传达北京高校统战工作会议精神;研究预备党员转正事宜;研究北京市优秀共产党员、优秀党务工作者、先进基层党组织推荐事宜;研究处级干部兼职事宜;研究其他事项
4 月 26 日	第 160 次党委常委会	研究增拨专项经费事宜;研究学校关心下一代工作委员会常务副主任人选调整事宜;审议学校《一线专职思想政治课教师教学岗位补贴发放管理办法(试行)》;研究其他事项
5 月 4 日	第 161 次党委常委会	研究 2016 年师德榜样评选工作;研究成立外国语学院事宜;审议 2016 年因公出访俄罗斯、白俄罗斯校级团组人员名单;审议学校《“十三五”发展规划(征求意见稿)》;审议学校《“两学一做”学习教育实施方案》;研究干部问题;研究其他事项
5 月 19 日	第 162 次党委常委会	研究学校师德榜样评选结果及市级师德榜样推荐人选;审议中共首都经济贸易大学委员会关于贯彻落实《党委(党组)意识形态工作责任制实施办法》的实施细则;通报 2016 年党员发展计划;通报市委教育工委党外中青年骨干培训班报名及培训经费事宜;通报北京市第二批党外代表人士挂职项目推荐情况;研究设立外国语学院党总支事宜;研究干部问题
5 月 26 日	第 163 次党委常委会	研究信息学院实验室改造经费等事项;审议北京高校思政课特级教授、特级教师推荐人选;通报市委教育工委“两学一做”学习教育巡回督导工作方案及第五巡回督导组工作布置会要求;研究成立学校统一战线工作领导小组事宜;研究处级干部因私出国(境)事宜;研究干部问题;学习传达《进一步规范北京市领导干部配偶、子女及其配偶经商办企业行为的规定(试行)》文件精神;学习传达市委十一届十次全会精神
6 月 17 日	第 164 次党委常委会	研究校内预算调整问题;通报因公出访澳大利亚、新西兰校级团组人员名单;通报学校《2013—2017 年党的建设工作规划》督办情况;研究学校保密工作;审议学校 2014—2016 年优秀共产党员、优秀党务工作者、先进基层党组织推荐名单;审议学校《纪念建党 95 周年工作方案》;审议学校《统战工作自查报告》;研究干部问题;研究其他事项
7 月 7 日	第 165 次党委常委会	研究校内预算调整问题;研究领导干部在学校企业兼任董事监事问题;研究学生档案定密工作;研究学校信息安全工作;研究 2015—2016 年度北京高校优秀德育工作者、德育工作先进集体和优秀辅导员推荐事宜;审议 24 名处级干部经济责任审计结果;研究党员发展及转正事宜;通报北京市第八批优秀青年人才申报情况;研究干部问题;通报 2015 年度学校干部选拔任用“一报告两评议”情况;学习传达习近平总书记在庆祝中国共产党成立 95 周年大会上的重要讲话精神

续表

时 间	会 议	议 题
7月18日	第166次党委常委会	研究图书馆维修改造有关经费问题;研究2016年因公出访坦桑尼亚、莫桑比克校级团组组成人员名单;研究巡视整改工作;通报暑期工作安排;研究其他事项
8月15日	第167次党委常委会	审议南门设计方案;审议巡视整改方案(征求意见稿);研究干部兼职问题
8月31日	第168次党委常委会	研究校领导工作分工事宜;研究落实巡视整改有关事宜;研究建校60周年纪念活动有关安排;研究学校教师职务聘任工作;研究2016年下半年重点工作安排;传达市委教育工委安全稳定工作会议精神
9月6日	第169次党委常委会	研究教师节座谈会有关安排;研究经济学类课程开设事宜;审议学校《部分教育事业收入资金分配及使用管理办法》《工作餐管理办法》《校内会议经费使用管理办法》;研究南门设计方案及预算问题;研究合作餐厅有关问题;审议学校《开展党费收缴工作专项检查实施方案》;研究丰台区政协委员推荐人选;审议学校党委常委与党外代表人士联系交友名单;研究干部问题;审议立项督查查核报告;审议干部选拔任用工作巡视监督专项整改报告;研究校办企业有关问题;学习传达教育部《高等学校深化落实中央八项规定精神的若干规定》;研究第十三届北京市思想政治工作优秀单位、优秀思想政治工作者推荐事宜;研究校史馆建设有关事宜
9月28日	第170次党委常委会	审议学校党委巡视整改情况报告;传达内地高校新疆籍少数民族毕业生就业创业工作电视电话会议精神;研究北京市欧美同学会(北京市留学人员联谊会)理事推荐人选
9月10日	第171次党委常委会	研究"双代会"换届工作;审议学校人大代表换届选举工作实施方案;审议因公出访俄罗斯校级团组人员名单;研究向离退休教职工颁发建校60周年纪念章事宜;研究党费使用问题;研究本学期"两学一做"学习教育安排;研究干部问题;审议工商管理学院和法学院会议申请;研究基建处校内专项调整事宜;研究增加干部教育培训经费事宜;研究其他事项
10月10日	第172次党委常委会	研究召开第四次党代会有关事宜
10月12日	第173次党委常委会	研究巡视整改工作
10月20日	第174次党委常委会	研究2016年下半年预算调整问题;通报北京市教育系统2017年财政预算政策;审议党费收缴基数计算办法;研究北京高校党的建设和思想政治工作优秀成果及创新成果申报事宜;研究北京市继续教育工作先进集体、先进个人评选推荐工作;研究干部问题;研究巡视整改工作;学习传达市委组织部《关于认真吸取辽宁拉票贿选案教训警示的通知》精神
10月26日	第175次党委常委会	研究召开第三届教代会七次会议事宜;审议学校《分工会换届选举办法》;审议学校《第四届"双代会"代表选举办法》;研究纪委信访案件处理事宜;研究特大城市经济社会发展研究院成为实体性组织事宜;审议巡视整改情况通报稿;研究干部问题

续表

时　间	会　议	议　题
11月1日	第176次党委常委会	听取丰台区人大代表换届选举工作汇报；研究第十届北京市高等教育学会理事会理事推荐人选；研究其他事项
11月10日	第177次党委常委会	研究预算调整问题；审议学校内部控制基础性评价工作实施方案；研究会议计划申报工作；审议基层党组织换届方案；审议学校"两学一做"合格党支部建设规范及合格党员行为规范
11月14日	第178次党委常委会	研究学校公车改革事宜
11月16日	第179次党委常委会	研究教师职务聘任事宜；审议因公出访东南亚三国校级团组人员名单；研究干部问题
11月23日	第180次党委常委会	研究二级单位党组织换届事宜；研究2016年市级困难党员补助申报工作；研究处级干部随团出访事宜
12月6日	第181次党委常委会	审议二级单位党委、党总支、直属党支部委员候选人初步人选名单；研究处级干部兼职问题；讨论学校《关于加强和改进教学科研人员因公临时出国管理工作的实施细则》；审议《首都经济贸易大学章程（英文版）》；研究预算调整问题；研究博远楼、琢玉讲堂、校史馆项目增项资金事宜
12月13日	第182次党委常委会	审议2016年处级单位、处级干部年度考核工作；审议部分二级单位党委、党总支、直属党支部委员候选人建议人选名单；研究党费补缴有关事宜
12月21日	第183次党委常委会	研究干部经济责任审计问题，审议部分二级单位党委、党总支、直属党支部委员候选人建议人选名单；审议学校《关于北京市出席党的十九大代表推荐提名工作方案》；研究华侨学院有关历史遗留问题解决情况；研究其他事项
12月27日	第184次党委常委会	学习传达北京市委第十一届十二次全会精神；研究十九大代表推荐人选；研究干部兼职问题；审议学校《教学科研人员因公临时出国管理办法（试行）》；审议学校《纪检部门处理信访举报工作实施办法》；研究纪委信访案件处理问题；审议各二级学院、部分教辅单位党务公开、校务公开目录

2016年党委全委会主要议题一览表

时　间	会　议	主要议题
2月26日	第22次党委全委会	审议学校2016年工作要点；通报巡视组入校巡视事宜
5月20日	第23次党委全委会	审议学校《"十三五"发展规划》；通报校领导班子"一报告两评议"情况
8月30日	第24次党委全委会	通报向市委巡视办汇报学校巡视整改方案情况；通报建校60周年纪念活动进展情况；通报学校教师职务聘任总体方案；审议学校2016年下半年重点工作安排

（窦诚松）

督查督办

【概述】 9 月和 12 月，党政办公室两次组织开展了对各单位 2016 年工作要点完成情况的督查督办，督促各单位贯彻落实学校年度工作任务。党政办公室继续做好党委常委会、校长办公会决策落实情况的督办工作，全年共制发批复 160 份，其中党委常委会批复 88 份，校长办公会批复 72 份。

（窦诚松）

重要活动组织与协调

【建校 60 周年纪念活动各项工作】 2016 年，在学校党委和行政的领导下，党政办公室组织召开各有关部门的建校 60 周年纪念活动专题工作会议 17 次，发布校庆 2 号和 3 号公告，形成学校建校 60 周年主要活动安排和工作计划；7 月 8 日，组织开展校庆 60 周年倒计时 100 天活动；10 月 7 日，举办学校发展建设座谈会，56 位在京副局级以上校友回校参加活动；10 月 16 日，举办建校 60 周年纪念大会，从部分机关部门和学院抽调了 32 名干部和 130 余名学生志愿者，组建了大会协调组、文字起草组和嘉宾接待组，精心拟定纪念大会议程和工作流程，起草领导发言、讲话等重要文稿，反复打磨师生代表发言稿，为参会嘉宾全程提供一对一服务。大会当天，北京市有关部门负责同志，以及中央财经大学等 29 所京内高校、西南财经大学等 21 所京外高校领导和嘉宾、丰台区政府等 10 家合作单位领导出席纪念大会，并收到 72 家兄弟高校和共建单位发来的贺信、贺电。11 月 16 日，组织召开建校 60 周年纪念活动总结表彰会。

（张嘉艳）

【其他重要活动组织协调工作】 2016 年，除建校 60 周年各项纪念活动外，党政办公室全年组织协调校内重要活动 16 次，接待来自北京市地税局、丰台区政府、内蒙古财经大学、中煤集团等政府、高校、企业共 15 家单位，总计 109 人。4 月 26 日，中共中央政治局委员、北京市委书记郭金龙同志来校调研视察。从接到上级通知到郭金龙同志当日下午 2:30 到校，在不到 30 个小时的时间内，根据学校主要领导的安排和部署，协调有关部门从会场布置、视察路线、校内参会人员等各方面精心细致安排，确保接待工作万无一失。此外，根据学校党委的部署，严格按照市委巡视组的要求和工作程序，做好文字起草、材料报送、沟通联络、服务保障等各项工作。会同工会继续加强与花城幼儿园的共建合作，为 13 位教职工子女解决了入园问题。

（张嘉艳）

【协调推进综合改革试点工作】 2016 年，党政办公室牵头召开试点学院综合改革方案论证会 3 次，协调试点学院和有关部门反复对试点学院综合改革方案进行修改完善，于 4 月 28 日正式批复经济学院、工商管理学院、法学院启动综合改革试点工作。

（张嘉艳）

信息和统计工作

【推进信息公开】 2016 年，党政办公室加强学校信息公开网站建设，落实《信息公开网站管理维护办法》，全年学校信息公开网站公开信息 309 条。进一步推进学院信息公开，指导各学院初步制定了本单位信息公开目录，并经党委常委会审议通过，初步形成了较为健全的校院两级信息公开工作体系。

（宋颖）

【信息工作质量不断提升】 2016 年，党政办公室紧密围绕高等教育改革的难点、热点问题，加强信息收集和编研工作，提高《信息周报》《信息参考》刊物质量，突出信息的实用性，全年共编发《信息周报》36 期，采集信息 206 条；编发《信息参考》2 期。

（张嘉艳）

【着力推动办公自动化系统建设】 2016 年，党政办公室完成 OA 系统升级改造工程，公文处理、合同管理、公告发布等 13 项工作通过 OA 系统运行，实现无纸化办公。加强人员培训和系统推广，开展分层分类培训 7 次，总计 200 余人，实现副处级以上领导干部和各单位办公室主任、有关工作人员全覆盖。

（于滨滨）

【统计工作获表彰】 2016 年，党政办公室继续做好各项统计指标解释、数据采集、数据录入、数据汇总和数据报送等环节的工作，按时完成了《高等教育基层统计报表（2016—2017 学年初）》年报、北京统计直报网 2016 年度各类年报及月报等报表的统计工作，学校获得 2015 年度北京市教育事业统计工作质量评估优秀集体二等奖，1 名同志荣获优秀个人三等奖。

（宋颖）

综合事务

【文稿撰写】 2016 年，党政办公室起草了学校党委2013—2015 年落实党风廉政建设主体责任情况报告、巡视整改报告、党委书记在郭金龙同志来校调研会上的汇报材料、学校教代会校长工作报告、党委书记在学校"两学一做"学习教育座谈会上的发言、首都经济贸易大学建校 60 周年纪念大会主旨发言等重要材料、报告、讲话 49 篇，共计 15.3 万余字。

（张嘉艳）

【公文处理】 2016 年，党政办公室坚持精简文件，全年制发各类公文 214 份。其中，下发文件 98 份，较 2015 年略有减少。进一步规范公文处理，组织开展了有发文权限的二级单位进行公文写作培训。充分运用 OA 系统，全年基本不再印发纸质公文。

（宋颖）

【加强信访工作】 2016 年，党政办公室进一步规范来信来访的登记、批转、督办、答复、归档等各个工作环节，强化信访件的协调和督办力度，召开信访联席会议 7 次。全年受理各类信访 39 件，较 2015 年减少了 2 件。其中，重访 8 件，较 2015 年减少了 4 件；接待来访人员 50 人次。已答复或办结 38 件，办结率为 97%。坚持信访信息定期通报制度，每月总结信访工作情况，共编印《信访工作月报》8 期。

（马晓宁）

【召开保密工作会议】 4 月 29 日，学校召开保密工作会议。与会人员集体学习了上级保密精神，并就学校《关于进一步加强和改进学校保密工作的实施方案》进行了讨论。纪委书记、校保密委员会主任杨世忠结合学校工作实际，对下一步保密工作的开展提出了要求：一是加强对保密工作的重视，对保密工作要常抓不懈；二是保密单位认真理清本单位的保密职责和工作内容，结合重点有的放矢地开展工作；三是严格按照《实施方案》落实相关工作，加强涉密岗位审核、保密承诺书签订等工作。学校保密委员会全体成员参加了会议。

（窦诚松）

【加强机要文件管理】 2016 年，党政办公室进一步加强和规范机要文件的管理和流转，做好机要文件的登记、保存和清退销毁工作。全年接收上级来文 410 件，其中机要文件 191 件，组织集中销毁涉密文件和内部资料 1 次，未发生文件遗失或泄密事件。

（窦诚松）

【加强依法治校】 2016 年，党政办公室完成了《首都经济贸易大学章程》英文版翻译和校对工作，开展学校章程监督机制研究。会同工会落实教代会代表根据议题列席校长办公会制度。为学校重要决策提供法律论证，全年协助处理诉讼、仲裁案件 6 件，提供法律咨询 34 次。进一步严格合同管理，全年共审核学校各类合同 2 210 份，合同审核量较 2015 年增长了 23.7%。加强法制宣传教育，在校报《校园看法》栏目刊发文章和案例 5 篇。

（王婧婧）

【做好日常管理服务】 2016 年，党政办公室严格各类印章管理，全年为学校公文、合同、各类证书等文件用印 10.5 万余次，协调会议室 890 余次，整理各类文书档案 1 307 卷。有序推进总值班工作，全年安排值班共计 365 人次。

（张嘉艳）

【党支部建设】 2016 年，党政办公室按照学校和机关党委要求，深入开展"两学一做"学习教育。加强理论学习和业务学习，严格落实党员领导干部民主生活会、党员组织生活会制度。积极开展主题党日活动，组织党员集体参观北京市规划展览馆，观看爱国主义影片《湄公河行动》。切实贯彻落实党风廉政建设责任制，认真开展自查。做好党费收缴等日常工作。党政办公室党支部获评学校先进基层党组织，1 名党员获评学校优秀共产党员。精心组织开展的"共育希望树，携手促发展"主题党日活动荣获学校 2015 年主题党日评选优秀奖。

（张嘉艳）

【优化部门内部运行和管理】 2016 年，党政办公室编制部门"十三五"时期发展规划，确立了"党政办公室履行职能更加有力，工作作风更加务实，内部运行更加规范，工作团队更加高效，努力打造师生信赖、领导信任的一流办公室，成为服务全校师生员工的表率"的发展目标。积极补充队伍，新接收应届毕业生 1 名，军转干部 1 名，人员数量和结构更趋合理。建立并实施党政办公室各岗位 AB 角制度，实现工作

互补并有效锻炼了队伍。（张嘉艳）

财务工作

概　况

在北京市教委财务处和校党委的领导下，2016年财务处紧紧围绕学校中心工作，着重解决学校在办学水平提升过程中资金需求增加的问题，积极筹措资金，通过纳入教委拨款机制改革试点单位、推动预算动态调整等方式，统筹学校财力，保障学校各项事业发展所需经费。同时，财务处在2016年进一步加强了制度建设和内部控制工作，努力提高服务与管理水平。

（滑跃）

学校年度收支及各项经费投入与使用情况

【收入情况】 2016年学校收入总额110 478万元，与2015年的123 596万元相比减少10.61%。其中，财政拨款89 431万元，占80.95%，与2015年相比减少了11.67% 。

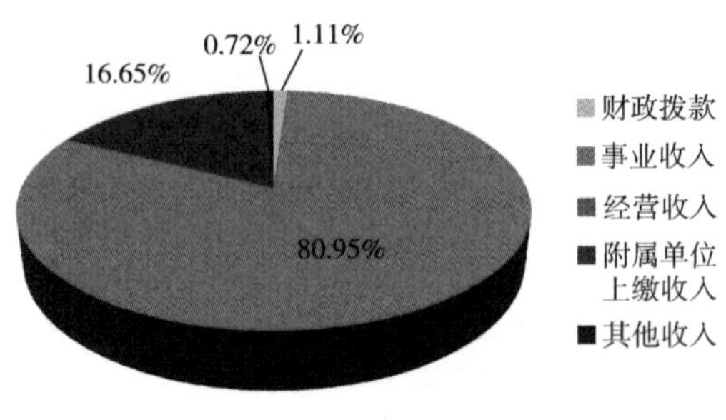

2016年首都经济贸易大学收入结构图

（滑跃）

【支出情况】 2016年学校支出总额113 136万元，其中，基本支出82 847万元，占73.23%；项目支出30 075万元，占26.58%；经营支出214万元，占0.19%。

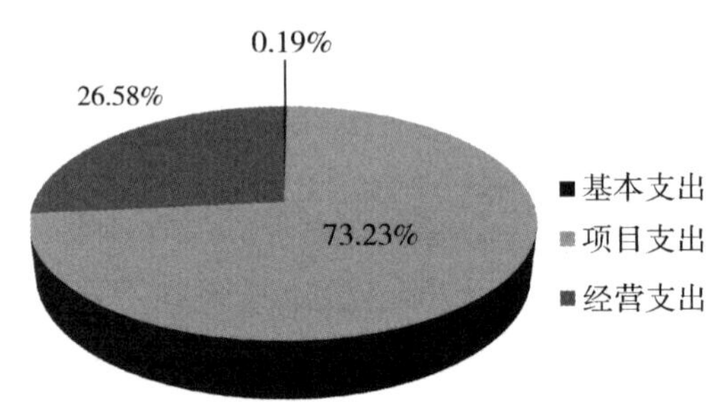

2016年首都经济贸易大学支出结构图

（滑跃）

【项目经费情况】 2016年，学校财政拨款项目经费共投入26 095万元。其中，教学类项目投入1 595万元（其中包括外培计划项目，金额1 45万元），占比6.11%；科研类项目投入528万元，占比2.02%；教师队伍建设项目投入213万元，占比0.82%；基础设施改造项目投入19 797万元，占比75.87%；设备购置类项目投入1 203万元，占比4.61%；市教委下达任务项目投入14万元，占比0.05%；学生资助项目投入1 626万元，占比6.23%；国际合作与交流项目投入240万元，占比0.92%；中央支持地方专项448万元，占比1.72%；向基础教育倾斜项目投入199万元，占比0.76%；其他不在上述类别之列的项目2016年投入232万元，占比0.89%。

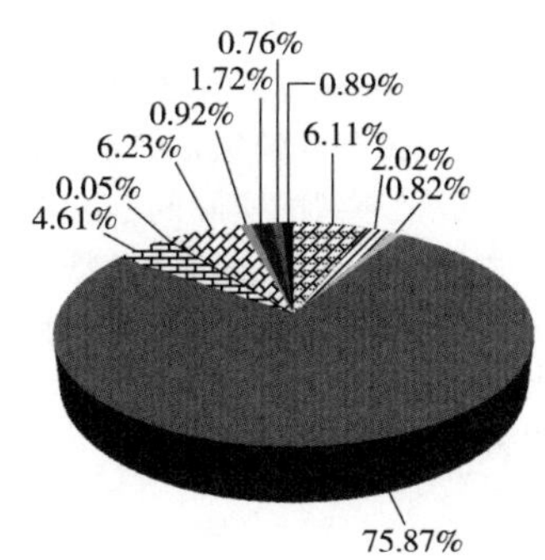

2016 年首都经济贸易大学财政拨款项目经费投入构成图

（滑跃）

【教学经费投入与使用情况】 2016 年教学经费总计投入中财政拨款 5 885 万元，预算外及其他资金 906 万元。其中，教学基本运行经费投入 5 196 万元，教学类项目经费投入 1 595 万元。2016 年学校教学经费总计支出 7 996 万元，平均每生支出教学经费 4 610. 78 元。

（滑跃）

【科研经费投入与使用情况】 2016 年学校科研经费总计投入财政拨款 2 233 万元，预算外及其他资金 25 万元。其中，科研基本运行经费投入 1 730 万元，科研类项目经费投入 528 万元。2016 年科研经费总计支出 2 896 万元，平均每生支出科研经费 1 669. 86元。

（滑跃）

【学生资助情况】 2016 年学校学生资助经费提取和拨款共计 4 988 万元，与 2015 年相比增加 315 万元；学生资助经费共使用 5 234 万元，与 2015 年相比增加 1 452 万元。2016 年学校受助学生 17 089 人次（不含食堂平抑资金受益人数）。其中，使用学费提取经费共发放奖学金 1 146 万元，获奖学生 3 516 人；通过勤工助学资助学生 1 050 人，共计 118 万元；为 637 人提供特困补助，支出 55 万元；财政拨款资助共支出 4 064 万元，用于发放国家奖学金、国家励志奖学金、国家助学金和其他助学金。

（滑跃）

学校财务状况

【资产结构与增减变动情况】 学校 2016 年末资产总计金额为 221 187 万元，与 2015 年末 213 587 万元，相比增加 7 600 万元。其中，流动资产减少 4 902 万元，固定资产增加 4 161 万元，财政应返还额度增加 2 124 万元，其他应收款减少 3 088 万元。

（滑跃）

【负债结构与增减变动情况】 学校 2016 年末负债总计 8 671 万元，较 2015 年年末减少 898 万元，全部负债均由流动负债构成。

（滑跃）

【净资产结构与增减变动情况】 学校 2016 年事业基金为 16 441 万元，比 2015 年减少 902 万元，主要由 2016 年往来账清理工作形成。

（滑跃）

财务管理

【落实拨款机制改革】 2016 年，学校被北京市教委纳入拨款机制改革试点单位。财务处积极配合北京市教委安排，对 2017 年拨款的基础数据进行测算，依据学校未来 3 年的规划，向北京市教委提出改革建议，并对学校未来 2 ~3 年内预计出现的经费支出增量进行了申请。在 2017 年预算编制中，除常规拨款外，北京市教委对学校基本经费增拨改革试点经费 1 100 万元。

（滑跃）

【调整预算】 根据学校 2016 年预算资金执行情况，财务处通过动态管理，实时跟踪各部门预算执行情况，同时根据《北京市财政局、北京市教育委员会关于加强三年滚动预算管理有关事项的通知》（京财教育〔2016〕1097 号）之规定，分别于 6 月、9 月、10 月、12 月等预算执行关键点进行了预算调整工作。根据各类资金实际支出情况及各部门自主申请，全年共核减各类项目净结余 2 442 万元，并根据实际需求将收回经费全部安排了本年度可执行完毕的新增项目，不仅统筹了财力支持学校中心工作，推进了 2016 年支出进度，同时也极大地缓解了 2017 年校内预算压力。

（滑跃）

【提高财务服务手段】 2016 年,为提高报销效率,财务处采取搭建局域网(包括 6 台电脑)等措施,积极有效地应对了突发事件。在提高服务手段方面,财务处积极与银行协调,劳务费、专家咨询费在原来只支持北京银行和工商银行支付的基础上,实现了支持全部银行。同时,使用无现金支付、公务卡、劳务打卡等方式减少了现金支付,提高了资金的安全性。

(滑跃)

【落实巡视整改意见】 3 月—5 月,北京市第六巡视组来学校巡视,财务处克服工作难度及强度大等困难,积极配合巡视组,完成全校各单位到财务处查阅差旅费有关账目、凭证,逐笔填写汇贤府客饭单位明细,统计各单位各类经费数据等工作。9 月,针对巡视组的反馈意见,在学校党委的领导下,财务处追缴了公款吃喝、公款旅游、公款充饭卡、滥发过节费等违反"八项规定"的款项及虚报冒领经费,并针对加班工作餐、校内会议费、创收资金使用存在廉政风险问题,出台制度,规范餐费的票据管理。

(滑跃)

【促进内部控制建设】 2016 年,财务处委托社会中介,组织开展了学校内部控制基础性评价工作。通过对学校近两年单位层面和业务层面内部控制基础情况进行"摸底",发现了学校现有内部控制基础的不足之处和薄弱环节,如预算执行存在差异、基建项目普遍超概算、转固定资产不及时等问题。财务处针对薄弱环节,根据中介机构建议将进一步完善学校内控建设。

(滑跃)

【践行"两学一做"】 2016 年,财务处党支部以"三严三实"和"两学一做"为契机,全面加强思想建设、组织建设和作风建设,将党建工作寓于管理与服务当中,推动学校财务工作向更高水平发展。通过开展党员承诺、合格规范支部大讨论活动,明确了支部和党员行为规范。财务处党支部充分发挥支部战斗堡垒作用,牢记全心全意为人民服务的宗旨,带着深厚的感情去帮助解决教职员工遇到的实际问题。工作中树立管理与服务并举的理念,既不能只偏管理,也不能只偏服务,既要严格把关、保障资金的安全,又要为全校师生员工提供高效便捷的财务服务,努力把财务处党支部建设成服务型党支部。

(滑跃)

【召开 2016 年度财务工作大会】 12 月 29 日,学校召开 2016 年度财务工作会,校长付志峰,校长助理崔也光,财务处处长夏颖、副处长王晓婷、陈学淼出席会议,学校各部门、各院系主管财务工作的领导以及财务工作人员参加了会议。财务处领导从工作难点、财务数据、工作特色 3 个方面对 2016 年财务工作进行了全面总结,对 2017 年财务工作进行了布置和解读。校长付志峰代表学校对全校财务人员及与财务工作相关的工作人员的辛勤工作表示感谢,并对财务工作提出了具体要求:在学校发展过程中、各单位预算申报过程中,要树立节约意识,把节约出来的经费用在学校发展的重点工作上;各单位在使用经费过程中,要把资金绩效放在突出的位置,同时也要关注经费支出进度问题,协调好资金使用绩效和支出进度之间的关系,使二者相互促进,并且要注重"内涵式"发展,注重成果产出;要严格遵守各项财经纪律,各单位不能触碰财经纪律"红线",要认真学习各项财经政策和规定,确保各项资金支出合法合规。会议对 2016 年度财务工作先进单位进行了表彰,付志峰、崔也光为获奖单位颁奖。

(滑跃)

审计监督

概　况

2016 年,审计处着力构建一个以风险为导向、以优化内控为主线、以防范风险和增强绩效为目的、以服务学校发展为目标的内部审计新模式,从体制、机制和制度的层面研究如何加强内部控制,为学校决策及时提供信息,加强审计结果的利用,切实发挥内部审计的"免疫系统"功能,在保障学校财务管理及相关经济业务的健康、良好运行的同时，努力推进向现代内部审计迈进的步伐。在实施此审计工作思路的过程中，审计处的工作特色主要体现为：①审计工作与巡视整改要求相结合。根据学校2016年的巡视反馈结果，审计处积极配合相关部门，对相关专项进行了专项审计。同时，在预决算审计中对整改措施的执行情况进行了重点关注。②预决算审计和经济责任审计相结合。2016年审计处完成了组织部委托的38名离任、转岗和届满的处级领导干部经济责任审计，此次审计在预算执行和决算全面审计的基础上，贯彻财务与审计双轮驱动的管理要求，以全面审计中发现的主要风险为导向，在经济责任审计中进行重点关注，并从内部控制管理、财务管理、统筹管理等方面提出5条审计建议，在防范学校相关风险和促进管理完善方面起到了有力的推动作用。③加强对审计问题的后续追踪和督促整改工作。针对2016年预决算审计中发现的问题和经济责任审计中发现的相关问题，审计处重点从外协费、出版合同的执行等方面进行了跟踪，督促相关单位进行完善落实。④基建和修缮工程审计实现全覆盖 + 全过程。2016年基建和修缮工程审计涵盖了学校所有5万元以上的基建和修缮工程；对于100万元以上的专项修缮工程审计，开展全过程审计，对工程的招投标文件中的相关内容、合同签订、变更洽商、工程结算等关键节点加强了审计与监督。⑤贯彻审计署文件要求围绕科研经费政策执行情况提出审计建议。审计处贯彻审计署颁布的《审计署关于审计工作更好地服务于创新型国家和世界科技强国建设的意见》文件精神，对进一步贯彻国家科研经费管理改革政策的落地提出相关的审计建议，与相关部门一起推进政策的落实。

（许江波）

学校预算执行与决算审计

【2015年决算审计】　3月15日至6月30日，审计处对学校2015年度预算执行与财务决算进行了审计，并对以前年度发现的审计问题进行了后续追踪，审计总金额为126 530万元。此次审计主要检查2015年财务报表编制情况，并重点抽查专项项目以及院系直拨经费执行情况，检查其规范性，同时查阅学校主要管理制度资料，并结合收支入账情况抽查，检查内部控制的规范性，针对审计过程中发现的问题或风险进行提示，共提出审计建议2条。

（孙士霞）

【2016年预算执行审计】　10月13日至12月27日，审计处对学校2016年预算执行情况进行了中期审计，审计总金额为76 738万元。本次审计主要对预算总体编制、财政专项及促进内涵发展定额项目的执行情况进行分析，重点围绕学校新颁布的《首都经济贸易大学国内公务接待管理办法》《首都经济贸易大学校内会议费使用管理办法》《首都经济贸易大学工作餐费管理办法》《首都经济贸易大学部分教育事业收入资金分配及使用管理办法》等4项新制度的执行落实情况进行评价，提出审计建议1条。

（孙士霞）

经济责任审计

【开展14位处级干部经济责任审计的后续追踪】　3月，审计处对2015年离任、转岗或提职的14位处级领导干部下达的审计意见进行了后续追踪，督促相关部门对部分管理问题进行了整改。

（刘红梅）

【完成24位届满处级领导干部经济责任审计】　7月，审计处完成学校组织部2015年委托的24位届满处级领导干部经济责任审计，并于7月7日提交党委常委会审议并原则通过。此次审计金额达146 286万元，并从内部控制管理、财务管理、统筹管理等方面提出5条审计建议。

（刘红梅）

【自审完成2位处级领导干部经济责任审计】　7月，审计处接受组织部委托，对2位离任处级领导干部进行了经济责任审计，审计金额837.6万元。

（刘红梅）

基建修缮项目审计

【开展博远楼全过程跟踪审计】　截至2016年年底，博远楼已基本完成审计工作，送审金额14 194万元，审减金额1 302万元，审减率9.2%。在学术研究中心工程的全过程跟踪审计中，审计完成了施工、监理、招标文件、招标控制价的审核。对拟签合同，先行审核合同条款、单位资质、收费标准等，确定无误后再正式签订有关合同。对在施工过程中发生的变更洽商都进行了现场查勘。

（陈卫清）

【完成16项基础设施改造工程的审计】 截至2016年年底，审计处完成合同金额100万元以上专项工程全过程审计16项，送审金额6 081万元，审减金额953万元，审减率16 %。除对工程的合同签订、变更洽商、工程结算等关键节点加强审计与监督外，进一步将审计关口前移至招标文件相关内容的审核，即对招标文件中的合同部分以及清单和控制价部分进行预审。

（陈卫清）

【完成55项修缮工程的审计】 截至2016年年底，审计处完成合同额小于100万的修缮工程项目审计总计55项，送审金额1 220万元，审核金额1 096万元，审减金额124万元，审减率10.19%，为控制学校运行成本、规范修缮工程管理做出了努力。

（许雅玲）

专项工作

【召开内部审计制度和流程研讨会】 3月24日，审计处在博纳楼第六会议室举行制度和操作手册的研讨会，北京市教委审计处副处长赵凤旗参与研讨会，并对学校审计工作予以指导，从审计的工作思路、工作方案、实施方案、一审多果等方面给出指导意见。

（刘红梅）

【完成下属学院研班1创收经费使用情况审计】 9月，审计处接受纪委委托，对下属学院研班1的创收经费使用情况进行了审计，审计金额1 181.9万元，从支出管理、合同管理方面提出了2条审计建议。

（刘红梅）

审计理论与实践研究

6月，审计处提交的文章《以增值为导向的内部审计结果运用问题研究》获得北京市内部审计协会特等奖，中国内部审计协会优秀论文三等奖；10月，审计处于2015年7月申请的中国教育审计协会课题“高校内部控制缺陷识别与重要性分类问题研究——以高校预算管理业务为例”结题。

（刘红梅）

资 产 管 理

概　况

2016年，在上级部门正确领导和各部门的大力支持配合以及全体干部职工的共同努力下，资产管理处紧密围绕中心工作，加强设备采购组织管理，提高资产管理使用效率，优化各类资源调配方式，取得了较好的工作实效。同时积极落实党风廉政建设责任制和风险防范工作，严格落实党政领导班子和领导干部责任主体到位的有关要求，切实履行“四个亲自”，做到“一岗双责”。

（王桂芳）

综合事务管理

【资产管理与资产清查部署会】 5月5日，资产管理处组织召开了“2016年资产管理与资产清查工作部署会”。学校各单位资产主要负责人及设备管理员80余人参加了会议。副校长孙昊哲出席会议并讲话，资产管理处处长王金宝主持会议。会议对2015年全校资产管理工作进行了总结，对2016年资产清查工作进行了部署并强调了重要性。同时，对在资产管理工作中表现突出的单位和个人进行了表彰。先进单位6家，分别是财务处、信息处、财政税务学院、信息学院、城市经济与公共管理学院和国际学院；优秀设备管理员6人，分别是李爱萍、黄卫明、贾明飞、林昱、刘艳和张北公。

（王桂芳）

设备管理

【固定资产清查】 2016 年，资产管理处对全校资产进行清查暨产权登记。截至 2015 年 12 月 31 日，学校资产总额为 223 747 万元。其中，2015 年度固定资产总额 214 469 万元，年度新增固定资产总额 8 405万元，年度减少固定资产总额 1 895 万元；学校申报的已确权土地占用实际面积为 11 363.06 平方米，土地使用权证证载面积为 11 363.06 平方米；学校申报的已确权房屋建筑实际面积为 336 390.85 平方米，房产证证载建筑面积为 164 728.13 平方米；学校申报的汽车数量为 56 辆，专用仪器设备 3 693 台(套)，其中，单价在 200 万元及以上的设备 2 台(套)。

(王力安)

【固定资产入账和报废】 截至 12 月底，资产管理处完成全年仪器设备入账 12 797 件(台)，金额 6 810 万余元；低值易耗品入账 533 件，金额 35 万元，材料费 710 万元。全年共报废仪器设备 5 950 件(台)，涉及金额 2 650 余万元。

(王力安)

【采购与专项执行情况】 资产管理处组织完成 2016 年财政专项 9 个，项目资金 1 300 多万元；提高定额专项项目 13 个，项目资金 1 200 多万元；执行 2016 年校内其他专项 4 个，项目资金 500 多万元；完成领导交给的其他零星采购工作 20 多项，共计资金 150 多万元。申报 2017 年财政项目 17 个，资金 1 640 万元。全年执行协议采购金额达到 2 716 多万元，设备 7.8 万多件(套)，为全校 60 多个部门和教学单位配置了教学科研设备及电脑家具等办公设备。

(凌立刚)

【设备维修工作】 全年设备维修共计 1 928 人次，执行设备维修费用 216.67 万元。2016 年，资产处维修人员分别于 3 月、5 月、7 月、9 月共 4 次主动进行上门服务和设备巡查，走访部门 48 个，现场解决问题 133 个，现场未能解决改日上门解决的 165 个。

(凌立刚)

房地产管理

【菜园街 1 号楼棚户区改造项目】 1 月起，按照《北京市西城区房屋征收暂停办理事项公告》(西政房证字〔2015〕 第 10 号)，学校对菜园街 1 号楼棚户区改造项目正式启动 11 户承租公房居民的售房程序。4 月底，学校与北京市西城区人民政府、菜园街及枣林前街棚户区改造项目指挥部签订了《西城区菜园街及枣林前街棚户区改造项目房屋征收协议(单位产)》。截至 5 月，完成全部承租公房售房工作。9 月，收到校公产房屋补偿 1 002 830 元，菜园街 1 号楼棚户区改造项目拆迁工作正式完成。

(姚丽)

【新职工及军转人员入职手续】 全年共完成 60 余名新职工及军转人员入职手续，为无房新职工及军转人员申报备案了无房补贴，并获批准开户。

(姚丽)

经营性资产

【监管企业国有资产】 经营性资产管理办公室代表学校审理、监督校办企业，规范企业的经营行为与质量，提高学校科技企业的管理水平，规避学校风险，确保国有资产安全、完整、保值、增值。2016 年监管了通州分厂、涿州分厂及聊城合作厂的设备从评估到核查过程，签订了使用及保管手续。

(周婷)

资源调配

【加强办公用房资源调配】 按照学校办公用房需求状况，合理调配房屋资源，2016 年度完成了各单位的办公用房调整，共计收回房屋 19 间，调配房屋 34 间及一栋小楼。对未达标的部分单位下达了整改意见并予以监督执行。全年共为学校 21 个单位进行 252 次搬家服务，调动搬运车辆 163 车次，出动搬运人员 2 185人次，涉及搬家费用 649 040 元。同时，编制《学校各教学单位办公用房使用情况表》，其中包括教学单位人员编制情况及现有办公用房基本情况等。

(许翔)

招投标管理

2016 年，共批复招标项目 96 项，涉及金额 13 781万元。

(韩芳)

校园建设

概　况

2016年,按时完成博远楼(学术研究中心楼)建设任务,完成了5项财政专项和5项校内专项工程,有序办理6号学生公寓项目前期手续。

(梁耀)

基本建设

【博远楼项目】　2月15日,博远楼项目复工,在2015年完成二次结构施工的基础上全面进入室内装修及外线施工阶段。9月底竣工,11月初完成项目结算审计工作,完成消防验收工作,并与资产处办理完成了交付手续。

(梁耀)

【财政专项项目】　2016年完成了图书馆综合改造工程、校史馆建设工程、学术研究中心楼外线电气工程、学术报告厅通风空调系统工程、学术研究中心楼周边道路改造工程5个财政专项工程。

(梁耀)

【校内专项项目】　2016年完成了学术报告厅装修工程、学术研究中心楼周边环境改造工程、图书馆密集书库改造工程、博学楼人防出口改造工程、博远楼地下车库改造工程5个校内专项工程。

(梁耀)

【6号学生宿舍项目】　2016年办理完成6号学生宿舍项目的规划条件批复、土地预审和环境影响评价备案工作,具备了立项条件,已报市发展和改革委员会核准。项目总建筑面积为17 479.84平方米,其中,地上建筑面积13 600平方米,地下建筑面积3 879.84平方米,项目主要建设内容包括学生宿舍和生活福利及附属用房。项目总投资估算为7 085.73万元。

(梁耀)

后勤服务

概　况

后勤管理处下设4个办公室,5个责任中心,即:综合办公室、质量监督办公室、工程管理办公室、节能办公室和校本部物业管理中心、住宅管理中心、学生公寓管理中心、运输服务中心、餐饮服务中心,全面承担学校后勤服务保障任务。2016年,后勤管理处紧密围绕学校中心工作,以师生满意为工作目标,通过制度建设、文化建设和信息化建设,服务能力和服务水平得到不断提升。在保障后勤服务工作日常运行的基础上,积极探索新形势下学校后勤服务工作的特点和规律,进一步健全运行机制。截至2016年年底,后勤管理处在编在职职工123人,退休、内退职工278人,非在编职工370余人。

(张浩楠)

党建工作

【主题党日】　10月28日,后勤党委34名在职党员及入党积极分子到“平北抗日烈士纪念园”开展主题党日活动。

(张浩楠)

【党员发展】 后勤党委坚持发展党员保质保量、成熟一个发展一个的原则，严格依照党员发展流程，2016年共发展党员4名。

（张浩楠）

【召开党员大会】 12月23日，后勤管理处召开全体党员大会，64名党员参加。大会表决通过了《中共首都经济贸易大学后勤委员会党员大会选举办法》，表决通过了后勤党委建议的总监票人，选举产生了新一届后勤党委委员。

（张浩楠）

自身建设

【制度修订】 2016年，后勤管理处对现有制度进行梳理和完善，完成《后勤管理处合同管理办法》《后勤管理处水电费收取管理办法》，重新修订《后勤管理处关爱基金使用办法》。

（张浩楠）

【岗位练兵和技术能手评选活动】 11月，后勤管理处开展岗位练兵和技术能手评选活动。经评选，黄德英、王素文、王金旺、肖军涛、张全新、许淑英、樊爱香、王卫伟、袁跃、张金一、刘连科、刘甲鹏、刘拥权、张浩楠获得技术能手称号，运输服务中心获后勤管理处岗位练兵优秀组织奖。

（张浩楠）

【开展"安全生产月"活动】 5月16日至6月30日，后勤管理处组织开展"安全生产月"活动。本次活动紧扣"筑牢安全基础，促进和谐发展"主题，分4个阶段开展，是一场贴近实际、贴近生活、贴近师生的安全生产宣传教育活动。

（张浩楠）

【加强信息化建设】 2016年，后勤管理处通过后勤人力资源管理系统、工程管理系统、OA办公管理系统进一步规范、完善内部控制体系，同时不断加强后勤一站式服务平台建设。7月，微信公众号正式运行。

（张浩楠）

【召开廉政风险防控专题培训会】 7月5日，后勤管理处在博纳楼第七会议室举行"廉政风险防控"专题培训会。会议邀请北京市审计局经管处原处长刘俊华做题为"部门预算执行和决算草案审计"的专题讲座。后勤处领导班子及各中心(办)主任、副主任及办事员共38人参加了会议。

（张浩楠）

【举办世界无烟日宣传活动】 5月31日，后勤管理处在第三餐厅门前举办世界无烟日宣传活动，此次宣传活动采取校园广播、橱窗板报、现场横幅签名等形式，发放了千余份控烟宣传手册和倡议书，全面发动和鼓励大家从自身做起，做到自己不吸烟，劝阻身边的人吸烟，养成良好的生活习惯。

（张浩楠）

节能工作

【首都经济贸易大学能源和碳排放管理认证】 3月，学校获得华夏认证中心颁发的首都经济贸易大学能源和碳排放管理认证证书，并获得北京市财政一次性给予的10万元奖励。

（徐红霞）

【智能电表升级改造】 3月—5月，学校校本部、红庙校区所有经营单位安装了智能电表。

（徐红霞）

【完成2016年首都经济贸易大学二氧化碳排放权履约交易】 2016年，学校编制完成《2016年首都经济贸易大学二氧化碳排放报告》，并配合发改委完成核查工作，6月完成碳排放权履约交易。

（车丕勇）

工程管理

【工程审计】 5月，北京市审计局对学校2014年度后勤工程定额管理项目进行了审核检查，工程办及时提供4个工程项目的完整资料，通过了工程审计。

（王娟娟）

【处理工程质保金】 6月，后勤管理处配合学校财务处解决了2009年以前工程质保金的遗留问题，对沉积多年的工程项目质保金进行清理和退还，共计40余万元的有效金额又重新得到了合理的使用。

（王娟娟）

餐饮工作

【餐厅改造】 5 月 28 日，第一餐厅二层休闲西餐厅试运行。暑假期间，中心对华侨学院餐厅进行改造，更换后厨灶具、机器设备。改造后华侨学院餐厅成为学生基本伙与特色风味相结合的食堂，就餐面积 876 平方米，配备四人餐桌椅 54 套，可容纳 216 人同时就餐。7 月，餐饮中心完成了第三餐厅特色风味餐饮引进工作，最终与 14 家餐饮公司及个人达成合作协议，为学校师生提供各种特色风味餐饮。

（黄蓉蓉）

【丰台区副区长高峰一行调研餐饮工作】 6 月 15 日，北京市丰台区副区长高峰，丰台区食品药品监督管理局党组书记、局长李云鸿，新村街道办事处主任郭新占一行来学校调研餐饮工作。在第二食堂，体验了智盘结算系统，观看了智能机器人厨师工作。在第三食堂，重点考察了清真食堂的供餐工作。

（黄蓉蓉）

【食品安全量化分级认证】 11 月，餐饮中心配合丰台区食品药品监督管理局完成了北京市餐饮服务单位食品安全量化分级工作，其中第二餐厅通过了食品安全量化分级最高的 A + ★★★级认证。

（黄蓉蓉）

学生公寓管理工作

【召开“学生公寓高校公寓专业委员会研讨会”】 11 月 24 日下午，北京高校寓专会在学校召开了“学生公寓高校寓专业委员会研讨会”，会议对人力资源聘任、人力资源信息等问题进行了讨论。研讨会由北京高校后勤研究会公寓专业委员会主任冯文光主持，后勤管理处处长刘学伟、副处长魏有亮参加了此次会议，学生公寓主任孙和平进行了专题发言。

（盛君）

【举办第十一届“炫彩家缘”宿舍文化节活动】 11 月 30 日，由学生公寓主办、校学生会承办的第十一届宿舍文化节颁奖典礼在大学生活动中心举行。后勤管理处处长刘学伟及公寓班子成员、各楼楼长、学生处李晓欧等出席了本次活动，刘学伟致辞并讲话。此次文化节共评出最佳宿舍、最佳楼宇管理员、最佳值班员、最佳保洁员和最佳宿舍服 5 个奖项。

（盛君）

【学生公寓通过 ISO9000 质量管理体系认证监督审核】 12 月 3 日，学生公寓管理中心顺利通过北京市兴原认证中心 2016 年度 ISO9000 质量管理体系认证工作的监督审核。首次会议和末次会议由认证中心专家王树华主持，管理组、门卫组、维修组、保洁组分别汇报了 2016 年的工作和考核情况并提交了年度报告，汇报会后，王树华检查了赛欧 6 号楼和茶炉房。

（盛君）

校园管理工作

【文印工作】 2016 年为学校各种会议制作横幅、条幅 62 条；印刷、装订华侨学院期中、期末考试卷，教务处补考试卷、清考试卷、期末考试卷 102 119 份；印刷、装订调查问卷、会议材料 31 840 份；印刷、装订教学材料、申报课题材料 21 640 份；印刷调查表、登记表、统计单、监考记录单 25 790 张；印刷、简装 1 755 本；印刷、精胶装管理手册、教学评估、华侨学院外教教材 1 100 本；电脑打印输出 2 030 张；复印 A4 材料 6 240张；复印 A3 材料 193 张；复印 B4 材料 9 090 张；复印工程大图纸 215 张。

（高荣华　李哲贤）

【收发工作】 2016 年，接收机要文件 956 件、挂号信 1 962封、汇款单 503 张、国际小包 137 件，平信及明信片若干，为教职工代收快递件达 100 余件。完成 2017 年学校各部门和个人报刊订阅工作，报纸 65 种 942 份、杂志 282 种 825 份，总金额近 54 万元。

（高荣华　李哲贤）

【综合维修保养】 2016 年共更换普通节能灯1 297 个、LED 节能灯 50 个、路灯灯头 20 个、32W 普通灯管 383 根、各种电子镇流器 430 个、开关 278 个、插座 150 个，换防水灯口 55 个，安装潜水泵 7 台、各种型号配电箱 90 个，铺设各种电缆2 000多米、装置线槽板1 620米等。更换各种手压阀 43 个、水龙头 153 个、各种型号管件及阀门 640 个、下水口 220 根、编织水管 80 根、安装暖气 30 组，铺设各种型号管线 500 米，为浴室更换 2 台小功率给水泵和 1 台变频柜，并为两校区累计新装和迁移办公电话 174 部，维修电话线路故障 297 部次。

（高荣华　李哲贤）

【7·20大雨抢险】　7月20日，北京突降大雨，由于学校博远楼施工，敏行楼等地漏水严重，抢险小组冒雨积极抢险，保障了学校财产安全与施工的正常运转。

（高荣华　李哲贤）

家属住宅管理工作

【召开居民座谈会】　1月6日—7日分别召开红莲南里22号楼、金台里小区居民座谈会，解读学校收缴物业费和供暖费文件精神。

（张秀贤）

【维修改造工程】　4月，完成红莲南里22号楼绿地花架改造，路灯安装；协助煤气公司对红庙西里2号楼进行煤气入户截门改造、对金台里家属区和红莲南里22号楼及菜园街1号楼化粪池进行清掏。7月，为金台里10号楼安装公共楼道窗户。8月，完成金台里14号楼进户电缆。9月，更换红庙西里2号楼水箱间主管线工程。11月，完成金台里家属区西侧栅栏围墙更换工程；为金台北街2号楼更换防盗门。10月，为金台里10号楼6部电梯进行年检，所检电梯全部合格。1月23日、7月20日，因恶劣天气造成电梯被淹，抢险小组及时抢修恢复正常运行。

（栾永平　张新锋）

运输服务工作

【安全行驶90万公里】　2016年，完成了学校日常班车及学校教学、科研、行政等用车任务，共安全行驶90余万公里，出车万余次。

（张娜）

信息化工作

概　况

信息处负责统筹学校的信息化工作，是学校信息化建设领导小组和信息安全工作领导小组常设办公室。信息处下设综合管理办公室和数字校园办公室，主要职能包括：负责全校信息化工作的统筹和协调；负责信息化建设及软件类项目的归口管理；负责数字化智慧校园建设方案的设计、规划与落实；负责学校信息化建设与日常管理制度的制定及执行。

教育技术中心隶属信息处，下设办公室、网络运维部、用户服务部、信息化应用部、电化教育部、一卡通服务部等6个部门，是学校校园网和信息化的技术支持与服务部门，负责学校信息化的管理运维与服务工作，包括网络与信息系统的建设与运维、网络安全的维护、电教设备的部署与维护、校园“一卡通”系统的管理等。

（李巍伟）

信息化项目归口管理工作

【信息化及软件归口管理】　2016年，预申报2017年信息化项目15个，经过信息处内部审核后，参加前置评审项目10个，总计金额约2 049万，申报北京市经信委项目4个，获批项目2个。经学校财务处评审后，获批项目8个，总计金额约1 000万。同时，2016年归口软件项目35个，招标项目8个，验收项目20个。

（陈熙）

【信息安全管理工作】　针对6月30日学校财务查询系统被黑客攻击事件，信息处（教育技术中心）第一时间启动应急预案，迅速关闭网络端口，上报事件情况，协助排查事件原因。对全校二级网站及信息系统进行全面摸底排查、整改，及时修复网络安全漏洞，并填写学校网站系统漏洞排查统计表。上半年，对全校网站与系统进行4次扫描，对36个有风险提示的网站及系统所在部门下发整改通知；根据WooYun发布的学校系统存在的漏洞，下发整改通知3个；根据北京市公安局文保总队发送的“网站风险提示单”，下发整改通知1个，并向文保总队提交整改报告。下半年，重点对申请系统出外网的8个部门9个系统下发《关于首都经济贸易大学信息系统出外网的通知》，并督促其整改落实。

（陈熙）

信息化基础设施建设

【网络安全项目】 2016年，执行信息化建设——首都经济贸易大学IDS与负载均衡项目共两期，新增IDS 1台、服务器负载均衡1台、Web应用防火墙1台、服务器审计1台、网络行为审计1台，提升了网络安全防护水平。

（赵宇）

【校内二级网站迁移、扩容项目】 2016年，学校启动校内二级网站统一纳入学校网站集群管理的工作。项目历经5个多月时间，从网站需求征集、模板选择、界面确认，到数据迁移、网站上线，在全校近30个部门和学院老师的大力支持下，最终完成机关部门和教学单位网站的全部建设，集群数量达到81个。组织财务处、保卫处、学生处以及后勤管理处4个部门对其管理的高级财务管理平台、平安校园信息系统、学工系统、后勤综合信息系统进行定级备案工作。

（张笑琪）

【服务器升级改造】 2016年，采购服务器6台，对学校的部分安全设备所需服务器及虚拟化集群服务器进行了硬件资源扩容，保证学校安全设备及虚拟化集群满足业务需求，为学校安全及信息化发展做好基础保障。

（吕帆）

【无线网部署】 2016年，学校博远楼、图书馆网络综合布线建设项目完成，包括华侨学院A、B、C、D、E段1～3层教学及办公区域无线网部署；红庙校区12号楼B段网络布线；重新部署红庙校区5号楼4层、5层无线网；扩大无线网覆盖范围，纳入二食堂、就业指导中心等区域；针对人口密集场所博学楼自习室等，增加无线接入点数量；增补诚明楼、慎思楼等有线信息点。

（吕帆）

扩大信息化应用成果

【微软校园正版化及平台升级改造项目】 校园正版化（Campus Agreement，CA）是微软为高等教育机构用户设计的非永久性批量许可计划。购买CA合约之后，学校有权在合约期内，合法使用合约中所授权的软件，包括所有属于学校资产的电脑，全校教职工和学生电脑都可以免费使用，从操作系统到办公软件全部实现正版，还可以升级（upgrade）或降级（downgrade）使用不同版本软件。

（张笑琪）

【一卡通服务工作】 2016年，卡务中心及一卡通系统全年正常运行，新开卡5 499张，全年换卡7 035张，回收遗失卡1 511张，退还1 454张，为学生节省办卡资金26 172元。完成2016届毕业生的退卡，2017年3 765张新生卡的制卡、发卡、回收工作。对三食堂、超市的部分POS机进行了更新改造。梳理一卡通相关工作流程。

（张俊祥）

用户服务

【网络保障】 完成2016年度新生入学报到场馆无线网设置、IPV6工作组沙龙网络直播、招生宣传日网络直播、建校60周年纪念活动网络直播、第十届北京市安全文化论坛无线网设置及网络直播等重点保障工作。

（庞镭）

【日常服务】 2016年度，校园网接入设备整体运行平稳。完成用户报修上门服务161人次。工作日日均接待有关报修来访来电20余次。

（庞镭）

电教工作

【日常维护】 教育技术中心电化教学部主要工作有：保障教室多媒体设备的正常运行，为教师授课提供便利服务；保障每年学校各类考试相关放音设备及监控设备等的正常运行；维护并及时更新学校多媒体教室老旧设备等。教育技术中心电教服务涵盖学校电化教室共计 158 间,其中,博学楼 91 间、慎思楼 55 间、明辨楼 12 间。2016 年,各个多媒体设备运行稳定,巡检工作每天进行,运行超两年的多媒体设备和投影机灯泡使用接近或超过2 000小时的设备是重点关注对象,根据实际情况随时进行更换。

（崔利）

【设备更新】　2016 年上半年电教服务部门完成慎思楼 50 台计算机的更新和部署工作,下半年完成博学楼 91 间教室屏蔽仪的更新和补充安装,实现博学楼所有教室的考试屏蔽,同时实现博学楼教务处考务办和电教中控室对屏蔽仪的打开和关闭功能。

（崔利）

【保障工作】　保障一年两次的四/六级考试、研究生考试、学校期末考试及补考等;保障教务处安排中小学教师资格证的考试工作及配合其他的国考和市级考试;保障新生晚自习、辅修课、重修课工作。配合各院系完成周六、日等休息日的各项授课活动,讲座及学生活动。此外,保障北京市教委初中生开放性科学实践课周六、日全天授课。

（崔利）

校友会、教育基金会工作

概　况

2016 年,校友会按照学校的统一部署和年度工作计划,全力做好建校 60 周年纪念活动工作,加强校友会组织建设,搭建广大校友与母校联结的平台,广泛凝聚校友力量,服务学校发展、服务学生成才、服务校友成长、服务首都建设。

建校 60 周年纪念活动前,通过线上宣传与线下系列活动,为建校 60 周年纪念活动营造热烈氛围,为筹建校史馆提供素材。积极完成学校层面活动校友的相关组织、联络和服务工作。出版《校友风采》（第二辑）、《匆匆那年——我与母校》和《校友通讯》第 20 期。

建校 60 周年纪念活动期间,举办校友嘉年华系列活动,举办首届地方校友会发展论坛,组织首届校友企业风采展示。做好京内外返校校友的接待、服务工作。协助近千名老校友组织了 10 场座谈会、联谊会。各地方校友会积极参与建校 60 周年纪念活动,献礼母校。建校 60 周年纪念活动返校签到校友 6 100余人,参与者上万人。新成立山东校友会、陕西校友会、河北校友会、甘肃校友会和首个海外校友会澳大利亚校友会。地方校友会队伍不断壮大,活动日益丰富。新成立一个校友会直属分会——原北京财贸学校校友会,成立首个行业校友会——保险行业校友会。继续筹建校友企业发展促进会。

"校友惠"互助项目正式上线。"校友导师计划"向品牌化迈进。继续办好"传递母校问候,探寻校友足迹"大学生暑期社会实践校友寻访、毕业生校友联络员聘任等特色活动,继续推进"首经贸校友林文化主题公园（上泽公园）"建设工作。

加强校友会微信公众平台的建设与维护,新增"校友风采""校友企业风采"等栏目。截至 2016 年年底,关注人数已达 10 700 余人。对外联络合作处和校友会网站完成改版,正式上线。完成了《校友通讯》专刊第 18、19、20 期的采编及出版。完成校友会社会团体年检工作。

2016 年,校友会接受捐赠 25.64 万元,设立"鑫恒・泰泽励志奖学金""奥力特励志奖学金""育勤帮扶助学金""德勤基地奖学金""AFC 澳新基金"等 5 项奖助学金项目,共发放奖助学金 11.91 万元。

（邱晶）

校友会组织建设

2016 年学校新增校友会 7 个。

2016 年新增校友分会一览表

序号	校友分会	成立时间	主要负责人	地点
1	山东校友会	4 月 9 日	会长:苑建国(1987 级工商行政管理专业) 秘书长:韩跃(2010 级区域经济学博士研究生)	济南
2	陕西校友会	7 月 17 日	会长:陈诺余(1988 级计划统计专业) 常务副会长兼秘书长:范登峰(1986 级工商行政管理专业)	西安
3	河北校友会	7 月 31 日	会长:苏跃彬(1982 级工商行政管理专业) 常务副会长兼秘书长:张永江(1990 级保险专业)	石家庄
4	甘肃校友会	8 月 6 日	会长:高亚芳(1986 级工商行政管理专业) 常务副会长兼秘书长:任卓(1991 级保险专业)	兰州
5	澳大利亚校友会	9 月 11 日	会长:李涛(1981 级工业经济专业) 常务副会长兼秘书长:魏立谦(1997 级会计专业研究生)	悉尼
6	原北京财贸学校校友会	5 月 6 日	会长:王丽莉(外贸 6102 班) 秘书长:曲燕华(生活 6102 班)	北京
7	保险行业校友会	10 月 16 日	会长:马云(1978 级金融专业) 秘书长:杨珊(1987 级保险专业)	北京

校友会工作

【线上宣传与线下活动结合】 为营造建校 60 周年华诞的氛围,4 月起在校友会公众平台共推出 44 期推送。“穿越甲子的记忆——毕业照的变迁”推送掀起了校友们翻看自己当年毕业照片的热潮;“红枣窦花,往事如歌”4 期推送按时间段回忆了建校 60 年来校友们在学校学习生活期间所经历的大事;“点亮校友地图,我为母校送祝福”活动转载量近 3 万人次,近万名来自世界各地的校友点亮本地坐标为母校 60 周年华诞送祝福;“迎校庆,全球校友健步走”活动得到了十几个校友组织的热烈响应。

(邵丽丽)

【海内外校友代表返校共庆建校 60 周年华诞】 10 月 16 日上午,建校 60 周年纪念大会在体育馆举行。1985 届经济专业校友、歌华有线股份有限公司总经理卢东涛代表海内外校友讲话。来自国内 15 个地方校友会、首个海外校友会澳大利亚校友会的会长和校友代表在大会上共同登台为母校送祝福,江苏校友会会长陈国梁作为代表向母校捐赠 60 米书画长卷《驼神》。

(邱晶)

【举行纪念建校 60 周年校友嘉年华系列活动】 10 月 16 日,举行浪漫温馨的“情定首经贸”校友伉俪返校活动,60 对各年龄段的校友伉俪用他们爱的展示为母校送上了最独特、最珍贵的 60 诞辰生日祝福;10 月 15 日和 16 日,组织首届校友企业风采展示,17 家来自不同行业和领域的校友创业企业、部分大型企业校友高管及校友法律援助计划参与展示;设置毕业 10 周年、20 周年、30 周年老照片墙和签名祝福墙;“老校门”微缩景观再现;开展“校友嘉年华”集齐印章领取纪念品活动,等等。

(邱晶)

【出版纪念建校 60 周年文集及刊物】 完成《校友风采》(第二辑)61 篇校友事迹、《匆匆那年——我与母校》纪念文集 65 篇和《校友通讯》第 20 期(全彩印刷)的采编出版工作。

(邱晶)

【举行首届地方校友会发展论坛】 10月15日，首届地方校友会发展论坛举行，国内15个地方校友会和首个海外校友会澳大利亚校友会的负责人及校友代表共60余人共同探讨地方校友会发展之路。会议邀请对外经济贸易大学校友总会秘书长张瑞、浙江大学北京校友会秘书长潘里新做经验分享。校党委书记冯培、副校长丁立宏、校友总会名誉会长朱开云出席会议并讲话。校友总会秘书长赵喜玲主持。

（邱晶）

【校友创作60米书画长卷献礼母校】 6月，由校友总会主办、江苏校友会承办的纪念建校60周年60米书画长卷征集活动正式启动，活动得到全国各地校友的积极参与。10月15日上午，副校长丁立宏、校友会总会秘书长赵喜玲为60米长卷书画家颁发纪念证书，15位书画家代表参加活动。10月16日，在建校60周年纪念大会上，江苏校友会会长陈国梁作为代表将60米书画长卷《驼神》赠送给母校。

（邱晶）

【校友返校举行多场建校60周年纪念活动座谈会】 10月15日，北京实验工人技术学校（211技校）近50位老校友，以“1963级、1964级、1965级”老三届为主的北京经济学院物资管理系百余位老校友，以及以1965级1班为主的劳动经济系近40位老校友参观红庙校区并分别召开座谈会，副校长孙昊哲参加活动并致辞，校友总会副秘书长魏书宋参加座谈。10月16日上午，北京财贸学校770余位66岁至90岁的老师和同学，共同回母校参加建校60周年纪念大会及北京财贸学校校友会联谊活动，校党委书记冯培出席活动并致辞，学校原副校长、北京财贸学院代院长张六琥出席活动并讲话，校长助理崔也光、校友总会副秘书长魏书宋出席活动。同日，211技校老校友参加建校60周年纪念大会，并举行座谈活动，校纪委书记、工会主席杨世忠参加座谈；返校研究生校友举行座谈会，副校长孙昊哲、研究生处首任处长朱开云教授参加座谈会，研究生校友会会长、1980级劳动经济研究生、国务院振兴东北办公室原副主任宋晓梧等70多位各届次各专业的研究生校友齐聚一堂，共叙师生情谊，感恩母校培养，共话母校发展，祝福母校再创辉煌。

（邱晶）

【为纪念建校60周年活动做好保障工作】 2016年，校友会多方搜集、筛选大量校史照片和资料协助校史馆筹建，为完成“桃李芬芳”校友风采展示墙60位校友人选的确定及照片搜集做了大量查证、协调沟通和联络工作。积极完成学校层面活动校友的相关组织、联络和服务工作，如校庆100天倒计时活动、10月7日学校发展建设座谈会、建校60周年纪念大会等。

（邵丽丽）

【“校友惠”互助项目正式上线】 为了永续解决全体师生及校友中出现重大疾病后次次需要募捐的困境，校友会积极寻找合适的保障模式，最终确定互慧保的互助模式。校友会与互慧保、神州智联签署合作协议，“校友惠”互助平台于10月15日正式上线。

（邵丽丽）

【推进“校友导师计划”】 3月—5月，完成“校友导师计划”第二期导师、学徒招募及师徒结对，37名导师与150余名学生结成师徒关系。5月28日，举行了校友导师计划第二期师徒结对仪式，并回顾了第一期校友导师计划的成果。5月15日，首届CUEB t@lk校友论坛举办，6位优秀校友代表以TED的形式分享了他们的职场经历和人生感悟，共百余人参加论坛。12月8日和11日，分别召开学徒座谈会和校友导师中期研讨会，反馈半年来计划的运行情况，并对计划的进一步发展集思广益。2016年“校友导师计划”共开展5次集体活动，包括一次校友论坛、一场校友导师沙龙、两次校友导师课堂和一次投资训练营活动。

（邵丽丽）

【举行首次毕业生校友联络员聘任大会】 6月1日，2016届毕业生校友联络员聘任仪式在博学楼学术报告厅举行。副校长、校友会执行副会长丁立宏，各学院党委副书记及相关老师，以及来自各学院的200余名校友联络员出席仪式。仪式由对外联络合作处处长、校友会秘书长赵喜玲主持。丁立宏为全体校友联络员颁发联络员聘书，赵喜玲颁发为联络员特别定制的专属纪念品和联络卡，各学院党委副书记及相关老师为联络员颁发校友证书及赠送校徽。2016年共选聘229名校友联络员，其中本科生174人，研究生55人。

（邱晶）

【首经贸校友林文化主题公园（上泽公园）开工准备】 8月，位于北京市大兴区的首经贸校友林文化主题公园——上泽公园，开始开工前的准备工作。大型挖掘机和测绘人员先后进入施工主场地，预计

2017 年年底完成主体工程建设。

（武洁）

【举行第九期“鑫恒 · 泰泽励志奖学金”颁发座谈会】 6 月 8 日，举行第九期“鑫恒 · 泰泽励志奖学金”颁发座谈会，与会师生就“追求卓越”这一主题进行座谈，1989 级经济法专业校友李涵、申黎捐助 3 万元，2006 级经济法专业校友熊宗鹏反哺奖学金2 000 元，2016 年通过该奖学金奖励 16 名学生共 3. 2 万元。

（邱晶）

教育基金会工作

【概述】 2016 年，教育基金会实际接受捐赠共 247. 31万元，其中，“我爱母校”年度接受捐赠 12. 04 万元，“校庆基金”接受捐赠 40. 19 万元，“学院基金”接受捐赠 10. 94 万元，“赠母校一棵树，蓝首都一片天”活动接受捐赠 2. 61 万元，“日新奖励基金”接受捐赠 100 万元，“晓航基金”接受捐赠 7. 45 万元，“校友林——上泽公园”项目接受捐赠 50. 43 万元，安全与环境工程学院“世标研究中心”项目接受捐赠 20 万元，“诚信之星奖学金”接受捐赠 2 万元，其他未指定用途捐款 1. 69 万元。2016 年，教育基金会公益项目支出 70. 16 万元，其中“校庆基金”支出 16. 24 万元，用于校友文化建设；“校友林——上泽公园”支出 46. 9 万元，用于上泽公园基础设施建设；“美国资助城市学院学生创业”项目支出 4. 5 万元，用于奖励参赛学生及指导老师劳务费；“诚信之星奖学金”支出 2. 52 万元，用于奖励获奖学生。顺利完成教育基金会年检工作。

（邱晶）

【设立“日新奖励基金”】 1 月 4 日，“日新奖励基金”签约仪式暨师生座谈会举行，1985 级研究生校友刘廷儒捐赠 100 万设立“日新奖励基金”以纪念已故的陈日新书记，传承发扬其优秀品格，基金用于奖励品格优秀的在职教职工和在校生。校党委书记、教育基金会理事长柯文进，校纪委书记杨世忠，项目捐赠人刘廷儒，陈日新家属，各院系党委书记，相关职能部门领导，在职及退休教师代表，学生代表等参加会议。会议由教育基金会秘书长赵喜玲主持。

（邱晶）

【“晓航基金”正式启动】 10 月 16 日，保险行业校友会成立大会暨“晓航基金”启动仪式举行。“晓航基金”以郭晓航教授的名字命名，由 1987 级和 1988 级保险专业部分校友倡议发起，旨在促进学校保险学科的发展，推动保险教学的改革，加强保险教学中理论与实践的结合，以及培养实干型保险人才。副校长、校友总会执行副会长丁立宏，对外联络合作处处长、校友总会及教育基金会秘书长赵喜玲，金融学院院长尹志超、党委书记玉红玲、保险系主任张小红、保险系老领导庹国柱，特邀校友代表徐涛、杨亦钢和 200 余位保险行业校友、地方校友会代表出席会议。

（邱晶）

【开通建校 60 周年纪念活动小额捐赠】 为接受校友对母校的感恩回馈，教育基金会制作了 3 种建校 60 周年纪念活动纪念品，并开通微信、支付宝等渠道的建校 60 周年纪念活动小额捐赠。10 月 15 和 16 日设立 4 个现场捐赠处，接受校友捐款共计 1 000 余人次，40 万余元。

（邱晶）

【起草多项基金会制度】 起草学院基金管理办法、财务管理办法、项目管理办法、校友公益基金管理办法、财政补助资金管理办法等规章制度。

（邱晶）

【牵头推动北京市捐赠收入财政补助政策出台】 1 月，牵头起草“关于设立北京市属普通高校捐赠收入财政配比政策的请示”，并联合北京 8 家市属高校基金会共同向市财政局递交申请。2 月，接受市财政局委托课题“市属高校捐赠收入财政配比制度研究”；10 月，课题结题，《北京市普通高校捐赠收入财政补助资金管理暂行办法》正式发文。

（邱晶）

2016 年教育基金会接收捐赠情况（1 万元以上）统计表 （单位：人民币元）

捐赠单位（或个人）	捐赠项目（或捐赠用途）	捐赠金额
1994 单考研究生班	校友林基金	20 460
邯郸学院	校庆基金	10 000

续表

捐赠单位(或个人)	捐赠项目(或捐赠用途)	捐赠金额
韩志光	校庆基金	60 000
韩志光	学院发展基金	60 000
何培刚	校庆基金	10 000
和信电子商务有限公司	诚信之星奖学金	20 000
河北财经大学	校庆基金	10 000
刘廷儒	日新奖励基金	1 000 000
王华玉	未指定用途	50 690
王磊	校友文化林:上泽公园项目	504 300
王启明	学院发展基金	19 800
徐涛	世标研究中心项目	200 000
杨珊	晓航基金	50 000
杨亦钢	晓航基金	10 000
殷德	晓航基金	10 000
张小红	晓航基金	10 000
周巍	未指定用途	50 000

（邱晶）

第十篇

党建与群团工作

上图　4 月 28 日，时任经济日报社社长徐如俊为青年教师作新闻舆论工作专题讲座

中图　10 月 12 日，学校建校 60 周年书画作品展开展

下图　3 月 31 日，学校召开 2016 年党风廉政建设大会，二级单位党政负责同志在会上签订落实主体责任承诺书

上图 3月7日，学校组织300余名学生代表参加主题升旗仪式

中图 4月26日，学校第一次简历诊所开诊

下图 5月11日，学校学生党支部开展红色“1+1”手工制皂活动

上图　9 月 22 日，学校举行 2016 级新生军训闭营仪式，图为 2016 级新生汇报防爆战术演练

中图　10 月 14 日，学校筑梦成长暨大学生创新创业成果展开展

下图　11 月 15 日，学校开展首届生涯体验周活动

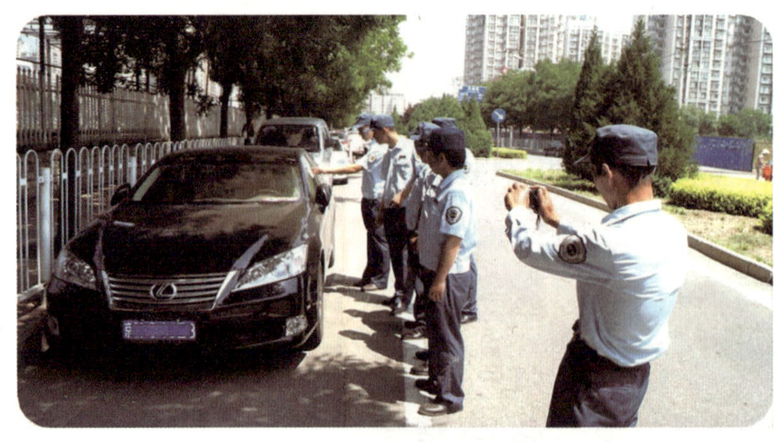

上图　6 月 16 日，学校交通管理小分队开展交通治理实地培训

中图　8 月 13 日，学校开展反恐防暴演习

下图　11 月 9 日，学校开展 119 消防演习

上图　5月6日，学校组织离退休老领导中心组开展学习活动

中图　5月14日，关工委开展“寻历史、看变化、传承红色基因”主题教育活动

下图　5月19日，学校老年太极队获北京高校老同志健身项目展示活动康乐展示奖

上图　6 月 14 日，学校召开校领导通报情况座谈会

中图　6 月 22 日，学校离退休党支部参加北京教育系统纪念建党 95 周年文艺演出

下图　9 月 30 日，学校离退休同志举行建校 60 周年纪念联欢会

上图 12 月，副校长孙昊哲当选北京市丰台区人民代表大会新一届代表

中图 12 月，学校教师封岩当选北京市朝阳区人民代表大会新一届代表

下图 12 月，学校教师巩云华等当选中国人民政治协商会议北京市朝阳区新一届代表

上图　12 月，学校教师郭媛媛等当选中国人民政治协商会议北京市丰台区新一届代表

中图　6 月 8 日，学校举办教职工羽毛球团体赛

下图　11 月 9 日，学校获“全国模范职工之家”称号

上图　11 月 9 日，学校获评“模范职工之家”，图为专家组考察北京市级模范职工小家——学校文化与传播学院职工之家

中图　12 月 14 日，学校举办教职工太极拳比赛

下图　12 月 29 日，学校举办 2017 年新年联欢暨先进表彰会，图为校舞蹈协会表演舞蹈《卓玛》

上图　5月4日，学校开展系列活动纪念“五四”运动，图为学校共青团员重温入团誓词

中图　5月28日，学校承办“创青春”首都大学生创业大赛

下图　6月，学校举办团学干部井冈山培训班

上图　9 月 19 日，剑桥大学人声合唱团来访并与学校大学生艺术团互动交流

中图　11 月 30 日，学校召开 2016 年暑期大学生社会实践总结分享会

下图　12 月 9 日，中国国家交响乐团国家一级演员陈俊华、中国广播艺术团国家一级演员魏金栋、著名音乐人和词曲作家侯钧受聘为学校艺术教育专家团顾问

组 织 工 作

基层党组织建设与党员队伍建设

【概述】　截至12月31日，学校共有二级单位党委14个、党总支7个，直属党支部4个，党支部185个，本科生党支部21个，研究生党支部35个，教工党支部96个，离退休党支部33个；共有党员3 233人，其中正式党员2 839人；少数民族党员176人，占党员总数的5.4%；女党员1 949人，占党员总数的60.3%；在岗教职工党员962人，占全校教职工总数的52.7%；本科生党员465人，占本科生总数的4.7%；研究生党员1 039人，占研究生总数的34.6%。

（程璞）

【“两学一做”学习教育】　开展“学党章党规、学系列讲话，做合格党员”学习教育。制定学校总体实施方案和阶段性重点工作方案，组织二级单位党组织负责人专题工作会5次、全体支部书记培训3次，到13个二级单位进行专题调研，接受市委第五巡回督导组入校检查2次；落实各项学习要求，全校党支部完成集中学习和交流研讨，全体支部书记在本支部讲授党课至少1次，校领导到所在支部讲授党课11次，与马克思主义学院联合开展巡回党课，为25个二级单位党组织讲授党课26次，为全校党员购买各类学习资料2万余册。开展党员承诺践诺活动，全校党员人均承诺10余条；开展合格支部建设规范和党员行为规范大讨论，制定了学校合格教师党员支部建设规范、合格学生党支部建设规范、教师党员行为规范、学生党员行为规范；城市经济与公共管理学院行政管理系党支部事迹入选教育工委优秀案例，经济学院学生党支部《党旗党徽的故事》荣获教育工委“两学一做”专题精品党课、微党课、微视频、微动漫三等奖。认真组织开展“两学一做”校院两级领导班子专题民主生活会及基层党支部专题组织生活会。

（程璞）

【基层党组织建设】　落实《关于进一步加强基层党组织建设的意见》，围绕落实学校《2013—2017年党建规划》，组织开展纪念建党95周年系列活动，制定《首都经济贸易大学纪念建党95周年工作方案》，开展党内评选表彰活动，评选出28个校级先进基层党组织、123名校级优秀共产党员、24名校级优秀党务工作者，组织召开纪念建党95周年大会，制作基层党组织建设专题汇报片《凝心聚力促发展，继往开来谱新篇》。继续开展“主题党日”活动和党建创新项目评选，共评选出13个优秀“主题党日”活动和4个党建工作创新项目，1个二级单位党委获最佳组织奖；继续组织开展共产党员献爱心活动，全校总计1 021名党员和群众参与活动，共计捐款64 895元；开展困难党员帮扶工作，1人获得“北京市生活困难党员帮扶专项资金”补助，13人获得学校党委帮扶补助，补助金额共计27 000元。

（程璞）

【基层组织负责人队伍建设】　2016年基层党组织换届工作中，共有144个党支部完成换届工作，选举党支部书记144人；共有18个二级单位党组织进行了换届选举，共选举出新一届二级单位党委、党总支、直属党支部委员共121人。结合巡视整改，调整二级单位党组织负责人4人，调整后全校共有二级单位党组织负责人25人，其中双肩挑干部7人，均为教授。制定《关于做好2016年度基层党建述职评议考核工作的通知》，二级单位党组织负责人向学校党委汇报年度抓党建工作情况，并开展评议考核；坚持基层党组织书记轮训制度，组织开展“两学一做”学习教育党支部书记专题培训3次，观看红色经典剧目进校园演出2场；选派1名二级单位党组织书记参加中组部“两学一做”基层党务骨干示范班，选派6名二级单位党组织书记参加哲学社会科学培训班；选派1名教师党支部书记和1名党校干部参加第十五期教师党支部书记培训班；选派1名学生党支部书记参加第十六期学生党支部书记培训班。

（程璞）

【大学生党建工作】　推进学生党员先锋工程，新增学生党支部活动经费共计35 400元。加强理论导师培训力度,对二级单位落实"成才表率"培育计划和"服务先锋"行动计划、学生党员理论学习和实践锻炼记实情况进行全面检查,进一步强化学生党员在服务同学、学风建设、班团建设等方面的作用发挥,推动党建带团建、促班建。

(程璞)

【党员发展工作】 认真贯彻落实《中国共产党发展党员工作细则》,进一步提高党员发展工作质量,2016 年全校总计发展党员 386 人,其中本科生党员 298 人,研究生党员 77 人,教工党员 11 人。

(程璞)

【党员教育管理工作】 从严做好党员日常教育管理工作,严格组织关系管理,通过逐一查阅档案、与新生党员一对一谈话、召开座谈会、组织毕业生党课等多种教育管理形式,确保组织关系接转严格无误,同时积极妥善处理新生、毕业生党员组织关系遗留问题,帮助学生解决实际困难;认真落实中央关于高校毕业生党员组织关系管理工作的要求,对全校毕业生党员组织关系留存情况进行摸底,截至 2016 年年底,全校共有 27 名毕业生党员组织关系留存学校;2016 年总计转出毕业生党员组织关系 665 人,接收新入职教职员工党员组织关系 24 人,接收新生党员组织关系共计 673 人;继续做好党费收缴、使用和管理工作,按季度向工委上缴党费,对基层党组织使用党费进行认真审核,共收缴党费 4 988 633. 88 元,支出党费 1 304 376. 08 元,其中上缴工委 1 247 158. 48 元,学校各级党组织开展党的活动使用 57 217. 60 元,培训党员使用 7 000 元,订阅和购买用于开展党员教育的报刊、资料、音像制品和设备 19 217. 6 元,补助生活困难党员 31 000 元;认真完成各类党内统计和分析工作。

(程璞)

【基层党组织工作保障】 进一步做好组织员队伍建设,调整充实组织员队伍,强化组织员作用,通过审阅发展材料、参加发展会、与发展对象谈话等方式,充分发挥组织员队伍在党员发展工作中的重要作用;不断加强对党支部活动的支持保障力度,按照人均 250 元的标准下拨教职工党员活动经费及党员教育经费共计 506 100 元,进一步支持学生党支部工作顺利开展,按照年人均 50 元的标准共计下拨学生党员活动经费 84 050 元。

(程璞)

【基层组织专项工作】 完成党员组织关系集中排查工作,对正式组织关系在学校的全部党员组织关系进行排查,对全校党员档案材料进行审核,形成党员名册。开展党费收缴使用专项检查,于 12 月 30 日前,完成党费补缴工作。协助上级完成"党代表、党员违纪违法专项检查工作"。

(程璞)

领导班子和干部队伍建设

【概述】 截至 12 月 31 日,全校共有处级中层干部 154 名,平均年龄 44. 2 岁。其中,正处级 61 人,平均年龄 48. 1 岁,副处级 93 人,平均年龄 41. 7 岁;党员干部 145 人,占处级干部总数的94. 16% ,非党干部 9 人,占处级干部总数的 5. 84% 。

2016 年干部基本情况统计表

	总人数	男		女		专职		兼职	
		人数	比例	人数	比例	人数	比例	人数	比例
总　计	154	90	58. 44%	64	41. 56%	94	61. 04%	60	38. 96%
正处级	61	40	65. 57%	21	34. 43%	30	49. 18%	31	50. 82%
副处级	93	50	53. 76%	43	46. 24%	64	68. 82%	29	31. 18%

2016 年干部学历情况统计表

	总人数	研究生		大学	
		人数	比例	人数	比例
总　计	154	110	71. 43%	44	28. 57%
正处级	61	45	73. 77%	16	26. 23%
副处级	93	65	69. 89%	28	30. 11%

2016 年干部职称情况统计表

	总人数	正高级		副高级		中级及以下	
		人数	比例	人数	比例	人数	比例
总　计	154	47	30.52%	42	27.27%	65	42.21%
正处级	61	29	47.54%	17	27.87%	15	24.59%
副处级	93	18	19.35%	25	26.88%	50	53.76%

2016 年干部年龄情况统计表

	总人数	56 岁及以上		46～55 岁		36～45 岁		35 岁及以下	
		人数	比例	人数	比例	人数	比例	人数	比例
总　计	154	8	5.19%	62	40.26%	66	42.86%	18	11.69%
正处级	61	6	9.84%	34	55.74%	21	34.43%	0	0.00%
副处级	93	2	2.15%	28	30.11%	45	48.39%	18	19.35%

（柳艺）

【干部选拔任用】　2016 年，学校党委按照干部任免权限，先后任免处级干部 32 人次，其中，交流任职 7 人，免职及免职退休干部 7 人，交流提职到外校 1 人，其他原因涉及职务调整的干部 5 人。完成干部试用期满考核工作，全年共有 42 名处级干部通过试用期满考核正式任职。

（柳艺）

【干部挂职锻炼】　2016 年，继续选派干部参加挂职锻炼。9 月，选派财政税务学院党委副书记王珂同志挂任北京文投集团投融资部副总经理，法学院教师李璐玲同志挂任北京市第四中级人民法院民事审判庭庭长助理，均为期一年。5 月，按照市委教育工委的工作要求，接收北京市教委科研处副处长李善廷同志来校挂职，担任科研处副处长职务，为期一年。认真落实《市委组织部关于选拔博士生（后）、高校青年教师、辅导员到北京市挂职锻炼的通知》精神，通过自愿报名、学校推荐、双向选择和岗位调剂等环节，2 名博士生关冠军、李丰杉分别挂任北京纺织控股有限责任公司品牌发展部部长助理、东城区卫生计生委书记助理，2 名青年教师卢山、盛龙飞分别挂任北京理工大学附属中学校长助理和共青团北京市海淀区委员会书记助理，挂职时间为半年。

（柳艺）

【干部培训】　2016 年，积极选派干部参加校外的有关培训。

2016 年校领导参加校外有关培训一览表

培训人员	职务	培训时间	培训内容	办学单位
柯文进	党委书记	4 月 18 日—22 日	党风廉政建设专题培训班	市委组织部 市委宣传部 市委党校
		3 月 21 日—25 日	“学习贯彻五大发展理念”专题研讨班（第 1 期）	市委组织部 市委宣传部 市委党校
冯培	党委书记	11 月 21 日—25 日	“学习贯彻党的十八届六中全会精神”专题研讨班（第 1 期）	市委组织部 市委宣传部 市委党校

续表

培训人员	职务	培训时间	培训内容	办学单位
王稼琼	校长	3 月 21 日—25 日	“学习贯彻五大发展理念”专题研讨班（第 1 期）	市委组织部 市委宣传部 市委党校
		6 月 14 日	市委领导讲党课	市委组织部
孙善学	党委副书记	3 月 28 日—4 月 1 日	“学习贯彻五大发展理念”专题研讨班（第 2 期）	市委组织部 市委宣传部 市委党校
杨世忠	纪委书记	4 月 18 日—22 日	党风廉政建设专题培训班	市委组织部 市委宣传部 市委党校
		5 月 16 日—5 月 20 日	“学习贯彻五大发展理念”专题研讨班（第 7 期）	市委组织部 市委宣传部 市委党校
		11 月 28 日—12 月 2 日	“学习贯彻党的十八届六中全会精神”专题研讨班（第 2 期）	市委组织部 市委宣传部 市委党校
王文举	副校长	5 月 9 日—13 日	“学习贯彻五大发展理念”专题研讨班（第 6 期）	市委组织部 市委宣传部 市委党校
丁立宏	副校长	5 月 16 日—5 月 20 日	“学习贯彻五大发展理念”专题研讨班（第 7 期）	市委组织部 市委宣传部 市委党校
王传生	副校长	5 月 9 日—13 日	“学习贯彻五大发展理念”专题研讨班（第 6 期）	市委组织部 市委宣传部 市委党校
朱玉华	党委副书记	4 月 18 日—22 日	“学习贯彻五大发展理念”专题研讨班（第 4 期）	市委组织部 市委宣传部 市委党校
		11 月 28 日—12 月 2 日	“学习贯彻党的十八届六中全会精神”专题研讨班（第 2 期）	市委组织部 市委宣传部 市委党校

续表

培训人员	职务	培训时间	培训内容	办学单位
徐芳	副校长	4 月 18 日—22 日	“学习贯彻五大发展理念”专题研讨班（第 4 期）	市委组织部 市委宣传部 市委党校
		3 月 13 日—17 日	“学习贯彻党的十八届六中全会精神”专题研讨班（第 6 期）	市委组织部 市委宣传部 市委党校
孙昊哲	副校长	5 月 9 日—13 日	“学习贯彻五大发展理念”专题研讨班（第 6 期）	市委组织部 市委宣传部 市委党校

（韩静）

【干部考核】 2016 年，完成了校级领导干部考核和处级单位、处级干部考核工作，其中，校级领导干部 10 人参加考核，2 人获优秀嘉奖，8 人考核结果为合格；42 个处级单位和 154 名处级干部参加考核，10 个处级单位和 30 名处级干部被评为优秀，其他处级单位和处级干部考核为合格。2016 年优秀处级单位有：组织部、统战部，团委，档案馆、校史馆，图书馆，保卫处（部），会计学院，法学院，劳动经济学院，经济学院，财政税务学院。

2016 年优秀处级干部名单

姓　名	单　位	姓　名	单　位
崔也光	校长助理	韩邦利	校工会
马晓宁	党政办公室	房永明	校部机关党委
韩静	组织部、统战部	赵家章	经济学院
邸燕茹	宣传部	顾奋玲	会计学院
姜蓓蓓	学生处、学生工作部、武装部	范围	劳动经济学院
卢萌	保卫处（部）	陆彦明	文化与传播学院
张学平	教务处（经济与管理实验教学中心挂靠）	陈炜	信息学院
周明生	研究生院（研究生工作部）	何晴	财政税务学院
李玫玉	人事处	张益铭	法学院
王晓婷	财务处	田瑜	统计学院
黄立伟	国际合作交流处（港澳台办公室）	刘文川	国际经济管理学院
赵喜玲	对外联络合作处	王长友	体育部
王鑫	资产管理处	王少国	国际学院
李华	基建处	吴启富	图书馆
许纯	后勤管理处	李浩	资产管理公司

（柳艺）

党校工作

【**干部教育培训**】 按照"两学一做"学习教育安排，由党委书记为全体处级干部和党支部书记讲专题党课，与纪委联合举办党风廉政专题培训，组织全体处级干部参观纪念红军长征胜利80周年展览。落实上级各项培训任务，组织全体处级干部完成第二期"五大发展理念"网上专题培训，分别选派1人参加市委组织部赴境外调训、北京市第47期中青年干部培训班、第48期高校中青年干部培训班、北京高校年轻正处级干部培训、教育系统干部培训机构质量管理专题研讨班。开展干部在线学习督学促学，按规定完成全部学时。

（程璞）

【**党员教育培训**】 组织开展"两学一做"学习教育党支部书记专题培训3次，观看红色经典剧目进校园演出2场，选派1名二级单位党组织书记参加中组部"两学一做"基层党务骨干示范班，选派6名二级单位党组织书记参加哲学社会科学培训班。选派1名教师党支部书记和1名党校干部参加第十五期教师党支部书记培训班，选派1名学生党支部书记参加第十六期学生党支部书记培训班。

（程璞）

【**入党积极分子培训**】 进一步加强党员发展前分层分类培训，完善入党申请人、入党积极分子、发展对象三级培训体系。共1 540人通过网上党校完成入党申请人党课培训；共1 643人完成入党积极分子培训；充分发挥校院两级培训优势，进一步做好发展对象集中培训，共386人完成了发展对象培训。

（程璞）

【**党建研究**】 继续开展党建与管理课题研究，紧密结合学校事业发展和基层组织建设等问题，积极在理论层面上探索新理念、新观点，在实践层面上探索新举措、新方式，共立项党建与管理课题项目18项。

（程璞）

人才工作

【**概述**】 2016年，学校批准5项优秀人才培养项目立项，资助金额达99万元。

2016年优秀人才培养资助项目一览表

序号	项目名称	负责人	承担单位	批准经费（万元）	项目主要参加人员
1	京津冀普惠金融调查与研究	尹志超	金融学院	80	杨阳 赵大萍 徐新扩 曹红 张琳婉 李雪 王佳妮 王雅婷 张欲晓 张小红 李文中 雒庆举 殷德 徐昕 杨龙光 王洋天
2	京津冀跨域突发事件应急决策支持体系研究	陆文婷	工商管理学院	8	陆文婷 郭卫东 武装 徐礼德
3	金融高频极值数据建模	刘威仪	金融学院	4	王烨 邹韬 王明进
4	基于扎根理论的京津冀环境治理研究	王烨	城市经济与公共管理学院	3	刘威仪 杨守涛 赵成根
5	海上丝绸之路沿线亚洲地区金融稳定与脆弱研究	张若希	金融学院	4	于洋 李强 安平

（韩静）

宣传思想工作

概　　况

党委宣传部下设综合管理办公室等科室，挂靠有学校新闻中心，主要承担学校思想政治教育、新闻宣传和校园文化建设等工作。现有职工14人（含非在编4人），其中，中高级职称6人，中级以下职称8人。

2016年，学校宣传思想工作坚持高举中国特色社会主义伟大旗帜，深入学习贯彻党的十八大，十八届三中、四中、五中、六中全会和习近平总书记系列重要讲话精神。学校在思想政治工作方面深入开展"两学一做"学习教育，以学习贯彻党的十八届三中、四中、五中、六中全会精神和习近平总书记系列讲话精神为主线深入开展中国特色社会主义理论教育，召开意识形态专题工作会，进一步落实意识形态责任制，加强意识形态工作，以构建"六位一体"的师德建设长效机制为抓手推进教职工思想政治工作，落实"驼峰计划"各项工程，加强青年教师思想政治工作；在新闻宣传工作方面，积极推动校园媒体融合发展，拓宽新闻宣传工作渠道，实施分众化传播，紧抓纪念建校60周年活动契机大力开展对外宣传，为学校发展营造良好舆论氛围；在校园文化建设工作方面，实施"六个一"工程，大力推进文化载体建设，完成创作一首校歌、推出一套文化丛书、建成一座校史馆、建设一批校园文化景观、完善一套道路楼宇命名体系、推出一套纪念建校60周年形象系统等工作；巩固壮大积极向上的主流舆论氛围，为学校的改革发展提供强大的思想保障、精神动力和舆论支持。

（冯博）

理论教育工作

【概述】 2016年，学校深入贯彻党的十八届五中、六中全会精神，结合习近平总书记关于"四个全面""五大发展理念"的重要论述和在教师节座谈会上的重要讲话，同时结合"两学一做"学习教育、全国两会精神、北京市"十三五"规划等专题，通过发放理论书籍、组织专题讲座等形式开展学习活动，包括开展庆祝建党95周年、纪念红军长征胜利80周年系列学习活动，下发了《中共首都经济贸易大学委员会关于学习贯彻习近平总书记在庆祝中国共产党成立95周年大会上的重要讲话的通知》，通过组织开展专题学习、党日活动、专题讲座等形式在全校党员师生中深入学习贯彻习近平总书记重要讲话精神。联合统计学院、李大钊故居纪念馆在校内开展了"庆祝建党95周年"专题展览。此外，还组织专题座谈会学习市委书记郭金龙在学校调研座谈时的讲话精神。2016年，共制作学习专题4个，转载发表权威媒体理论评论30余篇。

（朱红霞）

【抓好校院两级理论中心组学习】 2016年，党委宣传部组织党委理论中心组围绕时政热点和学校中心工作学习、研讨、参观10次。同时加强理论中心组学习制度建设，修订印发了《中共首都经济贸易大学委员会中心组理论学习制度》，规范了校院两级中心组学习的组织、参加人员范围、学习内容等。为各单位印发了《理论中心组学习记录》册，规范了学习记录的相关要求。组织校党委理论中心组党风廉政、全国两会精神、北京市经济社会发展形势、"两学一做"、纪念建党95周年、习近平总书记在教师节座谈会上的重要讲话、《中国共产党问责条例》、党的十八届六中全会精神、京津冀一体化与城市副中心建设等10个专题的集中学习，邀请北京市发改委主任卢彦就"北京市'十三五'规划暨京津冀协同发展"做专题报告，并向校院两级中心组发放学习材料7期。

（朱红霞）

【做好思想理论研究工作】 2016年，学校加强对思想理论教育的研究工作，开展宣传思想专项课题和项目招标工作，经评审有10个项目和10个课题准予立项，既调动基层宣传思想队伍积极性，也对推动开展宣传思想工作，研究解决工作中的重点、难点问题，进行了尝试和探索。同时，组织宣传部和新闻中心相关同志参加了市教工委组织编写的《高校新闻舆论工作导论》一书“构建舆论引导新格局”章节的撰写工作，从理论角度对新媒体环境下的舆论引导工作进行了研究探讨。此外，还申报获批立项市委教育工委宣传思想工作专项重点课题 1 项，一般课题 1 项。

（朱红霞）

【落实意识形态责任制】 为贯彻落实中央、市委关于意识形态责任制有关文件精神，党委宣传部分两次召开专题工作会对学校意识形态责任制相关工作和文件进行研讨，起草出台了《中共首都经济贸易大学委员会关于实施〈党委（党组）意识形态责任制实施办法〉的实施意见》，明确了党委各职能部门和学校相关行政部门，以及各二级单位在抓意识形态工作中的任务分工和 9 个方面的责任清单，并建立 7 个方面的工作制度。按照市委和市委教育工委要求对学校意识形态工作进行了 2 次自查，提交了《中共首都经济贸易大学委员会关于强化政治责任，加强论坛、讲坛管理的自查报告》和《首都经济贸易大学落实意识形态工作责任制的情况报告》，并 2 次召开学校意识形态研判工作会。

（朱红霞）

【加强师生思想动态调研和舆情监控机制建设】 开展了开学和两会期间师生思想动态调研，并汇编了《教工信息》和教工思想动态调研报告各 1 份，加强了新媒体协会参与舆情监控工作机制及队伍建设，开展网络舆情专业知识讲授及校内外时事热点讨论，完成校园网络舆情 6 期。

（朱红霞）

【加强教师思想引领】 落实“驼峰计划”，加强青年教师的思想理论培养，积极落实市委骨干哲社研修培训及青年教师短期培训等有关文件精神，组织 17 名教师及思政干部参加中宣部（中央党校）、市委党校骨干研修班第一至七期培训骨干研修；组织 15 名教师参加青年教师短期培训班；并协助工会完成青年教师社会实践优秀成果的有关申报立项和优秀成果申报工作，共推荐 12 个作品参加教工委青年教师社会实践优秀成果申报。邀请经济日报社社长徐如俊为青年教师做“坚持党性原则，坚守人民精神，做合格的新闻舆论工作者”专题讲座。

（朱红霞）

【加强各类典型遴选报送工作】 2016 年，学校根据市委教育工委安排，先后完成了基层重点研究课题申报立项、微故事征集、青年教师社会实践调研、普法视频征集展映、社会主义核心价值观工作案例等各级各类的评选申报 20 余项。同时做好学校“四个一批”、高创人才等各层次人才的选拔推荐以及信息更新，并配合市委宣传部干部处完成高层次人才资助项目的申报、公示等事宜。马克思主义学院院长刘冠军获批全国“四个一批”人才，刘冠军、段霞、彭文英申报项目获批北京市高层次人才资助项目。

（朱红霞）

【加强宣传思想工作阵地建设】 2016 年，学校进一步加强对宣传阵地的建设，研究完善学校微信公众号的官方认证校内审批工作流程。设计制作“学校十二五规划成就”、“两学一做”学习教育、“运动会专题”、“爱岗敬业劳动者”、“首经贸纵览”等主题的宣传橱窗 50 余块，利用校内电子屏打出全国两会、“两学一做”、诚信考试等 3 个主题的标语口号 50 余条。设计制作建校 60 周年纪念活动专题文化墙 20 余延米。

（马荔）

新闻宣传工作

【扎实做好全方位新闻信息服务】 党委宣传部继续做好全方位新闻信息服务工作，一是面向 27 位外聘教授、23 位校内外领导制作发送中英文《首经贸电子报》7 期；二是向本科、研究生家长、上级领导、媒体、离退休教工、校友等寄送《首经贸校报》10 期；三是向社会媒体推送《首经贸媒体简报》18 期 142 条新闻线索。其中，招生专题、人才培养型教授、高端论坛、京津冀一体化研究等多组文章被媒体采用，或对预告线索进行挖掘采访。此外，还首次将校园微信作为新闻线索推送给媒体。

（万陈芳）

【增强各校园媒体传播影响力和舆论引导水平】 2016 年，继续做好校报出版工作，出版校报 16 期，专版、专刊报道 70 余个；开设了学校 2015 年十大新闻、首经贸记忆、校友风采、首经贸人、首经贸创客、校园看法、健康之窗、院系风采、“十二五”发展成果、光影驼韵、“两学一做”、纪念建校 60 周年等 10 余个专栏。在 2016 年的中国高校好新闻评选中，学校有 2 件作品分获通讯类一等奖和版面类二等奖。在北京高校好新闻评选中，学校有 8 件作品分别荣获网络新闻、微信新闻、通讯、评论等类别一、二、三等奖。

2016 年度中国高校校报好新闻获奖名单

获奖类别	作品名称	作者	奖项
通讯类	高校“智”造 让城市生活更美好	张佳宁	一等奖
版面类	第 6 期:第 04 ~ 05 版	殷晶晶	二等奖

2016 年度北京高校校报好新闻获奖名单

获奖类别	作品名称	作者	奖项
网络新闻类	首经贸校歌《远航》正式发布	张佳宁　刘增荣	一等奖
微博微信类	号外号外！首经贸第二食堂即将开放,小 V 提前带您探访现代化就餐环境	殷晶晶	一等奖
通讯类	高校“智”造 让城市生活更美好	张佳宁	二等奖
微博微信类	经贸拍客:首经贸“暖男”记,主要看气质	李茹卉　王帅然	二等奖
评论类	紧抓机遇,攻坚克难全面深化综合改革	王瑞昆	三等奖
网络新闻类	首经贸田径队:因为热爱,所以坚持	时玥　王瑞昆	三等奖

（万陈芳）

【加强官方微信建设】　首经贸官方微信平台 2016 年增加推送频率,由每周 2 期增至每周 4 ~ 5 期;现拥有在校学生、教职工、校友等粉丝 15 497 人,开设经贸拍客、经贸微聚焦、荐读、一周新闻速递等品牌栏目。2016 年共计推送消息 145 期,250 余条,后台访问 54 万余次,34 万余人。

（万陈芳）

【加强电视台、广播台建设】　2016 年,共拍摄视频新闻 111 条,素材总时长 50 余小时;完成《首经贸新闻》制作并播出 10 期,节目总时长 150 分钟;完成微纪录视频栏目《校园微聚焦》制作 12 期,节目总时长超过 60 分钟,网络总点击量 6.5 万余次。在 2016 年“中国高校电视奖”评选中,学校推荐参评的视频节目获得一等奖 2 项,二等奖 4 项,三等奖 5 项,优秀奖 1 项。2016,年共计播出新闻节目 130 余期(其中自采节目占 60% 以上),综艺节目 260 多期,广播台微信推送《深夜电台》节目 18 期,累计播出 11 700 分钟,线上微信点击量 1 万余次。全年推出了《声音表白墙》《周末去哪儿》等新节目,并积极参与配合学校 60 周年华诞、运动会、啦啦操比赛、“一二・九”合唱比赛等大型活动的播音任务和专题报道。在北京交通大学主办的“中华诵・春之声——国韵风华,百廿逐梦”朗诵比赛上,广播台张丹、张泽斌两位同学获得三等奖。

2016 年第六届中国高校电视奖获奖名单

序号	获奖作品	名单
1	《校园微聚焦》 栏目类一等奖	陈琛　赵琪堂
2	《经贸饼的前世今生》 专题类一等奖	陈琛　赵琪堂 朱竹青　邹晨
3	《首经贸举办 2016 年新年文艺演出》 新闻类二等奖	陈琛　赵琪堂
4	《首经贸举办 2015 高校生态文明教育论坛》 新闻类二等奖	陈琛　万陈芳　朱竹青 杨璐　冉玉乔

续表

序号	获奖作品	名单
5	《酷核桃成长记》 专题类二等奖	陈琛　赵琪堂　张荃薇 杨璐　刘瑶　袁紫葳 宋鹏飞
6	《首经贸校歌〈远航〉新版 MV》 形象类二等奖	邸燕茹　冯博 陈琛　赵琪堂
7	《北京新经济组织发展研究院成立》 新闻类三等奖	陈琛　张佳宁
8	《首经贸英文宣传片 2016 版》 形象类三等奖	邸燕茹　付蓓　陈琛

（万陈芳）

【加强新闻宣传工作队伍建设】 2016 年,各部门组织各种形式的专项培训 20 余次,着力提升大家的业务能力;8 月,在长征胜利 80 周年之际,学通社记者时玥参加首都大学生记者团,奔赴贵阳、遵义等地,进行为期 7 天的"重走长征路,青春跟党走"活动,用手中的键盘、镜头记录传播,让长征精神薪火相传;11 月,学通社组织团内骨干到黄花峪水长城进行拓展训练,提升团队凝聚力。

（万陈芳）

【对外宣传影响力不断提升】 2016 年,党委宣传部以建校 60 周年为契机挖掘学校"十二五"时期的成就和特色亮点,以北京市委书记郭金龙访问首经贸、纪韶教授作为唯一高校教师代表参加习近平总书记教师节座谈会为契机,扩大学校影响力和知名度。首经贸新闻网"媒体经贸"栏目共收录社会媒体报道学校的文章超过 177 篇,"专家视点"栏目重点收录学校教工在社会媒体上的观点集萃及文章超过 100 篇。建校 60 周年纪念活动结束后,经初步统计,各媒体近 30 篇(不含转载)稿件多角度、全方位地报道了学校发展成果及系列纪念活动。其中,在发展成果方面,《中国教育报》整版报道学校 60 年发展成果通讯——"甲子华章,筑梦辉煌";《人民日报》《光明日报》《北京青年报》发表通讯,就学校智库建设、京津冀研究等进行长篇幅报道,凸显学校服务国家和区域经济发展的特色优势;《北京晨报》关注学校人才培养;China Daily(中国日报网)、中国青年网则重点报道了学校国际化办学成果。在学校建校 60 周年系列纪念活动方面,北京电视台《北京新闻》栏目用时一分钟报道学校特大城市高端论坛"从国家规划到城市治理",为城市发展献计献策;《中国城市报》对此次论坛进行整版报道;《经济日报》、《经济参考报》、人民网、光明网、第一财经网等也对此次论坛活动及相关专家观点进行报道。纪念日当天,《法制晚报》、中国青年网对学校的国际文化节进行了图文报道,并引发了光明网、网易新闻、凤凰资讯等媒体的广泛转载;《北京考试报》头版报道了首经贸校友返校系列活动;《人民日报》、《北京日报》、人民网等也就学校校史馆建设,校志、文化丛书等书籍发布新闻进行报道;China Daily(中国日报网)就学校举办的经贸论坛进行了全英文报道。

（张佳宁）

【积极沟通,开展媒体"定制化"服务】 2016 年,定期向媒体库的记者、编辑发送《首经贸媒体简报》和预告,共 18 期 142 条新闻线索,其中,人才培养型教授、高端论坛等多组文章被媒体采用或对预告线索进行挖掘采访。中国科学报的文章《出去了,就要带点东西回来》,人民网的《回归课堂,首经贸诞生首批"教"出来的教授》,中国教育报的《教学过得硬,就可评教授》等通讯,均为媒体收到线索后的深入报道。邀请媒体深入学校,报道校园风采、学生活动,开展媒体"定制化"服务,向媒体积极推送新闻线索,还首次将校园微信作为新闻线索推送给媒体,收到了良好效果。2016 年,协助中国教育电视台、北京青年报、北京考试报等媒体约稿、联络学校师生、到校采访、答疑解惑 50 余次,其中北京考试报及其推出的《高考招生指南》共采用学校师生文章 10 篇,中国教育电视台报道学校专家讨论热点话题 6 次。联系媒体参与学校各类活动及学术论坛,并在会后及时向媒体定向发送会议重点内容及新闻通稿。

（张佳宁）

【策划选题，挖掘学校成果】 2016 年，共邀请媒体参加学校重大活动报道 15 次，邀请媒体人数约 80 人，并对学校发展成果及亮点进行定向、重点宣传。上半年，光明日报根据宣传部提供的新闻通稿发表文章：《首经贸：打造高校新型智库》《首经贸与云南 3 所大学建立教育联盟》。下半年，在建校 60 周年纪念活动预热期间，宣传部共撰写各类新闻通稿 10 余篇，为人民日报、光明日报、中国青年网等媒体的报道文章提供了基础稿件。党委宣传部创新工作方法，组织媒体记者参加学校纪念活动。纪念日当天，安排学生志愿者对来校采访的媒体嘉宾进行“一对一”引导，讲解学校历史、感受校园气氛，使社会媒体记者深入了解学校历史和发展成就。

（张佳宁）

校园文化建设

【纪念建校 60 周年宣传形象系统设计制作】 2016 年，党委宣传部牵头设计制作纪念建校 60 周年宣传形象系统和纪念建校 60 周年标识。通过广泛征集与重点突破相结合的方式，重点与文传学院广告专业的师生合作，将文传学院黄小雨同学作品作为建校 60 周年华诞标识推出；在全校征集的基础上，最终确定党委宣传部马荔、朱红霞提出的“甲子聚首，筑梦远航”作为纪念建校 60 周年主题。随后以主题和标识为主要元素制作了 60 周年纪念徽章、纪念光盘、专用文件袋、校园环境布置用品等一系列宣传品的形象设计。

（冯博）

【首套文化建设丛书编写工作】 2016 年，党委宣传部完成了《首经贸记忆》《首都经济贸易大学书画作品集》两书的编写出版工作，档案馆完成了《图说首经贸》一书的编写出版工作，共同组成了学校首套文化建设丛书。《首经贸记忆》编写了反映学校事业发展和师生风貌的 26 个选题，《首都经济贸易大学书画作品集》收录了 80 幅师生作品。10 月 11 日，党委宣传部在博远楼新闻发布厅举办了“纪念建校 60 周年校志、文化丛书、校友风采、任扶善先生百岁文集发布会”，文化丛书与档案馆编写的《校志》、校友会编写的《校友风采（第二辑）》和劳动经济学院编写的《任扶善先生百岁文集》一同发布。

（冯博）

【举办纪念建校 60 周年书画作品展】 2016 年，在广泛征集师生、校友、离退休老同志书画作品的基础上，党委宣传部对其中的 140 幅作品进行了装裱，并于 10 月 6 日—11 月 6 日在博远楼三层中厅举办了“纪念建校 60 周年书画作品展”。北京市教委原主任线联平等领导同志和师生千余人次观看了展览。

（冯博）

【制作中英文画册和宣传片】 2016 年，党委宣传部制作了纪念建校 60 周年版中文宣传册和英文宣传册，设计风格现代化、国际化，得到了师生、校友和兄弟高校领导的一致认可。同时，党委宣传部完成了中英文学校宣传片的拍摄制作任务，素材拍摄时长超过 100 小时，搜集整理的用于后期制作的高标清素材超过 600GB。中文宣传片《筑梦远航》以学校发展历史为脉络，突出学校所取得的发展成就，反映了学校紧抓京津冀一体化和“一带一路”倡议实施的难得机遇，奋发向上，筑梦远航的宏伟蓝图；英文宣传片以国际化视角反映学校的发展成就和功能定位，为境外人士和留学生充分了解学校提供了直观资料。

（冯博）

【做好校园环境布置和楼宇道路命名工作】 纪念建校 60 周年活动前，党委宣传部制作了主题墙、灯旗、道旗、条幅、欢迎标牌等，为校园营造了隆重、简朴的氛围。同时，在广泛征集、专家评审的基础上，为博远楼、琢玉讲堂、和畅厅、天朗厅，以及 5 个广场和 13 条道路进行命名，进一步完善了学校楼宇、道路、广场名称体系，为校园建筑设施注入了文化理念。更新了全校 18 块导视牌地图，印制了纪念建校 60 周年活动指南，为校友来校活动提供便利。

（冯博）

纪检监察工作

概　况

2016年，纪委办公室、监察处紧紧抓住全面从严治党这个战略核心，紧紧围绕纪委监督责任这个“牛鼻子”，紧扣纪律建设、作风建设、巡视整改3项主要任务，落实学校党委的部署和要求，着力在履行监督执纪问责的职责上下功夫，深入推进党风廉政建设各项工作，努力营造风清气正的校园政治生态。

（王丽娜）

党风廉政建设责任制

【开展党风廉政建设责任制任务分解与检查考核工作】 2016年，纪委办公室、监察处协助党委对年度党风廉政建设和反腐败工作主要任务进行分解，制订分工工作方案。组织全校处级领导干部签订落实主体责任承诺书、二级单位党组织纪检委员签订落实监督责任承诺书，基本实现了“全覆盖”，推动责任层层下压，传导到底。年底结合处级单位考核同步开展落实责任制情况检查考核，各二级单位均按要求进行了自查并提交了报告。

（王丽娜）

【召开党风廉政建设大会】 3月31日，学校召开2016年党风廉政建设大会。会议以“夯实管党治党责任，推进全面从严治党”为主题，传达了上级会议精神，对全年反腐倡廉工作进行了部署。党委书记柯文进发表讲话，从4个方面对全校各级党组织、领导班子和干部提出了要求。纪委书记杨世忠主持会议并传达上级党风廉政建设工作会议精神。会计学院、文化与传播学院、金融学院、国际学院、财务处、研究生部、图书馆等7个单位的党政负责同志代表各二级单位签订了落实主体责任承诺书，城市经济与公共管理学院、会计学院、文化与传播学院、体育部、继续教育学院、图书馆等6个单位的纪检委员代表各二级单位党组织签订了落实监督责任承诺书。校领导、校长助理、全校处级领导干部、各二级单位党组织的纪检委员、特邀监察员等150余人参加会议。

（王丽娜）

【落实巡视整改任务】 3月至5月，市委第六巡视组对学校开展专项巡视。巡视前和巡视期间，校纪委对2013年以来的信访案件办理情况进行了全面梳理，协助巡视组核查问题线索5件，提交报告或说明6个。校纪委针对巡视组移交的28件信访举报线索进行了核查，其中21件因反映问题不属实按了结处理；4件经核查举报所反映的问题属实，分别对相关责任人进行了党纪处分或组织处理；2件因不具有可查性作暂存处理；1件转有关部门并建议改进工作，做到件件有着落、事事有回音。在开展问题线索梳理核查过程中，纪委先后召开1次全委会、1次协调会和4次专题会，使每一个线索的处置和重要问题的办理都经过集体讨论决定。加强查信办案的规范化建设，制定《纪检部门受理信访举报工作实施办法》，进一步规范和完善相关工作流程。

（王丽娜）

宣传教育

【组织开展党风廉政宣传教育月活动】 6月，结合“两学一做”学习教育的主题组织开展党风廉政宣传教育月活动，二级单位围绕主题开展“五个一”（一次专题学习讨论、一次廉政专题党课、一次警示教育活动、一次党纪条规测试、一篇纪律教育征文）活动。购买180册党章准则条例的合订本和28套《永远在路上》警示教育专题光盘并发放给二级单位党组织和处级干部学习。“纪律教育在身边”征文征集11篇稿件，经筛选后提交上级1篇并被推荐至市纪委参加评选。

（王丽娜）

【举行党风廉政建设专题报告会】 7月5日，举行“两学一做”学习教育党风廉政建设专题报告会。北京市纪委第二纪检监察室主任李正斌应邀做题为“坚持把纪律和规矩挺在前面，坚决守住党的纪律这条‘底线’”的报告。校领导、校长助理、全校处级领导干部、各二级单位党组织的纪检委员、党支部书记、特邀监察员等210余人参加报告会。

（王丽娜）

监督工作

【监督检查落实中央八项规定精神情况】 坚持党风政风日常监督月报制度，每月定期统计党风政风监督工作信息和查处违反中央八项规定精神问题信息并报送上级。协助主管部门对领导干部办公用房情况进行了检查。坚持在劳动节、端午节、中秋节、国庆节等节假日前重申各项禁令，加大节假日期间落实党风政风和廉洁自律各项规定的监督检查力度。持续开展正风肃纪工作，受理涉及中央八项规定精神的问题线索5件，约谈3人次，均按了结办结。处理巡视反馈的公款旅游问题2件，协助党委约谈有关单位负责人，并追缴相关费用30 400.50元。针对巡视反馈的滥发津贴、补贴等问题，协助党委及相关部门对相关领导干部清退培训费、评审费、过节费等进行督促整改。

（王丽娜）

【监督检查重点领域】 落实干部任前征求意见制度，为干部、教师出具书面廉政鉴定意见69人（次）。围绕处级干部试用期满考核、干部职工评优评先、各类先进推荐等工作，提出工作建议，为相关人员做出廉政鉴定。配合组织部门参与处级领导干部试用期满考核工作。根据上级部署开展外逃人员数据统计和上报（零报告）、问责情况统计和上报（零报告）工作。在本科生招生、研究生考试、工作人员招聘面试等工作中加强监督检查，并以高水平运动员、研究生招生为重点严把关键环节，推进阳光招生工作落实。采用备案方式对基建工程建设、招标采购等69项招标投标活动进行监督，严防工程及采购领域发生违规违纪问题。

（王丽娜）

信访工作

【基本情况】 认真开展各种信访件的调查和处理工作，校纪委全年共收到信访件25件，其中反映干部党员的问题线索12件，反映其他问题的13件；经初核做了结处理的10件，初核转立案3件，转办8件，直接核实4件。在查信办案过程中，共谈话24人次。通过查信办案，一方面加大了对违纪行为的查处力度，本着“惩前毖后、治病救人”的方针，共给予1人党纪处分，1人免予党纪处分进行诫勉谈话，对2人进行组织处理；另一方面对发现的苗头性、倾向性问题和轻微违规行为进行纠正，对相关责任人员进行教育。

（王丽娜）

自身建设

【内部管理】 深化转职能、转方式、转作风工作，纪委从与其职责关联度不大的学校5个领导小组或委员会中退出，更加聚焦中心任务。坚持民主集中制原则，召开5次纪委全委会集体研讨决定党风廉政建设及信访案件问题。规范查信办案的流程，完善调查方案、外调、协查、谈话、审理等重要节点工作的报告及审批制度，注重纪律审查文书的专业性。

（王丽娜）

【队伍建设】 召开二级单位纪检监察机制、责任制落实专题座谈会，就如何进一步发挥二级单位党组织纪检委员的作用进行专题研讨。在二级单位党组织换届选举工作中加强纪检委员人员遴选和作用发挥。采用集中培训、上级调训、以干代训等多种方式加强对干部业务技能的培养，选派5人（次）参加上级调训，1名干部被抽调参加市委巡视工作。完成北京市纪检监察学会布置的课题研究任务，1篇研究论文提交学会。

（王丽娜）

学 生 工 作

概 况

学生工作部(处)、武装部是学校开展大学生思想政治教育、就业创业指导服务、心理健康教育与咨询、学生事务管理和国防教育工作的职能部门。现有干部16人,根据职能分工分为思想政治教育办公室、学生事务管理与服务办公室、学生处就业办公室、心理健康教育与咨询中心、国防教育办公室和综合办公室等科室。

2016年,学生工作部(处)、武装部紧密围绕学校中心工作,聚焦学生成长需求,健全学生发展辅导服务体系,全面推进毕业生就业创业工作,切实加强学生工作队伍建设,进一步提升学生工作法治化、制度化水平,以学生的全面发展及工作的规范化、专业化和精细化为目标,不断更新工作观念,创新工作方式方法,有效推进学生工作科学发展。

(吕寒冰)

大学生发展辅导体系建设

【举办毕业典礼】 6月25日上午,学校2016届本科生毕业典礼暨学位授予仪式在校本部体育场举行,2 399名同学顺利完成学业,获得学士学位。优秀毕业生、到农村基层任职及到西部就业学生代表接受了表彰。校党委书记柯文进,校长王稼琼,党委副书记孙善学,纪委书记杨世忠,副校长王文举、丁立宏、王传生,党委副书记朱玉华,副校长徐芳,校长助理戚聿东、崔也光出席毕业典礼。校友代表,各学院院长、党委(党总支)书记、副书记、辅导员、毕业班班主任,全体毕业生及其家长参加典礼。典礼由孙善学主持。典礼上,柯文进宣读了学校关于批准2016届本科毕业生毕业和授予学士学位的决定,王稼琼致辞,朱玉华宣读了学校关于表彰2016届优秀毕业生和到农村基层任职及到西部就业学生的决定,丁立宏为2016届毕业生校友联络员代表陈川颁发了聘书。与会校领导为优秀毕业生、到农村基层任职及到西部就业学生代表颁发了证书。

(李俊)

【举办开学典礼】 9月7日上午,2016级本科新生开学典礼在校本部体育馆举行。学校领导,各学院院长、党委(总支)书记,学生工作系统全体干部以及2016级2 500余名学生参加典礼。开学典礼由校党委副书记孙善学主持,校党委书记冯培致辞,教师代表、工商管理学院院长柳学信,在校生代表、经济学院2013级学生张少雪分别发言,会计学院2016级学生刘雨凝代表全体新生发言;之后新生代表向副校长王传生递交了全体新生签名的誓词长幅,校领导向新生代表赠送了7份特别的礼物。

(李俊)

【新生教育活动】 11月,学生工作部(处)面向2015级全体新生班级开展“班级最佳集体活动大赛”。大赛分为初赛与复赛两个环节,初赛由各学院组织,共有全校15个学院的100多个班级报名参加此次活动。最终共15个班级由学院推荐至学校参加复赛,学生工作部(处)组织“班级最佳集体活动展示大会”,并最终评选出“班级最佳集体活动”5项,分别为财政税务学院2015级资产评估国际班、劳动经济学院2015级社会工作班、统计学院2015级金融数学班、会计学院2015级国际会计班和城市经济与公共管理学院2015级行政管理国际班。此外,学生工作部(处)面向2015级全体新生宿舍开展“宿舍公约”评选大赛。大赛分初赛与复赛两个环节,设立一等奖3名,二等奖5名,三等奖10名,最佳创意奖、最佳美工奖各一个。截至5月底,共有15个学院100多个宿舍报名参加此次活动。同时,为有效加强新生班级建设,全面提高新生班长的领导能力,学生工作部(处)于10月份组织了“2016级新生班长训练营”,通过课堂教学、实践教学、实践锻炼等不同形式,对全校83名新生班长进行了全面培训。

(张莹)

【毕业生教育活动】 3月份开始,学生处组织开展一系列离校前教育活动,特别是在毕业生中继续深入开展理想信念教育、廉洁诚信教育、爱校荣校教育及文明离校教育等。为 2016 届毕业生设计毕业照景观，制作毕业生礼物，录制毕业视频，并顺利完成了《我的大学生活》主题创作大赛的作品征集、优秀作品评选和结集工作，制作了毕业生纪念光盘。《我的大学生活》主题创作活动共收到来自 14 个学院的 100 余份作品，最后评选出各类作品一、二、三等奖及优秀奖共计 43 项。

2016 届毕业生"我的大学生活"获奖作品名单

散文类作品：

奖项	作品题目	学院	班级	作者
一等奖	那一瞬间，我看到了五彩的地平线	华侨学院	2012 级工商管理(国际会计)2 班	于静雯
二等奖	远方	会计学院	2012 级注会 1 班	黄烨华
	青春无悔 砥砺前行	会计学院	2012 级财务管理班	石佳
	那么，大学	金融学院	2012 级金融学 3 班	李滢菱
	光景绵长	金融学院	2012 级金融学 1 班	刘宇霄
三等奖	我有一段青春，在 CUEB	工商管理学院	2012 级工商管理实验班	王雪晴
	磨砺中的成长	华侨学院	2012 级信息管理与信息系统(IT 项目管理)班	吴媛媛
	你终将成为自己	安全与环境工程学院	2012 级环境工程班	杨远
	当年寒窗日，恰同学少年时	金融学院	2012 级国际金融 2 班	闫飞宇
	相识相知也相忆，且歌且梦且珍惜	金融学院	2012 级金融学 2 班	罗旸
	曾以为毕业遥遥无期，转眼间却各奔东西	经济学院	2012 级贸易经济 1 班	刘星炜
优秀奖	首经贸的青春	城市经济与公共管理学院	2012 级城市管理(区域经济管理)班	刘瑶
	梦四年	金融学院	2012 级金融学 3 班	李倩倩
	那些年，我们青春正好	金融学院	2012 级金融工程班	王昌云
	食在首经贸	金融学院	2012 级金融工程班	陈凌欣
	我的大学时代	经济学院	2012 级贸易经济 2 班	张雅丽
	我的大学生活作品	统计学院	2012 级国际统计班	刘阳

诗歌类作品：

奖项	作品题目	学院	班级	作者
一等奖	首经忆思	经济学院	2012 级经济学 2 班	刘芳芳
二等奖	从明天起，我与你变成了最远的距离	经济学院	2012 级国际经济与贸易 2 班	田硕
	且行	经济学院	2012 级经济学 2 班	回晓
	2016 我的大学生活	财政税务学院	2012 级税务 2 班	宋雨萱

续表

奖项	作品题目	学院	班级	作者
三等奖	毕业将至	华侨学院	2013 级旅游管理班	李志轩
	经贸忆,金融情	金融学院	2012 级国际金融 1 班	熊梦奇
	留恋	金融学院	2012 级国际金融 1 班	吴光光
	终·离别	金融学院	2012 级金融工程班	赵晗
	他们说干了这杯酒	统计学院	2012 级金融数学班	井潇

摄影类作品:

奖项	作品题目	学院	班级	作者
一等奖	我的大学生活	经济学院	2012 级经济学 1 班	陈思嘉
二等奖	曦池	经济学院	2012 级经济学实验班	曹梦
	致·光阴	华侨学院	2012 级工商管理(国际会计)2 班	肖恒
	我的大学生活	经济学院	2012 级贸易经济 1 班	刘莹
三等奖	经贸之冬	会计学院	2012 级国际会计班	熊沐银
	光影首经贸	会计学院	2012 级注会 3 班	耿飒
	我的大学生活	经济学院	2012 级贸易经济 1 班	刘慧
	不一样的蝎子辫	财政税务学院	2012 级资产评估(2)班	宋轶媛
	剪刘海儿	财政税务学院	2012 级资产评估 2 班	李蓉
	我的大学生活:终结版	经济学院	2012 级国际经济与贸易 2 班	党帅
	我的大学生活	经济学院	2012 级国际经济与贸易 1 班	李文祥

其他类作品:

奖项	作品题目	学院	班级	作者
一等奖	兄弟	经济学院	2012 级贸易经济 1 班	田驰
二等奖	首经贸版南山南	经济学院	2012 级经济学 2 班	回晓
	我们的故事	金融学院	2012 级金融学 1 班	陈文博
三等奖	大学	金融学院	2012 级金融学 2 班	吴凡
	我的大学生活 DIY	经济学院	2012 级经济学实验班	郑可馨
	我们的 6325	金融学院	2012 级金融工程班	曹洳宜 潘添媛

(张莹)

【学生信息报送与反馈】 2016 年度,来自全校 15 个院系的 81 名学生信息员(含本科生、研究生)报送了 12 期(236～246 期)近 400 条每半月学生信息,内容涉及教学与教学管理、食堂与宿舍、图书馆与网络、校园管理以及其他学生关心的五大类问题,其中大部分问题在学校各部门的通力协作下得到了有效改善或解决;同时,学生信息员还报送了 24 期(106～129 期)近 500 条每周学生热点信息。除此以外,学生信息员队伍依托首经贸三色花网络文化工作室不断发展，在监测网络舆情，引导网络舆论的同时，加大了学生信息报送与反馈工作的宣传力度，进一步促进了学校与学生之间信息的双向沟通与交流。

（王美慧）

【举办“成长课堂”】　“成长课堂”是由学校学生工作部（处）主办，面向全校师生的第二课堂讲座品牌。立足于不断完善学生的知识结构，全面提高学生的综合素质，通过邀请社会知名人士和专家学者以讲座、论坛等方式为学生提供丰富多彩、高品质的课外“知识超市”。2016 年，学生处共举办“成长课堂”主题讲座 13 场。其中，主旋律教育类 6 场，国学教育类 4 场，心理素质培养类 2 场，生涯教育类 1 场，听讲覆盖面达 6 500 余人次。同时于 9 月按照 2013 年 11 月新实施的“成长课堂学生考评体系”依托各院（系）完成了学生 2015—2016 学年的首次听讲认定工作。并为 2016 级新生继续印制、发放了“首都经济贸易大学第二课堂记录手册”。

2016 年成长课堂主题讲座一览表

时间	地点	讲座主题	主讲人
2016－03－10	博学楼学术报告厅	适应时代，把握机遇，实现自我	中国青年政治学院原党委书记陆士桢
2016－03－16	博学楼学术报告厅	国学的基本精神与现代意义	北京大学中国哲学暨文化研究所所长、中国文化书院副院长李中华
2016－03－30	博学楼学术报告厅	浅谈二人台之衍生剧——漫瀚剧	国家一级演员、民盟中央艺术团理事、包头市漫瀚艺术剧院副院长张建新
2016－04－13	博学楼学术报告厅	睡在我上铺的兄弟，你怎么了？——宿舍关系建设与沟通训练	北京大学心理咨询与治疗中心主任方新
2016－05－18	华侨礼堂	革命先驱李大钊烈士事迹	中国化工轻工物资流通协会原副会长李建生
2016－05－18	博学楼学术报告厅	个人、理想与国家	第十一届全国政协委员、中国战略文化促进会常务副会长兼秘书长罗援
2016－09－28	华侨礼堂	钱学森先生引领的成长成才之路	中国科学院大学教授张瑜
2016－10－26	博学楼学术报告厅	跨界时代，斜杠人生	凌云、宣晓鸣、张丽敏、乔诗语、范哲琛、张震、边江等（配音演员）
2016－11－01	博学楼学术报告厅	长征主题影片《生死 96 小时》首映礼及演员见面会	八一电影制片厂
2016－11－09	博学楼学术报告厅	《论语》中的儒家思想与社会主义核心价值观	孔庙和国子监博物馆研究部研究员常会营
2016－11－09	华侨礼堂	南海热点问题与思考	海军军事学术研究所世界海军研究室主任张烨

续表

时间	地点	讲座主题	主讲人
2016－11－16	博学楼学术报告厅	从洪荒之力，看国学中的爱国主义	《东西南北》杂志社总编辑百川
2016－12－07	华侨礼堂	其实你不懂我的心	中国人民大学心理健康教育与咨询中心主任胡邓

（王美慧）

【举办“成长加油吧”】 为了巩固以“成长”为主题的既有讲座品牌优势，进一步丰富学校大学生思想政治教育的第二课堂平台，更好地适应95后大学生成长成才的新规律，在广泛开展校内外调研的基础上，学生工作部（处）继续举办“成长加油吧”作为“成长课堂”的姊妹品牌，以小班沙龙的形式为师辈和学生提供充分的第二课堂互动空间与平台，作为第一课堂的延伸促进彼此之间的沟通与交流，充分发挥名师的光环效应与榜样示范作用，在思想上和行动上引领学生更好地成长成才。2016年共举办7场“成长加油吧”，以“经贸连连看”为依托开展讲座预约制，共收到1 000余次预约，实现了“小班教学，精品课堂”的目标。

（王美慧）

【开展系列主题教育活动】 为深入贯彻中央和市委关于培育和践行社会主义核心价值观的要求，全校357个行政班认真落实《北京高校培育和践行社会主义核心价值观实施意见》，通过主题演讲、集体讨论、知识竞赛、趣味游戏、观看影片、学唱红歌、微评论、宣誓、绘画等多种形式，围绕“我与社会主义核心价值观”这一主题，广泛开展了主题班会活动，大力推动社会主义核心价值观入脑入心、落地生根。开展“庆华诞、颂深情”纪念建校60周年主题征文、“忆长征、铸心魂 ”庆祝长征胜利90周年主题征文、“铭历史、兴中华”观后感征文活动、“学理论、读经典”读后感征文活动。截至2016年年底，累计上交优秀文章288篇，经学院推荐、微信公众号推广、评委打分等环节，华侨学院刘亚等56人获奖。

（张莹）

【开展党员先锋工程行动计划】 根据市委教育工委《北京高校学生党员先锋工程实施方案》及学校《学生党员先锋工程实施方案》要求，在学校学生党员中积极推进党员先锋工程行动计划，各学院根据要求成立了学生党员“服务先锋”行动领导机构，全面负责活动的开展。学生党支部在“责任区”对接工作中，形成“立体网络”覆盖；在助学零距离活动中实现对学困生“学业互助”“生活互助”“工作互助”的全覆盖。积极组织开展党员志愿服务活动，充分发挥广大党员的先锋模范作用，使学生党组织更加富有活力，增强学生党员的宗旨意识、责任意识和服务意识。

（张莹）

【开展网络思想政治教育】 2016年，学生工作部（处）进一步探索大学生网络思想政治教育新规律，努力开拓创新，按照传统网络与移动网络“整体筹划，协同推进，优势互补”的总体思路，打造“部门门户网站——微信公众平台”两位一体的网络思政育人平台，升级打造了学生工作部（处）门户网站，在“经贸连连看”的基础上正式设立运营“首都经济贸易大学学生处官方微信公众平台”。2016年度，首都经济贸易大学微信公众平台粉丝数量达9 600人，覆盖全校95%以上本科生，拥有包括经贸达人、经贸求真、讲座资讯、校园贴士等16个固定栏目。“首都经济贸易大学学生处”官方微信公众平台配合信息员团队建设、资助中心通知发布、就业中心资讯发布100余次，公示保卫处、后勤处、教务处等部门信息10余次，配合“第二课堂”进行线上宣传及预约抢票工作20余次。全年浏览量约40万次，转发达10万次，有效地提高了网络思想政治教育的质量。

（王美慧）

【开展假期安全教育活动】 2016年，在元旦、清明节、劳动节、端午节、国庆节、中秋节及寒暑假期间对学生开展安全教育活动，提高学生的安全防范意识，保障学生安全和校园稳定，并在重要节假日安排电话值班，随时了解学生的思想动态，确保“学生—院系—学校”信息渠道的畅通。同时，在寒暑假开展系列文化活动，丰富假期留校学生的在校生活。

（张莹）

基层组织建设

【组织开展“五星宿舍”创建评选活动】 为深入推进“基层聚力工程”,有效加强学生宿舍建设,充分发挥学生自我教育、自我管理、自我服务功能,学校组织开展“五星宿舍”创建评选活动。学校共有100余个宿舍参与评选,经过宿舍楼初评、学院复评、学校审核3个阶段,由学生工作部、宿管中心、学院评委共同打分,经过层层遴选,最终选出了40个“安全意识强、卫生状况优、宿舍风气正、学习效果好、宿舍文化佳”等多方面表现优异的五星宿舍。

（张莹）

【深入开展十佳班级评选活动】 为有效加强学生班级建设,继续深入开展十佳班级评选活动。全校15个学院的15个班级经过学院初评,参与校级十佳班级评选。经过材料提交、答辩展示、评委打分等环节,经济学院2014级贸易经济卓越班、工商管理学院2014级工商管理1班、会计学院2013级会计学(注册会计师专门化)卓越班、金融学院2013级国际金融1班和城市经济与公共管理学院2014级行政管理国际班获得此项荣誉,并代表学校参与市级“北京市优秀基层组织建设评选”。最终,经济学院2014级贸易经济卓越班获评北京市“我的班级我的家”示范班集体,工商管理学院2014级工商管理1班等4个班获评优秀奖。

（张莹）

【开展红色“1+1”活动】 2016年学生处继续组织红色“1+1”活动,5月—9月共有15个学院的21个党支部参与申报并开展活动,10月—11月,参加活动的支部进行活动总结。学校7个学院学生党支部获得市级奖励。

2016年红色“1+1”活动获北京市级奖项一览表

学院	获奖支部	奖励等级
外国语学院	学生党支部	一等奖
统计学院	2015级研究生党支部	三等奖
文化与传播学院	学生党支部	优秀奖
工商管理学院	本科生低年级党支部	优秀奖
安全与环境工程学院	本科生党支部	优秀奖
金融学院	学生第二党支部	优秀奖
城市经济与公共管理学院	本科生党支部	优秀奖

（张莹）

辅导员队伍建设

【辅导员招聘考核】 10月—11月,学生工作部(处)共收到应聘简历483份,经过笔试、心理素质测试、第一轮面试,共有15人进入最后的角逐,并最终录用3名毕业生。新录用专职辅导员:徐敬尧,首都经济贸易大学国际金融专业硕士;韩天艺,首都经济贸易大学资产评估专业硕士;耿绍宝,北京师范大学新闻与传播专业硕士。同时,为进一步拓宽专职辅导员选聘渠道,优化辅导员队伍梯队结构,学生工作部(处)组织了推荐应届本科毕业优秀学生干部免试攻读硕士学位研究生工作,选拔出了张泽远、朱苊臣、王祎等3名优秀学生干部留校担任专职辅导员。此外,为有效推进学校辅导员选聘配备,学生工作部(处)组织开展了2016年兼职辅导员选聘工作。经过学院推荐、部门初审、面试、公示等环节,共聘用兼职辅导员13人。根据首都经济贸易大学专职辅导员岗位考核相关要求,16名辅导员获评2016年度校级优秀辅导员,分别为:城市经济与公共管理学院杨曦,工商管理学院王璐,经济学院高琼,会计学院谭静,劳动经济学院王颖,文化与传播学院宿东泽,信息学院肖江文,安全与环境工程学院陈蒲晶,财政税务学院李思然,法学院张益铭,金融学院常彪,统计学院刘艳,外国语学院张湘姝,学生工作部(处)赵勋、富蕾,团委郭英。

（李俊）

【辅导员培养与培训情况】 4 月—12 月，学生工作部（处）对辅导员进行了 4 次专题培训，分别是："开启学业生涯规划之旅"专题培训，主讲人国家高级职业指导师、UCC 认证高校生涯教练常雪亮老师；"互联网思维与学生工作"专题培训，主讲人北京高校辅导员培训基地资深讲师、天津大学学生工作部（处）部长王寒老师；"新媒体时代思想政治教育视角的两个转换"专题培训与"团队领导力"专题培训由校党委书记冯培教授担任主讲人，分 5 次进行，共计 10 个学时。此外，为加强辅导员团队建设，学生工作部（处）在卡摩创业咖啡厅举办了"快乐工作 · 幸福生活"辅导员小聚活动，期间劳动经济学院辅导员孙乐老师分享了烘焙与咖啡相关知识，全体辅导员参加了精彩的校内定向拓展活动。

（李俊）

【班主任队伍建设】 2016 年，学校共有 388 个行政班（其中含延长学籍学生班），其中本科和专科生按照招生专业自然设立行政班，硕士、博士研究生按照每 30 人一个行政班的方法核算，各学院自行选配班主任及确定每个班主任的带班数量，共有 301 位班主任通过了遴选。学生工作部（处）按照相关标准完成了班主任津贴核发工作，并指导各学院做好班主任管理与培训工作。

（李俊）

大学生心理健康教育

【开展个体咨询】 2016 年，心理健康教育与咨询中心共有 6 名兼职老师和 3 名专职老师于周一到周五定期开展心理咨询工作，每周咨询时间为 33 小时，共对来访学生进行了 702 人次的咨询。

（滕秀杰）

【开展全校新生心理普查】 组织开展 2016 级本硕博新生心理健康普查及访谈工作。参加此次普查的学生共计 3 384 人，占应参加普查人数的 99.23%。此次普查采用的是"大学生人格健康量表"（简称 UPI）和 90 项症状量表（简称 SCL－90）两个问卷，其中 UPI 作为主问卷，SCL－90 作为辅助问卷。根据 UPI 测试结果，有 411 人（占 12.16%）心理健康状况很差，属于Ⅰ类重点关注人员；另外有 777 人（占 22.99%）心理健康状况较差，属于Ⅱ类次重点关注人员；其余2 191人（占 64.84%）学生心理健康状况较为良好，属于Ⅲ类非重点关注人员。共筛查出 509 名同学进行访谈，经过两周的访谈，共访谈学生 475 人，占应参加访谈人数的 93.32%，未参加访谈的学生情况均已向院系反馈说明。访谈后对参加访谈的学生进行了重新归类：143 人有不同程度的心理问题，332 人症状暂时解除，其中 A 类（各种神经症、心理矛盾冲突激烈，明显影响正常学习、生活者）学生 15 人，B 类（一般心理问题者，属适应不良，能维持正常的学习与生活者）学生 128 人，C 类（无特殊问题者，症状暂时不明显或已解除）学生 332 人。在这三类学生中需要重点关注的共有 32 人。

（滕秀杰）

【心理危机排查干预工作】 组织开展每年一度的春季心理危机排查工作。以心理咨询中心与院系的自查为主，汇总上报的学生信息，并成立心理危机评估小组，对上报的危机学生进行问题评估，初评后给院系以书面反馈。此次危机排查共上报危机学生 114 人，经过评估小组评估筛查后，发现有严重心理问题或心理障碍的学生共计 45 人，需要院系进行重点关注。在后续的工作中，需要重点关注的学生又有所变化，截至 11 月 25 日，需要重点关注的学生（含严重心理问题或心理障碍）共计 58 人。2016 年，共发生 18 起心理危机事件，均得到妥善处理。

（滕秀杰）

【组织开展专兼职心理咨询师督导工作】 2016 学年，共组织专兼职心理咨询师进行案例讨论 8 次，分别为校外专家督导 4 次，案例及工作研讨 2 次，参加校外督导 2 次。

（滕秀杰）

【举办"5 · 25"大学生心理健康节】 2016 年大学生心理健康节，以"读懂你我，共享青春年华"为主题，共组织 15 个院系开展了校园心理情景剧、心灵手拉手、心理绘本大赛等 20 余项活动，收到 194 项作品，优选出 25 项作品参加北京市比赛。其中"木—林—森"主题班会通过了北京市心理健康教育的创新项目审批，其间组织 17 所高校参与了该项活动。该项活动从方案设计，作品收集、整理、评审到奖项的发放均由学校独立完成。在北京市的评比中，学校心理中心荣获了"最佳组织奖"，25 项学生作品获得了 15 个市级奖项。校内共评选出 66 个奖项。

（王红）

【举办 2016 级新生家长学校】 为了帮助 2016 级新生尽快适应大学生生活，加强心理调节的能力，学生处心理健康教育与咨询中心采用集体备课、统一内容的方式,组织专家队伍在新生报道期间对15个院系的2016级全体家长开展了心理健康教育讲座,从心理角度向家长讲解如何帮助孩子完成心理适应,帮助孩子更好地成长。

（王红）

【组织2016级新生参观心理健康教育与咨询中心】 2016年,在学生处新生教育的统一安排下,心理中心在9月3日至8日组织2016级全体新生参观了心理中心。参观采用了"本院系2015级心理委员统一讲解,心理学社学生带领实地参观"的模式。在6月初,心理中心制作了统一的PPT课件及讲义,挑选了2015级心理委员骨干组成了"新生参观讲解团队",督促学生在熟练背诵内容的基础上,加入院系和个人的特色,并组织了团队内的学生逐一进行多次试讲。在本院系学长学姐的生动讲解下,在心理学社学生的亲切带领下,2016级新生既对心理中心有了了解,又体验到了快乐和放松。

（王红）

【普及性团体心理辅导工作的开展】 2016年上半年,心理中心5位专兼职教师共开展了人际、情绪、自信3个主题共40次的长时间、咨询性的团体心理辅导;"团体辅导教研团队"共开展了情绪、人际、恋爱3个主题的30次的班级团体心理辅导。

（王红）

【组织2016级新生班级团体心理辅导】 为帮助新生尽快融入校园新的生活角色、加强班级凝聚力建设,心理中心组织14名辅导员教师,对2016级88个班级开展了"积极心理品质培养""优化心理资本、提高抗挫复原力""人际关系优化"3个主题的团体心理辅导。为确保活动的专业性和趣味性,9月初邀请专家按照"优化心理资本、提高抗挫复原力"的团体辅导方案,让老师们以参与者的身份全程体验了团体辅导的过程。同时,在原有工作的基础上,将班级团体心理辅导的前期预约、开展期间的组织协调工作流程化,设计了教师、心理委员团体记录和反馈模板等,促进班级团体心理辅导工作向科学化、专业化、规范化方向发展。

（王红）

【心理健康委员队伍建设】 2016年,继续加强心理委员骨干的培训工作。上半年,共组织72名学生骨干参加了领导力培训、心理知识竞赛等8项校内外心理活动。10月27日—29日举办了"2016级心理委员培训",培训分别围绕"心理班会的组织与实施""朋辈心理辅导的理论与技巧""大学生心理危机应对""团队合作与沟通能力"4个方面对2016级心理委员进行了专业培训。在心理委员的管理工作上,加入"院系心理委员负责人"制,从学校和院系两个层面培养学生骨干,保证了学校和院系工作的衔接性和连贯性。

（王红）

学风建设

【推行新生晚自习制度】 作为学风建设的有力举措之一,2016级新生继续执行晚自习制度。9月26日至12月22日在18:30—20:30,第一学期共安排了48次晚自习,周一安排英语微课程12次,周二安排数学辅导,其中,11月8日至12月13日数学基础强化6次,覆盖约300名大一学生;周三安排专题辅导,组织观看爱国题材影片《我的长征》《建党伟业》;周四安排"学理论、读经典"阅读活动。共聘任92名班级助理负责各班晚自习秩序管理和学业辅导,并安排专门教师进行晚自习值班。

（张莹）

【学生思想动态调研与舆情监测】 2016年,学生工作部(处)按照教工委的统一部署和要求在寒、暑假分别开展了春季和秋季学生思想动态调研,准确掌握各学院学生对于当前形势政策、大学生教育方针、高校教育情况的真实想法,形成报告按时上报。3月25日、9月28日、20月28日、11月3日,学生工作部(处)采用线上自愿报名与各学院推荐代表的形式召开了以"南海问题""网络与生活""我为母校献良言"等为主题的座谈会,汇总了来自全校各学院、各年级及具有代表性的学生群体的思想动态。

（王美慧）

学生事务管理

【开展先进集体及先进个人评选】 6月17日,学生处在全校毕业生中开展"首都经济贸易大学优秀毕业生"和"2016届北京市优秀毕业生"评选工作,共评选出马小东等186名校级优秀毕业生和陈婷婷等118名北京市优秀毕业生。11月10日,学生处组织开展了2015—2016年度北京市"三好学生""优秀学生干部”“先进班集体”的评选工作。11 月 24 日，学生处在全校开展 2015—2016 学年度校级“三好学生”“优秀学生干部”“先进班集体”的评选工作。

2016 年先进集体、先进个人评选情况一览表

奖励名称	奖励等级	获奖名单
三好学生	北京市级	程帅文等 18 人
	校级	任鸿琦等 372 人
优秀学生干部	北京市级	王冉迪等 6 人
	校级	于梁等 257 人
先进班集体	北京市级	2015 级社会工作班等 6 个
	校级	2015 级物流管理卓越班等 27 个
优良学风班	校级	2014 级行政管理国际班等 26 个
优秀毕业生	北京市级	陈婷婷等 118 人
	校级	马小东等 186 人

（冯俊鹏）

【开展各类奖学金评选】 9 月—11 月，学生处组织开展了各类奖学金评选工作，经个人申报、院系初选、学生工作处审核等环节，评选综合类奖学金中，获得校长奖学金 10 人，奖金发放 10 万元；国家奖学金 21 人，奖金发放 16.8 万元；国家励志奖学金 324 人，奖金发放 162 万元。单项奖学金中，获得学习优秀奖学金 1 990 人，奖金发放 302.92 万元；社会工作奖学金 356 人，奖金发放 10.68 万元；科研创新奖学金个人奖 15 个、团队 87 个，奖金发放 7.4 万元；文体竞赛奖学金个人奖 40 个、团体 16 个，奖金发放 1.85 万元。社会赞助类奖学金中，获得三菱东京 UFJ 银行奖学金 30 人，奖金发放 10.89 万元；获得乐天集团奖学金 10 人，奖金发放 6.312 9 万元。

2016 年各类奖学金评选情况一览表

奖励名称	奖励等级	获奖名单
国家奖学金	国家级	张葭伊等 21 人
国家励志奖学金	国家级	王若彤等 324 人
校长奖学金	校级	王涵等 10 人
社会工作奖学金	校级	宋一涵等 356 人
科研创新奖学金	校级一等（个人）	蔺梓铭等 8 人
	校级二等（个人）	杨烨青等 7 人
	校级一等（团队）	37 个
	校级二等（团队）	50 个
文体竞赛奖学金	校级一等（个人）	黄天宇等 16 人
	校级二等（个人）	武芙琪等 6 人
	校级三等（个人）	董文伟等 18 人
	校级一等（团队）	4 个

续表

奖励名称	奖励等级	获奖名单
文体竞赛奖学金	校级二等(团队)	7 个
	校级三等(团队)	5 个
三菱东京 UFJ 银行奖学金	校级	宋一涵等 30 人
乐天集团奖学金	校级	刘阳等 10 人
学习优秀奖学金	校级一等	吕子宜等 269 人
	校级二等	赵轶群等 702 人
	校级三等	张超等 1 019 人

(冯俊鹏)

【举办第五届“经贸榜样”颁奖典礼】　12 月 21 日，“传承经贸魂 · 接力中国梦”第五届“经贸榜样”学生颁奖典礼在博远楼琢玉讲堂举行，表彰在 2015—2016 学年荣获各类奖学金和荣誉称号的学生个人与集体。校党委书记冯培，校长付志峰，党委副书记孙善学，副校长丁立宏、王传生，党委副书记朱玉华，副校长徐芳、孙昊哲，校长助理戚聿东、崔也光及 700 余名师生代表出席典礼。颁奖典礼由学生工作部部长马力主持。

(冯俊鹏)

【开展中秋节、春节慰问活动】　中秋节期间，学生工作部(处)组织安排工作人员为留校的学生统一派送富有学校特色的“经贸饼”并送上节日祝福。寒假春节期间，校领导与留校学生进行了座谈，向同学们赠送“新年大礼包”并举办了“除夕包饺子”活动。

(王美慧)

国防教育工作

【学生军事爱好者协会荣获北京高校国防教育类“优秀社团”称号】　5 月 7 日，学校军事爱好者协会参加了首届北京高校国防教育类优秀社团现场交流会。凭借以“扎实管理，潜心军事社团建设；以点带面，推进国防教育开展”为题的工作理念和特色介绍材料，获得“优秀社团”荣誉称号。此外，军事爱好者协会在 11 月底举行的北京高校国防教育类社团评比中获得三等奖。

(赵勋)

【征兵工作】　5 月—9 月，学生工作处(武装部)开展了夏秋季征兵工作。通过学校主页、学生处网站和微信公众号等平台宣传和解读征兵政策，经过报名、体检、政审、定兵、送兵等环节，学校本年度共有 18 名男生和 3 名女生顺利参军入伍。

(赵勋)

【军事技能训练和军事理论课教学工作】　9 月 9 日—23 日，学校 2 300 余名 2015 级本科生在昌平盛华军训基地进行了为期 14 天的军事技能训练和军事理论学习，顺利完成军训任务。全体参训学生组建一个军训团，整个军训团编 14 个连队。学校派出带队教师及后勤保障人员共 50 人，其中学生处 3 人，保卫处 3 人，校医院 4 人，餐饮中心 1 人，校车队 1 人，各院系 38 人。

(赵勋)

【获第七届北京高校国旗仪仗队检阅式一等奖】　9 月 24 日，以纪念“中国共产党建党 95 周年和中国工农红军长征胜利 80 周年”为主题的第七届北京高校国旗仪仗队检阅式比赛在中国农业大学东校区举行，学校国旗护卫队获得一等奖。本次比赛吸引了首都 31 所高校参加，比赛包括出旗、升旗、降旗等环节。学校国旗护卫队齐步正步扎实稳健、升旗动作规范严谨、精神面貌自信从容，在参赛的高校中脱颖而出，首次获得了该项赛事的一等奖(共 6 名)。

(赵勋)

【在北京高校定向运动普及赛中获佳绩】　10 月 23 日，由北京高校国防教育协会主办的 2016 年“铸剑杯”学生定向普及赛在东坝公园举行。在学校学生工作部(武装部)指导下，学校军事爱好者协会组织学生参赛并取得佳绩。此次比赛共有北京 32 所高校的756名学生参赛,经激烈角逐,学校学生在参加的高校一年级女子个人组比赛中,取得了第一名、第七名和第十二名,团体总成绩第四名的好成绩,军事定向组取得了计时成绩第一名、总积分第八名的成绩。

(赵勋)

【开展国防教育月活动】 11月6日清晨,“弘扬长征精神,争做有为青年”主题升旗仪式暨“国防教育活动月”启动仪式在学校经贸广场举行,来自各学院的300余名学生代表参加了活动。“国防教育月”活动利用11月在全校范围内集中开展以国防为主题的讲座沙龙、参观调研、学习体验等一系列活动,为同学们提供学习、分享和交流平台,弘扬伟大的长征精神,鼓励学生关心国防、热爱国防、建设国防、保卫国防,争做勤学、修德、明辨、笃实的有为青年。

(赵勋)

学生资助工作

【学生资助管理中心运转】 自2015年学校学生资助管理中心成立以来,围绕着上级要求,资助中心的工作主要划分为4个功能模块,综合管理、助学贷款管理、助学金管理和勤工助学管理。每一个模块都指定了主管或勤工助学同学专人负责,保证了4个工作模块有序进行,平衡发展。资助中心将“资助”与“育人”相结合,以更好地为同学们提供资助服务。

(何倩)

【学生工作系统运行】 2016年,全面推广并使用学生工作系统中的资助模块,对用户体验和操作过程进行了不断优化。依托学生工作系统中家庭经济困难学生认定模块,对学校现有的困难学生进行摸底和网上建档。2016年通过系统认定家庭经济困难学生共计1 333人。

2016年各学院困难生人数统计表

学院	人数	所占比例
安全工程与环境学院	42	3.2%
财政税务学院	125	9.4%
城市经济与公共管理学院	59	4.4%
法学院	51	3.8%
工商管理学院	157	11.8%
华侨学院	53	4.0%
会计学院	159	11.9%
金融学院	135	10.1%
经济学院	198	14.9%
劳动经济学院	108	8.1%
统计学院	70	5.3%
外国语学院	31	2.2%
文化与传播学院	39	2.9%
信息学院	106	8.0%
总计	1 333	100%

(何倩)

【开通“绿色通道”】 2016 年,学生处继续为家庭经济确实困难的新生开通“绿色通道”。为方便同学们咨询与投诉,2016 年继续开通“绿色通道”专线电话,提供咨询解答服务共计 100 余次。同时采取暂免家庭经济困难学生学费和住宿费,发放爱心大礼包等方式确保其顺利报到注册、入学,并在入学之后根据具体的家庭经济状况,分别采取相应的措施予以资助。共有 200 名本专科及 20 名研究生同学通过“绿色通道”顺利入学。

（何倩）

【助学贷款情况】 2016 年,全校共有 98 名家庭困难学生获得合同总额 73 万余元的国家助学贷款。为 457 名来自外地的家庭经济困难学生办理生源地助学贷款手续。为 32 名同学办理“学子阳光”助学贷款手续,发放助学贷款 16 万元。并配合国家开发银行、北京银行、小额贷款协会和青少年发展基金会完成相关贷款工作,维护助学贷款资助成效。

（何倩）

【助学金发放情况】 2016 年,学生处继续开展助学金评选及发放的常规工作,共发放助学金 439.47 万元,其中根据学生个体情况,评选出国家助学金一等 604 人,发放金额为 271.8 万元;二等 729 人,发放金额为 167.67 万元。

（何倩）

【各类补助发放情况】 2016 年,为 1 名需要帮助的学生提供了特殊困难补助 1 000 元;为 1 010 名困难学生发放饮水洗澡补助等共计 18.685 万元;为1 333 名家庭经济困难学生发放补助每人 200 元,共计 266 600元。

（何倩）

【校内勤工助学】 2016 年,勤工助学工作进一步规范化,共计 1 050 余人次上岗,发放工资 118 余万元。勤工助学岗位分布在学校机关、院系办公室、图书馆、学生公寓管理中心等部门,充分考虑到了申请同学的学习专业,力求工作内容与专业相关,为勤工助学的同学提供了很好的锻炼机会。

（何倩）

【新疆少数民族家庭经济困难学生补助】 2016 年,学校为新疆籍少数民族家庭经济困难学生发放补助共 8.97 万元。

（何倩）

【社会捐助】 2016 年,学校工商管理学院王子信同学在北京市残疾人大学生“凌盛阳光天使奖学金”评选活动中获得二等奖,奖金 5 000 元。为 60 名家庭经济困难学生申请北京市慈善协会的“爱心成就未来”项目,60 名同学每人成功获得 3 000 元,共计 18 万元资助。

（何倩）

【资助政策宣传和团队建设】 2016 年,学生处在开学之际发放了《资助政策简介》。首经贸助学微信公众号得到广泛推广,基本做到家庭经济困难学生全覆盖,关注人数达 2 000 余人。学生资助管理中心下设两个学生团队,即驼峰助学团和资助中心助理队伍。所开设的弘毅课堂有英语口语、微积分、线性代数和计算机 4 门课程。

（何倩）

就业工作

【毕业生就业情况】 2016 年,学校毕业生总人数 3 412人(就业工作学生数据均不含港澳台侨学生、留学生),截至 9 月 30 日,本科生就业率为 99.66%,签约率为 94.17%;专科生就业率为 100%,签约率为 100%;硕士研究生就业率为 100%,签约率为 94.86%;博士研究生就业率为 100%,签约率为 97.3%。村官 12 人,支援西部 62 人,参军 5 人。

2016 年,学校共有本科毕业生 2 334 人。其中,攻读研究生 330 人(占 14.14%),出国留学 422 人(占 18.08%),签订三方协议 868 人,签劳动合同 578 人,灵活就业 128 人,就业比率为 67.44%。2016 届已签约(签三方协议和签劳动合同)的 1 446 名毕业本科生中,进入党政机关和事业单位工作 126 人(占 8.71%),进入国有企业工作 405 人(占 28.01%),进入三资企业工作 121 人(占 8.37%),进入其他企业(民营、私营企业)791 人(占 54.7%),参军 3 人(占 0.21%)。2016 届已签约(签三方协议和签劳动合同)的毕业本科生中,从事金融业的 438 人,占签约人数的 30.29%;从事租赁和商务服务业的 287 人,占签约人数的 19.85%;从事信息传输、软件和信息技术服务业的 209 人,占签约人数的 14.45%。

2016 年,学校共有专科毕业生 107 人,其中,专升本 10 人,升学率为 9.35%;出国 1 人,出国率为 0.93%;签三方协议 49 人,签劳动合同 47 人,就业比率为 89.72%。2016 届已签约的 96 名毕业专科生中,进入机关事业单位 1 人(占 1.04%),进入国有企业工作2人(占2.08%),进入三资企业工作6人(占6.25%),进入其他企业(民营、私营企业)85人(占88.55%),参军2人(占2.08%)。

2016届本专科生毕业生就业情况一览表

专业	人数	签三方协议	升学	出国	参军	签劳动合同	灵活就业	签约率	就业率
城市经济与公共管理学院									
城市管理	32	15	2	4	0	6	5	84.38%	100.00%
城市管理(区域经济管理)	31	16	2	5	0	6	2	93.55%	100.00%
行政管理	43	18	5	9	0	7	4	90.70%	100.00%
行政管理(电子政务)	5	4	0	0	0	1	0	100.00%	100.00%
公共事业管理	17	4	0	5	0	5	3	82.35%	100.00%
土地资源管理(房地产开发经营与管理)	52	26	4	10	0	8	4	92.31%	100.00%
城市经济与公共管理学院本科合计	180	83	13	33	0	33	18	90.00%	100.00%
工商管理学院									
工商管理(实验班)	35	2	9	8	0	15	1	97.14%	100.00%
电子商务	27	11	3	3	0	10	0	100.00%	100.00%
物流管理	10	6	1	0	0	3	0	100.00%	100.00%
工商管理	62	27	6	12	0	16	1	98.39%	100.00%
市场营销	55	27	2	8	0	18	0	100.00%	100.00%
旅游管理	2	1	0	0	0	1	0	100.00%	100.00%
工商管理学院本科合计	191	74	21	31	0	63	2	98.95%	100.00%
经济学院									
国际经济与贸易(实验班)	37	10	3	15	0	9	0	100.00%	100.00%
经济学	76	38	8	13	0	17	0	100.00%	100.00%
国际经济与贸易	78	27	7	14	0	30	0	100.00%	100.00%
贸易经济	88	28	16	14	0	30	0	100.00%	100.00%
经济学(实验班)	31	7	8	5	0	11	0	100.00%	100.00%
经济学院本科合计	310	110	42	61	0	97	0	100.00%	100.00%
会计学院									
会计学(注册会计师专门化)	95	32	25	12	1	25	0	100.00%	100.00%
财务管理	29	10	5	4	0	10	0	100.00%	100.00%
会计学	58	32	3	7	0	16	0	100.00%	100.00%
会计学(国际会计)	28	14	2	6	0	6	0	100.00%	100.00%
会计学院本科合计	210	88	35	29	1	57	0	100.00%	100.00%

续表

专业	人数	签三方协议	升学	出国	参军	签劳动合同	灵活就业	签约率	就业率
劳动经济学院									
劳动关系	26	8	4	7	0	6	1	96.15%	100.00%
人力资源管理	45	23	4	6	0	9	3	93.33%	100.00%
劳动与社会保障	29	12	6	4	0	4	3	89.66%	100.00%
人力资源管理(实验班)	41	15	9	2	0	14	1	97.56%	100.00%
社会工作	16	9	3	2	0	2	0	100.00%	100.00%
人力资源管理（国际人力资源管理）	43	10	9	11	0	12	1	97.67%	100.00%
劳动经济学院本科合计	200	77	35	32	0	47	9	95.50%	100.00%
文化与传播学院									
对外汉语	24	13	1	4	0	6	0	100.00%	100.00%
传播学(媒体经营与管理)	64	15	3	16	0	29	1	98.44%	100.00%
广告学	48	12	2	9	0	23	1	95.83%	97.92%
传播学	17	3	4	3	0	5	2	88.24%	100.00%
文化与传播学院本科合计	153	43	10	32	0	63	4	96.73%	99.35%
信息学院									
工程管理	30	12	2	1	0	10	5	83.33%	100.00%
信息管理与信息系统	58	14	9	4	0	21	10	82.76%	100.00%
计算机科学与技术	42	12	6	9	0	12	3	92.86%	100.00%
信息学院本科合计	130	38	17	14	0	43	18	86.15%	100.00%
安全与环境工程学院									
工业工程	21	5	0	2	0	8	6	71.43%	100.00%
环境工程	30	9	4	1	0	6	10	66.67%	100.00%
安全工程(注册安全工程师)	29	12	2	5	0	5	5	82.76%	100.00%
安全与环境工程学院本科合计	80	26	6	8	0	19	21	73.75%	100.00%
财政税务学院									
资产评估(注册资产评估师)	71	27	16	7	0	12	9	87.32%	100.00%
税务(注册税务师)	64	27	13	6	0	12	5	90.63%	98.44%
税务	1	0	0	1	0	0	0	100.00%	100.00%
财政学	29	11	3	3	0	5	7	75.86%	100.00%
财政税务学院本科合计	165	65	32	17	0	29	21	86.67%	99.39%

续表

专业	人数	签三方协议	升学	出国	参军	签劳动合同	灵活就业	签约率	就业率
法学院									
法学	97	18	17	16	1	28	16	82.47%	98.97%
法学院本科合计	97	18	17	16	1	28	16	82.47%	98.97%
金融学院									
金融学(国际金融)	94	32	22	32	0	7	1	98.94%	100.00%
金融工程	39	14	8	11	0	2	4	89.74%	100.00%
保险	27	14	5	3	0	4	1	96.30%	100.00%
金融学	93	47	17	15	0	8	6	93.55%	100.00%
金融学院本科合计	253	107	52	61	0	21	12	95.26%	100.00%
统计学院									
数学与应用数学(金融数学)	31	6	5	7	0	9	2	87.10%	93.55%
统计学(经济分析)	54	25	10	5	0	9	4	90.74%	98.15%
统计学	34	8	9	4	1	9	1	91.18%	94.12%
统计学(国际统计)	9	3	2	2	0	2	0	100.00%	100.00%
统计学院本科合计	128	42	26	18	1	29	7	90.63%	96.09%
外语系									
商务英语	56	26	8	10	0	12	0	100.00%	100.00%
英语(经贸翻译)	25	7	6	7	0	5	0	100.00%	100.00%
外语系本科合计	81	33	14	17	0	17	0	100.00%	100.00%
华侨学院									
工商管理(管理会计)	1	0	0	0	0	1	0	100.00%	100.00%
工商管理(国际会计)	76	29	6	28	0	13	0	100.00%	100.00%
信息管理与信息系统(IT项目管理)	79	31	4	25	1(志愿服务西部)	18	0	100.00%	100.00%
华侨学院本科合计	156	60	10	53	1	32	0	100.00%	100.00%
本科合计	2 334	864	330	422	4	578	128	94.17%	99.66%
华侨高职									
财务管理	27	13	2	1	0	11	0	100.00%	100.00%
计算机应用技术	28	10	4	0	2	12	0	100.00%	100.00%
国际经济与贸易	26	13	2	0	0	11	0	100.00%	100.00%

续表

专业	人数	签三方协议	升学	出国	参军	签劳动合同	灵活就业	签约率	就业率
旅游管理	26	11	2	0	0	13	0	100.00%	100.00%
华侨高职专科合计	107	47	10	1	2	47	0	100.00%	100.00%
专科合计	107	47	10	1	2	47	0	100.00%	100.00%
本专科生合计	2 441	911	340	423	6	625	128	94.43%	99.67%

（截至 2016 年 9 月 30 日）

2016 年，学校共毕业硕士研究生 934 人，其中，考取博士研究生 23 人（占 2.46%），出国 8 人（占 0.86%），签三方协议 465 人，签劳动合同 390 人，灵活就业 48 人，就业比率为 96.68%。2016 届已签约的 855 名毕业硕士生中，进入政府机关事业单位工作 186 人（占 21.75%）、进入国有企业工作 250 人（占 29.24%）、进入三资企业工作 73 人（占 8.54%）、进入其他企业（民营、私营企业）346 人（占 40.47%）。2016 届已落实就业去向的毕业研究生中，从事金融业的 291 人，占签约人数的 34.04%；从事公共管理、社会保障和社会组织工作的 113 人，占签约人数的 13.22%；从事租赁和商务服务业的 109 人，占签约人数的 12.75%。

2016 届硕士研究生毕业生就业情况一览表

专业	人数	签三方协议	升学	出国	签劳动合同	灵活就业	签约率	就业率
城市经济与公共管理学院								
公共管理	28	1	0	0	26	1	96.43%	100.00%
城市经济与战略管理	10	4	0	0	5	1	90.00%	100.00%
教育经济与管理	7	2	1	1	1	2	71.43%	100.00%
区域经济学	12	7	0	0	2	3	75.00%	100.00%
土地资源管理	5	4	0	0	0	1	80.00%	100.00%
行政管理	16	9	0	0	5	2	87.50%	100.00%
城市经济与公共管理学院硕士研究生合计	78	27	1	1	39	10	87.18%	100.00%
工商管理学院								
技术经济及管理	4	0	1	0	1	2	50.00%	100.00%
工商管理	2	2	0	0	0	0	100.00%	100.00%
旅游管理	2	1	0	0	0	1	50.00%	100.00%
企业管理	47	28	3	1	12	3	93.62%	100.00%
工商管理学院硕士研究生合计	55	31	4	1	13	6	89.09%	100.00%
经济学院								
产业经济学	27	19	0	0	8	0	100.00%	100.00%

续表

专业	人数	签三方协议	升学	出国	签劳动合同	灵活就业	签约率	就业率
国际贸易学	18	9	1	0	8	0	100.00%	100.00%
国际商务	34	15	4	0	15	0	100.00%	100.00%
国民经济学	17	8	0	0	9	0	100.00%	100.00%
世界经济	3	2	0	0	1	0	100.00%	100.00%
数量经济学	13	10	0	0	3	0	100.00%	100.00%
西方经济学	8	6	0	0	2	0	100.00%	100.00%
政治经济学	8	1	1	0	6	0	100.00%	100.00%
经济学院硕士研究生合计	128	70	6	0	52	0	100.00%	100.00%
会计学院								
会计	68	39	0	0	27	2	97.06%	100.00%
会计学	48	24	2	0	19	3	93.75%	100.00%
审计	38	23	0	0	13	2	94.74%	100.00%
会计学院硕士研究生合计	154	86	2	0	59	7	95.45%	100.00%
劳动经济学院								
劳动经济学	25	13	3	1	8	0	100.00%	100.00%
劳动关系	5	2	1	0	2	0	100.00%	100.00%
人力资源开发与人才发展	5	3	1	0	1	0	100.00%	100.00%
经济思想史	1	0	0	0	1	0	100.00%	100.00%
人口、资源与环境经济学	2	1	0	0	1	0	100.00%	100.00%
人口学	3	1	0	0	2	0	100.00%	100.00%
社会保障	19	8	1	0	10	0	100.00%	100.00%
社会工作	30	19	0	0	9	2	93.33%	100.00%
劳动经济学院硕士研究生合计	90	47	6	1	34	2	97.78%	100.00%
信息学院								
产业经济学	13	3	1	0	8	1	92.31%	100.00%
管理科学与工程	15	7	0	0	7	1	93.33%	100.00%
信息学院硕士研究生合计	28	10	1	0	15	2	92.86%	100.00%
安全与环境工程学院								
劳动卫生与环境卫生学	3	1	0	1	1	0	100.00%	100.00%
安全科学及工程	12	7	0	0	2	3	75.00%	100.00%
管理科学与工程	3	1	0	0	2	0	100.00%	100.00%

续表

专业	人数	签三方协议	升学	出国	签劳动合同	灵活就业	签约率	就业率
安全工程	13	7	1	0	4	1	92.31%	100.00%
安全与环境工程学院硕士研究生　合计	31	16	1	1	9	4	87.10%	100.00%
财政税务学院								
财政学	13	8	1	0	2	2	84.62%	100.00%
税务	23	17	0	1	5	0	100.00%	100.00%
资产评估	23	13	0	0	7	3	86.96%	100.00%
财政税务学院硕士研究生合计	59	38	1	1	14	5	91.53%	100.00%
法学院								
法律(法学)	26	17	0	1	7	1	96.15%	100.00%
法学理论	4	3	0	0	1	0	100.00%	100.00%
国际法学	7	3	0	0	4	0	100.00%	100.00%
经济法学	17	11	0	0	3	3	82.35%	100.00%
民商法学	19	11	1	0	7	0	100.00%	100.00%
宪法学与行政法学	2	1	0	0	1	0	100.00%	100.00%
法学院硕士研究生合计	75	46	1	1	23	4	94.67%	100.00%
金融学院								
保险	16	5	0	0	11	0	100.00%	100.00%
金融	41	23	0	0	16	2	95.12%	100.00%
金融学	52	32	0	1	16	3	94.23%	100.00%
金融学院硕士研究生合计	109	60	0	1	43	5	95.41%	100.00%
统计学院								
统计学	9	5	0	0	2	2	77.78%	100.00%
应用统计	22	10	0	1	10	1	95.45%	100.00%
统计学院硕士研究生合计	31	15	0	1	12	3	90.32%	100.00%
外语系								
外国语言学及应用语言学	7	5	0	0	2	0	100.00%	100.00%
英语语言文学	1	1	0	0	0	0	100.00%	100.00%
外语系硕士研究生合计	8	6	0	0	2	0	100.00%	100.00%
马克思主义学院								
马克思主义基本原理	3	0	0	0	3	0	100.00%	100.00%

续表

专业	人数	签三方协议	升学	出国	签劳动合同	灵活就业	签约率	就业率
马克思主义中国化研究	3	0	0	0	3	0	100.00%	100.00%
思想政治教育	3	2	0	0	1	0	100.00%	100.00%
马克思主义学院硕士研究生合计	9	2	0	0	7	0	100.00%	100.00%
专业硕士教育中心								
工商管理	78	11	0	0	67	0	100.00%	100.00%
工商管理硕士	1	0	0	0	1	0	100.00%	100.00%
专业硕士教育中心合计	79	11	0	0	68	0	100.00%	100.00%
硕士研究生合计	934	465	23	8	390	48	94.86%	100.00%

（截至 2016 年 9 月 30 日）

2016 年，学校共有毕业博士研究生 37 人，其中上博士后 10 人，上博士后率为 27.03%；签三方协议 19 人，签劳动合同 7 人，灵活就业 1 人，就业比率为 72.97%。2016 届已签约的 26 名博士毕业生中，进入事业单位工作 18 人（占 69.23%）、进入国有企业工作 5 人（占 19.23%）、进入其他企业（民营、私营企业）3 人（占 11.54%）。

2016 届博士研究生毕业生就业情况一览表

专业	人数	签三方协议	升学	签劳动合同	灵活就业	签约率	就业率
工商管理学院							
企业管理	2	1	0	1	0	100.00%	100.00%
经济技术及管理	2	0	0	2	0	100.00%	100.00%
工商管理学院博士研究生合计	4	1	0	3	0	100.00%	100.00%
经济学院							
产业经济学	4	1	1	2	0	100.00%	100.00%
国际贸易学	2	1	1	0	0	100.00%	100.00%
国民经济学	2	1	1	0	0	100.00%	100.00%
数量经济学	2	0	1	1	0	100.00%	100.00%
经济学院博士研究生合计	10	3	4	3	0	100.00%	100.00%
会计学院							
会计学	5	4	1	0	0	100.00%	100.00%
会计学院博士研究生合计	5	4	1	0	0	100.00%	100.00%
劳动经济学院							
劳动经济学	4	4	0	0	0	100.00%	100.00%
人力资源开发与人才发展	1	1	0	0	0	100.00%	100.00%
劳动经济学院博士研究生合计	5	5	0	0	0	100.00%	100.00%

续表

专业	人数	签三方协议	升学	签劳动合同	灵活就业	签约率	就业率
财政税务学院							
财政学	3	0	2	1	0	100.00%	100.00%
财政税务学院博士研究生合计	3	0	2	1	0	100.00%	100.00%
城市经济与公共管理学院							
区域经济学	4	3	1	0	0	100.00%	100.00%
城市经济与公共管理学院博士研究生合计	4	3	1	0	0	100.00%	100.00%
统计学院							
统计学	3	2	0	0	1	66.67%	100.00%
统计学院博士研究生合计	3	2	0	0	1	66.67%	100.00%
信息学院							
管理科学与工程	3	1	2	0	0	100.00%	100.00%
信息学院博士研究生合计	3	1	2	0	0	100.00%	100.00%
博士研究生合计	37	19	10	7	1	97.30%	100.00%

（截至2016年9月30日）

2016届北京地区高校应聘村党支部书记助理、村主任助理毕业生名单

姓名	专业名称	性别	单位名称
王若鑫	城市管理	女	北京住房公积金管理中心
齐春雷	传播学(媒体经营与管理)	男	北京市昌平区人力资源和社会保障局
张思源	工业工程	男	大兴区人才服务中心
赵艳晶	信息管理与信息系统(IT项目管理)	女	北京市顺义区高校毕业生到农村工作办公室
程蕾	政治经济学	女	大兴区人才服务中心
薛洁	行政管理	女	北京市顺义区高校毕业生到农村工作办公室
梁兰兰	西方经济学	女	北京市顺义区高校毕业生到农村工作办公室
高利波	社会保障	女	大兴区人才服务中心
何贵敏	管理科学与工程	女	大兴区人才服务中心
葛梦瑶	管理科学与工程	女	北京市房山区人力资源公共服务中心
张盼盼	劳动卫生与环境卫生学	女	北京市房山区人力资源公共服务中心
赵航	法学理论	女	门头沟区人才服务中心(村官)

2016 届北京地区高等学校毕业生支援西部名单

姓名	专业名称	性别	单位所在地
韦阳军	城市管理（区域经济管理）	男	广西贺州市
马小东	土地资源管理（房地产开发经营与管理）	男	宁夏固原市
娜迪拉·吐尔逊台	工商管理	女	新疆塔城地区
卢蝶	金融学	女	重庆市涪陵区
唐莲苗	市场营销	女	广西柳州市
李睿	电子商务	女	贵州省贵阳市
熊华奎	市场营销	男	云南省昆明市
张珂	工商管理	男	内蒙古阿拉善右旗
左雪	工商管理	女	云南省昆明市
郭丽娜	市场营销	女	内蒙古包头市
王濛	经济学	女	云南省昆明市
卢惠敏	经济学	女	贵州省黔南布依族苗族自治州
欧小榕	经济学	女	广西柳州市
张婕	经济学	女	云南省昆明市
李雪莹	经济学	女	重庆市南岸区
杨雪梅	国际经济与贸易	女	云南省曲靖市
刘嘉仪	国际经济与贸易	女	贵州省贵阳市
乐双双	国际经济与贸易	男	青海省西宁市
吴佳	贸易经济	女	重庆市渝中区
杨颖	贸易经济	女	贵州省贵阳市
杨博	会计学（国际会计）	男	四川省成都市
牟明凤	财务管理	女	贵州省遵义市
李定泽	人力资源管理	男	贵州省贵阳市
欧莉	人力资源管理（国际人力资源管理）	女	重庆市沙坪坝区
郭瑶	人力资源管理	女	贵州省贵阳市
丁艮炀	人力资源管理	男	贵州省贵阳市
张洛	传播学	男	青海省西宁市
姚娅宏	工程管理	女	西藏拉萨市
何雅玲	计算机科学与技术	女	甘肃省兰州市
谢冰	计算机科学与技术	女	广西玉林市
党万芳	计算机科学与技术	女	青海省西宁市
丁思宇	环境工程	男	宁夏石嘴山市

续表

姓名	专业名称	性别	单位所在地
徐希尧	环境工程	男	宁夏银川市
姚一帆	安全工程(注册安全工程师)	女	宁夏吴忠市
夏盛源	工业工程	男	新疆哈密地区
王亚楠	资产评估(注册资产评估师)	女	宁夏中卫市
秦志莲	金融学(国际金融)	女	青海省西宁市
王悦	金融学	女	宁夏银川市
邬周	金融学(国际金融)	女	重庆市江北区
李睿	金融学(国际金融)	男	四川省成都市
刘彦利	统计学(经济分析)	女	重庆市渝中区
胡燕燕	统计学(经济分析)	女	贵州省贵阳市
路昕彤	英语(经贸翻译)	女	青海省西宁市
张婷婷	商务英语	女	宁夏固原市
马小潭	商务英语	女	宁夏吴忠市
李玉梅	劳动经济学	女	贵州省贵阳市
关雅惠	国际贸易学	女	新疆乌鲁木齐市
於玲菲	数量经济学	女	陕西省西安市
王梦楠	财政学	女	陕西省西安市
陈菁	金融学	女	甘肃省兰州市
刘璐	工商管理	女	四川省成都市
董航	国际商务	女	内蒙古呼和浩特市
徐小点	国际商务	女	宁夏银川市
韦选真	会计	男	广西河池市
程若曦	社会工作	女	四川省成都市
武娇	社会工作	女	四川省成都市
李燕燕	社会工作	女	内蒙古赤峰市
连晓莉	税务	女	甘肃省定西市
赵逸	法律(法学)	女	陕西省西安市
付雪婷	金融	女	广西南宁市

2016 届北京地区高等学校毕业生服务西部名单

姓名	专业名称	性别	单位所在地
陈川	信息管理与信息系统(IT 项目管理)	男	新疆省和田地区

(富蕾)

【校领导调研学院就业创业工作】 3 月—5 月，学校党委副书记孙善学带队，对各学院 2016 年毕业生的就业创业情况进行了走访调研。各学院的院长和书记全程参与，学生处处长马力、副处长姜蓓蓓陪同调研。调研中，各学院负责学生工作的副书记（书记）分别对 2016 年毕业生的就业创业情况、就业形势、就业工作中的难点及采取的就业工作措施进行了总结与汇报。

（姜蓓蓓）

【召开 2015 年就业工作总结暨 2016 年就业工作推进会】 4 月 15 日，学校召开 2015 年就业工作总结暨 2016 年就业工作推进会。校党委书记柯文进、党委副书记孙善学、副校长王传生、校长助理崔也光等参加会议。会议由孙善学主持。会上，学生处处长马力对 2015 届毕业生就业基本情况、就业特点以及就业质量相关指标进行总结分析。工商管理学院院长柳学信和安全与环境工程学院陈蒲晶分别代表先进院系和先进个人进行发言。校党委书记柯文进对做好 2016 届毕业生就业工作提出具体工作要求。柯文进、王传生、崔也光分别为 2015 年就业工作的先进单位和个人颁奖，进行表彰。

2015 年本（专）科毕业生就业工作先进单位分别是：一等奖（5 名）：工商管理学院、外语系、华侨学院、华侨学院（高职）、经济学院；二等奖（5 名）：金融学院、会计学院、劳动经济学院、信息学院、法学院；三等奖（5 名）：统计学院、城市经济与公共管理学院、财政税务学院、安全与环境工程学院、文化与传播学院。

2015 年研究生毕业生就业工作先进单位分别是：一等奖（3 名）：统计学院、外语系、马克思主义学院；二等奖（7 名）：金融学院、会计学院、工商管理学院、劳动经济学院、信息学院、法学院、经济学院；三等奖（4 名）：安全与环境工程学院、城市经济与公共管理学院、财政税务学院、专业硕士教育中心。

17 人获得 2015 年毕业生就业工作先进个人，分别是城市经济与公共管理学院潘娜、工商管理学院王硕、经济学院高琼、会计学院杨婧、劳动经济学院魏华颖、文化与传播学院任伯杰、信息学院徐天晟、安全与环境工程学院陈蒲晶、财政税务学院李思然、法学院张益铭、金融学院常彪、统计学院龚宇、外语系尹朦、华侨学院陈洪海、马克思主义学院刘娟、MBA 教育中心杨柳、华侨学院（高职）刘文静。

（姜蓓蓓）

【开展多层次就业指导帮扶活动】 2016 年，学生处就业中心开展了 4 个层次的生涯规划与就业指导活动：一是举办了 15 场职点课堂讲座，内容涉及求职技巧、出国留学、公务员备考、职场 Office 应用等主题，在校生中约有 4 000 人次参加了课堂讲座。二是充分挖掘校企合作空间，邀请就业导师和 HR 专家为同学们进行简历制作、面试、生涯规划等内容的辅导，并通过“实习招聘会”进行实战演练，让同学们能够“学以致用”。2016 年举办求职工作坊 12 场，生涯规划工作坊 2 场，就业集训营 3 场，参与学生约 500 人次。三是为实现就业服务工作的精准化，就业指导的个性化与差异化，学生处就业中心每周定期组织生涯指导教师、企业 HR 专员等到校为有需求的同学提供关于生涯教育与就业能力的个体咨询与指导，力争做到为每一位毕业生打造“私人订制”的就业指导，切实帮助学生做好就业准备，2016 年举办了 19 场“一对一”简历诊所活动，参与报名学生 163 人次。接待学生个体生涯和就业咨询共 10 余人次。四是针对求职极其困难的学生开展就业指导与就业帮扶，为 78 名 2016 届双困毕业生每人发放了 200 元就业补贴，共计发放 15 600元，配合北京市人力资源和社会保障局，组织 2016 年度毕业生申请求职补贴，共有 45 人符合资格，每人发放 1 000 元。

2016 年职点课堂一览表

时间	主题	主讲人
2016 - 03 - 23	企业用人的桥梁——简历	管富铭，北京敲门砖科技有限公司 HRD
2016 - 03 - 24	管理好你的情绪	范文婧，央视市场研究股份有限公司培训经理
2016 - 04 - 14	如何“征服”面试官	康阳，大唐联仪科技有限公司高级人力资源经理
2016 - 05 - 12	打造你的职场“范儿”——职场角色定位	范文婧，央视市场研究股份有限公司培训经理
2016 - 05 - 19	如何让职场礼仪丰满你的羽翼	李杰，伊洛斯（北京）国际婚仪定制中心创始人、执行董事兼策划总监

续表

时间	主题	主讲人
2016－09－21	大学生职业形象塑造	易茗,易茗造型创始人、北京电影学院客座教授,2008 年奥运会、G20 峰会形象设计团队成员
2016－09－29	为职场幸福选择第一份点缀	经纬,阳光保险企业大学培训总监
2016－10－13	企业面试着装规范与礼仪举止	刘斌,中公教育集团副总裁
2016－10－20	让简历带来更多的邀约	王齐,百度糯米大学教务主任
2016－10－27	决战求职季之无领导小组讨论	赵瑞武,中公教育高校服务工作负责人
2016－11－10	决战求职季之公务员备考	中公教育
2016－11－17	优势放大器:时间管理	郭娟,阿里巴巴集团 HR 高级专家、人力资源部雇主品牌负责人
2016－11－24	让面试成为职场幸福的加速器	潘华,远洋地产培训总监
2016－11－30	商务礼仪	蔡虹,工商管理学院副院长
2016－12－01	跨越求职陷阱	李昊朴,北京任仕达人力资源服务有限公司销售总监

2016 年工作坊与集训营一览表

时间	主题	主讲人
2016－03－16	【工作坊】简历一对一指导(第一场)	杨晶,国家认证高级职业指导师
2016－03－16	【工作坊】简历一对一指导(第二场)	张丹丹,公益校园导师
2016－03－30	【工作坊】无领导小组面试演练(第一场)	杨晶,国家认证高级职业指导师
2016－03－30	【工作坊】无领导小组面试演练(第二场)	张丹丹,公益校园导师
2016－04－13	【工作坊】一对一面试演练(第一场)	杨晶,国家认证高级职业指导师
2016－04－13	【工作坊】一对一面试演练(第二场)	张丹丹,公益校园导师
2016－10－12	【工作坊】简历一对一指导(第一场)	管富铭,艾沐帆校园导师
2016－10－12	【工作坊】简历一对一指导(第二场)	杨晶,国家认证高级职业指导师
2016－10－26	【工作坊】生涯规划专场工作坊(2 场)	凹凸人网校园公益导师专家团队
2016－11－09	【工作坊】无领导小组面试演练(2 场)	凹凸人网校园公益导师专家团队
2016－11－23	【工作坊】一对一面试演练(2 场)	凹凸人网校园公益导师专家团队
2016－05－07—8	【集训营】2016 村官、事业单位等公职类招考结构化面试集训营	杨晶,国家认证高级职业指导师公职考试研究专家
2016－10－22—23	【集训营】2017 银行校招笔试集训营	中公教育集团
2016－12－17—18	【集训营】2017 公务员结构化面试集训营	杨晶,国家认证高级职业指导师公职考试研究专家

【开展多形式就业信息服务】　2016 年,学生处举办了 116 场专场招聘宣讲会、13 场综合及专场校园双选会、3 场网络双选会,累计有 1 346 家用人单位进入学校招聘,涉及岗位 17 259 个,参与学生 10 359 人次。中国工商银行北京分行、中国建设银行北京市分行、光大银行、住总集团、北京建工集团等多家单

位进校开展招聘宣讲会或参加双选会。

（付明岩）

【多渠道、个性化发布招聘信息】 2016 年，学生处进一步完善就业信息网建设，规范用人单位发布信息的流程及审核制度，整合招聘单位的数据信息；改进就业信息网显示页面，着力提升就业信息网手机阅读页面的可读性和美观性；完善校园双选会网上报名审核以及宣讲会预约报名的流程，整合并发布用人单位招聘指南，不断提高效率。建立了毕业班信息员的微信群、就业联系老师群等工作微信群，信息发布团队平均每天推送 5 条精选招聘信息至毕业班群、平均每天推送 10 条定制或学校专场招聘信息至各院系就业联系老师群，每天对毕业生进行校内外宣讲会、双选会场次安排提醒，使就业信息的发布更具针对性和个性化。

（付明岩）

【升级改版微信公众号】 9 月，完成对就业微信公众号的企业账号认证，更名为“首经贸就业”，完善并增加公众账号功能。微信编辑团队继续维护 3 个板块内容、10 个常规栏目的每周 2 次推送，关注人数增长到 5 900 余人，其中单期最高阅读量近4 000次。内容包括就业指导、政策解读和招聘实习信息等多个方面，全年发布推送 78 次，文章 268 篇，阅读人数 68 746人，次数累计达140 650次。

（付明岩）

【拓展校企合作新模式】 2016 年继续深入开展校企合作，拓展合作新模式。与招商银行、中信银行开通暑期实习直通车；与北京中外企业人力资源协会合作暑期实习生推荐，共为 72 家单位推荐了 400 人次的实习生。该项目是将毕业生求职准备前置至离校前一年的暑期，利用暑期实习的机会熟悉、适应工作环境并提前进行职位目标锁定。与北京麦当劳等公司签署实习就业合作协议，每年推荐优秀在校生进行实习，合作单位优先录取学校毕业生。

（付明岩）

【举办“职面首经”第八届模拟面试大赛】 3 月 27 日—5 月 4 日，学生处举办了“职面首经”首都经济贸易大学第八届模拟面试大赛。共有 314 名选手报名，72 人通过简历筛选环节晋级复赛，14 人晋级总决赛。为了让更多学生受益，除了参赛选手能够获得针对性的指导和建议之外，学生处还特别聘请了简历指导专家为全部 314 名选手批改简历，并在大赛期间举办了简历指导和面试指导专题讲座。通过自我展示、无领导小组讨论、多对一压力面试 3 个环节的比拼，共评选出一等奖 1 名，二等奖 2 名，三等奖 3 名。北京联通三区分公司副总经理梁月红、远洋地产集团事业部招聘主管邢玉杰、国家审计局外资中心副主任辛风、东亚银行总行重点客户部总经理夏文娟、索尼中国有限公司人力资源经理何倩及北京华联集团人力资源总监黄梅担任决赛评委。

2016 年“职面首经”首都经济贸易大学第八届模拟面试大赛获奖名单

	姓名	学院		姓名	学院
一等奖	樊若琛	金融学院	三等奖	张宁	会计学院
二等奖	刘艺洁	工商管理学院		杨梦宇	劳动经济学院
	李伟	会计学院		蒋潮鑫	劳动经济学院

（富蕾）

【举办首届首经贸生涯体验周活动】 11 月 7 日—11 日，学生处举办了首经贸生涯体验周活动，本次活动是首次针对学生职业生涯规划、职业发展而开展的户外体验式生涯互动活动，约有 2 200 余名学生参与。活动旨在帮助在校生充分探索自我，树立生涯规划意识，构建学校新生入学教育、生涯探索测评、求职技能提升和创业意识启蒙“四位一体”的大学生生涯帮扶体系，从而最终帮助大学生更好地提升就业能力。

（姜蓓蓓）

【开展就业创业工作调研】 9 月—12 月，学生处就业指导中心集中进行了三项就业调研工作，一是“2016 年度毕业生就业情况分析”全校总报告及 17 个学院分报告；二是“2016 年度毕业生就业质量与教育培养质量”全校总报告及 17 个学院分报告；三是“2015 届毕业生就业状况与职业发展跟踪报告”。

（姜蓓蓓）

【加强就业创业工作队伍培训】 2016 年，学生处针对生涯规划指导教师团队和创业教育指导教师团队的成员需求，加强了对两个教师团队的辅导与内训活动，共举办了7次师资培训课程，1次UCT生涯培训和1次4G创新创业师资培训。同时积极组织辅导员参加国家人力资源和社会保障部、北京市教委举办的各项职业指导人员资格认证培训，2016年度参加了KAB创业导师培训7人次，参加了创新创业教育师资能力提升专题培训4人次，参加了生涯规划师培训6人次，参加了北京高校政策法规专题培训1人次，参加了全国就业指导教师高级研修班1人次，参与了PCDC生涯培训2人次。

2016年生涯规划与创业教育师资培训情况一览表

时间	主题	主讲人
2016-03-22	一对一简历简历指导技能	张丹丹，职业指导专家
2016-03-29	生涯云梯职业测评系统培训会	仁能达教育科技有限公司
2016-05-05—07	职业生涯导师教学技能培训	庄明科，北京大学职业发展教研室主任 谢伟，安博教育集团CCEP高级顾问
2016-05-12	4G创新创业指导教师培训	蔡剑，北京大学光华管理学院教授、北京大学创新研究院创始执行院长
2016-09-28	2017年就业政策解读专题培训	富蕾，就业指导中心
2016-10-24	简历辅导技能研讨会	全体生涯导师及部分专职辅导员
2016-12-20	教练式辅导	林士然，引导技术应用专家

（姜蓓蓓）

【开展"创享课堂"系列讲座】 "创享课堂"系列讲座系创业教育类的第二课堂，自2014年开始邀请创业导师专家、创业成功人士、学生创业榜样参与其中，以"创业发展协会"学生社团为依托，组织各类创业培训及讲座、创业沙龙。邀请包括殷建松、景大智、邓永强等导师分专题为学校大学生进行了创业讲座。2016年共举办创享课堂11场、创业沙龙5场。

2016年创享课堂一览表

时间	讲座主题	主讲人
2016-03-30	从零到互联网创业英雄	殷建松，爱就推门公司董事长、校园VC创始人、互联网创业教育实践专家
2016-04-13	创新创业大赛的创业计划书撰写和路演技巧	景大智，赢之营创新技术研究院创始人、执行院长，汉彬洲-翰澜咨询公司合伙人，中国现代职业智慧众创空间联盟副秘书长，资深创业导师、战略顾问
2016-04-27	勇敢地把握自己的命运	邓永强，英诺创业圈创始合伙人、航班管家联合创始人、创业魔法学院联合创始人，前海梦想+联盟主席，中关村股权投资协会创业互联网分会会长，清华校友互联网与新媒体协会秘书长，北京青年创业导师，清华大学学生创业导师
2016-05-18	Passion Creativity and Play—Starting Your Own Small Business and Taking Control of Your Life	DoMINIc Johnson-Hill，"创可贴8"T恤设计者、老板

续表

时间	讲座主题	主讲人
2016－05－22	AIESEC 青年商业论坛	首经贸学生处、创业发展协会及首经贸 AIESEC
2016－09－28	无须等待，创业是你为之奋斗终身的事情	王立杰，北大光华 MBA《创业机会与识别》特邀教师、京东智能孵化器创业导师
2016－10－12	硅谷创业模式	张燕军，人大商学院特聘讲师、北京光翌实业执行董事
2016－10－26	互联网＋时代创新创业机会	姜志辉，赢之营（北京）创新技术研究院院长
2016－11－09	解决问题的思维方式	姚阳，汉彬洲（上海）管理咨询有限公司北京公司总经理
2016－11－23	创业开启你的独特人生	张春鹏，北京创筹网络科技、北京盛世辉腾科技创始人，北京青年创业国际计划全国评审委员会执行委员及北京市教委、科技协会大学生顾问
2016－12－07	创业机会的识别与分析	李忠利，精一天使公社联合创始人

2016 年创业沙龙一览表

时间	活动主题	主讲人
2016－04－12	税收沙龙	丰台区国税地税工作人员
2016－12－01	魅力表演	王进，先锋派体验式培训师、FNS SPOT 认证引导师、应用戏剧引导师
2016－12－07	电商之路	陈召鑫，“百意空间”创始人
2016－12－14	创业没有寒冬——多角度看互联网创业	岳磊，佰鑫集团 CEO、华住集团黎业项目联合创始人、葡萄互娱的合伙人
2016－12－18	相人之术——如何选择创业合伙人	李信辉，中国青少年生涯发展服务中心生涯研究院副院长、北京知典生涯董事长、向阳生涯管理咨询（北京）有限公司执行董事、首席职业规划师

（庄首建）

【C－lab 创客实验室建设】 3 月，学校 C－lab（创客实验室）建成并投入使用，有 20 余个大学生创业团队首批入驻，进行创新创业实践活动。4 月 26 日，市委书记郭金龙视察了 C－lab 创客实验室，与入驻大学生团队进行了深入交谈，并肯定了学校的创新创业教育工作成果。2016 年，C－lab 创客实验室共接待包括北京团市委书记、美国宾夕法尼亚大学、中国人民大学等参观 37 次。

（庄首建）

【首次举办 Maker 创业集市活动】 5 月 25 日、26 日晚 7 时至 10 时，首经贸首届 Maker 创业集市火爆举行，将近 20 个大学生创新创业项目及个人参加了本次集市活动。

（庄首建）

【校企合作】 4 月—9 月，学校与地方政府、企业协同共建，对大学生创业者“扶上马，送一程”，先后与中关村科技园区丰台园科技创业服务中心（IBI）、北京市丰台区人力资源和社会保障局、北京中海智旅科技有限公司、贝壳菁汇（北京）生态创新科技有限公司、赢之营（北京）创新技术研究院、中海奇点科技有限公司 6 个单位签订共建协议。

（庄首建）

【荣膺首批北京地区高校示范性创业中心】 7 月，

北京市教委组织开展了第一批北京地区高校示范性创业中心的评选工作，学校高度重视申报评选工作，认真组织，积极提交申报材料。通过对申报高校的考察和现场答辩，最终评选出第一批北京地区高校示范性创业中心28个。学校大学生创新创业工作得到了评审委员会的充分肯定，获得此项殊荣。此举将为进一步健全学校创业工作机制，提升创业指导和创业服务水平，促进学校毕业生实现高质量就业创业奠定基础。

（庄首建）

【举办首经贸筑梦成长暨大学生创新创业成果展】 10月13日至11月12日，学生处牵头在图书馆二层举办"首经贸筑梦成长暨大学生创新创业成果展示"。本次展览以展板、论坛、项目体验等多种形式，集中展示了学校近几年开展大学生创业教育和创新型人才培养的成果，展现了在学校党委的领导下，为促进学生全面发展和成长成才，学生处、教务处等相关部门、院系优势互补、协同推进，通过大学生科研创新项目、创业实践项目、项目孵化等方式搭建平台，共同营造"社区型"首经贸创新创业生态圈，以创新创业教育推动创新型人才培养的具体举措。展览期间，来自南开大学商学院、中央美术学院、唐山职业学院、中国矿业大学、中国政法大学、中国戏曲学院、中国传媒大学、首都医科大学、中国财贸职业学院等多所院校和学校城市学院、工商管理学院、继续教育学院等多个学院的千余名师生参观了此次风采展。

（庄首建）

【举办2016京津冀大学生创新创业论坛】 10月15日，京津冀大学生创新创业论坛在首都经济贸易大学图书馆举行。旨在进一步推动京津冀三地高校之间的交流与合作，实现学校之间的师资共享，促进创业学生的跨校培养和项目合作，进一步激发和提升大学生的创新创业热情。本次论坛，CUEB＋首经贸创客社区创业导师委员会成立揭牌，并为15位创业导师代表颁发了证书。

（庄首建）

【学校优秀创业团队获奖】 10月26日—27日，由学生处主办的2016年大学生创业优秀团队申评——校内初选活动成功举办，评选的代表团队在北京市教委举办的北京地区高校大学生优秀创业团队评选中，学校创业团队"闲嗨旅游"获一等奖，"绝对领域"获二等奖，"AK－47青行营"获潜力奖。此次评选活动中，共有来自北京市41所高校的274支创业团队参加。

（庄首建）

【举办CUEB＋首经贸创客社区火种节】 12月3日—4日，学生处与校园VC、中青创视传媒联合主办的"CUEB＋首经贸创客社区火种节"在大学生活动中心二层举办。本次活动通过为期2天的训练，让同学们完整体验了创业的流程，并且了解到如何从零到一进行创业。导师们科学的指导、细致的解答以及精彩的点评为同学们提供了创业知识的支撑。

（庄首建）

【举办"第二届创意创业文化季"品牌活动】 学生处于2016年秋季举办了第二届创新创意文化季品牌活动，活动内容包括6场创享课堂，2016京津冀大学生创新创业论坛、筑梦成长暨大学生创新创业风采展、4期创客沙龙、CUEB＋首经贸创客社区火种节等。

（庄首建）

【创业指导、咨询及服务】 2016年共接待创业项目咨询35个，咨询时长超过56小时，帮助4个项目落地并进行公司注册。

2016年度部分学生创业注册名单

序号	学院名称	专业	姓名	学历	注册公司名称	注册时间
1	工商管理学院	市场营销	杜世杰	本科	北京青年聚合文化传播有限公司	2016－01－20
2	工商管理学院	工程管理	张月鑫	本科	北京绿动一百教育科技有限公司	2016－07
3	文化与传播学院	传播学	张龙	本科	北京激活文化传播有限公司	2016－08－26
4	城市经济与公共管理学院	公共管理	张元帅克	本科	北京奇克科技有限公司	2016－07

（庄首建）

安全稳定工作

概　况

保卫处(部)下设综合办公室、治安交通科、消防安全科、科技创安办公室、红庙校区安全保卫办公室、华侨学院安全保卫办公室、校卫队 7 个科室,8 个门卫值守岗位,2 个安防监控岗,4 个消防报警值守岗位,2 个校园巡逻岗位。共有在编在职人员 37 人,其中,管理岗位工作人员 13 人,工勤人员 24 人;具有大专以上学历 14 人,其中 10 人具有本科学历,4 人具有硕士学位。此外保卫处还有外聘保安队员 121 人,编外工勤辅助人员 7 人,总计 165 人。2016 年,保卫处(部)在学校的领导下,以推进学校“平安校园”提升工程为中心,落实安全责任制建设,夯实安全工作基础,提升校园安全管理秩序,确保校园的安全稳定。

(赵广　郭丽萍)

校园稳定工作

【完成建校 60 周年纪念活动安保任务】 2016 年,保卫处(部)顺利完成建校 60 周年各项纪念活动的安全保卫工作。在活动前,完成聘请第三方专业机构进行风险评估、向公安机关安全申报、参与活动流程及场地布置设计、制定安保方案及应急预案、安全检查及隐患排查、购置制作相关标识及设施、人员培训及设备调试、安全管控信息发布、进行实地演练及系统压力测试、调整修改安保方案及应急预案等 10 个方面的工作;活动期间,启动高等级防控方案,严密落实各项安保措施,全体工作人员在岗在位,全力维护建校 60 周年纪念活动期间校园安全稳定和良好治安环境。整个纪念活动,全校秩序良好,各类活动平稳有序开展,未发生任何刑事、治安案事件和公共安全事故。

(赵广　卢萌)

【强化安全稳定责任】 2016 年,保卫处(部)与各单位主要负责人签订了安全稳定责任书,并督促各单位签订了内部安全责任书,将安全责任层层落实到岗到人。对学校不稳定因素进行了排查并制定了安全稳定工作预案,完善了政保情报信息网络,对政保信息员、学生信息员、教职工通讯员等工作队伍进行了定期培训。

(赵广　胡文)

【化解矛盾纠纷】 4 月和 10 月,学校集中开展了两次影响安全稳定的各类问题隐患排查整治专项行动,全面摸排各类矛盾纠纷和隐患,按照北京市及教工委的要求,做到了“底数清、情况明”,并通过统筹协调校内外各方力量,推进矛盾纠纷化解和安全隐患整治工作。

(卢萌　胡文)

【确保校园政治稳定】 2016 年,保卫处(部)配合市公安局和属地公安机关对学校各类信息进行了梳理和汇总,建立了相关台账,明确了相关单位及人员的责任。定期开展专项行动,并与市委教育工委、市国家安全局、市公安局以及校内各部门、各学院保持有效联动,配合公安机关及时处置了 1 起突发事件,确保校园政治稳定。

(卢萌　胡文)

校园安全

【维护校园治安秩序】 2016 年,保卫处(部)在维护校园治安秩序的工作中采取了以下有力举措:一是加强校门出入管理和校园重点部位巡查力度。加大校门口出入口控制系统规范使用的宣传力度,合理优化系统开放时间、方式,加强对门口队员的培训、管理,严格落实无卡人员登记制度,最大限度限制校外无关人员进出学校。采取巡逻车定时检查与队员徒步临时检查相结合等方式,加大了巡逻检查力度和密度,同时安防监控室加强对重点部位的监控,并与巡逻人员有效实时联动。二是加强校内各类活动安全审批管理。全年安全审批校内各类活动 737

次，取缔未经审批的校园活动26起。三是有效管控校内外来人员。继续配合有关部门开展清理整顿学校外来人口，办理校园临时卡专项活动，通过有效手段加强了对于外来人口的管理，进行了1 765人次的安全审查。全年校园安全有序，未发生重大安全事件和恶性案件。

（卢萌　吕强）

【完成校园治安管理服务工作】　2016年，保卫处共接到师生求助356起，其中，物品被盗类10起，电信诈骗类13起（其中被诈骗既遂2起，未遂11起），物品遗失类206起，平安校园管理服务中心利用技防设备积极寻找相关线索，定期对突出类型的师生求助进行分析研判。处置交通纠纷事件8起，破获校外人员进校盗窃案件1起，抓获校外偷窥人员1人，妥善调解涉校师生治安类事件15起，有效维护了校园的安全稳定。

（卢萌　吕强）

【完成校内大型活动安保任务】　2016年，保卫处共制定各类大型活动专项安保预案19份，部署安保力量2 100余人次，完成了新生报到、校园开放日、开学毕业典礼、学生各类大型文体比赛、校内承办的各类大型考试以及各类大型学术论坛等40余次大型活动的安全保卫工作，未出现任何安全事故。

（卢萌　吕强）

【完善反恐防暴应急分队】　2016年，保卫处统一部署，建立了一支10人的反恐防暴应急分队，配备了相应的防范器材，全年共进行反恐应急训练6次，反恐防爆演练4次，在建校60周年纪念活动、高招咨询开放日、毕业典礼、新生报到、开学典礼等大型活动上完成防恐防暴任务。

（卢萌　吕强）

【整治校园周边交通环境】　2016年，与属地公安交管部门、路政管理部门、属地政府综治部门沟通，就校本部周边街道的交通及环境治理方面的重点和难点召开了专题座谈会，进一步加强与属地交通管理部门的协调联动，联合属地相关部门和执勤、执法力量，对学校周边交通秩序进行了集中治理，在交通违法现象比较突出、师生出行比较密集的校本部东门、北门附近区域加装违法停车监控系统与整个丰台交警电子执法网络联网，加强该区域的执法力度。成立首经贸地区交通管理小分队，通过多部门联动和小分队的自主常态管控，努力将校园周边地区打造成交通秩序良好的区域自治示范地区。

（卢萌　吕强）

【规范校园交通秩序】　2016年，保卫处为师生和相关业务单位审核办理校内机动车通行证1 680件，与1 600余名驾驶员签订了安全协议。审批办理校内各单位机动车临时预约429次。对不按规定停放的机动车张贴安全提示700余张，处理剐蹭、划伤等轻微交通事故8次。在敏感时期，对进校车辆进行严格检查和信息登记。结合校内交通数据分析，全年对存在较大交通安全隐患的路段实行了机动车临时交通管制。科学论证校园交通组织规划，完成了两校区校园道路标志标线设置与施划，进一步规范校园道路交通行为，维护校园交通安全秩序。

（卢萌　吕强）

【户籍管理】　2016年度，保卫处在办理毕业生户口迁出、新生户口落户等工作中采取了提前发出通知、延长办理时间、细化简化办理手续、提供免费复印服务等措施来服务师生。共计为673名学生办理户口迁出手续，为67名新入职教工和728名新生办理了落户手续，发放193份农转非证明。全年完成师生户籍卡借还服务1 075次，开具暂住证明58份，开具办理无犯罪记录证明介绍信33份，政审证明26人次。

（卢萌　郭丽萍）

校园消防安全

【严格安全检查及审批】　2016年，保卫处严格遵循消防法等法律法规要求，认真进行消防安全检查、督查，工作中始终坚持落实日巡查、周抽查、月检查的安全检查制度，强化了重大节日、重要敏感期和重要活动现场的消防安全检查。全年共进行消防安全检查260余次，参与了7项重大活动现场安全检查，发现解决各类安全隐患22起，及时更换维修应急灯、疏散标志、消火栓玻璃、火灾探测器、声光报警器等161处，更换消防水枪头5个、消防水带8盘，疏通消防通道和安全出口5处，维修防火门闭门器100余处，张贴消防提示200余张，设置卷帘门警戒线150余米。

审批校内施工40项，开具动火证11次，检查施工现场13处。检查彩钢板房6处，协调后勤处拆除违规彩钢板房2处，整改1处。10月11日，配合北京市消防局对学校的消防设备设施进行了检查并及时整改了所发现的问题。

（贾学森　郑民功）

【完善校园微型消防站】　2016 年，学校在两校区分别建设一类、二类微型消防站各 1 个，同时在校本部华侨学院建立了分站点，并配备了消防服、消防靴、破拆工具、照明设备、通信工具、便携灭火器、防毒面具等消防装备，根据建站要求，购置微型消防车 1 辆。在加大物资投入的同时，根据预案进行实兵拉练 2 次，接受消防部门突击拉动 3 次。学校的设施配备和人员素质均达到了北京市相关建站要求。

（贾学森　郑民功）

【维护保养消防设施设备】　2016 年，保卫处完成了 8 项校内消防维修工程，维修消防主机故障 8 次，维修稳压泵 2 次、图书馆消防水泵 1 次，更换消防管道 18 米、闸阀 5 处、消防水箱 1 处，排查消防管道漏水 1 次。完成年度消防设施电气设备检测和避雷检测工作，对全校灭火器进行了集中年检，检修灭火器3 100 余具，新购置灭火器 295 余具，报废淘汰老旧灭火器 380 余具，及时更换室外消火栓、水泵结合器标牌 33 处，粉刷消防井盖 50 余处。

（贾学森　郑民功）

校园安防水平

【做好科技创安工程】　2016 年，保卫处归口管理并负责实施的 3 个教委专项项目、3 个校内专项项目、6 个资金专项项目，共计安装监控摄像机 300 个、交换机 23 台、磁盘存储 10 台、UPS 3 台、门禁控制器 23 套、通道机 4 套、烟感探测器 378 个、火灾报警主机 2 台、疏散指示标记及应急照明灯 181 个、停车场管理设施 1 套，更换消火栓 24 个，敷设各类线缆 4 万余米。

（赵广　李松峰）

【系统日常维护】　2016 年，保卫处通过聘请专业维保公司，加强系统的运维管理，保证系统全天候无故障运行，通过人员培训，加强值班值机制度的执行，充分发挥中心控制室的指挥和协调作用，通过管理信息系统，强化平安校园服务功能。

（赵广　李松峰）

【科技创安成效】　2016 年，学校安全信息系统在治安管理、户籍管理、校内机动车证办理、临时车辆进校预约、校内外来人员管理等工作上发挥了积极作用。保卫处全年通过视频监控系统提供线索 333 件，占总求助事件的 93.5% 。

（赵广　李松峰）

安全宣教

【推进大学生安全教育】　2016 年，保卫处注意全程性开展安全教育活动，从新生入学的安全教育专题讲座，到毕业生离校时的安全教育，做到了全程覆盖。5 月—6 月，通过线上线下多种宣传媒介对毕业生进行安全教育。9 月，保卫处分学院对全体新生开展了入学安全教育。

（赵广　胡文）

【创新消防演习】　在“5・12”防灾减灾日和“11・9”消防安全宣传日组织两次全校性消防疏散灭火演习活动的基础上，保卫处还主动与相关重点防火单位和部门沟通消防教育演练培训事宜，根据各重点防火单位易发生的火灾类型，有针对性地制定个性化消防培训演练方案，先后与卡摩创业咖啡、就业指导中心及创客办公区、图书馆、崇诚物业，后勤管理处的物业管理中心、学生公寓管理中心、运输服务中心、餐饮服务中心等单位和部门进行了个性化、针对性、体验式的消防安全教育培训演练，取得了很好的教育效果。此外，还创新工作模式，进一步加强了同安全与环境工程学院的联系，制定专门教学计划，将课前消防疏散演练纳入学生涉危化学品实验课的教学内容。

（贾学森　郑民功　吴思宏）

【多媒体发布安全信息】　2016 年，保卫处利用平安首经贸微信公众号和保卫处网站进行信息发布和安全宣教内容推送。在毕业季、新生入学、电信诈骗高发期、冬春季火灾防控、“12・2”全国交通安全日等关键时间节点，有针对性地精准推送相关公告通知和安全提示。“平安首经贸”微信公众号全年共推送 29 次，共计 137 条信息，涉及防电信诈骗、反恐防暴、交通安全、消防安全、毒品防范、普法宣传等多种内容。全年共发布各类校园安全工作动态 22 条，发布安全提示和工作公告 14 条，完善服务指南 21 条。

（卢萌　胡文）

离退休工作

概　况

2016 年,离退休工作处在学校党委领导下,严格按照中央 3 号文件《关于进一步加强和改进离退休干部工作的意见》的要求,围绕学校工作大局,以求真务实的工作作风,圆满完成全年各项工作任务。截至 12 月,首都经济贸易大学有离退休教职工 1 589 人,其中,离休干部 80 人,平均年龄 87.5 岁;退休人员1 509 人,平均年龄 68.2 岁;离退休局级领导 16 人。离休党员 70 人,退休党员 684 人;离休党支部 2 个,退休党支部 29 个,混编 1 个。离退休工作处有管理人员 8 人,下设管理科、办公室、活动中心 3 个科室。

(王楠)

思想政治建设和党支部建设

【支委会】 2016 年,离休干部党总支共召开支委会 6 次,分别就工作汇报、文件精神学习、商讨学习计划及讨论重要决定等事项开展。10 月 17 日、18 日,第一、二、三、四、五支部分别召开党员大会,进行了支部调整,将原来 4 个离休支部合并为 2 个,并选举产生了新一届党支部书记和委员。12 月 27 日,离休干部党总支召开离休干部党员大会,选举产生了新一届党总支委员。

(王楠)

【支部活动】 一支部学习活动与处务会同步进行,共学习 11 次;二、三支部本年度共组织学习活动 5 次;参加社区活动 2 次。

(王楠)

【支部书记培训】 11 月 17 日,离退休工作处举办学校离(退)休党支部书记培训班,邀请马克思主义学院汪朝晖做“党的十八大六中全会精神”专题辅导报告,同日还参观了校史馆。

(王楠)

【理论学习】 5 月 19 日—23 日,9 月 25 日—29 日,两次组织离退休校领导中心组学习;离休老同志返校集体学习、听党课、通报情况 7 次,发放学习书籍 10 余种;坚持为离休老同志和退休党支部书记订阅《北京支部生活》和《老教育工作者之友》等学习资料。

(王楠)

【主题党日】 5 月 14 日,离休党总支第一支部联合信息学院学生党支部组织老中青三代党员前往门头沟斋堂镇马栏村的冀热察挺进军司令部旧址参观学习,接受革命传统和爱国主义教育。

(王楠)

【《桑榆颂》杂志】 2016 年先后两次组织编委会,对杂志组稿、写稿、编稿事宜进行筹划,共发行 2 期,含 1 期建校 60 周年纪念活动专刊,发放 3 500 册。

(王楠)

政治待遇和生活待遇

【离退休工作部署会】 2 月 26 日,离退休工作处召开工作部署会。老教协会、关工委、退管会领导和离休干部党总支委员出席了会议,对学校 2016 年度离退休工作做了周密详尽的部署安排。

(王楠)

【工作情况通报】 6 月 14 日、12 月 27 日,校党委书记冯培、校长付志峰、党委副书记朱玉华 2 次向离休老同志通报学校重点工作,并进行座谈,听取了老同志们的意见和建议。

(王楠)

【工作总结会】 12 月 20 日,离退休工作处召开离退休工作总结座谈会。老教协常务理事、关工委委员以及离退休老同志代表参加会议。离退休工作处处长翟连琦汇报 2016 年工作,沈锢通报调研情况和调查分析报告,听取了老同志对学校离退休工作的意见和建议，并对相关情况作出了解释。

（王楠）

【走访慰问】 春节前夕，校长王稼琼，副校长丁立宏、徐芳、孙昊哲分别走访慰问了学校离退休老领导蒋哲夫、徐长新、高润生、臧吉昌，对他们长期以来关心、支持学校工作表示衷心感谢，并向他们致以节日的问候与新春的祝福。2016 年为 30 位离休老同志生日祝寿，疾病慰问 50 余人次，协助处理丧事 26 起，走访慰问离退休老同志共 500 余人次，投入经费 5 万余元。

（王楠）

【医疗保健工作】 配合校医院做好离退休人员的体检服务工作，组织离退休校领导、离休老干部、退休高职 320 人进行了健康体检，对离休干部及局级干部小汤山体检工作，做到全程跟踪，时时服务。

（王楠）

【扶难帮困】 6 月底，离退休工作处为学校 85 名离休干部安装配置了急救呼叫器，增加一键通呼叫功能，建立了个人健康情况信息库；解决老同志各类诉求 20 余件；为 109 人发放特困补助 22.4 万元。

（王楠）

老干部工作队伍

【座谈交流】 2016 年，中央美术学院、湖南大学、江南大学、电子科技大学 4 所大学先后来校进行座谈交流，研讨信息化建设、关工委工作、离退休党支部建设、大型活动慰问组织策划、涉老组织、兴趣小组、居家养老引导开拓与老同志传递信息的渠道等工作问题，并对如何解决工作中遇到的各种困难进行了探讨。

（王楠）

【队伍建设】 2016 年，组织业务学习 13 次，先后选派 3 人参加市教工委组织的各种培训活动。3 月，被北京市教工委评为“离退休干部工作先进集体”，翟连琦被评为“离退休干部工作先进个人”。

（王楠）

【信息化建设】 3 月 6 日，离退休工作处微信公众号上线，老同志关注人数 301 人，累计发送信息 60 余条，回复老同志问题 20 余条，累计阅读 11 000 余次。

（王楠）

【座谈调研】 全年就职工思想生活状况、涉老组织骨干、兴趣小组、离退休支部书记 4 个方面进行摸底调查，共发放调查问卷 1 300 余份，形成调研报告 4 份。

（王楠）

文体活动

【社团活动】 3 月 18 日，学校在建国门街道苏州社区活动中心举行“夕阳正红”——李福田尊老爱老诗作专题朗诵会；5 月 19 日，组织离退休舞蹈队参加北京市教工委举办的“阳光好心态，健康乐晚年”北京高校老同志健身项目展示活动；6 月 20 日，组织老教协健身运动队参加小庄社区召开的庆祝建党 95 周年表彰大会暨文艺汇演；6 月 22 日，组织老年诗词朗诵组参加市教工委举办的“北京老教育工作者纪念建党 95 周年文艺汇演”；10 月 13 日，组织参加“2016 年北京老教育工作者重阳节健步走”活动；10 月中下旬，组织参加北京教育系统老同志书画作品展。

（王楠）

【组织春秋游】 4 月 19 日—21 日，组织 700 余名退休老同志分 3 批畅游农业嘉年华；5 月 11 日，组织离休老同志参观丰台区世界花卉大观园；9 月 20 日—22 日，组织 600 余名退休老同志分 3 批赴延庆县康庄镇野鸭湖国家湿地公园参观游览。

（王楠）

关心下一代工作委员会

【关心下一代工作委员会会议】 4 月 12 日，召开学校关心下一代工作委员会工作部署会，通报北京市和学校关工委 2016 年工作要点和计划，部署学校 2016 年关工委工作。

（王楠）

【主题教育】 5 月 14 日，联合信息学院学生党支部，开展“寻历史、看变化，传承红色基因”主题教育活动，组织 40 余名老中青三代党员前往门头沟斋堂镇马栏村的冀热察挺进军司令部旧址参观学习。10 月 27 日，为纪念中国工农红军长征胜利 80 周年，开展了“英雄史诗、不朽丰碑”主题教育活动，组织 20 余名老中青三代党员参观中国人民革命军事博物馆举办的《纪念中国工农红军长征胜利 80 周年主题展览》。

（王楠）

【学习教育平台】　配合组织部“党员先锋工程”，赵凤启、马景娜、容全堂全年为学生讲党课20余次；教学督导组目前组员14人，全年先后听取了15个学院150位教师250节课，抽检论文56篇、毕业实习报告56篇。3月，教学督导组被北京市教工委授予“老党员先锋队”荣誉称号。

（王楠）

老教育工作者协会

【老教协常务理事会】　2016年，离退休工作处积极指导帮助校老教协会开展工作，先后11次组织和参加校老教协理事会和退管会理事会，开展研讨工作方案，明确任务分工，各兴趣小组有序开展活动，建校60周年纪念活动期间向校史馆捐赠书籍100套。

（王楠）

【系列报告会】　2016年，紧紧围绕“展示阳光心态，体验美好生活，畅谈发展变化”这一主题，结合历史重大事件纪念日，组织集中学习讲座、报告会12次，大型活动4次。

（王楠）

【知识竞赛】　4月，东、西区老教协分会组织学习北京市“十三五”规划以及学校“十三五”规划、学习党的十八届五中全会、2016“两会”文件、“十三五”规划精神全员性知识问答，共有1 000余人参加，回收答卷900余份。

（王楠）

【老教协总结会】　12月19日、22日，老教育工作者协会东区、西区分会分别召开会议，总结一年工作，表彰先进，共有105位离退休会员受表彰。

（王楠）

统战工作

概　况

2016年，学校统战工作在学校党委的正确领导下，认真学习贯彻党的十八大，十八届三中、四中、五中、六中全会和习近平总书记系列重要讲话精神，围绕学校“十三五”规划，不断加强党外代表人士队伍建设，充分发挥民主党派、民族宗教、港澳台侨等统战人士作用，为学校发展营造了凝心聚力、团结和谐的发展氛围。

（刘威）

党外代表人士工作

【概述】　2016年，学校重视党外代表人士队伍建设，不断完善党外代表人士队伍建设机制，坚持党委常委与党外代表人士联谊交友制度，积极利用各种资源做好党外人士的教育培训和挂职锻炼，注重搭建校内外平台，发挥党外代表人士作用，党外代表人士和后备队伍建设得到了进一步加强。

（刘威）

【学校党外代表人士队伍状况】　截至12月，学校有党外代表人士23人，包括各级党外人大代表、政协委员，具体情况为：全国人大代表1人；北京市人大代表1人，北京市政协委员3人，北京市政府参事1人；区级人大代表2人，区级政协委员10人；学校民主党派基层组织负责人7人；学校党外处级以上干部9人。

2016 年学校各级人大代表、政协委员名单

序号	姓　名	党　派	职务	职称	社会职务
1	付志峰	九三学社	校长	教授	北京市政协委员
2	郝如玉	无党派		教授	全国人大常委、全国人大财经委副主任 北京市党外知识分子联谊会副会长
3	孙昊哲	中共党员	副校长	研究员	丰台区人大代表
4	刘颖	九三学社	校工会副主席	副教授	北京市人大代表 丰台区人大常委会副主任 九三丰台区工委主委 九三支社(校本部)主委
5	汪平	民建	会计学院教师	教授	北京市政协委员
6	王静	九三学社	劳动经济学院教师	教授	北京市政协委员 朝阳区政协委员
7	张强	无党派	城市经济与公共管理学院教师	研究员	北京市政府参事
8	郭媛媛	无党派	文化与传播学院副院长	教授	丰台区政协常委
9	武晋军	农工党	经济学院教师	副教授	丰台区政协委员 校农工支部主委
10	张贵祥	民盟	城市经济与公共管理学院教师	教授	丰台区政协委员 民盟支部(校本部)主委
11	郎大鹏	九三学社	财税税务学院教师	副教授	丰台区政协委员
12	张军	无党派	信息学院院长	教授	丰台区政协委员
13	阮敬	无党派	研究生部副主任	教授	丰台区政协委员
14	孟超	农工党	安全与环境工程学院教师	副教授	丰台区政协委员
15	封岩	九三学社	经济学院教师	副教授	朝阳区人大代表
16	巩云华	民盟	金融学院教师	教授	朝阳区政协委员 民盟支部(红庙)主委
17	柳学信	九三学社	工商管理学院院长	教授	朝阳区政协委员 九三支社(红庙)主委
18	田新民	致公党	继续教育学院院长	教授	致公党北京市委委员

2016 年学校民主党派基层组织负责人名单

党　派	主　委	所在单位及职务
民盟支部(红庙)	巩云华	金融学院教师
民盟支部(校本部)	张贵祥	城市经济与公共管理学院教师

续表

党　派	主　委	所在单位及职务
九三支社(红庙)	柳学信	工商管理学院院长
九三支社(校本部)	刘颖	校工会副主席
农工支部	武晋军	经济学院教师
民建支部	冯瑞河	金融学院教师
民革支部(朝阳高校)	吕淑然	安全与环境工程学院教师

2016 年学校党外处级以上干部名单

姓 名	性别	党派	职　称	职　务	职级
张军	男	无党派	教授	信息学院院长	正处级
柳学信	男	九三学社	教授	工商管理学院院长	正处级
田新民	男	致公党	教授	继续教育学院院长	正处级
范延英	女	农工党 中共	助理研究员	教务处副处长	副处级
阮敬	男	无党派	教授	研究生部副主任	副处级
刘颖	女	九三学社	副教授	工会副主席	副处级
何晴	女	无党派	副教授	财政税务学院副院长	副处级
郭媛媛	女	无党派	教授	文化与传播学院副院长	副处级
周斌	男	无党派	副编审	杂志总社副社长兼副总编辑	副处级

（刘威）

【做好党外代表人士教育培养使用工作】　2016 年，学校组织党外人士进行学校“十三五”规划培训、全国高校思想政治工作会议精神学习、人大政协委员建言献策经验分享等专题活动，全年党外人士累计参加专题培训 60 余人次。同时，学校利用和搭建校外培训平台，选派党外代表人士参加学习调研，开阔思路视野。在市委教育工委牵头组织下，5 月 27 日—6 月 5 日，与财经、师范、政法、外语类高校联合举办党外中青年骨干培训班，学校 10 名党外骨干参加培训。通过理论培训、专题研讨和实践教学等环节的学习，进一步增强了党外人士政治共识和参政议政能力、意识。积极推荐党外人士挂职锻炼，为党外人士成长锻炼搭建平台，组织推荐党外人士参加服务京津冀协同发展项目挂职，有 5 名党外人士获批挂职项目。

2016 年学校党外中青年骨干培训情况一览表

学员姓名	性别	出生年月	单位及职务	民族	职称	参加何党派	社会任职
阮敬	男	1979－10	研究生部副主任	汉	教授	无党派	中国统计教育学会常务理事、中国商业统计学会常务理事、北京大数据协会副秘书长

续表

学员姓名	性别	出生年月	单位及职务	民族	职称	参加何党派	社会任职
范延英	女	1969－01	教务处副处长	汉	助理研究员	农工	无
郭嫒嫒	女	1965－02	文化与传播学院副院长	汉	教授	无党派	北京市写作协会常务理事，丰台区政协教卫文体专委会副主任
何晴	女	1978－06	财政税务学院副院长	汉	副教授	无党派	无
杜军	女	1973－07	经济学院	汉	副教授	民盟	丰台区政协委员，农工丰台区工委副主委
武晋军	女	1964－02	经济学院	汉	副教授	农工	丰台区政协委员，农工丰台区工委副主委、农工支部主委
封岩	女	1963－12	经济学院		副教授	九三学社	朝阳区人大代表
施慧洪	男	1972－11	金融学院	汉	副教授	民盟	无
周斌	男	1976－07	杂志总社副社长兼副总编辑	汉	副编审	无党派	无
关鑫	男	1981－02	工商管理学院院长助理、组织管理系主任	满	副教授	九三学社	无

（刘威）

【积极发挥党外代表人士作用】 2016年，党外人士继续发挥在学校民主管理、民主监督中的作用。全年先后召开年度工作通报会、中秋座谈会、校级领导班子民主生活会等征求意见座谈会，党委书记、校长、主管副书记亲自通报情况并征求意见。坚持重要会议邀请党外代表人士列席制度，如巡视工作动员会、巡视工作反馈会、年度工作部署会，校部机关等处级单位年度考核述职会、校级领导班子年度考核测评会等。

（刘威）

民主党派基层组织建设工作

【概述】 截至12月，8个民主党派中有5个党派在学校设有支部，分别为：民盟支部2个，九三支社2个，农工支部1个，民革支部1个，民建支部1个。民进党、致公党有党员而未设有支部。学校尚没有台盟盟员。学校民主党派成员合计150人。

（刘威）

2016年学校民主党派成员统计表

党派名称	支部（支社）	成员数	2016年新加入成员数
民盟	2	48	0
九三	2	39	2

续表

党派名称	支部(支社)	成员数	2016 年新加入成员数
农工	1	24	0
民革	1	15	0
民建	1	15	0
民进	0	5	0
致公	0	4	0
合计	0	150	2

2016 年学校民主党派基层组织领导班子成员名单

党　派	主　委	副主委	委　员
民盟支部(红庙)	巩云华	刘伟华	余刘军　翟明慧
民盟支部(校本部)	张贵祥	马秀英	陈大伟　王春祥　闫华红
九三支社(红庙)	柳学信	封岩	谷军　兰英　李乃蓉
九三支社(校本部)	刘颖		张懿　王树才
农工支部	武晋军	孟超 李青森	梁军　杨晓芳
民建支部	冯瑞河		
民革支部(朝阳高校)	吕淑然	李茂龄	别凤喜

(刘威)

【支持民主党派基层组织加强自身建设】　2016 年,学校在民主党派新成员发展工作中,配合农工党、九三学社完成 2 名教师的组织考察工作。支持民主党派基层组织开展支部活动,积极协助解决经费问题,落实党派活动室并配置相应设备,做好服务保障工作。配合民主党派区级组织换届,协助完成学校 8 名民主党派成员的组织考察任务。其中,配合丰台区、朝阳区委统战部做好对 4 名民主党派教师入校考察工作,组织完成 50 余人次的谈话和测评任务。民主党派区级组织换届后,学校党派成员当选区级组织主委 1 人,副主委 1 人,区级委员 4 人。

(刘威)

民族宗教、港澳台侨工作

【概述】　2016 年,学校切实发挥民族宗教领导小组的作用,进一步完善民族宗教工作体制机制,充分发挥各部门合力,认真落实民族宗教工作相关政策;坚持落实民族工作政策,协同学生处和相关学院做好少数民族学生工作;尊重少数民族学生的民族习惯,采取多种形式为少数民族学生庆祝民族节日;古尔邦节期间,在后勤处的配合下,对清真伙食进行改善,并专程到军训基地,向过节的同学送去节日慰问;坚持为回族等少数民族教工和学生发放“开斋节、古尔邦节”(两节)节日补助;坚持教育和宗教相分离,做好抵御和防范校园传教渗透工作,学校“建机制、固防线、抓队伍、强管理——扎实做好抵御和防范校园传教渗透工作”荣获“北京高校统战工作特色与创新优秀项目”;进一步做好港澳台侨工作。

(刘威)

重要事件

【获“北京高校统战工作特色与创新优秀项目”表彰】　4 月 5 日,北京市高校统战工作会议在北京会议中心召开,会上,首都经济贸易大学“建机制、固防线、抓队伍、强管理——扎实做好抵御和防范校园传教渗透工作”荣获“北京高校统战工作特色与创新优秀项目”；无党派人士、北京市政府参事张强教授，民盟首经贸支部（西区）主委张贵祥教授荣获北京高校“心桥工程”先进党外代表人士称号。

（刘威）

【多名九三学社社员受表彰】 4月8日，九三学社北京市委员会成立65周年纪念大会在中国科学院大学举行。会上，学校九三学社社员、劳动经济学院王静教授获“优秀社员”称号；九三学社首都经济贸易大学（校本部）支社主委、校工会副主席刘颖，九三学社首都经济贸易大学（红庙校区）支社主委、工商管理学院院长柳学信获“优秀社务干部”称号。

（刘威）

【开展统战工作自查】 5月，学校党委认真研究中央、北京市以及全国高校统战工作会议精神和《统战工作条例》要求，根据北京市委教育工委《关于开展贯彻落实中央和市委统一战线一系列重大决策部署调研检查工作的通知》精神，积极对照调研检查要求，深入开展统战工作自查。一是成立学校统战工作领导小组。积极建立党委统一领导，行政部门积极支持参与，统战部门牵头协调，组织、宣传、学生、保卫等相关部门和二级单位党组织各负其责、协调配合的大统战工作格局。二是积极推动统战工作重心下移。以组织全校二级单位党组织开展统战工作自查为契机，明确统战工作重心下移任务，加强统战工作基础。三是完成学校统战工作自查，全面总结2013年以来统战工作成效，认真梳理工作中的好经验好做法，积极查找问题和不足，明确整改任务和具体措施，为更好地做好统战工作奠定基础。

（刘威）

【党外知识分子代表参加北京高校党外中青年骨干培训班】 5月27日—6月5日，北京师范大学、中央财经大学、首都经济贸易大学等12所高校联合举办了北京高校党外中青年骨干培训班，12所高校的120余名党外中青年骨干和近20名统战干部参加了培训。学校民盟2人、九三学社2人、农工党2人、无党派4人共计10名党外知识分子代表参加了培训。5月30日，培训班在中央统战部培训中心举行开班仪式，教育部思政司副司长王光彦出席并做了关于中央统战工作会议精神解读的报告。在历时7天的理论教学与实践教学活动中，参训人员认真参加了辅导报告、学员论坛、分组讨论、大会交流以及实践教学等各项活动。在学员论坛环节，学校无党派人士、文化与传播学院副院长郭媛媛教授代表学校学员做了专题发言。

（刘威）

【5名党外教师获批北京市第二批党外代表人士项目挂职】 7月1日上午，北京市百名党外专家服务京津冀协同发展暨第二批党外代表人士项目挂职锻炼启动会召开，会议对第二批党外代表人士挂职项目进行部署。北京市第二批党外代表人士挂职紧紧围绕推进京津冀协同发展主题，涉及教育、科技、金融、交通、生态协同发展等多个领域。以市发改委、市教委、市科委、市规委、市金融局等21个部门提供的挂职项目为依托，挂职人员以挂任项目顾问或专家组成员的形式，重点参与项目的研究论证、规划设计、组织实施、效果评估等工作环节，挂职时间为1年。学校有5名党外教师申报的挂职项目获批，分别为：城市经济与公共管理学院张贵祥教授，民盟盟员，挂职项目为市发改委——延庆国家公园体制试点项目；信息学院徐天晟教授，无党派，挂职项目为市科委——京津冀安全蔬菜种植加工项目；法学院高桂林教授，民建会员，挂职项目为市高检——加强京津冀生态环境司法保护协作工作机制建设项目；安全与环境工程学院的民革党员吕淑然教授和民盟盟员陈大伟副教授，挂职项目均为市安监局——安全生产京津冀协同发展战略问题研究报告项目。

（刘威）

【党外人士为学校周边交通治理建言献策】 7月6日，学校党委统战部组织学校的北京市人大代表、丰台区人大常委、校工会副主席刘颖，丰台区政协常委、会计学院刘文辉教授，丰台区政协委员、经济学院杜军副教授一行实地考察了学校北门、东门、南门及首经贸地铁站口的交通治理情况。首经贸党委副书记孙善学、副校长孙昊哲、丰台交通支队副支队长单德琦参加考察活动。学校党外代表人士一直以来非常关心学校周边环境治理，多次以人大代表和政协委员的身份向丰台区提交关于治理整治的提案，其中，刘颖曾就学校周边环境治理提交提案，表示学校教职工对周边交通状况非常关注；刘文辉曾提出《关于治理地铁10号线首经贸站周边乱停车情况》的提案，杜军及其他党外人士也积极为学校周边环境治理建言献策，这些提案建议受到了丰台区政协和政府的高度重视，并协调相关部门加大综合治理力度，为有效促进学校校园周边环境改善做出了积极贡献。

（刘威）

【13 名教师当选新一届区级人大代表、政协委员】 12 月底，丰台区、朝阳区新一届人大代表、政协委员换届工作完成，学校副校长孙昊哲当选丰台区新一届人大代表，12 名党外教师当选新一届区级人大代表、政协委员。在本次区级人大政协换届过程中，学校作为属地单位，积极支持并协助做好区级人大代表选举、政协委员推荐提名，组织 120 余人次考察谈话，高质量完成换届工作相关任务。学校党外人士中当选区级人大代表 2 人，当选区级政协委员 10 人。

2016 年学校当选新一届区级人大代表、政协委员教师名单

姓名	当选职务	党派	在校职务
刘颖	丰台区人大常委会副主任、财经委主任	九三支社(校本部)主委	校工会副主席、财政税务学院副教授
封岩	朝阳区人大代表	九三支社(红庙校区)副主委	经济学院副教授
郭媛媛	丰台区政协常委	无党派	文化与传播学院副院长、教授
张贵祥	丰台区政协委员	民盟支部(校本部)主委	城市经济与公共管理学院教授
武晋军	丰台区政协委员	农工党支部主委	经济学院副教授
孟超	丰台区政协委员	农工党支部副主委	安全与环境工程学院副教授
郎大鹏	丰台区政协委员	九三支社(校本部)社员	财政税务学院副教授
张军	丰台区政协委员	无党派	信息学院院长、教授
阮敬	丰台区政协委员	无党派	研究生部副主任、统计学院教授
巩云华	朝阳区政协委员	民盟支部(红庙校区)主委	金融学院教授
王静	朝阳区政协委员	九三支社(红庙校区)社员	劳动经济学院教授
柳学信	朝阳区政协委员	九三支社(红庙校区)主委	工商管理学院院长、教授

（刘威）

工会、教代会工作

概　况

2016 年，校工会在市总工会、市教育工会和学校党委的支持和领导下，深入贯彻习总书记在中央党的群团工作会议上的讲话精神，认真落实市总工会“1＋15”文件要求，把《北京市实施〈工会法〉办法》作为贯穿全年工会工作的主线，把全国模范职工之家验收作为推动工会工作的强大引擎，立足首经贸当前建设发展实际，逐步完善职工服务保障体系，用一件件实实在在的好事，惠及广大教职工，凝心聚力、同心同德，真正担负起工会组织的职责，履行工会组织的使命。

（苏静）

民主管理工作

【召开第三届“双代会”六次会议】 4 月 27 日，首都经济贸易大学第三届“双代会”六次会议在博学楼学术报告厅召开，98 名代表出席了会议。会议听取并审议了 2015 年学校工作报告、学校财务工作报告、工会教代会工作报告、教代会提案工作报告以及学校"十三五"规划起草情况的说明,表彰了优秀提案和落实提案优秀单位。会议表决通过了 2015 年学校工作报告、学校财务工作报告、工会教代会工作报告、教代会提案工作报告以及学校"十三五"规划。教代会期间共征集提案 35 件,各相关职能部门对提案进行了认真答复和办理,提案办理满意率达到 72% 以上。本次会议继续设立职能部门现场咨询,党政办公室、人事处、教务处、信息处、资产管理处、后勤管理处等 6 个部门的负责人与教代会代表进行现场互动,就代表提案办理情况和教职工关心的其他问题进行咨询。

(韩邦利)

【召开第三届教职工代表大会七次会议】 11 月 11 日,首都经济贸易大学第三届教职工代表大会七次会议在博学楼学术报告厅召开,86 名代表出席了会议。本次大会主要听取并审议《首都经济贸易大学教师职务聘任工作实施方案(2017—2020 年)》(征求意见稿)》,副校长丁立宏就相关情况做了说明。该方案事先广泛征求了教代会代表的意见,教代会代表提出的意见和建议归纳后共计 20 条,其中,12 条吸纳进文件,另外 8 条不能采纳的意见也都一一做了说明。会上,代表们通过举手表决的方式,审议并通过了《首都经济贸易大学教师职务聘任工作实施方案(2017—2020 年)》。参加本次大会的代表应到人数 118 人,实到人数 86 人,达到表决所需的法定人数。表决结果为:赞成 80 人,弃权 5 人,反对 1 人。加强规范二级教代会建设,2016 年 22 个分工会按照《首都经济贸易大学二级单位教职工代表大会实施细则》召开教职工大会或教职工代表大会。

(韩邦利)

权益维护

【互助保障】 2016 年,校工会为在职教职工办理参加在职职工女工特殊疾病互助保障计划 451 人,在职职工住院医疗互助保障计划 1 390 人,在职职工住院津贴互助保障计划 1 393 人,在职职工重大疾病互助保障计划 195 人。2016 年度已有 19 人得到理赔,理赔金额共计 26 281.55 元。

(刘爽)

自身建设

【组织工作】 2016 年,全年非在编教职工入会 114 人,截至 2016 年年底,全校已有近 550 名非在编教职工加入工会组织。

(苏静)

【女工工作】 3 月 8 日、3 月 11 日组织学校女教职工游览世界花卉大观园和故宫博物院,共计 340 余人参加。

(苏静)

【交流座谈】 3 月 24 日、3 月 28 日、12 月 27 日,北京联合大学工会、北京信息科技大学工会、北方工业大学工会来学校工会交流座谈。其间,3 所高校工会代表参观了学校教工活动中心。

(苏静)

【建家工作】 11 月 9 日,以北京市教育工会主席张锦为组长的验收专家组一行 12 人莅临学校,对学校"全国模范职工之家"进行验收。经验收,学校获得"全国模范职工之家"称号。

(苏静)

【召开 2016 年工会干部培训会、工会工作总结会】 12 月 21 日—22 日,校工会组织召开 2016 年工会干部培训会、工会工作总结会。校纪委书记、工会主席杨世忠,工会常务副主席李民,副主席刘俊虹、韩邦利,分工会主席以及工会专职干部参加会议。会议由刘俊虹主持。培训会上,李民强调了分工会主席的工作职责,详细解读了北京市总工会、北京市人力资源和社会保障局、北京市财政局、北京市教育委员会、北京市安全生产监督管理局联合发布的《关于进一步加强服务职工工作经费保障的意见》文件精神。李民从 5 个方面对 2016 年校工会工作进行总结,还做了 2016 年工会经费使用情况汇报。学校各分工会从建家工作、二级教代会建设、文体活动、特色工作和宣传工作等方面全面系统地进行了 2016 年度工会工作总结汇报。

(苏静)

【举办 2017 年新年联欢暨先进表彰会】 12 月 29 日,校工会举办了 2017 年新年联欢暨先进表彰会。党委书记冯培,校长付志峰,党委副书记孙善学,校纪委书记、工会主席杨世忠,党委副书记朱玉华,副校长徐芳、孙昊哲,各单位领导,分工会主席,受表彰单位和个人,教职工代表共计 260 余人参加了此次活动。表彰环节由工会副主席刘俊虹主持。杨世忠宣读《关于表彰 2016 年度工会工作先进单位、先进个人的决定》。校领导为获奖单位及个人代表颁发奖牌和证书。随后，进行新年联欢，各单位表演了丰富多彩的节目。联欢会环节由经济学院赵涛和财政税务学院陈蕾主持。

（苏静）

【理论研究】 2016年，校工会继续开展工会理论课题研究工作，提交课题研究成果17篇，累计15万字，整理印制了2016年首都经济贸易大学工会理论研究文集，并进行了评比。其中，劳动经济学院方志等教师的《全面二孩政策下生育对高校青年女性教职工的影响》、教务处欧锦林等教师的《"互联网+工会"推动现代大学制度构建的机制》、文化与传播学院郭锦鹏等教师的《首经贸先进二级学院工会建设实践与机制考察》、劳动经济学院王晓霞等教师的《高校退休人员的生活形态调查》、工商管理学院张祖群等教师的《教职工思想动态调研》荣获校级一等奖、二等奖、三等奖。

（韩邦利）

【宣传工作】 2016年，出版《首经贸教工》半年刊2期，及时更新工会门户网站内容，向学校宣传部、市教育工会上报工会活动新闻稿120余篇，利用微信平台及时发布新闻和通知。工会门户网站被学校评为A级。

（苏静）

教职工素质工程

【师德建设】 4月，校工会举行了庆"五一"爱岗敬业普通劳动者宣传教育活动，制作宣传专刊对全校54名爱岗敬业普通劳动者的先进事迹进行宣传。教师节前夕，学校召开庆祝2016年教师节座谈会。会上表彰了北京市工人先锋号、北京市先进教职工小家，2016年校级"师德榜样"，2016年从事教育工作满30年教职工。校领导为获奖先进集体和个人颁奖。

2016年北京市师德先锋、学校师德榜样名单

北京市师德先锋	
经济学院	李靖
文化与传播学院	张小乐
学校师德榜样	
城市经济与公共管理学院	潘娜
经济学院	李婧
会计学院	杨鹃
劳动经济学院	魏华颖
文化与传播学院	张小乐
信息学院	傅星
财政税务学院	陈蕾
法学院	刘迎泽
金融学院	冯瑞河
体育部	王长友

（苏静）

【社会实践】 7月26日—29日，校工会组织12名教师赴甘肃兰州开展以"能源"为主题的社会实践活动。7月27日，在甘肃自然能源研究所联合国工发组织国际太阳能中心参观、座谈、调研。7月28日，到刘家峡水电站进行考察和交流互动。7月20日—24日，信息学院卢山等4名教师赴厦门市捷安集团、惠安县汇鑫资产管理有限公司等地调研。本次调研,深入了解沿海城市工会建设情况,特别是厦门市湖里区,作为特区发祥地,在基层党组织建设、工会建设、文明创建、社会管理等方面的情况。6月28日—7月3日,安全与环境工程学院孙宝平、丘波澜等4名教师赴四川以丹巴、色达两县调研康巴藏区中小学教育现状以及高校对口支援情况。11月17日—20日,由校纪委书记、工会主席杨世忠带队,教师社会实践团一行27人,赴贵州省遵义等地开展"红军长征胜利80周年群众性主题教育活动"。此次社会实践活动,参观了遵义会议会址、娄山关、四渡赤水纪念馆、息烽集中营等地,重温革命历史,缅怀革命先烈。11月18日,教师社会实践团在赤水市与当地政府进行座谈,市政府,市发改委、教育局、环保局、旅游局、城投局等领导参加了座谈会。2016年共收集社会实践考察报告30篇,共计25万余字,整理出版了《行千里路读实践书——首都经济贸易大学教师社会实践文集(2016年)》。

2016年,组织青年教师参与市委教育工委开展的北京高校青年教师社会调研成果申报、评选工作,申报、立项课题12个。劳动经济学院边文霞等教师的报告《新形势下北京高校大学生就业与创业质量的问题研究》获2016年北京高校青年教师社会实践调研优秀成果一等奖,劳动经济学院张成刚等教师的《北京市新就业形态发展现状的调研》、劳动经济学院张航空等教师的《北京市居家养老服务制度与实践:成效、挑战与展望》和劳动经济学院毛畅果等教师的报告《中国企业员工沉默行为的成因探究》获2016年北京高校青年教师社会实践调研优秀成果二等奖。

(韩邦利)

暖心工程

开展送温暖活动,走访看望生病、困难等教职工15人,为52名生病及生活困难教职工发放慰问金及慰问品。春节及"五一"节前夕,走访慰问市级劳动模范、先进工作者20余人次。为2 001名教职工发放生日贺卡及生日蛋糕卡,发放节日慰问品4次。发送节日慰问短信14 000余条。组织了30余名爱岗敬业普通劳动者休养。分别组织了上半年退休教职工座谈会和下半年退休教职工座谈会及"五一劳动节"慰问餐饮职工座谈会、迎新年慰问资产公司一线职工座谈会。协助学校做好与花城幼儿园的联系工作,帮助解决学校13名教职工子女入托困难问题。为教职工提供全年20次的体育场馆的健身活动,全年共有4 000人次进场健身、运动。开展体质测试工作,为700余名教职工进行体质测试。

(韩邦利)

文体工作

【组织太极拳小教员培训】 3月16日起,每周一、三、五的12:10—12:50在教职工活动中心进行二十四式太极拳小教员培训,聘请了体育部老师担任教员,全校共22个分工会选派了75名小教员参加了培训。

(李力夫)

【参加首都高等学校第四届徒步运动大会】 4月10日,体育部教师与徒步协会20余名教职工参加了由北京市教委主办、北京市大学生体育协会承办的在鹫峰国家森林公园举行的首都高等学校第四届徒步运动大会,本次活动吸引了首都40多所高校2 000多人参加,经过2个小时的徒步活动,学校教职工顺利完成了大会规定的行程,取得了优异成绩,并获得了最佳组织奖。

(李力夫)

【举行2016年教职工运动会】 4月12日—22日,联合学校体育部举办2016年教职工运动会。本次教职工运动会的内容包括:射箭、保龄球、沙包掷准、飞镖、定点投篮、踢毽等个人项目,同心鼓、龙卷风、趣味接龙、拔河等集体项目和60米、100米、100米接力、铅球、跳高等田径比赛项目。比赛共分3个组别,10个个人项目和5个集体项目,共有24个单位1 000余人报名参赛。4月22日开幕式上,100名教职工进行了团体操太极拳表演。

(李力夫)

【举行教工羽毛球团体赛】 5月23日—6月8日,在学校体育馆举行了教职工羽毛球团体赛。比赛项目包括男双、女双、混双。本届比赛共有22支代表队170人参赛,赛程共计12个比赛日,64场比赛,比赛分为小组循环赛、半区循环赛以及交叉排位赛3个阶段。后勤一队获得冠军,工商管理学院获得亚军。

(李力夫)

【组织“缅怀革命先烈,弘扬长征精神”徒步活动】 9月24日,为纪念红军长征胜利80周年,在奥林匹克森林公园组织了以“缅怀革命先烈,弘扬长征精神”为主题的徒步活动。此次徒步活动全程分为5公里和10公里2条路线,约180名教职工参加了活动,校纪委书记、工会主席杨世忠,常务副主席李民参加了此次活动。

(李力夫)

【举办教职工台球锦标赛】 11月2日、3日,在校工会活动中心台球厅举办了2016年台球锦标赛。32名教职工参加了比赛,比赛共分4组,每组8人,分别进行4轮比赛,取得第一名至第四名的选手分别是王景鸿、彭应铨、温志强、张传祥。

(李力夫)

【举行教职工太极拳比赛】 12月14日,教职工太极拳比赛在学校体育馆举行。本次比赛共有19个代表队,510余名教职工参加。8个分工会参加二十四式太极拳比赛,11个分工会参加八式太极拳比赛。校党委书记冯培,纪委书记、工会主席杨世忠参加此活动。后勤管理处、体育部荣获一等奖,校医院、金融学院、继续教育学院、图书馆荣获二等奖,安全与环境工程学院、外国语学院、会计学院、劳动经济学院、国际学院、财政税务学院、校部机关、国际经济管理学院荣获三等奖,经济学院、信息学院、城市经济与公共管理学院、文化与传播学院、资产管理公司荣获四等奖。

(李力夫)

社会责任

【支持附中、附小提升质量】 2016年,工会与团委、校史馆、图书馆等部门密切配合,营造大学、附中、附小一家亲的氛围。邀请首经贸附中、附小参加建校60周年文艺演出、参观校园和校史馆,进一步提升附中、附小的社会影响力。外聘区教育督导专家到附中、附小为教学活动“把脉”。出资支持附中50名骨干教师去北京大学进行综合素质培训,拓展教师的视野,改进教师的授课方法和提升授课水平。支持附小10名教师参加特色课程和专项课程培训。继续为附中、附小开设经济学校本课程,并选派教师指导艺术体操、足球等课余活动。为附中、附小举办足球夏令营提供场地和师资。为附中京剧社购买胡琴和戏装。为附小科技基地购置蝴蝶标本。委托图书馆为附中和附小丰富了网络图书馆和英语口语对练平台的内容。2016年,协调4名本校教师子女调剂到附小、附中就读。

(刘颖)

【丰台区、朝阳区人大代表选举】 2016年,根据市、区人大常委会关于区镇两级人民代表大会代表换届选举的精神,学校校本部和红庙校区分别作为丰台区新村街道和朝阳区呼家楼街道的选区,参加丰台区和朝阳区人民代表大会代表的换届选举,选举工作于7月至11月进行。11月15日,学校校本部选民参加丰台区人大代表换届选举投票,选民共计9 371人,实际参选9 370人,参选率99.99%,学校副校长孙昊哲当选第十六届丰台区人大代表;学校红庙校区选民参加朝阳区人大代表换届选举投票,选民共计4 293人,实际参选4 288,参选率99.88%,经济学院封岩副教授当选第十六届朝阳区人大代表。

(庄鹏)

共青团工作

概 况

2016年,团委在校党委和上级团组织的领导下,贯彻落实中央群团改革意见和《高校共青团改革实施方案》,围绕学校中心工作,强化思想政治引领,服务青年学生成长成才,不断加强团的自身建设,较好地完成了全年各项工作任务,在不少领域取得了新的进展和突破。

共青团首都经济贸易大学委员会现有 14 个分团委、3 个直属团支部，团委机关下设办公室、组织部、宣传部、研究室、文体部、社会实践部、社团管理中心、大学生活动中心、志愿者工作部、青年教工工作部等 10 个职能部门，并指导校研究生会、校学生会、志愿者服务团、大学生艺术团的日常工作。

（郭英）

思想政治教育

【开展主题教育】 2016 年，团委组织开展了“与信仰对话——为中国梦奋斗”主题教育活动，以建党 95 周年、红军长征胜利 80 周年和全国“两会”召开等为契机，组织开展党史国情、革命传统、形势政策等宣传教育活动。结合建校 60 周年开展主题活动，深入开展学习习近平总书记系列重要讲话精神“四进四信”活动，各学院共青团组织累计开展活动 100 余场，覆盖团员青年 9 000 余人。

（郭英）

【参加纪念抗战 79 周年仪式】 7 月 7 日，纪念全民族抗战爆发 79 周年仪式在中国人民抗日战争纪念馆隆重举行。中共中央政治局委员、北京市委书记郭金龙主持仪式，市委副书记、市长王安顺，市政协主席吉林出席。中央有关部门、北京市和中央军委政治工作部负责同志，参加过抗日战争的老战士代表、抗战将领亲属代表，以及各界代表约 500 人出席仪式。学校作为全市高校唯一代表，团委按照市委安排，选派 80 名青年学生组成了首都大学生方阵，全程参加了纪念仪式并参观了“伟大胜利，历史贡献”主题展览。

（郭英）

【开展法制教育宣传】 2016 年，团委深入贯彻“六五”普法规划，组织学生积极参加“青春船长、法治启航”——北京市青少年法制宣传教育活动，走进武警部队，为常年驻守台基厂和王府井的武警部队开展法制宣传教育，服务社会、心系百姓。在“3·15”消费者权益保护日和“12·4”法制宣传日等重要时点深入社区开展普法宣传活动。完成两委委托课题“北京高校大学生法治宣传教育现状调研与对策研究”。经市委教工委、市教委政策法制处推荐，团委作为全市唯一高校获评“2011—2015 年北京市法治宣传教育先进集体”称号。

（郭英）

【举办庆祝“五四”青年节系列活动】 5 月 4 日，“忆往昔峥嵘岁月，逐梦想扬帆远航”首经贸共青团系统总结表彰会在明辨楼 220 报告厅举行。一批在 2015 年表现突出的先进集体和个人在会上进行风采展示。会上还进行了建校 60 周年志愿者招募启动仪式。团委举办了系列线上线下活动迎接“五四”青年节。早上 7 点，团委在学校操场举行了升国旗和重温入团誓词仪式，来自团委机关、校学生会、校研究生会以及各学院团员青年代表共计 100 名同学参加了活动。在线上活动中，团委于“五四”前夕在微信公众号“青春首经贸”上开展了手抄入团誓词展示活动，使学生加强对团和党的认识，活动期间共收到各学院同学投稿 731 件，一批创意十足、制作精美的入团誓词先后在公众号上进行展示。此外，为借助新媒体手段激发更多团员青年学习团章的热情，团委组织各分团委、直属团支部联合开展了“微团课之团章学习我先行”活动。

（郭英）

组织建设

【落实共青团学习和调查研究工作制度】 2016 年年初，学校下发了关于开展 2016 年度共青团工作调研课题立项工作的通知，全体专职团干部均结合本职工作申报了相关课题，经团委书记会研究，共确立重点支持课题 6 项，一般支持课题 16 项，支持总额为 18.8 万元。

（郭英）

【建设团委机关干部基层联系点】 2016 年，为贯彻落实中央、市委关于群团改革的部署，按照团委机关干部基层工作联系点制度要求，召开团委机关干部基层工作联系点对接会，为每名团委干部对接分团委、基层团支部和学生社团，更好地开展联系基层工作。

（郭英）

【加强团学干部队伍建设】 6 月，团委举办了团学干部井冈山培训班，全校团学骨干 60 余人赴井冈山革命传统教育基地开展了为期 5 天的培训。培训班通过课堂教学、现场教学、互动教学、红色体验教学、访谈教学、素质拓展等形式对团学干部进行了党性教育和革命传统教育。11 月，团委组织部面向各学院分团委（直属团支部），针对新生团干部开展了团务工作培训。

（郭英）

宣传工作

【获得“全国学校共青团新媒体运营中心专业工作室支持单位”称号】 2016年，团委积极参加全国学校共青团新媒体运营中心专业工作室申报工作，学校与复旦大学、南京大学等全国30所高校一同获评“全国学校共青团新媒体运营中心专业工作室支持单位”称号。积极落实团中央、团市委关于“青年之声”社交平台的推广和注册工作，目前全校各分团委和直属团支部均在该平台上组建了工作团队。

（郭英）

【做好共青团系统的新闻宣传工作】 2016年，团委出版《共青团通讯》8期（专刊2期）、《求学》2期、《我的大学》2期，主题宣传海报14期。继续利用微信等新媒体平台开展共青团宣传思想工作，团结各学院力量推出了“手抄入团誓词”“团课微学习”“暑期社会实践优秀团队展示”等系列专题活动。为进一步规范全校团学组织新媒体的运用，制定了《团学组织新媒体运用管理办法（试行）》。开展了首经贸各学院共青团年度优秀微信推送大比拼活动，该活动在“青春首经贸”微信推送阅读量达到35 962，点赞数为190。校研究生会微信公众号多次跻身首都高校研究生会公众号影响力排行榜前十位，在5月29日—6月4日单周排行榜中力压群雄，取得第一名的成绩。校学生会微信公众号也在10月份进入全国高校学生会影响力排行榜的第六位。

（郭英）

【推进校内外信息报送】 截至12月15日，团委共在学校新闻网发布各类新闻近百篇，其中有近1/3被学校网站首页转发，共向团市委上报各类信息193篇，其中有25篇被团市委微信等采用，积分在全市157所高等院校中位列第7，在全市386个区县局级单位共青团组织中位列第27。

（郭英）

社会实践

【开展大学生社会实践工作】 2016年，团委以“青年服务国家——投身助力“十三五”，青春奋进中国梦”为主题，围绕京津冀协同发展、“一带一路”国际交流行动、聚焦农村精准扶贫等十大专项行动，组织148支团队约2 000名学生开展了暑期社会实践活动，足迹遍布全国29个省、市、自治区以及美国、韩国、日本等地。11月30日，校团委组织召开了“青年服务国家”首都经济贸易大学2016年暑期大学生社会实践总结分享会。团市委大学中专工作部部长张秀峰，校党委书记冯培，校党委副书记孙善学，副校长王传生、徐芳出席会议。一批优秀获奖团队代表做了分享展示，冯培做了重要讲话。

（郭英）

【承接北京市“京津冀协同发展青年观察行动”项目选拔工作】 2016年，学校5支团队上报为团中央重点团队，参与了“印象长白山·筑梦‘十三五’”“井冈情·中国梦”“印象辽宁·梦想中国”“丝路新世界·青春中国梦”等团中央专项实践任务。根据团市委工作方案，校团委发挥首经贸学科专业优势，作为唯一的对接高校承接了北京市十大专项行动之一“京津冀协同发展青年观察行动”全市高校项目的选拔与组织工作。在国家发改委机关团委的指导与支持下，通过申报书和现场答辩两轮筛选，选出8支团队入围全市百强团队并组织了实践团队出征仪式。

（郭英）

【在团中央社会实践评奖中获佳绩】 2016年，校团委积极申报，在团中央评奖中，获评全国大中专学生志愿者暑期“三下乡”社会实践活动优秀单位，劳动经济学院新就业形态实践调研团获评优秀团队，纪韶教授获评优秀个人。这是学校历史上首次同时获得全国社会实践活动优秀单位、优秀团队和优秀个人3项大奖，也是市属高校中唯一1家。在团市委评奖中，学校获评优秀单位、10支团队获评优秀团队、15项成果获得优秀成果奖、5名同志获评先进工作者、5名同学获评优秀个人。其中，纪韶教授在9月9日作为高校唯一代表参加全国教师座谈会时向习近平总书记汇报了带领学生参加社会实践的情况，受到了总书记当面肯定和赞扬。2016年，团委还首次启动校内评奖，115个团队和个人、33项成果获得奖励。

（郭英）

【深入开展党的十八届五中全会精神宣讲活动】 2016年寒假期间，校团委发动各基层团组织开展了党的十八届五中全会精神宣讲实践活动，实践地域覆盖北京各区县。

（郭英）

【开展“三走”大学生课外体育锻炼活动】 4月5日—6月3日，校学生会开展“相约三走，拥抱晨光”早起养成计划活动。此次晨跑活动共计1 400名同学参加，平均每天都有近百名同学参与其中。人数最多时，日参加人数达到200人次以上，其中有近10名同学坚持每天早上晨跑。在学生会、研究生会的联合组织和带动下，全校范围内的篮球赛、足球赛、拔河比赛、跳大绳比赛、同心鼓比赛、趣味运动会等活动次第举办，平均每月至少有一场大型户外体育活动，有上万人次参与其中。

（郭英）

创新创业

【承办北京市“创青春”大赛】 自2015年10月团市委确定首经贸作为“创青春”大赛承办单位以来，团委积极协调做好各项承办工作。校长办公会专题听取了承办工作汇报，成立了由党委副书记孙善学为组长的大赛协调工作领导小组，学校完成了赛事前期的作品初审、纸质版收集、评委联系等筹备工作。5月24日，时任团市委副书记杨海滨、大学中专工作部副部长郭昊、市学联驻会执行主席方鑫等来学校调研指导“创青春”大赛筹备及相关团学工作。5月28日上午，大赛金奖答辩在学校举行，团委和学校相关部门密切协同配合，以“协调沟通无障碍、信息咨询无障碍、后勤保障无障碍、应急处理无障碍”的严格标准全力做好各项服务保障工作。首经贸圆满完成了比赛车辆疏导、路线指引、信息查询、备场服务、计时服务、评委联络等各项任务，为全市153支参赛团队800余名师生进行了热情周到的服务。

（郭英）

【“创青春”大赛创佳绩】 在本次“创青春”比赛中，首经贸共获金奖1项、银奖1项、铜奖5项，1部作品被推荐到全国参赛。金融学院张天婵同学的创业计划赛作品《合拍 Selfie 自拍馆》斩获北京市金奖，并被选送参加全国“创青春”比赛。劳动经济学院吴言同学的公益创业赛作品《安心行——“安行”防走失智能手环》获北京市银奖，信息学院陈迎港、国际经济管理学院张林贺、工商管理学院何佳婧、信息学院张鑫鑫、工商管理学院杨丹丹同学提交的5部作品获铜奖。此成绩是自1999年“挑战杯”创业大赛创立以来，学校在北京市参赛取得的最好成绩，特别是“挑战杯”升级为“创青春”大赛后，较上届1银3铜的成绩，又取得了历史性突破。

（郭英）

【参加首都大学生科技创新作品与专利成果展示推介会】 2016年，团委积极组队参加首都大学生创意集市、首都大学生科技创新作品与专利成果展示推介会等活动。在推介会活动中，学校选送24部作品参赛，获创业计划书类二等奖1项，论文类三等奖2项，学校获最佳组织奖。

（郭英）

志愿服务

【组织“温暖衣冬，情漾寒冬”活动】 2016年寒假期间，校团委积极响应团市委的号召，组织全校学生开展了“温暖衣冬，情漾寒冬”活动。学校250余名志愿者将500件爱心冬衣传递给了需要关爱的人们，遍及20余个省市。

（郭英）

【多个志愿服务组织获批荣誉称号】 2016年，经过团委积极申报，学校获批了3个首都学雷锋志愿服务站（岗）、示范站（岗）。经济学院“守护－蒲公英”志愿服务岗获“首都学雷锋志愿服务示范岗”称号（全市共14个高校获得该称号），华侨学院志愿者团志愿服务站获“首都学雷锋志愿服务站”称号（全市共35个高校获），统计学院志愿服务岗获“首都学雷锋志愿服务岗”称号（全市共40个高校获批）。

（郭英）

【建校60周年纪念活动志愿服务工作】 2016年，为保障建校60周年纪念系列活动的顺利推进，团委早动手、广动员、重培训，组织千余名志愿者投入各项活动的服务中去。建校60周年活动期间，学校层面有658名志愿者投入校史馆讲解、书画展讲解、外宾接待、校友接待以及文艺演出、国际文化节、科研论坛、校友返校、校园交通引导等服务项目中。此外，还有395名志愿者参与到各学院建校60周年系列活动中。

（郭英）

学生会、研究生会工作

【主席团和部长换届选举工作】 2016年，在校团委的指导下，校学生会、研究生会坚持例会工作制度和校院两级主席联席会制度，及时收集和反映了同学们的意见和建议，较好地发挥了学生与学校之间联系桥梁和纽带作用。校团委指导校学生会、研究生会完成了主席团和部长换届选举工作。

2016 年学生会新任主席团、部长(副部长)中期调整情况一览表

主席团

	姓名	性别	年级	学院
主席团成员	刘行	男	2014 级	文化与传播学院
	刘迪	女	2014 级	劳动经济学院
	史文昊	男	2014 级	华侨学院
	刘耕贺	女	2014 级	金融学院
	张睿智	女	2014 级	劳动经济学院

部长、副部长

部门	职务	姓名	性别	年级	学院
办公室	主任	王晨阳	男	2015 级	会计学院
	主任	李轩	女	2015 级	财政税务学院
外联部	部长	吴尚恒	男	2015 级	国际经济管理学院
	副部长	商可惟	男	2015 级	华侨学院
	副部长	宣扬	女	2015 级	工商管理学院
宣传部	部长	张朝阳	男	2015 级	华侨学院
	副部长	丁学薇	女	2015 级	劳动经济学院
	副部长	张时	男	2015 级	劳动经济学院
安保部	部长	张敬和	男	2015 级	工商管理学院
	副部长	王晓青	女	2015 级	信息学院
	副部长	米秋蕊	女	2015 级	金融学院
文艺部	部长	刘茉	女	2015 级	城市经济与公共管理学院
	副部长	孙佳亮	男	2015 级	会计学院
	副部长	迪拉娜·塔力甫	女	2015 级	劳动经济学院
女生部	部长	王乐然	女	2015 级	劳动经济学院
	副部长	武芙琪	女	2015 级	工商管理学院
	副部长	王思璇	女	2015 级	华侨学院
生活权益部	部长	张萌	女	2015 级	劳动经济学院
	副部长	宫嫦婧	女	2015 级	国际经济管理学院
	副部长	忻笛	男	2015 级	国际经济管理学院

续表

社会实践部	部长	程小舰	女	2015 级	会计学院
	副部长	高瑞雪	女	2015 级	劳动经济学院
	副部长	侯涵钰	女	2015 级	华侨学院
体育部	部长	石昱	女	2015 级	会计学院
	副部长	于里森	女	2015 级	信息学院
	副部长	刘艾旸	女	2015 级	会计学院
学习部	部长	张艺	女	2015 级	华侨学院
	副部长	李爽	女	2015 级	劳动经济学院
	副部长	张嘉惠	女	2015 级	劳动经济学院

2016 年研究生会换届选举结果一览表

主席团

部门	职务	姓名	学院
主席团	主席	司雨	经济学院
	副主席	贺雨芳	财政税务学院
		王春雪	安全与环境工程学院
		王旭	财政税务学院
		解彤	城市经济与公共管理学院

部长(主任)

部门	职务	姓名	学院
办公室	主任	路明静	城市经济与公共管理学院
学术科研部	部长	陈祥梅	城市经济与公共管理学院
宣传部	部长	房文冬	会计学院
文体部	部长	梁婷婷	马克思主义学院
社会实践部	部长	曲歌	统计学院
生活权益部	部长	江上	经济学院

(郭英)

【第五次学生代表大会任期代表补选工作】 根据首经贸第五次学生代表大会制定的《首都经济贸易大学学生代表大会代表任期制办法(试行)》的有关规定,学生代表将在学代会闭会期间继续履行自己的权利义务,充分发挥“学生代言人”的作用,通过座谈会、调研、提案等途径,及时收集同学意见,反映同学心声,以主人翁的姿态参与学校的发展与建设。因部分代表毕业等原因,任期代表出现空缺,经报校党委批准,第五届学生会委员会于 6 月完成了第五次学生代表大会任期代表补选及分组工作。各选举单位最终从 185 名代表候选人中产生 152 名任期代表并上报第五届学生会委员会。此次任期代表补选及分组工作的完成,进一步完善了学生代表大会制度,加强了校园协商民主建设,使学生代表更加专业化和精准化地参与学校治理。

(郭英)

学生社团

【加强对学生社团的指导】 2016 年，团委社团管理中心修订了星级社团评选办法，并继续在本学期开展星级社团评定工作。经认证公示，万国语社、商学会、就业与职业发展协会、国标舞社、空手道社赢得本年度五星级社团称号。在 2015 年度全市高校千团大战评选活动中，学校博赏书社、空手道社、三色花网络文化工作室、商学会、心翼心理学社获“2015 年度北京高校优秀学生社团”荣誉称号。

2015—2016 学年星级社团名单

五星级社团

【志愿与实践类】	就业与职业发展协会
【理论与学术类】	商学会
【体育与休闲类】	空手道社
【文学与艺术类】	国标舞社、万国语社

四星级社团

【志愿与实践类】	周末 Hometown、大学生知行联盟(CIC)、红十字会学生分会
【理论与学术类】	人力资源协会、心翼心理学社
【文学与艺术类】	凤凰汉服社、乐呵相声社

三星级社团

【志愿与实践类】	创业发展协会、起点计算机协会、三色花网络文化工作室、事业启航协会、首经贸 AIESEC、首经贸社工在行动、驼峰助学团、驼铃校友交流发展协会
【理论与学术类】	会计论坛、统计研讨与实践协会、股市沙龙、首经贸辩论协会
【体育与休闲类】	首经贸合气道协会、首经贸乒乓球协会、首经贸足球社、羽毛球协会
【文学与艺术类】	博赏书社、玛雅传媒、新媒体协会、学通社、浥草文学社

二星级社团

【志愿与实践类】	明达驿站、企业模拟竞争协会、善客
【理论与学术类】	CUEB 光线校园俱乐部、保险学会、动力英语协会、法学会、金融工程协会、劳动与社会保障学社、启承青年马克思主义学会、首经贸咨询协会、投资与风险协会、星愿天文社
【体育与休闲类】	灰斑马推理社
【文学与艺术类】	E – shine、M – plex 街舞社、图书馆读者俱乐部、樱月动漫社

一星级社团

【志愿与实践类】	CUEB 绿色生态学会、红色志愿者协会、首经贸创行、外地生交流协会
【理论与学术类】	劳动关系研讨学会、英语沙龙、房地产协会、青年社会创业协会
【体育与休闲类】	跆拳道社、风行者轮滑社、军事爱好者协会、阳光网球社、腰旗橄榄球队、APEX 健身社
【文学与艺术类】	现代音乐社

续表

2016 年新成立社团：

【志愿与实践类】	首都经济贸易大学校史讲解团
【理论与学术类】	首都经济贸易大学素食文化协会、CUEB 推理与演讲爱好者协会、开讲吧
【体育与休闲类】	首经贸滑雪协会、首经贸排球协会、首经贸游泳协会、首都经济贸易大学围棋社
【文学与艺术类】	CUEB 影视创作社

2016—2017 学年度第一学期注册学生社团名单

理论与学术类（20 个）		
商学会	会计论坛	CUEB 光线校园俱乐部
保险学会	首都经济贸易大学素食文化协会	统计研讨与实践协会
股市沙龙	CUEB 推理与演讲爱好者协会	开讲吧
动力英语协会	法学会	金融工程协会
劳动与社会保障学社	启承青年马克思主义学会	首经贸咨询协会
投资与风险协会	星愿天文社	首经贸校辩协
劳动关系研讨学会	英语沙龙	
文学与艺术类（14 个）		
万国语社	凤凰汉服社	乐呵相声社
博赏书社	玛雅传媒	新媒体协会
E - shine	学通社	浥草文学社
现代音乐社	M - plex 街舞社	图书馆读者俱乐部
CUEB 影视创作社	樱月动漫社	
志愿与实践类（20 个）		
就业与职业发展协会	周末 Hometown	大学生知行联盟（CIC）
红十字会学生分会	起点计算机协会	三色花网络文化工作室
创业发展协会	事业启航协会	首经贸 AIESEC
首经贸社工在行动	驼峰助学团	驼铃校友交流发展协会
企业模拟竞争协会	善客	明达驿站
CUEB 绿色生态学会	红色志愿者协会	外地生交流协会
首经贸创行	首都经济贸易大学校史讲解团	

续表

体育与休闲类（16 个）		
空手道社	首经贸合气道协会	首经贸乒乓球协会
首经贸足球社	羽毛球协会	APEX 健身社
风行者轮滑社	灰斑马推理社	跆拳道社
军事爱好者协会	阳光网球社	腰旗橄榄球队
首经贸滑雪协会	首经贸排球协会	首经贸游泳协会
首都经济贸易大学围棋社		

（郭英）

【优化学生活动审批和管理】 2016 年，学校实行学生活动无纸化审批，试运行活动审批系统，方便同学查询活动教室使用情况，简化活动审批手续。全年共审批活动 900 余场次。

（郭英）

校园文化

【大力推进艺术教育工作】 2016 年，校团委新聘任了陈俊华、魏金栋、侯钧 3 位老师作为学校艺术教育专家团顾问，很好地支撑了学校艺术教育工作的发展。大学生艺术团积极参加各级各类比赛及文艺演出。5 月，合唱团凭借《群青》《八骏赞》《The Snow》荣获得北京大学生音乐节重唱及人声乐团组、混声合唱组两项金奖。7 月，合唱团参加中国国际合唱节获得银奖。9 月，魔术团受邀作为表演嘉宾参加了“武动北京、情系奥运”2016 来华留学生武林大会。10 月，魔术团参加北京市青少年法治文艺大赛获表演类三等奖。11 月，管弦乐团和民乐团参加北京市大学生音乐节，分别获得管弦乐合奏乙组和民乐展演乙组两项银奖。12 月，合唱团受邀参加北京市朝阳区首届“乐动朝阳”京津冀合唱比赛并获金奖。

（郭英）

【举办丰富多彩的校园文化活动】 5 月 20 日，校团委举办以“舞彩飞扬、乘梦远航”为主题的第十届啦啦操、团体健身操比赛。9 月 19 日，英国剑桥大学合唱团到访首经贸并与大学生艺术团、学生社团等开展互动交流，两校学生在艺术教育中心共同举办了一台别开生面的联欢会。12 月 9 日，纪念“一二·九”运动 81 周年歌咏大会在博远楼琢玉讲堂举办，团委组织全校 15 个学院组队参加，校党委书记冯培，校党委副书记孙善学、朱玉华，副校长孙昊哲出席大会并颁奖。校学生会、研究生会举办了学术文化节，以及辩论赛、模拟招聘大赛、校园歌手大赛、时装模特大赛、迎新晚会等校园文艺活动。2016 年校“社团文化月”活动期间，各个社团纷纷举办了各具特色的社团活动。

（郭英）

重要活动

【推进高校生态文明教育】 2016 年，校团委完成了《全面深化改革与生态文明建设论丛》一书的出版；继续举办了生态文明教育大讲堂，特邀中国石油大学（北京）新能源研究院院长周红军做题为“中国能源的未来与就业”的报告，指导学生社团绿色生态发展协会参加了市教委组织的 2016 年青少年节能环保社团建设与节能环保成果征集活动；参加了全国大学生“绿色梦想共创计划”，学校选送的作品获全国三等奖。

（郭英）

【服务建校 60 周年纪念活动各项工作】 2016 年，校团委服务建校 60 周年纪念活动，主要完成了 5 个方面的工作：一是筹办了建校 60 周年文艺演出，面向师生和校友演出了 2 场；二是组织 1 000 余名志愿者完成了建校 60 周年纪念活动志愿服务工作；三是配合协助国际学院，共同主办了国际文化节；四是为离退休同志联欢会、特大城市高端论坛、安工学院建院 60 周年活动以及其他 4 个学院的校友联谊活动，提供了设备及场地服务保障；五是通过《共青团通讯》出版了建校 60 周年纪念活动专刊，在第三食堂海报栏制作了 9 幅以“为母校庆生、为青春喝彩”的主题宣传海报，装饰文化活动中心北侧外围墙体，指导校学生会先后举办校园荧光夜跑、博学楼亮灯、“点亮首经贸”等活动，营造起建校 60 周年纪念活动浓厚的文化氛围。

（郭英）

【组织建校 60 周年文艺演出】 10 月 16 日、17 日，校团委组织 500 余演职人员排演 100 余日，在琢玉讲堂为广大校友师生奉献 2 场建校 60 周年文艺演出。校团委精心策划编导，通过乐器合奏、歌曲联唱、情景短剧、舞蹈、相声、魔术、戏曲等不同表演形式，分成“路启京华”、“情满校园”和“逐梦天下”3 个篇章，展现了首经贸建校 60 周年的发展历程。除校歌外，建校 60 周年文艺演出的 13 个节目均为原创设计。

（郭英）

第十一篇

院系工作

上图 5月8日，城市学院举办保护非物质文化遗产宣传活动

中图 5月25日，城市经济与公共管理学院教授祝尔娟、张贵祥、叶堂林随首都圈研究团队赴沧州调研考察

下图 5月25日，城市经济与公共管理学院举办第三届科学监管与监管科学论坛

上图　5月27日，城市经济与公共管理学院赴天津滨海新区调研

中图　11月26日，城市经济与公共管理学院学生取得2016全国城市管理大学生竞赛一、二等奖

下图　2月9—27日，工商管理学院10名MBA学生和3名本科学生赴澳大利亚格里菲斯大学参加商学培训课程

上图　4月28日，工商管理学院举办第六届班级风采大赛

中图　5月21、22日，工商管理学院获第十届中国MBA联盟领袖年会暨首届中国社群生态大会“最具影响力商学院”称号

下图　6月14日，工商管理学院举行卓越商才颁奖典礼暨第四届学术文化季闭幕式

上图 6月，工商管理学院商学会举行第36届GMC国际企业管理挑战赛颁奖典礼，学校4支队伍获全国二等奖、26支队伍获全国三等奖，学校获中国赛区二等奖，商学会获全国最佳组织奖

中图 11月22—28日，工商管理学院MBA教育中心师生一行14人访问日本名城大学

下图 11月24日，工商管理学院MBA教育中心师生前往腾讯公司举办移动课堂

上图　11 月 24 日，工商管理学院举行 2016 年“弘扬长征精神，勇担青春使命”主题团日分享会

中图　2016 年，工商管理学院选送 3 名 MBA 学生赴美国密苏里大学攻读 MBA 学位

下图　5 月 9 日，经济学院开展 2013 级本科生专业实习活动

上图 6 月 1 日，经济学院开展“亮明身份、我诺我行”主题教育活动

中图 9 月 12 日，经济学院与法国图卢兹第二大学举行 2017 年报验项目宣讲会

下图 10 月 15 日，经济学院与意大利罗马第二大学洽谈学术合作事宜

上图　10 月 20 日，经济学院与北京现代汽车有限公司建立国际化人才培养实践基地

中图　11 月 27 日，经济学院举行 2016 宿舍之星大赛

下图　12 月 8 日，经济学院举办第十五届“创新成果与优秀人才”表彰暨第九届“院长奖章”颁奖典礼

上图　4 月 15 日，会计学院学生会文艺部在大学生活动中心举办了“第二站，青春”话剧周晚会

中图　6 月 28 日，会计学院 2016 年跨专业实习训练营开营

下图　7 月 4 日，会计学院开展“探寻红色记忆，弘扬革命精神”主题党日活动

上图　10 月 15 日，由对外经济贸易会计学会主办、学校会计学院承办的中国对外经济贸易会计学会 2016 年学术年会暨首都经济贸易大学建校 60 周年会计学术研讨会在北京举行

中图　10 月 26 日，会计学院举办迎新晚会

下图　10 月—11 月，会计学院辩论队举办会计学院新生辩论赛

上图　12 月 9 日，会计学院参加学校纪念“一二·九”运动 81 周年歌咏大会

中图　4 月 12 日，劳动经济学院举办第五届“职”属于你模拟面试大赛

下图　5 月 20 日，劳动经济学院代表队参加学校第十届拉拉操比赛

上图　10 月 14 日，劳动经济学院与英国南安普顿大学签署合作协议

中图　11 月 19 日，劳经学院学生获第一届全国大学生人力资源管理知识技能竞赛特等奖

下图　1 月 19 日，文化与传播学院与首都之窗运行管理中心签订校外人才培养实习基地协议

上图　1月21日—28日，文化与传播学院2012级本科生以“首都之窗”实习记者身份参与北京市人大第十四届第四次会议及政协第十二届第四次会议新闻报道

中图　6月1日，文化与传播学院建院五周年师生书法绘画暨专业实践作品展开幕

下图　6月8日，文化与传播学院举行首经贸书法教室揭牌仪式，图为副校长王传生参观书法教室

上图　文化与传播学院 2012 级广告专业本科生黄小雨创作的标识作品获选为建校 60 周年纪念活动标识

中图　3 月 25 日，信息学院在研究生复试中采用自主研制的随机抽题可视化系统

下图　5 月 23 日，信息学院举办首届模拟面试大赛

上图　6月1日，信息学院邀请学校劳动经济学院退休教授李福田主讲“两学一做”主题党课

中图　6月2日，信息学院举办IT节闭幕式暨梦圆青春晚会

下图　7月11日，信息学院党委组织纪念建党95周年主题党日活动

上图　11 月 22 日，信息学院开展“梦想从信息起航”2016 级新生晚自习专题辅导活动

中图　12 月 19 日，信息学院举办“铭记党史 开创未来”主题知识竞赛

下图　7 月 20 日，安全工程学院 CUEB 绿色生态协会开展红色“1 + 1”环保手工皂制作活动

上图　8 月 5 日，安全与环境工程学院开展“井冈情，中国梦”全国大学生暑期实践季专项行动

中图　10 月 16 日，安全与环境工程学院举行成立 60 周年纪念大会

下图　10 月 16 日，安全与环境工程学院开展“记忆 · 希望 · 未来”校友访谈

上图　11 月 10 日，安全与环境工程学院举行第九届北京高校联合纸桥承重大赛初赛

中图　4 月 27 日，财政税务学院举办税收宣传月暨第八届朝阳税务杯税收风采展示大赛

下图　5 月 26 日，财政税务学院举办第十二届财政税务学院技能大赛总决赛

上图　10 月 16 日，财政税务学院举办建院 10 周年纪念大会

中图　12 月 4 日，财政税务学院举办第三届资产评估文化节暨首届全国高校资产评估专业硕士知识竞赛

下图　12 月 14 日，财政税务学院教职工在学校八式太极拳比赛中获第三名

上图　4 月 23 日，法学院举办“法律人之声”第三届高校论坛

中图　4 月 23 日，法学院举办“法律人之声”第三届高校论坛（2）

下图　5 月 12 日，法学院学生参加北京市大学生模拟法庭联赛

上图　5 月 22 日，法学院志愿者团及研究生为即将退役的某武警中队武警普及法律知识

中图　7 月 4 日，法学院与鸿泰鼎实资产管理有限责任公司签订实习基地合作协议

下图　9 月 22 日，法学院举行 2016 级新生入学仪式

上图　9月24日，法学院教授张世君获第二届“首都十大青年法学家”提名奖

中图　11月21日，法学院师生参观中关村文化创意产业园

下图　5月20日，美国阿尔玛学院师生一行到访金融学院

上图　6 月，金融学院与中煤时代资产经营管理公司举行学生实习基地挂牌仪式

中图　10 月 16 日，金融学院举行建院 10 周年纪念大会暨校友论坛

下图　10 月 18 日，金融学院举行“京津冀金融研究联盟”成立仪式

上图　11 月 16 日，金融学院举行保险专业校外导师聘任仪式

中图　12 月 1 日，金融学院承办第四届金融风险高层论坛

下图　4 月 26 日，统计学院举行第六届全国大学生市场调查与分析大赛暨第五届海峡两岸市场调查与分析大赛北京赛区选拔赛

上图　5 月 4 日，统计学院举行" 统愿韶华" 五四先锋颁奖晚会

中图　5 月 20 日，统计学院举办 2016 年首都高校大学生发展信心指数新闻发布会

下图　5 月 21 日，统计学院志愿者团参加“161 + ”志愿服务

上图　9月22日，统计学院与经济技术开发区创新发展联盟签订战略框架协议，并为京津冀产业发展研究中心及研究生培养基地揭牌

中图　5月3日，外国语学院举办第三届北京高校外语好声音首经贸赛区决赛

下图　12月，外国语学院举办第五届"外教社杯"优秀学生表彰大会

上图　3 月 29 日，华侨学院英语学习平台 Convo Club 举办复活节派对

中图　10 月 15 日，学校华侨捐赠陈列馆开馆，图为北京市侨联党组书记赵宏生、学校党委书记冯培为华侨捐赠陈列馆揭牌

下图　11 月 7 日，华侨学院举行迎新晚会

上图　11 月 18 日，华侨学院获学校“院系杯”篮球赛冠军

中图　12 月 16 日，浙江财经大学调研代表一行参观华侨捐赠陈列馆

下图　6 月 1 日，马克思主义学院与北京物资学院经济学院开展“我们携手聚集在党旗下”主题党日活动

上图　9 月 29 日，马克思主义学院获评北京高校思想政治理论课改革示范点

中图　10 月 16 日，马克思主义学院举办马克思主义理论专业研究生培养与就业质量暨北京高校思政课教改示范点建设研讨会

下图　6 月 15 日，国际经济管理学院举行“两学一做”学习教育活动，图为直属党支部书记刘文川主讲党课

上图　10 月 31 日，国际经济管理学院举办万圣节派对

下图　11 月 30 日，国际经济管理学院举办首届“ISEM 奖学金”颁奖典礼

城市经济与公共管理学院

概　况

城市经济与公共管理学院于2011年3月由城市学院更名而来。其前身城市学院创建于2005年3月,由原公共管理系、城市经济系、首都经济研究所、不动产研究所等系所组建而成。学院兼具应用经济学和公共管理学两大学科交叉优势,人才培养规模、科研课题数量和经费在全校居于前列,形成了以城市为主要研究对象的、特色鲜明、为首都经济社会发展服务的独特优势。

学院拥有一支结构合理,兼具学术研究、应用研究和实践经验的师资队伍,不仅拥有在相应学科领域内的知名教授、学者,而且拥有一大批教学科研青年骨干教师,拥有博士学位和海外学习经历的教师达到70%以上。专职教师队伍中有教授16人、副教授22人、博士生导师7人,硕士生导师31人。

学院拥有公共管理一级学科,区域经济学二级学科和城市经济与战略管理(交叉学科),形成公共管理、应用经济、管理科学与工程三大学科相互倚重、融合发展的复合优势。区域经济学是北京市重点学科,行政管理是北京市重点建设学科。区域经济学、城市经济与战略管理(交叉学科)具有博士学位授予权,公共管理一级学科具有硕士学位授予权,下设行政管理、土地资源管理、教育经济与管理和社会保障二级学科硕士点,并拥有公共管理专业硕士(MPA)学位授予权。学院设行政管理系、土地资源系、公共事业管理系、城市管理系、区域经济系及相应的5个本科专业。首都经济研究所、不动产研究所、工商行政与市场监管研究所、国际问题研究所为柔性研究机构,突出特色研究和社会服务功能。

(王德起)

学科建设

【全国城市管理专业教指委专家指导专业建设】 9月23日,全国城市管理专业教学指导委员会副主任纪晓岚、刘广珠、项英辉以及北京建筑大学经济与管理工程学院副院长周霞4位专家来到学院对城市管理专业培养方案提出指导建议,4位专家分别就培养方案中的模块方向、课程设置、选课方式以及实践课程、开课时间、课程内容等问题,结合我国城市管理专业的发展方向提出相关建议。

(谭善勇)

教学工作

【概述】 2016年,学院重点推动人才培养方案修订、课程建设、教学专项经费下拨、2015级大类分流、专业前置宣讲、教育教学成果奖申报以及外培等国际化人才培养等项工作,学院获得北京市高校校内创新示范基地、获得2项校级教育教学一等奖,获得1项全国首届大学生城市管理竞赛一等奖。

(张杰)

【完成2015级学生大类分流工作】 2015级学生报到174人,转专业46人,在册135人,除行政管理(国际班)外共109人,至9月30日,共分流为6个班级,学生一志愿录取比例达到94.5%。

(张杰)

【举行2016级新生专业前置介绍】 学院利用大一新生晚自习的时间,邀请行政管理、城市管理(区域经济管理)、土地资源管理、城市管理、公共事业管理等专业教师和毕业生代表先后对2016级本科生进行了5场专业前置介绍讲座。

(张杰)

【讨论修订人才培养方案】 学院各系在全国范围内60所院校进行了调研,并举行研讨会17次,讨论修订人才培养方案的具体问题。

(张杰)

【举办青年教师沙龙】 学院于3月和9月先后举办

2 场青年教师沙龙，王世强、张杨、闫觅、姜金秋等青年教师进行了课程试讲，颜燕、赵文等教师分享了教学心得体会。党委书记王德起同刘智勇、潘娜、王晖、闫觅、宋心然、黄衔鸣、徐正等 10 余位青年教师共同探讨课程、教材、教学等授课过程中遇到的问题。

（张杰）

【推进大学生实习实践活动】 学院先后安排本科生赴北京丰台工商管理分局、贵州麻江、天津滨海、山东济南等地进行实习实践活动。11 月 4 日，学院召开大学生暑期实习实践汇报表彰会，3 组 2013 级、2014 级、2015 级行政管理、公共事业管理、土地资源管理、城市管理等专业实习学生代表分别介绍、交流了实习实践的经验体会。

（张杰）

【推进国际交流项目】 6 月，学院参加纽约州立大学奥尔巴尼分校洛克菲勒公共事务与政策学院交流合作会，并组织"国际学术周"活动，邀请 5 位美国专家学者为学生授课。学院和罗格斯州立大学合作的外培项目继续深化，7 名学生参加此项目并赴美进行交流学习。

（张杰）

【获批校级教育教学一等奖】 学院获批学校 2 项重大项目中的 1 项，并获批多项重点和一般项目。"公共管理学"大类课程获得校级精品网络公开课荣誉，并获 2 项批校级教育教学一等奖。

（张杰）

【获首届公共管理案例大赛三等奖】 11 月 27 日，由中山大学新华学院主办，清华大学、中国人民大学、厦门大学、香港中文大学等高校协办的"首届中国大学生公共管理案例大赛"决赛在中山大学东莞校区举行。以学院行政管理系 2014 级行政管理班的丁智聃、高文慧、唐艺玮、王冉迪、赵航等为主要成员，行政管理系教师王蕾为指导老师的"北京交通拥堵问题与治理对策研究"案例分析团队获得大赛三等奖。

（潘娜）

【获全国大学生城市管理大赛一等奖】 11 月，城市管理专业师生获首届全国大学生城市管理大赛一等奖、二等奖、优秀奖，学院获全国高校城市管理竞赛优秀组织奖。

（张杰）

【"推开行政管理之窗"晚自习辅导】 10 月 19 日，学院举办"推开行政管理之窗"晚自习系列辅导活动。行政管理系围绕"专业概况""师资力量""课程教学""特色活动""实习实践""就业深造"6 个部分向学院 2016 级新生开展专业认知教育。

（潘娜）

【获 2016 全国大学生城市管理竞赛一、二等奖】 11 月 25 日，首届全国大学生城市管理竞赛在浙江大学举行，学院党委书记王德起和城市经济管理系主任谭善勇指导的城市经济管理专业 2 个参赛小组参加了竞赛，分获一、二等奖。

（谭善勇）

科研工作

【概述】 学院获批纵向课题立项 12 项，包括：国家社科基金重大项目 1 项，其他国家级项目 4 项；省部级项目 4 项；委办局级项目 3 项。多份提案得到中央、地方政府的批示；发表权威 A 类期刊论文 2 篇；发表权威 B 类期刊论文 6 篇；发表核心 A 类期刊论文 15 篇；发表核心 B 类期刊论文 11 篇。

学院研究团队的组织与建设已具有一定规模。以北京市经济社会发展政策研究基地、首都圈研究中心、都市郊区及新农村建设平台、首都土地利用与住房问题研究平台、首都公共管理研究中心、首都国际化研究平台等科技创新平台为依托，打造学术研究团队，创造了高质量、标志性成果。其中，北京市经济社会发展政策研究基地入选中国智库索引（CTTI），首都土地利用与住房问题研究平台（2015）在北京市市级财政支出项目绩效考评中被评为优秀。

学院主办了"2016 京津冀都市圈发展高层论坛"、"2016 城市国际化论坛"和第三届"科学监管与监管科学"论坛，在学界产生了一定的影响力。2016 年，学院还主办了全校性学术讲座 20 余次，10 余名教师分别参加了国际、地区、全国性学术会议及学术考察、交流。

2016 年城市经济与公共管理学院重要学术论文一览表

序号	论文题目	第一作者	发表/出版时间	发表刊物/论文集	刊物类型
1	中国省际经济增长的传递及其机制分析	安树伟	2016－11－28	中国软科学	权威 A
2	北京旧城保护改造研究	赵秀池	2016－11－10	商业经济研究	核心 B
3	中国区域间经济波动与经济增长时滞效应分析	安树伟	2016－11－01	河北经贸大学学报	核心 A
4	京津冀与世界级城市群的差距及发展策略	安树伟	2016－11－01	河北学刊	核心 A
5	京津冀与长三角、珠三角企业发展对比研究及政策建议	叶堂林	2016－10－10	省部级成果要报	权威 B
6	英美高等教育质量保障体系与人才培养模式借鉴研究	周伟	2016－10－01	经济研究参考	核心 B
7	公共政策过程中的价值取向研究	赵韵玲	2016－09－20	改革与战略	核心 B
8	波士华城市群对京津冀协同发展的借鉴意义	周伟	2016－09－16	经济研究参考	核心 B
9	2000 年以来我国制造业空间格局演变研究	安树伟	2016－09－15	经济问题	核心 A
10	城市发展新空间及其现实驱动：观察远郊工业区	王德起	2016－09－01	改革	权威 B
11	基于碳平衡的城乡生态补偿长效机制研究——以北京市为例	彭文英	2016－09－01	生态经济	核心 B
12	区域发展新空间的逻辑演进	安树伟	2016－08－15	改革	权威 B
13	对京津冀 44 个市区县企业协同发展情况的调查	叶堂林	2016－08－01	被中央领导批示或国家领导机构采纳的文章	权威 A
14	教育家精神、资源配置的信息基础与高等教育管办评分离改革	刘业进	2016－07－15	当代教育科学	核心 B
15	简政放权、负面清单管理与落实高校办学自主权改革的制度分析	刘业进	2016－07－10	湖南师范大学教育科学学报	核心 A
16	基于污染物排放的京津冀大气污染治理研究	安树伟	2016－06－30	中国人民大学书报资料中心	核心 A
17	特大城市制造业发展测算与疏解思路——以北京为例	张杰	2016－06－06	经济与管理研究	核心 A
18	网络舆情生成传播中心理群体的涌现机制	刘业进	2016－06－01	学术界	核心 A
19	城市治理：一个文献综述	邬晓霞	2016－05－26	经济研究参考	核心 B
20	京津冀地区创新能力的大数据分析	戚晓旭	2016－05－25	光明日报（理论版）	权威 B
21	京津冀产业协同发展的新进展和新动向	祝尔娟	2016－05－12	经济日报（理论版）	权威 B

续表

序号	论文题目	第一作者	发表/出版时间	发表刊物/论文集	刊物类型
22	关于城镇住宅用地自动续期的四点建议	赵秀池	2016-05-10	省部级成果要报	核心 A
23	城市功能疏解与大城市地区的疏散化	张强	2016-05-10	经济社会体制比较	权威 B
24	北京市生产性服务业关联度分析	周伟	2016-05-10	商业经济研究	核心 B
25	底特律产业结构变迁及其对北京产业优化升级的借鉴意义	周伟	2016-05-06	经济研究参考	核心 B
26	京津冀协同发展指数研究	祝尔娟	2016-05-01	中国人民大学书报资料中心	核心 A
27	京津冀地区城市体系规模结构的测度与评价——基于2006—2012 年数据	邬晓霞	2016-05-01	河北经贸大学学报	核心 A
28	京津冀产业协同发展的最新进展	祝尔娟	2016-04-19	省部级成果要报	核心 A
29	群体选择与演化错配	刘业进	2016-03-01	制度经济学研究	核心 A
30	以协同创新促京津冀协同发展——在交通、产业、生态三大领域率先突破	祝尔娟	2016-03-01	河北学刊	核心 A
31	京津冀产业协同发展模式研究	邬晓霞	2016-02-01	生态经济	核心 B
32	京津冀产业结构调整优化路径研究	周伟	2016-01-25	商业经济研究	核心 B
33	京津冀土地承载力空间分异特征及协同提升机制研究	李强	2016-01-22	地理与地理信息科学	核心 A
34	从大数据看北京企业疏解的工作重点	叶堂林	2016-01-12	省部级成果要报	核心 A

（潘娜）

【举办“行政审批制度改革的法律问题”学术讲座】 3月30日，学院邀请国家行政学院法学部副主任、中国行政法学研究会副会长、教授杨小军主讲“行政审批制度改革的法律问题”主题讲座。

（潘娜）

【举办“全球治理与行政管理学科建设”学术讲座】 3月31日，学院邀请《中国行政管理》杂志社社长、总编、研究员鲍静主讲“全球治理与行政管理学科建设”主题讲座，并就“行政管理学科建设”进行了交流。

（潘娜）

【召开2016首都圈发展高层论坛】 11月19日，首都圈论坛——京津冀论坛暨2016蓝皮书推进会在京召开。首都经济贸易大学原校长、教授文魁，首都经济贸易大学城市学院教授祝尔娟，河北经贸大学副校长武义清，中国科学院地理研究所教授方创琳，天津市委党校、天津行政学院经济发展战略研究所所长、教授臧学英，中国人民大学社会与人口学院副教授张耀军以及河北经贸大学、龙信数据公司等京津冀三地的专家、教师及学生代表参加此次会议。

（章浩）

【举办第三届“科学监管与监管科学”论坛】 12月8日，学校举办第三届“科学监管与监管科学”论坛。论坛以“合作治理与科学监管”为主题，涉及国家治理体系、城市管理体制、食品药品监管、“互联网+”监管、环境治理等多个议题。本届论坛由学校联合中国市场监督管理学会主办，《中国行政管理》杂志社协办，城市经济与公共管理学院、工商行政与市场监管研究所、《中国市场监管研究》编辑部承办。国家行政学院、清华大学、北京大学、中国人民大学、南开大学等20余所高校及研究机构的50余名专家学者，以及中国行政管理学会、中国市场监督管理学会、北京市城市管理综合行政执法局和工商系统的领导干部出席了研讨会。

（潘娜）

【举办“大数据与公共政策分析的发展”学术讲座】 12 月 30 日，学院邀请国家社会科学基金重大项目首席专家、中国政法大学政治与公共管理学院教授、博士研究生导师傅广宛做“大数据与公共政策分析的发展”主题讲座。

（潘娜）

【学院教授祝尔娟、张贵祥、叶堂林赴张家口调研】 2 月 25 日—26 日，学院教授祝尔娟等京津冀大数据研究中心专家代表赴河北省张家口市进行调研考察，深入探讨了京津冀协同发展、北京非首都功能疏解、2022 年冬奥会等给张家口市带来的机遇和挑战等问题，并与张家口市社会科学界联合会共同商讨合作建设研究基地等事宜。

（章浩）

【学院教授祝尔娟、张贵祥、叶堂林赴沧州调研】 5 月 18 日—19 日，学院教授祝尔娟等首都圈研究团队专家代表赴河北省沧州渤海新区进行实地调研考察，并与渤海新区、北京交通大学海滨学院共同商讨建立合作研究基地等事宜。

（章浩）

【学院教授张贵祥获北京高校“心桥工程”先进党外代表人士称号】 4 月，学院教授张贵祥因参与“心桥工程”项目《京津冀区域协同发展调研与决策咨询》，获北京高校“心桥工程”先进党外代表人士称号。

（章浩）

学生工作

【概述】 学院以主题活动为框架推进大学生思想教育工作，引导基层党团完善自身组织建设，宣传并组织大学生社会实践项目及大学生社团活动，丰富了大学生的精神文化生活。同时，学院积极组织开展学生志愿活动、学生暑期社会实践活动，并举办多项特色活动。

（张云雪）

【思想政治教育】 4 月初，学院开展党团知识竞赛，学院各团支部组成 7 支参赛队伍参加了此次竞赛。4 月—6 月，学院组织指导各支部开展“追忆历史，追梦青春”主题团日系列活动，并于 5 月 18 日举办了学院 2015 级主题团日分享会。此外，学院还组织学生线上学习了“点燃青春梦・铸就中国梦”微党课视频及文字内容。

（张云雪）

【组织建设】 学院学生会相继完成招新面试与换届工作；学院分团委换届选举产生副书记 1 人，各部门干部 10 人，并吸纳新任干事 45 人。

（张云雪）

【宣传工作】 学院积极利用分团委官方微信平台、学生会微信平台宣传学院各项活动及各团支部建设成果，并向学校团委基层动态栏目推送信息千余则。

（张云雪）

【社会实践】 学院组织 5 支队伍开展大学生暑期社会实践活动，包括 1 支市级重点团队，马惠子团队、2014 级行政管理国际班支教扶贫团队分别获得学校优秀暑期社会实践团队奖、学校优秀暑期社会实践成果奖，该两个团队的领队同时获得学校暑期社会实践优秀个人奖。

（张云雪）

【志愿服务】 学院先后组织学生参加里约嘉年华志愿服务、建校 60 周年纪念活动服务、公益献血献爱心、慰问“五保户”老人、传承“非遗”等系列活动。

（张云雪）

【文体活动】 学院积极组织学生参加各项文体活动：4 月 22 日，学院学生参加学校第十三届体育运动大会，获团体总分第八名、男子团体总分第八名；5 月 29 日，学院学生参加学校第十届拉拉操、团体健身操比赛；11 月 2 日，举办“微微一笑很倾城”主题迎新晚会；11 月 9 日，开展“我的宿舍服”宿舍文化节活动；11 月 17 日，学院代表队参加“纪念中国工农红军长征胜利 80 周年”主题演讲活动；11 月 17 日，开展“爱芝士”知识竞赛；12 月 8 日，学院组织参与“一二・九”长跑活动；12 月 9 日，学院学生参加学校纪念“一二・九”运动 81 周年歌咏大会。

（张云雪）

【举办行政管理系校友回家活动】 10 月 16 日，在学校举办建校 60 周年纪念活动之际，学院行政管理系与城市运行与应急管理实验室举办“行政管理系校友回家”活动。活动由院长张国山主持,已退休教师代表蒋泽中、胡加荣,1982 级、1992 级、1996 级及 2002 级校友,行政管理系现任教师潘娜、刘智勇、张智新、王蕾、黄衔鸣、陈曦等参加活动。

(潘娜)

【2015 级行政管理国际班获校级班级最佳集体活动奖】 11 月 23 日,在学校举办的“2015 级新生班级最佳集体活动”大赛中,学院 2015 级行政管理国际班获“班级最佳集体活动”奖。

(潘娜)

党建工作

【概述】 学院以“两学一做”学习教育活动为契机,广泛开展主题教育活动,全面提高党员教师思想素质和组织纪律,积极创建党建活动品牌。提出了“两全”组织工作目标,即“团结一致、埋头苦干,全力争创学院良好形象;凝心聚力、扎实工作,全面提升学院教育质量和科研水平”,构建“城院精神”,进一步理顺学院党、政、工、团等方面的分工、责任关系,形成“分党委—党支部—党员—群众”与“分党委——系行政 + 党支部 - 工会小组”三位一体的组织架构。建立制度、机制、程序三项保障,组织实施工作例会制度,厉行民主评议党员制度。坚持党务政务公开,加强班子建设。建设基础环境与文化氛围,增设小会议室,重新布置了办公区文化走廊。

(王德起)

工会工作

【概述】 学院分工会积极组织会员参加学校工会开展的各项活动,并积极组织学院教职工代表大会代表和工会会员代表大会代表提交提案。同时,学院借助学校工会各项先进评选活动,提高教职工师德水平和业务水平;开展新年联欢会、纪念中国工农红军长征胜利 80 周年和房山坡峰岭徒步走、羽毛球赛、“品美食,比厨艺”等各种文体活动。另外,结合建校 60 周年纪念活动和学院建院 11 周年纪念活动,学院邀请部分曾经为学院建院做出贡献的老领导、老专家来院座谈,回顾并介绍了学院建院前身各个系所的发展历程及学院成立后学科发展等方面取得的成绩。学院继续执行向直系亲属过世的教职工发放 300 元慰问金(包括退休教职工)的政策,并为学院所有教职工购买互助保障险、女工特殊疾病险和大病险。组织教师探望学院病退教师孙曜,多位学院教师在学院支持下自发探望学院退休教师。

(范慧萱)

实验室建设

【概述】 首都经济贸易大学城市运行与应急管理实验中心(以下简称“实验中心”)是基于城市可持续发展战略需求、培养具有城市复杂系统管理思维与能力的复合型人才、研发特大城市建设规划管理研究成果的实验教研机构,可以满足教学实验、决策模拟、应急培训、成果产出、学术交流、咨询服务等多种需求。

实验中心建筑面积 800 平方米,下设城市互动体验展厅、城市运行指挥演练实验室、应急仿真推演实验室、动感体验室、案例研讨室、数据分析室、协同创新室等专业实验空间。截至 2016 年年底,实验室拥有实验设备 350 台(套),价值 1 300 余万元,实验软件 20 种,价值 300 万元。学院开设实验课程 15 门,出版实验教材 2 本,实验手册 2 本;进行本科和研究生创新训练指导 50 余项;完成本科生、研究生创新实践项目指导、讨论课程 30 余次,举办学术讲座 20 余次,学术研讨会 30 余次;自主研发了 5 套城市模拟实验系统,获得实验研究软件著作权 2 项、相关专利 2 项,教师发表实验教学论文 5 篇;举办各类技术培训十余次,超 300 人次;接待国内外、校内外参观交流访问 40 余次,上级部门调研考察十余次。

4 月 26 日,中央政治局委员、北京市委书记郭金龙一行来校调研,第一站来到城市运行与应急管理实验中心,观看了城市应急仿真模型系统,详细了解学校运用大数据技术研究北京市人口状况、京津两地投资状况等京津冀协同发展等方面问题的成果,并与学校师生进行了深入交流。

(陆辉)

工商管理学院

概　况

工商管理学院于1999年3月初步成立，由企业管理系（原工业经济系）和商务管理系（原贸易经济系）合并组成。原有两系均有40余年本科教育历史和20多年研究生教育历史。2005年3月，经过学校学科调整和人员重组，两系建制撤销，整合经济研究所部分人员，工商管理学院开始实体化运行。学院于1964年开始招收本科生，1979年开始招收研究生，是改革开放后全国首批招收企业管理专业硕士研究生的单位之一。2003年获得企业管理专业博士学位授予权，2011年获得工商管理一级学科博士学位授予权，2012年获批工商管理博士后科研流动站。同时，学院具有工商管理一级学科硕士学位授予权、工商管理硕士（MBA）专业学位授予权。学院目前拥有博士、硕士、学士等完整的办学层次，形成了结构合理、层次分明、重点突出、特色鲜明的工商管理学科体系。学院设有6个系：战略管理系、组织管理系、市场营销系、旅游管理系、物流管理系、电子商务系；设有国际比较管理研究院、企业发展研究中心、中国产业经济研究中心、中国营销科学研究中心、公司研究中心、旅游管理研究中心 、世界管理思想史研究中心等10个实体科研机构。截至12月31日，学院共有学生1 039人，其中，本科生851人，硕士研究生142人，博士生46人。共毕业学生250人，其中，研究生59人（博士生4人，硕士生55人），本科生191人；招生296人，其中，研究生58人（博士生7人，硕士生51人），本科生238人。

截至12月31日，学院有教职工83人，其中，专职教师73人，行政管理人员10人。其中，教授15人，副教授35人，博士生导师7人，硕士生导师34人。学院教师中有国务院学位委员会工商管理学科评议组成员1名，教育部高等学校教学指导委员会委员3名，国务院特殊津贴获得者6人，全国优秀教师1人，北京市长城学者2人，北京市有突出贡献专家1人，北京市学科带头人2人，北京市优秀青年知识分子1人，北京市优秀教师2人，北京市优秀青年骨干教师7人，北京市跨世纪理论人才“百人工程”3人，北京市新世纪社科理论人才“百人工程”3人，北京市高层次人才1人，北京市拔尖创新人才1人，北京市创新人才1人，北京市中青年骨干教师7人，北京市级学术创新团队2个，北京市级教学创新团队1个，北京市级科研创新平台5个。2016年，学院招聘教师3人。

自2012年9月成功获批工商管理博士后流动站以来，学院已经拥有了工商管理博士后流动站、工商管理一级学科博士学位授予权、工商管理一级学科硕士学位授予权、工商管理5个本科专业，以及工商管理专业硕士（MBA）、旅游管理专业硕士（MTA）2个专业学位授予权。2014年，工商管理学院获批旅游管理专业硕士（MTA）学位授予权。其中，企业管理学科为北京市重点学科，工商管理专业为北京市级品牌专业、北京市级特色专业。学院所有专业均被权威专业机构评为全国优势学科单位。

（潘镜宇）

教学工作

【教学成果获奖】 学院共荣获校级教育教学成果奖6项，其中，特等奖1项，一等奖1项，二等奖4项。学院继续加大实践育人力度，大力指导和鼓励学生参加竞赛，参加2016年GMC大赛，获得全国二等奖1项，全国三等奖16项；举办商务谈判校园赛，并组织参加全国总决赛，分别获得全国二等奖1项，全国三等奖1项；程丽娟指导的团队获得2016年“学创杯”创业综合模拟大赛北京赛区二等奖。余镜怀带领的团队获得第十三届全国大学生“用友新道杯”沙盘模拟经营大赛全国总决赛三等奖2项；赵艳等物流管理系教师指导的团队获得全国商业精英挑战赛物流管理竞赛全国一等奖2项，全国二等奖5项，全国三等奖5项；蔡红和李云鹏指导的旅游管理系学生参加第一届酒店模拟全国大赛，荣获一等奖1项。学院积极组织学生参加大学生科研与创新项目，2016年共有28个项目获立项资助，其中11项为重点项目。学院十分重视实验教学，积极推进“移动课堂”和“企业家进课堂”活动，完成了对“移动课堂”和“企业家进课堂”管理办法的编写工作，全年组织“移动课堂”活动6次，“企业家进课堂”活动8次。

（关鑫）

【**课程与教材建设**】 学院继续加强规范双语和全英文课程的建设；鼓励教师积极参与微课程建设。建设“管理学”“创业学”“遗产旅游”3门微课程，参与建设学校资源共享课“创业课程包”，同时，制作“管理学”和“创业学”两门慕课。

（关鑫）

【**教学研究**】 学院打造了一支创新创业课程建设团队，由宋克勤老师牵头，积极设计和建设创新创业课程，配合教务处完成首届虚拟创业实验班招生、教学和相关管理工作。组织学院教师申报校级高等教育研究项目和教育教学改革研究项目，成功获批4项，其中，重点项目1项，一般项目3项。

（关鑫）

【**本科招生与培养工作**】 学院本科设有工商管理、物流管理、电子商务、旅游管理、市场营销5个专业。市场营销国际班的专业培养特色表现在培养学生的国际化意识，强化与国际财经院校营销专业的课程对接。主要体现在课程设置方面，例如：主要核心课程采用全英文或双语教学（共10门，7门全英文，3门双语）；加强实践课程和实习的国际交流，提供多样化的合作办学、国际化实习、修学旅游、短期交流等，突出国际市场营销能力培养。组织完成日本短期参观交流和台湾修学。物流管理卓越班积极利用社会资源，开展移动课堂，组织学生参加各类学科竞赛，鼓励学生参与第二课堂与创新学习，支持学生积极申报校级大学生科研与创新训练项目。完成双培项目的招生工作，共招收15名双培生。获得2项实培项目，并设计了学生的选拔方案。组织多场专业经典阅读活动。推进本科人才培养国际化进程，2016年与云南普洱学院、红河学院和保山学院合作，采取“3+2”模式，联合招收培养东南亚留学生，首批成功招收30余名学生。整理学院和各系的专业介绍材料，组织各专业有序开展专业建设工作，组织专业自查，研讨专业发展思路。

（关鑫）

【**研究生培养工作**】 修订研究生培养方案，企业管理专业进行全英文授课实验。推出研究生招生系列举措，保障研究生招生规模和质量。9月—10月，举办7场以“科研是什么？怎么做科研？”为核心主题的研究生科研创新思维系列讲座。开办研究生“CEO素质训练营”第二期、第三期。与我国最大的会计师事务所瑞华会计师事务所建立产学研实践基地，截至2016年年底，共建立了5个校级学硕型产学研实习基地。丰富研究生的文体生活，提升研究生的综合素质。

（范合君）

【**研究生特色工作**】 招收首届国际留学生，包括13名硕士留学生和6名博士留学生。2名博士研究生到美国斯克兰顿大学和日本名城大学进行为期6个月和3个月的访学；3名硕士生到日本流通大学进行暑期交流。搭建了相对完善的“知—省—行”三级联动的研究生实践能力培养体系，获得校教育教学成果一等奖。

（范合君）

科研工作

【**常规科研工作**】 继续夯实工商管理一级学科平台基础，提升学院学科建设水平，完成教育部第四轮学科评估工作。主办5次国际（国内）大型学术会议，分别为：第八届全国比较管理学术研讨会、第四届中国国有企业改革与治理学术研讨会、2016北京智慧旅游论坛、2016北京养老旅游论坛、2016首都企业改革研究会年会。举办4期“工商管理名家讲坛”，从2013年至今已经举办了34期。

（范合君）

【**特色科研工作**】 与北京市社会工作委员会联合发布2016北京非公有制企业社会责任百强榜。搭建“工商管理研究工坊”科研交流平台，共举办16期，先后邀请到国内外、校际间的16位优秀中青年学者研讨最新的研究成果。5月11日至6月下旬，举办工商管理学院“科研国际交流月”活动。

（范合君）

【**科研成果**】 获批国家自然科学基金项目5项和国家社会科学基金项目1项。在国际SCI/SSCI等权威期刊发表论文6篇，其中，在Frontiers in Psychology、European Journal of Operational Research等国际顶尖权威A类期刊发表2篇，在Journal of Infrastructure Systems、International Journal of Human Resource Management、Canadian Journal of Civil Engineering等

国际B类、国际C类期刊发表论文4篇。在《管理世界》《中国工业经济》《心理学报》等国内顶尖期刊发表论文3篇。获得北京哲学社会科学优秀成果一等奖1项，二等奖1项。

（范合君）

学生工作

【概述】 以学院综合改革试点工作、建校60周年纪念活动、长征胜利80周年纪念活动为契机，突出学院"专业模式+心智模式"的人才培养特色，大胆尝试改革，注重内涵提升，加强思想引领，强化中心建设，推动就业工作，扎实做好思想宣传和校友工作，逐渐形成卓越商才培育体系。

（潘镜宇　李娟婷）

【主题教育】 组织党支部开展"两学一做"学习实践活动，构建党支部、分团委、班级、宿舍的微工作体系，党支部开展主题党日和红色"1+1"活动，分团委开展主题团日分享会，各班开展主题教育班会，宿舍开展宿舍文化展示。党支部开展"基层实践助成长，服务理念铸党魂"等主题党日活动，"走进农村，服务基层群众"和"深入贯彻'两学一做'活动，精准扶贫助力山村发展"红色"1+1"活动，分团委开展"弘扬长征精神，勇担青春使命"主题团日分享会，32个班级开展"我与社会主义核心价值观"主题班会，宿舍开展巢文化宿舍秀。1项主题党日活动获得学校二等奖，1项红色"1+1"活动获得学校三等奖，1个班获得"学校十佳班集体"荣誉，1个班获得"校级示范班集体"荣誉，1个宿舍获"校五星宿舍"称号，以上奖项都申报北京市评奖，通过申报，学院获批北京市德育先进单位。

（潘镜宇）

【成长辅导】 班导生工作坊通过主题研讨、沟通加强班导生及班级管理工作，促进学风建设和班级建设。在心理健康教育方面，开展绿萝花心灵成长工作坊，结合"5·25心理月"开展"花语暖阳"系列心理活动。做好深度辅导，根据学生心理普测及观察调研，密切关注特殊群体档案，加强对特殊群体的一对一辅导。开拓研究生辅导，举办"研究生CEO素质训练营"，邀请知名企事业高管分享管理经验、传授管理技巧；开展第三届"扎根实践工程"，引导研究生深入社会基层，加强研究生实践锻炼。做好个性化辅导，举办8期心桥工作坊之"院长面对面""教授面对面"系列活动。10月，启动卓越商才促进中心开放日，每周二及周四全天安排专业教师、辅导员等值班，为有需求的学生提供深度辅导。

（潘镜宇　王璐　李娟婷）

【学风建设】 做好新生晚自习管理工作，晚自习出勤实行五级管理保障机制，8个新生班全年平均出勤率为99.45%。学院将晚自习出勤率纳入卓越新生学风班的考核体系当中，并建立病假和事假提前请假制度。统筹做好学业辅导，学院根据学生需求和教学进度，坚持举办微积分串讲课堂，并由高年级"学霸"组成计算机辅导团，辅导学生学业。

（潘镜宇　王璐　李娟婷）

【"卓越商才"学术文化季】 举办第四届"卓越商才"学术文化季，主打"比赛季""交流季""提升季""收获季"。"比赛季"举办第四届"卓越商才"模拟面试大赛、第三届"股动奇迹"模拟炒股大赛和第三届"首经之巅"大型趣味知识竞赛；"交流季"开展系列本研学生经验交流会和知名企业家进校活动；"提升季"举办第四届大学生学术论坛和"CEO素质训练营"系列讲座；"收获季"举办2016年"卓越商才"颁奖典礼暨第四届学术文化季闭幕式。

（潘镜宇　李娟婷）

【学科竞赛】 旅游管理系朱亚楠（队长）、杨佳文、李文颖、刘倩四位同学在"第一届酒店模拟全国大赛"获全国总冠军；"学创杯"创业综合模拟大赛3支队伍获北京市二等奖，"第七届（2016）全国高等院校企业竞争模拟大赛"2支队伍分获二、三等奖；"第36届GMC国际企业管理挑战赛"共有26支队伍获得全国三等奖，4支队伍获得全国二等奖，商学会荣获全国最佳组织奖，2支团队同获"创青春"首都大学生创业大赛铜奖；"全国高校商业精英挑战赛物流管理竞赛暨第二届海峡两岸大学生物流管理竞赛全国总决赛"荣获一等奖和三等奖的队伍各1支，3支队伍获二等奖；"美国大学生数学建模大赛"2支队伍获三等奖。

（潘镜宇）

【社会实践】 暑期社会实践共报名37支队伍，其中包括市级重点团队3支，校级重点团队2支，美丽中国印象辽宁专项队伍1支，校友寻访队伍5支，院级社会实践队伍26支，涵盖科研探究、校友寻访、追寻抗战遗址遗迹、创新创业、传统调研实践等类别。

（潘镜宇）

【志愿服务】 蓝丝带志愿者团正式启动北京市共青团主办的“温暖衣冬”公益活动。5月下旬,举行“传递爱心,延续生命”无偿献血活动,131位报名同学中最终有63人成功献血。6月上旬,蓝丝带志愿者团开展“携手工商防雾霾,小小绿植还未来”系列绿植领养活动。此外,志愿者们定期组织多种类型的志愿活动。

(潘镜宇)

【就业创业】 学院与广发银行、家乐福、同花顺、长城战略咨询、中信建投等企业合作,拓展实习资源。进行简历写作指导,开展毕业生就业工作坊,建立一对一帮扶,建立年级微信群。学院2016届本科毕业生人数为191人,就业率为100%,签约率为98.95%;硕士研究生人数55人,其中出国1人,就业率100%,签约率89.09%;博士研究生4人,就业率100%,签约率100%。

(潘镜宇　王璐　李娟婷)

【新生教育】 学院组织包括学院开学典礼、家长沟通会、新生破冰会、大学生成长天地、大学生德能建设、职业生涯规划、专业介绍、安全教育、外地生联谊等一系列活动,帮助新生快速进入状态,明确自身定位和未来发展方向。

(潘镜宇　王璐)

【学生获奖】 学院学生在各类活动中表现优秀,取得良好成绩。

2016年工商管理学院学生主要获奖情况统计表

荣誉称号	
北京市三好学生	1人
校级三好学生	32人
校级优秀学生干部	21人
校级先进班集体	2个
校级优良学风班	2个
校级优秀共青团干部	7人
校级红旗团支部	2个
校级优秀共青团员	32人
暑期社会实践活动中表现优秀的共青团员	3人
奖学金	
国家奖学金	2人
校长奖学金	2人
三菱东京UFJ银行奖学金	2人
校级学习优秀一等奖学金	23人
校级学习优秀二等奖学金	61人
校级学习优秀三等奖学金	92人
校级社会工作奖学金	33人
校级一等文体竞赛奖学金	2人
校级二等文体竞赛奖学金	1人
校级三等文体竞赛奖学金	5人;1团队(9人)
校级一等科研创新奖学金	6团队(19人)
校级二等科研创新奖学金	2人;8团队(41人)

续表

助学金	
励志奖学金	34 人
爱心成就未来助学金	7 人
一等国家助学金	71 人
二等国家助学金	86 人
研究生	
研究生国家奖学金	5 人
校级一等学业奖学金	22 人
校级二等学业奖学金	35 人
校级三等学业奖学金	34 人
校级优秀学生干部	7 人
校级优秀共青团员	3 人
校级优秀共青团干部	1 人
学生组织	
全国 MBA 培养院校企业竞争模拟大赛三等奖	1 个团队(2 人)
全国高等院校企业竞争模拟大赛二等奖	1 个团队(3 人)
GMC 国际企业管理挑战赛全国二等奖	4 个团队(20 人)
GMC 国际企业管理挑战赛全国三等奖	22 个团队(110 人)
GMC 国际企业管理挑战赛(学院)	全国最佳组织奖
“北京农商银行杯”北京青年徒步挑战赛(学院)	最佳组织奖
“创青春”首都大学生创业大赛铜奖	2 个团队(14 人)
“学创杯”大学生创业综合模拟大赛北京赛二等奖	3 个团队(9 人)
全国高校商业精英挑战赛物流管理竞赛一等奖	1 个团队 5 人
全国高校商业精英挑战赛物流管理竞赛二等奖	3 个团队(15 人)
全国高校商业精英挑战赛物流管理竞赛三等奖	1 个团队(5 人)
美国大学生数学建模大赛二等奖	2 个团队(6 人)
“尖峰时刻”酒店模拟大赛	全国一等奖(4 人)
全国经济管理院校“国泰安杯”商务谈判策划大赛二等奖	2 个团队(10 人)
校级拉拉操比赛	三等奖
校运动会	团体第三名
“一二・九”歌咏大会	最具活力奖
“一二・九”长跑	季军
商学会	校五星级社团、北京高校优秀学生社团

续表

其他	
为 26 名贫困学生提供勤工助学岗位	
北京高校示范学生基层组织	工商管理学院赛欧 4613 宿舍
北京高校"我的班级我的家"优秀奖	2014 级工商管理一班
北京市红色"1+1"活动优秀奖	本科生低年级党支部红色"1+1"共建活动

（潘镜宇　王璐　李娟婷）

【学生组织及校园文化活动】 学院分团委有 35 个基层团支部，学生组织继续发展"一体两翼"格局，分团委下设组织部、办公室、蓝丝带志愿者服务团、宣传部 4 个部门，并指导学院研究生会、学生会、工商管理学会、绿萝花心灵成长工作坊、商聚缘、明达驿站、发展辅导协会等学生组织的日常活动和相关工作。

（潘镜宇）

【宣传工作】 出台学院网站考核和奖励办法，加强网站归口管理和稿件质量把关，定期开展新闻写作、摄影技能等培训，学院网站开展学子风采、导师素描等专题报道。学院向学校报送稿件 400 余篇，完成中英文宣传册制作。学院荣获宣传思想工作先进单位。学院继续建设好本科及研究生官方微信平台"商音""商言"，利用微信平台进行线上微团课、微党课互动学习。

（潘镜宇　王璐　李娟婷）

【校友工作】 启动 2016 校友寻访活动。完成建校 60 周年纪念活动。10 月 15 日，全体在职教师及各届返校校友两百多人，共同参加了学院纪念联欢活动。

（潘镜宇　王璐）

对外交流

【概述】 学院选派 5 名教师到美国罗格斯大学和新泽西州立大学等国外高校进行学术交流，另有 1 名教师到瑞典大学参加国际学术会议，还有 1 名教师赴美国带队参加国际赛事。邀请英国卡迪夫大学乔纳森·莫里斯教授、澳大利亚格里菲斯大学安德里安·威尔金森教授、法国 ESCP 欧洲管理学院阿兰·科尼亚尔教授、丹麦哥本哈根商学院托本·安徒生教授、新加坡国立大学商学院廖振宇博士等来自 7 个国家和地区的学者来学院授课并进行学术交流。选派 1 名本科生和 1 名博士生分别到爱尔兰和美国交换留学。

2016 年工商管理学院国外学者来访情况一览表

来访时间	来访学校	来访学者	讲学/讲座内容
2016.04	ESCP 欧洲管理学院	阿兰·科尼亚尔教授	质量管理方法和挑战
2016.04	英国卡迪夫大学	乔纳森·莫里斯教授	质量管理方法和挑战
2016.05	澳大利亚莫纳什大学商学院	李应芳教授	From Quality to Cost? The Evolution of Walmart's Human Resource Practices in China and Its Impact on Industrial Relations
2016.05	英国卡迪夫大学商学院	詹姆士·弗门派克教授	Entrepreneurship and Innovations in SMEs: Culture or Institutions?
2016.06	格里菲斯大学教授	安德里安·威尔金森教授	如何在国际期刊发表高水平论文
2016.06	英国曼彻斯特大学	约翰·哈萨德教授	管理学学者的学术人生
2016.10	哥本哈根商学院	李鑫副教授	战略管理
2016.10	哥本哈根商学院	托本·安徒生教授	风险管理

续表

<table>
<tr><th>来访时间</th><th>来访学校</th><th>来访学者</th><th>讲学/讲座内容</th></tr>
<tr><td>2016.11</td><td>新加坡国立大学商学院</td><td>廖振宇博士</td><td>辱虐管理</td></tr>
<tr><td rowspan="2">2016.11</td><td>印第安纳大学</td><td>师伟博士</td><td rowspan="2">公司治理
团队和动机</td></tr>
<tr><td>法国拉罗谢尔高等商学院教授</td><td>多米尼克·达隆教授</td></tr>
</table>

2016 年工商管理学院学者访问情况一览表

访问时间	访问学校	访问学者	研究领域
2015.05—2016.05	美国伊利诺伊大学斯普林菲尔德分校	孔海宁	物流管理
2015.09—2016.08	新泽西州立大学	郭卫东	电子商务
2016.03—2016.06	台湾东吴大学	赵艳	物流管理
2016.04	瑞典中瑞典大学	李云鹏	旅游大数据
2016.09	美国沃顿商学院 哈佛商学院 斯克兰顿大学卡尼亚管理学院	杨震	中美学生商务谈判比赛
2016.12—2017.07	都柏林城市大学	张晗	战略管理

（孙嘉穆）

党建工作

【概述】 学院共有党员 259 人，其中，学生党员 153 人，教职工党员 66 人，离退休党员 40 人；共有党支部 16 个，其中，学生党支部 6 个，教职工党支部 6 个，行政党支部 1 个，离退休党支部 3 个。学院党委以党的十八届六中全会的召开为契机，围绕学校和学院中心工作，全面落实学校和学院“十三五”发展规划，努力做到“围绕中心抓党建，抓好党建促发展”，组织学院各支部结合十八届四中、五中、六中全会精神开展学习活动，并积极贯彻“三严三实”专题教育以及“两学一做”学习教育活动，围绕教学科研中心工作，保障“三重一大”集体讨论决定制度、党政联系会制度和党务、院务公开制度的贯彻执行，保证教学、科研、管理工作的顺利进行。

（潘镜宇　金京虎）

【教职工党建】 在全体党员中组织开展学习和贯彻党的十八届六中全会精神活动；督促领导班子成员完成处级干部 40 学分在线学习和党员 12 学分在线学习；学院党委领导班子开展领导班子民主生活会。学院通过加强支部书记培训，不断提高党支部书记工作水平。通过开展主题讲座、参观、座谈等形式加强党性修养和领导干部素质。

（潘镜宇　金京虎）

【学生党建】 学院共有 6 个学生党支部，其中，本科生支部 2 个，研究生支部 4 个。学院党委进一步完善积极分子入党程序，实现党员发展量化和质化有机结合。注重加强学生党员理论教育，邀请汪朝晖老师做“十八届六中全会精神解读——聚焦全面从严治党”的主题讲座。各学生党支部积极开展主题学习和民主生活会，包括“两学一做”党章集中学习活动、“学规划、做贡献”专题研讨会、辽宁拉票贿选案教训警示学习大会等。开展纪念“五四”运动第 97 周年参观活动、“纪念红军长征胜利 80 周年美术作品创作展”参观活动。推进“笃信好学”培育计划和“良师益友”行动计划，开展红色“1 + 1”志愿服务活动，并获得校级红色“1 + 1”活动三等奖以及北京高校红色“1 + 1”活动优秀奖。

（潘镜宇　李娟婷　金京虎）

【积极分子培养和推优入党工作】 学院秉承“坚持标准、保证质量”的原则，认真开展积极分子和党员发展对象的各项培训工作。按照学校组织部的要求，加强对积极分子的培养和考察，落实 153 名同学的入党申请谈话，112 名积极分子的档案建立，加强过程教育和考察。在学习形式上，通过网上自学、社会实践、提交学习心得、统一考试等方式进行积极分子培养学习，更自由、方便地对学员进行党性观念、党的理论、党史知识等方面的教育，利用互联网加强积极分子的理论学习，加强思想建设，提高党性修养。在实践学习方面，坚持理论联系实际的原则，认真开展专题实践活动，组织积极分子参加红色活动。学院共有 112 人参加北京市入党积极分子培训系统的培训，106 人顺利结业，获得合格证书。学院理顺推优发展流程，优化量化打分方案和 PPT 展示环节，共发展 40 名党员。

（潘镜宇　金京虎）

工会工作

【完成学校工会工作】　学院分工会认真完成学校工会布置的各项工作，获得学校特色工会奖。组织教代会代表参加学校“双代会“工作，提交提案。组织参加学校运动会和校羽毛球比赛，并获得历史最好成绩。12 月，完成分工会改选，选举了新一届分工会委员。

（林力）

【召开学院教代会】　12 月，学院召开第一届教职工代表大会第五次会议，学院教职工代表出席了大会，学院领导班子成员、各系系主任、党支部书记列席了会议。柳学信院长在会上做 2016 年学院工作报告和财务工作报告。工会主席宋克勤做 2016 年工会工作报告。教职工代表围绕三个报告和学院教学、科研、人才培养、工会工作等各方面进行了广泛交流。

（林力）

【组织文体活动】　学院工会鼓励羽毛球爱好者坚持打羽毛球，每周进行 2 ~ 3 次羽毛球运动，已发展了拥有 10 多名教师的稳定团队。

（林力）

MBA 教育

【概述】　工商管理学院 MBA 教育中心秉承“崇德尚能，经世济民”的校训，“格物致知，明体达用”的院训，以“立足北京，培养适应新经济时代要求的创新创业型商界领军人才和管理精英”为 MBA 项目使命，努力培养“具有专业能力、职业操守、全球视野、爱国敬业的创新创业型商界领军人才和管理精英”。2016 年，MBA 教育中心毕业学生 100 人，授予学位 105 人，招生 138 人，在校生 245 人。

（张玮）

【招生与宣传工作】　全年 MBA 教育中心共招收 138 名 MBA 学员（其中春季单证班学员 23 名）。完成 2017 年 MBA 招生的网报和确认工作，网报 720 人，确认 529 人。2016 年，MBA 教育中心在招生工作中有两大举措：一是加大微信宣传，建立 MBA 教育中心的微信宣传平台，定期发布中心的新闻及招生事项；二是加大京内外的现场宣讲和网络宣讲力度，全年宣讲次数 24 次，受众考生人数约 2 350 人。MBA 教育中心不断探索高层管理培训项目（EDP）运作模式，开发和实施短、中期系统内 EDP 项目，为社会各界提供具有特色的 EDP 服务，培育 MBA 潜在市场。

（张玮）

【学位论文】　MBA 教育中心继续深化落实 2016 届和 2017 届 MBA 学位论文工作改革方案，完成学位论文匿名评审工作；10 月 29 日，举办 2017 届 MBA 学位论文写作指导讲座；完成 MBA 毕业生学位论文答辩工作；组织评选出 2016 届 MBA 优秀学位论文 4 篇。

（张玮）

【人才培养】　增设金融 MBA 项目，并修改了 MBA 的培养方案，进一步完善“课堂学习 + 金台论坛 + 企业移动课堂”的多元化教学体系。截至 2016 年年底，MBA 教育中心组织了走进互爱（北京）科技有限公司、北京市文化投资发展集团、北京龙湖地产大兴天街项目、北京合锐赛尔公司、北京腾讯公司五次移动课堂。继续打造“金台论坛”这一学术讲座品牌，每月聘请 2 人次国内外知名学者和企业高层管理者与学生们交流，共组织金台论坛 11 次。

（张玮）

【教学质量保证】　MBA 教育中心继续实施 MBA 教师教学效果评价指标体系，在每门课程结束后，由中心工作人员组织选课学生对任课老师的教学情况进行评分，逐步形成 MBA 任课教师能上能下的机制。由黄津孚、吴少平、刘英骥、邹昭晞、李丁和吴念时教授等资深工商管理教育专家组成的 MBA 督导专家组继续实施对 MBA 教学效果进行评价的培养质量管理制度。

（张玮）

【品牌建设】 MBA 教育中心加强品牌建设，把 MBA 认证工作提到议事日程。12 月 25 日，MBA 教育中心正式向中国高质量 MBA 教育认证（CAMEA）工作委员会秘书处递交 MBA 项目的《认证资格申请报告》。

（张玮）

【信息化建设】 MBA 教育中心管理信息系统增加职业导师双选功能，完善教学评估问卷，进一步完善学生信息采集模块的内容，增加了如教育背景、工作单位等必填信息，对教务系统的培养计划进行了升级，增加了“金台论坛”“移动课堂”的学分统计。中心网站在学校的统一安排下进入了学校网站集群统一管理。

（王楠）

【日常事务】 6 月—7 月，组织毕业生离校、整理发放档案、毕业表彰及典礼等活动，送走 82 名毕业生，并实现 2016 届毕业生就业率和签约率双百目标。7 月—9 月，组织新生拓展训练、开学典礼、新生表彰和入学教育的前期准备，于 9 月 11 日迎来 115 名新同学。

（杨柳）

【奖助评选】 6 月，在 2016 届毕业生中评选出一等奖学金 4 名、二等奖学金 8 名，北京市优秀毕业生 2 名；9 月，评选出“优秀新生奖学金”一等奖 3 名、二等奖 7 名；11 月，根据研究生部的工作布置，按照要求评选出 2015—2016 年度“优秀学生干部”7 名；10 月，按照学校要求，评选出国家奖学金获得者 1 名。

（杨柳）

【学生活动】 4 月 21 和 22 日，组织 MBA 运动员参加学校第十三届运动会。4 月—6 月，与学院学生会、研究生会、工商管理学会共同组织策划牧邻奶粉营销大赛，MBA 学生孟阳、杜筱倩等 5 名同学组队参赛并获一等奖。5 月 21 日—22 日，参加第十届 MBA 领袖年会，荣获“最具影响力商学院”荣誉及 4 个“中国 MBA/EMBA 领军人物”称号。5 月 21 日—22 日，参加北京 MBA 联盟羽毛球联赛，获得“优秀组织奖”，男单、混双个人单项赛亚军。5 月 28 日，举办 MBA 2016 经济·管理论坛。9 月—10 月，进行 MBA 联合会主席团换届工作，选出第十三届 MBA 联合会主席团，并组建了新一届 MBA 联合会。10 月 21 日—23 日，在第十届中国 MBA 峰会中获得中国 MBA 联盟三个奖项：“最佳 MBA 组织奖”“优秀 MBA 指导老师奖”“优秀 MBA 干部奖”。11 月 5 日，参加第一届 MBA 羽毛球团体赛，获得“精神风貌”奖。12 月 25 日，参加第二届国际 MBA 马拉松接力赛，获得总成绩第四名。2016 年 10 月—2017 年 1 月，组织策划了以“甲子华章、筑梦金台”为主题的 2017 大型新年晚会。共组织金台沙龙 9 场，参加人数达 261 人次，申请了 8 个校级科技创新项目。

（杨柳）

【校友工作】 4 月，MBA 中心决定将校友会作为独立的业务部门，旨在腾出更多精力服务 1 500 余位校友。5 月 29 日，举行 MBA 校友企业实习实践基地授牌仪式，同时为 MBA 校友会管理委员会改选进行了筹备工作。7 月 9 日，召开第三届 MBA 校友会管理委员会第一次会议。10 月 16 日，举行建校 60 周年纪念活动和 MBA 十周年纪念活动，副校长王传生，科研处处长祝合良，工商管理学院院长柳学信，工商管理学院副院长、MBA 教育中心主任徐炜，吴冬梅教授，黄津孚教授以及 MBA 校友会老会长、第三届顾问委员会成员许留祥先生，现 MBA 校友会常务副会长邴春光先生等老师和校友近 200 人出席了本次活动。先后举办两场“校友金台分享会”，邀请成功校友回到母校与在校 MBA 学生近距离交流，分享成功经验和专业知识。11 月 30 日，召开校友会联合会见面会，明确了校友会每年的常规活动，并确定各届联合会及校友会秘书处成员的构成及工作方案。校友孙小林先生、刘林芝先生、邴春光先生、和红卫先生，以金钱、实物等不同形式向 MBA 教育中心捐赠，用他们的实际行动回馈母校，助母校再创辉煌。

（朱蔚兰）

【党建工作】 MBA 教育中心学生党支部做好学生党员的日常管理和党员教育培养工作。自 3 月开始历时半年进行了毕业生党员的组织关系追寻工作。4 月和 11 月分别组织了上下半年的积极分子党校学习，12 月 17 日，召开党支部大会，讨论发展了两名预备党员，转正一名正式党员，并进行了支部委员会换届选举。6 月，组织毕业生党员召开毕业教育大会，并顺利转出 12 名毕业生党员；9 月，新转入党员 11 人。12 月，完成北京市工委组织部的年度统计报表工作和人大代表提名统计工作。截至 2016 年年底，

MBA 学生党支部共有党员 28 人,入党积极分子 12 名,申请入党 32 名。

(杨柳)

【国际交流与合作】 MBA 教育中心深入推进 MBA 教育国际化进程,与美国、加拿大、澳大利亚、爱尔兰、日本的高校陆续开展联合培养、学生访问交流、科研合作等国际交流活动。4 月 15 日,美国加州大学洛杉矶分校戴舒国际学生学者基金会董事顾黎辉一行访问 MBA 教育中心,就两校建立合作关系、开展学生联合培养、学生暑期交流、教师英语培训、科研合作等进行了友好交流并达成初步共识;4 月 23 日,MBA 教育中心邀请 ESCP 欧洲管理学院教授为 MBA 学生讲授"质量管理方法和挑战"。继续与美国密苏里州立大学合作 MBA 双学位项目,选送 3 名 MBA 学生赴美国密苏里大学攻读 MBA 学位。推动海外移动课堂,2 月 9 日—27 日,10 名 MBA 学生和 3 名工商管理学院本科学生赴澳大利亚格里菲斯大学参加商学培训课程。11 月 22 日—28 日,MBA 教育中心师生一行访问日本名城大学,并赴丰田汽车、电装株式会社、朝日啤酒等企业总部举行海外移动课堂。

(成诚)

【职业发展】 10 月 28 日,举办 2016 级 MBA 职业发展导师聘任仪式、2016 级 MBA 职业发展导师座谈会,共聘任 MBA 职业发展导师 58 位,2016 级 MBA 中有 95 名学生选择了校外导师,覆盖 MBA 脱产及在职学生。努力打造"MBA 职业发展导师大讲堂"这一学术讲座品牌,每月邀请 MBA 职业发展导师走进学校与学生们交流,分享商业领域最前沿知识,共举办 6 次讲座,已成为 MBA 教育中心最具特色的系列讲座之一。

(成诚)

经济学院

概　况

经济学院始建于 1974 年,现设经济学系、国民经济学系、国际经济与贸易系和贸易经济系 4 个教学单位,建有中国经济实验研究院、中国流通研究中心、数量经济研究中心、中国品牌研究中心、中国黄金市场研究中心、首都经济贸易大学经济研究所、世界贸易组织(WTO)研究中心、中国经济增长与周期研究中心等科研单位。

截至 2016 年年底,经济学院共有在职教职工 71 人,其中,教授 20 人,副教授 26 人,讲师 15 人,外教 3 人;全日制在校生 1 700 余人,其中,本科生 1 300 余人,研究生(含硕士研究生和博士研究生)400 余人;此外,还有攻读学位的国际留学生 150 余人。

学院设有经济学、国际经济与贸易、贸易经济和商务经济学 4 个本科生专业;政治经济学、西方经济学、世界经济、经济思想史、经济史、国民经济学、产业经济学(商业经济)、国际贸易学、数量经济学和国防经济 10 个学术型硕士研究生专业和硕士学位授权点;国际商务 1 个专业硕士学位授权点;数量经济学、国民经济学、产业经济学、国际贸易学、国防经济和增长经济学 6 个博士研究生专业和博士学位授权点;设有一级学科应用经济学博士后流动站。

(蔡斌　沈少博)

学科建设

【北京地区高校经贸专业群建设】 3 月和 11 月,学院分别组织召开北京地区高校经贸类专业群专家委员会和专业群建设研讨会,来自北京大学、中央财经大学等 20 余所高校及实业界的 30 多位专家、学者参加研讨,与会专家围绕经济与贸易本科专业教学质量的国家标准和专业认证标准展开了讨论。

(沈少博)

教学工作

【2017 版本科人才培养方案调研】 学院启动 2017 版人才培养方案修订工作,各教学系分赴中国人民

大学、对外经济贸易大学、中央财经大学、南开大学等高校进行调研和研讨。同时,学院征求国外合作院校和实习单位对人才培养方案的意见和建议,多次召开研讨会,为人才培养方案的修订工作奠定基础。

（冯汐）

【本科课堂教学质量调研】　学院开展本科教学质量调研,组织各系、各班级至少举办一次教学质量座谈会;组织教师和本科生针对课堂秩序、课堂环境、改进措施等方面进行调研,同时组织教师对学校颁布的一系列提升本科课堂教育教学质量的文件进行讨论;学院领导及系主任每学期至少听课两次,其他任课教师至少听课一次;由系主任主持召开学生交流会,听取学生建议与意见。李智和周华两位老师荣获学校2015—2016学年优秀课堂教学效果奖,分列第7名和第30名。

（冯汐）

【教育教学研究】　学院共获批校级教改立项4项,其中,重点项目2项,一般项目2项;5个团队获批校级教育教学成果奖,其中,一等奖2项,二等奖3项。

（冯汐）

【微课程与教材建设】　经济学系教师辛宪的“微观经济学”课程和国际经济与贸易系教师申萌的“消费经济学”课程获批教务处微课程建设项目。学院针对5门经济学核心课程(政治经济学、西方经济学、国际经济学、国际贸易学、计量经济学),组织全院教师分5个项目组进行了为期半年的微课程录制。学院教师共编著本科生教材5本。

2016年经济学院微课程录制情况一览表

序号	课程名称	课程负责人	参与录制人
1	政治经济学	马方方	张连城　马方方　王少国　张锦冬　沈宏亮　郝宇彪
2	西方经济学	王军	王军　徐则荣　朱京曼　封岩　李溪　贺双庆　辛宪　赵娟　董香书　杜雯翠　何振华　方明月
3	国际经济学	李婧	李婧　赵家章　汪洋　申萌　黄灿　闫云凤
4	计量经济学	田新民	田新民　任光宇　贺小丹
5	国际贸易学	刘宏	刘宏　王明荣　赵涛　武晋军　于晓云　田彦　燕秋梅
6	微观经济学	辛宪	封岩　贺双庆　兰英
7	消费经济学	申萌	黄灿　陈建先　郝宇彪

2016年经济学院教材编著情况一览表

著作名称	第一作者	出版单位	出版时间
国际商务实验教程	康增奎	首都经济贸易大学出版社	2016-12-05
商务谈判 II	张弘	高等教育出版社	2016-07-01
政治经济学·资本主义部分	张连城	高等教育出版社	2016-03-01
中国经济概论(第二版)	马方方	首都经济贸易大学出版社	2016-03-01
报关实务(第3版)	武晋军	电子工业出版社	2016-01-01

（冯汐）

【推进北京市“外培计划”】　学院首批“外培计划”学生完成学习任务。9月,学院再次派出24名同学前往美国加州大学圣地亚哥分校开展为期一年或两年的学习;同时,还招收了14名2016级“外培计划”统招生源学生。

（冯汐）

【研究生培养】　学院成功举办第三届研究生“读经

典·厚基础暨导师与研究生联合科研成果”研讨会和研究生培养工作座谈会；聘请中国人民大学的江艇教授来院讲授微观计量课程；组织研究生教学检查、中期检查、论文开题和中期答辩等工作；加强盛铭铜业、北京市经济信息中心和中国社会科学院经济研究所研究生产学研培养基地建设。学院获批校研究生科研创新项目 55 项，其中，硕士研究生重点项目 6 项，硕士研究生一般项目 37 项，博士研究生重点项目 7 项；学院博士研究生、硕士研究生共发表论文 119 篇，其中，硕士研究生发表核心 B 论文 5 篇、核心 A 及以上论文 2 篇，博士研究生发表核心 B 论文 10 篇、核心 A 论文 13 篇。

（沈少博）

【举办教学观摩】 5 月和 11 月，学院分别组织“宏观经济学教学观摩”和“计量经济学教学观摩”，由学院 10 位年轻教师对本科教学的特定内容进行分析和讲解，邀请教学经验丰富的教师进行点评，旨在通过新老教师的经验交流，共同提高教学水平。

（冯汐）

【学生实习工作】 3 月—9 月，学院完成针对 2013 级本科生的专业实习计划，历时 7 个月，共 190 余名学生走上实习单位提供的 67 类岗位进行了社会实习，共有来自中信银行总行营业部等 10 家企业参与 10 周实习合作，中国黄金集团、中信期货等 8 家公司参与了 2013 级贸易经济卓越班的 18 周社会实习。

（冯汐）

科研工作

【概况】 学院教师出版专著 10 部，获批省部级以上项目 5 项，其中，国家社科基金重点项目 1 项，国家社科基金青年项目 3 项，北京市教育委员会社会科学研究计划项目 1 项，发表核心 B 及以上论文 52 篇，其中，核心 B 论文 15 篇、核心 A 论文 17 篇、权威 B 论文 11 篇、权威 A 论文 3 篇、国际 E 刊 3 篇、国际 D 刊 1 篇、国际 A 刊 2 篇。

2016 年经济学院横向项目课题一览表

序号	合同名称	项目负责人	开始时间	合同金额（万元）
1	提高安顺达公司企业经济效益的途径研究	兰英	2016－12－05	20
2	基于 Google 的 Tensor Flow 开源平台的深度学习应用程序开发研究方法研究	李雪	2016－12－01	10
3	北京市经济发展趋势与热点分析	王少国	2016－10－20	8
4	北京市服务业扩大开放综合试点一周年评估	王佃凯	2016－08－16	40
5	全球价值链与贸易增加值核算研究报告	蒋雪梅	2016－05－25	3
6	固定点源环境管理体系改革下环保综合名录机遇与挑战研究	杜雯翠	2016－05－01	25
7	“双自主”企业评价体系研究	郎丽华	2016－04－01	9
8	北京市“十三五”时期开放型经济发展规划	郎丽华	2016－03－31	20

2016 年经济学院教师发表重要研究论文一览表

序号	论文题目	第一作者	发表刊物/论文集	刊物类型
1	Determinants of Global CO_2 Emissions Growth	蒋雪梅	Applied Energy	国际 A 刊
2	Revisiting the Global Net Carbon Dioxide Emission Transfers by International Trade: The Impact of Trade Heterogeneity of China	蒋雪梅	Journal of Industrial Ecology	国际 A 刊

续表

序号	论文题目	第一作者	发表刊物/论文集	刊物类型
3	Bank Credit Risk Assessment Method Based on Support Vector Machine	王钰	EI 期刊	国际 E 刊
4	Analysis of Carbon Emissions from Transportation in Beijing	陈江	EI 期刊	国际 E 刊
5	Multistage Investment Actions with the Emission Cap	王明荣等	Mathematical Problems in Engineering	国际 E 刊
6	零售企业体验性服务导向策略的影响因素研究	李智	中国软科学	核心 A,核心 B,权威 A
7	人力资本测度与国际比较	陆明涛	中国人口科学	核心 A,核心 B,权威 A
8	发挥产权保护的增长效应	周明生	人民日报	权威 B
9	经济周期与产业结构对信息更新的影响	王军	管理世界・短论	权威 B
10	政府研发补贴对企业创新以及经济增长的影响:理论依据与政策选择	王军	经济社会体制比较	权威 B,核心 B,核心 A
11	人口红利演变如何影响中国工业化?	董香书	中国人口资源与环境	权威 B
12	三大区域政策提高了劳动报酬比重吗?——基于中国工业企业数据的实证研究	董香书	经济学动态	核心 A,核心 B,权威 B
13	预期稳定,挑战犹存——2016 年中国 35 个城市生活质量报告	赵家章	经济学动态	核心 A,核心 B,权威 B
14	从《小的是美好的》看佛教经济学家舒马赫的思想洞见	张锦冬	世界宗教研究	核心 A,核心 B,权威 B
15	社会保障制度是政府债务风险凸显的原因吗?——以美国为例	郝宇彪	国外社会科学	核心 A,核心 B,权威 B
16	强规制节能减排政策的经济影响:来自高耗能企业的微观证据	申萌	经济社会体制比较	权威 B,核心 B,核心 A
17	马克思与布坎南的国家观比较研究	沈宏亮	教学与研究	权威 B,核心 B,核心 A

(余悦旻)

【学术会议与学术讲座】 学院举办了第十届中国经济增长与周期高峰论坛、黄金市场研究论坛等全国性学术会议。邀请南开大学教授白仲林、上海财经大学教授周亚虹、美国纽卡斯尔大学教授布鲁斯・麦克法林(Bruce R. McFarling)、《经济研究》杂志副主编郑红亮研究员等知名学者举办高水平学术报告,促进学术研究水平的提高。

(沈少博)

学生工作

【思想引领】 学院利用建党 95 周年、长征胜利 80 周年等重要时点,通过专题学习、微团课、主题班会等形式,将理论学习与社会实践相结合,培养学生树立以爱国主义为核心的民族精神和以改革创新为核心的时代精神。

（高琼）

【学术科技竞赛】 学院开展专业竞赛和学科竞赛辅导50余次，组织1 320余人次参加了各类学科竞赛，获得包括美国数学建模大赛、全国商业模拟挑战赛等竞赛在内的国家级、国际级奖项110人次，省部级奖项13人次。

（高琼）

【新生教育】 学院利用新生入学教育和新生晚自习，分别开展“ECO遇见你”主题分享活动和针对院史教育、专业介绍、课程咨询、学业指导等方面的专题辅导；推出“生涯阶梯”系列课程，将有关行业证书备考等专业知识融入辅导体系，着眼提升学生求职的核心竞争力。

（高琼）

【就业创业】 学院针对不同群体举办7场就业政策宣讲；利用微信平台推送20余个专题的线上宣讲；与九州证券有限公司、中建材信息技术有限公司等单位进行20余次企业招聘对接，建立多个信息发布和联络渠道；发挥朋辈辅导的作用，依托学生发展辅导协会，构建“学生自发，学院引导”的就业创业促进体系，培育“生涯小专家”，聘请实习单位作为生涯导师，开辟实习就业创业微信专栏，录制学院创业访谈节目《i创plus》6期。

（赵灵翡）

【志愿服务】 学院分团委通过开展志愿者招募、面试、培训和志愿分享活动，形成了完整的志愿服务机制，引导学生积极参加志愿服务。2016年，学院共有注册志愿者1 250人，共开展常规志愿项目4个，共派出志愿者1 149人次。

（高琼）

【网络思想政治教育】 学院将微信平台“首经贸经济学院”作为开展网络思想政治教育的重要阵地，开设系列专题，加强思想引领，增强师生互动，聚焦专业发展，关注职业规划，服务日常生活。截至2016年年底，平台关注人数已达3 000余人，日均阅读量近千人次。

（孙晨）

【学生事务管理】 学院共认定经济困难学生226人，评审奖助学金828人次，推荐荣誉称号138人次。

2016年经济学院国家奖学金获得者名单

序号	姓名	年级	类别
1	邓阳	2014级	研究生
2	孙樱僡	2014级	研究生
3	张然	2014级	研究生
4	陈斯	2015级	研究生
5	周珺	2014级	研究生
6	崔时雨	2015级	研究生
7	楚珊珊	2015级	研究生
8	王欣蕊	2014级	本科生
9	王涵	2013级	本科生
10	常荣平	2013级	本科生

（孙晨）

【学生活动】 学院不断探索宿舍、班级、团支部等基层组织建设的长效机制，举办主题团日、魅力支部展示、宿舍公约评选、生活随手拍、宿舍之星评选等活动，激发组织活力，收获累累硕果。经济学院2014级贸易经济卓越班被评为北京市先进班集体，赛欧4540宿舍获评北京市优秀学生宿舍。学院充分发挥研究生会、学生会和社团组织的作用，举办各类学生活动。开展迎新晚会、毕业生晚会、中秋节茶话会、学霸少年挑战赛、希望新生辩论赛、学院篮球联赛、学院足球联赛、趣味运动会，组织参与足球联赛、接力长跑、团体操和拉拉操比赛，指导篮球队、足球队、田径队训练。学院取得学校体育运动会"六连冠"，蝉联"一二·九"歌咏大会优胜奖。

（高琼）

对外交流

【概述】 学院圆满完成学期交流项目、双学位项目、暑期交流项目、外培计划、研究生项目的学生选派工作；开展与多个学校的合作洽谈，续签与法国布列塔尼布雷斯特高等商学院等3所学校的合作协议，接待法国图卢兹第一大学、意大利罗马二大等9所学校的访问团，推进了与意大利、法国高校的合作；在北京现代汽车有限公司建立了第一个国际化人才培养实践基地，拓宽了国际化人才培养的途径。

举办20余场出国交流宣讲会和面试，选派118名同学参加国际交流项目；举办国际交流项目信息反馈会；举办两期法语培训班，丰富国际化实践的内容；走访瑞典大使馆、德国大使馆，参加中国高等教育展，为提升国际交流项目的服务水平提供了保障。

（赵灵翡）

【中外学生学术交流活动】 11月，学院推出首届国际学生学术论坛"Understanding the World"，来自中国、法国、印度、肯尼亚等8个国家的研究生进行了主题发言；举办国际学术圆桌会议，邀请中国农业大学客座教授卡尔（Bruce M. Karling）举办学术研讨活动；举办与加拿大多伦多大学的"中国高等教育"学生论坛；组织面向2016级新生的国际交流项目说明会和Professional Development讲座；联合法国文化中心举办了法国语言、美食、电影文化分享会；通过视频连线组织与美国、法国高校的留学交流会等。

（赵灵翡）

【国际交流宣传】 学院继续加强针对国际交流项目的宣传力度，陆续举办国际交流项目分享季系列活动；更新国际交流主题展，设计国际交流画册；出版《2015欧美大学亲历》；组织题为"从你的全世界路过"的展示；推出微信专题"国际交流"短新闻和合作学校概览。

（赵灵翡）

党建工作

【概述】 截至2016年年底，学院共有党员287人，其中在职教师党员42人，离退休教师党员18人，学生党员227人。教职工党支部4个，学生党支部6个，离退休党支部1个。

（高琼）

【"两学一做"学习教育】 学院深入贯彻党的十八大、十八届三中、四中、五中、六中全会精神，开展"两学一做"学习教育，落实"三会一课"制度，举办"亮明身份、我诺我行"主题教育和学院微党课设计大赛，微党课作品荣获北京市高校微党课设计大赛三等奖。认真完成党员组织关系排查、党费收缴等专项工作。开展纪念建党95周年主题活动，组织党员学习贯彻习总书记"七一"讲话精神，收看专题片《筑梦路上》。学院党委荣获学校先进基层党组织称号。

（蔡斌）

【落实党风廉政建设责任制】 学院严格落实党风廉政建设责任制，认真执行"三重一大"制度，组织党员参加党风廉政建设教育宣传月活动，组织班子成员认真观看纪录片《永远在路上》，与学校签订《落实党风廉政建设主体责任承诺书》。

（蔡斌）

【落实党务院务公开制度】 学院严格落实党务院务公开的规定，制定学院《党务院务公开目录》，设立党务院务公开栏和征求意见箱，严格按程序对职称职务聘任、党员发展、奖助学金评选、荣誉称号评审、推优保研等重要事项进行公示。

（蔡斌）

【宣传思想工作】 学院充分发挥宣传思想工作的引导和服务作用，聚焦文化建设，强化师德养成，注重舆论宣传，为学院快速发展提供文化和舆论支持。党政联席会专门研讨、布置意识形态工作两次，分析目前高校意识形态工作形势，强调教师的授课纪律；组织党员教师参加在线学习；组织领导干部参加"五大发展理念"专题培训班和干部在线学习；组织理论中心组学习12场；举办学院文化与学科发展研讨会等师德教育活动6场次；中标学校宣传思想工作项目，设计制作学院文化建设展板；报送各类新闻信息100余条。

（蔡斌）

【党员发展工作】 学院党委按照学校《发展党员工作实施办法》的要求，进一步规范党员发展程序，强化积极分子过程培养，理顺支部二次推优的工作流程，完善积极分子档案管理制度，明确积极分子联系人制度，全年共认定积极分子 208 名，发展党员 47 名。

（高琼）

重大事件

【成立“经济学院学院发展与学科建设战略指导委员会”】 7 月，学院成立“学院发展与学科建设战略指导委员会”，由南开大学原副校长、著名经济学家逄锦聚担任主任，中国经济实验研究院院长张连城教授担任副主任，田国强（上海财经大学教授）、白重恩（清华大学教授）、杜大伟（美国布鲁金斯学会高级研究员）、李奇（首都经济贸易大学国际经济管理学院院长）、杨瑞龙（中国人民大学教授）、沈坤荣（南京大学教授）、沈越（北京师范大学教授）、张宇燕（中国社科院研究员）、林桂军（对外经济贸易大学教授）、郝如玉（全国人大财经委副主任）、裴长洪（中国社科院研究员）担任委员。

（沈少博）

【举办第十届中国经济增长与周期论坛（2016）暨中国城市生活质量指数发布会】 7 月 2 日—3 日，由中国经济增长与周期研究中心、中国社会科学院经济研究所、首都经济贸易大学、中国经济实验研究院、《经济研究》杂志社、《经济学动态》杂志社、香港《经济导报》社等单位联合主办的第十届“中国经济增长与周期论坛”暨中国城市生活质量指数发布会在北京首农香山会议中心举行。论坛的主题为“中国经济二次转型与防范外部冲击”，共有来自国家统计局、国家发改委、国务院研究发展中心、中国社会科学院、北京大学、中国人民大学、加州大学圣地亚哥分校、佛罗里达大学、北京师范大学、南京大学、厦门大学、上海财经大学以及其他国内外高校、科研机构等单位的近 200 多位专家学者参加会议。

（沈少博）

【获批团中央“四进四信”活动基层优秀项目】 1 月，团中央学校部面向全国各地各高校开展了优秀项目推荐遴选活动，学院分团委开展的以“线上线下双互动，‘四进四信’促成长”为主题的实践活动荣获“四进四信”活动基层优秀项目，成为学校唯一获批的优秀项目。

（高琼）

【荣获“首都学雷锋志愿服务示范岗”荣誉称号】 在市委宣传部、首都文明办、首都综治办、市委社会工委、市民政局、团市委、市妇联、市残联、市志愿服务联合会等单位联合开展的第二批首都学雷锋志愿服务站（岗）、示范站（岗）申报命名活动中，经市委教工委推荐，学院“守护—蒲公英”志愿服务岗获批“首都学雷锋志愿服务示范岗”称号（全市共 14 个高校获批）。

（高琼）

【举行纪念建校 60 周年经济学院校友联谊会】 10 月 16 日，学院举行纪念建校 60 周年经济学院校友联谊会，校长助理戚聿东教授，原经济系主任朱伟奇教授、高福来教授，经济学院第一任院长张连城教授，经济学院现任领导班子成员、部分教师代表和学院各届校友参加了联谊会。

（蔡斌）

【举办第十五届“创新成果与优秀人才”表彰大会暨第九届“院长奖章”颁奖典礼】 12 月 8 日，学院举行第十五届“创新成果与优秀人才”表彰大会暨第九届院长奖章颁奖典礼。校党委副书记孙善学、学生处处长马力、校团委书记张彤，经济学院院长郎丽华、党委书记徐雪、副院长王军、副院长赵家章、党委副书记蔡斌和获奖同学代表、本科生及研究生代表参加了大会。

2016 年经济学院第九届“院长奖章”获得者名单

序号	姓名	年级	班级
1	邓阳	2014 级	产业经济学
2	张少雪	2013 级	经济学二班
3	张泽芳	2013 级	经济学实验班

续表

序号	姓名	年级	班级
4	张萌	2013 级	贸易经济班
5	胡乔莹	2013 级	贸易经济班
6	姜帝	2013 级	贸易经济班
7	常荣平	2013 级	国际经济与贸易二班
8	董美馨	2013 级	贸易经济卓越班

（高琼）

【设立“佳文助学金”】 学院接受校友 2005 级经济学实验班周梦楠的捐赠，设立了学院第一个院级奖助学金“佳文助学金”，用于资助家庭经济困难学生和奖励在学习、学科竞赛和文体活动中有突出表现的同学。2016 年，“佳文助学金”共资助学生 59 人，单年资助总金额达 112 500 元。

2016 年经济学院“佳文助学金”部分资助对象名单

序号	姓名	年级	奖项名称
1	王涵	2013 级	经济学实验班学业专项资助
2	张鑫	2013 级	经济学实验班学业专项资助
3	毛佳宁	2013 级	经济学实验班学业专项资助
4	赵京晶	2013 级	经济学实验班学业专项资助
5	朱慧颖	2013 级	经济学实验班学业专项资助
6	王欣蕊	2014 级	经济学实验班学业专项资助
7	周瀚	2014 级	经济学实验班学业专项资助
8	赵蕊	2014 级	经济学实验班学业专项资助
9	王雨晴	2014 级	经济学实验班学业专项资助
10	袁萌	2014 级	经济学实验班学业专项资助
11	潘臻	2015 级	经济学实验班学业专项资助
12	蔚金霞	2015 级	经济学实验班学业专项资助
13	李阳	2013 级	美国大学生数学建模及交叉学科建模竞赛一等奖专项资助
14	张鑫	2013 级	美国大学生数学建模及交叉学科建模竞赛一等奖专项资助
15	王涵	2013 级	美国大学生数学建模及交叉学科建模竞赛一等奖专项资助
16	巴云明	2013 级	美国大学生数学建模及交叉学科建模竞赛一等奖专项资助
17	于洪岗	2013 级	美国大学生数学建模及交叉学科建模竞赛一等奖专项资助
18	陈露	2013 级	美国大学生数学建模及交叉学科建模竞赛一等奖专项资助
19	张嘉俊	2013 级	美国大学生数学建模及交叉学科建模竞赛一等奖专项资助
20	杨庆	2013 级	美国大学生数学建模及交叉学科建模竞赛一等奖专项资助
21	孙屹	2013 级	美国大学生数学建模及交叉学科建模竞赛一等奖专项资助

续表

序号	姓名	年级	奖项名称
22	齐颖	2013 级	美国大学生数学建模及交叉学科建模竞赛一等奖专项资助
23	尹元	2013 级	美国大学生数学建模及交叉学科建模竞赛一等奖专项资助
24	王新杰	2013 级	美国大学生数学建模及交叉学科建模竞赛一等奖专项资助
25	张翼先	2013 级	美国大学生数学建模及交叉学科建模竞赛一等奖专项资助
26	董昱含	2013 级	美国大学生数学建模及交叉学科建模竞赛一等奖专项资助
27	余璐	2013 级	美国大学生数学建模及交叉学科建模竞赛一等奖专项资助
28	王欣蕊	2014 级	美国大学生数学建模及交叉学科建模竞赛一等奖专项资助
29	常荣平	2013 级	美国大学生数学建模及交叉学科建模竞赛一等奖专项资助
30	张岩	2013 级	美国大学生数学建模及交叉学科建模竞赛一等奖专项资助
31	谭丽渊	2013 级	美国大学生数学建模及交叉学科建模竞赛一等奖专项资助
32	刘文倩	2014 级	美国大学生数学建模及交叉学科建模竞赛一等奖专项资助
33	陈洁	2014 级	美国大学生数学建模及交叉学科建模竞赛一等奖专项资助
34	果然	2015 级	经济学院篮球联赛冠军队专项资助
35	李元宏	2015 级	经济学院篮球联赛冠军队专项资助
36	江子卿	2015 级	经济学院篮球联赛冠军队专项资助
37	马子豪	2015 级	经济学院篮球联赛冠军队专项资助
38	张家瑞	2015 级	经济学院篮球联赛冠军队专项资助

（孙晨）

会计学院

概　况

会计学院成立于 1999 年 7 月，由北京经济学院财政会计系和北京财贸学院会计系合并而成。学院下设会计系、财务管理系、审计系、会计学研究所、理财学研究所。截至 12 月，会计学院在校本科生 956 人，研究生（含硕士研究生和博士研究生）361 人，教职工 72 人。

截至 12 月，会计学院共有专任教师 62 人，其中，教授 16 名，副教授 27 名，讲师 19 名。博士生导师 7 人，硕士生导师 36 人。新入职博士张瑶。贺宏、杨鹏晋升为教授；王伟、黄亮华、张馨艺晋升为副教授；卿小权讲师获批硕士生导师。于鹏、邹颖获批学校后备学科带头人；黄亮华、王元芳获批学校中青年骨干教师。15 名教师校级考核获得优秀。袁光华、王哲兵、贺宏、张馨艺参加境外访学交流。

学院拥有会计学博士学位授予权和会计学、会计专业硕士（MPAcc）、审计专业硕士学位授予权。本科设有会计学、财务管理 2 个专业以及会计学（注册会计师专门化）、会计学（国际会计）两个方向。会计学为北京市重点学科，会计学专业为北京市特色专业。

（解小娟　孙军鹏）

学科建设

【学科和专业评估】　根据教育部和市教委的指示，学院先后参加了工商管理学科（包括会计学）、MPAcc、会计学专业（本科）三项系统评估工作，三项评估结果良好。

（崔也光）

教学工作

【2016年海峡两岸大学会计辩论赛荣获殊荣】　5月19日，学院辩论队参加2016年海峡两岸大学会计辩论赛，获得优胜奖。

（谭静）

【全日制本科优秀新生转专业情况】　5月，组织全日制本科优秀新生转专业，共接收转专业学生59人。其中，转入会计学专业21人，转入会计学（注册会计师专门化）专业27人，转入会计学（国际会计）5人，转入财务管理专业6人。

（柳志强）

【与北京慧智宏景会计师事务所签订校外基地协议】　6月8日，学院与北京慧智宏景会计师事务所（瞪羚财务管理人才网）举行校外社会实践基地、创新创业基地合作协议签字仪式。

（柳志强）

【优秀应届本科毕业生免试攻读硕士学位研究生推荐】　15名优秀应届本科生获得免试攻读硕士学位研究生资格。

（柳志强）

【承办"中华会计网校杯"第六届全国校园财会大赛】　3月23日和9月22日—23日，学院分别承办"中华会计网校杯"第六届全国校园财会大赛预赛和总决赛。本次比赛由中华会计网校主办。2013级本科生廉英麒、林佳芳、巩晓薇组成的团队荣获特等奖。

（谭静）

【举办香港会计师公会专业资格课程QP个案分析比赛】　10月14日，学院举办2016年香港会计师公会QP个案分析大赛首经贸区比赛。2014级会计学（注册会计师专门化）专业本科生组成的"n的四次方"队获得冠军，"her majesty"队获得亚军，"你说啥都队"获得季军。

（谭静）

【举办第七届哈博·高校（经管）博士学术论坛——会计学分论坛】　10月25日，举办第七届哈博·高校（经管）博士学术论坛——会计学分论坛，论坛邀请了来自西南财经大学、中南财经政法大学、台湾"国立政治大学"、山西财经大学的博士代表。会计学院派出2名博士代表参与论文的交流讨论。

（谭静）

【启动人才培养方案修订工作】　10月26日，学院召开本科人才培养方案修订及教学研讨会，学院领导班子成员及全体教师参加会议。

（柳志强）

【举办"校园精英"管理会计案例大赛】　11月27日，举办第三届"校园精英"管理会计案例大赛，共有来自中央财经大学、首都经济贸易大学、北京工商大学、北京林业大学、北方工业大学、国际关系学院、天津财经大学7所高校共计57组团队参赛。学院"MISS FOUR"团队获得决赛冠军，"SUNLIGHT""BREAK－EVEN"团队获得优胜奖。

（谭静）

【举办"德勤之道"审计案例大赛】　12月3日，举办"德勤之道"审计案例大赛决赛，共有来自清华大学等10所高校的59组团队参赛。学校"吃葡萄要吐葡萄皮"队获得二等奖，"ACT"团队获得三等奖。

（谭静）

【学生出国交流】　学院与新西兰坎特布雷大学签订了学生交流计划，并选派学生出国交流。2名学生参加外培计划，赴美国加利福尼亚圣地亚哥分校学习。10名学生参加澳大利亚迪肯大学学位项目，赴澳大利亚学习。

（崔也光）

【辅修工作】　2016届会计学辅修专业44人获得辅修学位证书。

（柳志强）

科研工作

【概述】 学院教师发表权威 A 论文 2 篇,权威 B 论文 8 篇,核心 A 论文 13 篇,核心 B 论文 31 篇,一般期刊论文 25 篇;国际 D 刊 1 篇,国际 F 刊 1 篇。出版专著 6 部,译著 1 部,教材及其他专业出版物 7 部。获批国家哲学科学社会基金项目 1 项,国家自然科学基金项目 2 项,发展改革委项目 1 项,教育部社科基金项目 1 项,财政部项目 1 项,北京市教委项目 1 项,校级项目 1 项。纵向科研经费 3 304.76 万元;横向课题科研到账经费 48 万元。获得各种科研奖项 7 项。组织全院教师参加各种科研学术会议 20 余项,共 60 余人次参会。

(高长江)

【召开校外兼职硕士生导师聘任仪式暨师生见面会】 11 月 26 日,学院召开 2016 级校外兼职硕士生导师师生见面会。来自企事业单位、金融机构、政府部门、会计师事务所的 47 名校外导师和 2016 级专业硕士研究生参加了会议。

(孙军鹏)

2016 年会计学院举办专题讲座一览表

时间	题目	主讲人	主讲人所在单位
3 月 9 日	新三板分析师	罗党论	中山大学岭南学院副教授
3 月 10 日	会计专业拓展和职业规划问题第一讲	刘长翠	北京市发改委成本处处长、教授、博士后
3 月 17 日	会计专业拓展和职业规划问题第二讲	尹维劼	北京市汽车集团有限公司审计部部长
3 月 24 日	审计专业拓展和职业规划问题第三讲	李春节	公安部审计局处长、总审计师
3 月 31 日	会计专业拓展和职业教育第四讲	赵云驹	立信会计师事务所合伙人
4 月 7 日	审计专业拓展和职业规划问题第五讲	张晏生	毕马威会计师事务所合伙人
4 月 12 日	与台湾彰化师范大学的学术交流会议	EMBA 北京研习团、马传骐	台湾彰化师范大学、北京汽车集团有限公司总会计师
4 月 14 日	审计专业拓展和职业规划问题第六讲	王丰	瑞华会计师事务所合伙人
4 月 21 日	面向未来,提升能力——审计研究生未来发展的方向和需要做好的准备	李建新	航天科工集团副总会计师、董事会秘书
5 月 13 日	会计发展前景与趋势	史达仁(VG Sridharan)	澳大利亚迪肯大学教授
5 月 24 日	预期投资对公司价值的影响:来自并购的影响	张宁	加拿大女王大学教授
11 月 29 日	管理会计——创造更多价值	杨晔	美国华盛顿州注册会计师

(高长江)

2016 年会计学院发表权威期刊论文一览表

作者	成果名称	类别
林乐	退市监管与股价崩盘风险	权威 A
黄亮华	核准制下 IPO 市场寻租研究 ——基于发审委员和承销商灰色关联视角	权威 A
闫华红	基于碳排放价值链的企业绩效评价体系的构建与应用	权威 B
林慧婷	媒体报道与企业资本结构动态调整	权威 B
王海林	政府控制、公司特征与网络财务报告系统质量研究——基于公司网站数据的分析	权威 B

续表

作者	成果名称	类别
林乐	投资者会听话听音吗？——基于管理层语调视角的实证研究	权威 B
王伟	西方审计研究的科学知识图谱分析	权威 B
汪平	资本成本与政府规制文献评述	权威 B
邹颖	公司投资供给效应的资本成本约束	权威 B
黄亮华	发审委员隐性问责机制研究:兼论对 IPO 注册制的启示	权威 B

（高长江）

2016 年会计学院出版著作一览表

作者	成果名称	类别
尤小雁　刘文辉	企业会计准则实施(2007—2016)研究	专著
刘文辉　童素娟(学)	企业会计准则(2006)实施的经济后果研究	专著
林乐	管理层语调有信息含量吗？——基于业绩说明会的文本分析	专著
张馨艺	上市公司信息披露选择研究	专著
邹颖	资本成本约束与公司财务政策	专著
王凡林	当前内控与内审热点问题研究(第二作者)	专著
李百兴	从小额信贷到普惠金融——基于银行家和投资者视角的分析	译著

（高长江）

2016 年会计学院出版教材一览表

作者	成果名称	类别
叶青	经济法基础应试指南	普通工具书或参考书(社科类)
马元驹	管理会计学模拟实验教程(第三版)	校内本科生以上使用的一般教材(社科类)
闫华红	中级财务管理(2016 年应试指导及全真模拟测试)	普通工具书或参考书(社科类)
王国生	财务会计(第四版)	国家规划教材(社科类)
闫华红	财务管理教程与案例	其他专业出版物(社科类)
叶青	2016 年度注册会计师全国统一考试・税法经典题解	普通工具书或参考书(社科类)
闫华红	财务成本管理(2016 注册会计师考试应试指导及全真模拟测试)	普通工具书或参考书(社科类)

（高长江）

2016 年会计学院获批横向项目一览表

项目名称	负责人	项目来源
公司发展战略规划与实施方案咨询项目	刘瑛　谢小娟	北京卓筑建筑设计顾问有限责任公司
北京市正高级会计师评价试点工作研究	崔也光	北京会计学会
北京市高级会计师评审考试科目改革研究	崔也光	北京会计学会

续表

项目名称	负责人	项目来源
科技部科技评估中心	闫华红	科技部科技评估中心
企业内部控制设计与评价	刘瑛	华夏中才(北京)企业管理咨询有限公司
中国证券业协会 2016 年重点课题研究委托协议	王伟	中国证券业协会
北京市国资委企业财务综合绩效评价体系研究	闫华红	北京玖其软件股份有限公司

(高长江)

2016 年会计学院科研获奖情况一览表

获奖人	成果内容	奖项名称	颁奖部门	获奖等级
闫华红	国有企业分类绩效评价体系的构建	北京市社会科学理论著作出版基金资助	北京市社会科学理论著作出版基金办公室	一等奖
赵懿清	国际化会计人才培养教学模式研究——基于 CDIO 理念	一等奖	中文科技期刊数据库	一等奖
王海洪	会计软件应用课程翻转课堂教学模式研究	首都经济贸易大学 2016 年校级教育教学成果奖	首都经济贸易大学	一等奖
邹颖 汪平	异质股东的资本成本差异研究——兼论混合所有制改革的财务基础	2016 全国商务财会学术论文	中国对外经济贸易会计学会学术委员会	二等奖
林乐	管理层语调能预示公司未来业绩吗?——基于我国上市公司年度业绩说明会的文本分析	2016 年全国商务财会学术论文	中国对外经济贸易会计学会学术委员会	一等奖
闫华红	大数据环境下全面预算系统的构建	《财务与会计》2015 年度优秀论文	《财务与会计》杂志	二等奖

(高长江)

学生工作

【概况】 会计学院学生组织下设学生会、分团委两个机构以及红色志愿者协会、会计论坛两个社团组织。截至 12 月 31 日,学院分团委有 35 个基层共青团组织,共青团员共计 1 205 人。分团委下设组织部、宣传部、志愿者服务团 3 个职能部门,设置分团委书记 1 名,副书记 3 名,各部门设部长 2 ~ 3 名,干事若干名。现任分团委书记为谭静,副书记为沈稚乐、张一然、敖琪。学生会下设 7 个职能部门:办公室、生活权益部、宣传部、外联部、学习部、体育部、文艺部。学生会主席团成员 4 名:主席刘涛,副主席马婷婷、刘梦丹、马小越;红色志愿者协会负责人杨玉瀚;会计论坛负责人张萌、周静泊。

(谭静)

【思想政治教育】 会计学院分团委通过开展十八届五中全会宣讲、“一团一品”团支部展示、“与信仰对话——为中国梦奋斗”系列主题团日活动、长征主题影片《生死 96 小时》首经贸交流放映活动、“英雄史诗,不朽丰碑”纪念中国工农红军长征 80 周年主题演讲大会等活动,以社会主义核心价值观为主线,聚焦青年学生的成长需求,引领学生思想成长,助力学生全面发展。

(谭静)

【组织建设】　分团委现有35个团支部，包含1 205名团员，其中，团干部105名。2016年，98名团员完成初级党校培训，经共青团推荐为入党积极分子87人，连续认定积极分子27人，党的发展对象28人。

（谭静　杨婧　王文绪）

【宣传工作】　分团委围绕习近平同志讲话精神，全面推进"四进四信"活动。3月30日，分团委在"经贸会讯"微信平台开设会计学院分团委微团课板块，共开设微团课17期。4月，分团委宣传部和学生会宣传部联合创办院刊《经贸会讯》，在校团委组织的"读者月"院刊评比中荣获一等奖。10月—11月，分团委宣传部组织新生团支部开展通讯稿培训，定期上交活动通讯稿、原创文学等稿件并及时向校团委上报基层信息。举办微信推送制作和PS海报制作等宣传培训活动。

（谭静）

【社会实践】　6月—8月，学院开展第二批北京市属国有企业内控检查评价实践活动。7月16日，2014级会计学硕班党支部党员与中国中医药大学新绿协会的志愿者们共赴北京市平谷区北埝头村开展"聚焦农村，精准扶贫"暑期社会实践活动。7月—8月，开展"西与希寻"暑期支教社会实践团乡村夏令营活动、"景泰蓝传承与发展现状及解决办法——基于北京市珐琅厂实例调研"暑期社会实践活动、"经济新常态下实践型人才培养改革创新研究"的社会实践活动。8月1日—15日，开展"健康北京·冬奥推广"暑期社会实践活动。8月14日，阳翼小分队赴贵州惠水县开展"聚焦精准扶贫"暑期社会实践活动。8月18日，"愿爱无忧"社会实践团成员开展以"聚焦精准扶贫"为主题的社会实践活动。

（谭静）

【志愿服务】　2月—3月，学院志愿者团进行音画梦想春季支教招募宣传。3月25日，招募第四季"第二书房"志愿者。4月16日—18日，举办"衣见钟情"大型旧衣捐赠志愿服务活动。10月15日—16日，参加建校60周年庆祝活动志愿服务工作，学院报名志愿者102人，占全校总报名人数的20.37%。11月24日，参加学校无偿献血公益活动。10月—12月，"夕阳再晨服务队"在马家堡嘉园二里社区共完成5次科技助老授课活动，累计参加志愿者达50余人次。

（谭静）

【学术交流】　学院举办毕马威管理会计案例大赛、IMA管理会计案例大赛、香港会计师公会专业资格课程(QP)个案分析比赛、"中华会计网校杯"第六届全国校园财会大赛等诸多学术交流活动，积极组织学生参加各类专业学科竞赛以及海峡两岸大学会计辩论赛等，不断强化学院学风建设。

（谭静）

2016年会计学院本科生获奖情况一览表

所获奖项	获奖名单
2015—2016学年北京市"三好学生"荣誉称号	高靖男
2015—2016学年北京市先进班集体荣誉称号	2013级会计学(注册会计师专门化)1班
"中华会计网校杯"第六届校园财会大赛特等奖	廉英麒　林佳芳　巩晓薇
第六届IMA管理会计案例大赛二等奖	郎凡羽　李伟　莫钰涵　孙衍清
中国大学生公共管理案例大赛三等奖	李天怡
香港注册会计师公会QP个案分析大赛全国优胜奖	郭兖畴
美国大学生数学建模竞赛一等奖	王京　詹泽玉
美国大学生数学建模竞赛二等奖	管梦茹　韩毅　刘欣　杨棋　李宗谕　檀心彤　王一明　檀心彤
美国大学生数学建模竞赛成功参赛奖	蒲艳婧　朱绮娴　周章亚　张璇　周倩　孙靓雯　秦晗　王晓彤　朱薇　吴奇多
全国大学生数学建模竞赛二等奖	刘心宇　丛秋楚　仝京津　张温琦

续表

所获奖项	获奖名单
北京市大学生数学建模竞赛二等奖	陈明仪
全国第八届大学生数学竞赛三等奖	祖玉涛
北京市第二十七届大学生数学竞赛(经管类)二等奖	曹翼　鄢晓伟　刘美君　张涛　陈昱蓉
北京市第二十七届大学生数学竞赛(经管类)三等奖	张雪微　于宁溪　刘子麒　许欢　袁悦　何叶　廖晓姝　徐晴　李想
“创青春”首都大学生创业大赛二等奖	李娅
“创青春”首都大学生创业大赛三等奖	蒲艳婧　鲍心宇　罗金平　吴馨慧
全国企业竞争模拟大赛暨第七届全国高等院校企业竞争模拟大赛二等奖	田英汉
“学创杯”2016 全国大学生创业综合模拟大赛北京赛区二等奖	张碧涵
第六届全国大学生电子商务“创新、创意及创业”挑战赛三等奖	宋晓宇
全国大学生英语竞赛一等奖	喻雅菲
全国大学生英语竞赛二等奖	许欢
全国大学生英语竞赛三等奖	程艺　韩懿　郝赫
第十九届外研社杯全国大学生英语辩论赛二等奖	谭天放
“外研社杯”全国英语写作大赛二等奖	程艺
GMC 国际企业管理挑战赛二等奖	詹妮　周倩
GMC 国际企业管理挑战赛三等奖	罗金平　李伟　刘心宇　周章亚　常欣　张碧涵　董梦凡　郑伟楠　贾晨昊　张兰心

（王文绪）

2016 年会计学院研究生获奖情况一览表

所获奖项	获奖名单
2016 年度国家奖学金	李斌　王垒垒　王一冉　黄颖　李燕茹　邵应倩　赵雨彤
2016 年新三板价值分析大赛华北赛区一等奖、全国赛区亚军	舒琳　徐佳佳　李翔军
2016 年“华为杯”第十三届全国研究生数学建模竞赛三等奖	陶龙娇　王欣　李嘉欢
2016 年第六届 IMA 管理会计案例大赛华北区二等奖	舒雅婷　孙文悦　胡瑾熠　熊露
2016 年北京市大学生艺术展乐器类合奏银奖	舒雅婷
2016 年第三届毕马威“校园精英”管理会计案例大赛校级一等奖	张甜甜　张雅萌　赵佳坤
2016 年“德勤之道”审计案例分析大赛校级三等奖	李政　王思遥　于曌
2016 年“德勤之道”审计案例分析大赛校级优胜奖	马勤勤　杨淑蕊　刘松月　贺春阳

续表

所获奖项	获奖名单
2016年第三届毕马威“校园精英”管理会计案例大赛校级优胜奖	蒋婕　张莹莹　马勤勤　杨婧
2016年首都大学生创业大赛三等奖	吕伟伟　裴佩　牛博
2016年《经营者》杂志优秀论文奖	赵佩瑶
2016年首经贸第三届“明辨杯”研究生辩论大赛冠军	张芳荣　方颖娇　张瑞娟
2016年首经贸研究生英语演讲比赛二等奖	张莹莹
2016年首经贸研究生第二届模拟招聘大赛二等奖　最佳人气奖	陈喆
2016年首经贸研究生乒羽篮比赛二等奖	邵应倩　吕伟伟
2016年首经贸第十一届研究生文化节三行情诗大赛三等奖	冯梦娜
2016年首经贸研究生第二届模拟招聘大赛优秀奖	石林　史国梁
2016 GO Beyond 第五届 EY 安永大学生创意大赛校级优秀奖	安文静
2016年首经贸社会贡献奖	黄颖　郑甜甜

（杨婧）

党建工作

【概述】　截至2016年12月，会计学院党委共有党员253人，其中，在职教师党员45人，退休教师党员29人，学生党员179人；党委下设15个党支部，其中，教工支部4个，退休教工支部2个，本科生支部2个，研究生支部7个。

（解小娟）

【召开民主生活会和组织生活会】　1月5日，学院领导班子召开民主生活会；3月11日—18日，各党支部召开组织生活会。会上，学院班子和党员个人进行了自我剖析，开展了批评和自我批评，并对党员进行了民主评议。

（解小娟）

【宣传工作】　4月，学院被评为2015年“宣传思想工作先进单位”，王文绪老师被评为“宣传思想工作先进个人”。

（解小娟　孙庆福）

【开展“两学一做”学习教育】　根据学院“两学一做”学习教育方案，落实“三会一课制度”和党委中心组学习制度。召开“两学一做”学习动员会，各支部组织开展学党章、党纪，学习习总书记系列讲话活动；支部书记讲党课；处级领导干部结合分管工作讲党课；学习习总书记“七一讲话”、“教师节讲话”、学习“纪念长征胜利80周年”讲话和十八届六中全会精神。

（解小娟）

【党风廉政建设】　按照学校纪委的要求，做好党风廉政建设主体责任和监督责任的落实，强化责任考核和责任追究，坚持一岗双责和“三重一大”，学院领导班子与学校签订了党风廉政责任书；学院与各系负责人和支部书记签订了党风廉政建设主体责任承诺书。重点开展“六大纪律”，以及《中国共产党廉洁自律准则》《中国共产党纪律处分条例》《中国共产党问责条例》专题学习。完成党风廉政建设自查报告。

（解小娟）

【入党申请人与积极分子培养工作】　2016年，学院有53人向党组织递交了入党申请书，经分团委推优认定入党积极分子99人，原单位连续认定入党积极分子13人。组织初级党课2期，95名团员完成了初级党课培训；组织北京市大学生入党积极分子在线学习与考试系统2期，101名团员完成培训与考试。

（孙庆福　谭静）

【党员发展和管理工作】　严格落实《发展党员工作实施办法》，落实党员班主任为所在班级申请入党学生的第一联系人制度，规范入党申请人、积极分子和发展对象的联系及培养工作。完成20名预备党员转正，发展新党员28人。完成新生党员的关系转入和毕业生党员的关系转出工作。

（解小娟　孙庆福　谭静　杨婧）

【主题党日与党建创新项目】　6月3日，学院党委开展的"理论集结，支部聚力——会计学院'支部快讯'理论学习教育平台"党建工作创新项目获学校党建工作创新项目三等奖；教工三支部、行政党支部开展的"支部书记学党务，强化职责筑堡垒"党日活动获学校主题党日活动二等奖。

（解小娟　孙庆福　孙军鹏）

【获评校级先进基层党组织】　6月30日，学院党委被评为"先进基层党组织"；本科生第二党支部被评为"先进党支部"；解小娟获得"优秀党务工作者"荣誉称号；9人获得"优秀共产党员"荣誉称号。

（解小娟　孙军鹏）

【开展公益募捐活动】　6月25日—7月2日，学院党委组织教师和学生党员开展"践行公益精神，争做合格党员"捐助活动，共募集捐款14 360元。

（解小娟　孙军鹏）

【开展庆祝建党95周年主题党日活动】　7月4日，学院党委开展主题为"探寻红色记忆·弘扬革命精神"主题党日活动。7月5日，全体教工党员以知识问答的方式，检验"两学一做"学习成果。

（解小娟　孙军鹏）

【开展学生党员主题教育、主题党日活动】　学院党委以纪念中国共产党建党95周年、长征胜利80周年为契机，在学生党员中开展社会主义核心价值观主题教育活动；深化"新生引航工程"，优化"五个一"新生教育辅导，完善毕业生教育方案。以研究生学风建设为重点，开展"守规矩、明党纪，做合格党员"的主题党日活动。

（解小娟　谭静　孙军鹏）

【"两个规范"讨论】　11月，开展各党支部建设规范和合格党员行为规范大讨论，形成党委建设规范5条，党员行为规范5条。

（解小娟　孙庆福　谭静）

【党务政务公开情况】　学院共公开涉及财务经费使用、职称晋升晋级、考核、评优、出国进修、推优保研、党员推优、党员发展、预备党员转正以及学生各类奖学助学金评定、评优等事项27条。

（解小娟　崔也光）

【召开党委换届大会】　12月21日，学院召开党委换届大会。党委书记解小娟向大会做了题为"引领、创新，让党建工作充满号召力和感染力"的工作报告；党委组织委员王凡林同志做了党费的收缴、管理及使用情况报告。大会选举产生会计学院新一届党委委员7人，他们是解小娟、崔也光、李百兴、顾奋玲、孙庆福、于鹏、蔡立新。在新党委第一次会议上，解小娟当选为书记，孙庆福当选为副书记。

（解小娟）

工会工作

【二级教代会工作】　12月28日，学院召开四届一次职工代表大会。校工会主席杨世忠教授出席大会，会议审议了会计学院院长崔也光做的学院工作报告、学院财务工作报告以及分工会主席蔡立新同志做的工会工作报告，一致通过。

（蔡立新　孙军鹏）

【获批北京市"工人先锋号"】　4月，学院分工会获批北京市"工人先锋岗"荣誉称号。

（蔡立新　孙军鹏）

【评优工作】　分工会获得学校2016年工会先进单位奖；解小娟获得"优秀教职工之友"荣誉称号；杨鹃获评校级"师德榜样"荣誉称号；王健琪、王国生获"爱岗敬业普通劳动者"荣誉称号；李刚、王淑梅、叶青、李惠丽、顾奋玲5位老师获得"从教30年"荣誉称号；于鹏等8位同志获得"优秀工会积极分子"称号，孙军鹏、王健琪2位分工会委员获得"优秀工会工作者”荣誉称号。

（蔡立新　孙军鹏）

【工会活动】　2016 年，学院分工会组织了太极拳、趣味运动会、徒步走比赛、师生羽毛球联赛、新年联欢晚会等一系列活动；组织了工会工作座谈会、青年学术沙龙等活动；5 月—6 月，分工会组织教师赴中铁建设集团、北京奔驰汽车有限公司开展专业实践调研。12 月 14 日，荣获 2016 年校工会教职工太极拳比赛三等奖。

（蔡立新　孙军鹏）

重大事件

【获批 5 项国家级课题】　学院获批国家自然科学基金项目 2 项，分别是黄亮华的《基于计算机文本分析的 IPO 申请材料的披露质量研究》和王元芳的《政党制度背景下的高管激励与国有企业治理研究：治理机制及其经济后果》。栾甫贵的《僵尸企业的僵化指数与市场退出机制研究》获批全国哲学社会科学规划办公室项目；崔也光的《我国企业碳排放会计体系研究》获批国家发展改革委项目。

（高长江）

【获批 3 项省部级课题】　马元驹的《企业风险管理相关管理会计工具应用研究》获批财政部科研项目；黄亮华的《发审委员的 IPO 审核质量研究：驱动因素和经济后果》获批教育部研究项目；王伟《西方会计研究的科学知识图谱分析》获批北京市教委的科研项目。

（高长江）

【获得 5 项科研奖励】　闫华红的《国有企业分类绩效评价体系的构建》获得北京市社会科学理论著作出版基金资助奖项；林乐的《管理层语调能预示公司未来业绩吗？——基于我国上市公司年度业绩说明会的文本分析》获得中国对外经济贸易会计学会学术委员会主办的 2016 年全国商务财会学术论文一等奖；汪平和邹颖的《异质股东的资本成本差异研究——兼论混合所有制改革的财务基础》获得中国对外经济贸易会计学会学术委员会主办的 2016 年全国商务财会学术论文二等奖；闫华红的论文《大数据环境下全面预算系统的构建》获得《财务与会计》2015 年度优秀论文二等奖；赵懿清的《国际化会计人才培养教学模式研究——基于 CDIO 理念》获得“中文科技期刊数据库”一等奖。

（高长江）

【承办中国对外经济贸易会计学会 2016 年学术年会】　10 月 15 日，“中国对外经济贸易会计学会 2016 年学术年会”在北京召开，会议主办方为首都经济贸易大学、中国对外经济贸易会计学会。来自各个高校、管理部门、科研机构、研发企业、出版单位等的 80 余名代表参加了本次会议。

（高长江）

【举办“会逢甲子 计忆流年”建校 60 周年纪念系列活动】　10 月 15 日—16 日，会计学院举办“会逢甲子 计忆流年”建校 60 周年纪念系列活动。450 余名校友重聚首都经济贸易大学校园，表达了对母校的祝福。学院制作了《峥嵘六秩，桃李五洲，会院学子，共谱华章》专题宣传片；改版会计学院网站，建立“校友之家”专栏；邀请知名校友李铮、徐涛为在校生做生涯规划讲座；承办“中国对外经济贸易会计学会 2016 年学术年会暨首都经济贸易大学建校 60 周年会计学术研讨会”；举办“甲子聚首、筑梦远航”联欢会。

（孙军鹏）

【贾丛民及陈静慈善捐助】　5 月 4 日，学院举办“贾丛民及陈静慈善捐助基金”座谈会。会计学院 1984 届校友贾丛民及夫人陈静第二次将 10 万元捐助基金捐赠给现场的同学。校长助理兼会计学院院长崔也光、学院党委书记解小娟以及 40 位受捐助的同学参加了座谈会。

（孙军鹏）

劳动经济学院

概　况

劳动经济学院由首都经济贸易大学劳动经济系和人口经济研究所合并,并于 2000 年组建而成。劳动经济系的前身是 1956 年成立的北京劳动干部学校。1984 年以前,劳动经济系是全国唯一的劳动经济学科点,该系是我国最早建立劳动经济专业、人事管理专业,第一批建立人力资源管理专业、劳动与社会保障专业的单位,于 1981 年最早获得劳动经济硕士学位授予权的单位,并且于 2000 年成为全国第二个获得劳动经济学专业博士授予权的单位。人口经济研究所的前身是 1974 年根据周恩来总理的指示在北京经济学院成立的我国第一个人口研究室,1979 年经北京市政府批准成立人口经济研究所,是全国首批接受联合国人口基金(UNFPA)资助的单位之一。

学院办学层次丰富,学科体系完整。现设有应用经济学博士后流动站 1 个;劳动经济学、人力资源开发与人才发展、劳动关系 3 个博士点;7 个硕士学位授权点(劳动经济学、社会保障学、人口学、人口资源与环境经济学、人力资源开发与人才发展、劳动关系、社会工作专业硕士);6 个本科专业及专业方向(人力资源管理、国际人力资源管理、人力资源管理实验班、劳动与社会保障、社会工作、劳动关系)。学院有 5 个教学系、7 个研究所(中心)。

2011 年,学院在全国第一个建立了人力资源开发与人才发展博士点和硕士点;在全国第一批建立了劳动关系博士点及硕士点。

学院与美国密歇根大学、日本早稻田大学、日本爱媛大学、日本流通经济大学、大阪经济大学、英国北安普顿大学、伦敦城市大学、爱尔兰阿斯隆理工学院、都柏林城市大学、加拿大蒙特利尔大学、瑞典布鲁斯大学、台湾“国立中正大学”、香港城市大学的相关院系均有密切的学术交流,包括互派访问学者到对方学校进修学习。与此同时,学院还与这些学校签署了合作办学协议,每年派出几十名学生(含本、硕、博)和青年教师到上述各大学留学,进行联合培养。

学院拥有一支符合学院发展、适应教学和学科(专业)建设需要、结构优化、素质良好、富有活力、勇于创新的教师队伍。多人享受国务院颁发的政府特殊津贴并担任中央政府或北京市政府部门的顾问。学院的人力资源管理课程群教学团队被评为国家级优秀教学团队和北京市优秀教学团队。学院拥有多名国内相关专业领域的知名教授、学者,他们同时还担任着中国劳动学会、中国人力资源开发研究会、中国社会保险学会、中国人力资源教学与实践研究会、劳动科学教育分会、劳动关系分会等全国性学术团体的副会长、常务理事等重要职务。学院现有教师 62 人,其中,教授 19 人,占学院教师总人数 30.7%;副教授 22 人,占学院教师总人数 35.5%;讲师 21 人,占学院教师总人数 33.8%。教学管理 10 人,占学院总人数 13.9%。张杉杉、宋湛晋升为教授,苗仁涛、陈书洁、盛亦男以及魏华颖晋升为副教授。学院聘请常凯为北京市属高校特聘教授,聘请董克用为学校特聘教授。

学院有博士点 3 个:劳动经济学、人力资源开发与人才发展、劳动关系。硕士点 7 个:劳动经济学、社会保障学、人口学、人口资源与环境经济学、人力资源开发与人才发展、劳动关系、社会工作专业硕士。本科专业 4 个:人力资源管理、劳动与社会保障、劳动关系、社会工作。其中,劳动经济学为国家重点学科和北京市重点学科,劳动与社会保障为北京市重点建设学科。

自 2007 年以来,劳动经济学专业、劳动与社会保障专业和人力资源管理专业先后获批国家级重点学科和国家级特色专业。人力资源管理课程群教学团队被评为国家级优秀教学团队,杨河清教授获得国家级教学名师称号。

学院的学科、专业、教师队伍建设在取得国家级成果的同时,还获得了多项北京市级成果。2008 年劳动经济学免答辩成为北京市优秀重点学科;2008 年劳动与社会保障获批为北京市重点建设学科,同年,该专业成为北京市特色专业(该专业 2002 年被评为北京市品牌专业),2009 年,人力资源管理专业获批为北京市特色专业,人力资源管理课程群教学团队入选北京市优秀教学团队。2004 年"人力资源管理"、2005 年"劳动关系"、2007 年"劳动经济学"、2009 年"社会保障学"获批为北京市精品课程。2007 年杨河清教授、2011 年张琪教授获得"北京市教学名师"称号。2011 年,杨河清教授获得"国家级教学名师"称号。

（冯喜良）

教学工作

【教学研究】 詹婧、张成刚、朱勇国、李楠等多位老师承担校级教学改革项目共 4 项。学院举办通识教育讲座 3 讲,人力资源管理实践课堂讲座 1 讲(周康康主讲"HR——一个潜力股的职业")。

（赵建新）

2016 年劳动经济学院举办通识教育讲座一览表

讲座人	题目
陆建德	自鸣不幸和关爱他人——兼及科举的影响
王楠	君子爱财,取之有道——《富兰克林传》与资本主义精神
倪玉珍	平等和自由的并行与悖论——托克维尔论现代社会与现代个体

（赵建新）

【研究生培养】 学院共招收硕士研究生 93 人,其中,劳动经济学专业 21 人,社会保障专业 35 人,人口学专业 6 人,人口资源与环境经济 2 人,社会工作硕士专业学位 23 人,劳动关系学 3 人,人力资源开发与人才发展 3 人。共招收博士生 9 人,授予学位人数为 6 人。

（何波）

【在职研究生培养】 学院自 1997 年开始招收劳动经济学人力资源管理方向的在职研究生课程班学员,十几年来,共招收培养在职研究生课程班学员 5 700余人,其中 520 余人获得国家教育部认定的经济学硕士学位。2016 年共招收学生 34 人。

（吴博棣）

科研工作

【在研项目】 学院教师共获得科研经费 392. 15 万元。

2016 年劳动经济学院横向项目课题一览表

序号	合同名称	负责人	项目来源	到账经费(万元)
1	基于明渠流量监测系统的农田灌溉水有效利用系数综合测算体系研究	曾雪婷	企事业单位委托项目	9.5
2	大连方鸿商贸有限公司岗位梳理咨询项目合作协议	刘丽玲	企事业单位委托项目	15
3	橙天嘉禾集团经营管理提升项目	杨波	企事业单位委托项目	19.95
4	中央台产业数据库服务	朱勇国	企事业单位委托项目	40
5	北京市社会保险征缴体制改革研究	陈红	企事业单位委托项目	5
6	北京中认环宇有限公司薪酬绩效管理咨询项目	詹婧	无依托项目研究成果	4.5
7	优化首都人才国际化发展的地方品质研究	徐芳	地、市、厅、局等政府部门项目	48

续表

序号	合同名称	负责人	项目来源	到账经费(万元)
8	北京仲裁委员会对执行机构负责人履职绩效考核办法设计	朱勇国	企事业单位委托项目	10
9	2016 年 CTG 中国就业指数报告	唐军	企事业单位委托项目	3
10	朝阳区人口调控机制研究	徐芳	企事业单位委托项目	9
11	北京市科技计划——居家养老辅具产品开发与示范应用(一期)	冯喜良	地、市、厅、局等政府部门项目	28.5
12	生育政策调整下职场女性的发展困境和权益保障研究	张琪	企事业单位委托项目	12
13	国土资源党政人才能力素质标准开发与应用研究	徐斌	企事业单位委托项目	9
14	关于基层妇女干部职业发展状况的调研与思考	赵耀	企事业单位委托项目	2
15	北京人事考试中心正高职称评价研究	朱勇国	企事业单位委托项目	0
16	京津冀流动人口空间分布形成机制研究	刘爱华	企事业单位委托项目	3
17	北京老龄产业研究报告 2016	冯喜良	企事业单位委托项目	12
18	关于老年人力资源二次开发的研究	陈红	企事业单位委托项目	10
19	促进新就业形态发展有关问题研究	张成刚	企事业单位委托项目	7
20	国家电力投资集团海外投资有限公司薪酬体系架构设计咨询服务	徐斌	企事业单位委托项目	15
21	北京地铁置业有限公司薪酬改革项目合作协议书	周施恩	企事业单位委托项目	4.5
22	家庭养育孩子投入及区域差异分析	齐明珠	企事业单位委托项目	3
23	北京市妇女群众对妇联组织及活动的认知状况研究	张琪	企事业单位委托项目	2
24	北仲 2015 人力资源增项设计	朱勇国	企事业单位委托项目	5

(李楠)

【学术成果】 学院教师发表于权威类期刊的论文共　计 14 篇。

2016 年劳动经济学院发表重要研究论文一览表

序号	论文题目	第一作者	发表时间	发表刊物/论文集	刊物类型
1	A Developed Fuzzy – Stochastic Optimization for Coordinating Human Activity and Eco – Environmental Protection in a Regional Wetland Ecosystem under Uncertainties	曾雪婷	2016 – 12 – 27	Ecological Engineering	国际 B 刊

续表

序号	论文题目	第一作者	发表时间	发表刊物/论文集	刊物类型
2	Development of a Fuzzy – Stochastic Programming with Green Z – Score Criterion Method for Planning Water Resources Systems with a Trading – Mechanism	曾雪婷	2016 – 12 – 01	Environmental Science and Pollution Research	国际 B 刊
3	员工为何沉默:领导权力距离倾向与员工调控焦点的跨层次交互作用	毛畅果	2016 – 11 – 25	心理科学	权威 B,核心 A,核心 B
4	政府购买服务发展的障碍:一个"嵌入"视角的分析	陈书洁	2016 – 11 – 01	北京师范大学(社科版)	权威 B
5	公民道德与自然教育——涂尔干论社会科学教育的重要性	李英飞	2016 – 10 – 10	北京大学教育评论	权威 B,核心 A,核心 B
6	流动人口居留意愿的影响因素及政策评价	盛亦男	2016 – 09 – 29	城市规划	权威 B,核心 B,核心 A
7	我国在美留学生回国意愿和就业意向特征分析	魏华颖	2016 – 09 – 01	中国行政管理	权威 B,核心 B,核心 A
8	合作治理中社会组织吸纳专业人才的制度环境与路径分化	陈书洁	2016 – 09 – 01	中国行政管理	权威 B,核心 A,核心 B
9	A Simulation – Based Water – Environment Model for Regional Sustainability in Compound Wetland Ecosystem under Multiple Uncertianties	曾雪婷	2016 – 08 – 24	Ecological Modelling	国际 B 刊
10	"刚"的人生态度与新知识分子——梁漱溟早期论中国文化的路向	魏文一	2016 – 07 – 20	社会学研究	权威 A,核心 A,核心 B
11	政府调控、市场机制与城市发展	肖周燕	2016 – 04 – 02	中国人口·资源与环境	权威 B
12	资源环境约束下的中国适度人口研究	童玉芬	2016 – 03 – 29	人口研究	权威 B,核心 A,核心 B
13	Modeling Water Trading under Uncertianty for Supporting Water Resources Management in an Arid Region	曾雪婷	2016 – 02 – 29	Journal of Water Resources Planning and Management	国际 A 刊
14	北京市人口动态模拟与政策分析	童玉芬	2016 – 02 – 26	中国人口·资源与环境	权威 B

(李楠)

【学术会议】 学院主办4场学术会议，协办3场学术会议。

2016年劳动经济学院举办主要学术会议一览表

序号	会议名称	会议时间	主办方
1	中国农民工问题学术研讨会	2016-3-31	首都经济贸易大学劳动经济学院
2	“经济下行中的劳动关系规制与政府劳工政策”国际研讨会	2016-9-24	首都经济贸易大学劳动经济学院
3	第一届中国雇佣与员工关系论坛	2016-10-28	首都经济贸易大学劳动经济学院
4	国际劳动与雇佣关系协会第9届亚洲会议	2016-11-1	中国劳动学会、中国劳动保障科学研究院
5	2016年中国劳动经济学会年会暨中国劳动科学年会	2016-11-19	中国劳动经济学会，中国人民大学
6	首届中国人才学发展研讨会	2016-11-24	首都经济贸易大学劳动经济学院
7	第十一届中国雇主品牌论坛	2016-12-31	首都经济贸易大学中国雇主品牌研究中心

（李楠）

学生工作

【学生会活动】 学院学生会共举办46项活动，其中，特色活动有：新生成长小组课堂活动、启铭课堂之就业素养专家讲座、校园名企行之人人网、班级星级日志评选活动、班级趣味运动会、人力资源知识竞赛、“职属于你”模拟面试大赛、与财税学院联合举办首届“社会保障与公共财政论坛”。

（丁志艳）

【研究生会活动】 学院研究生会共举办了17项活动。其中包括：协助举办6个讲座类活动；3项学术交流活动，包括独立承办劳动经济学院第十三届研究生学术论坛、一二学期分别举办劳动经济学院研究生学术经验交流会；5项文体活动，包括协助举办劳动经济学院第十三届研究生新年晚会、举办劳动经济学院第三届研究生毕业生欢送会、协助校研究生会举办研究生校园十佳歌手大赛、协助并参与校研究生会举办的趣味运动会、协助并参与校研究生会举办的学术文化节乒羽篮大赛；2项拓展活动，分别去北海公司和陶然亭公园进行研究生会团队建设等。

（丁志艳）

【主题活动】 学院开展“四进四信”主题团日活动，在全院范围内开展“我与社会主义核心价值观”主题班会，引导学生进一步认知、认同社会主义核心价值观。

（丁志艳）

【宣传工作】 学院建立了“青年之声”联系群，推出了《韶华有声》专访，在“劳经人”微信平台的基础上设立了新的“在劳经”线上服务平台。院刊《远黛》（太阳雨系列）荣获“读者周”校园刊物评比一等奖。

（丁志艳）

【文体活动】 学院为建校60周年纪念活动文艺晚会呈现舞蹈《此时此刻》，学院团体操表演再获冠军，在第十四届学术文化节拉拉操团体健身操比赛中荣获二等奖，参加纪念“一二·九”运动81周年歌咏大会并获得优胜奖。

（丁志艳）

【创新创业教育】 学院组织学生参与2016年“创青春”大学生创业大赛，分获首都大学生创业大赛北京市银奖和“创青春”全国大学生创业大赛全国优秀奖。同时，学院从大一新生开始着重加强培养其创新创业能力，每学期都开设至少8课时的实践课程。

（丁志艳）

【社会实践】 在2016年暑期社会实践活动中，学院以“京津冀协同发展青年观察行动”为主题，共组建6支由专业导师全程带队指导的调研团队。其中，由纪韶、张成刚两位老师带队的新就业形态调研团同时获得2016年全国大中专学生志愿者暑期“三下乡”社会实践活动优秀团队、首都大中专学生暑期社会实践优秀成果及首都经济贸易大学暑期实践最佳风采奖三项大奖。

（丁志艳）

【就业工作】 学院本科生、研究生毕业生就业率均达100%，毕业生专业对口率达到90%以上，就业单位对毕业生质量的认可度逐年提高。

（丁志艳）

对外交流

【教师交流】 学院一贯重视教师队伍建设，通过参加国际学术会议、到国内外知名大学和研究机构进修学习等多种途径开阔教师的学术视野，提高教师的学术研究能力。2016年，学院有3位教师赴境外进修学习；8月19日—23日，学院教师詹婧、孟泉和雷晓天前往美国西雅图参加由美国社会学会劳工与劳工运动主办的学术研讨会——Precarious Work: Domination and Resistance in the US, China, and the World，并做主题发言；英国基尔大学曹学兵教授、日本流通经济大学香川教授、加拿大劳工部副部长安东尼·吉尔斯教授、国际劳工组织总部研究司司长莫赞·马穆德4位学者来到学院进行学术访问和文化交流。

2016年劳动经济学院进修教师名单

姓名	进修时间	事项	进修地点
牟俊霖	2015.05—2016.05	访问学者	美国密歇根州立大学
周格	2015.09—2016.02	访问学者	美国密歇根州立大学
赵耀	2015.09—2016.02	访问学者	台湾东吴大学

（吴博棣）

【学生交流】 学院共有28名学生参与了国外或境外交流项目，并且接收了4名加拿大蒙特利尔大学的学生来学院学习交流。

2016年劳动经济学院对外交流学生名单

姓名	出国时间	回国时间	地点
仪修出	2016年2月	2016年6月	台湾静宜大学
张舒尧	2016年2月	2016年6月	台湾东吴大学
武涵文	2016年1月	2016年2月	英国牛津大学
雷梦　刘濡源　李丛雪　付佳 刘玲　王德晓　胡荇玲　王哲源	2016年7月	2016年8月	加拿大蒙特利尔大学
徐蕊　祁琪	2016年7月	2016年8月	加州大学伯克利分校
马佳代	2016年8月	2016年9月	加州大学洛杉矶分校
徐欣楠　林佳艺	2016年6月	2016年7月	加州大学洛杉矶分校
苏小楠　李高杨	2016年8月	2017年1月	英国南安普顿大学
方辰渤　白宗艺　李辰　刘甘慈	2016年1月	2016年5月	爱尔兰阿斯隆理工学院
祁相依　赵一楠　蒋潮鑫	2016年8月	2017年1月	
全娟希	2016年4月	2017年2月	日本爱媛大学

（李楠）

2016 年劳动经济学院接收国际交流学生名单

姓名	来访时间	回国时间	国际交流学生的学校
Florence　Monica, Kevin　Antoine	2016 年 5 月	2016 年 6 月	加拿大蒙特利尔大学

（李楠）

党建工作

【**概述**】 学院党委设有委员 5 名,分别担任书记、副书记、组织委员、宣传委员、纪检委员、统战委员、青年委员。设有 10 个党支部,含教工党支部 3 个,退休党支部 1 个,本科学生党支部 2 个,硕士研究生党支部 3 个,博士研究生党支部 1 个。共有党员 271 名,其中,退休党支部党员 19 名、教职工党员 54 名。群团组织包括分工会、分团委、学生会、研究生会、人力资源协会、社保学社、劳关研学会、社工在行动、e - shine 舞团等。

（丁志艳）

【**党组织建设**】 学院党委坚持“一个中心,两个主体,三型组织,四大建设”的工作思路,全面加强学院党建和思想政治工作,为学院中心工作提供了强有力的政治保证和组织保证。学院在学校年度考核中被评为“优秀处级单位”。

学院党委深入开展党的十八届五中、六中全会和习近平总书记系列讲话精神学习,重点学习了“四个全面”“五大发展理念”的重要论述和教师节座谈会讲话。通过专题学习、党日活动、专题讲座等多种方式,开展庆祝建党 95 周年、纪念红军长征胜利 80 周年系列学习活动。学院荣获 2015 年—2016 年宣传思想工作先进单位,开展“两学一做”学习教育。12 月 28 日,学院召开党员大会,大会选举了新一届学院党委,王明会、冯喜良、丁志艳、范围、童玉芬、周施恩、魏华颖当选为党委委员,并召开新一届委员会,选举王明会为书记,丁志艳为副书记,范围为组织委员,周施恩为宣传委员,魏华颖为纪检委员,冯喜良为统战委员,童玉芬为委员。落实巡视整改要求,查摆问题 9 个,扎实推进整改。督促和指导支部从严落实“三会一课”制度。加强党风廉政建设,落实党委从严治党主体责任和一岗双责。加强对共青团、工会、教代会工作的指导。

（丁志艳）

【**学生党建与思政工作**】 学院共有学生党支部 6 个,其中,本科生党支部 2 个,硕士研究生党支部 3 个,博士研究生党支部 1 个。各党支部根据学院学生的特点,以学生党建工作为龙头,以学生党员教育为依托,加强学生党员教育工作,充分发挥党员的先锋模范作用。与地方基层党支部联系,建立红色“1 + 1”共建基地,定期开展主题党日活动。落实入党积极分子管理制度,输送到学校高级党校参加培训的学生 100 余人,共开展 8 次高年级党支部学员与入党积极分子学习讨论会。发展党员 36 名。

（丁志艳）

工会工作

【**概述**】 学院分工会在校工会、学院党委的领导下,围绕学校办学目标,以全面提升教育教学质量为中心开展工作,带领教职工积极投身教育教学改革,切实履行工会的基本职责。2016 年,完成工会委员换届选举。加强师德教育,开展师德建设系列活动。开展师德大练兵活动,组织“同题研讨”教研活动。组织开展红十字会急救培训、云蒙山森林公园登山徒步活动、奥森公园健步走活动、羽毛球比赛、太极拳比赛等。组织青年教师开展社会调研和承担工会课题,学校上报市委教工委的调研成果全部由学院教师提交,其中,1 篇获一等奖,3 篇获二等奖。学院还承担了工会课题 10 项,获得特别贡献奖。

（武玉）

重大事件

【**开展第二场外聘教授教学讨论会**】 1 月 7 日,学院第二场外聘教授就本科生教学的相关问题进行了讨论。参加此次讨论会的有英国基尔大学的曹学兵教授,院长冯喜良教授,副院长范围副教授,劳动关系主任王晶副教授,人才系主任徐斌教授。双方就劳动关系专业资格证书、劳动关系国际学会等内容展开了讨论和交流,并就相关问题达成了共识。

（冯喜良　吴博棣）

【**爱尔兰阿斯隆理工学院商学院师生来访**】 3 月 15

日，爱尔兰阿斯隆理工学院商学院师生来访。院长冯喜良、副院长范围在会上发言，并对两院的交流项目表示了充分肯定。

（冯喜良　吴博棣）

【举办2015年度“国际交流优秀奖”颁奖典礼暨国际交流项目说明会】　3月17日，学院召开2015年度“国际交流优秀奖”颁奖典礼暨国际交流项目说明会。国际交流合作处副处长黄立伟，院长冯喜良，党委书记王明会，副院长童玉芬、副院长范围，党委副书记丁志艳，对外交流秘书李楠，学院国际交流办公室教师魏华颖、毛畅果、雷晓天，获奖学生以及各班学生代表参加了会议。

（冯喜良　吴博棣）

【举办“中国农民工问题学术研讨会”】　3月31日，学院和人力资源与社会保障部国际劳动保障研究所共同举办中国农民工问题学术研讨会，来自国际劳动保障研究所和学院的近30位专家学者以及100余位学院硕、博士研究生参加了会议。校长王稼琼致辞，人力资源和社会保障部原副部长、党组副书记、国务院农民工工作领导小组原办公室主任杨志明做了题为《中国农民工的发展》的主题演讲。

（冯喜良　吴博棣）

【举办第六届劳动定员定额论坛】　4月26日，学院和中国定额论坛组委会共同举办第六届劳动定员定额论坛，近50位政府主管部门领导、专家、学者、企事业单位代表出席会议。

（冯喜良　吴博棣）

【举办第九届中国人口与发展研究生论坛】　6月5日，由中国人口学会青年人口学者专业委员会主办，首都经济贸易大学劳动经济学院、首都经济贸易大学人口与经济研究所承办的第九届中国人口与发展研究生论坛召开。来自北京大学、中国人民大学、南开大学、首都经济贸易大学、北京市委党校、山东大学等23所院校的170余名师生参加了此次论坛。

（冯喜良　吴博棣）

【举行北京双高人才发展中心实践基地挂牌仪式】　6月6日，学院实践基地挂牌仪式在北京双高人才发展中心举行。院长冯喜良、副院长范围、项目负责人魏华颖，双高人才副主任徐利、双高国际人力资本集团总裁蒋北麒、双高人才人力资源部部长王全、双高人才第一资源研究院院长王勇以及双高人才第一资源研究院任慧和双高人才人力资源部武诗文出席了挂牌仪式。

（冯喜良　吴博棣）

【举办全国大学生人力资源管理技能竞赛北京赛区选拔赛】　9月24日，学院举办第一届全国大学生人力资源管理技能竞赛（精创教育杯）北京赛区选拔赛，首都经济贸易大学顺利入围国赛。

（冯喜良　吴博棣）

【举办“经济下行中的劳动关系规制与政府劳工政策”国际研讨会】　9月24日，学院举办“经济下行中的劳动关系规制与政府劳工政策”国际学术研讨会，加拿大劳工部副部长安东尼·吉尔斯教授、国家人力资源与社会保障部劳动关系司王永生处长、中国经济体制改革研究会原会长宋晓梧教授、中国人民大学劳动关系研究所所长常凯教授等30多位中外知名劳动关系专家，以及来自中国人民大学和学校的100多名硕士、博士研究生参加会议。

（冯喜良　吴博棣）

【国家发展和改革委员会社会发展研究所杨宜勇做学术讲座】　10月19日，国家发展和改革委员会社会发展研究所杨宜勇研究员来学院做题为“中国劳动经济变动的十大关系”的学术报告。学院院长、教师和硕、博士研究生近百人参加会议。

（冯喜良　吴博棣）

文化与传播学院

概　况

文化与传播学院成立于2011年4月,是首都经济贸易大学最年轻的学院之一。学院脱胎于原人文学院,主要由“三系一部一中心”——广告学系、传播学系、汉语言文学系和艺术教研部、传媒实验教学中心组成。

2016年,学院的特色工作和创新工作有:完成学院“十三五”规划的定稿、宣讲和落实工作。全面推进和深化与经济日报社的共建工作。初步完成学院转型,将学院建成培养大学生人文素质的平台。全面推动媒介经营与管理二级硕士点建设。与国际学院合作,首次面向海外招收汉语言文学专业留学生。与美国天普大学签订协议,全面启动“3+2”项目,形成合作培养传播、广告本科和硕士专业人才的机制。完成学院建院5周年“四个一”文化品牌项目建设。党总支与西城区书香驿站达成党建服务意向,并全面实施文化服务社区党建服务项目。

学院拥有一支在各自学科领域有较深造诣的中青年学人构成的高素质教师队伍。2016年,学院有教职员工50人,其中专任教师42人,实验室管理员2人,行政人员6人。专任教师中,教授8人,副教授14人,讲师17人,助教3人,具有博士学位或硕士学位的教师占专任教师的90.05%。

学院属于教学型办学单位,拥有一个媒介经营与管理二级硕士点和三个本科专业:广告学、传播学和汉语国际教育,拥有在校本科生约600人,在校研究生9人。学院坚持“立足北京,服务北京”的办学宗旨,依托学校丰厚的经济管理学资源和学院独特的多学科融合优势,培养通晓外语和国际惯例,具有人文情怀、创新意识、合作精神和实践经验的国际型、复合型、应用型传媒广告业人才和汉语国际教育专门人才。

(石刚　张素娥)

2016年文化与传播学院硕士生导师一览表

姓名	专业	讲授课程
石刚	哲学	传播学概论　国学经典研读
郭媛媛	传播学	文化管理学:媒介策划
杨同庆	工商行政管理	广告经营管理
郑文明	法学	传媒法
张小乐	文学	写作学　文化学
朱琳	文学	西方文化品牌推广策略研究
彭利芝	文学	中国文化概论
许敏玉	广告学	广告创意与文化
李毅	广告学	企业视觉传达中的文化构建
王昕	艺术学	影视传播实务
吴伟凡	文学	戏曲国粹与文化市场
司新丽	文学	中外文化比较
贺心颖	新闻学	中外新闻传播史　学科(专业)英语

(郭媛媛)

2016 年文化与传播学院在职正高职人员一览表

姓名	专业	主讲课程
石刚	哲学	传播学概论　国学经典研读
杨同庆	工商行政管理	广告学概论　广告监督管理
郭媛媛	中文	媒介策划　传媒产业动态与个案研究
张小乐	汉语言文学	写作学　应用写作
朱琳	汉语言文学	外国文学　应用写作
王昕	广播电视艺术学	影视传播学　视听语言
郑文明	宪法学与行政法学	大众传媒法　西方传媒法(双语)　互联网法律与实务
吴伟凡	汉语言文学	古典文学　应用与写作　演讲与口才

(张素娥)

师资队伍建设

【考核聘任】　根据学校人事工作安排,按照《首都经济贸易大学教师职务聘任工作实施方案》,学院成立了由石刚、付琳、郭媛媛、陆彦明、张小乐、朱琳、杨同庆 7 人组成的聘委会,对教师申报材料进行院内审核,最后上报吴伟凡、彭利芝、何磊 3 人参加学科组评审。

(张素娥)

教学工作

【举办"金驼月"活动】　4 月—5 月,学院举办"金驼月"活动。系列活动不仅设置了金驼杯特稿大赛、"金驼杯"传媒实践技能综合展示等传统项目,还加入了文传大讲堂、广告创意策划大赛、汉语国际教育专业技能大赛等新项目,囊括了学院所有的专业和同学。

(陆彦明)

【学科竞赛】　6 月 28 日,在第五届北京市大学生书法大赛中,共有 8 名同学获奖,学院获得"优秀组织奖"。11 月 12 日,学院在北京市大学生人文知识竞赛中获得二等奖。

(陆彦明)

【校外基地建设】　1 月 22 日、5 月 16 日、11 月 28 日,学院分别与首都之窗、尚诚同力、新意互动三家单位签订校外人才培养实习基地协议并举行授牌仪式。

(陆彦明)

【遴选第三届卓越班】　经过自荐、面试、遴选等环节,学院 2015 级传播学卓越班(20 人)、广告卓越班学生(26 人)正式成立。第三届卓越班由陆彦明、许敏玉任班导师,吴三军、刘俊晟任班主任,聘请校外行业导师、校内专业导师共 16 名。

(陆彦明)

【人文与传媒实验中心建设】　6 月 8 日,书法教室正式揭牌并投入使用。11 月,虚拟仿真实验室一期建设 150 万项目成功立项;同时,校色实验室项目完成全部验收工作。在北京市教委设备检查中,中心设备被抽查 40 余件,抽查结果为全部合格。

(陆彦明)

【修订人才培养方案】　学院修订新的人才培养方案,先后调研了国内 8 所高校,5 次组织召开会议,进行了广告学、传播学、汉语国际教育专业人才培养方案论证和研讨。特别是传播学专业,筹划与经济日报社合作,共同打造卓越班,建设经济新闻方向。

(陆彦明)

【教学研究】　学院共申请校级教改立项 10 项,获批重点项目 2 项,一般项目 4 项,青年项目 4 项。11 月 15 日,在教务处组织的校级教育教学成果奖中,学院共有 5 项成果获奖,其中,特等奖 1 项,一等奖 1 项,二等奖 3 项。学院教师李毅和王冲在 2015—2016 学年获得"优秀课堂教学效果奖"第 10 名和第 13 名的好成绩。

（陆彦明）

【毕业生的论文答辩和成绩审核工作】 学院完成本科生毕业论文答辩工作，其中，学院2篇本科生毕业论文获得校级优秀毕业论文奖。

（陆彦明）

【国际化办学】 9月，学院与国际学院联合培养的首届汉语国际教育专业留学生入学，开创了国际化办学的新路子。

（陆彦明）

【推优保研】 学院推荐朱竹青、李明潞、陈黎、杨晓冬、罗丹、金梦、陈乐鸣7名同学保送攻读硕士研究生。

（张怡岚）

【大学生科研创新】 学院本科生共申报大学生科研创新项目5项，其中，重点项目2项，一般项目3项。

（张怡岚）

【媒介经营与管理学术型硕士招收第二届研究生】 学院媒介经营与管理学术型硕士招收第二届研究生共4名：卓然、曹梦然、黄小雨、高卫。

（郭媛媛）

【研究生培养】 学院为两届共9名研究生配备“一对一”行业导师，第一届研究生行业导师为：张根铭（万达传媒 CEO）、许一顶（开画影业创始人、CEO）、黄健（联合映像 CEO）、姜楠（投黑马科技有限公司创始人、CEO）、汤军军（北京电视台生活频道制片人、高级记者）；第二届研究生行业导师为：周永萍（北京电视台新闻中心主任）、徐颂东（长河集团CEO）、张颖（壹心娱乐副总裁）、杨柘（TCL 通讯首席运营官与中国区总裁）。2016年，带领研究生举办“创意、创新、创行”“三创讲堂”2次，赴长辛店社区、万达传媒等机构，与社会基层和行业一线高管面对面学习、交流。11月5日，学院举行研究生第一届学术论坛，全体研究生参加论坛，并提交、宣读论文。

（郭媛媛）

科研工作

【概述】 学院获批国家级项目2项，省部级项目3项，局级项目3项，横向项目4项，到账经费101万元。另外，发表核心期刊19篇，其中 CSSCI 论文12篇。

（郭媛媛）

【开展学术活动】 学院继续以研究所为单位开展科研活动，以广告研究所、文化产业发展研究所、文化传播研究所和京文化研究所为团队，设定工作任务，开展科研活动。

（郭媛媛）

【举办“2016北京城市发展与文化创新研讨会”】 11月5日，学院和工商管理学院联合举办“2016北京城市发展与文化创新研讨会”，以“文化传播与城市文化品牌建设”为主题，就“文化传播与城市文化品牌提升”“首都城市文化品牌建设与发展”“北京城市文化传播力建设与创新”等议题展开研讨。国际文化产业创新实验区管委会副主任王娟，中国传媒大学经管学部文化发展研究院副院长卜希霆，清华大学国家形象传播研究中心研究员、城市品牌研究室执行主任萧东荣，新浪网政旅事业部总经理李峥嵘，北京投黑马科技有限公司创始人、董事长姜楠等嘉宾，以及工商管理学院副教授张祖群、文化与传播学院副教授许敏玉在主论坛上发言。

（郭媛媛）

【举办“新闻与传播学科：应用、实践”主题研讨会】 9月24日，学院举办“新闻与传播学科：应用、实践”主题研讨会。以“新闻与传播学科建设的应用性与实践性”为主题，围绕“新闻与传播学科建设的应用性”“新闻传播专业人才培养的应用性特质”“新闻与传播学产学研创新基地的建设”“新闻与传播学科建设与发展的未来”四个议题，特邀政、产、学、研专家，产学研基地领导，以及媒介经营与管理硕士研究生校外导师和校友代表进行主题研讨。

（郭媛媛）

【项目申报】 学院组织、完成国家社科项目申报6项，北京市哲学社会科学项目8项，北京市教委项目5项，学校重点培育项目3项，学科建设项目1项。其中，2项国家社科项目获批，2项北京市哲学社会科学规划项目获批，3项北京市教委项目获批。

（郭媛媛）

学生工作

【概述】 学院有研究生2个年级,共9人,均为媒介经营与管理方向。本科生有自然班24个,分别为传播学专业12个自然班,广告学专业8个自然班,汉语国际教育专业4个自然班。拥有专职辅导员2人,班主任24人,目前在册学生约600人。学院分团委下设组织部、宣传部、志愿者服务团,学院分团委书记为宿东泽老师,副书记为张雨田。学院学生会下设文艺部、宣传部、新闻传媒部、涉外部、体育部、生活学术部,学生会主席为姚顺宇,副主席为董鸿宇、张意英、张晨浩、程浩。

(宿东泽)

【思想政治教育】 学院将学生活动开展与专业建设和大学生思想政治教育工作相结合,由此带动学生的思想政治教育。4月,开展"追我吧,CUEBer"校园竞技类综艺节目的录制活动。学院在学校团体操比赛中获得第二名。11月,学院申报的"向前吧,经贸人!"校园竞技综艺节目录制活动在学校2016年"一院一品"学生思想政治教育品牌活动答辩中获批学校重点项目。5月,在校团委开展的系统评优活动中,学院共有32人获得校级荣誉称号、两个团支部被评为"校级红旗团支部"。学院鼓励学生踊跃报名参加献血工作,共39名同学成功献血。6月,举办新生班集体风采展示大赛和主题团日大赛。9月,学院与2016级全体京外生和少数民族学生举行"迎国庆"交流会。10月,学院举办"Triple C's Night"主题迎新晚会。10月16日,学院参与学校第二届留学生国际文化节。12月9日,在纪念"一二·九"运动81周年歌咏大会上,学院参赛演唱《军民团结一家亲》并获得优胜奖。

(宿东泽 代启蒙)

【宣传工作】 学院学生会新闻传媒部成立微信公众平台运营小组,进一步优化"CUEB文化与传播学院"公众账号的功能,提高学生参与网络思政教育的主动性。学院新建立所属学生会的公众号"文传青音",旨在更多地宣传学生活动。学院学生会新闻传媒部成立摄影摄像小组,由传媒实验教学中心开展专业教学,负责学院各类活动的摄影摄像及后期编辑工作。

(代启蒙)

【制度建设】 学院修改和优化了本科生综合素质认定办法,并继续推行《文化与传播学院本科生综合素质认定手册》(简称"认定手册")的使用。学院学生工作办公室不断在工作中改进"认定册"的内容安排等细节,从而形成科学、完善的综合素质测评体系,切实推进综合素质教育的进程。

(宿东泽 代启蒙)

【学风建设】 学院继续推进新生晚自习工作,组织包括学业生涯规划辅导、读书交流分享会、教学管理规定解读、新老生交流会、传媒大讲堂等不同类别的活动。11月,学院组织2016级新生开展以"学理论、读经典"为主题的读书分享交流活动。

(宿东泽 代启蒙)

【就业工作】 学院参加就业的毕业生总数为149人,其中,读研10人,出国36人,就业98人,创业4人,截至11月,就业率为99.35%,签约率为96.73%。学院共进行大型就业摸底4次,对毕业生人均电话跟踪辅导3次,累计进行个体辅导500余次,团体辅导共计10次。开设2016届毕业生就业辅导工作坊,分阶段、分专业、分就业方向进行就业和创业的宣传与辅导工作。

(宿东泽)

【社会实践】 1月,学院分团委组织学生赴东城区前拐杖棒胡同朝西社区举办学习十八届五中全会精神宣讲会。暑期,共组织9组实践团队深入社会,开展边远山区支教、汉服文化宣传、产业精准扶贫调研、地域文化传播等多种形式的暑期社会实践活动。宿东泽指导的《靖宇印象》团队获评校级优秀实践团队,宿东泽荣获"北京市大学生暑期社会实践优秀指导教师"称号。11月,学院分团委主办暑期社会实践成果分享会。

(宿东泽 代启蒙)

对外交流

【概述】 学院派出1名教师和5名学生前往国外进行交流学习,与美国新泽西城市大学签订协议,2名同学参加马里兰大学暑期传媒夏令营。10名同学赴韩国、新加坡、马来西亚开展暑期海外实习。

(郭媛媛)

【互访】 11月,院长石刚随团赴非洲莫桑比克和坦桑尼亚两国共 5 所大学进行国际访问与交流。5 所大学为：圣奥古斯丁大学、桑给巴尔大学、爱德华多·蒙德拉内大学、赞比西大学、达累斯萨拉姆大学。

（郭媛媛）

2016 年文化与传播学院教师国际交流情况一览表

系部	姓名	交流学校及专业
传播学	郑文明	美国密西根州立大学

（郭媛媛）

2016 年文化与传播学院本科对外交流交换生名单

专业	姓名	交换学校及专业
传播学	贾皓	台湾铭传大学
传播学	贾泽莹	台湾静宜大学
传播学	陆予婷	台湾铭传大学

（张怡岚）

2016 年文化与传播学院参加美国马里兰大学暑期传媒夏令营本科生名单

专业	姓名
传播学	王楚涵
传播学	钱雨莹

（郭媛媛）

党建工作

【概述】 学院党总支拥有党员 63 人，其中教师党员 43 人，学生党员 20 人，正式党员 48 人，预备党员 15 人。党总支下设 8 个党支部，分别为广告与艺术联合党支部、传播学系党支部、汉语言文学系党支部、行政党支部、退休党支部、本科生第一党支部、本科生第二党支部和研究生党支部。6 月 30 日，学院党总支被评为 2014—2016 年先进基层党组织，王冲、朱琳和许敏玉被评选为优秀共产党员，宿东泽被评选为优秀党务工作者。学院获得“2015—2016 年宣传思想工作先进单位”荣誉称号。学院申报的“书香润泽人生，驿站汇聚力量”主题党日活动获校级三等奖；“发挥专业优势，传播中国优秀文化，弘扬志愿精神，共筑和谐社区家园”红色“1＋1”主题活动获校级二等奖。

（付琳）

【“两学一做”学习教育活动】 学院党总支把开展“两学一做”学习教育作为一项重大政治任务，切实履行主体责任，周密安排部署、精心组织推动。开展专题学习讨论，制作《2016 年党章党规党纪知识测试题》和《党史知识测试题》。创新方式讲党课，由马克思主义学院院长刘冠军、副校长徐芳、宣传部副部长付蓓、财务处处长夏颖开展专题党课。组织全体教师党员和学生党员观看红色电影《勇士》。结合专业特长，创建服务基地，学院与西城区书香驿站达成合作意向，开展文化建设活动。开展“合格党支部建设规范”与“合格党员行为规范”大讨论，形成 16 条合格党支部建设规范和 20 条合格党员行为规范。建立健全党员监督约束机制。

（付琳　宿东泽　代启蒙）

【“十三五”规划的确定和宣讲】 党总支确定了学院党建“十三五”规划的主要内容：未来五年，学院党总支将继续紧密围绕学院中心工作，发挥引领和保障的核心作用，发扬党内民主，凝聚各方力量，夯实工作基础，突出专业特色，勇于开拓创新，从思想建设、组织建设、制度建设、文化建设、监督机制建设等多个方面推动学院事业全面科学快速健康发展。其中，思想建设：点面结合，强化引领；组织建设：夯实基础，强化保障；制度建设：捋顺机制，强化落实；文化建设：突出特色，强化融合；监督机制建设：发扬民主，强化监督。

（付琳）

【推进基层组织建设】　党总支指导各党支部严格落实"三会一课"制度，定期召开支部党员大会，传达贯彻上级党组的决议，报告支部工作情况，研究入党积极分子工作，发展党员，通过预备党员转正等。10月，学院总支指导各党支部完成换届工作。成立单独的研究生党支部，将现有的两个学生党支部作为本科生的第一党支部和第二党支部。

2016年基层党组织换届调整情况一览表

序号	党支部名称	党员人数	党支部书记	职称
1	广告与艺术联合党支部	7	许敏玉	副教授
2	传播学系党支部	11	贺心颖	副教授
3	汉语言文学系党支部	6	朱琳	教授
4	行政党支部	6	曹健	实验师
5	退休党支部	14	刘建强	教授
6	研究生党支部	6	卓然	
7	本科生第一党支部	7	杨懿芳	
8	本科生第二党支部	6	张璐	

（付琳）

【制度建设】　3月，学院召开第四次教代会，党总支将首期制度建设的成果编印成册，收录了包括《首都经济贸易大学章程》《首都经济贸易大学关于全面深化综合改革的意见》等重要制度在内的12项制度以及学院制定和修订的11项制度，印制新的《教师手册》。

（付琳）

【党风廉政建设】　学院党总支成立了以党总支书记付琳同志为组长的党风廉政建设领导小组，领导班子严格履行"一岗双责"，在实际工作中坚持把党风廉政建设责任制的要求与学院各项工作一起部署，一起落实，学院党政一把手在部署年度工作的时候把党风廉政建设提到重要的位置上，反复强调并身体力行，把党风廉政建设作为学院开展各项工作的基础来全力夯实。3月31日，学校召开党风廉政建设大会，学院领导班子专题对大会的有关精神进行学习。

（付琳）

【强化意识形态的管理】　学院党总支在不断完善网站各项功能的同时，严把出口，明确各种信息发布的权限管理和归口管理人员；加强对学院内部各种微博、微信公众号的监督管理，畅通师生舆情信息沟通机制。学院党政联席会重视师生的思想动态，定期把搜集上来的情况在会上进行通报。对学校出台的各项重大政策和举措，第一时间通过各种方式向全院师生发布，并广泛征求意见，积极向学校有关部门反馈。

（付琳）

【党员发展工作】　学院党总支指导学生党支部严格按照程序，做好党员发展工作。从严管理党员，强化日常管理和组织关系管理。确定姚顺宇等15名优秀团员为党员发展对象。

（付琳　宿东泽）

【学生党员活动】　学生党支部对接西城区玉桃园社区党支部开展"老党员口述史暨老物件摄影展"活动。学院共组织学生开展志愿服务活动34次，累计参与活动人数超过300人。

（宿东泽　代启蒙）

【党员组织关系排查工作】　学院党总支完成对2007年至今所有已毕业学生党员共计67名同学的组织关系情况的排查工作，对组织关系已转出学院的已毕业学生党员收缴组织关系转出回执并上交组织部；对组织关系需要留存的已毕业学生党员办理组织关系留存手续，并按时收缴党费。

（宿东泽）

工会工作

【概述】 学院分工会主席为张小乐，女工、福利委员为张素娥，文体委员为王冲（年底为刘骏晟），下设行政、传播、广告、汉语言文学、艺术 5 个工会小组。学院工会连续 6 年获得"校工会工作优秀单位"称号。

（张小乐）

【落实"驼峰计划"】 继续实施导师制。为新入职青年教师配备导师，具体指导教学工作，涵盖备课、听课、提建议、整改等环节，使青年教师尽快实现角色转换，顺利开展教学工作。

（张小乐）

【参加支持校工会工作】 学院分工会积极支持、参与新年晚会；按时组织青年教师参加社会实践活动；积极组织参加校运动会和太极拳比赛、羽毛球大赛；积极支持、充分准备学校全国模范教工之家的验收工作。

（张小乐）

【重视送温暖工作】 看望生育教工——刘吉冬，为退休教师送祝福，组织老教师团拜活动，看望生病教师杜文娟。

（张小乐）

【以特色活动建温馨小家】 学院举办第三届"金勺杯"厨艺大赛；支持"萌之队"——教职工羽毛球队的各项活动；妇女节为女教工举办有益身心的活动；举办秋游采摘活动、玉渊潭健步走活动；完成分工会换届和"双代会"代表选举工作。

（张小乐）

【宣传工作卓有成效】 学院分工会重视宣传工作，依托专业教师写作，做到工会所有活动有报道，及时发稿给校工会与学院网站，全年稿件 12 篇，位列全校分工会第三名。

（张小乐）

人文与传媒实验教学中心

【概述】 人文与传媒实验教学中心隶属文化与传播学院，实验室使用面积超过 2 000 平方米，各种高、中端设备近千套，总价值超过 3 000 万元。中心现有面积为 300 平方米的高清演播室，虚拟演播室，大洋高清非线性编辑机房，专业摄影棚，专业录音棚，苹果平面设计实验室，报刊编辑实验室，影视广告实验室和广告校色实验室 9 大实验室。形成了集广播电视、节目制作、新闻传播、播音主持、摄影艺术、信息管理、网络应用、媒体教学、平面设计、广告开发于一体的多功能综合性实验教学基地，以满足传播学和广告学专业学生的实践教学需求，并为其他相关专业的人才培养搭建一个开放式的应用模拟型教学实践平台。

（张艳君）

【重要工作】 2016 年，人文与传媒实验教学中心稳步发展。

2016 年人文与传媒实验教学中心重要工作一览表

时间	工作
3 月	校色实验室二期获得批复，项目资金 200 万元，经过立项、招标，签合同，开始建设
4 月—9 月	校色实验室二期建设
5 月	完成北京市教委设备检查，实验室被抽查 40 余件，未出现问题
5 月	"金驼杯"实践教学活动月在中心落下帷幕
6 月	书法教室验收通过，投入教学使用
9 月	开展传媒实验与技术虚拟仿真中心申报工作，同时获批 150 万元虚拟仿真资源建设资金
10 月	学校建校 60 周年纪念活动转播工作，一周时间制作完成 8 场节目
10 月	由传媒实验中心策划的大型综合访谈节目"传媒第一课"在实验中心举办，活动全部由大四学生策划、组织、拍摄等，为大一新生诠释了传媒的理念、技能等多方面的内容
11 月	完成了校色实验室项目的全部验收工作

（张艳君）

重大事件

3月21日，党总支书记付琳就建立党建服务基地与“书香驿站”创始人梁军达成意向。

4月30日，学院2012级广告专业黄小雨同学作品获选为学校建校60周年纪念活动标识。

4月—6月，学院举办“金驼月”系列活动。其中包括“特稿大赛”、“广告策划创意大赛”、“汉语国际教育综合教学技能大赛”，以“时光若刻”为主题的第八届“金驼杯”传媒实践技能综合展示活动和闭幕式，学院学生会以“金驼视点”为主题进行了系列推送。

4月—12月，学院推出首期“文传大讲堂”，邀请各界专家共推出10期讲座。

5月，作为二级学科点，学院参与了学校工商管理学科的全国评估工作。

6月1日，“文化与传播学院建院5周年师生书法绘画及专业实践作品展”在人文与传媒实验教学中心举行，党委常委、副校长徐芳与院长石刚共同为作品展揭牌。

6月3日，郭锦鹏、李先知分别获国家社科基金一般、青年项目立项。

6月25日，“第五届北京市大学生书法大赛”总决赛中宫双华老师指导的团队获得一、二、三等奖8项，学校获得优秀组织奖。

6月30日，学院党总支被评选为2014年—2016年先进基层党组织，朱琳等3位同志被评选为“优秀共产党员”，宿东泽被评选为“优秀党务工作者”。党总支还被推荐为“北京市先进基层党组织”候选单位。

6月和12月，学院研究生“创意、创新、创行”“三创讲堂”赴北京投黑马科技有限公司、长镜头文化发展有限公司和长辛店开讲。

9月，学院与国际学院联合培养的首届汉语国际教育专业留学生入学，开创了学院国际化办学的新途径。

9月，学院广告学专业在第八届大广赛中共有23组同学72人次获奖。其中，全国总决赛5项，北京赛区18项。

10月16日，学校建校60周年纪念活动中，学院迎接各届校友返校，举办了以“我们的传媒　我们的未来”为主题的“本科人才培养方案校友研讨会”和“传媒第一课”；汉语国际教育的学生参与了国际文化节的组织；学院发布了新的学院宣传册、形象宣传片和师生作品集。人文与传媒实验教学中心承接学校建校60周年纪念活动转播任务，7天完成7场转播。

10月，学院党总支组织各党支部完成换届工作，党支部书记由朱琳、贺心颖、许敏玉、曹健、刘建强、卓然、杨懿芳、张璐担任。

11月5日，学院与工商管理学院共同举办主题为“文化传播与城市品牌建设”的“2016北京城市发展与文化创新研讨会”。

11月5日，学院举办媒介经营与管理研究生第一届学术论坛。

11月，学校正式与美国天普大学签订协议，全面启动“3+2”项目。学院传播、广告本科和硕士专业人才的合作培养模式包含在项目中。

12月14日，学院与美国新泽西城市大学达成教师和学生互换的协议。

2016年，部校共建工作继续推进。3月，石刚院长带队赴南京大学调研部校共建新闻学院工作；4月，经济日报社社长徐如俊为学校师生做专题讲座；6月，党委常委、副校长徐芳与石刚一起参加了由中宣部、教育部召开的2016部校共建新闻学院工作推进会。

（付琳）

信息学院

概　况

信息学院成立于1999年，其前身是1978年2月建立的北京经济学院经济数学系。1987年1月，经济数学系改名为经济信息管理系，1996年1月，经济信息管理系改名为信息管理系，1999年，信息管理系与计算中心合并成立信息学院。学院下设信息管理与信息系统、管理科学与工程、计算机科学与技术3

个系，设有管理科学与工程北京市实验示范中心、数字创新平台实验室、大数据实验教学科研平台、信息管理实验室、软件工程实验室、BIM（建筑信息模型）实验室、网络实训实验室、微机硬件与系统实验室、虚拟仿真实验室、SAP 实验室等。

学院在职教职员工 65 人，其中，专职教师 47 人，实验室及办公室人员 18 人。专职教师中，教授 12 人，副教授 21 人，讲师 14 人；具有博士学位的教师 38 人，具有硕士学位的教师 9 人。2016 年，新引进教师 3 名。

截至 2016 年 12 月 31 日，学院拥有管理科学与工程一级学科博士授予点，管理科学与工程（学硕）、软件工程（专硕）2 个硕士学位授予点，信息管理与信息系统、计算机科学与技术、工程管理 3 个本科专业。

（郑宁　刘兵）

教学工作

【修订本科培养方案】 学院修改了本科培养方案，对各专业培养计划在课程设置、理论教学、实践教学、学时安排等方面进行了修订；在课程体系和学时方面做了整合删改。重新修订了信息管理与信息系统（商务智能班）专业（卓越班）、计算机科学与技术（互联网 +）专业、信息管理与信息系统（国际班）、信息管理与信息系统（大数据班）、工程管理专业的培养方案。

（郭高卉子）

【高考招生咨询】 学院成立了以院长为第一负责人，以教学副院长、副书记和各系主任为主要成员的高招咨询组，积极参加校内外多场高招咨询宣传活动，努力扩大学院的社会影响力，提升学院的招生水平。

（郭高卉子）

【毕业实习和毕业设计】 学院制定毕业设计工作的补充规定，成立毕业设计工作领导小组，在指导教师和评阅人资格，教师职责及学生选题、开题、评阅、答辩等方面做出明确规定，同时制定了工作计划和日程安排。对学生毕业设计，进行过程质量控制，实行指导教师负责制，前 8 周学生进行实习调查和研究，书写实习报告，之后在导师指导下做毕业设计，进行系统开发。严格评阅人制度，规范答辩过程。最后，将答辩完毕的毕业设计进行收集、统计、评价、归档。2016 届本科生论文共计 131 篇，成绩为优秀的占论文总数的 7%，良好的占论文总数的 57%，中等的占论文总数的 27%，及格的占论文总数的 6%。

（郭高卉子）

【期中教学检查】 期中教学检查工作中，学院通过组织召开教师、学生座谈会，听课打分和发放调查问卷等形式进行互查和自查。学院领导及各系主任到课堂听课，对任课教师的教学态度、教学方法、教学手段、教学过程、教学效果、教书育人等方面进行全面检查并填写听查课记录表，全院教师共听课 30 人次；对教学大纲、授课计划和教学进度情况进行考核和评估。同时对各门课程的教学进度、学生学习、课堂纪律、考勤等进行检查。组织多场公开观摩课。

（郭高卉子）

【本科生保研】 学院制定 2016 年推荐优秀应届本科生免试攻读硕士学位研究生工作安排，成立 2016 届毕业生推免工作领导小组和答辩小组，上报 7 名应届优秀本科毕业生免试攻读硕士学位研究生名单。

（郭高卉子）

【考试工作】 全年共完成期末考试课程 90 余门，参加全国大学英语四六级考试达 1 000 余人次。

（郭高卉子）

【学生竞赛】 学院学生竞赛包括“互联网 +”大学生创新创业大赛、挑战杯、三创杯、计算机应用能力与信息素养大赛、BIM 应用技能比赛和暑期社会实践等各类竞赛，共有校内外近千人参赛，获得省部级以上奖项 36 项共 110 余人，获得国家级奖项共 21 人。学院承办第二届全国“互联网 +”大学生创新创业大赛校内赛，共组织全校参赛队伍 97 支，参赛学生 456 人，其中，信息学院 275 人，取得优异成绩：校内赛一等奖、北京市二等奖 1 组；校内赛二等奖、北京市三等奖 7 组。

（郭高卉子）

【专业实习和认知实习工作】 2016 年，共有 2 个年级实习，2013 级学生进行专业实习，2014 级学生进行认知实习，2013 级和 2014 级学生分别到千峰科技有限公司、宇信科技有限公司、太极华青有限公司等实习单位实习。信息管理与信息系统专业共分 4 个实习小组，计算机专业共分 2 个实习小组，工程管理专业共分 2 个专业，进行了不同专业方向的实习。

实习完毕，每名同学上交 3 000 字实习报告一份。

（郭高卉子）

【专业评估】　学院根据北京市普通高等学校本科专业评估试点指标体系和基本要求，对计算机科学与技术专业进行评估，共涉及 8 大模块近千项数据。学院成立以院长、书记、教学副院长为组长的专业评估工作小组，历时近 2 个月完成计算机专业评估所有材料的填写与上报。

（郭高卉子）

【2016 届本科生毕业审核】　学院对 143 名 2016 届本科生的学历、学位进行了审核。经审核，2016 年学院应届毕业本科生有 143 人，其中，123 人获得学士学位，7 人结业，10 人延长学籍，3 人休学。

（郭高卉子）

【大学生创新创业训练计划】　学院共立项大学生创新创业训练计划 14 项，其中，重点 5 项，参与指导教师 10 余人，学生近 60 人。学院创新创业训练计划项目进展良好，结项率近 90%。

（郭高卉子）

【校外实习基地建设】　学院继续与北京宇信科技集团股份有限公司、北京锐安科技有限公司、千峰科技有限公司、国家信息中心信息与网络安全部等 10 余家公司进行校外人才培养基地建设，继续签订实习基地合同，全年共派出 100 余人到校外基地进行实习。

（郭高卉子）

【研究生推免与招生工作】　学院多次赴外地高校进行研究生招生咨询会。10 月，学院参加学校在校内举办的现场咨询会一场。通过 qq、微信、网站、纸质材料多方位宣传学院研究生招生政策。学院共有 6 名学生获得推免资格，其中 2 名学生推免攻读本校硕士研究生，4 名学生推免攻读外校硕士研究生。

（郑宁）

【研究生中期教学检查工作】　11 月，学院完成研究生中期教学检查工作，从检查情况来看，任课教师教学认真，研究生对任课教师的授课较为满意，尤其是专业硕士，认为课程内容的设置和结合校外实务专家授课的教学方式对专业素养的培养和实践能力都有较大提升。

（郑宁）

【修订研究生课程大纲】　10 月，学院按照研究生部规定对管理科学与工程、软件工程两个专业的研究生课程大纲进行修订和完善。

（郑宁）

【完成研究生论文中期答辩及 2015 届下半年毕业/学位论文答辩工作】　2014 级硕士研究生 24 人参加了论文中期答辩。完成 1 名 2013 级产业经济学专业研究生的补授学位答辩、学位论文归档、移交工作，该生获得硕士学位。12 月，完成 2 名管理科学与工程博士研究生毕业/学位申请答辩，以及毕业论文归档、学籍档案移交等工作，2 名博士研究生获得博士学位。

（郑宁）

【2015 级研究生开题工作】　11 月，完成 2015 级研究生中期考核工作。9 月和 11 月分别对 2015 级软件工程专业硕士以及 2015 级管理科学与工程学术硕士进行开题，软件工程专业共有 21 人参加，管理科学与工程专业共有 26 人参加。答辩小组成员由学院具有研究生指导资格或博士以上学历的教师构成，并且特意邀请了校外专家。

（郑宁）

【硕博连读工作】　10 月，完成了 2016 年硕博连读选拔工作。学院有 3 名 2015 级管理科学与工程专业研究生获得硕博连读研究生资格。

（郑宁）

【奖学金评审】　9 月中旬开始，学院开展 2016 年度国家奖学金评选工作，3 名同学获得该年度国家奖学金。10 月，学院进行 2016 年度研究生学业奖评审工作，60 名硕士研究生、3 名博士研究生获得不同奖次。

（郑宁）

【申报研究生创新项目】　11 月，学院积极组织研究生申报创新项目工作，学院对申报材料进行审核后，经专家对项目申请书匿名评议，确定上报名单，经研究生部评审获批 17 项。其中，重点项目 5 项，一般项目 12 项。

（郑宁）

科研工作

【申报项目及科研成果】　2016 年，学院教师共申报项目 40 项，包括国家级项目 12 项，省部级项目 16 项，市局级项目 10 项，校级项目 2 项；获批项目共 6 项。学院教师共发表论文 49 篇，其中，国际 F 刊 3 篇，国际 A 刊 1 篇，国际 E 刊 5 篇，核心期刊 13 篇，一般期刊 27 篇；发表专著 10 部；获批专利 3 项。

2016 年信息学院专利成果一览表

序号	发明人	专利名称	专利类型
1	张军	多主体仿真软件（简称 MASK） V1.0	其他知识产权
2	徐天晟	NAND Flash 数据重组算法演示和实现软件	其他知识产权
3	张丽玮	基于信息熵和 DC - Value 的技术术语抽取软件 V1.0	其他知识产权

（郑宁）

【召开学科评估总结暨促进研讨会】 7 月 6 日，学院召开学科评估总结暨促进研讨会。副校长王传生、信息学院领导班子、各系主任及中青年教师参加了研讨会。会议由信息学院副院长陈炜主持。

（郑宁）

【召开科研创新团队启动座谈会】 11 月 22 日，学院举行学院科研创新团队启动座谈会。院长张军、副院长陈炜以及科研创新团队负责人参加了此次会议。会议由副院长陈炜主持。

（郑宁）

【举办各类学术讲座】 9 月 21 日，学院邀请清华大学数学科学系教授刘宝碇举办题为“不确定理论学术讲座”；9 月 25 日，由日本模糊逻辑研究所玄光男（Mitsuo Gen）教授做了题为“Hybrid Metaheuristics Algorithms for Scheduling Problems”的讲座。由中国人民大学信息学院高金伍教授为大家做了关于“Uncertain Differential Game”（不确定微分博弈）的讲座。11 月 2 日，邀请京东搜索与大数据平台部高级算法工程师刘林举办题为“大数据驱动的电商个性化搜索”的学术讲座。

（郑宁）

学生工作

【就业工作】 学院制定了详细的毕业生工作计划并成立专门负责毕业生就业工作小组，统筹安排毕业生就业工作。学院 2016 届本科毕业生 130 人，研究生 28 人。本科生签约率 86.15%，就业率为 100%；研究生签约率为 92.86%，就业率为 100%。

（季岩砚）

【思想政治教育】 1 月 22 日，学院分团委组织学生干部和学生代表走进首经贸中街社区街道居委会，开展“和谐引领发展，创新共筑未来”贯彻党的十八届五中全会精神宣讲会。5 月 5 日，学院分团委组织召开“共建生态文明，同享美丽中国”主题展示评比活动。2014 级、2015 级本科团支部以 PPT、微电影、朗诵、短剧、歌曲等形式对本班的主题活动进行了精彩展示。9 月 8 日，学院分团委组织开展学生干部聘任及表彰大会。12 月 28 日，组织开展 2016 年学生活动表彰大会。11 月—12 月，学院分团委针对 2016 级新生开展了“勇往直前，百折不回”纪念长征胜利 80 周年主题团日活动。

（肖江文）

【学风建设】 4 月 21 日，学院成立学霸讲师团。学霸讲师团旨在营造学院良好的学习风气，激发广大学生主动学习的热情，积极培育和践行社会主义核心价值观，宣传、培育、表彰大学生中学习成绩优异的学生，树立信息学院学子新标杆。2016 年，学院开展了以“梦想从信息起航——引航人生，伴行成长”及“梦想从信息起航——夯实基础，提升素养”为主题的专题辅导。

（贾西贝）

【组织建设】 9 月，学院各学生组织开展并完成新一届成员招新工作。9 月 17 日，学院分团委组织所有学生干部进行定向越野素质拓展活动。10 月，学院分团委召开团干部团务培训会，对 2016 级新生团干部进行了有针对性的系列培训。11 月 19 日，学院分团委组织所有学生组织全体成员开展团建拓展活动。11 月—12 月，学院分团委组织开展“星火”学生干部培训课程。

（肖江文）

【宣传建设】　9月,分团委新闻中心进行职能规划调整,下设记者团、团宣交流部和传媒推广部,增加以视频为媒介的信息传播方式。新闻中心不仅完成学院内官方新闻信息的编辑与反馈工作,还通过平台"首经信息"向广大信院师生提供日常的信息服务,组织并完成了多个专访活动,并在校级视频制作的比赛中荣获奖项。10月,"首经信息"成功通过原创认证,新添加了菜单栏和微首页的功能,并增加了分栏,将推送信息分为"学生活动"和"学院简介"两大部分,每一部分都根据推送内容再分类。截至12月,"首经信息"共有21 196人的39 938次阅读量,关注人数达到1 164人。

（肖江文）

【社会实践】　学院共有11支团队申报暑期社会实践活动,其中,市级重点项目1项,校级重点项目4项,各团队针对农村精准扶贫、"一带一路"国际交流、京津冀协同发展、冬奥会推广等主题开展了深入调研学习。

（肖江文）

【志愿服务】　9月,学院成立LOOP关爱回馈行动小组,成员全部由接受过国家、社会各项资助的家庭经济困难生组成,通过组织接受过资助的同学参与关爱流浪动物、义务清扫街道等各项公益活动,引导大家树立回馈社会、自助互助的理念。9月20日,学院志愿者服务团参加国际铁人三项赛志愿活动。10月19日—20日,学院明心志愿者服务团参加冬博会志愿者活动。11月5日—9日,学院志愿者服务团开展"衣暖一冬,爱暖人间"衣物募捐活动。志愿者服务团定期前往北京市石景山区的福利院开展志愿服务。志愿者们长期以来始终坚持定期前往流浪猫狗救助站进行志愿服务,该救助站已成为信息学院挂牌志愿服务基地并已在北京市正式注册为动物救助站。与统计学院合作进行"盲人1+1"志愿活动。

（肖江文）

【学术竞赛】　5月,在"创青春"首都大学生创业大赛比赛中,学院"牵你千寻——特殊关注人群的安全服务体系""'菲力欧'智能养老解决方案"两个项目获得北京市铜奖。11月,在全国中、高等院校BIM应用技能比赛中,闫锡今、张章、肖菲、侯旭、侯松妍、马天煜6位同学获得三等奖。在北京市三创杯竞赛中,"神农本草众筹网""ToGo——你的景区专属路线"两个项目获得一等奖,并晋级全国通讯赛。在第六届两岸大学生计算机应用能力与信息素养海峡赛中,姜鳗芮获得一等奖。在第六届全国大学生计算机应用能力与信息素养大赛中,学院获得一等奖1名,二等奖1名,三等奖13名。

（肖江文）

【学生社团】　学院起点计算机协会共举办5次大型"电脑义诊"活动,举办了多次PS讲座、视频制作、各种软件系统的安装等专业软件技术培训,同时还配套组织了拆装机,硬件维护培训指导。先后举办了PS大赛、网页设计大赛、C语言竞赛等。9月,起点计算机协会举办电脑疑难解答会,邀请电脑专家到校给新生们做电脑配置方面的疑难解答。

（肖江文）

【校友工作】　1月—10月,为配合学校建校60周年纪念活动,学院组织学生干部寻访信息学院往届毕业生,活动寻访校友超过700名,深入采访优秀校友并将采访稿在学院报刊和学院微信平台上发表。10月16日,学院成立校友微信群"信息人",返校校友人数近400人,举行"回首过去,憧憬未来"主题校友联谊会暨校友导师结对仪式,充分利用校友资源帮助在校生合理规划职业生涯方向、积累职业经验、提升自身竞争力。

（季岩砚）

对外交流

【搭建对外合作交流平台】　学院非常重视开展与国外大学的国际交流与合作,共建合作交流平台。在向学生推介出国交流项目时,学院有目的地组织召开学生出国学习经验交流会,2016年邀请华盛顿大学和天普大学进行出国交流宣讲,并与瑞典达拉纳大学在国际化教育、人才培养、短期交流、科研项目、访问学者等方面进行研讨,实现资源共享、协同互动,积极建立长期合作。

（闵渝玲）

【推动与国外大学的合作】　积极推动与国外大学的交流合作,开发本科生、研究生国际交流项目,学院积极开展美国天普大学"2+1"双学位项目和爱尔兰阿斯隆理工学院"2+1"双学位项目,并且制定了学院留学生资助管理办法。

（闵渝玲）

党建工作

【开展“两学一做”专项学习】 学院党委全年开展了6次“两学一做”中心组专项学习，保持思想的纯净度与信仰的忠诚度，将“学”落实到“做”。学院党委组织各基层支部认真开展了“两学一做”专项学习活动，以“三会一课”制度为保障，采取的学习形式有：面对面上党课(24次)或自由研讨(约30次)，以微信群或公共平台为载体远程学习，认真解答开放式试卷或集体轮流诵读、观看影片或自学等；学习的内容有对规章制度文件等理论知识的领悟，也有向身边的楷模进行仿效学习的，更有对大老虎苍蝇的警示学习；各支部还开展了系列特色活动，如教师党支部的“机器人搭建与畅想专业实践活动”、“党员教师绘校园·‘两学一做’实践活动”、“献‘专业’爱心——成绩录入软件推广活动”、观看话剧《燃烧的梵高》等。学生党支部的党史时政知识竞赛活动、“发挥党员先锋模范作用，服务京津冀协同发展”红色“1+1”共建，老中青党员“忆院史，迎校庆”活动；等等。

（闵渝玲）

【推动“规矩做人 创新做事”文化】 以师德建设为核心，切实强化每位教师的责任意识、法律意识和底线意识；宣传教学名师、科研达人的爱教事迹与专研精神，以研风促教风，营造优良教风，弘扬教师爱岗敬业；激励教职工参加校院文体活动，营造学院的“规矩做人创新做事”文化，为学院的全面发展营造和谐氛围。

（闵渝玲）

工会工作

【健走大赛】 6月5日，学院分工会在北宫国家森林公园举办主题为“科学健走，健康一生”的春游及健走大赛。

（闵渝玲）

【“周周赛”系列比赛活动】 11月2日—16日共3周，每周三上午举办学院第一届“周周赛”系列比赛活动。

（闵渝玲）

【组织与兄弟学院的文体联谊活动】 与国际经济管理学院举行篮球友谊赛；与教育技术中心举行足球赛；与教技中心联合举办篮球友谊赛及趣味投篮赛。

（闵渝玲）

实验室建设

【概述】 信息实验教学中心创建于1999年(信息学院合并了学校的计算中心和网络中心)。由信息学院信息管理专业实验室和计算中心公共基础实验室组成。实验中心的主要工作任务是保证学院专业课上机教学、学校公共基础课上机教学的正常进行，管理维护学院及实验中心的国有资产及设备，保证实验室及设备的使用安全及整洁、卫生。目前，实验教学中心共14个实验室，包括6个实验中心公共基础实验室和8个信息专业实验室。实验教学中心总面积2 000多平方米，共有各种微机设备1 000多台，专职技术管理人员9人。实验中心的工作方针是：开放管理、科学规范、注重实训、资源共享。

（王学军）

【加强日常管理维护】 信息实验教学中心开设实验课程数达到90门，全年完成实验学生人教8 945人，实验人时数169 890人次，形成了理论教学与实践教学、专业实验与专门研究、学生体验与社会检验“三结合”的实验教学模式。

（王学军）

安全与环境工程学院

概　况

安全与环境工程学院成立于2005年，其前身可以追溯到1956年北京劳动干部学校成立的劳动保护训练班。1958年，北京劳动干部学校升格为北京劳动学院，设置劳动保护系，开始了安全工程类本科专业教育，成为我国最早设置安全工程类本科专业的办学点。劳动保护系在1982年和1983年先后获得了劳动卫生与环境卫生学硕士学位授予权和安全技术及工程硕士学位授予权。1985年，劳动保护系更名为安全工程系。2005年8月，安全工程系更名为安全与环境工程学院。

安全与环境工程学院下设安全工程系、环境工程系、工业工程系和实验中心4个教学单位。前3个专业系分别承担本系的专业课程教学工作；实验中心承担全院学生的实验教学工作。学院还设有安全生产培训中心、安全评价中心和建设安全研究中心等。其中，安全评价中心具有国家甲级安全评价资质，安全生产培训中心是国家安全生产监督管理总局认定的国家二级培训单位，这几个机构承担着北京市和其他省市大量安全生产领域的评价、咨询和教育培训等技术服务工作，面向社会开展安全生产相关服务工作。

2016年，学院有教职工44人，其中，专职教师33人。专职教师中，教授7人，副教授14人，讲师12人；获博士学位27人，硕士学位4人，其他2人。

学院现拥有安全科学与工程、劳动卫生与环境卫生学2个学术硕士学位授予权点，安全工程、公共卫生2个专业硕士学位授予权点，安全管理工程二级博士学位授予权点。安全工程专业是北京市特色专业，安全科学与工程学科是北京市重点建设学科。

（董丽娟　任慧英）

教学工作

【招生情况】　9月，学院招生128人，其中，本科生94人，硕士研究生32人。在校生共392人，其中，本科生303人，硕士研究生83人。

（别凤喜）

【推荐应届优秀本科毕业生免试攻读硕士学位研究生情况】　按照《首都经济贸易大学推荐应届优秀本科毕业生免试攻读硕士学位研究生的实施办法（试行）》的规定，2016年，安全与环境工程学院达到免试推荐条件的学生有16人，其中10人提出免试推荐申请，最终环境工程专业学生黄茹茜、安全工程专业学生张葭伊与李怡获得推优资格。此外，王祎经过学校统一答辩后获得了优秀学生干部免试推优资格。

（别凤喜）

【获全国安全科学与工程大学生实践与创新作品大赛】　学院组织学生参加全国安全科学与工程大学生实践与创新作品大赛，其中，由谢中朋老师指导的3个团队获得国家级三等奖，获奖成员分别是：汪志勇、熊数一、刘浩；窦梦荷、李凤怡、田琦；郝语林、刘汀、李士元、李天诚、王若彤。

（别凤喜）

科研工作

【概述】　学院共获得科研经费580.22万元，其中，纵向经费59万元，横向经费521.22万元；获批纵向科研项目立项7个，其中，全国哲学社会科学规划办公室（国家级）项目1个，国家安全生产监督管理总局（省部级）项目1个，北京自然科学基金委（省部级）项目2个，北京市哲学社会科学规划办项目（省部级）1个，北京市教育委员会项目（委办局级）1个，首都经济贸易大学项目1个；横向科研项目中新立项的企事业单位委托科技项目125个。发表论文共31篇，其中，国际B级别1篇，国际E级别2篇，在国内核心期刊共发表论文16篇，其他期刊12篇。

（任慧英）

学生工作

【基层团支部建设】 学院共有15个团支部363名团员，其中，团员干部47名。2016年，学院为强化团支部职能，健全团支部工作，增强团支部凝聚力，开展相关的培训，推出了相应的制度。

（陈蒲晶）

【学生组织建设】 5月，学院邀请“新励诚”演讲口才学校北京校区校长詹静开设“魅力口才与高效沟通”主题培训，全体院级学生干部及卓越工程师训练营成员参加活动。7月5日，学院举行研究生会换届大会。7月11日，学院举办分团委、学生会换届大会。9月5日，学院分团委、学生会举办招新大会，共招募学生干部50余名，招募志愿者70余人。12月10日—11日，学院开展学生干部培训。

（陈蒲晶）

【宣传工作】 学院运营并管理的微信平台“炫彩安工”不断跟进和更新活动信息，菜单点击次数由93次增长到2 332次；人均点击次数由1.33次上升到3.62次；平台关注数量则由438人增长到807人。

（陈蒲晶）

【组织学生干部学习北京市委书记郭金龙讲话精神】 5月4日，学院组织学生干部学习郭金龙书记讲话精神，分团委书记陈蒲晶解读了社会主义核心价值观、“四个全面”战略布局、“两个一百年”战略目标和“学生干部强三性去四化”等关键内容。

（陈蒲晶）

【主题团日活动】 5月4日，学院开展“纪念五四运动，争做时代先锋”主题团日活动，各团支部团员重温了入团誓词，并在《首都经济贸易大学圣洁课堂学生公约》上签名。5月25日，学院开展以“践行核心价值观，争创品牌团支部”为主题的“一团一品”主题团日活动，评选出学习型团支部3个：2014级环境工程团支部、2014级工业工程团支部、2015级安全工程团支部；创新型团支部3个：2013级安全工程团支部、2014级安全工程团支部、2015级工业工程团支部；优秀团支部4个：2013级安全工程团支部、2014级安全工程团支部、2015级安全工程与公共卫生专硕团支部、2015级工业工程团支部。11月1日—20日，学院各团支部开展“秉价值观传红色基因，承长征魂创品牌支部”主题团日活动。

（陈蒲晶）

【开展“我与社会主义核心价值观”主题活动】 11月1日—21日，学院组织各班级开展以“我与社会主义核心价值观”主题活动。各班级围绕“富强、民主、文明、和谐、自由、平等、公正、法治、爱国、敬业、诚信、友善”精心设计、认真准备，制定了融思想性、教育性、知识性于一体的班会方案并开展了丰富多彩的主题活动。

（陈蒲晶）

【社会实践】 7月16日，学院居安思危实践团成员前往大兴区采育镇铜佛寺村开展以“居安思危”为主题的社会实践活动。7月24日—25日，学院应急调查小分队完成“关注轨道交通安全，完善应急保障措施”暑期社会实践。7月29日，学院“生态建设中的兴隆”暑期实践团前往兴隆县开展暑期社会实践。学院暑期社会实践团开展“北京市居民自来饮用水中双酚A和壬基酚的污染研究“暑期社会实践，实践分为问卷调查和实验研究两部分。8月1日—10日，学院8名学生干部奔赴全国青少年井冈山革命传统教育基地，参加第四期“井冈情·中国梦”全国大学生暑期实践专项行动。8月6日，学院雾霾实验小组开展“雾霾知识调研及普及”暑期社会实践。

（陈蒲晶）

【志愿服务】 5月26日，学院组织学生参加志愿献血活动。4月18日，学院和会计学院2个志愿者团11名志愿者于三食堂门口举办了“衣见钟情”捐赠活动。在建校60周年纪念活动暨安全与环境工程学院（安工系）成立60周年纪念系列活动上，学院志愿者团共派出志愿者120余人次。5月23日，志愿者之家组织了安全月系列活动之“电子信息安全”宣传。“夕阳再晨”首经贸安工服务队完成12次科技助老活动、2次小菜园活动、1次宣传活动。9月—12月，学院志愿者团新设立的“安全小课堂”项目组与CUEB绿色生态协会针对首经贸附小的学生共开展了7次“安全环保小课堂”活动，分别是3次安全小课堂和4次生态小讲堂。10月20日—22日，丰台青联委员代表第二次走进丰台对口援建地区——内蒙古赤峰市林西县——志愿者之家配合活动，鼓励学校学生捐献闲置图书、文具，共收到捐赠图书303本、文具5套及现金70元，全部随活动捐赠当地困难儿童。

（陈蒲晶）

【研究生会学术沙龙】　3月24日，学院邀请中国科学院院士汪旭光举办“科研与人生”主题科研讲座。4月25日，学院研究生会举办第十期学术沙龙。5月5日，学院邀请中国矿业大学（北京）安全管理研究中心主任、国务院安委会专家咨询委员会理论与法制专委会委员、中国职业安全健康协会常务理事与行为安全专委会主任傅贵举办“安全学科的基本内涵与发展方向”主题研究生学术坊活动。6月1日，学院邀请安全工程系教师李媛媛举办第十一期学术沙龙。9月28日，学院邀请荷兰代尔夫特理工大学教授安德鲁·理查德黑尔（Andrew Richard Hale）开展“SHE管理研究进展”学术讲座。10月10日，学院邀请美国纽约州立大学宾汉姆顿分校教授穆罕默德·哈苏奈（Mohammad Khasawneh）举办“医疗系统工程与数据科学研究及发展”主题讲座。10月27日，学院邀请丹麦科技大学教授莫滕·利德（Morten Lind）举办关于“多级流模型（MFM）”主题学术讲座。

（陈蒲晶）

【举办第四届“安工杯”大学生课外学术科技作品大赛】　5月11日，学院开展第四届“安工杯”大学生课外学术作品大赛颁奖典礼暨第五届大赛启动仪式，6支团队分获特等、一等、二等、三等奖，谢中朋被评为优秀指导教师，李伟和蔡丹为获奖代表颁发了证书。

（陈蒲晶）

【评选北京科学技术研究院科技创新奖学金】　2016年，学院共有6名学生获北京科学技术研究院科技创新奖学金。

（陈蒲晶）

【承办第九届北京高校联合纸桥承重大赛首经贸赛区初赛】　11月2日，学院生活部承办第九届北京高校联合纸桥承重大赛首经贸赛区初赛的赛前介绍及纸桥设计培训。11月8日，举办第九届北京高校联合纸桥承重大赛预选赛，共有40人14支队伍参赛。其中7支队伍的纸桥作品通过了预选赛，获得参加首经贸赛区初赛的资格。

（陈蒲晶）

【开展“书香安工”系列活动】　5月，学院开展“书香安工”系列活动，包括“我与图书偶遇”之图书分享会、“我与图书相识”之读书心得分享会、“我与图书相知”等活动。

（陈蒲晶）

【学习与就业指导讲座】　10月13日，学院举办“如何写出一份优秀的简历”主题讲座。10月20日，学院为2017届毕业生举行就业政策讲座。11月29日，学院学业辅导中心开展“职业生涯定位”主题讲座。11月30日，学院学业辅导中心为2016级全体学生开展“有目标的大学生活更精彩 OR NOT”专题讲座。

（陈蒲晶）

【学习经验交流分享会】　5月30日，研究生会举办2016届研究生就业经验分享交流会，邀请了7位2016届毕业生分享他们的就业经验。9月28日，举办“新老生交流会”。10月16日，开展“精英vs雏鹰经验分享会”。

（陈蒲晶）

【文体活动】　4月22日，学院获得学校第十三届体育运动大会精神文明奖、团体操优秀表演奖、2015—2016学年群体活动先进院系。张洋被评选为优秀体育部长。4月27日，学院在研究生“乒羽篮”大赛中获得冠军。5月20日，学院在第十届拉拉操·团体健身操比赛中获得三等奖。12月7日，学院参加学校“一二·九”长跑接力活动。12月9日，学院参加纪念“一二·九”运动81周年歌咏大会。此外，学院还参加了学校首届气排球比赛。足球队取得“五四”杯亚军。

（陈蒲晶）

【迎新系列活动】　9月4日，学院为迎接2016级新生开展了新生破冰活动和新生开学典礼。9月6日，学院分团委开展针对2016级本科生和硕士研究生的党团建设活动。9月28日，组织新生篮球友谊赛。10月28日，举办“韶华倾负——遇见未来的你”迎新晚会。

（陈蒲晶）

【学生就业】　学院2016届本科毕业生人数为80人，其中考研6人，出国8人，签就业协议27人，签劳动合同18人，灵活就业21人。截至9月30日，就业率为100%，高于全校就业率（99.67%）；签约率为73.75%，低于全校签约率（94.43%）；考研率为7.5%，低于全校考研率（13.93%）；出国率为10%，低于全校出国率（17.33%）；就业比率为56.25%，低于全校的就业比率（61.78%）。签就业协议的26人中当中，有11.11%进入机关单位，62.96%进入国有企业，25.92%进入其他企业（国企、三资企业以外的所有类型企业）。2016 届研究生人数为 31 人，其中，签就业协议 16 人，签劳动合同 9 人，考博 1 人，出国 1 人，灵活就业 4 人。截至 9 月 30 日，就业率为 100%，与全校就业率（100%）持平；签约率为 87.10%，低于全校签约率（94.75%）；考博率为 3.23%，高于全校考博率（2.46%）；出国率为 3.23%，高于全校出国率（0.86%）；就业比率为 80.65%，低于全校的就业比率（91.43%）。在签就业协议的 16 人中当中，有 43.75% 进入机关单位，有 6.25% 进入事业单位，56.25% 进入国有企业，18.75% 进入其他企业（国企、三资企业以外的所有类型企业）。

（陈蒲晶）

对外交流

【概述】 学院积极推进院内外、校内外、国内外的学术交流，组织开展 8 次学术讲座和交流活动。11 月 24 日，协助北京市安监局举办第十届北京安全文化论坛。

（任慧英）

党建工作

【党员队伍建设】 学院党委下设 7 个党支部，分别为安全工程系党支部、环境工程系党支部、工业工程系党支部、实验中心办公室联合党支部、本科生党支部、研究生党支部和退休教工党支部。截至 12 月 31 日，学院共有党员 116 人，其中，在职教工党员 28 人，本科生党员 14 人，研究生党员 39 人，退休教工党员 35 人。入党积极分子 68 人，新发展党员 16 人，预备党员转正 14 人。

（董丽娟）

【研究生党支部活动】 5 月 18 日，研究生党支部开展“两学一做”系列活动之“读党章学党章，观看抗战题材电影”活动。6 月 6 日，研究生党支部和本科生党支部联合开展“践行‘两学一做’，做合格党员”的主题知识竞赛。6 月 15 日，学生党支部开展“两学一做”之党委书记讲党课，学院党委书记陈润源为全体学生党员做了“学党章，用党章，增强看齐意识，做合格党员”的主题党课。12 月 23 日，研究生党支部举行“两学一做”民主生活会暨研究生党员大会。

（董丽娟）

【本科生党支部活动】 4 月 22 日，本科生党支部展开“我服务、我奉献、我快乐”主题党日活动。5 月 16 日，本科生党支部召开“两学一做”系列活动之“身边的党课”学党章活动。5 月 28 日，本科生党支部开展“五月鲜花”万年花城第一社区文艺汇演志愿服务工作。6 月 15 日，本科生党支部赴万年花城第一社区开展“对党忠诚，做合格党员”红色“1 + 1”宣讲活动。11 月 1 日，本科生党支部开展“两学一做”系列活动之“合格党员行为、合格支部建设”讨论活动。12 月 28 日，本科生党支部开展年度党内民主评议大会。

（陈蒲晶）

【党风廉政建设】 学院党委认真贯彻落实党风廉政建设责任制，切实履行“一岗双责”，营造风清气正良好氛围；严明党的纪律，确保中央、市委和学校党委重大决策部署的贯彻落实；严格落实中央八项规定，切实加强作风建设；加强反腐倡廉教育，增强党员领导干部廉政意识；坚决执行民主集中制和“三重一大”制度，强化权力运行制约和监督，保障权力规范运行。

（陈润源　蔡丹）

工会工作

【概述】 学院分工会共有会员 44 人。丘波澜为分工会主席兼文体委员和女工委员，苏薇为分工会宣传委员兼文体委员，董丽娟为分工会组织委员兼福利委员。

（丘波澜）

【召开第二届教职工大会第五次会议】 1 月 18 日，学院召开第二届教职工大会第五次会议，大会由学院分工会主席丘波澜主持，学院全体教职工参加了会议。院长王勇毅就 2015 年度学院发展状况、财务支出情况、科研工作等做了详细的工作报告；分工会主席丘波澜对分工会工作做了总结。全体教职工对以上报告进行深入讨论并提出意见和建议。学院党委书记陈润源做总结讲话。

（丘波澜）

【双代会代表遴选】 根据学校工会关于《第四届教职工代表大会暨工会会员代表大会选举工作的通知》精神，学院分工会推选出学院“双代会”代表候选人 5 名，分别是丘波兰、李伟、陈大伟、王勇毅、刘志敏。

（丘波澜）

【参加2016年教职工太极拳比赛】　学院在党委书记陈润源和分工会主席丘波澜的带领下，由马峻、李茂龄、贾明飞、张玉春、董丽娟、王春祥、许联锋、别凤喜、孙宝平、乔剑锋组成代表队参赛，以总分第七、院系排名第二的成绩荣获三等奖。

（丘波澜）

【获奖情况】　董丽娟被评为校级优秀工会工作者，陈大伟被评为"爱岗敬业普通劳动者"，李茂龄、别凤喜、孙宝平、张玉春被评为学校"工会积极分子"。

（丘波澜）

实验中心

【概述】　学院实验中心目前有基础实验室、安全工程实验室、环境工程实验室、工业工程实验室4个实验室，下设21个分室，其中，基础实验室6个、安全工程实验室6个、环境工程实验室7个、工业工程实验室2个。目前实验室总面积约2 200平方米，实验设备共计1 600余台，资产金额达2 400余万元。实验室现有专职实验员5人，其中，高级职称2人，中级职称2人，初级职称1人；兼职教师8人，其中，高级职称8人。

（胡宗元）

【教学实验】　实验室承担本科生教学计划中所有21门课程（包含基础课和专业课）中的102个实验，其中，基础课实验39个，专业课实验63个。计划实验学时共计128个学时，其中，基础课实验56学时，专业课实验72学时，本科生课程实验的平均学时数达60余学时。实验室同时提供研究生实验、课程设计、毕业设计、学生科技创新、认识实习实验及各类实践活动等服务。

（胡宗元）

安全生产培训中心

【开展培训】　8月，培训中心为首发集团开办主要负责人和安全管理人员安全知识培训，130人参加了此次培训。

（王勇毅　别凤喜）

安全评价中心

【概述】　1998年3月，根据《建设项目（工程）劳动安全卫生预评价单位资格认可与管理规则》（劳动部第11号令）的要求，首都经济贸易大学安全工程系劳动安全卫生评价中心在首都经济贸易大学成立，成为我国第一批获得劳动安全卫生预评价资格的单位。2003年4月，在安全工程系劳动安全卫生评价中心基础上成立具有独立法人资质的北京经儒安环科技发展有限公司。2006年4月，北京经儒安环科技发展有限公司注销，成立首都经济贸易大学安全评价中心。

截至12月，安全评价中心共有员工33人，学院专职安全评价师31人，注册安全工程师8人，具有高级专业技术职称者17人，其中包括教授6人，副教授11人。安全评价中心业务领域包括两类。第一类：金属矿采选业，非金属矿采选业，其他矿采选业；石油加工业、化学原料、化学品及医药制造业，燃气生产及供应业，炼焦业。第二类：尾矿库；房屋和土木工程建筑业；仓储业；黑色、有色金属冶炼及压延加工业，金属制品业，非金属矿物制品业；机械设备制造业，电器制造业；轻工业，纺织业，烟草加工制造业。

（董丽娟）

中国职业安全健康协会与工业防毒专业委员会

【概述】　中国职业安全健康协会（COSHA）成立于1983年，其前身是中国劳动保护科学技术学会，由全国职业安全健康与安全生产工作者及有关单位和相关人员自愿结成，经民政部批准、登记成立的全国性、公益性、专业性和非营利性的社会组织。协会是推动和发展我国职业安全健康与安全生产事业、保护劳动者安全健康的重要社会力量，是中国科协的团体会员。协会理事会现设有17个专业委员会、8个分会、9个工作委员会和6个代表处。工业防毒专业委员会（IAAC）成立于1983年，是原中国劳动保护科学技术学会中组建最早的专业委员会之一，现挂靠在首都经济贸易大学安全与环境工程学院。专业委员会的主要业务是组织开展研究有毒有害物质的危害及其综合防治、检测技术与装备；组织会员的学术活动和培训；提供技术服务和咨询，推广新技术成果；开展职业危害相关标准规划工作与标准制修订工作等。第五届工业防毒专业委员会主任由学院教授郭晓宏担任，高级工程师陈百年、研究员汪彤、高级工程师丁宙胜、研究员李朝林、高级工程师刘宝龙、教授马骏、高级工程师赵容、副教授孟超为副主任委员；副教授孟超兼任秘书长。

（孟超　陈蒲晶）

【主要工作】　协会编写完成专业硕士研究生用职业卫生教材 4 部，其中 3 部提交出版社；参加国家标准《乘用车内空气质量指南》编制工作，2016 年完成企业、专家、政府业务部门的征求意见；完成与企业合作的“生命支持系统”研制工作，样机已经交付；参加协会组织的分支机构会议，有关大专院校职业卫生专业研讨会等；主持 2 项安监总局安全生产重大事故防治关键技术科技项目；主持安监总局和北京市安监局标准及规范的编制、修订工作；对北京市西城、丰台区安监局职业卫生监管进行技术支持；为职业卫生技术服务机构进行建设项目职业卫生评价评审；为企业进行职业卫生培训；提出的“关于预防学校‘毒跑道’问题的思考”被北京市政府办公厅印发的《关于进一步加强全市中小学、幼儿园塑胶操场建设管理工作的通知》部分采纳。

（孟超）

财政税务学院

概　况

财政税务学院前身为 1978 年成立的北京财贸学院财政系。2006 年 10 月，在原有财政系基础上成立财政税务学院，并聘请北京市原常务副市长翟鸿祥为学院名誉院长。学院已有近 40 年的办学历史，并在长期的办学实践中形成了自身鲜明的办学特色和优势。截至 12 月 31 日，学院在校学生共计 878 人，其中，本科生 682 人，硕士研究生 179 人，博士生 17 人。

学院有教职工 43 名，其中，专任教师 36 名。教授及副教授共 24 名，占全部教师 66.7%；获博士学位者 29 人，占全部教师 80.1%；教师中年龄在 50 岁以上者 10 人，40～50 岁 14 人，40 岁以下 12 人；博士研究生导师 3 人，硕士研究生导师 24 人。现有任课教师中有全国人大常委 1 人、北京市人大代表 1 名，1 人担任中国注册税务师协会副会长，1 人担任北京市财政学会副会长，1 人担任北京市预算学会副会长，1 人担任北京市税务学会副会长，1 人担任全国高校财政学教学研究会常务理事、秘书长，4 人担任中国财政学会理事，1 人担任中国发展战略学研究会经济战略委员会委员，1 人担任中国财税法教育研究会理事，1 人担任中国行政管理学会公共管理研究中心特约研究员。此外，还有多人分别担任北京市地方税务学会常务理事和北京市财政学会常务理事等。学院在导师考核中评选出优秀导师 3 名，并聘请校外导师近 40 人次来学校讲学。

学院下设财政系、税务系、资产评估系，设有财政政策研究所、税制改革研究所、资产评估研究院等研究机构。学院设有本科专业 3 个：财政学、资产评估（资产评估师）、税收学（税务师）；硕士学位授予权 1 个：财政学；专业硕士学位授予权 2 个：税务硕士、资产评估硕士；博士学位授予权 1 个：财政学；博士后流动站 1 个：财政学。拥有北京市重点学科 1 个：财政学；北京市特色专业和北京市品牌专业 1 个：财政学。

财政学专业要求系统掌握财政专业的基本理论和基础知识，注重财政宏观经济管理理论与税收实务相结合，充分体现创新理念和先进的财政管理思想，注重对学生现代财经管理能力、实际操作能力及综合素质的培养。

资产评估专业以市场对资产评估人才的需要为基础培养注册资产评估师专门人才。该专业系北京市首家获批的资产评估本科专业，在全国同类高校中设立最早，具有明显的先入优势，是“三师一体”特色战略的重要支撑力量。目前，资产评估专业设置国际班和卓越班，注重国际化人才培养，全方位打造符合市场需求的资产评估应用人才。

税收学专业以市场涉税鉴证业务发展为基础，全方位培养涉税鉴证专门人才和税务管理人才。目前，税务专业设置卓越班，注重提高学生实际操作能力，突出实用性办学特色。设计立体化的实践教学体系,训练学生参加世界知名"德勤税务精英挑战赛",提高学生综合素质。

（姚东旭　李红霞　王竞达　宋傲雪　王珂）

教学工作

【探索人才培养模式】　学院以 2017 版人才培养方案修订为契机,组织财政学专业、税收学专业和资产评估专业教师赴中央财经大学、山东大学、内蒙古财经大学、安徽财经大学、江西财经大学、上海师范大学、上海对外经贸大学、上海立信会计学院 8 所国内高校调研,搜集多所高校本科人才培养模式、课程体系、教学方法、实践教学等方面的数据资料,并多次组织教学研讨会,针对 2013 版人才培养方案执行情况、2017 版人才培养方案调研情况、2017 版人才培养方案修订思路、实践教学、本科生毕业论文工作等问题展开深入研讨。同时,学院召开全国高校财政学教学研究会、税务专业硕士人才培养模式创新与改革研讨会、资产评估专业硕士人才培养模式创新与改革研讨会,深入探讨研究生人才培养模式改革,并着手出版专业硕士系列教材。

（王竞达　宋傲雪）

【课程改革】　学院组织各专业推进"财政学""中国税制""资产评估原理"三门主干课程的微课程建设;组织相关师资,对《财政学》和《中国税制》教材进行改版,组织力量编写《公共组织财务管理》和《评估学原理(英文)》教材;资助税收系进行《税收筹划》案例库的编写工作,形成共计 20 万字的税收筹划案例库,并在课程教学中投入使用。2016 年,学院对 2015 年立项的 29 项学院教改项目进行了结题验收。

（何晴　吴晖）

【教学改革与能力建设】　学院蔡秀云教授获北京市"教学名师"称号,教授李红霞获北京市"高创名师"称号,王竞达教授的"'内外汇聚、校企联动、课程设置和个人发展相结合'资产评估二维人才培养的创新与实践"和张晓慧副教授的"基于自主研学、互动考评的资产评估双语课程群建设"分别获校级教学成果一等奖和二等奖;学院教师获批校级教改立项 4 项;2015 年立项的 6 项北京市实培项目顺利结项,2 项获得优秀成果推荐;本科生以第一作者身份公开发表论文 4 篇;申报 2016 年度实培项目 4 项。学院加强对青年教师和新进教师的培养工作,组织教师参加第三届财政学教指委组织的暑期师资培训,组织教师到广东财经大学、内蒙古财经大学调研实践教学、跨专业综合实验课程建设和学生竞赛情况。

（何晴　吴晖）

【日常工作】　学院 3 个专业共转入转专业学生 25 人,其中,财政学专业转入 4 人,税收学专业转入 11 人,资产评估专业转入 10 人。结项大学生科研创新项目 23 项,立项 20 项。推优保研 8 人。

（何晴　吴晖）

科研工作

【发表高水平科研成果】　学院教师公开发表科研论文 61 篇,其中,权威期刊 11 篇,核心期刊 27 篇。出版专著 4 部,编著 1 部,工具书 2 部,教材 1 部,完成研究报告 1 项,并被中共中央、国务院采纳。

（王竞达　宋傲雪）

【申报国家级课题】　学院申报并获批国家社科基金课题 4 项,省部级课题 5 项,委办局级 4 项;承担部委和企事业单位各类项目 15 项,合同经费 94.745 万元。

（王竞达　宋傲雪）

【组织科研学术活动】　学院主办"全国高校财政学教学研究会 2016 年年会暨第 27 次财政学教学理论与学术研讨会",与其他单位合办"第十届中国税收筹划年会",主办"首届全国资产评估专业研究生知识竞赛",组织开展贾康"财政学通论系列公开课"、财税学术论坛,并邀请王小虎、张馨、汪海粟等知名学者来学院讲学。

（王竞达　宋傲雪）

【科研智库和科研团队建设】　学院建立了公共财政研究中心、税收筹划研究所和资产评估研究院,高端智库作用明显。2016 年,学院组建科研团队 7 个,明确规定科研团队绩效目标和奖惩机制。

（王竞达　宋傲雪）

【获得科研奖励】　学院获得 2015 年度北京财政学会优秀科研成果一等奖、首都经济贸易大学 2016 年优秀科研成果奖以及其他成果奖 3 项。

（王竞达　宋傲雪）

学生工作

【"两学一做"学习教育活动】 自3月"两学一做"主题学习教育活动开展以来,财政税务学院学生党支部认真学习并积极贯彻"两学一做"精神内涵,组织全体学生党员及入党积极分子开展线上线下学习实践活动,将"两学一做"学习实践主题教育分为"有章可循"——党章党规学习;"好好学习"——习近平总书记讲话精神学习;"说到做到"——做合格共产党员学习实践活动3个模块,并充分利用学院微信公众平台设计推送。

(王珂　李思然　高敏丽)

【建党95周年主题教育活动】 学院学生第二党支部组织全体党员进行了党课培训活动及参观中国国家博物馆展出的"庆祝中国共产党成立95周年全国美术作品展"活动。

(王珂　李思然　高敏丽)

【纪念红军长征胜利80周年系列教育活动】 学院组织的系列教育活动包括:组织教师党员、学生党员及部分入党积极分子观看国家大剧院原创歌剧《长征》;组织支部党员自主学习观看央视纪录片《长征》,并制作主题微信推送分享学习内容;组织支部党员与积极分子参与纪念长征胜利党课学习等。

(王珂　李思然　高敏丽)

【主题团日活动】 学院分团委组织各年级团支部分别开展了主题团日活动,包括"2016财税文化之旅""回顾长征,不忘初心""关注时事,聚焦热点""专业探索,体验之行"等,聚焦社会主义核心价值观教育、青年学生爱国主义教育、建党95周年、长征胜利80周年、两会、G20峰会、十八届六中全会等重要事件,重视社会民生、志愿服务、生态文明教育以及专业知识实践应用等。

(王珂　李思然)

【与装甲兵工程学院共建共育交流】 11月26日,学院与装甲兵工程学院开展了以"军地文化融合、共谱青春乐章"为主题的共建活动,双方学生就大学生活进行了交流,并在装甲兵工程学院学员的带领下参观其校史馆,观摩了部分训练科目。

(王珂　李思然)

【"贝才禾兑学"微信平台运营】 学院官方微信平台"贝才禾兑学"新增关注人数358人,总关注人数达1 257人;共计推送文章261篇,其中,单篇推送最高阅读量达46 917次;平台浏览总数达115 927人次。

(王珂　李思然)

【暑期社会实践活动】 学院分团委派出9支暑期社会实践团,分别是:"中国精神学习宣讲行动——纪念建党95周年和长征胜利80周年""以非物质文化遗产为代表的中国传统文化在教育领域发展现状考究""新疆籍学生创新就业发展调研""从中小企业角度研究京津冀地区部分产业升级问题""关注城市水资源,践行环保科普行动""举办冬奥会对当地居民的影响""全面推行'营改增'对生活服务业的影响及问题研究""阳光鹿童的成长之路""'北京平安地铁'群众志愿服务项目试运行调研"。

(王珂　李思然)

【志愿服务】 学院在北京地铁首经贸站开展了系列志愿活动,包括地铁站志愿服务工作交流会、"平安地铁"志愿者培训、地铁站各职能工作观摩体验活动、万年花城社区志愿者招募宣传等;在北京地铁天安门东站开展周末志愿服务工作,帮助疏导人群客流,协助地铁工作人员组织监督安全检查、刷卡通行等基本服务工作。学院组织学生参加郭明义爱心分队阳光鹿童康复中心志愿服务活动,定期协助康复中心医师帮助脑瘫患儿进行康复训练,并精心设计特色手工绘画课程,为病患儿童建立个人档案,将他们努力康复的进步和成长都记录了下来。学院志愿实践部成员赴北京红丹丹教育文化交流中心引导、帮助视障老人完成超市购物,并与郭明义爱心团队开展"夕阳再晨"志愿活动,指导社区老年人熟练掌握智能手机和电脑的基础操作。

(王珂　李思然)

【税收宣传月】 4月,学院举办第八届税收宣传月系列活动,分为3个板块:课堂提升篇,包括税月开幕式邀请中国人民大学教授朱青主讲税收热点专题讲座、丰台区国地税局"大学生创新创业中的税收政策"创客沙龙、朝阳区国地税局"税法知识进课堂";专业实践篇,参加税务师事务所、会计师事务实习实践;活动展示篇,包括"鑫税广通杯我与专业演讲比赛"、参观税务博物馆、北京市纳税服务中心税收志愿者招募以及"朝阳税务杯"税收风采展示大赛等。

(王珂　李思然)

【第三届资产评估文化节】 11月,学院举办第三届资产评估文化节系列活动,文化节开幕式邀请中企华评估公司总裁刘登清主讲"评天下财富　估精彩人生"主题讲座;邀请财政部原企业司司长刘玉廷、中南财经政法大学教授汪海粟主讲专业学术讲座;安排资产评估事务所一线专业人士开设5场资产评估案例分析专题讲堂;举办首届全国资产评估专业研究生(中企华杯)知识竞赛,首都经济贸易大学、中央财经大学、厦门大学、中南财经政法大学等14所国内拥有资产评估专业研究生教育的高校参与其中,学院资产评估代表队荣获一等奖。

(王珂　李思然)

【第四届公共财政与社会保障论坛】 学院学生会与劳动经济学院社保学社共同主办主题为"社会保障与经济供给侧结构性改革"第四届公共财政与社会保障论坛,包括:学术风云会——邀请财政科学研究所研究员贾康及天津财经大学教授焦建国主讲供给侧改革专业学术讲座,邀请学院财政系教师李林君开设学术论文写作规范及成文思路小讲堂;听百家之言——搜集分类汇总整理财税社保领域专家对供给侧改革的各方观点;组织专业指导教师对学术小组论文进行中期指导。

(王珂　李思然)

【"财税杯"知识竞赛】 学院举办第二届全国财政系统财税知识网络答题竞赛暨财税学院"财税杯"知识竞赛。

(王珂　李思然)

【技能大赛系列活动】 学院主办的技能大赛系列活动分为室内比赛、室外比赛、技能大赛晚会三个部分,以团支部为单位,包括综合团队体育竞技、四进四信专题知识、财经基础知识、财税专业知识、点钞技能比拼等项目。

(王珂　李思然　高敏丽)

【研究生招生就业】 学院共招收博士研究生4人,硕士研究生86人,其中,学术型研究生14人,专业型研究生72人,比上年扩招约8.1%。全年研究生在校人数196人。学院2015届毕业生全部顺利毕业,大部分毕业生进入国有企业、党政机关和国有银行等重要的部门,就业率100%。

(王竞达　宋傲雪)

【知名学者讲学】 学院邀请国家级教学名师厦门大学经济学院前院长、教授张馨,新西兰坎特伯雷大学教授William Robert Reed,财政部财政科学研究所前所长、研究员贾康,财政部原企业司司长刘玉廷,中国资产评估协会秘书长张国春,香港城市大学公共政策学院教授王小虎,美国旧金山州立大学公共事务与公民参与学院副教授王倩,中国人民大学财政金融学院教授朱青,中国工商银行股权董事程凤朝,中企华资产评估公司总裁刘登清等专家学者来校讲学。

(王竞达　宋傲雪)

【产学研基地建设成绩显著】 学院选派10名研究生到中企华、中汇产学研基地实习,并开展科研课题合作,聘请基地资深专家来校授课,实现产学研全方位深度合作。

(王竞达　宋傲雪)

【积极推动研究生科技创新活动】 学院申报研究生科技创新项目一般项目26项,重点项目2项,同时加强研究生科技创新项目的管理,鼓励并资助研究生发表高水平科研论文。

(王竞达　宋傲雪)

对外交流

【概述】 学院与坎特伯雷大学签订多学位联合培养协议,派出研究生和本科生6人次赴坎特伯雷大学学习,3名学生参加暑期国际交流项目;邀请国外知名专家和学术机构来校交流,邀请10余名国外专家学者来校讲学;与堪萨斯大学、俄亥俄州立大学洽谈合作事宜;协办第六届资产评估新发展国际论坛。

(王竞达　宋傲雪)

党建工作

【概述】 学院党委下设5个党支部,其中,教师党支部3个,学生党支部2个。

(李红霞　王珂)

【加强学习型组织建设】 学院党委深入开展"两学一做"教育实践活动,学院中心组制定了年度学习计划、党员学习计划,解读学校中长期发展规划和"十三五"规划,领会学校党代会精神。学院党委认真贯彻“四个全面”，从严治党，严明党的政治纪律，维护中央权威，坚持党中央集中统一领导。6 月，学院党委邀请马克思主义学院院长、教授刘冠军给全体党员上党课。

（李红霞　王珂）

【领导班子自身建设】 学院不断完善工作体制和运行机制，完善“三重一大”制度，发挥学院党组织的政治核心和监督保证作用。学院领导班子围绕“党风廉政”进行专题教育，组织全体师生党员参观了北京市反腐倡廉警示教育基地；领导班子成员还参加学习《习总书记系列重要讲话》和职务犯罪预防讲座，筑牢拒腐防变的思想防线；领导班子成员按规定完成了 50 学时的党员干部在线学习，各位教师党员也按规定完成了 12 学时的党员在线学习。

（李红霞　王珂）

【支部建设】 学院各党支部认真开展了“两学一做”系列学习教育活动，系统学习了党章、党规和习总书记系列重要讲话；为检验“两学一做”学习成效，学院党委还印发了“两学一做”知识测试题对学习内容进行测试，进一步巩固“两学一做”学习成果。10 月，为纪念长征胜利 80 周年，学院党委组织全院师生党员及入党积极分子赴国家大剧院观看原创歌剧《长征》；11 月，学院党委深入开展合格党支部及合格党员“两个行为规范”大讨论，将“建强支部，严管党员”落实到实处；学院党委组织党员观看了大型红色评剧《母亲》。

（李红霞　王珂）

工会工作

【召开 2016 年教职工大会】 1 月 5 日，学院召开教职工大会，听取并审议通过院长姚东旭关于 2015 年度财政税务学院工作报告和 2015 年度财政税务学院财务工作报告、分工会委员陈蕾关于 2015 年度财政税务学院分工会工作报告。校工会常务副主席李民出席本次大会，学院全体教师参加本次会议。

（陈蕾　张晓慧　吴晖）

【举办 2016 年迎新春趣味联欢会】 1 月 5 日，学院分工会举办迎新春趣味联欢会，包括诗歌朗诵环节和趣味游戏互动环节。院长姚东旭发表新年致辞，党委书记李红霞总结活动并发表新年寄语，全院 40 余名教职工和退休教师参加联欢活动。

（陈蕾　张晓慧　吴晖）

【参加校工会拔河比赛】 4 月 13 日，在校工会举办的教职工拔河比赛中，学院分工会参赛队取得第三名。

（陈蕾　张晓慧　吴晖）

【参加第十三届校体育运动会】 4 月 20 日—22 日，在校工会举办的第十三届首经贸体育运动会上，学院分工会积极组织教职工参加各项活动及赛事，包括同心鼓、龙卷风、接龙、4×100 米接力、跳远、铅球、短跑等项目及开幕式太极拳表演，分工会主席陈蕾作为教工运动员代表在开幕式上宣誓。

（陈蕾　张晓慧　吴晖）

【获学校教师节多项荣誉】 9 月 8 日，在校工会举办的教师节座谈会上，学院教授姚东旭和教授李红霞获得从事教育工作满 30 年荣誉；副教授陈蕾获评校级“师德榜样”，并作为获奖教师代表在座谈会上发言。

（陈蕾　张晓慧　吴晖）

【组织奥森徒步活动庆祝教师节】 9 月 11 日，为庆祝第 32 个教师节，学院分工会组织约 20 名教职工赴奥林匹克森林公园进行徒步健身活动。

（陈蕾　张晓慧　吴晖）

【组织参加纪念红军长征胜利 80 周年健步走】 9 月 24 日，为纪念红军长征胜利 80 周年，学院分工会积极响应和参与校工会组织的传承长征精神健步走活动，分工会委员吴晖担任领队，近 10 名教职工参加了此次活动。

（陈蕾　张晓慧　吴晖）

【开展“双代会”代表选举和分工会换届选举工作】 11 月 23 日，学院分工会开展学院第四届“双代会”代表选举和分工会换届选举工作，产生第四届“双代会”代表 5 人，即李红霞、郎大鹏、陈蕾、张晓慧、李林君；产生新一届分工会委员会，即分工会主席陈蕾，组织宣传、生活福利、文体委员吴晖，女工委员、青年委员张晓慧。

（陈蕾　张晓慧　吴晖）

【参加校工会太极拳比赛】 12 月 14 日，在校工会举办的教职工太极拳比赛中，由 26 名教职工组成的学院分工会代表队获三等奖，并获八式太极拳比赛第三名。

（陈蕾　张晓慧　吴晖）

【获校工会2016年度先进表彰】　12月29日，学院分工会在校工会2016年度先进表彰中获得“工会先进单位奖”；党委书记李红霞获评“优秀教职工之友”；分工会委员张晓慧获评“优秀工会工作者”；教职工李思然、梁美健、李林君、刘翔等获评“优秀工会积极分子”。

（陈蕾　张晓慧　吴晖）

【参加校工会联欢会】　12月29日，在校工会举办的2017年新年联欢暨先进表彰会中，学院分工会选送了宋傲雪和韩天艺演绎的钢琴四手连弹*Summer*，分工会主席陈蕾担任新年联欢会主持人。

（陈蕾　张晓慧　吴晖）

实验室及实习基地建设

【概述】　学院拥有“注册资产评估师和注册税务师仿真模拟实验室”。2016年，学院加大了实验室建设力度，对税务和资产评估教学软件进行了更新，安装了广东致仪公司的税收相关课程的教学软件，包括税务稽查实训教学系统、企业税务实训教学系统和企业电子报税实训系统等。学院主要开设了税收实务、电子税务、税务稽查等实验课程，并编写了财政实践教材和税收实践教材。截至12月，学院已与30多个实习基地签订了实习协议。

（何晴　吴晖）

重大事件

1月5日，财政税务学院召开第四届教职工大会，学院30余名教师参加了会议，校工会常务副主席李民出席大会。

1月6日，学院召开教学科研表彰大会，学院全体教职工参加了会议。

3月31日，台湾“国立政治大学”财政系主任、教授林其昂，教授何怡澄及副教授罗光达一行到学院进行学术访问。学院院长姚东旭，党委书记李红霞，副院长王竞达、何晴，党委副书记王珂，资深教授丁芸，系主任何辉、郎大鹏等出席了此次交流活动。

4月8日—27日，学院举行第八届税收宣传月系列活动。

4月23日，第十一届华北地区高校财政学教学研讨会在天津财经大学召开。学院院长、教授姚东旭，党委书记、教授李红霞，学术委员会主席、教授赵仑、学院资深教授杨树相一同参加了研讨会，并做了主题发言。

5月18日，财税学院党委召开“两学一做”学习教育布置会。学院领导班子、教职工党员参加了会议，部分民主党派和群众列席会议。会议由学院党委书记李红霞主持。

9月24日，由学院承办的“全国高校财政学教学研究会2016年年会暨第27次财政学教学理论与学术研讨会”在京召开，60多所高校和科研机构的170余名代表参加了本次会议。学校副校长王传生出席会议并致欢迎辞，学院院长姚东旭主持开幕式。

10月16日，学院举办建院10周年学术报告会，邀请国务院发展研究中心研究员倪红日和中国财政科学研究院副院长、研究员白景明做报告，会议由学院院长、教授姚东旭主持，财税学院部分师生参加了报告会。

11月22日，学院举办“京津冀协同发展与财税政策”研讨会，来自北京大学、中国人民大学、南开大学、中央财经大学、首都经济贸易大学、天津财经大学、河北经贸大学以及北京市地方税务局的多位专家学者参会研讨。

12月28日，学院召开党委换届党员大会，学校组织部程璞参加会议，全院95名正式党员和全体预备党员参加大会，会议由学院党委副书记王珂主持。

（李思然）

法　学　院

概　况

法学院及其前身设立于 1983 年,1984 年开始招收本科学生,1993 年开始招收经济法专业硕士研究生,经过几代法律人自强不息的开拓建设,已经发展成为在全国具有较大影响力的法学教学研究机构,为北京市乃至全国培养了大量法律人才。学院充分利用北京市的地缘优势,立足首都,为北京市的经济、法制建设服务。例如,学院与北京市丰台法院、北京市海淀法院、北京市朝阳法院、北京市西城法院、北京市司法局等多家单位签订了实习基地协议,定时组织学生实习,培养学生理论联系实际的能力。同时,学院积极服务全国,充分借鉴、整合全国的法学研究教育资源,为我所用。目前,学院学生就业去向主要为公务员、金融部门、大中型企业法务部门、公检法司等国家机关和律师事务所等,一次性就业率保持在 90% 以上。

截至 2016 年 12 月 31 日,学院有教职工 44 名,其中,专任教师 38 名,包括教授 11 名、副教授 12 名、讲师 15 名。2016 年,学院招聘了青年教师 3 名。

学院具有法学一级学科硕士学位授予权、法律硕士专业硕士学位授予权、法律经济学博士学位授予权,招收法理学、民商法学、经济法学、国际法学、宪法与行政法学等学科硕士研究生、法律经济学博士研究生,并培养法律经济学博士后。其中,经济法学为北京市重点建设学科。此外,学院还拥有经济执法风险防范研究中心、经济法研究中心等北京市科研平台。

(喻中　张世君)

学科建设

【法律硕士专业硕士学位授予权点水平评估】　学院评估小组召开了专题讨论会,讨论了水平评估的重点、难点事宜,并借鉴兄弟单位的经验,征求部分校外兼职导师意见,修改完善了人才培养方案。7 月初,学院以准备评估工作为契机,召开法律硕士校外导师聘任和人才培养机制研讨会,新聘任了 20 多位校外研究生导师。

(喻中　张世君)

【法学硕士学位授予权点补充评估】　10 月,根据北京市教委的安排,法学一级学科硕士学位授予权点参加北京市教委举行的补充评估。该次评估的主要背景是北京市教委通过补充评估,对没有参加 2015 年教育部举行的合格评估的学术性硕士学位授予权点进行摸底调查,同时为 2017 年一级学科博士学位授予权的申报做准备。学院于 11 月底完成了法学一级学科硕士学位授权点的评估材料准备和评估报告撰写工作,并着手开展 2017 年法学一级学科博士学位授予权点申报的前期论证工作。

(喻中　张世君)

教学工作

【深化法学专业群建设工作】　2016 年是法学专业群建设的第三年,学院作为法学专业群建设的市属高校牵头单位,与作为央属高校牵头单位的中国政法大学一起在推进专业群建设方面做出了积极努力,包括:第一,7 月 8 日,双方共同主办了法学专业群建设研讨会,总结了专业群建设的阶段性成果,展望了专业群建设的前景;第二,5 月—6 月,由中国政法大学聘请的美国新英格兰大学、俄亥俄州立大学、华盛顿大学的 3 位教授,受邀到首都经济贸易大学为学生授课,同时,学院学生获准免费修读中国政法大学国际小学期课程;第三,有序出版学院刊物《首都法学教育研究》,至 2016 年年底已出版至第 5 辑。

(米新丽)

【课堂教学】　学院采取措施力图提升课堂教学效果。具体包括:学院认真落实学校《新聘教师本科课堂教学准入制度实施办法》,制定了配套的实施方案,为每一位新聘教师指定了教学导师,并创新期中教学座谈形式,组织教师课件大赛颁奖暨分享会,邀请获奖者与本院教师分享课件设计经验和教学心得;启动课堂教学改革试点,采取"请进来"的方式,邀请优秀的法官、检察官和律师进课堂;进一步落实院领导、教研室主任的听课制度;学院举办了课件大赛,经学院组织校外专家、教学督导、学校教学名师、学院教师代表认真评审打分评出奖项,学院给予物质奖励并颁发获奖证书。

2016 年法学院课件大赛获奖名单

序号	获奖等级	获奖者
1	一等奖	何锦前
2	二等奖	陶盈　尹少成　兰燕卓
3	三等奖	贺燕　王剑波　张娜　朱路　李璐玲
4	优秀奖	陈寒非　陈皓

2016 年法学院新聘教师教学导师名单

序号	新聘教师	教学导师
1	尹少成	喻中
2	魏庆坡	谢海霞
3	何锦前	王德山

（米新丽）

【实践教学】　学院与北京市铁路法院、北京市通州区人民法院、北京市东城区法制办、鸿泰鼎石资产管理有限公司签订了合作协议,组织、指导和完成了认知实习、专业实习和毕业实习工作。暑期,学院组织 123 名学生分赴北京市第二中级人民法院等 18 个实习单位进行集中、规模实习。学院进行了优秀实习团队和优秀实习生的评选和表彰。学院组织了 2016 年大学生科研与创新计划的申报、指导以及中期答辩工作,并有 2 个项目入选国家级"实培计划"、6 个项目入选北京市级"实培计划"。学院组织了 2015 年大学生科研与创新计划项目的结项工作。

（米新丽）

【学科竞赛】　学院继续组织参加了多项学科竞赛,并获得较好成绩。

2016 年法学院参加学科竞赛情况一览表

序号	竞赛名称	教练	参赛学生	获奖情况
1	北京市大学生模拟法庭比赛（C 级）	李长城　刘迎泽　张兴　尹少成　高洁	郭毅　崔晨晔　马丝雯　袁紫葳　陈静怡　王晗	北京市二等奖
2	JESSUP 国际法模拟法庭竞赛（A 级）	谢海霞	祁琪　阮陆晶　张晓旭　石家男　刘竞予	
3	中国 WTO 模拟法庭竞赛（B 级）	金晓晨　李璐玲	韩笑　陈青青　柴祎琼　赵昀斐　袁源　李曦希	国家级三等奖
4	国际刑事法院审判竞赛（A 级）	王剑波	祁琪　李沛霖　陈雨思　林楠	国家级三等奖
5	红十字国际人道法模拟法庭竞赛（A 级）	朱路	孙桐　董诗雯　邵笛	国家级三等奖

续表

序号	竞赛名称	教练	参赛学生	获奖情况
6	“贸仲杯”国际商事仲裁模拟仲裁庭辩论赛	张娜　翟业虎	赵佳慧　刘正之　侯爽婧　谢陆源	

（米新丽）

【毕业论文】 完成2016届毕业生毕业论文的指导、评阅以及答辩等工作，1篇毕业论文获校级优秀毕业论文。组织了2017届毕业生毕业论文的选题、指导等组织工作。

（米新丽）

【双培生和辅修人才培养】 学院招收双培生20人，于前3年分别就读于中国人民大学和清华大学，学院与上述两校进行充分沟通，制定了适用于双培生的人才培养方案，并通过双培生返校讲解人才培养方案、沙盘模拟等活动，加强学院与双培生之间的了解。学院2012级本科生中有3人考入中国人民大学等名校法学专业硕士研究生。

（米新丽）

【教学项目申报】 进一步加强教学项目申报，组织申报了校级教改立项，有5个项目获批本科校级教改立项项目，完成了2015年“法学院卓越法律人才培养项目”的结项工作，启动了2016年“法学院卓越法律人才培养项目”的申报工作。

2016年法学院卓越法律人才培养项目情况一览表

序号	项目负责人	项目名称	项目类别
1	高雁	论法学实践教学中的“学徒式”培养	教学研究类
2	贺燕	涉外法务班班风培养研究	教学管理类
3	金晓晨	《国际商法》网络教学平台建设	课程建设类
4	李春媛	新时期大学班主任工作初探	教学管理类
5	李璐玲	本科法学教学中的多层次交流问题研究	教学研究类
6	李晓娟	法学论文写作技巧和方法在本科教学中的灌输和训练	教学研究类
7	李英	法学院学生辅修财经专业情况调查研究	教学研究类
8	李长城	卓越法律人才培养视角下的优秀律师品质初探	教学研究类
9	刘润仙	司法资格考试对于民法总论课程教学的影响及对策	教学研究类
10	刘迎泽	刑法学教学微电影的制作与运用	课程建设类
11	刘影	法学人才培养的困境及突破	教学研究类
12	陶盈	法学调研的开展与卓越人才的培养	教学研究类
13	王剑波	国际刑事法院审判竞赛（英文）与卓越法治人才的培养	实践教学类
14	王漪鸥	法律志愿服务学生评价、培养机制研究	教学管理类
15	徐丽雯	劳动与社会保障法课程建设	课程建设类
16	尹少成	本科毕业论文写作中的问题与对策	实践教学类
17	翟业虎	关于提升我院本科课堂教学的思考	教学研究类
18	张娜	法学课堂中法学概念教学的重要性	实践教学类
19	张鹏	宪法学案例教学研究	教学研究类

续表

序号	项目负责人	项目名称	项目类别
20	张世君	“三三制”人才培养模式的探索与研究	教学研究类
21	张益铭	构建高水平论文培养机制,促进学风建设	教学管理类
22	郑文科	法学研究的一般性与例外性	教学研究类
23	朱路	国际人道法模拟法庭竞赛实效分析	实践教学类

（米新丽）

【国际化人才培养】　学院贯彻与天普大学合作协议,选派本科生赴天普大学交换学习。学院与美国圣约翰大学、圣路易斯华盛顿大学的合作进一步深化。

2016 年法学院本科生赴天普大学交换生名单(总第五批)

序号	姓名	年级	学习期限
1	朱希	2014 级	一年
2	刘正之	2014 级	一年
3	郑子墨	2014 级	一年

（米新丽）

【推优保研工作】　学院组织了推荐 2017 届优秀应届本科毕业生的遴选、面试和推荐工作,整个过程公开、公正、透明。

2017 届法学院优秀本科毕业生免试攻读硕士学位研究生名单

序号	学号	姓名	推荐就读学校
1	32013100024	杨双悦	首都经济贸易大学法学院
2	32013100077	张婷婷	首都经济贸易大学法学院
3	32013100073	徐雅玲	中国社会科学院法学院
4	32013100052	高嘉琦	首都经济贸易大学法学院

（米新丽）

科研工作

【课题研究】　学院教师获批 11 项纵向课题,分别为:国家社科基金 3 项,主持人分别为何锦前、高洁、陶莹;北京市社科基金 3 项,主持人分别为谢海霞、张娜、陈寒非;司法部部级课题 2 项,主持人为陈寒非、贺燕;中国法学会课题 1 项,主持人为陈寒非。局级项目 2 个,分别为陈寒非、陶盈负责的市教委人文社科项目。此外,焦志勇、谢海霞、王德山、张娜、陈寒非、陶盈等教师承担了国家发展改革委、北京市、农业部、教育部等政府机关以及其他企事业单位委托的横向课题。

（喻中　张世君）

【论著发表】　学院教师以第一作者身份发表 70 篇期刊论文,其中:权威 B 级论文 6 篇(喻中 2 篇,张世君 1 篇,王显勇 1 篇,王剑波 1 篇,贺燕 1 篇);CSSCI 期刊论文 20 篇(喻中 8 篇,何锦前 3 篇,尹少成 3 篇,李晓安 2 篇,陶盈 2 篇,米新丽 1 篇,翟业虎 1 篇);普通中文核心及以下级别期刊论文 44 篇。学院教师以第一作者身份出版著作 9 部,其中:陈寒非、陈皓、尹少成、焦志勇 4 位教师均为学术独著;高桂林以第一作者身份出版合著 2 部,副教授王德山主编教材 1 部;另有其他学术出版物 2 部。

2016 年法学院著作成果一览表

序号	著作名称	第一作者	出版单位	出版时间	著作类别
1	宪法社会学	喻中	中国人民大学出版社	2016－12－10	专著(社科类)
2	法学是什么	喻中	中国法制出版社	2016－11－18	专著(社科类)
3	保险与侵权法:参与限度的研究	陈皓	中国政法大学出版社	2016－11－15	专著(社科类)
4	清代的男风、性与司法	陈寒非	上海三联书店	2016－11－15	专著(社科类)
5	首都法学教育研究(5)	王德山	对外经济贸易大学出版社	2016－11－09	编著(社科类)
6	邮政业监管的行政法研究	尹少成	中国政法大学出版社	2016－09－20	专著(社科类)
7	依法制章依章治校:我国公立高等学校章程建设研究	焦志勇	中国政法大学出版社	2016－06－10	专著(社科类)
8	政治法学研究	喻中	法律出版社	2016－06－03	其他专业出版物(社科类)
9	环境法实训教程	高桂林	法律出版社	2016－03－15	校内本科生以上使用的一般教材(社科类)
10	大气污染联防联控法制研究	高桂林	中国政法大学出版社	2016－03－01	专著(社科类)
11	公司法实训教程	王德山	法律出版社	2016－02－01	校内本科生以上使用的一般教材(社科类)

(喻中　张世君)

【科研亮点】 法学院继续重视科研成果转化,继续产出高质量的决策咨询报告。其中,张世君撰写的"制定民法典应重视民商事习惯调查",发表于 2016 年 8 月 18 日的《国家社科基金成果要报》。焦志勇撰写的"推进高等教育管办评分离工作的几点建议",发表于 2016 年 1 月国家发展改革委主办的《改革内参》。

(喻中　张世君)

【科研获奖】 尹少成、陈寒非、何锦前、刘润仙、焦志勇等教师获得中国法学会、中国行为法学会、中国案例法研究会、北京市行政法学研究会等人民团体和学术团体的各类竞赛奖项。

(喻中　张世君)

【学术会议】 法学院共主办、承办、合办各类学术会议近 10 次。其中,民商法学科、国际法学科、法理学科、宪法与行政法学科等举办了本学科的建设研讨会。

(喻中　张世君)

【举办"新媒体对诉讼的影响"研讨会】 4 月 16 日,学院举办"新媒体对诉讼的影响"研讨会,此次研讨会由北京科技法学研究会主办、首都经济贸易大学和北京建豪律师事务所共同承办,主要围绕当前大数据时代背景下新媒体对诉讼产生的一系列影响及如何应对等问题展开。

(喻中　张世君)

【举办"执法留痕研讨会"】 6 月 14 日,北京科技法学研究会主办"执法留痕研讨会",由学院承办。会议由学院院长喻中主持,副院长米新丽、教师张娜、兰燕卓、尹少成参加了此次研讨会。此外,与会专家还包括北京市法学会专职副会长杜石平、联络部主任罗正群、科技法学会副会长张生及来自高校、实务部门的专家、教授。

(喻中　张世君)

【法学院校外导师聘任暨专业硕士培养机制建设研讨会顺利召开】 7 月 2 日,学院举行法学院校外导师聘任暨专业硕士培养机制建设研讨会。本次会议由法学院校外导师聘任仪式、专业硕士培养机制研讨两个半场组成,分别由副院长张世君、米新丽主持。校党委副书记朱玉华、法学院院长喻中、教授谢海霞、副教授刘润仙、教学秘书李英、办公室主任李春媛和科研秘书刘影参加了此次会议。与会的还有来自检察院、法院、政府机关、律师事务所以及公司企业等优秀的法律界专业人士。本次会议聘任了一批高质量的专硕校外导师,同时也对法学专业硕士的培养机制进行了深入的探讨。

（喻中　张世君）

【获第二届"首都十大杰出青年法学家"提名奖】　9月24日,第二届"首都十大杰出青年法学家"表彰大会在北京会议中心举行,副院长张世君获得该奖项提名奖。中国法学会党组书记、常务副会长陈冀平,北京市委常委、政法委书记、市法学会会长张延坤出席了此次表彰大会。

（喻中　张世君）

学生工作

【概述】　法学院学生工作由学院学生工作办公室在党委的领导下具体负责,办公室人员由学院党委副书记、分团委书记、兼职辅导员和班主任构成,共计13人,其中,专任教师10人,行政教师7人,另有班导生3人。2016年,全院共有学生612人,其中,研究生200人、本科生412人。截至2016年12月,学院有学生党员143人。法学院深入开展社会主义核心价值观教育;围绕学风建设,建设符合学生成长规律的学生管理体系;进一步完善符合法学专业特色的大学生发展辅导体系,推进深度辅导;加强对学生党、团、群众组织工作的管理和指导;加强大学生辅导队伍建设;扎实做好就业工作;做好安全稳定工作。

（张益铭）

【大学生思想政治教育】　学院组织学生学习党的十八届六中全会精神,继续开展社会主义核心价值观教育,结合当代大学生成长成才要求,开展丰富多彩、形式多样、贴近学生实际的学习实践活动,创新主题党日、主题团日和主题班会活动形式,更好地开展大学生思想政治教育工作。

（张益铭）

【共青团工作】　学院分团委下设办公室、组织部两个职能部门,宣传部改组为媒体中心,设主任、副主任各一人,招募记者团、采编人员共6人。分团委共有团支部25个,包括中国政法大学双培生团支部。分团委指导法学院研究生会、法学院本科生学生会、法学会的日常工作,指导凤凰汉服社、校辩论队开展工作。在制度建设方面,分团委完善《法学院本科生素质学分评定体系》《法学院研究生素质学分评定体系》。学院分团委承办法学院纪念建校60周年大会,承办"启·承"学院纪念建校60周年文艺晚会,对学生进行了爱校教育。法学院分团委指导学生开展了"法律人之声"—第三届校际学生学术论坛,指导学生开展辩论赛、模拟庭审等活动。分团委暑期共选派4支实践团队开展社会实践,其中"一带一路中的非物质文化遗产保护"研究团队获得校级重点团队称号。

（张益铭）

【就业工作】　2016届本科毕业生共计106人,就业率99.5%;研究生毕业生75人,就业率100%。

（张益铭）

【学生评奖情况】　学院获北京市优秀班集体1个,北京市红旗团支部1个。国家奖学金1人,松下育英奖学金1人,三菱奖学金2人,人民奖学金280人,励志奖学金17人,市级优秀学生干部1人,市级优秀共青团干部1人,校级优秀学生干部10人,校级优秀共青团干部4人,校级三好学生18人,校级优秀共青团员23人。

（张益铭）

【竞赛类获奖情况】　北京市青春船长志愿者队伍获得北京市司法局颁发的二等奖;学生在学校组织的拉拉操比赛中获得第二名,在纪念"一二·九"81周年歌咏比赛中获得优胜奖。

（张益铭）

党建工作

【概述】　学院成立法学院党委,党委委员由原党委委员构成。学院党委下辖党支部7个,其中,在职教师党支部2个,退休教师党支部1个,本科生党支部1个,研究生党支部3个。截至2016年年底,共有党员143人,其中教师党员33人,退休党员年10人,学生党员102人,全年发展党员24人。

（张益铭）

【制度建设、党务公开】 学院党委进一步巩固群众路线教育实践活动成果,修订了科研奖励制度、学生导师制度、教学奖励制度等。制定落实学校的二级学院考核办法,积极开展自查、自纠活动,结合考核内容进一步规范学院的教学科研管理工作,加强对教师调课的监督管理。在学院管理工作中,法学院严格遵守民主集中制和"三重一大"制度,大力推进学院的党务公开、院务公开。

(张益铭)

【教育实践活动】 学院党委认真组织师生开展社会主义核心价值观的教育实践活动。在党的十八届六中全会召开后,学院又重点开展了以依法治国为主题的宣传教育活动,承办了具有广泛社会影响的专题报告会"第九届首都法学院论坛——依宪治国与首都法治建设"。12 月 4 日,学院还深入社区、深入军营、走进中小学、走进校园、走入法院等宣传宪法,开展法治宣传教育和提供法律服务,将依法治国落到实处。

(张益铭)

【党管人才队伍建设】 法学院继续加强人才队伍建设,共引进 4 名青年教师,完成了学院教师队伍的后备储备。在新教师入职后,学院党委积极创新机制,加强对青年教师的培养,建立并实施了针对青年教师师德、教学、科研、管理能力提升的综合培养机制。学院还安排教师李璐玲到北京市第四中级人民法院、教师尹少成到北京市纪律检查委员会挂职锻炼,进一步提升青年教师的实践能力。

(张益铭)

【党风廉政建设】 学院继续认真落实学校关于落实中央八条的实施细则,坚持"三重一大"制度、坚持党政联席会制度,发挥工会的民主监督作用,落实党风廉政建设责任制。全面推进廉政风险防控管理体系建设,在具体的财务管理工作中,完善并落实各项财务管理制度,制定了法学院财务管理的具体办法,要求主管负责人和具体负责人依据相关制度严格执行财务纪律,做到预防风险在先,严格落实管理,有效监督。

(张益铭)

【党外人士、少数民族、离退休支部工作】 学院党委继续发挥党外人士在参政议政和学院发展中的作用,支持教师担任人民法院人民陪审员工作,做好少数民族学生工作,开展离退休支部的春季、秋季主题党日活动,包括开展离退休支部的春季、秋季主题党日活动。

(张益铭)

工会工作

【为教职工提供法律咨询服务】 借助校工会和学院共建的法律咨询服务中心平台,学院教职工为全校教职工提供义务法律咨询工作多次。

(郑文科)

【教代会代表提案】 在学校召开职工代表大会之前,学院的教代会代表通过邮件、微信等方式向全体教职工征求意见和建议,收集了包括学校改革发展、专业建设、职工福利等方面的信息。在充分调研的基础上归纳总结,提出解决方案,形成提案,提交教职工代表大会,很好地履行了教代会代表的职责。

(郑文科)

【文体活动】 学院工会为增强教职工体质、增进感情和团体凝聚力,从而更好地服务教学科研工作,在学校乒羽馆举行了趣味运动会;协助组织了课件大赛颁奖分享会;组织教师观赏京剧经典剧目;组织教师在梅兰芳大剧院观看了京剧经典剧目;组织"纪念长征胜利 80 周年"登山活动,弘扬长征精神。

(郑文科)

【关心教职工生活】 学院分工会关心女教职工的工作和生活,在"三八"妇女节期间,组织全院女教职工座谈,给女教职工发放慰问品。2016 年学院新增加 4 位同事,分工会为其工作、生活方面提供了必要的便利和帮助,为其办理了京卡。学院配合校工会加入《在职职工互助保障计划》,包括《在职职工住院医疗互助保障计划》《在职职工住院津贴互助保障计划》《在职职工重大疾病互助保障计划》,为在职教职工办理了投保手续。2016 年,分工会组织法学院教职工到北戴河进行疗养。

(郑文科)

金融学院

概　况

金融学院下设金融系、国际金融系、金融工程系、保险系和投资系 5 个教学系，以及首都金融研究所、农村保险研究所、证券期货研究所、金融发展与政策研究所 4 个研究机构。金融学院是首都经济贸易大学金融风险研究院的主体研究机构，并与美国克利夫兰州立大学共同建设中美金融研究中心，与上海誉好数据技术有限公司联合设立互联网保险研究中心。截至 2016 年 12 月 31 日，金融学院在校本科生 1 063 人，硕士研究生 284 人，博士研究生 24 人，教职工 59 人。

金融学院共有专职教师 52 人，其中，博士生导师 5 人，教授 11 人，副教授 17 人，85% 的教师拥有博士学位，多名教师具有双语教学能力。在师资队伍中，既有国家“万人计划”青年拔尖人才、教育部新世纪优秀人才、北京市跨世纪理论人才“百人工程”成员、北京市优秀中青年骨干教师、学科带头人，也有北京市和校级教学名师、校级科研标兵等。2016 年，金融学院新进专任教师 5 名，招聘管理岗（科研秘书）1 名。同年，高杰英晋升为教授，陈奉先、赵然、余颖丰晋升为副教授。

学院有金融学、金融学（国际金融英文班）、金融工程、保险学（保险精算）和投资学 5 个本科专业和专业方向，拥有金融学博士学位授予权和金融学、金融硕士、保险硕士学位授予权。金融学是北京市重点学科、金融学专业是北京市品牌专业和北京市特色专业。金融学院被认定为北京市金融人才培养支持基地。

（尹志超　王雅洁　张杰）

学科建设

【组织参与全国第四轮学科评估】　5 月，学院协助校研究生部完成全国第 4 轮学科评估工作，填报《学科评估简况表》，系统地梳理总结了金融学科 2012 年 1 月 1 日至 2015 年 12 月 31 日的数据材料，涉及师资队伍、科学成果、人才培养、毕业生质量、社会服务等方面。

（王雅洁）

【新增金融硕士（量化金融）招生方向】　学院新增金融硕士（量化金融）专业，目前，2016 级金融硕士（量化金融）班共招生 24 人。金融硕士（量化金融）旨在培养具备量化投资理论与实务，系统掌握量化投资、量化交易技术与操作、金融产品设计与定价、量化财务分析、量化风险管理以及相关领域的知识和技能，具有较强的解决实际问题能力的高层次、应用型金融专业人才。

（王雅洁）

【开展金融学本硕博贯通培养项目】　学院创新人才培养模式，率先开展金融学“本—硕—博”贯通项目，2016 年本硕博贯通班招收本科生 10 人。“本—硕—博”贯通项目可概括为“3.5＋0.5＋1＋3”模式。“3.5”——本科阶段学习，第 7 学期获得推荐免试研究生资格；“0.5”——获得推荐免试研究生资格的学生被学校拟录取后，可提出申请进入“本—硕—博”贯通班学习，通过“申请—审核”进入“本—硕—博”班级后，第 8 学期将采用“本—硕—博”培养方案，提前进入硕士课程的学习；“1”——研究生阶段学习一年后考核，在当年核定直博招生指标的上限内，遴选符合继续攻读博士学位条件的学生，进入 3～4 年弹性制博士生学习阶段；如未获得直博资格，将转入金融学学术硕士系列，一年后如成绩和学分达到申请硕士学位要求，获得金融学学术硕士毕业证书和学位证书。

（王雅洁）

教学工作

【概述】　金融学院从学院层面启动多项重点工作，在完善本科人才培养、深化专业建设、推进教学制度改革等方面取得了较大成绩。学院顺利完成期中教学检查、新聘教师课堂准入考核以及学校的其他各项任务，并完成实验班导师制修订，拟定国际金融英文班人才培养方案，扩大双培生招生比例。

（郝思源）

【教学运行管理】 学院为全日制本科生共开设201门次课程（包括必修、选修、通选、辅修），总课时共计8 278课时。全学年学评教情况优秀。课程安排、课程调停管理、四六级考试以及期末考试安排、试卷管理、学分转换、学籍管理、双培管理、外培管理、教学项目申报等相关工作进展顺利。

（郝思源）

【教学成果奖和教改项目】 学院共完成校级教改项目申报3项，其中，一般项目2项，青年项目1项；获评校级教育教学成果奖6项，其中，特等奖1项，二等奖5项；此外，申报校级双语（全英）示范课程3项，校级微课申报1项。

（郝思源）

【社会实践与学科竞赛】 学院新增中和渠道资本管理公司实习基地。暑期，学院组织学生到中国工商银行北京分行进行认知实习，共有70名在校生参加；组织本科生参加全美大学生数学建模竞赛，取得Honorable Mention奖11组，18个小组获Successful Participant奖；同时，组织学生参加“2016年第一届全国高校互联网金融应用创新大赛”，参与学生20人，参赛队伍7支，指导教师6人，1组获得全国优胜奖。

（郝思源）

【大学英语四六级考试】 6月，学院共有159人参加全国大学英语四级考试，348人参加全国大学英语六级考试，1人参加全国大学日语六级考试；12月，金融学院共有130人参加全国大学英语四级考试，312人参加全国大学英语六级考试。

（郝思源）

【大学生创新创业训练计划项目】 学院报名参加大学生科研创新项目16项（重点项目6项），其中，实验班申报项目8项，占项目总数50%，学院指导教师10名。

（郝思源）

【本科招生工作】 学院本科生招生人数合计230人，其中，金融学72人，国际金融英文班30人，保险学（保险精算）50人，金融工程学29人，投资学46人。录取人数中包含57名双培生，其中中央财经大学互联网金融专业双培生17人，中央财经大学保险与风险管理专业双培生16人，对外经济贸易大学投资学专业16人；对外经济贸易大学保险精算专业外培生8人。

（郝思源）

2016年金融学院各专业在京录取分数统计表

学院	科类	专业	最高分	最低分	平均分
金融学院	文史	金融学	637	623	630
		金融学（国际金融英文班）	638	628	633
		投资学	634	618	623
	理工	金融学	642	612	622
		金融学（国际金融英文班）	635	606	614
		金融工程	635	598	607
		保险学（保险精算）	635	583	608
		投资学	626	583	606

（张杰　郭洁瑜）

【新生转专业】 学院共接收转专业学生69人，其中，金融学17人，金融学（实验班）5人，金融学（国际金融）29人，金融工程7人，投资学5人，保险学（保险精算）6人。

（张杰）

【辅修工作】 学院对金融学辅修专业学生采取“宽进严出”的教学管理方式。随着金融学专业辅修培养方案的执行，课程设计更加注重实用性，课程安排更加合理，同时不断扩大辅修学生选课的自由度和范围。课程时段和内容都做出相应调整，更加符合课程设置由易到难、先基础后提升的规律。针对辅修学位毕业论文的撰写，学院完全落实本科毕业论文撰写要求，保证辅修学生学位论文质量，按照学校规定进行查重，与同专业在校生共同参与答辩。2016 年，学院共开设 13 门辅修专业课，申请金融辅修学位的毕业生共 69 人，均顺利获得辅修学位。

（郝思源）

【研究生招生工作】 学院组织 2016 级研究生的复试、录取工作，以及 2017 级推免生的考试和接收工作。2016 年共录取硕士研究生 122 人，其中，学术型研究生 35 人，金融硕士 43 人，金融硕士（量化金融）24 人，保险硕士 20 人，并招收博士研究生 6 名。同时，组织 2017 级硕士研究生推免生的考试、接收工作，2016 年共接收推免硕士研究生 35 名。学院本着“双向选择、总量控制、学院调剂”的原则进行了 2016 级研究生导师的双向选择，继续全面推行硕士生双导师制，为全部专业硕士配备校外导师。

（王雅洁）

【全面修订研究生培养方案】 学院全面修订研究生培养方案，结合本次培养方案的修订工作，更加明确了不同层次、不同类别的研究生培养要求，在科研创新方面对博士生、学术型硕士生提出了新的任务，在社会实践应用方面对专业型硕士生提出了新的要求，加强了对研究生的管理，对金融学院研究生的培养起到了助推作用，对学生科研水平、创新能力、实践技能的高标准严要求必将更好地服务金融学院创建一流品牌专业的既定战略。

（王雅洁）

科研工作

【概述】 截至 12 月 31 日，已登记科研管理系统的科研成果为：已发表学术论文 66 篇；已获取各级各类课题 20 项，其中，纵向课题 18 项，横向课题 2 项；出版各类著作 20 部，其中专著 11 部。

（王雅洁）

2016 年金融学院横向研究课题一览表

序号	合同名称	合同类别	负责人	合同状态	项目来源
1	新时期改革背景下市场配置与政府作用的关系问题研究	服务	李雪	进行	中央财经大学
2	风险投资与天使投资的理论与实务问题研究	咨询	王佳妮	进行	盈富泰克创业投资有限公司

（王雅洁）

2016 年金融学院纵向研究课题一览表（省部级以上）

序号	项目名称	负责人	项目级别	项目来源
1	互联网消费金融的发展、风险与监管	尹志超	国家级	全国哲学社会科学规划办公室
2	新 SDR 框架下人民币参与国际货币博弈与全球资产配置问题研究	赵然	国家级	全国哲学社会科学规划办公室
3	供给侧价格粘性与货币政策传导机制阻滞研究	李雪	国家级	全国哲学社会科学规划办公室
4	新《环境保护法》下企业环境责任与财务绩效关系研究	刘剑蕾	国家级	全国哲学社会科学规划办公室

续表

序号	项目名称	负责人	项目级别	项目来源
5	基于高频极值数据的金融资产跳跃行为建模研究	刘威仪	国家级	国家自然科学基金委员会
6	绿色金融视角下消费信贷的碳排放溢出效应与减排策略研究	徐新扩	国家级	国家自然科学基金委员会
7	京津冀金融资源供给与产业结构转型升级的机制及路径研究	王曼怡	省部级	北京市哲学社会科学规划办公室
8	首都新定位下 CBD 高端产业国际化发展研究	高杰英	省部级	北京市哲学社会科学规划办公室
9	“一带一路”视角下的欧亚金融史研究	祁敬宇	省部级	北京市哲学社会科学规划办公室
10	地区公平视角下城镇职工基本养老保险全国统筹研究	王雅婷	省部级	北京市哲学社会科学规划办公室
11	海上丝绸之路沿线亚洲地区金融稳定与脆弱研究	张若希	省部级	北京市哲学社会科学规划办公室
12	北京市住房对家庭资产配置及财富分配的影响研究	赵大萍	省部级	北京市哲学社会科学规划办公室
13	以 CBD 功能建设推进京津冀区域金融合作的机制与路径研究	李丰杉	省部级	北京市哲学社会科学 CBD 发展研究基地
14	保险业提升普惠性的路径创新研究	张欲晓	省部级	中国保险监督管理委员会

（王雅洁）

2016 年金融学院出版学术著作一览表

序号	著作名称	第一作者	出版单位	著作类别
1	数量金融	方兴	中国书籍出版社	编著(社科类)
2	衍生金融工具	王德河	中国金融出版社	编著(社科类)
3	投资经典案例分析	李新	中国金融出版社	编著(社科类)
4	公司金融	李新	首都经济贸易大学出版社	编著(社科类)
5	中国金融风险报告(2016)	王曼怡	首都经济贸易大学出版社	其他专业出版物(社科类)
6	中国中央商务区建设与治理研究	蒋三庚	首都经济贸易大学出版社	其他专业出版物(社科类)
7	国际金融管理	陈奉先	首都经济贸易大学出版社	其他专业出版物(社科类)
8	信用评级理论与实务	高杰英	中国金融出版社	校内本科生以上使用的一般教材(社科类)

续表

序号	著作名称	第一作者	出版单位	著作类别
9	如何成为创投之星	王佳妮	中国发展出版社	译著(社科类)
10	助力打造和谐宜居之都及未来问题预警	方兴	中国书籍出版社	专著(社科类)
11	"一带一路"战略下北京国际交往中心的发展	方兴	中国书籍出版社	专著(社科类)
12	北京 CBD 教育	方兴	中国书籍出版社	专著(社科类)
13	全球治理背景下的金融监管重建与大国金融	祁敬宇	中国金融出版社	专著(社科类)
14	银行国际化进程、度量及效应	高杰英	中国金融出版社	专著(社科类)
15	我国特大城市 CBD 金融集聚差异化发展研究	王曼怡	中国金融出版社	专著(社科类)
16	北京商务中心区(CBD)发展指数研究	蒋三庚	首都经济贸易大学出版社	专著(社科类)
17	基于随机规划的多阶段投资组合选择	赵大萍	科学出版社	专著(社科类)
18	中国商业银行差异化监管研究:基于监管效率的视角	王婉婷	首都经济贸易大学出版社	专著(社科类)
19	货币国际化的内在影响因素研究	赵然	首都经济贸易大学出版社	专著(社科类)
20	2015 中国股市:投资、动荡与治理	施慧洪	中国金融出版社	专著(社科类)

(王雅洁)

2016 年金融学院发表论文一览表(核心及以上)

序号	论文题目	所有作者	发表刊物/论文集	刊物类型
1	国际金融治理机制变革及中国的选择	高杰英　王婉婷	经济学家	权威 B
2	国际资本流动"突然停止"、消费平滑与最优外汇储备持有量	陈奉先	经济理论与经济管理	权威 B
3	同业网络中的风险传染——基于中国银行业的实证研究	廉永辉	财经研究	权威 B
4	基于贝叶斯修正的多阶段情景生成	赵大萍　房勇(外)	系统工程理论与实践	权威 B
5	风险态度与居民财富——来自中国微观调查的新探究	张琳琬　吴卫星(外)	金融研究	权威 B
6	基于日度低频价格的波动率预测	刘威仪　孙便霞(外)　王明进(外)	管理科学学报	权威 B
7	金融知识和中国家庭的金融排斥——基于 CHFS 数据的实证研究	张号栋(外)　尹志超	金融研究	权威 B
8	农户正规信贷获得和信贷渠道偏好分析——基于金融知识和受教育水平视角的解释	吴雨(外)　宋全云(外)　尹志超	中国农村经济	权威 B

续表

序号	论文题目	所有作者	发表刊物/论文集	刊物类型
9	新常态下贸易调整与中国经济周期波动	余颖丰	经济与管理研究	核心 A
10	我国制造业出口企业产品种类对企业加成率的影响研究	李胜旗　徐卫章(外)	经济问题探索	核心 A
11	产品质量、出口目的地市场与企业加成定价	李胜旗　佟家栋(外)	国际经贸探索	核心 A
12	The Resilience of the Hong Kong Dollar to Speculative Attacks: A Disclosure Interview Analysis	张若希　Satish CHAND (外)	2016 International Conference on Management, Economics and Social Development	核心 A (EI/ISSHP/ISTP 会议论文集)
13	中国货币政策变动对资本市场的影响	蒋三庚　李晓艳(学)	经济与管理研究	核心 A
14	我国地方政府债务风险的量化分析	杨龙光	统计与决策	核心 A
15	货币国际计价职能发展过程中子金融市场的作用	赵然　伍聪(外)	中央财经大学学报	核心 A
16	金融知识、财富积累和家庭资产结构	吴雨(外)　彭嫦燕(外)　尹志超	当代经济科学	核心 A
17	非利息收入对城市商业银行绩效影响的实证研究——基于 2008—2015 年面板数据模型分析	王曼怡　甄晗蕾(学)	国际经济合作	核心 B
18	政府干预、金融集聚与地区技术进步	李胜旗	贵州财经学院学报	核心 B
19	供给侧改革背景下商业银行转型升级的路径	王曼怡　赵婕伶(学)	国际经济合作	核心 B
20	资本市场对智慧产业影响机制及实证分析	王曼怡　郭珺妍(学)	国际经济合作	核心 B
21	我国遭受反倾销调查的原因、影响及对策分析	蒋三庚　刘建新(学)	国际经济合作	核心 B
22	我国互联网金融发展及国际经验借鉴	蒋三庚　李晓艳(学)	经济研究参考	核心 B
23	我国保险周期与经济周期波动形态对比研究	张玉春　王雅婷　万里虹(外)	保险研究	核心 B
24	我国互联网征信行业 SWOT 分析及发展对策	梁万泉　金琦(外)	武汉金融	核心 B
25	论收入保险对完善农产品价格形成机制改革的重要性	庹国柱　朱俊生	保险研究	核心 B
26	金融集聚影响京津冀产业结构升级研究	王曼怡　赵婕伶(学)	国际经济合作	核心 B

续表

序号	论文题目	所有作者	发表刊物/论文集	刊物类型
27	资本项目开放与金砖国家银行稳定性研究	王曼怡　蒋静芳(学)	国际经济合作	核心 B
28	投资者情绪对我国创业板 IPO 溢价影响研究	谢太峰　高艺(学)	金融理论与实践	核心 B
29	人民币加入 SDR 货币篮子的职能、权利与挑战	蒋三庚　苟济帆(学)	国际经济合作	核心 B
30	小贷公司业务流程中的道德风险研究	施慧洪　李明(外)	商业经济研究	核心 B
31	贸易政策不确定性与中国出口企业加成率——基于企业异质性视角的分析	徐卫章(外)　李胜旗	商业研究	核心 B
32	Household Carbon Inequality in Urban China, Its Sources and Determinants	徐新扩　Han Liyan(外)　Lv Xiaofeng(外)	Ecological Economics	国际 A 刊
33	Covariant Perturbation Expansion of Off – Diagonal Heat Kernel	Yu – Zi Gou(外)　Wen – Du Li(外)　张萍　Dai Wu – Sheng(外)	International Journal of Theoretical Physics	国际 C 刊
34	Risk Taking Channel from the Perspective of Micro Foundations: New Theory Progress and Global Evidence	李雪　张若希	2016 International Conference on Management, Economics and Social Development	国际 F(会议检索论文)
35	The Human Capital Stock ' s Practice of Shanxi Banking Businessman	祁敬宇　杜颖(学)	Proceedings of the 2016 International Conference on Humanities and Social Science (HSS 2016)	国际 F(会议检索论文)
36	Business Angels in China: Characteristics, Policies and International Comparison	王佳妮	Handbook of Research on Business Angels	国际 F(一般英文论文)

(王雅洁)

2016 年金融学院教师科研成果获奖一览表

序号	奖励名称	获奖完成人	获奖等级	发证机关
1	第二届"孙冶方金融创新奖"	尹志超	优秀奖	孙冶方经济科学基金会
2	第三届中国金融管理年会征文	李雪	二等奖	中国金融管理年会理事会

(王雅洁)

【"京津冀金融研究联盟"成立暨京津冀金融普惠报告发布会】　10 月 18 日,学院举行"京津冀金融研究联盟"成立仪式暨京津冀金融普惠报告发布会。会议由金融学院主办,诺信金融集团研究院、中国家庭金融调查与研究中心协办。学院和中国家庭金融调查与研究中心联合发布《京津冀金融普惠报告》。《京津冀金融普惠报告》从京津冀的金融普惠概况、金融普惠作用、家庭金融行为、金融普惠影响因素、金融普惠产生的影响等方面对金融普惠与京津冀协同发展进行了研究。

(王雅洁)

【第四届金融风险高层论坛暨《中国金融风险报告(2016)》蓝皮书发布会】 12 月 1 日,由首都经济贸易大学、中国社会科学院金融研究所主办,首都经济贸易大学金融风险研究院、首都经济贸易大学金融学院承办的第四届金融风险高层论坛暨《中国金融风险报告(2016)》蓝皮书发布会在首都经济贸易大学举行。人民网、央视网、凤凰网、新浪财经、搜狐财经等网络媒体和环球时报、每日经济新闻、中国证券报、上海证券报(驻北京)、证券时报等媒体代表对此次会议进行了全程报道。

(王雅洁)

【首都金融论坛系列讲座】 学院邀请校外专家与业界精英主办"首都金融论坛"系列讲座,共举办 23 场学术讲座。

2016 年金融学院"首都金融论坛"一览表

期数	主题	主讲人	主讲人单位
第 8 期	适应中国市场的投资	吴剑飞	中国民生加银基金管理公司总经理
第 9 期	基于业界视角的金融人才培养、成长与发展	唐致军　袁旭	中国中化集团资金管理部副总经理、东方汇理银行北京分行行长
第 10 期	Market Timing of Seasoned Equity Offerings with Long Regulative Process	内田小成	日本九州大学教授
第 11 期	金融职业生涯的"能好怎"	赵晶	世界银行
第 12 期	大数据时代,金融硕士的知与行	王衍行	中国银行业协会原副秘书长
第 13 期	大资管时代下的保险资金运用	匡涛	中国人寿保险集团公司投资管理部副总经理
第 14 期	普惠金融的要义及其推进路径分析	何广文	中国农业大学经济管理学院教授
第 15 期	美国医改效果及对中国的借鉴经验	以西结・伊曼努尔	宾夕法尼亚大学医疗伦理与政策学院副院长
第 16 期	《天使投资:创业与资本无国界》——全球天使投资发展趋势与政策研究	刘曼红	中国科学院虚拟经济与数据科学研究中心风险投资研究室主任
第 17 期	大数据时代的金融创新与风险管理	汪寿阳	中国科学院数学与系统科学研究院
第 18 期	家庭风险性金融资产选择影响因素研究——理财产品与股票的比较分析	唐成	日本中央大学经济学院教授
第 19 期	金融资本市场的职业发展与选择	杨亦钢	澎石资产创始人
第 20 期	Starting on the Wrong Foot: Seasonality in Mutual Fund Performance	王家国	Alliance Manchester Business School
第 21 期	Village Political Economy, Land Tenure Insecurity and the Migration Decision: Evidence from China	约翰・基尔斯	世界银行首席经济学家
第 22 期	大数据金融风险监管预警	李崇纲	金信网银常务副总经理

续表

期数	主题	主讲人	主讲人单位
第 23 期	跨界能力的培养和历练：两岸产学合作的趋势和实践	陈德昇	政治大学国际关系研究中心研究员
第 24 期	融资融券交易制度是否助长暴涨暴跌风险——基于 A 股市场极值相关性的研究	方颖	厦门大学经济学院副院长
第 25 期	Modeling the Phillips Curve in China：A Nonlinear Perspective	张凌翔	北京理工大学副教授
第 26 期	我国寿险市场转型与发展	朱俊生	国务院发展研究中心金融研究所研究员
第 27 期	Credit Effects of Housing Wealth without Bank Credits：New Micro Evidence from China	潘学峰	对外经济贸易大学助理教授
第 28 期	了解相互保险、发展相互保险	庹国柱	首都经济贸易大学金融学院教授
第 29 期	我国保险市场面临的发展问题	郝演苏	全国保险专业研究生教育指导委员会常务副主任
第 30 期	投资组合的有效投资策略	陈建成	中国精算研究院院长

（王雅洁）

【学院论文研讨班】　金融学院共举办 25 期学院论　文研讨班活动。

2016 年金融学院举办学院论文研讨班活动一览表

期数	题目	主讲人	时间
第 1 期	An Early Warning of An Impending Currency Crisis in China	张若希	3 月 8 日
第 2 期	The Evolution of Angel Investment in China	王佳妮	3 月 15 日
第 3 期	Measuring Political and Economic Payoff in Global Oil and Gas Mergers and Acquisitions	王强宇	3 月 22 日
第 4 期	信用评级与债务危机	李胜旗	3 月 29 日
第 5 期	货币政策、机构投资者预期与风险承担	李雪	4 月 5 日
第 6 期	独立董事兼任与股价崩盘	王洋天	4 月 12 日
第 7 期	互联网金融参与方的行为决策分析	杨龙光	4 月 19 日
第 8 期	Effects of Consumer Credit on Household Carbon Emissions	徐新扩	4 月 26 日
第 9 期	1. An Early Warning of An Impending Currency Crisis in China 2. China' Effect on Global Commodity M&A Bid Ask Spreads	张若希　王强宇	5 月 3 日
第 10 期	风险投资与分析师 IPO 定价预测	王佳妮	5 月 10 日
第 11 期	二轮修改： 1. 信用评级与债务危机 2. 独立董事兼任与股票崩盘	李胜旗　王洋天	5 月 17 日

续表

期数	题目	主讲人	时间
第 12 期	二轮修改：货币政策、机构投资者预期与风险承担	李雪	5 月 24 日
第 13 期	1. Identifying and Estimating the Vacancy Rate of Chinese Housing Market 2. Effects of Consumer Credit on Household Carbon Emissions	陈悉榕博士（美国德州 A&M 大学） 徐新扩	5 月 31 日
第 14 期	P2P 平台经营策略对参与者投融资行为的影响研究	杨龙光	6 月 7 日
第 15 期	Volatility Estimation and Jump Testing via Realized Information Variation	刘威仪	6 月 14 日
第 16 期	1. 银行信贷、外债规模与内生最优外汇储备管理 2. 货币供给波动性、内生企业退出与中国经济周期研究	陈奉先 余颖丰	9 月 8 日
第 17 期	1. Starting on the Wrong Foot: Seasonality in Mutual Fund Performance 2. Fuzzy views on Black – Litterman portfolio selection model	王家国（曼彻斯特大学商学院助理教授） 赵大萍	9 月 22 日
第 18 期	1. Communication and Comovement: Evidence from Online Stock Forums 2. 住房财富、信贷约束与家庭资产组合选择 3. 货币政策对投资者情绪影响研究——基于 FAVAR 模型的实证分析	刘津宇（清华大学博士生） 杨洁 谷怀玉	9 月 29 日
第 19 期	1. Portfolio Choices, Asset Returns and Wealth Inequality 2. Underpricing of IPOs and Provincial Economic Development: Evidence from China	张琳琬 刘剑蕾	10 月 14 日
第 20 期	1. "编辑面对面"讲座——学术杂志用稿要求和偏好 2. 价值理论，价值投资与市场稳定（高强） 3. 文献分享：Household Finance over the Life – cycle: What Does Education Contribute? Review of Economic Dynamics	王红（清华《经济学报》编辑部主任） 高强 岳鹏鹏	11 月 3 日
第 21 期	1. 融资融券交易制度是否助长暴涨暴跌风险——基于 A 股市场极值相关性的研究 2. 博士生文献分享： （1）Population Aging and Comparative Advantage, JIE, 2016 （2）Liquiity Hoarding and Interbank Market Rates: the Role of Counterparty Risk JFE, 2015 （3）Financial Development and Innovation: Cross – country Evidence. JFE. 2014	方颖（厦门大学教授、长江学者、国家杰出青年科学基金获得者） 易祯 王莉娜 甄晗蕾	11 月 10 日
第 22 期	1. 过度融资与上市公司金融投资 2. 博士生文献分享： （1）Can Markets Discipline Government Agencies? Evidence from the Weather Derivatives Market, JF, 2016 （2）Trust and Social Collateral, QJE, 2009	廉永辉 冯颖 潘北啸	11 月 17 日
第 23 期	1. Credit Effects of Housing Wealth without Bank Credits: New Micro Evidence from China 2. 国家课题申报讨论	潘学峰（对外经贸大学助理教授） 赵大萍	11 月 24 日

续表

期数	题目	主讲人	时间
第 24 期	国家课题申报讨论 我国能源企业非效率投资行为分析 金融排斥与“公平型”普惠金融监管模式研究 银行风险传染/银行资本结构调整/企业避实就虚 万能险/随机最优控制 房地产投资对居民财富分布的影响——基于家庭生命周期视角 其他	曹红 王婉婷 廉永辉 李亚男 张琳婉	12 月 8 日
第 25 期	万能险/随机最优控制 房地产投资对居民财富分布的影响—基于家庭生命周期视角 中国 A 股横截面期望回报的可预测性研究	李亚男 张琳琬 高强	12 月 15 日

（王雅洁）

【期刊编辑面对面】 学院共举办 4 期期刊编辑面对面活动，邀请国内顶级期刊的编辑来院交流，指导教师如何发表高水平学术论文。

2016 年金融学院举办期刊编辑面对面活动一览表

期数	期刊	编辑	期数	期刊	编辑
第 1 期	《世界经济》	孙杰	第 3 期	《中国工业经济》	王燕梅
第 2 期	《管理世界》	蒋东升	第 4 期	《经济学报》	王红

（王雅洁）

【获第二届孙冶方金融创新论文奖】 7 月，学院教授尹志超的论文《金融可得性、金融市场参与和家庭资产选择》荣获孙冶方金融创新论文奖，这是该奖项 2016 年入选的两篇中文论文之一，该论文 2015 年发表于《经济研究》。

（常彪）

【参加 2016 年中国投资学年会暨投资学科研讨会】 7 月 8 日—10 日，由中国投资协会投资学科建设委员会、中国投资学专业委员会主办，上海财经大学公共经济与管理学院承办的第四届中国投资学年会暨投资学科研讨会在上海财经大学隆重召开。副院长高杰英主持第十分会场，围绕“投资学科发展研究与其他”展开讨论，国内著名学者杨大楷教授等出席会议。

（常彪）

【当选中国金融工程学年会理事单位】 8 月 26 日—28 日，由中国金融工程学年会、对外经济贸易大学和新疆财经大学联合主办的“第十五届（2016 年）中国金融工程学年会暨金融创新与风险管理（国际）论坛”在新疆财经大学隆重召开。院长尹志超领队赴乌鲁木齐市参会。26 日，中国金融工程学会理事会议期间，尹志超介绍了金融学院的历史沿革、学科设置、师资队伍条件，特别是金融工程专业的建设和发展情况，得到了与会专家的肯定，顺利当选为中国金融工程学会新的理事单位。学院青年教师赵然、赵大萍、张琳琬分别投稿并在分会场做报告，张琳琬的论文获得大会优秀论文二等奖。

（常彪）

【推进博士生精细化培养】 金融学博士研究生杨洁获得美国金融协会博士生奖学金（AFA travel grant），并收到美国金融协会副主席、斯坦福大学著名金融学教授 Peter DeMarzo 的邀请，参加 2017 年 1 月 6 日—8 日在芝加哥举行的美国金融学年会及美国金融协会博士生奖学金获得者招待会。杨洁成为学校第一位获得该奖学金的博士研究生。8 月 7 日—17 日，金融学院全额资助一年级全部博士研究生参加以“面向真实世界的经济研究”为主题的 2016 年上海“应用微观计量经济学”研究生暑期学校，向国内外具有影响力的中青年经济学家学习，拓宽了其学术视野，提高了培养质量，推动了学院博士生们对学科前沿动态的了解。

（常彪）

【保险硕士校外导师聘任仪式暨师生见面会】 11月16日，“首都经济贸易大学金融学院保险专业校外导师聘任仪式暨师生见面会”在校举行，8名来自保险行业的校外导师、2016级保险专业硕士研究生、院长尹志超、院党委书记玉红玲以及保险系全体教师出席此次仪式。聘任仪式由院长助理王雅婷主持。院党委书记玉红玲宣读了2016年保险专业受聘导师名单，尹志超为校外导师颁发聘书。

（常彪）

【金融学院互联网保险研究中心成立】 11月，首都经济贸易大学金融学院保险专业和上海誉好数据技术有限公司联合发起设立“互联网保险研究中心”，旨在推动中国互联网保险领域的研究与发展。

（王雅婷）

【2016应用微观金融学术研讨会】 12月22日，由金融学院主办的2016应用微观金融学术研讨会在校举行，世界银行研究部首席经济学家徐立新、中国人民大学财政金融学院马光荣、对外经济贸易大学周钦、中国人民大学聂辉华、南开大学经济学院周广肃、清华大学刘津宇、山东大学经济研究院侯麟科，以及金融学院部分教师和学生代表参加了本次学术研讨会。

（常彪）

【《创意经济概论》在韩国出版发行】 学院教授蒋三庚等主编的《创意经济概论》韩文版在韩国出版发行。《创意经济概论》通过文献归纳和翔实生动的案例分析，对创意经济进行了较为充分的论述和研究。该书原由首都经济贸易大学出版社出版，此次被韩国PNC出版社翻译成韩文在韩国出版发行，扩大了学校的国际影响力。

（常彪）

学生工作

【共青团工作】 学院分团委下设组织部、宣传部、理论学习部、社会实践与志愿者团和社团联络部5个部门；团支部共计34个，共青团员1 315人；院属学生社团4个，分别为股市沙龙、保险学会、金融工程协会、投资与风险协会。2016年，学院分团委制作发行院刊《金心向融》共2期，微信平台（首经贸金融学院分团委、生活在金融）推送数百条信息。

（杨意）

【开展主题教育活动】 学院分团委开展系列主题教育活动。2月23日，组织学生宣讲团赴朝阳区罗马嘉园社区开展十八届五中全会与“三严三实”精神宣讲和调查活动；11月9日，在校园内开展“纪念长征胜利80周年”主题团日活动，通过“长征通关游戏”来感受长征的艰难曲折，将长征精神融入生活学习中；11月，学院2015级和2016级各团支部围绕习近平总书记提出的社会主义核心价值观组织主题班会，培育和践行社会主义核心价值观，引导学生把个人奋斗融入实现中国梦的伟大实践。

（杨意）

【团学组织建设】 学院分团委于3月和9月召开团学骨干培训会，围绕理想信念教育、作风建设等主题开展大规模团干部培训。

（杨意）

【宣传体系建设】 学院分团委运用现代技术手段和传播方式开展生动活泼的思想政治工作，加强宣传阵地建设。一是依托宣传橱窗、院刊、学院网站、社交平台等媒体工作布局，完善学院全媒体引导格局，形成整体联动、资源共享的工作声势。发行院刊《金心向融》1期。二是以各级团组织为基础渠道，充分发挥学生会、学生团体的积极作用，准确把握青年思想变化，同时建立团学组织交流微信群，有效收集、分析、研讨青年舆情信息。在信息报送工作中，金融学院分团委以434.3分的年度总积分名列各院系第一，荣获学校共青团系统2015年度院系信息报送评比一等奖。

（杨意）

【第四届“星级团支部”评选】 6月2日，学院分团委举行了第四届“星级团支部”评选决赛，2014级金融学实践班团支部、2015级金融学实验班团支部荣获“五星级团支部”称号，2014级金融工程班团支部、2014级国际金融2班团支部、2015级保险精算班团支部、2015级金融工程班团支部获评“四星级团支部”称号，2015级国际金融1班团支部、2015级金融学实践班团支部、2015级投资班团支部获得“宣传阵地建设”奖。

（杨意）

【基层团建】　学院分团委为规范团支部的基层工作，不断激发团支部的活力，增强基层团组织对团员的凝聚力，部署落实每个学期每个团支部“一个主题团日＋一个特色活动”的要求，两个学期分别以“所到之处，责任相随”和“科技创新，国之重任”为主题开展支部活动。

2016 年金融学院主题团日活动一览表（部分）

团支部	特色活动
2014 级国际金融 2 班	在万年花城小区开展了以“责任随行”为主题的团日活动，主要内容是全班同学在社区进行义务劳动，努力使社区更加清洁，为居民提供更加良好的生活环境
2014 级金融学实验班	组织参观中关村创业街，2014 级金融学实验班响应国家鼓励大学生自主创业的号召，主动与一些创业人员进行沟通采纳经验举办班级创业大赛，使同学们更好的体会创业者们的智慧与创业的辛劳
2014 级投资班	在上庄水库开展“科技创新，国之重任”主题团日活动，通过介绍我国现阶段科学研究成果等相关内容，号召同学们重视科学研究，重视科学研究为祖国带来的贡献
2015 级金融学实践班	前往陨石 VR 体验馆，开展“科技创新，国之重任”主题团日活动，在将近 50 分钟的体验当中，同学们在虚拟世界中自由参观，体验到了科技的无限魅力。使同学们感受到了科技的力量，借助目前的新型科技来激发同学们的创新意识
2015 级金融学实验班	走访遗迹圆明园的活动，使同学们对历史有了更加深刻的认识，“以家为家，以乡为乡，以国为国，以天下为天下”，增强了同学们作为当代大学生的历史责任感
2016 级保险硕士班	通过组织科普知识问答竞赛和体验科技活动，引导支部团员追求和探索科学的奥秘，培养支部成员的科研精神和创新能力，营造生动活泼的校园科技文化氛围，提高支部成员之间科创知识的普及度

（杨意）

2016 年金融学院暑期社会实践活动一览表（部分）

实践团	内容
金融知识进驻家乡——农村金融调查	金融学院暑期实践团主要采用统计分析的方法，对农村地区的金融状况进行分析，了解农村金融发展的现状。根据调查结果，制定方案，提高城乡居民的金融知识水平，促进金融机构在农村地区的普及，让社会公众更好地了解金融、运用金融、享受金融
北京冬季奥运会普及程度调查研究及推广	中国北京于 2015 年获得 2022 年第 24 届冬季奥林匹克运动会主办权，通过线上线下的调查研究，金融学院暑期实践团发现目前群众对冬奥会的了解尚有欠缺、我国对冬奥会的宣传力度仍有不足。活动采用理论结合实际的方法，多方面地对北京冬奥会的普及程度进行了分析，并对普及冬奥、宣传冰雪运动提出了对策建议
非物质文化遗产继承和保护	金融学院暑期社会实践团队对北京市非物质文化遗产研究中的保护模式、相关主体、旅游开发和涉及的法律及政策问题进行了梳理，并指出文化空间研究、非物质文化遗产的转型、对国外成熟理论和个案研究的借鉴将成为今后的研究方向，对物质文化遗产的传承和发展进行了科学性研究

续表

实践团	内容
美丽中国环保科普	金融学院暑期社会实践团以姚辛庄村为例,对农村污水处理相关问题展开调研,同时向当地村民们宣传水资源保护这一重大事项。调研过程中发现,污水处理技术——桑德 SMART - PFBP 多级生物接触氧化工艺——已经为姚辛庄村村民的生活带来了巨大的改观
寻访京味服饰的变迁	长袍、十八镶、马褂、坎肩、弓鞋、瓜皮帽等衣服的风格是根据时代的变化而变换的,体现的是当代人们的文化思想与思维观念,衣着的由繁到简体现了中国的发展和老北京文化的传承与变迁,培养了大学生通过走基层调研提高对非物质文化遗产的认同感,进一步增强了对传统文化的保护意识

(杨意)

【志愿服务与公益活动】 学院分团委继续完善常态化的志愿服务工作。

2016 年金融学院学生志愿服务一览表(部分)

3 月 3 日	金融学院学生会生活权益部策划大型二手书义卖会,吸引了各个学院、各个年级的同学们前来参加
4 月 28 日	金融学院在大学生活动中心组织无偿献血活动,同学们对此次献血活动积极响应并踊跃报名,上站共 73 人,成功献血者包括学院党委副书记刘辉老师在内共 64 人
12 月 1 日	金融学院 7 名志愿者参与了于西城区天健宾馆举办的十二届全国老人院院长论坛暨首届长期照护学术年会志愿服务
全年	“奉献在基层,敬老进行中”金融学院分团委志愿者团与社会实践部带领 2015 级各班骨干志愿者分别来到爱心敬老院与鹤童养老院进行志愿服务,各支部也在各班志愿者的带领下开展了志愿服务活动

(杨意)

【校园文化】 学院分团委以“生活在金融,成长在金融,感动在金融”为活动主线指导各学生组织开展活动,在学年的第一学期开展生活类的活动,促进新生更快地适应大学生活,如“以心迎新、金夜不眠”迎新晚会、新生辩论赛、新生趣味运动会、新生足球篮球赛、宿舍文化节等;在第二学期开展成长类活动,为学生的成长成才打造第二课堂,如院友会、专业模拟面试等;在学年末开展感动金融人物评选及颁奖典礼,以“感动的力量”产生心灵共鸣,激发学生内驱力的形成,从而促进学生自发践行社会主义核心价值观。

2016 年金融学院本科生文化活动一览表(部分)

时间	活动	时间	活动
3 月	金融学院足球赛	10 月 12 日	宿舍文化节之“环保袋你飞”
3 月 31 日	初春游园会	10 月	新生辩论赛
4 月 27 日	2016 届金融学院毕业联欢会	10 月 20 日	“以心迎新,金夜不眠”迎新晚会
5 月 23 日	“感动在金融”颁奖晚会	10 月 26 日	趣味运动会
9 月 27 日	FBDL 篮球赛		

(杨意)

在各项校园文体活动中,金融学院的同学们积极参与并获得了优异的成绩:学院获得春季运动会团体总分第七名，女子团体总分第七名，男子团体总分第六名，团体操表演第八名和精神文明奖；学院辩论队获校超越杯辩论赛亚军；学院在校拉拉操比赛中获优胜奖；学院在校级足球联赛中获冠军；学院在校乒乓球院系杯比赛中获冠军；金融学院在校团体跳绳比赛中获第五名；学院获校“一二·九”长跑比赛冠军；学院新生合唱团参加“一二·九”歌咏大会，并获优胜奖；学院在校同心鼓比赛中获亚军。

（杨意）

【首获“创青春”首都大学生创业大赛金奖】 学院2014级张天婵的创业计划赛作品《合拍Selfie自拍馆》凭借实体店面在“大众点评网”同类商家中排行第一的优势斩获“创青春”首都大学生创业大赛金奖，并获“创青春”全国大学生创业大赛三等奖，学校获奖成绩取得历史性突破。

（常彪）

【参加“首都高校商学院学生发展论坛”】 3月27日，学院学生会主席和10名学生代表参加由北京大学光华管理学院主办的“第六届首都高校商学院学生发展论坛”。

（杨意）

【模拟面试大赛】 5月11日，学院学生会成功组织“第六届模拟面试大赛”，本次活动邀请到渣打银行、毕马威会计师事务所、招商银行、中国工商银行、中信建投证券、混沌天成等不同机构担任招聘单位。

（杨意）

【“千帆远航，砥砺前行”学术人才培养计划】 11月23日，金融学院开展了“千帆远航，砥砺前行”学术人才培养计划启动仪式，最终评选出一等奖1名，二等奖2名，三等奖3名。

（杨意）

【金融工程协会热心服务数学建模竞赛】 1月19日，金融工程协会为报名全美大学生数学建模竞赛的参赛选手提供全方位服务，1个小组获得一等奖，9个小组获得二等奖。10月，金融工程协会做好全国大学生数学建模竞赛的服务保障工作，3个小组获北京市一等奖，6个小组获北京市二等奖。10月23日，金融工程协会举办内部培训会，旨在向协会成员介绍关于股票基础技术分析和Matlab软件基础使用方法。

（杨意）

【股市沙龙组织“大智慧杯”模拟炒股大赛】 11月，股市沙龙组织在校生参加“大智慧杯”模拟炒股大赛，董智华、邢成思、赵祖国、肖晓玥4位同学获得三等奖。

（杨意）

【投资与风险协会开办量化金融沙龙】 4月，投资与风险协会增设学术性开放型系列活动——量化金融沙龙，以提高学生的学术研究能力与思考能力。沙龙旨在提升社员统计、预测、编程、案例解决等多方面的分析能力。10月，协会邀请博士王佳妮主讲股权众筹行业的发展、运作模式、风险特征及风险防范并进行讨论。9月—12月，协会组织完成三期论文综述，材料均取自国内外一级期刊。

（杨意）

【开展本科生思想政治教育】 学院积极组织各年级学生参加学校各类思想政治教育活动，获2015级新生“宿舍公约”大赛和2016届毕业生“我的大学生活”作品征集最佳组织奖；学校重视心理健康教育工作，获北京市首都大学生心理健康节“木—林—森”主题班会优秀奖，校级各类奖项6项；2013级国际金融1班获评校级首届“十佳班集体”，校内5416宿舍获北京市高校优秀基层组织奖，学生第二党支部获北京市红色“1+1”示范活动优秀奖；2014级邓亚亮和陈胜同学投身国防，应征入伍。

（常彪）

【开展研究生发展辅导】 4月，金融学院研究生会成功举办“金添翼·展锋芒”模拟面试系列活动工作坊，通过简历指导、无领导小组面试和模拟面试决赛增强硕士研究生的职场感知力和竞争力。面向2016级研究生新生，研究生会组织乒羽篮新生联赛、新生辩论赛、“双十一”迎新晚会等文体活动，并有针对性地开展简历工坊、学术论文养成季、实习分享直播等活动，助力研究生新生环境适应能力的提升。2015级研究生郑月蔚获平安励志计划论文奖二等奖。学院研究生在“经贸杯”乒羽篮联赛中获乒乓球赛冠军和篮球赛亚军。2015级研究生樊若琛获“职日可待”校第八届模拟面试大赛冠军，2015级研究生王瑾、夏天娇获优秀奖。

（常彪）

【毕业生就业工作】 学院2016届毕业生就业工作获全校二等奖，其中，本科生就业率为100%，签约率为95.26%。研究生就业率为100%，签约率为

95.41%。同时,协助毕业生申请一次性求职创业补贴 3 人。2016 届本科生崔文硕获国家留学基金委公派硕士研究生项目资助。

(常彪)

【奖、助、贷、勤、免、补】 学院本科生申报并荣获校长奖学金 2 名,国家奖学金 2 名,乐天奖学金 2 名,东京银行 UFJ 奖学金 3 名,学习优秀奖学金 195 人,社会工作奖学金 28 名,科研创新奖学金 30 项,文体竞赛奖学金 15 项,社会贡献奖学金 5 人,和信"诚信之星"奖学金(社会资助)7 名,校级优秀毕业生 22 人,市级优秀毕业生 13 人。2016 年,进行家庭经济困难学生认定 135 人,评选国家励志奖学金 34 人,国家助学金 135 人,协助申请国家助学贷款 5 人,"爱心成就未来"助学金 7 人,疆籍少数民族学生困难资助 14 人,获校友会定向资助 1 人;评定北京财贸学院校友促进教育奖助学金,受助 61 人,授奖 38 项。解决同学临时突发状况困难,协助在校生申请一次性困难补助金 1 人(研究生)。学院评选研究生国家奖学金 7 名,优秀学生干部 12 名。严格依据《首都经济贸易大学研究生学业奖学金管理办法(试行)》,修订《金融学院研究生学业奖学金评选细则》,评定学业奖学金 141 人。完善研究生"三助"体系,2016—2017(Ⅰ)学期设置并聘任校级助管 6 名,助教 4 人,助研 12 人,院级"三助"岗位 59 个。同时,完成家庭经济困难研究生认定 19 名。

(刘辉　常彪)

【开展市级、校级评优】 学院组织本科生申报评选各类荣誉称号,35 名同学获校级"三好学生"称号,22 名同学获校级"优秀学生干部"称号,2 个班级获校级"先进班集体"称号,2 个班级获校级"优良学风班"称号。2014 级梁雅慧、王晓丹获市级"三好学生"称号,2013 级刘缇获得"先锋杯"优秀基层团干部称号,2013 级王潇获得"先锋杯"优秀团员称号。2014 级金融学实验班获市级先进班集体称号,2013 级国际金融 1 班团支部获"优团计划"首都高校优秀基层团支部称号,2014 级金融学实践班团支部获得"先锋杯"优秀团支部称号。

(刘辉　杨意)

对外交流

【概述】 学院继续强化与国外有关高校的合作交流与培养,与纽芬兰纪念大学、日本中央大学建立了合作交流关系,共有 9 名同学参加国际交流交换项目,美国阿尔玛学院师生来访学院。学术层面的国际交流提高了学院科研国际化水平。年内共有李新、王雅婷、张萍 3 名教师赴美国密歇根州立大学、伊利诺伊大学访学。同时,学院还邀请美国白宫前顾问、法国前财长等国际知名人士以及来自日本中央大学、日本九州大学、台湾淡江大学、台湾政治大学的著名学者共 6 人次出席学院主办的金融风险高层论坛、京津冀金融普惠报告会以及两岸保险发展研讨会等学术会议,与世界银行、日本中央大学和加拿大纽芬兰纪念大学等机构开展金融领域的科研合作。

(杨阳　郭洁瑜)

【美国阿尔玛学院师生到访金融学院】 5 月 20 日,美国阿尔玛学院戴哲伟教授与 14 名大学生一行到访金融学院。院长尹志超、院党委书记玉红玲、国际金融系副教授唐伟霞等出席欢迎会。金融学院学生代表带领阿尔玛学院师生走访校园,随后进入余颖丰博士"国际金融市场"的课堂观摩学习。随后,两院师生安排了中美大学生文化交流活动,并由戴哲伟教授与学院教师进行了"英语教学课堂经验"交流,分享了全英授课方面的经验。双方教师就如何"教书育人"、提高课堂教学效果等方面进行了充分沟通。

(常彪)

【美国密歇根州立大学 VIPP 项目】 3 月,学院召开金融学院国际交流项目启动会,会上介绍了国际经济管理学院经济硕士留学预修项目和德州农工大学留学规划以及金融学院的美国密歇根州立大学 VIPP 项目和加拿大圣西维尔大学交换生项目。6 月,学院选派首批赴美国密歇根州立大学 VIPP 项目交换学习学生 5 人。

(常彪)

党建工作

【概述】 学院党委设有基层党支部 12 个,学生党支部 6 个,教师党支部 5 个,退休教师党支部 1 个。截至 2016 年 12 月,学院共有党员 213 名,其中,学生党员 157 名,在职教工党员 44 名,退休教工党员 12 名。学院教师刘威仪、张若希获评北京市优秀人才培养资助青年骨干个人项目。11 月,2014 级本科生李将参加中国国民党主席洪秀柱台商台生座谈会。

(常彪)

【党委换届选举】　12月28日,学院召开党员大会。校党政办公室副主任高菲,学院民主党派代表巩云华、冯瑞河、施慧洪等参加会议,全院135名正式党员和全体预备党员参加大会,会议由党委副书记刘辉同志主持。党委书记玉红玲代表上届学院党委做了题为《聚精会神抓内涵,改革创新谋发展》的工作报告;组织委员徐兰杰同志代表上一届党委做了2013年—2016年党费收缴、管理和使用情况的报告。在总监票人谢飞主持下,大会选举产生了金融学院新一届党委委员,并报校党委审批。经校党委批准,王雅婷、尹志超、玉红玲、刘辉、杨阳、张小红、高杰英7人为党委委员,玉红玲为党委书记、刘辉为党委副书记。

（常彪）

【党支部换届】　10月,学院党委按照校党委统一要求,部署所属11个党支部进行换届选举工作,经学院党委委员会讨论通过,设置投资系教师党支部,共选举产生党支部书记12名,其中,教师党支部书记5名,退休教师党支部书记1名,学生党支部书记6名。

（常彪）

【党费补交】　10月—12月,学院党委在校党委的统一规定下,组织全体教师党员重新核算党费应交金额,并按要求补足差值,42名教师党员积极主动配合补交工作,补交金额15万余元。

（常彪）

【党员信息核查】　11月,学院党委完成北京市教工委党员信息核查工作。届时,学院党委共有党员194名,其中,在职教师党员43名,退休教师党员12名,学生党员139人(党组织关系暂存学校5人)。

（常彪）

【全面开展“两学一做”学习教育活动】　根据校党委组织部部署,学院党委于5月13日制定本学院“两学一做”实施方案,并于5月15日向全体党员发出号召,要求各党支部制定学习方案,有计划、有步骤、多形式地开展学习工作并做好学习记录。按照校领导及党员处级干部联系基层党支部的安排,后勤管理处处长刘学伟、对外联络合作处处长赵喜玲、工会常务副主席李民分别走进金融工程教师党支部、国际金融系教师党支部和金融投资系教师党支部指导并参加学习。金融学院全体领导班子也走入对应联系支部,共同参与学习。各党支部在学习过程中还围绕“什么是有中国特色的哲学社会科学以及怎样做好此次学习工作”展开了讨论。大家最终认为要学习讲话,应当从思想上统一,从关键意识入手,要发自内心地学,才能进一步提高党员党性,最终保持党员的先进性和纯洁性。此后,学院党委继续组织各党支部以多种形式深入开展“两学一做”学习活动。

（常彪）

【完成学生党员培养与发展工作】　学院参加第21期和第22期初级党课学习共103人,参加入党积极分子培训124人。学院党委发展党员34名,其中,本科生党员31名,研究生党员3名。同时,学院党委不断加强对发展对象集中培训环节的力度,党委书记、副书记亲自授课,全环节保障党员发展质量。

（常彪）

【获得荣誉】　学院在校党委组织部开展的2015年度主题党日活动和党建工作创新项目评选中,“寻红色印记,忆峥嵘岁月、传赤诚之心”主题党日活动获一等奖,“青年党员教师内涵式教育”党建工作创新项目获三等奖,学院党委获最佳组织奖。在2014—2016年先进基层党组织、优秀共产党员、优秀党务工作者评选表彰中,学生第二党支部获评先进基层党组织;徐兰杰获评优秀党务工作者;王苹、杨阳,杜颖、樊若琛、梁李季江、龙云飞、张帆获评优秀共产党员。

（常彪）

【纪念孙中山诞辰150周年主题党日活动】　11月13日,学院党委组织37名党员教师、退休老教师前往国家大剧院开展“缅怀先烈,继续前进”主题党日活动,聆听了“缅怀·一段民族的记忆”纪念孙中山诞辰150周年中国国家交响乐团音乐会。

（常彪）

【丰台区人大代表选举工作】　11月15日,学院参与组织丰台区人大代表选举组织工作,学院350名师生参与投票,投票率100%。

（常彪）

工会工作

【获校级太极拳比赛二等奖】　12月14日,学院分工会组织学院教职工共 44 人参加校工会太极拳比赛,荣获二等奖(第四名)。

(常彪)

【分工会委员和“双代会”代表选举】 11 月 23 日,学院分工会组织召开全院教职工大会,大会的议题是选举新一届分工会委员和“双代会”代表,经投票选举,王苹、唐伟霞、陈奉先、徐兰杰、赵大萍当选新一届分工会委员,玉红玲、王苹、王德河、刘民俐、冯瑞河、殷德当选新一届双代会代表。

(常彪)

【退休教授张铁成逝世】 9 月 28 日,学院分工会一行前往北京宣武医院告别退休教授张铁成,并前往家中凭吊、慰问家属,退休教师徐维檗、吴世亮一同前往。

(常彪)

专项工作

【校企合作框架协议】 6 月,学院与中煤时代资产经营管理公司举行合作框架协议签字仪式,双方签署了《首都经济贸易大学金融学院与中煤时代资产经营管理有限公司合作框架协议》。9 月,学院与中煤时代资产管理公司共同举行学生实习基地挂牌仪式。

(常彪)

【建院 10 周年纪念大会】 10 月 16 日下午,学院举行建院 10 周年纪念大会暨校友论坛,纪念大会由党委书记玉红玲主持。曾经在金融学院任教的老教师、老领导、各届校友和师生代表近 500 人齐聚一堂,共同庆祝金融学院建院 10 周年。校党委书记冯培教授到会致辞。

(常彪)

【共建中美金融研究中心】 12 月 9 日,学校与美国克利夫兰州立大学举行了共建中美金融研究中心合作协议签约暨揭牌仪式。北京市教育委员会国际合作与交流处处长潘芳芳出席签约仪式。克利夫兰州立大学副校长辛迪·斯科卢贝、首都经济贸易大学副校长徐芳出席签约仪式并为中美金融研究中心揭牌。

(常彪)

统 计 学 院

概 况

统计学院组建于 2006 年,其前身是北京经济学院统计学专业和北京财贸学院电子计算机统计专业。北京经济学院统计学科始建于 1962 年,1978 年在北京经济学院工业经济系下开始招收计划统计学专业本科生,1984 年成立计划统计系,1986 年更名为统计学系,并获得统计学硕士学位授予权。北京财贸学院于 1986 年在贸易经济系下首招商业统计专业本科生,后又将商业统计改名为电子计算机统计。1996 年,随着北京经济学院和北京财贸学院的合并而成立首都经济贸易大学统计学系,1998 年招收数量经济学宏观经济系统分析博士研究生,2005 年招收概率论与数理统计学本科生,2005 年成为北京市品牌专业建设学科,2006 年获得统计学博士学位授予权,同年基础部数学组并入统计系后成立统计学院。2008 年,统计学专业被评为北京市特色专业,同年,开始招收数学与应用数学专业(金融数学方向)本科生;2009 年,统计学专业被评为国家级特色专业;2010 年,获得应用统计硕士学位授予权;2011 年,统计学成为一级学科,统计学院在全国首批获得统计学一级学科博士学位授予权;2012 年,成立统计学一级学科博士后流动站,同年被评为北京市一级重点学科;2014 年,与信息学院合办大数据特色班,开设统计学辅修专业;统计学院下设金融学、统计学、统计学(金融计量国际班)、统计学(大数据方向)、经济统计学;2014 年,由学院与中国人民大学、北京大学、中国科学院大学和中央财经大学共同发起并依托应用统计专业硕士学位,联合新华社、人民日报、中央电视台、全国手机媒体专业委员会、中国移动、中国联通、中国电信、SAS、JMP、阿里巴巴、华闻传媒产业创新研究院、华通人数据、龙信数据、西部云基地等业界大数据应用翘楚共同组建的“大数据分析硕士培养协同创新平台”在中国人民大学国学馆正式启动，五校联合培养应用统计专业硕士（大数据方向）。

2016年，统计学院下设经济统计系、数理统计系、金融数学系和大数据与统计科学研究院，开设经济统计学、统计学、应用统计学、数学与应用数学（金融数学）4个本科专业，拥有统计学硕士、博士学位和应用统计硕士学位授予权。

学院现有教职员工65人（含博士后2人），专职教师57人，博士后研究人员2人，行政人员6人。专任教师中教授10人，副教授24人，讲师23人；博士生导师5人，硕士生导师25人；其中，具有博士学历的教师达70%。

在北京市及学校人才政策的支持下，2名北京市“海聚工程”学者（梁华、朱冀）和2名兼职教授（陈敏、孙六全）继续作为学院青年教师学术指导导师，举办青年教师个人学术发展规划系列研讨会，推荐青年教师参加“青年小组”协会，鼓励青年教师担任专业竞赛的辅导教师，以提高青年教师的科研教学水平；招聘2名数理统计方向、1名金融数学方向的博士后进入统计学院；选派3名教师赴美国进行学术交流，其中，2人为期一年，1人带队短期（3个月）交流。

学院成立了京津冀开发区创新发展联盟产业发展研究中心；建立了京津冀开发区创新发展联盟研究生培养基地；实现了研究生学位论文的全部外审；研究生招生实现了新的突破，博士研究生和硕士研究生招生质量明显提升；国家级课题取得新的突破，2016年，学院国家级课题立项数达到6项。在此基础上，完成了第四轮教育部学科评估工作。学院继续坚持开展“两岸四地消费者信心指数的测度与研究”“北京市居民生活幸福指数”等8大指数的研究、调查与发布，研究成果在学术界和社会各界的影响进一步扩大，得到政府有关部门的重视。

（马立平　刘强　马凤伟　张宝学）

师资队伍建设

【获奖情况】 陈江荣获第二届（2016）全国高校数学微课程教学设计竞赛华北赛区二等奖，第二届（2016）北京高校数学微课程教学设计竞赛北京市一等奖；孙阳获第二届（2016）全国高校数学微课程教学设计竞赛华北赛区二等奖，第二届（2016）北京高校数学微课程教学设计竞赛北京市二等奖。

（任韬　张宝学）

科研工作

【概述】 学院获得到校科研经费326万元，其中，纵向经费215万元，横向经费111万元；纵向科研项目新立项8个，其中，国家自然科学基金项目3项，国家社会科学基金项目3项，部级项目1项；横向课题7项；在国内期刊、学术会议上发表学术论文34篇（其中国际期刊16篇），权威期刊发表论文3篇，核心期刊发表论文14多篇（其中SCI收录2篇）；出版专著11部。

（王民　刘强）

2016年统计学院论文发表情况一览表

序号	作者	论文题目	刊物类型
1	Zhen Wang	MBLDA：a Novel Multiple Between – class Linear Discriminant Analysis	国际A刊
2	Chao Bi	Supervised Filter Learning for Representation Based Face Recognition	国际A刊
3	He Shuyuan	Empirical Likelihood for Right Censored Lifetime Data	国际A刊
4	Wensheng Cao（曹文胜）	Modeling and Simulation of VMD Desalination Process by ANN	国际A刊
5	裴艳波	Time – varying Latent Model for Longitudinal Data with Informative Observation and Terminal Event Times	国际B刊

续表

序号	作者	论文题目	刊物类型
6	Su Taoyong	Stability of Multi – dimensional Uncertain Differential Equation	国际 B 刊
7	沈俊山	Empirical Likelihood Confidence Regions for One – or two – samples with Doubly Censored Data	国际 B 刊
8	Huo Guanying	Eeplosive Synchronization of Combinational Phases on Random Multiplex Networks	国际 C 刊
9	马丽丽	Surveying Traffic Congestion Based on the Concept of Community Structure of Complex Networks	国际 C 刊
10	Caixia Zheng	Active Discriminative Dictioary Learning for Weather Recognition	国际 C 刊
11	房厦	Joint Analysis of Longitudinal Data with Additive Mixed Effect Model for Informative Observation Times	国际 C 刊
12	XuYan	Prediction of Sumoylation Sites Inproteins Using Linear Discriminant Analysis	国际 C 刊
13	闫华红	基于碳排放价值链的企业绩效评价体系的构建与应用	权威 B
14	赵家章	预期稳定　挑战犹存——2016 年中国 35 个城市生活质量报告	权威 B
15	张娟	基于 Group – LASSO 方法的广义半参数可加信用评分模型应用研究	权威 B

（王民　刘强）

2016 年统计学院举办科研学术活动一览表

序号	时间	主办单位	会议名称
1	2016 年 4 月 8 日	统计学院	2016 年两岸四地消费者信心指数第一季度新闻发布会

（刘强）

2016 年统计学院校级本科生科技创新项目资助情况一览表

序号	专业	项目负责人	项目组成员	项目名称	导师	年级	申请级别
1	统计学	郭航	杨琳	基于左截断双删失数据的可加可乘风险率模型估计研究	纪宏	2015	重点
2	统计学	周雪娇	赵繁荣　曲歌	基于创新驱动的区域经济与生态环境协调发展的研究	张宝学	2016	重点
3	统计学	苏洁	刘曦　韩美霞　刘宏晶	大数据视角下基于投资者情绪择时的重大事项策略研究	阮敬	2015	重点

（王民　刘强）

2016 年统计学院校级硕士研究生科技创新项目资助一览表

序号	专业	项目负责人	项目组成员	项目名称	导师	年级	申请级别
1	统计学	刘小庆	许邈　石正新	北京市用电量需求预测分析研究	刘强	2015	一般
2	统计学	宋彤彤	王亚萍	对开发区土地转型升级评价指标体系的研究	张玉春	2015	一般

续表

序号	专业	项目负责人	项目组成员	项目名称	导师	年级	申请级别
3	统计学	李晓宇	牛晶　李晓雅	基于大数据的北京交通拥堵情况分析	任韬	2015	一般
4	统计学	李艺	钟文鑫　刘阳	华北地区不同省市旅游竞争力分析	刘黎明	2015	一般
5	统计学	王亚萍	王媛	基于GIS的空气质量指数的时空分布研究及预测——以北京市为例	刘黎明	2015	一般
6	应用统计	王媛	任松冉	基于顾客评价的文本挖掘	阮敬	2015	一般
7	统计学	王朦朦	康馨心　李艺	我国产业结构变动与经济增长关系的统计研究	张玉春	2015	一般
8	统计学	胡英	陈晓婷	大数据背景下基于个性化网页推荐的客户评价体系	任韬	2015	一般
9	统计学	张询	李元元　张茜　亢婕	我国产业结构高级化的影响因素分析	刘强	2015	一般
10	统计学	李元元	张询　胡春燕　冀彤晖	河北省威县致贫因素的实证分析	刘强	2015	一般
11	统计学	居盈	刘映桦　戴德	上市银行财务绩效分析	阮敬	2015	一般
12	统计学	刘映桦	陈雅丽	北京市高校研究生学习生活状况的调查分析	任韬	2015	一般
13	统计学	李宁宁	宋培涵　江薇　胡嘉	京津冀地区住房价格联动关系研究	马立平	2015	一般
14	统计学	米雪薇	单瑛　胡嘉	北京市低碳经济发展影响因素分析	刘黎明	2015	一般

（王民　刘强）

教学工作

【组织参加2016年全国大学生数学竞赛活动】　学院教师对2016年全国大学生数学竞赛参赛学生进行了系统的赛前培训。

（刘艳　田瑜）

【组织参加全国大学生数学建模比赛】　9月，学院与教务处合作，为全国大学生数学建模比赛参赛学生进行赛前培训与组织，321名参赛学生全部参加赛前培训。在培训阶段，学院创新性地选拔6名学院研究生作为助教协助参与了培训工作。

（王民　刘强）

【联合开设大数据方向应用统计班】　学院与北京大学、中国人民大学、中央财经大学、中国科学院大学联合开设了大数据方向应用统计班，派出学院教师阮敬、任韬、张贝贝、古楠楠、马丽丽等参与授课，并安排13名研究生参加该班学习，创设了多校协同培养的研究生教育新模式。

（王民　刘强）

【20项大学生科研创新项目获批立项】　学院有20项新项目获批立项，其中，重点项目8项，一般项目12项。

（王民　刘强）

学生工作

【概述】　学院学生工作紧密围绕学校和学院中心工作，以“加强思想引领、增强社会责任、强化实践锻炼、促进青年成才”为指引，以实现学生“自我组织、自我管理、自我服务”为目标，不断加强组织建设、拓宽服务途径、创新工作方法、提高工作质量,搭建起较为完善的学生发展辅导体系。下设学生会、分团委、统计研讨与实践协会、统乡缘等学生组织。

(刘艳　田瑜)

【研究生工作】　学院招收博士研究生 5 名,全部通过申请审核制和硕博连读制招入。大数据是统计学研究的新领域,学院与北京大学、中国人民大学、中央财经大学、中国科学院大学联合开设了大数据方向应用统计班,学院安排 13 名同学参加该班学习,并派出阮敬、任韬、张贝贝、古楠楠、马丽丽等教师参与授课,创设了多校协同培养的研究生教育新模式。2016 年,学院有 2 组博士研究生和 15 组硕士研究生获得学校研究生科技创新项目的资助。学院毕业研究生 46 人(其中,博士研究生 2 人,硕士研究生 31 人)。研究生招生 56 人(其中,博士研究生 5 人,硕士研究生 51 人)。在校研究生 102 人(其中,博士研究生 24 人,硕士研究生 107 人)。

(王民　刘强)

【实习就业】　学院在学生就业实习方面加大就业辅导,开拓实习基地,通过用人企业宣讲会、面试技巧专场讲座、班级模拟面试、学院模拟面试大赛等形式丰富面试经验;建立一对一帮扶,传递就业信心,扶持就业困难群体;与品友互动、奥维云网、慧辰资讯开展深入合作,提升学生就业竞争力。截至 2016 年 8 月,学院毕业生 159 人,其中,研究生 31 人,本科生 128 人。本科生就业率达到 96.09%,研究生就业率达到 100%。

(刘艳　田瑜)

【思想政治教育】　学院本科生党支部在北京爱众慈孝家园开展"学习实践党的十八届五中全会精神"主题宣讲活动。本次宣讲活动以茶话会的形式展开,主要面向社区的老年人。学院本科生党支部与中国人民公安大学交管系学生党支部携手在中国共产党成立 95 周年之际开展系列理论学习与实践教育活动,两支部共同参观国家博物馆,就"复兴之路"与"古代中国"展览进行学习交流。学院召开"统愿韶华"五四先锋颁奖晚会。"五四先锋"颁奖晚会是学院一年一度的总结颁奖大会。学院邀请李大钊之孙李建生以"革命先驱李大钊烈士事迹"为题为全校师生做讲座,旨在通过对李大钊烈士事迹的讲解,使更多人了解大钊烈士,感悟大钊精神,做合格党员,为社会和人民贡献自身力量。学院本科生党支部组织学生党员及入党积极分子前往长辛店"二七"纪念馆聆听红色党课、参观"英雄史诗,不朽丰碑——纪念中国工农红军长征胜利 80 周年主题展"、聆听《长征长征》纪念红军长征胜利 80 周年音乐会、参观李大钊故居纪念馆。针对 2016 级新生举办"走好大学第一步"活动,该活动由学生会学习部主办,旨在为新生提供学习生活、职业发展、专业发展等方位的信息,采用经验交流、讲座、观看视频等方式。举办"逐统梦,铸华章"主题团日展示会。

(刘艳　田瑜)

【学生社团】　统计研讨与实践协会创办于 2006 年,主要以促进学术交流、培养学生实践能力为目的。为了让更多的学生了解统计、热爱统计,切身参与到统计活动之中,5 月,统计研讨与实践协会主办了统计学院第十一届统计周活动,涵盖 6 个活动:第六届大学生学术峰会、第八届统计建模大赛、2016 年北京市大学生发展信心指数发布会、统计软件培训、考研出国经验交流和学科前沿讲座。4 月 26 日,第六届全国大学生市场调查与分析大赛暨第五届海峡两岸市场调查与分析大赛北京赛区选拔赛在学校举行,学院 1 支参赛队伍取得了市级三等奖的优异成绩。11 月,由统计研讨与实践协会主办的统计学院第四届模拟面试大赛圆满成功。比赛主要经过了简历培训、简历投递和简历筛选、面试培训、复赛和决赛 5 个流程。

(刘艳　田瑜)

【学生活动】　学院学生继续按照活动多样化、精品化的目标,推出了一系列广为同学所喜爱的活动。如"怦然新动"迎新晚会、三行情书、圣诞舞会、新生篮球、足球赛、辩论赛、羽毛球比赛等活动。

学院参加校级运动会,经过全体运动员和拉拉队成员的努力,学院代表团获团体总分第四名、男子第五名、女子第四名的好成绩。学院研究生会参加研究生会组织的乒羽篮联赛,并最终夺冠。

学院参加学校举办的拉拉操比赛。学院青春飞扬的学子用身形的滑动、跳跃的舞步在舞台上展现了统院学子的风采。经过所有人的努力,学院代表队成功卫冕冠军。

12 月 9 日,统计学院在纪念"一二·九"运动 81 周年歌咏大会中荣获优胜奖。参赛队在节目中将歌声与诗朗诵、舞蹈等多种表演形式相结合,伴奏采用钢琴、军鼓、大鼓相配合,为全体观众呈现了一场精彩的表演。

(刘艳　田瑜)

【**学生社会实践**】　继续开展暑期社会实践:组织大二和大三学生深入城区及区县参加统计学院组织的2016年北京市社会生活指数调查(共发放调查问卷8 800份,收回有效问卷8 432份);完成一年4个季度的海峡两岸四地消费者信心指数调查(进行电话调查20 000个,有效电话调查12 000个);选派12支学生团队深入北京城区、远郊、京外参加暑期社会实践,通过实地调查,撰写专业报告。

(刘艳　田瑜)

【**学生志愿服务**】　学院志愿者服务团与首经贸附小保持合作关系,继续开展图书馆志愿活动,并与"一加一"残障人文化发展中心开展合作,这些措施提升了学院志愿者服务团的服务水平。

学院志愿者积极参加"温暖衣冬"活动。志愿者们利用寒假返乡的时间,将50件衣服送到了不同人手中:包括清扫街道的清洁工,身处贫困地区、生活质量差的独居老人和家庭情况不如意的孩子们等。组织开展"161+"大型志愿活动即"一个点子,六个家庭,同一个梦想",旨在关注流动人口子女学习状况的同时,关注他们与家庭、社会之间的感情和心理需要。统计学院的学生和志愿者积极参与2016年献血工作,共有41名同学成功献血。为了让视障人士也能阅读书籍,志愿者服务团参与了帮视障人士录制有声图书这一志愿活动,累计服务时长1 600小时,制作40本无障碍图,统计学院志愿者服务团获批"首都学雷锋志愿服务岗"称号。

(刘艳　田瑜)

【**学生获奖**】　学生获奖情况:获校长奖学金1人,国家奖学金1人,北京市三好学生1人,北京市"先锋杯"优秀团干部1人,北京市"先锋杯"优秀团员1人,北京市"先锋杯"团支部1个,校级三好学生20人,校级优秀学生干部12人,校级优秀班集体1个,校级优良学风班1个,校级优秀团员20人,校级优秀团干部4人,校级红旗团支部1个,校级暑期社会实践优秀团员3人,国家励志奖学金17人,三菱东京UFJ银行奖学金1人,爱心成就未来奖学金3人,学院"五四先锋"16人。

2016年统计学院学生获奖情况一览表

奖项	名单
校长奖学金	陈思含
国家奖学金	陈思含
北京市三好学生	徐丽
北京市"先锋杯"优秀团干部	曹雅昕
北京市"先锋杯"优秀团员	郝韫
北京市"先锋杯"优秀团支部	13级金融数学
校级三好学生	袁雯郡　徐丽　陈思含　李思莹　苏铎　魏雪　范玉　卫冰清　刘志颖　韩放　冉丰凯　李雯　杨佳睿　林君　吕林　冯一菲　秦皓月　张颖超　姚博伦　朱昱琳
校级优秀学生干部	于泽琦　许妍青　常文睿　李新月　温婷　焦纾然　陈正阳　蒋瑞琪　罗珺　覃建凌　刘铭琦　朱昱琳
校级优秀班级体	13级金融计量国际班
校级优良学风班	15级金融数学班
校级优秀团员	苏铎　于泽琦　许妍青　伊芯慧　刘志颖　马雪聪　韦康悦　蒋瑞琪　陈钰　范玉　焦怡洁　毛雨　庞乐乐　姚博伦　马越林　吕林　马小慧　张岩　辛虹安　陈敬

续表

奖项	名单
校级优秀团干部	解甲仑　罗珺　焦纾然　运兴
校级红旗团支部	2015 级金融数学团支部
校级暑期社会实践优秀团员	李若宇　卫冰清　杨润苗
国家励志奖学金	李欣然　刘艳艳　吕恩如　王润　向尧新　刘瑾　温婷　姚沛君　马娟娟 乌日力嘎　李利　杨润苗　果冬梅　郭梦琪　常欢　秦皓月　李佳讯
三菱东京 UFJ 银行奖学金	袁雯郡
爱心成就未来奖学金	郭子锐　果冬梅　齐思雨
统计学院“五四先锋”	科研先锋：陈正阳　于泽琦　吴亚明 文艺先锋：焦纾然　吕安多　高璐 学习先锋：杨佳睿　冉丰凯　姚博伦 体育先锋：裘娜　向伯轩　王惠妹　丁翠 奉献先锋：覃靖雏　陈翰墨　解甲仑

（刘艳　田瑜）

对外交流

【概述】　学院在人才培养、科技创新方面，积极向国际和国内先进水平看齐，开展了一系列国际培训和学术交流，取得了很好的效果。学院与美国、加拿大、瑞典、中国台湾的多所大学建立了合作项目，每年都选派优秀本科生和研究生到这些大学进行短期或长期的学习交流活动。2016 年，学院分 3 个批次组织本科生和研究生共 11 人次参加了乌普萨拉大学、美国密歇根大学、台湾东吴大学的国际交流。

2016 年统计学院学生对外交流情况一览表

序号	时间	交流国家/地区	交流学校	学校组织部门	带队教师	学生名单（年级・本/硕/博）
1	2016.01—2016.06	瑞典	乌普萨拉大学	统计学院		李翼（14 金融计量） 吴亚南（14 金融计量） 周冬雅（14 金融计量） 李若宇（14 金融计量）
2	2016.02.18—2016.06.30	中国台湾	东吴大学	统计学院		何卓颖（13 金融计量）
3	2016.06—2016.08	美国	密歇根大学	统计学院	龚宇	李牧天（14 经济统计） 吕安多（14 统计） 廖锂川（14 金融数学） 鲍思琪（14 金融数学） 侯雨帆（14 金融数学） 杨雨萌（14 金融计量）

（马立平）

党建工作

【概述】 学院党委下设9个党支部，拥有143名党员。其中，在职教工支部4个，党员41名；退休支部2个，党员22名；学生支部3个，党员80名。

（马立平）

【两学一做】 在学校党委统一组织和部署下，积极完成学习党章、学习系列讲话、做合格党员的学习教育工作。制定学院党委“两学一做”的月度、半年度、年度计划，并按时进行学习总结、汇报。在学习方面，学院全体党员按要求以自学和集体学习的方式学习党章、系列讲话等文件；班子成员完成五大发展理念的网上轮训；定期召集班子成员进行学习；积极组织支部书记参加学校的支部书记培训；组织党员参加巡回党课的学习；组织全体党员观看“为你而歌，永远在路上”，学习李宝国先进事迹，从辽宁贿选案中汲取教训进行反思。在做的方面，党员行为规范大讨论、合格党支部规范大讨论、组织所有党员进行“个人承诺，请大家监督”。在学校党委的要求下，在2015年三严三实教育活动的基础上，查找问题，梳理整改清单，制定整改措施，并积极整改。

（马立平）

【党务政务公开条目的制定】 在学院范围内组织制定党务公开、院务公开共20个事项58个公开条目，并认真执行公开制度。

（马立平）

【党风廉政教育工作】 学院党委组织党风党纪的专题学习讨论会，讲授廉政专题党课，开展警示教育活动。为进一步增强支部党员的廉洁自律意识，学院党支部组织全院教师党员观看警示教育片《代价》，开展党纪条规知识测试，征集“纪律教育在身边”征文作品多篇。完成处级干部在企业兼职(任职)统计规范情况自查。

（马立平）

【支部换届工作】 10月19日，组织各支部党员召开党员大会，总结支部工作，完成各教师党支部换届工作。选举结果：张玉春担任经济统计系党支部书记；聂力担任金融数学系党支部书记，窦昌胜、魏晓云担任金融数学系党支部委员；孙阳担任数理统计系支部书记，张赛茵、叶飞担任数理统计系支部委员；张劲松担任行政党支部书记；果冬梅担任本科生党支部书记，刘佳钰、卫冰清担任本科生党支部委员；汪明亮担任研究生高年级党支部书记，张鹏、王一凡担任研究生高年级党支部委员。2016年9月，成立研究生低年级党支部，居盈任支部书记。

（马立平）

【党委换届工作】 12月28日，召开全院党员大会，总结党委相关工作，完成党委换届工作。选举马立平任统计学院党委书记；田瑜任党委副书记；张宝学、刘强、任韬、张玉春、孙阳为党委委员。

（马立平）

【党费补缴】 完成2008年—2016年党员党费补缴的测算及补交工作，学院在职党员补缴党费143 222.94元，补交党员37人。

（任韬）

【红色“1+1”】 研究生党支部《生命绽放理性之花　成长扬帆一路护航》联合爱众慈孝家园共同组织的红色“1+1”党支部共建活动，荣获北京市红色“1+1”三等奖。

（田瑜）

【校级优秀党员评选】 6月，推荐王民、陈江荣、朱梅红为校级优秀共产党员；聂力为校级优秀党务工作者；行政支部为优秀基层党支部。

（马立平）

【党员发展工作】 按照上级党委发展要求，学院坚持成熟一个、发展一个的基本原则，在各团支部召开团员代表大会推荐发展对象候选人的基础上，学生支部对其进行量化考核测评(涵盖思想道德、学术科研、社会工作、志愿服务4个方面)、理论时政笔试、党员面试、群众基础意见测评等，确定发展对象19人。发展对象经过校党委安排的16学时和学院8学时的集中培训，且政治审查无问题后，学院党委在全院范围内予以公示，召开党员发展大会，吸纳19人为中共预备党员。

（田瑜）

【夯实支部建设】 进一步落实与完善学院教职工党支部与学生党支部建设工作，引导3个教师支部不断完善运行机制，认真完成党员和干部的在线学习，做实支部活动，以“两学一做”为主题，每个学期开展至少一次主题党日活动、一次组织生活；积极引导学生党支部在学生群体中发挥先进性作用，积极落实“党员先锋”工程和“服务先锋”工程。坚持党员一帮一（学生党员和退休党员）和党员一对一（一个党员对一个团支部）的工作机制，以“党员帮扶”协助班团开展主题教育活动、以“党员谈心”深入学生群体开展交流互动、以“主题党课”扩大主题教育范围，三条主线并进，带动学生积极向党组织靠拢；坚持党员和积极分子的志愿服务工作；配合学校党员发展规划，落实积极分子、预备党员、党员不同阶段的教育管理模式，切实做好党员发展工作。加强教师支部建设，将教师支部理论学习同业务学习、学生辅导等工作任务相互融合，形成学习促进、实践提升的循序渐进的工作模式，组织教师支部参加红色教育实践活动，通过参加精准扶贫项目和红色文化演出，提升教师的党员意识和服务意识。

（马立平）

【开展全员思想教育工作】 以国家重大事件为主线，以“驼峰计划”为指导，以“统计周”“幸福指数”等品牌科研学术活动为载体，通过自我学习、互相点评、集体学习等形式，开展内容丰富的主题教育活动，引导全体教师更新时代观念，坚持爱党爱国信念，增强教师荣誉感，提高师德素养，弘扬社会主题核心价值体系，提高敏感时期的舆论判断力。

以建党95周年、长征胜利80周年为契机，启动学生思想政治教育工作。组织各班开展主题为“纪念中国共产党建党95周年”“长征胜利80周年”“首经贸建校60周年”等主题的主题团日活动。5月，邀请李大钊之孙李建生先生进校开展革命先驱李大钊烈士事迹专题党课；6月，参观“没有共产党就没有新中国”纪念馆，临近现场以唱红歌的形式为共产党献上生日祝福；将“中国共产党建党95周年”专题展引进校园供全校师生进行参观学习；7月，走进长辛店“二七”纪念馆聆听红色党课，现场教学形象生动；利用暑假时间，学生党支部联合各团支部，带动党员和入党积极分子奔赴全国各地开展寻长征足迹、访优秀党员、绘学习心得系列活动，引导同学们在实践中感悟历史责任，增强爱国意识。12月，支部再次走进李大钊故居纪念馆，重温入党誓词，不忘初心，继续前行。

启动“社会主义核心价值观”主题班会。以班级为单位制定各班具体活动主题，通过主题演讲、集体讨论、情景剧、微评论等形式学习“社会主义核心观”。通过绘制海报、撰写实施方案来加强学生的理解。

举办“庆华诞，颂深情”“忆长征，铸心魂”“铭历史，兴中华”主题征文，做好大学生思想引领工作，坚定学生的理想信念，激发学生的爱院、爱校、爱国情怀。

（马立平　田瑜）

【党校培训工作】 学院申请入党学生人数共计74人，经过各团支部召开团员大会推优，支部考核决定，共确定入党积极分子58人，发展对象19人。从学生递交入党申请书起，党支部成员坚持每月进行党员谈心工作，积极了解有意向入党学生的思想动态，并予以正确引领。

入党积极分子阶段，支部更加重视学生的理论教育与实践教育，逐步引导入党积极分子完成党章、党史党情等基础理论学习，强化积极分子对习总书记系列讲话的学习，优秀党员事迹学习，并引导入党积极分子在实践中感悟党员责任。此外，入党积极分子按照季度递交思想汇报，联系入党联系人汇报自身情况，在与党员交流中不断学习与成长。

发展对象阶段，在完成校党委安排的16学时集中培训外，学生支部安排了不少于8学时的理论与实践学习。上半年，以“两学一做”主题教育学习为主要内容，引导入党积极分子与发展对象绘制A4微海报，交流学习成果；暑假两个月，学生党支部牵头，带动积极分子走进基层社区，寻访老红军、老党员，在聆听前辈故事中感悟党员责任。下半年，依托盲人壹加壹公益集团，支部定期组织积极分子和发展对象为盲人提供志愿服务，有声读物录制、盲人游园引导，等等，在基层服务中发挥青年的力量，感悟党员的服务意识。

2016年统计学院学生党支部活动一览表（部分）

序号	时　间	事　件	对　象
1	1月19日	“学习实践党的十八届五中全会精神”主题宣讲	本、研学生党支部
2	4月5日	学习“习总书记系列讲话”	本、研学生党支部
3	4月9日	携手中国人民公安大学的交管系党支部开展共建活动	本科生党支部
4	5月18日	“革命先驱李大钊烈士事迹”主题讲座	本科生党支部

续表

序号	时 间	事 件	对 象
5	6月至9月	红色“1+1”——《生命绽放理性之花成长扬帆一路护航》主题实践活动	本、研学生党支部
6	5月19日	“责任与担当”毕业生党员教育	本、研学生党支部
7	5月31日	学生党支部积极践诺，争做合格党员	本、研学生党支部
8	6月1日	“家风与党风”专题党课教育	本、研学生党支部
9	6月28日	参观“没有共产党就没有新中国”纪念馆	教师+学生党支部
10	7月1日	赴长辛店“二七”纪念馆聆听红色党课	本科生党支部
11	9月至12月	举办“阅读—分享”活动	教师+学生党支部
12	9月26日	参观纪念中国工农红军长征胜利80周年主题展	教师+学生党支部
13	10月21日	赴清华大学新清华学堂观看音乐会《长征长征》	教师+学生党支部
14	11月9日	纪录片《永远在路上》讨论交流会	教师+学生党支部
15	12月10日	参观李大钊故居主题教育活动	本、研学生党支部
16	11月12日、13日	“两学一做”实践教育系列活动——慰问河北省饶阳县农村贫困家庭	教师党支部
17	全年	党员谈心活动	本、研学生党支部

（田瑜 龚宇）

重大事件

【成功发布2016年两岸四地消费者信心指数】 4月8日、7月8日、10月8日，统计学院联合中央财经大学统计与数学学院、香港城市大学管理科学系统计咨询中心、澳门科技大学可持续发展研究所和台北医学大学大数据研究中心共同完成2016年两岸四地消费者信心指数前3个季度的调查发布工作。

（任韬）

【举办第六届大学生学术峰会】 为加强学术和社团交流，5月16日，协会邀请中国人民大学、中央财经大学、对外经济贸易大学及学校统计学院相关学术组织参加协会举办的第五届大学生学术峰会。此次峰会共收到论文几十篇，峰会保持了作品交流与研讨和社团交流的传统。峰会上各个学校的统计精英们畅所欲言，各抒己见，不但为同学们提供了学术交流平台，更加强了与兄弟院校的联系，帮助同学们拓宽视野，增长知识。

（刘艳 田瑜）

【发布2016年北京市大学生发展信心指数】 5月20日，由统计研讨与实践协会和统计学院研究生会举办的2016年“信心筑梦当下，数据指引未来”北京市大学生发展信心指数新闻发布会顺利召开。学校大学生发展信心指数新闻发布会创办于2010年，此次活动从初期调查、中期分析到后期发布都由学生自己主持、自主完成，是完全由学生自己打造的新闻发布会，目的是让同学们将所学与学校发展相结合，为学校人才培养提供切实的借鉴意义，让更多的大学生对自己的未来发展趋势有所了解。大学生发展信心指数的调查自4月起开始在全市高校范围内展开，涵盖了首都13所高校——清华大学、中国人民大学、北京语言大学等。此次调查活动持续了近一个月时间，累计发放问卷2 150份，共收回1 872份问卷，其中，有效样本1 859份。

（刘艳 田瑜）

【产业研究中心和研究生培养基地成立】 9月22日,统计学院与京津冀开发区创新发展联盟签订战略合作框架协议,并进行了产业发展研究中心及研究生培养基地揭牌仪式。京津冀开发区创新发展联盟副秘书长池宇、京津冀开发区创新发展联盟顾问安鸿章教授、副校长丁立宏、校长助理戚聿东出席了签约揭牌仪式。会议由统计学院院长张宝学主持。双方合作共建的产业研究中心和研究生培养基地对学校统计学人才培养意义重大,对实现京津冀开发区产业协同发展具有重要作用。

（刘强　张宝学）

【组织教师聘期考核、职务聘任】 学院教师聘期考核有58人参加,全部合格;学院教师职务聘任,沈俊山、范林元通过副教授晋升申请。

（马凤伟　张宝学）

外国语学院

概　况

5月,外国语学院正式成立。学院下设英语系、大英教学一部、大英教学二部、大英国际部、研究生公外教学部、亚欧语系6个教学单位和外语语言实验中心1个教辅机构;设有英语语言文学、翻译和跨文化交际3个研究中心。截至2016年12月31日,外国语学院有教职员工67人,其中,专职教师59人,行政及教辅人员8人。专任教师队伍中,硕士生导师12人;教授6人,副教授15人;拥有博士学位的教师17人,在职攻读博士学位6人。在校学生421人,其中,全日制硕士研究生90人,本科生331人。2016年,本科生就业率100%。

外国语学院教师承担学校各层次公共外语教学、英语专业本科和研究生课程。学院教师与经、管、法、理、工等各专业教师共同构成了学校学历层次较高、知识结构合理的师资队伍,为学校培养复合型外语人才提供了质量保障。2016年,外国语学院招聘1名教师,为中国社会科学院研究生院法国语言文学博士平原,有3名外籍教师为全校学生和外国语学院英语系专业学生开设相关课程。2016年,共有教师65人参加外国语学院年度考核,其中合格52人,优秀13人;职称评聘工作中,赵海燕晋升为教授四级,栾婷晋升为讲师三级。硕士生导师评审中,学院副教授姚成贺通过评审,成为硕士生导师。

学院设有本科专业3个:英语(经贸翻译)、商务英语和法语;拥有学术硕士学位授权点1个:外国语言文学,下设外国语言学及应用语言学、英语语言文学两个二级学科,并设有英美文学、商务英语、跨文化交际、翻译理论与实践、应用语言学5个研究方向;翻译专业硕士(MTI)学位授权点1个,设有口译、笔译、会议传译与翻译项目管理4个方向。

（朱安博　徐丽群）

学科建设

【本科专业建设】 学院增设法语本科专业,为本科英法专业同步发展创造了有利条件;继续建设商务英语专业;完成英语专业参与北京市属高校本科专业审核评估试点的所有相关工作。

（张宏峰）

教学工作

【完善教学团队】 学院继续完善各教学团队人员构成,11名教师组成商务英语教学团队(教授2人、副教授4人、讲师5人,其中,有博士学位者5人),14名教师组成翻译教学团队(教授3人、副教授5人、讲师6人,其中,有博士学位者4人),13名教师组成语言文学团队(教授4人、副教授4人、讲师5人,其中,有博士学位者5人)。

（张宏峰）

【研究生教学】 研究生开展了读书会活动,并以此为抓手,进一步改善研究生的学风和提升人才培养质量。读书会主要进行3个方面的内容:①第一阶段通过阅读理论经典，夯实研究生的理论研究基础，提升研究生的理论研究水平；②第二阶段进行规范性学术论文写作练习（学硕）和翻译实践练习（专硕），为学位论文写作进行必要的准备，同时提升理论研究与实践应用相结合的能力。③第三阶段进入实质性的学术论文写作，鼓励并引导研究生进行学术论文期刊投稿和发表（学硕）；积极参与专业性社会实践，通过组建有针对性的口、笔译翻译项目组以及一系列的专业性业务活动，熟悉并能够主导实施专业性业务活动，为进入社会就业环节打下基础。读书会活动与学生的社会实践学分挂钩，通过对学生提交的读书会材料进行评审，择优进行奖励，对好的作品进行出版或者内部交流。针对研究生进行学术研究的需求，开展 SPSS 软件应用培训暨科研能力提升周活动。在对研究生进行充分调研和征求意见的基础上，学院邀请统计学院阮敬、任韬、张贝贝 3 位老师，分不同的专题，进行了为期 4 天的系列讲座，20 余名教师和研究生参加培训。

（刘重霄）

【研究生公共教学】　为适应高等教育国际化和经济社会发展的需求，进一步深化学校研究生英语教学改革，提高研究生英语教学质量，根据《国家中长期教育改革和发展规划纲要（2010—2020 年）》和教育部《关于全面提高高等教育质量的若干意见》等文件的精神，并结合学校研究生培养方案，研究生公外课时调至 3 课时/学年，博士研究生英语听说课时调至 3 课时/学年。

（陈蓉）

【研究生实践能力培养】　为了进一步提升研究生的专业实践意识和能力，学院邀请广州外语外贸大学博士生导师黄忠廉教授，商务部翻译处副处长王健卿，清华大学外文系原主任、博士生导师、教授刘世生，华北电力大学教授戴忠信以及美国大使馆文化处的 Rebekah Gordon，Rose Golder – Novick，Jenna Lee Thompson 等知名专家和业界人士进行专业讲座与专业实践示范；在实践基地建设方面，深化与“中译语通”等翻译行业企业的合作，探讨校企联合进行专业人才培养的机制；继续利用导师组活动、青年学术沙龙、研究生入学教育等契机，鼓励研究生参与讨论并发言，增强其专业思维意识，为其专业实践能力的提升做好铺垫。

（刘重霄）

【研究生招生】　学院招收 10 名学术型硕士研究生和 31 名专业型硕士研究生。

2016 级外国语学院硕士研究生名单

学号	专业	姓名	导师姓名	志愿
22016131054	外国语言学及应用语言学	杨艳玲	朱安博	翻译理论与实践
22016131055	外国语言学及应用语言学	黄昕慧	刘润楠	应用语言学
22016131056	外国语言学及应用语言学	蔡凌波	郝钦海	商务英语
22016131057	外国语言学及应用语言学	陈思佳	张慧宇	商务英语
22016131067	外国语言学及应用语言学	伟圣鑫	高秋萍	应用语言学
22016131068	外国语言学及应用语言学	郝文婷	刘重霄	翻译理论与实践
22016131069	外国语言学及应用语言学	张皎皎	赵海燕	翻译理论与实践
22016131061	英语语言文学	余青	石海毓	英美文学
22016131065	英语语言文学	王玉梅	张宏峰	英美文学
22016131066	英语语言文学	赵晓霞	程虹	英美文学
22016131074	笔译	任平静	郝钦海	商务翻译
22016131079	笔译	张曼曼	郝钦海	商务翻译

续表

学号	专业	姓名	导师姓名	志愿
22016131085	笔译	杨若涵	郝钦海	商务翻译
22016131076	笔译	罗江焱	郝钦海	商务翻译
22016131062	口译	华泽勋	郝钦海	科技翻译
22016131090	笔译	田少群	郝钦海	商务翻译
22016131084	口译	王伯健	刘润楠	会议口译
22016131080	口译	胡天慧	刘润楠	新闻翻译
22016131088	笔译	李营	刘重霄	商务翻译
22016131089	笔译	杨红	刘重霄	科技翻译
22016131092	笔译	高腾	刘重霄	经济管理类翻译
22016131093	笔译	田瑞硕	刘重霄	经济管理类翻译
22016131072	笔译	薛世馨	刘重霄	经济管理类翻译
22016131075	口译	卫琳	刘重霄	商务翻译
22016131070	笔译	王欢欢	张慧宇	经济管理类翻译
22016131063	笔译	朱曌星	张慧宇	新闻翻译
22016131060	笔译	张会想	张慧宇	人文社科翻译
22016131073	口译	周亦瑶	张慧宇	会议口译
22016131083	口译	王梓涵	张慧宇	新闻翻译
22016131091	笔译	王晓晗	赵海燕	商务翻译
22016131086	笔译	李晓阳	赵海燕	文化翻译
22016131087	笔译	张璐	赵海燕	法律英语
22016131082	口译	李宇豪	赵海燕	会议口译
22016131078	口译	黄婉露	赵海燕	政治文本
22016131071	口译	董礼	朱安博	人文社科翻译
22016131094	笔译	梁珏	朱安博	文学翻译
22016131081	笔译	孙磊	朱安博	人文社科翻译
22016131059	笔译	张艺杰	朱安博	人文社科翻译
22016131058	笔译	赵佳祎	朱安博	人文社科翻译
22016131077	口译	陆尼	朱安博	商务翻译
22016131064	口译	司文政	朱安博	人文社科翻译

（申巍）

【研究生科研创新项目】

2016—2017 学年外国语学院研究生科技创新项目一览表

课题负责人	学号	学生类型（学硕/专硕）	专业	课题组成员	课题名称	导师姓名
杨艺	22015130940	学硕	外国语言学及应用语言学	刘安琪 刘安季	朱生豪译莎士比亚戏剧中的汉语重叠式研究	朱安博
杨艳玲	22016131054	学硕	外国语言学及应用语言学	黄昕慧	英汉语篇差异对英汉翻译的影响	朱安博
黄昕慧	22016131055	学硕	外国语言学及应用语言学	杨艳玲	Seminar 教学法应用于本科英语专业教学初探	刘润楠
蔡凌波	22016131056	学硕	外国语言学及应用语言学	陈思佳	修辞学视角下英语广告的劝说手段	郝钦海
伟圣鑫	22016131067	学硕	外国语言学及应用语言学	谢红梅 赵晓霞	高校英语课堂教师话语行为与教学效果关系研究——以首都经济贸易大学为例	高秋萍
陈思佳	22016131057	学硕	外国语言学及应用语言学	蔡凌波	文化视角下财经新闻英译汉研究	张慧宇
华泽勋	22016131062	专硕	翻译硕士	张曼曼	生物论文标题翻译技巧研究	郝钦海
张艺杰	22016131059	专硕	翻译硕士	赵佳祎 张会想	翻译市场导向的财经类院校 MTI 课程设置研究	朱安博
李营	22016131088	专硕	翻译硕士	高腾 惠建国	电影片名翻译研究——以 2016 年部分高票房电影为例	刘重霄
司文政	22016131064	专硕	翻译硕士	董礼	关联理论视角下的进口酒类商标英汉翻译	朱安博
郝文婷	22016131068	学硕	外国语言学及应用语言学	张皎皎	“三美论”下的唐诗英译	刘重霄
张皎皎	22016131069	学硕	外国语言学及应用语言学	郝文婷	从翻译美学的视角探讨中文歌曲的英译	赵海燕
王玉梅	22016131065	学硕	英语语言文学	余青	中国外宣英译之陕北民歌翻译的“二元共存”策略	张宏峰

（申巍）

【专业教学】 5月,完成了学院2012级毕业生的论文指导、答辩及评审工作。认真抓好毕业生论文实践教学工作,进行论文开题前的专家讲座、题目审核、导师协调、师生见面等工作,特别强调要保持师生的沟通,强调导师和学生的责任感和使命感,认真完成工作,保证论文的质量。2016年,共有82名学生参加本科毕业论文答辩,有21名教师担当答辩评委,1名学生荣获校级优秀毕业论文。

(申巍)

【专业四八级考试】 组织学生参加全国英语专业四、八级及口语考试。在全国英语专业四、八级考试中,考生通过率远高于同期全国高校的平均水平。

2016年外国语学院学生专四、专八通过率统计表

考试等级	正考全国通过率(%)	正考学院通过率(%)	补考全国通过率(%)	补考学院通过率(%)
专业英语四级	49.92	79.79	33.59	75.00
专业英语八级	40.60	73.08	25.84	30.43

(申巍)

【本科生公共教学】 以教育部拟颁布的《大学英语教学指南》为指导,以提高大学英语教育教学质量为目标,紧紧围绕应用型人才培养的核心内容,以学生英语交际与应用能力培养为改革着力点,摆脱传统应试教学模式的束缚,结合学校具体情况和新的人才培养方案要求提高学生的听、说、读、写、译等英语实用能力。2016年,英语教学全面改革,实现模块教学和学生自由选课制度,2015级学生可根据本人特长、兴趣和能力培养选择不同大学英语模块课程。大学英语考试改革,新生入学分级考试、期末考试、期初补考等英语类考试全面实现机考。

(陈蓉)

【本科招生】 学院共招收外国语言文学类专业本科生92人。

2016年外国语学院录取分数统计表

专业		2016年		
		最高分	最低分	平均分
外国语言文学类	文史类	599	584	590
	理工类	575	562	567

(申巍)

【社会实践基地】 截至2016年12月,学院建立了多个专业实习基地,分别是:中国图书进出口总公司、中译语通、北京外企人员服务中心、中信建投、招商银行、HRA协会、凯撒国旅,本科二、三年级学生全部通过学院提供的实践平台完成暑期社会实践;并与国家外文局、北京中外翻译咨询有限公司负责人进行了实践基地的合作洽谈。

(王海鹏)

【共建合作】 11月,经过两年多的深入合作,学院与孔庙和国子监博物馆共建活动取得实质进展,双方共同签订了共建合作协议。

(王海鹏)

【获批北京市实验教学示范中心】 学院外语语言综合实验中心获批北京市级实验教学示范中心。

(刘文东)

科研工作

【科研项目】 学院一直重视科研和教学的重要作用,注重充分调动科研人员的积极性。

2016 年外国语学院科研项目一览表

序号	项目名称	负责人	项目级别
1	英语课堂中国际化人才培养的协同效应研究	罗晓萌	校级
2	中国企业文化海外传播模式与路径	喻永阳	校级
3	塞缪尔・巴特勒 Erewhon 进化论视角解读与翻译	苏明鸣	校级
4	克拉申二语习得理论在信息化教学模式中的应用研究	方俊青	校级
5	生态视域下的公示语翻译管理研究	张春玲	校级
6	厄普代克美国二十世纪后半叶中产阶级文化建构研究	任菊秀	委办局级
7	拜厄特小说中的科学与文学知识研究	姚成贺	委办局级

（陈蓉）

【发表论文和出版著作】 学院发表各级各类期刊论　文 109 篇。

2016 年外国语学院发表重要论文一览表

论文题目	第一作者	发表刊物/论文集	刊物类型
从文化变迁看高校英语教育的“中国文化失语”	赵海燕	中国高教研究	核心 A，核心 B
生态批评与中国的生态文明建设	石海毓	文学理论前沿	核心 A
大学英语课堂教学模式的调查研究	刘重霄	外语电化教学	核心 A，核心 B
中国英语教育与民族文化复兴	赵海燕	山东大学学报．哲学社会科学版	核心 A，核心 B
中国近现代基础英语课程发展的文化路径及启示	赵海燕	课程・教材・教法	核心 A
Desires and Bandages——A Study on Hedonic Life Style of American Middle - class in Updike's	任菊秀	Social Scieces and Information	核心 A（EI/ISSHP/ISTP 会议论文集）
朱生豪翻译莎剧《暴风雨》不同版本手稿的对比研究	朱安博，徐云云（学）	四川戏剧	核心 B
成人教育中个性化学习的现状调查及应对策略	郝钦海	中国成人教育	核心 B
负面意义的汉语借词及话语权	张彩霞（外），朱安博	上海翻译	核心 B

2016 年外国语学院出版著作一览表

序号	著作名称	第一作者	出版单位	著作类别
1	翻译对比及跨文化启示	张慧宇	中译出版社	专著（社科类）
2	中国学生英语语用能力发展研究——基于互动视角	郝钦海	首都经济贸易大学	专著（社科类）

续表

序号	著作名称	第一作者	出版单位	著作类别
3	中国国情下高校英语教育改革研究	赵海燕	首都经济贸易大学出版社	专著(社科类)
4	简·奥斯汀《劝导》的研究	苏明鸣	首都经济贸易大学出版社	专著(社科类)
5	在华跨国公司跨文化整合模式选择研究——关系资本建构视角	刘重霄	首都经济贸易大学出版社	专著(社科类)
6	现代英语语法图表解析	方俊青	首都经济贸易大学出版社	专著(社科类)
7	认知·现实·主体:A. S. 拜厄特四部曲中的知识话语研究	姚成贺	南京大学出版社	专著(社科类)
8	外国语言、文学与文化研究论文集	朱安博	首都经济贸易大学出版社	其他专业出版物(社科类)

(陈蓉)

【学术会议】 围绕"人文培育与学术提升"主题,外语系开设了一系列的讲座,提升教师和学生的科研水平和人文素养。

2016 年外国语学院学术讲座一览表

序号	讲座时间	讲座题目	主讲人
1	4 月 26 日	William Morris, A Man of Ten Lives	法国国家特基教授米歇尔·布隆
2	4 月 20 日	MTI 学位毕业论文及写作	文军
3	5 月 24 日	探索语言构造的机制	邹崇理
4	6 月 23 日	青椒科研决胜的十年	黄忠廉
5	7 月 27 日	商务翻译概述	王健卿
6	12 月 8 日	讲好中国故事——国学外译的二次高潮	赵彦春

(陈蓉)

学生工作

【概述】 2016 年是"十三五"规划的开局之年,学院学生工作紧紧围绕学校、学院工作中心,以爱国主义教育为主线,以理想信念教育为核心,以立德树人为根本任务,聚焦学生成长需求,打造特色品牌,有效推进学生工作的开展。

(王海鹏)

【开展理想信念教育】 开展"纪念建党 95 周年""纪念长征胜利 80 周年""心中有阳光,脚下有力量"红色"1 + 1"共建""魂积淀梦飞扬"主题党日、主题团日等教育活动,并分别获得北京高校红色"1 + 1"示范评比一等奖、校主题党日一等奖等荣誉。

(王海鹏)

【完善学生发展辅导体系】 9 月,在新生中开展校史校情教育、生活关怀教育、生涯规划教育、学习方法辅导、心理成长辅导、思想道德建设以及安全教育。3 月、5 月、10 月、11 月,承办"成长课堂"4 场,4 月和 5 月承办"职点课堂"2 场。加强少数民族学生和宗教信仰学生的教育管理和指导服务,每学期进行 2 次思想动态调研,时刻关注他们的学习、生活、思想等,增进教师与学生的亲密关系。

(王海鹏)

【加强网络信息平台建设】 通过微信群"外语爱党人士根据地"、公众号"首经贸外国语学院"、朋友圈等平台加强学生动态监测与预警体系建设，共发布信息 700 多条，讨论 300 多次，推进学生工作的交互性和系统性。

（王海鹏）

【奖助学金评定】　学院学生获国家奖学金 3 人，校长奖学金 1 人，北京市优秀学生干部 1 人，校级三好学生荣誉称号 12 人，校级优秀学生干部荣誉称号 10 人，三菱东京 UFJ 银行奖学金 1 人，社会工作奖学金 15 人，科研创新奖学金 1 人，社会贡献奖学金 4 人，文体竞赛奖学金 3 人，国家励志奖学金 8 人，国家一等助学金 7 人，国家二等助学金 21 人。

（张湘姝）

【优秀学生表彰】　12 月，外国语学院在明辨楼 220 举办“心中有阳光，脚下有力量”第五届“外教社杯”优秀学生表彰大会。大会以习总书记对青年学生提出的“心中有阳光，脚下有力量”为出发点，从学术研讨、学生党建、社会实践、出国交流等方面集中展示过去一年外国语学院优秀学生的各项成果，对在 2016 年度表现突出的优秀团队及优秀个人进行表彰。

2016 年第五届“外教社杯”外国语学院优秀学生表彰名单

奖项	详细奖项	姓名
优秀学生干部	优秀学生干部	黄天卓、刘安琪等 59 人
专业学术	专业论文创作奖	石洁　徐静美　杨艺　伟圣鑫
	学科竞赛优秀奖	景佳雯、陈彦君等 7 人
志愿服务奖	志愿服务	李品昇、高翘楚等 41 人
单项奖	文艺活动优秀奖	白炫妍等 9 人
	社会实践奖	刘明昕
	体育优胜奖	王琪　如扎　刘丽
	优秀文笔奖	徐莹莹
突出贡献与特殊贡献奖	突出贡献奖	李品昇　黄天卓　张颖　叶延明　李岩　刘安琪
优秀外语人	优秀外语人	方园、朱若滢等 23 人

（张湘姝）

【组织参加校园文体活动】　学院以“以小为美、团结发展”为口号，组织学生积极参加学校举办的各项文体活动，展示外国语学院学生青春飞扬、活泼乐观的风貌，加强青年之间的联系，丰富大学生活。在学校组织的春季运动会、拉拉操团体健身操比赛、团体操比赛、院系杯篮球赛、“五四”杯足球赛、纪念“一二·九”运动 81 周年歌咏比赛等各项文体活动中保持优良传统，屡获佳绩。同时，坚持组织开展学院品牌活动，如北京市外语好声音比赛、校英文电影配音大赛等，为青年学生施展才华、成长成才搭建平台，通过文体活动的组织和参与，有效促进了学生个性特长的发展，同时对学生文化知识的学习起到了有力的推动作用。

（张湘姝）

【打造课外学术活动】　课外学术活动是以拓宽大学生知识、开发智力、培养能力、发挥特长为主要目的，兼有针对性和计划性的大学生学习、实践活动。

利用新生入学和 2016 届毕业生求职时间节点，从学生的实际需求出发，组织开展新生综合辅导计划、职业生涯辅导计划、构建全覆盖的学生发展辅导平台。

针对新生辅导主要设计 3 个阶段，第一阶段为融入大学生活，第二阶段为了解专业领域，第三阶段为规划四年发展方向。在这 3 个阶段的基础上，利用周四新生晚自习时间，阶段性举办“人才培养方案”解读讨论会、本科生综合测评细则解读讨论会，国内翻译行业概况主题讲座，高年级优秀学生学习经验分享会等一系列活动。

为提升学院研究生的人文素养和学术及科研能力，学院邀请了来自不同高校的多名教授举办了主题为“商务翻译概述”“探索语言构造的机制”“讲好中国故事——国学外译的二次高潮”“MTI 学位毕业论文与写作”等一系列“人文培育”与科研提升系列讲座，各年级研究生积极参加。系列讲座让广大研究生受益匪浅，大家纷纷表示以后要多参加此类讲座，开拓思路，提升能力。

（张湘姝）

【推行社会实践活动】 深入开展彰显大学生责任的暑期社会实践活动，着力塑造并发扬新时代大学生的精神风貌，在实践中全面培养大学生的奉献和实干精神。暑假，开展了"用心践行·以爱圆梦"浙江省前仓镇后吴小学暑期支教活动，及"HOW HAVE YOU BEEN THESE DAYS"校友探访活动。与FESCO、国际图书进出口公司等企业对接，推荐二、三年级本科生进行专业实习，完成了多份暑期社会实践报告。2016年，学生会和社团组织了多种多样的活动，丰富了外国语学院学生的生活，也为首都经济贸易大学增加了青春的活力。

2016年外国语学院学生活动一览表

时间	活动内容
3月	研究生会召开2015—2016学年第二学期例会 学生会年度大例会圆满召开 学生会举办"我有我的Young"宿舍文化衫设计大赛 24名学生参加2016年无偿献血活动 举办第三届北京市外语好声音初赛
4月	"MTI学位毕业论文与写作"讲座成功举办 法国国家特级教授"威廉·莫里斯的多样人生"讲座成功举办 第三届北京高校外语好声音首经贸赛区复赛落下帷幕
5月	召开2016年实习动员暨经验分享会 举办"探索语言构造的机制"讲座 第三届北京高校"外语好声音"音乐盛典总决赛在首经贸圆满落幕
5月	各团支部积极开展学习"习大大八字真经"主题团日活动 志愿者团志愿者们前往孔庙国子监博物馆成功开展为期一天的志愿服务活动 举办首都经济贸易大学英文电影配音大赛初赛。
6月	第五届全国口译大赛（英语）总决赛圆满落幕 举办英语写作大赛 分团委举办"纪念红军长征胜利80周年"主题知识竞赛
7月—8月	学院7名同学前往甘肃省同30名台湾各高校同学会合，开始了为期7日的全国台联组织的2016年台胞千人夏令营甘肃分营的活动 组织开展外国语学院暑期社会实践，完成了校友探访、浙江省前仓镇后吴小学支教活动 外国语学院志愿者们围绕"温暖夕阳红，传颂中国梦"的主题，利用暑期时间来到阳光养老院进行志愿活动
9月	完成2016级新生入校，为新生们顺利入学提供了便捷与周到的服务；同日举办2016级新生开学典礼并召开了新生家长会 开展2016级新生入学系列教育 举行综合素质测评讲解会 研究生会组织开展了研究生新生的拓展破冰活动 分团委举办中秋联谊会 学生组织举办招新活动，分别吸纳新干事加入学生组织中，为学生组织注入新活力、新力量 研究生会召开本学年度首次例会 学生会成功召开2016—2017学年第一次全体成员会议 商务部翻译处王健卿莅临学校做"商务翻译概述"讲座

续表

时间	活动内容
10 月	举办“企业面试着装规范与礼仪举止”职点课堂 清华大学刘世生教授莅临学院，举办“文学功能与文体分析”讲座 召开“纪念建校六十周年”校友茶话会 外国语学院“共叙外语情，再谱新篇章”校友联欢会暨迎新晚会在大学生活动中心正式举行 举办“决战求职季之无领导小组讨论”职点课堂
11 月	举办“中国学生英语输入—输出心理机制与英语教学建议”讲座 外国语学院在校拔河竞赛中荣获季军 举办“《论语》中的儒家思想与社会主义核心价值观”主题讲座 外国语学院与孔庙国子监博物馆签订共建协议 举办“熟知与真知”成长课堂
12 月	参加学校纪念“一二九”运动 81 周年新生歌咏比赛 举办首都经济贸易大学第四届“外教社杯”优秀学生表彰大会 举办“名校求学与职场进阶之路”讲座

（张湘姝）

【获全国口译（英语）大赛最佳组织奖】　学院承办第五届全国口译（英语）大赛全国总决赛，并获得最佳组织奖。

（刘文东）

对外交流

【教师对外交流】　4 月，法国巴黎第七大学跨文化和实用语言学院教授米歇尔·布隆再次莅临学校，为外语系师生做题为“威廉·莫里斯的多样人生”（*William Morris, a Man of Ten Lives*）的讲座。5 月，外国语学院成立大会暨外语学科发展论坛召开，美国范德堡大学弗廉·弗兰克教授、加拿大渥太华大学基齐托·泰克瓦博士参加会议并讲座。11 月，邀请美国休斯敦大学艺术与科学学院院长、英语和哲学教授杰弗里（Jeffrey R. Di Leo）做了系列讲座，为学院国际化合作起到了较好地推动作用。12 月起，副院长刘重霄到美国新泽西州立大学做访问学者。

（徐丽群）

【学生对外交流】　外国语学院 13 级经贸翻译（卓越班）学生刘洋赴美国天普大学语言学专业交换学习，2014 级商务英语专业学生张安然赴美国北方州立大学商务专业交换学习。

（申巍）

党建工作

【概述】　学院党总支团结带领全体师生，按照围绕中心工作抓党建、抓好党建促发展的工作思路，以“两学一做”要求为指针，围绕党的十八大，十八届三中、四中、五中、六中全会精神和总书记系列讲话学习内容，按照做合格党员要求，落实全面从严治党责任、扎实有效地推进党的五大建设，以深化教学改革、学科专业建设和人才培养质量为主线，充分发挥支部的战斗堡垒和党员先锋模范作用，着力提升外语教育教学的水平，更好地服务于学校综合改革的目标。

以“两学一做”学习教育和党员信息库建设、党费补缴、支部总支换届、市委巡视为契机，抓好基层党建 4 项重点任务，通过召开“两学一做”学习教育推进会，确保学习效果，重点在学、关键在做，在各支部共计 10 余次的专题学习之外，共同确定并签署党员承诺，明确学院合格教师党员的标准，对教育效果的实现和教学科研及聘任考核工作起到很好的保障作用。

妥善解决支部书记换届调整工作，调整 4 个支部书记人选，整合了活动时间，提高了信息对称性，建立党组织微信群，提高了信息通报和交流的效率，请支部书记列席总支会、党政联席会，参与决策，开展与业务相关特色活动。通过开展专题讨论，提升素养，加强沟通，明确责任，强化党员意识。

强化意识形态，落实政治责任。通过党政联席会、扩大会、总支委员会、支部书记会、全院大会强调意识形态的重要性和严肃性，抓好网络、课堂和学生活动，防患于未然。初步形成总支书记、院长负总责，教学副院长抓课堂，科研副院长抓讲堂，支部书记抓群组，辅导员盯论坛、朋友圈的良性机制。

在深化高等教育综合改革、完成立德树人根本任务方面取得显著成效，以建院和建校 60 周年纪念活动为契机，开展了多种形式的学术、团队活动，凝聚人心，增强合力。学院党总支内涵建设也取得长足发展，完成"两学一做"工作部署，实现网站建设的全面并轨运行，党支部和党总支换届平稳，思想意识形态及师德教育效果显著，通过"大学财经英语"上线实现了学校慕课建设零的突破，外国语言文学学科和英语专业参加北京市属高校学科评估和本科专业评估工作顺利完成，国内外学者交流学术讲座异彩纷呈，多个兄弟院校到访调研，国际合作稳步推进。随着二级教代会的成立，学院决策机制也得到进一步完善。学院组织的"心中有阳光，脚下有力量"共建活动在北京市红色"1+1"项目评比中获得一等奖，主题党日活动获一等奖，毕业生就业率连续 6 年名列前茅。

截至 12 月，学院共有 6 个支部：英语系党支部、大英党支部、研究生亚欧语系联合党支部、职能团队党支部、学生党支部、退休党支部。党员 95 人，其中，在职教师党员 35 人，退休教师党员 15 人，学生党员 45 人。组织结构稳定，党员数量稳步增加。学院在职教师中民主党派中国民盟成员 1 人。

（刘文东）

【党总支换届选举】 学院进行了党总支换届选举。会上，党总支书记刘文东做党总支工作报告，大会选举王海鹏、朱安博、刘欣、刘文东、刘重霄、李彬彬、徐丽群（以姓氏笔划为序）7 人为党总支委员，组织了十九大代表候选人预备人选的推荐工作。大会结束后，学院召开了第一届委员会会议。经第一届委员会会议选举，刘文东、王海鹏分别担任党总支书记、副书记，委员会会议还对各委员进行了分工。

（刘文东）

【推进"良师益友"行动】 深入推进学生党员先锋工程，为学生党支部配备理论学习导师，抓住毕业季等关键时点开展多种形式的理论辅导、学业辅导。落实"六个一百计划"，安排教师党员定期与困难学生谈心，向党总支汇报联系工作，反映被联系人情况，及时向党组织转达非党员学生的意见和建议。组织学生党员通过"学业互助""生活互助""工作互助"，帮助学生切实解决思想上、学习上和生活上的实际困难，促进学生的全面发展。学生党员利用微信平台，建立关于党的理论、实践等不同群聊，与同学们一起讨论关于党的时事新闻。

（张湘姝）

【落实学生党员理论学习及实践锻炼纪实制度】 组织和督促学生党员本人在《学生党员理论学习及实践锻炼记录手册》上如实记录本人参加理论学习、志愿服务和实践活动情况，并由党支部书记或相关工作负责人核实确认，作为学生党员考核以及学生综合测评的参考依据。

（张湘姝）

【党员发展】 根据学校党委组织部下发的《中共首都经济贸易大学委员会发展党员工作实施办法》和《外国语学院总支部委员会发展学生党员工作细则》，顺利完成了党员发展的工作。在党员发展过程中，严格审查，严格把关，分别从入党积极分子的确定和培养、发展对象的确定和考察、预备党员的接收、预备党员教育考察和转正 4 个方面严格遵循学校"坚持标准、保证质量、改善机构、慎重发展"的方针，本着"成熟一个、发展一个"的态度，2016 年上报学生党员发展计划共 11 人，实际发展学生党员 11 人。

（张湘姝）

【党组织活动】 1 月，学院组织学生党员开展"三严三实"民主生活会；3 月，组织学生党员开展以"认知形势，成就自我"为主题的党课；5 月，举办入党积极分子研讨会，组织新一批入党积极分子、发展对象观看了党成立 90 周年纪念日的纪录片——《伟大的道路》；召开党员发展及转正大会；组织全体党员及新一批入党积极分子参加了以"两学一做"为主题的学习教育党课暨毕业生离校教育；召开"两月一做专题研讨会"，观看关于习近平总书记对"两学一做"学习教育做出重要指示的视频；6 月，学生党支部在学校主题党日 2015 年度优秀主题党日活动和党建工作创新项目评选中表现优异，获得了主题党日活动一等奖的佳绩；组织部分党员和入党积极分子参观学习了《建党 95 周年》专题展览；组织学生党员开展"两学一做"专题教育活动，主题分别为"两学一做，从我做起""读党章党规，舒学习感悟""学'十三五'规划，做力所能及贡献""承诺践诺，做合格党员"

"学会议精神，做合格党员"。经过校级申报、答辩等环节，学院学生党支部从北京市59所高校、1 000余个学生党支部中脱颖而出，获得北京市红色"1+1"示范活动一等奖。

（张湘姝）

【获北京市红色"1+1"示范活动评比一等奖】　学院"心中有阳光，脚下有力量"孔庙国子监志愿服务项目经过层层答辩获得北京市红色"1+1"示范活动评比一等奖。

（张湘姝）

工会活动

【概述】　学院分工会在上级校工会、学院党总支的领导下，在全体教职工的密切配合、精诚合作下，紧紧围绕学校的教育、教学、管理工作，本着为全体教职工服务的宗旨，紧密联系教职工，维护教职工合法权益，调动教职工从事工会活动和集体活动的积极性，出色地完成了2016年的工作和任务。

（尹朦）

【教代会】　12月23日，召开外国语学院二级教代会，院长朱安博对新聘期学院岗位职责聘任细则草案进行解读，党总支书记刘文东就相关要求和代表履职情况进行了说明。

（尹朦）

【工会活动】　4月，组织教职工前往西山八大处举行"静悟佛界，登顶西山"健走活动；参加校工会2016教职工运动会，同心鼓项目取得了48球的好成绩，4×100团队以及陈媛媛、蒋立珠两位老师在个人项目决赛中分别取得了不俗的成绩。12月，学院14名教师参加了学校太极拳比赛，取得了三等奖的好成绩，展现了外国语学院的精神面貌；举办趣味运动会，激发教工的快乐激情；举办2017春节联欢会，教职工一起总结过去，迎接新年；组织退休教师团拜并组织退休教师参观学院的建设，感受学院的巨大变化。

送温暖活动中学院分工会看望了生病教师，并对有新生宝宝的教师张东芹、申巍、侯燕玫、刘文东进行了探望。学院分工会教工之家又添置了空气净化器、按摩椅、躺椅、抖抖机，为全体教师提供了舒服的休息环境。

（尹朦）

【获奖教师】　2016年度五一"爱岗敬业普通劳动者"获得者为陈都伟和曲文洁老师；先进工作者获得者为申巍；工会优秀积极分子为吴琨、刘颖、杜娟、贾冬梅、赵静、王鹏及陈媛媛7名教师。

（尹朦）

实验室建设

【概述】　截至目前，已经投入近千万元的建设资金，建设数字语言实验室、自主学习实训室、情景模拟实训室、多语种培训室、外语测评中心、翻译实训室以及同声传译实验室共计18间实验室，占地1 000多平方米，搭建软件平台十余个，包括多媒体资源、空中英语教室资源、新视野视听说、TRADOS计算机辅助翻译软件平台，形成了教育体系完整、硬件设备先进、软件平台多样、教学理念先进、教材与实验课程配套、校内与校外相结合的人才培养实践基地。健康的实验环境和浓厚的外语学习气氛，带动了学生的学习兴趣和学习热情，丰富了课堂教学的内容，提高了教学质量和效率，进一步提高了学生的学习能力和实践能力。

（侯燕玫）

【获批北京市级实验教学示范中心】　长期以来，外语语言实验中心在不断完善软、硬件环境，2月，在教务处的大力支持下，外语语言实验中心获批北京市级实验教学示范中心称号。

（侯燕玫）

【新增更新实验中心硬件设备】　10月，外语语言实验中心更新了实验中心的监控设备，全高清、24小时实时录制，为实验室的安全提供了保障；同时更新了部分学生电脑，为学生的自主学习和测评提供了更高效的平台；实验中心安装了门禁系统，进入了高效、科学化管理运行时期，提升了实验中心的管理和运行水平。

（侯燕玫）

【承接校内外考试】　为充分开发实验中心更多的功能，承接全国翻译资格考试，专四、专八英语考试，全国基金、证券、会计、银行从业考试以及其他银行的招聘考试，共享实验室资源，提高实验室利用率。

（侯燕玫）

重大事件

【成立外国语学院】 5月26日，外国语学院成立大会暨外语学科发展论坛召开，党委书记、校长为学院揭牌，校长王稼琼致辞，院长朱安博代表学院发言。学院教授程虹做题为“学者风范、精神追求”学术讲座，再次全新阐释自然文学的三维景观，教育部大学外语教指委副主任委员、北京航空航天大学教授向明友做“大学英语教学的供给侧改革”主题发言，学院还分别举办了“自然文学学术沙龙”“外语发展建设论坛”分论坛。

（刘文东）

华侨学院

概　况

华侨学院的办学历史可追溯到20世纪80年代中期，在近30年的潜心发展中，学院秉承“学术独立，学术实用，培养优秀中国人，世界好公民”的办学宗旨，践行“回报”的院训，坚持全英文教学，坚持以“高质量的国际教育本土化”为学院办学方针，大力推进和不断引入国内外高校优质教育资源，与美国、英国、加拿大、澳大利亚、中国香港、澳门等国家及地区近40所知名大学开展广泛深入合作，在教师交流、学分互认、学生交换交流、境外实习等方面取得突出成绩。培养了一批批英语应用能力强、专业优势突出、综合素质全面并具有全球意识和国际化视野的复合型人才。华侨学院是国内高等院校中最早开展国际化人才培养的学院之一，也是首都经济贸易大学各直属院系中最具特色的院系。

华侨学院本科部下设英语系、经济管理系、信息管理系。2016年，华侨学院本科专业计划招生180名，录取178名，实际报到169名学生，截至12月31日，在校本科生651人，在校专科生共计221人。

截至12月31日，学院共有教职员工123人，其中包括占地农民25人。98名在职员工中包括专任教师38人（含4名外籍教师），行政人员16人，教辅人员29人，工勤15人，新入职教职员工7人，离职员工34人。

华侨学院依托学校的多学科背景，集中学校的优势教育资源和师资力量，经过十年的国际教育经验的积累，以“高质量的国际教育本土化”的整体优势开创了国内高校极具特色的本科教育。本科部开设工商管理（国际会计）和信息管理与信息系统（金融信息管理）两个专业。工商管理（管理会计）专业开设工商管理（国际会计）普通班、ACCA国际注册会计师证书实验班和CIMA国际管理会计师证书实验班；信息管理与信息系统（金融信息管理）专业开设信息管理与信息系统（金融信息管理）普通班、CFA注册金融分析师证书实验班和FISC金融信息系统证书实验班。学院高职部开设国际经济与贸易、财务管理、计算机应用技术和旅游管理4个专业。

（于芳　刘文静　龚静如　赵静）

师资队伍建设

【聘任罗欣任海外副院长】 10月19日，学院聘任美国新墨西哥大学安德森管理学院罗欣教授担任学院海外副院长。

（赵静）

【组织岗前培训】 学院鼓励在职教职工攻读学位，并提供ACCA、CIMA等课程的培训机会，让在职教职工充分利用学院开拓的优势教育资源进行自我提升。根据教育部教人司〔1998〕34号文件精神，依据北京市高等学校师资培训中心相关文件的规定，学院组织教职工4人参加了第71期岗前培训，4人成绩全部合格，取得结业证书。

（张莉）

【协助教学工作开展】 教师促进办公室行使教学督导的工作职责，完善和加强六级听课体系，即中控室听课、教师听课、教务管理办公室听课、系主任听课、教学督导听课和学院领导听课，加强对教学的全方位、无死角的实时过程管理和监控。

（李险峰）

【组织学术讲座】 1月13日，邀请卓越培训公司高级讲师王琼做“高校教师教案撰写和教学实训”培训。9月1日，邀请卓越培训公司高级讲师郭苑洁做“声入人心教师发声训练”培训。10月19日，邀请美国新墨西哥大学教授罗欣做“如何让科研论文发表”学术讲座。11月9日，邀请教育部教学发展研究中心张家勇博士做“从哈佛大学看美国通识教育”学术讲座。11月28日，邀请首都经济贸易大学工商管理学院博导吴冬梅教授做“国家级教育教学成果奖”经验分享。

（李险峰）

【参加OTA主题午餐会分享经验】 9月21日，英语系教师闫晓玲、张薇首次代表学院在首都经济贸易大学教师促进中心OTA主题午餐会进行了以“全英文教学环境下的教与学”为主题的经验分享，介绍了华侨学院的教学模式和教学方法。

（李险峰）

【教育教学成果】 学院组织申报2016年优秀教学成果7项，其中5项获奖，1项荣获校级特等奖、1项荣获校级一等奖、3项荣获校级二等奖。学院两门课程获得学校2016年双语（全英文）教学示范课程，分别是党铁超负责的“财务会计基础（英语）”和李京宁负责的“Java程序设计（英语）”。

（王利君　孟雨晴）

学科建设

【设置特色实训课程】 学院高度重视学生社会实习实践，两专业均开创院企合作、引入最前沿的技术、考试课程和能用英文教学的双师型师资的实践教学模式。与ACCA、CIMA会员企业、用友新道及中国最大的IT原厂培训机构——东方瑞通培训与服务中心等企业开展广泛、深入合作，共同开发国际会计、金融领域最知名的ACCA、CIMA、CFA、ORACLE、CISCO等证书课程，为学生提供最前沿、最具市场竞争力的IT、国际会计实训课程。

（王利君　赵静）

教学工作

【概述】 学院下设英语系、经济管理系、信息管理系、英国皇家特许管理会计师公会（CIMA）教育中心及分考点、英国特许公认会计师公会（ACCA）中国区合作教育中心及分考点、美国微软IT学院全球合作院系、ORACLE教育学院以及学生事务办公室、教务管理办公室、国际项目合作办公室、学业辅导中心、信息中心等教辅部门。

（赵静）

【获美国数学建模竞赛一等奖】 2月，学院学生参加美国数学建模竞赛，获得一等奖1项，二等奖2项。

2016年华侨院美国数学建模竞赛获奖名单

竞赛名称	学生名单	指导教师	获奖奖项
美国大学生数学建模竞赛	邵雯雯　李郁　陆璐	李梦	一等奖
美国大学生数学建模竞赛	周子钰　林曼诗　魏鑫原	李梦	二等奖
美国大学生数学建模竞赛	张家増　黄沿中　王子路	李梦	二等奖

（王利君）

【科研创新项目结项立项】 4月，学院完成2015—2016年大学生科研创新训练计划项目结项验收工作，其中5项评为优秀，同月，开展并完成2016—2017年大学生科研创新训练计划项目宣传、立项工作，立项43项，其中，重点项目11项。

（孟雨晴）

【四级考试】 6月，全国大学生英语四级考试（CET-4）中，学院2015级三个证书班总计69名学生以99%的高通过率一次通过CET-4考试。其中38人获得优秀，优秀率为55%。

（李亚玲）

【高等学校英语能力考试通过率居全市第一】 6月，高职114名学生参加高等学校英语能力考试（A级），通过101人，通过率91.82%，同期北京市平均通过率为55.32%。12月，113人参加高等学校英语能力考试（B级），通过110人，通过率99.1%，同期北京市平均通过率为51.68%，学院成绩常年稳居全市第一。

（刘文静）

【开创实习基地】 6月27日—7月15日，2014级信息系统与信息管理系与2015级商务信息管理证书试验班全体同学前往东软展开为期15天的软件开发实训。6月23日—7月7日，2015级CFA证书实验班的同学在天津Oracle实训基地参加了为期15天的暑期专业实训。7月23日—9月18日，2014级金融信息证书实验班（FISC）全体同学通过了OracleEBS总账管理系统证书考试，获得了Oracle财务系统实施顾问资格证书。9月8日，学院与甲骨文（中国）软件系统有限公司合作，信息系统与信息管理系组织2016级全体新生参加了专业认知实习活动。

（刘丽）

学生工作

【思想政治教育】 11月，学院针对2016级新生召开主题班会，学习《关于严肃考试纪律惩治考试作弊的规定》，准确传达解读规定内的全部内容，要求同学们务必端正考试态度，诚实守信，抵制作弊，做一名诚信考生。

（于芳）

【学业规划】 1月，各班班主任结合全体学生的期末考试，给考试不及格的同学发出学业警告，同时，将学生在校表现情况以书面形式告知学生和家长。邮寄有不及格科目的成绩单给学生。3月和10月，全体学生按学院学业规划要求，上交假期总结及新学期学习计划，各班班主任针对学生提交的总结和计划进行学业规划指导，共性问题以班会形式集中解决，个性问题由班主任单独约谈同学，重点问题通过深度辅导方式提供帮助。4月，各班班主任针对2013级学生召开班会，全面梳理学业情况，明确大三下学期的目标、制定时间规划，帮助同学们找到适合自己的目标，充分利用时间，以实现自己的理想。7月，各班班主任针对在期末考试中不及格的2013级学生，明确告知要充分利用暑假时间复习备考，确保通过9月份的补考，如不能通过补考，将不能按时毕业。9月，各班班主任针对2013级学生召开班会，指出大四学年在为自己毕业去向进行各种准备的同时，也要确保大四学年全部教学安排的顺利完成，认真对待毕业论文的写作。10月，针对2016级新生，各班班主任利用班会集中讲解《学生手册》中的相关规章制度，同时，帮助同学们规划大学4年的学习生活，指导学生们掌握自我规划的方法，培养自我管理的能力及对学业生涯规划的意识，为每一位同学建立《学业规划档案》。

（于芳）

【学生获奖】 4月，学院在校运动会取得男子团体总分第三名、女子团体总分第三名、精神文明奖、团体操优胜奖。12月28日，华侨学院召开了2015—2016学年优秀学生表彰大会。

2016年华侨学院学生获奖情况一览表

奖项	获奖学生及团队	奖励时间
校级先进班集体	本科：2014级工商管理（国际会计）1班 2014级信息管理与信息系统（金融信息管理）5班 高职：2015级（高职）财务管理	2016.10
校级优良学风班	本科：2015级信息管理与信息系统（金融信息管理）6班 2015级工商管理（国际会计）3班 高职：2014级（高职）财务管理	2016.10
北京市先进班集体	2014级信息管理与信息系统（金融信息管理）5班	2016.10
北京市级三好学生	马杰琳　2013级信息管理与信息系统（金融信息管理）4班	2016.12
校级红旗团支部	2014级工商管理（国际会计）2班团支部 2014级信息管理与信息系统（金融信息管理）5班团支部 2013级信息管理与信息系统（金融信息管理）5班团支部	2016.04

续表

奖项	获奖学生及团队	奖励时间
校级三好学生	本科(24 人):白竹梅　何谭泽司　李苗　马杰琳　翟如意　李郁　林可一　苏奕杉　张月　吕滢铃　刘亚　樊亚　林曼诗　周子钰　王靖婷　司徒静宜　王文琦　盛庄园　许语涵　崔馨木　高雪静　梁宇佳　潘佶玥　刘雅伦 高职(11 人):白智萌　张桐　郜钰　黄婷玉　刘雪兵　纪楠　马晓宇　王冰洁　杨晓楠　田洁　刘昕玥	2016. 10
校级优秀学生干部	本科(18 人):彭梦丹　邢炜玮　于美建　黄沿中　杨泽　王雅繁　肖薇　彭嘉欣　杜佩璇　卿枫　张艺　王悦　边冠玮　王楠　王晓捷　张晓优　吕滢铃　朱莛臣 高职(6 人):王晓辉　王若钧　陈鲁　曲思雯　王冰洁　史文昊	2016. 10
校级优秀共青团员	本科(26 人):吕梦雪　农璟欣　杨文君　王子路　樊亚　王雅繁　周君　周木又　龙懿立　闫美佳　王静怡　王雨晨　高迪　屈展飞　司徒静宜　盛庄园　杜佩璇　李图南　李子谋　于美健　杨泽　赵同霄　李靖怡　彭嘉欣　臧硕　王文琦 高职(9 人):李舸　纪楠　侯琪　李亚楠　彭嘉晖　刘彤　姜紫辰　张雪瑶　王冰洁	2016. 04
校级优秀共青团干部	本科(7 人):彭梦丹　苏奕杉　吕滢铃　邢炜玮　孙丽　田泽宇　马杰琳 高职(1 人):陈晓鹤	2016. 04
校级优秀宣传员	孙午乐　卫一婷	2016. 04
校级暑期社会实践活动优秀共青团员	周子钰	2016. 04
社会贡献奖	本科:翟如意 高职:张娜	2016. 03

(于芳)

【学生奖助学金评定】 学院继续协助学校评定各级　各类奖学金。

2016 年华侨学院学生奖助学金评定情况一览表

奖项	获奖学生及团队	奖励时间
国家奖学金	王泽美　2013 级工商管理(国际会计)2 班	2016. 10
国家励志奖学金	本科(10 人):张瑞杰　邓冰钗　刘倩兮　金洪　夏莎　农璟欣　李童欢　赵彬丽　邵雯雯　陈珏津 高职(4 人):纪楠　田洁　马晓宇　郜钰	2016. 10
三菱东京 UFJ 奖学金	邢炜玮　2013 级信息管理与信息系统(金融信息管理)5 班 李　郁　2013 级信息管理与信息系统(金融信息管理)6 班 王冰洁　2014 级(高职)财务管理	2016. 10
乐天奖学金	朱莛臣　2013 级工商管理(国际会计)3 班 周木又　2013 级工商管理(国际会计)1 班	2016. 10

续表

奖项	获奖学生及团队	奖励时间
学习优秀奖学金	一等奖 本科(19 人):林可一　张月　刘亚　樊亚　林曼诗　王靖婷　王文琦等 高职(8 人):李雪鹏　赵爽　刘雪兵　黄婷玉等 二等奖 本科(38 人):熊雯　任首芳　沈路路　赵梦璇　边冠玮　潘信玥　崔羽萌等 高职(18 人):白智萌　王颖洁　李蕊　常萌　韩佳玲等 三等奖 本科(63 人):肖薇　苗增贺　倪祎彤　韩子依　许凡　张馨予　葛宁等 高职(30 人):卞清雅　芮宇欣　张晓桐　贾卓　吴昊鹏　郎佳俊　宋博等	2016.10
社会工作奖学金	本科(28 人):李仪　王泽美　彭梦丹　高楚晴　邢炜玮　于美建　田泽宇 黄沿中　王若雪　刘亚　杨泽　王雅繁　夏雨晴　肖薇　彭嘉欣　杜佩璇 盛庄园　卿枫　张艺　王悦　边冠玮　王楠　王晓捷　张馨予　农璟欣 吕滢铃　张芃楠　朱莛臣 高职(9 人):张晓优　侯琪　彭嘉晖　史文昊　王冰洁　曲思雯　王若钧 王晓辉　陈鲁	2016.10
科研创新奖学金	团体奖(一等):周子钰　张家増　李郁,共 3 组	2016.10
文体竞赛奖学金	个人奖(一等):司徒静谊 个人奖(二等):吕昂 个人奖(三等):史文昊	2016.10
国家助学金	一等 本科(18 人):王芳　李童欢　王连好等 高职(6 人):李可欣　钱晓洋等 二等 本科(21 人):金洪　于陈洋　杜琪琪等 高职(8 人):芮宇欣　纪楠　马晓宇等	2016.10
爱心成就未来助学金	彭嘉欣　2014 级信息管理与信息系统(金融信息管理)5 班 田洁　2014 级(高职)旅游管理	2016.10

(于芳)

【学生就业】 10 月,学院给 2016 届毕业生开设就业指导课,内容涉及学院历届毕业生去向及特点,本届毕业生的就业政策、就业形势分析、就业信息获取渠道,简历制作,面试指导,就业心态等。学院 2016 届本科毕业生共 156 人,其中,考研 10 人,出国 53 人,签三方协议 60 人,签劳动合同 32 人,志愿服务西部 1 人。截至 2016 年 9 月 30 日,就业率 100%,签约率 100%,毕业后继续深造比率为 40%,与去年持平。学院 2016 届高职毕业生共计 107 人,其中,升学 10 人,出国 1 人,签三方协议 47 人,签劳动合同 47 人,参军 2 人。截至 2016 年 9 月 30 日,就业率 100%,签约率 100%。学院连续 7 年保持本科就业率和签约率全校第一。

(于芳)

【组织学生赴港暑期实践】 7 月 23 日—8 月 5 日,华侨学院与香港中华青年交流中心共同举办了第六届香港暑期社会实践项目,27 名同学参与了此次社会实践活动。

(于芳)

【开展教师辅导和朋辈辅导】 学院设立学业辅导中

心，由全体任课教师、辅导员、班主任、优秀学生共同组成，为学困生提供学业辅导帮助。每学期开学初，学业辅导中心公布任课教师的课外辅导时间（每周4小时），接受学生的预约。同时，招募学习成绩优秀的同学成为志愿者，根据学生需要定期开展同伴辅导。2016 年，平均每周学生预约教师辅导时间为 16 小时、预约同伴辅导时间为 4 小时，每学期有 14 周时间可供学生预约辅导。

（白志清）

【举办英语口语大赛】 4 月—5 月，学院举办了首都经济贸易大学第十二届英语口语大赛。大赛面向全北京市高校在校生，共有来自北京交通大学、北京科技大学、中国戏曲学院、北京经济管理职业学院及首都经济贸易大学等多所高校共计 125 名同学在 4 月 13 日晚的初赛中进行角逐，最终学院赵颜玉同学获得一等奖。11 月 21 日—12 月 16 日，华侨学院分团委组织举办了第四届英语单词听写大赛。

（于芳　陈思）

【开设特色英语学习平台】 Convo Club 是由华侨学院学业辅导中心与学校留学部合力建立的面向全校学生的新兴的英语学习平台，2016 年 Convo Club 举办了复活节 Party、英文故事会、奇葩 Debate、侦探游戏、Buzz Words 等多次活动。

（白志清）

【开展形式多样的分享活动】 “涨姿势”分享会是学业辅导中心为学生提供的一个互相交流兴趣爱好和特长的平台。“涨姿势”分享会 2016 年共举行了 7 次，包括淮海之战、辩论赛之刀光剑影、远东战役的号角、面试技巧、烘培那些事儿、美食大侦探、学生干部成长多个主题。

（白志清）

对外交流

【学生交流交换】 自 2000 年以来，学院不断引入国外优质的教育资源，与美国、英国、加拿大等知名大学开展广泛深入的合作，开展包括学分互认、定向培养、学生交流、暑期访问等国际合作项目。8 月，学院共派出 9 名学生赴海外交流交换。

2016 年华侨学院学生交流情况一览表

序号	国家	学校名称	学生	项目类型	派出时长
1	美国	佛罗里达州立大学	司徒静宜	交流生	一年
2	美国	佛罗里达州立大学	贾润秋	交流生	一年
3	美国	佛罗里达州立大学	王子轩	交流生	一年
4	美国	新墨西哥大学	刘紫伊	交流生	一年
5	美国	印第安纳大学	黄雅诺	交流生	两年
6	美国	俄亥俄州立大学	任艺	交流生	两年
7	美国	威斯康星麦迪逊分校	霍雨佳	交流生	一学期
8	马来西亚	诺丁汉大学马来西亚校区	周光南	交流生	两年

（杨博）

【参加 ACCA 教学研讨会】 10 月 24 日，学院副院长陈洪海等参加主题为“探索高校会计专业教学未来发展模式”的第七届中国高校国际化人才培养与 ACCA 教学研讨会，并做专题演讲，与兄弟高校交流办学经验和教学方法，结合自身 ACCA 方向班的办学经验，分享国际化成功办学的理念。

（夏妤）

【国内外院校来访】 6 月 21 日，澳大利亚迪肯大学会计学院院长 Prof. Peter Carey 一行 4 人访问华侨学院。双方希望在学生本科交流、交换、研究生学习等方面进行交流与合作，进一步商讨学院 ACCA 证书班学生本科在迪肯大学交流期间学分对接双学位项目和硕士申请迪肯大学的相关优惠政策。11 月 30 日，山西大学商务学院副校长杨继平一行访问华侨学院，深入了解学院学历学位课程 + 职业资格证书的特色培养模式，探讨交流 ACCA 办学经验。12 月 16 日，浙江财经大学会计学院党委书记张红英一行访问华侨学院，了解学习学院国际化办学的特色和经验，探讨国内经济类大学的国际化办学经验。

（夏好）

党建工作

【概述】 学院党总支成立于2014 年 7 月，现有基层党支部 2 个，学生党支部 1 个，教工党支部 1 个。学生党员 22 人，其中，预备党员 9 人。

（陈思）

【举行华侨捐赠陈列馆开馆仪式】 10 月 15 日，华侨捐赠陈列馆开馆暨“回报”奖学金设立仪式隆重举行，北京市委统战部副部长、市侨联党组书记赵宏生，市侨联主席荣洋，市侨联副主席马坚，市侨联原主席林其珍，以及部分参与陈列馆建设的侨界代表，首都经济贸易大学党委书记冯培参加开馆仪式。党委常委、副校长孙昊哲致欢迎词。

（赵静）

【“两学一做”及“党风廉政宣传教育月”学习教育活动】 5 月，党总支组织开展“两学一做”系列主题教育活动，其中组织 7 次交流研讨及开展 15 次各类教育活动，党支部组织全体党员学习习近平总书记在北京大学和北京师范大学的演讲内容，“七一”重要讲话精神，十八届六中全会精神；组织向河北省优秀共产党员李保国同志学习；开展全体党员手抄党章、“两学一做”知识竞赛活动及合格党员、支部行为规范大讨论。开展“党风廉政宣传教育月”系列教育活动及关于《中国共产党廉洁自律准则》《中国共产党纪律处分条例》等知识测试。

（陈思）

【开展主题党日活动】 组织全体党员开展“红旗飘飘”——参观天安门观礼台主题教育活动、重温入党誓词活动及教工支部书记讲党史学习。5 月和 12 月，分别组织党员观看了《四风之害》警示片以及《永远在路上》大型专题片。8 月 19 日，组织学生党员进入芳菲路社区服务站，宣传京津冀人口疏解政策，该活动参与了 2016 年度优秀主题党日活动评选。组织学生党员及入党积极分子参观纪念建党 95 周年主题图片展，组织红军长征 80 周年等主题党日活动。

（陈思）

【党员发展】 学生党支部完成第 21、22 期初级党校组织报名及学习培训工作；完成 201601 期和 201602 期共 40 名入党积极分子选拔及学习培训工作；上学年完成党员发展 4 人，转正 4 人，下学年完成党员发展 6 人，转正 5 人。

（陈思）

【主题党课教育】 5 月 4 日，党总支邀请学校原党委书记申建军为师生党员开展京津冀协同发展政策讲座；6 月 22 日，邀请马克思主义学院教授李久林上“坚持三个自信，增强四个信念，做合格党员”巡回党课，为师生党员提供共同发展的平台；6 月 23 日，邀请基建处副处长李华就“如何成为一名合格党员”开展专题党课。

（陈思）

分团委工作

【概述】 学院分团委下设办公室、组织部、宣传部、社会实践部、媒体部 5 个职能部门，学院共有 32 个基层团支部，截至 2016 年 12 月，全日制在籍学生中有共青团员 943 名。

（陈思）

【开展“党的十八届五中全会”宣讲会】 2 月 24 日，在芳菲路社区居委会的紧密配合下，学院分团委部分成员前往芳菲路社区礼堂，组织开展了“党的十八届五中全会”宣讲会。

（陈思）

【获批“首都学雷锋志愿服务站”称号】 3 月，在首都学雷锋志愿服务站（岗）、示范站（岗）申报命名活动中，学院志愿者团志愿服务站获批“首都学雷锋志愿服务站”称号。

（陈思）

【组织晨跑运动】 以校团委“健步绿色长征，唱响青春三走”活动为主题，4 月 5 日—6 月 6 日，历时 9 周，华侨学院分团委组织学院学生开展晨跑活动。

（陈思）

【开展学雷锋志愿活动】 4 月 6 日，华侨学院分团委组织 10 余名志愿者前往育芳园社区开展志愿服务，通过开展环境清理工作来践行和弘扬雷锋精神。

（陈思）

【开展学习市委书记郭金龙重要讲话精神主题团日活动】 为深刻学习领会中央政治局委员、北京市委书记郭金龙来到首都经济贸易大学调研时在师生座谈会上的重要讲话精神，5月初，学院分团委组织各基层团支部开展了“学习郭金龙书记重要讲话精神，在实现中国梦的伟大实践中创造精彩人生”主题团日活动。各支部通过学习讲座、研讨沙龙、故事分享、主题实践等多种形式，组织团员学习郭金龙书记重要讲话精神。鼓励团员青年们以实际行动做社会主义核心价值观的主动弘扬者、自觉践行者，传递核心价值理念的正能量。

（陈思）

【开展纪念建党95周年主题团日评选活动】 5月11日，学院分团委举行纪念建党95周年主题团日评选活动。此次评选共有10个团支部分别以视频、演讲等多种形式对各支部团日活动开展情况和团员心得进行详细介绍。最终，2015级工管2班团支部、2015级信管6班团支部、2015级信管4班团支部分别荣获一、二、三等奖。

（陈思）

【举办诚信考试条幅签名活动】 6月初，期末考试前夕，学院分团委组织“诚信考试，杜绝作弊”的条幅签名活动。

（陈思）

【暑期社会实践活动】 7月，分团委参与了主题为“开展对非物质文化遗产保护实践”的暑期社会实践项目，分别为“北京地区非物质文化遗产的保护与传承”与“探访消失的年文化——杨柳青年画”。8月，志愿者团开展了“社会主义先进文化繁荣发展行动——新时代的家风家训”暑期社会实践项目。

（陈思）

【提供志愿服务】 8月27日，学院志愿者团组织志愿者前往园博园，为The Music Run™爱乐跑提供志愿服务。9月10日，学院志愿者团的志愿者们前往园博园，为北京国际铁人三项比赛提供志愿服务。10月底至12月初，学院志愿者团与首都经济贸易大学附属小学合作，开展了6次志愿者“英语角”教学活动。志愿者团联合北京爱心港湾承载义工联盟会，在周末课余时间走进北京各养老院，陪伴老人。

（陈思）

【参加纪念中国工农红军长征胜利80周年主题演讲大会】 11月17日，学院分团委参加了“英雄史诗 不朽丰碑”纪念中国工农红军长征胜利80周年主题演讲大会。活动中，分团委选取“四渡赤水出奇兵”为主题，以演讲配合视频的形式，讲述长征过程中为中华民族伟大复兴不畏艰难、不怕牺牲的革命先烈的英勇事迹。

（陈思）

【开展纪念中国工农红军长征胜利80周年主题团日活动】 12月中旬，学院分团委组织各基层团支部开展纪念红军长征胜利80周年主题团日活动。各党支部以习近平总书记在纪念红军长征胜利80周年大会上的重要讲话和党史相关内容为学习材料，以讲长征故事、诵长征诗歌、唱长征组歌等多种方式，开展学习长征精神交流活动。

（陈思）

马克思主义学院

概　况

马克思主义学院成立于2011年4月，主要承担马克思主义理论学科建设、全校本科生和研究生的思想政治理论课教学以及心理学、政治经济学、逻辑学、中国传统文化、经济学说史等课程的教学工作。学院有马克思主义理论一级学科硕士学位授权点，下设马克思主义基本原理、思想政治教育、马克思主义中国化研究、中国近现代史基本问题研究4个硕士点。学院下设“六室一中心”，即马克思主义基本原理教研室、中国特色社会主义理论体系概论教研室、中国近现代史纲要教研室、思想道德修养与法律基础教研室、形势与政策教研室、心理教育教研室以及实践教学中心。

近年来，学院围绕着马克思主义理论、思想政治教育、马克思主义中国化时代化大众化、社会主义核心价值观、马克思主义理论学习研究宣传等方面开展研究，取得了一系列研究成果：主持承担国家社科基金项目6项，教育部、北京市社科规划项目和北京市教委及其他委办局项目20余项。在《马克思主义研究》《哲学研究》《中国软科学》《自然辩证法研究》《中国当代史》《中共党史》《思想政治理论导刊》《光明日报》《中国教育报》等报纸、杂志发表论文300余篇，其中70余篇被《新华文摘》《人大报刊复印资料》等转载。出版《现代科技劳动价值论研究》《毛泽东在建国后的国际战略思想及其实践效应》《全球化背景下文化焦虑与探寻》《我国农村宅基地使用权制度研究》《近代以来西方对华文化渗透的历史、现状与对策研究》等专著、教材20余部。获省部级奖励10余项，获地厅级等奖励50余项。

学院注重学术平台和品牌活动的创建：构建了两大学术阵地平台，即《马克思主义学刊》《首都经济贸易大学马克思主义理论教学与研究文库》。学院开展了丰富多彩的学术活动，即学术报告月系列活动、高端学术讲堂、学科和科研专题研讨会、学院教师座谈会。系列院内项目资助，即著作教材出版资助计划、教研室科研活动资助计划、高层次科研项目培育资助计划、研究生培养质量提升资助计划、大学生教学质量提升资助计划、教师科研提升计划等。

2016年，学院有教职工38人，其中，专任教师35人，特聘教授1人。在专任教师中，教授8人、副教授19人、讲师8人；拥有博士学位的教师15人，拥有硕士学位的教师15人；博士生导师1人、硕士生导师16人。2016年新引进教师1人。

（吴西亮）

【接受北京市委教育工委两课督查】 按照北京市教育工作委员会统一部署，12月1日，北京高校思想政治理论课建设督查组专家对学校思想政治理论课建设的组织管理、教学管理、队伍管理、学科建设等开展专项督查。学校党委书记冯培代表学校对督查组的到来表示欢迎。校党委副书记孙善学代表学校党委做了题为“明确目标，求实创新，不断提高思想政治理论课建设水平”的工作汇报。汇报围绕“完善组织体系”“严格教学管理”“师资队伍建设”“加强学科建设”“特色项目”“存在的问题与不足”6个方面展开。督察组通过听取汇报、查看材料、听课、召开教师、学生座谈会、现场考察等方式，进行了认真的督查。学校思想政治理论课建设工作领导小组成员参加了督察汇报会。

（吴西亮）

师资队伍建设

【入选全国文化名家暨“四个一批”人才工程】 《中央宣传部办公厅关于印发2014年文化名家暨“四个一批”人才入选名单的通知》（中宣办发〔2015〕49号）文件下发，学院院长刘冠军成功入选全国文化名家暨“四个一批”人才工程，成为学校首批获此殊荣的专家。

（吴西亮）

【入选国家“万人计划”哲学社会科学领军人才】 中共北京市委宣传部《关于刘冠军同志入选“万人计划”第二批哲学社会科学领军人才的通知》指出：根据中组部《关于印发第二批国家“万人计划”领军人才入选名单的通知》（组厅字〔2016〕37号）和中宣部干部局《关于转发“万人计划”第二批哲学社会科学领军人才入选名单的通知》（中选干字〔2016〕177号），学院教授刘冠军入选“万人计划”第二批哲学社会科学领军人才。

（吴西亮）

【教师参加培训情况】

2016年马克思主义学院教师参加培训情况一览表

序号	学习培训名称	组织部门	时间	参加人员名单
1	北京市哲学社会科学骨干研修班	教工委	第三期	杨春风　李厚羿
2	北京高校青年骨干教师理论培训班	教工委	第七期	李丽娜　杨春风
			第八期	李厚羿
			第九期	连欢
3	思想政治理论课新教师培训	教工委		朱萌

（吴西亮）

学科建设

【获批北京高校思想政治理论课改革示范点】 9月29日，在北京高校思想政治理论课建设专题会暨“名家领读经典”活动启动仪式上，学院获得北京市教工委颁发的北京高校思想政治理论课改革示范点铭牌。学院申报的“‘大思政教学观’工作体系的构建与实施”是首批北京高校思想政治理论课改革示范点10个项目之一。

（吴西亮）

【参与协同创新中心研究】 5月6日，北京高校中国特色社会主义理论研究协同创新中心授牌仪式暨中国特色社会主义政治经济学创新发展论坛在中央财经大学隆重举行，学院院长刘冠军教授应邀参加授牌仪式，并在论坛上做了题为“‘科技—经济’一体化社会背景下马克思剩余价值理论的发展研究”的发言。

（吴西亮）

【召开学科建设暨马克思主义理论学科博士学位授权点预申报工作论证会】 12月14日，学院召开博士学位授权点预申报专家论证会。学校党委书记冯培、清华大学教授吴潜涛出席会议，学院领导班子成员、马克思主义理论二级学科点负责人等参加了会议。院长刘冠军介绍了马克思主义理论学科博士点预申报的准备工作情况。

（刘娟）

【举办“马克思主义理论专业研究生培养与就业质量暨北京高校思政课教改示范点建设”研讨会】 10月16日，学院举办“马克思主义理论专业研究生培养与就业质量暨北京高校思政课教改示范点建设”研讨会。校党委书记冯培、副书记孙善学出席本次会议。受邀返校参加建校60周年纪念活动的马克思主义理论专业的校友，学院院长刘冠军，党总支书记王银江，副院长李久林，学院部分教师和全体在校研究生，共计70余人参加了本次研讨会。

（刘娟）

教学工作

【召开本科期中教学检查学生座谈会】 5月6日，学院召开上半年本科教学期中检查学生座谈会。学院副院长李久林、教学秘书张颖，来自学校11个学院的16名学生代表参加了座谈会。11月9日，学院召开下半年本科教学期中检查学生座谈会。学院院长刘冠军、党总支书记王银江、副院长李久林、教学秘书张颖，来自学校12个学院的19名学生代表参加了座谈会。

（张颖）

【举办上半年教学展示活动】 5月11日，学院举办了教学展示活动。院长刘冠军、党总支书记王银江、副院长李久林及学院教师参加了活动。中国近现代史纲要教研室教师成林萍、马克思主义中国化教研室教师梁玉秋，每人进行了20分钟的教学展示，分别为“洋务运动的兴衰”及“社会主义的根本任务是解放生产力和发展生产力”。

（张颖）

【举办国史国情知识竞赛】 6月8日，学院思想政治理论课实践教学中心举办了2016年国史国情知识竞赛决赛，财政税务学院2015级资产评估国际班张萌、周涵方、陈然获得一等奖；工商管理学院2015级工商管理1班金祺、郭静、江慧喆和金融学院2015级国际金融2班李宇晗、杨萱、胡婉林获得二等奖；金融学院2015级金融工程班王元豪、刘永政、许杞蕴和金融学院2015级保险精算班徐晨昊、赵子莹、张璨以及工商管理学院2015级市场营销国际班朱皓月、陈萱、朱函获得三等奖。

（张颖）

【召开本科期中教学检查教师座谈会】 11月16日，学院召开以“如何讲好思政课”为主题的教师座谈会。学院院长刘冠军、党总支书记王银江、副院长李久林、教学秘书张颖，王小莹、何绍铭、匡长福、汪朝晖、刘隽，来自5个教研室的教师代表参加了座谈会。李久林主持会议。

（张颖）

【教研室主任调整】 学院根据实际情况制定了教研室主任调整程序，最终产生新一届教研室主任，分别为：马克思主义基本原理教研室主任刘隽；马克思主义中国化研究教研室主任何绍铭；中国近现代史纲要教研室主任王峻；思想道德修养与法律基础教研室主任王小莹；形势与政策教研室主任王晓红；心理咨询与教育教研室主任苏世兰。

（吴西亮）

科研工作

【参加“纪念马克思诞辰198周年暨推进马克思主义学院建设与发展”研讨会】 5月5日，山东社会科学界联合会举办“纪念马克思诞辰198周年暨推进马克思主义学院建设与发展研讨会”，学院院长刘冠军教授出席大会，并做“‘大思政教学观’工作体系——思想政治理论课建设的‘首经贸模式’探索”专题学术报告。中央马克思主义理论研究和建设工程首席专家逄锦聚教授，山东省委高校工委、山东社科联、潍坊社科联、潍坊学院等领导以及来自全国20多所高校的马克思主义学院院长、专家、学者100余人参加了本次研讨会。会议围绕高校马克思主义学院建设、思想政治理论课建设、马克思主义理论学科建设和马克思主义理论教学、研究、宣传等重大理论与实践问题展开研讨。

（张颖）

【马克思主义学院2016年论文发表情况】 2016年，学院教师共发表核心期刊及以上论文8篇。

2016年马克思主义学院论文(核心期刊及以上)发表情况一览表

论文题目	作者	发表时间	发表刊物	刊物类型
基于北京高校“慕课”研究的大学生思想政治教育指向探究	冯培　黄勇(外)	2016-11-01	教学与研究	核心A,核心B,权威B
对坚持和巩固社会主义意识形态的再思考	匡长福	2016-05-20	思想理论教育导刊	核心A,核心B
中国人民抗日战争胜利的伟大意义	李久林　成林萍　刘一(学)	2016-01-07	思想理论教育导刊	核心A,核心B
“互联网+大外贸”发展新模式分析——对海尔探索外贸综合服务新模式的的调研与思考	周丽群	2016-04-20	国际贸易	核心A,核心B
“微时代”高校网络舆情引导探析	王颖	2016-12-15	探索	核心A,核心B
儒教宪政:牟宗三“新外王”说新解	王瑞昌	2016-07-05	天府新论	核心B
新中国成立前中国共产党持久抗战的经济解释述评	王文鸾	2016-09-01	宁夏社会科学	核心B
新媒体语境下增强高校思想政治教育话语权问题探析	王颖　杨转珍　侯广斌(学)	2016-12-20	理论导刊	核心B

（张颖）

【举办研究生学术坊暨“高端学术讲堂”系列活动】 5月25日，学院邀请学校党委书记冯培做题为“高校思想政治教育课题研究的三个关键点”的主题报告。学院全体在校研究生及部分外院师生参加了报告会，院长刘冠军教授主持报告会。6月14日，学院邀请教授吴潜涛做题为“学科建设的几点思考”的主题报告，学院全体在校研究生及部分外院师生参加了报告会。12月14日，吴潜涛做了题为“弘扬传统文化，构建精神家园”的主题报告，学院全体在校研究生及部分外院师生参加了报告会。

（刘娟）

【举办学术报告月系列活动】 学院举办第四届“学术报告月”系列活动。

2016年马克思主义学院第四届“学术报告月”系列活动情况一览表

序号	主讲人	题目
1	王银江	传承首经贸精神，共迎60年校庆

续表

序号	主讲人	题目
2	马景娜	树立党章意识,坚定理想信念
3	匡长福	当前我国思想理论高层热点问题综述
4	何绍铭	总结历史经验教训与中国特色社会主义理论的形成和发展年
5	谷军	现代化中的民主进程
6	连欢	民主革命时期毛泽东思想建党的特点
7	王小莹	民法总则(草案)立法评析
8	徐辉	心理健康是思想政治教育者的重要专业素质
9	汪朝晖	两岸关系的新形势与对策分析
10	李厚羿	马克思主义发展史中的几个重大问题
11	李丽娜	关于社会主义核心价值观若干问题的思考
12	王靖华	新媒体在反腐倡廉中的作用
13	刘隽	"爱智慧"与英国学院制大学教育——以牛津大学为例
14	王颖	法治中国的理论与实践
15	梁玉秋	习近平领导核心地位的确立——学习十八届六中全会公报
16	朱萌	政治发展理论与中国政治发展

（刘娟）

【出版《马克思主义学刊》】 学院主办的《马克思主义学刊》第1、2、3辑,分别于3月、6月、9月由首都经济贸易大学出版社出版,共收录了校内外高校教师及在读硕士研究生发表的共78篇文章。

（刘娟）

学生工作

【获首届"北京高校马克思主义理论研究生奖学金"】 12月30日,"2016年度北京高校马克思主义理论专业研究生新生奖学金、学术奖学金颁发仪式"在北京会议中心举办,学院2016级研究生张甜甜、吕春晓获颁马克思主义理论专业研究生新生奖学金。

（刘娟）

【举行2016级新生开学典礼】 9月9日,学院举行2016级新生开学典礼。学校党委书记冯培、学院院长刘冠军、党总支书记王银江、副院长李久林和全体研究生导师,以及2016级全体新生和部分老生代表共同出席了本次开学典礼,开学典礼由学院研究生团总支书记刘娟老师主持。

（刘娟）

【暑期社会实践】 6月27日—7月7日,学院社会实践小组分赴北京、天津、河北等地对12所高校相关学科的部门和研究生进行了问卷调查和现场采访。调研通过访谈和问卷调研的方式,对京内外12所高校马克思主义理论专业研究生就业及科技经济学实践教学的总体情况进行了深入的了解,从而更明确地比较各学校实施情况的差异。调研结束后,小组成员对问卷数据进行综合分析,并以调研报告的形式呈现研究成果。

（刘娟）

【举行2016年就业政策与流程解读会】 1月4日,学院召开2016年就业政策与流程的解读会。特邀大学生就业指导办公室教师付蕾进行系统讲解,学院研究生班主任刘娟以及学院全体在校研究生参加了解读会。

（刘娟）

党建工作

【党总支换届选举】 12月21日，学院举行党员大会，应到会党员56名，因病因事请假3名，实到会53名。大会由上届党总支宣传委员苏世兰主持，党委组织部副部长刘威参加党员大会。上届党总支书记王银江以“大力加强思想政治理论课建设，培养中国特色社会主义事业建设者和接班人”为题，代表总支委员会做工作报告。组织委员张晓萍做党费收缴、管理、使用情况报告。按照《中国共产党基层组织选举工作暂行条例》和北京市委的有关规定，经与会党员充分酝酿讨论，根据多数党员的意见确定9名候选人之后，采用无记名投票差额选举的办法，选举产生了中共首都经济贸易大学马克思主义学院总支部委员会7名委员（按姓名拼音排序）：李久林，刘冠军，王颖，王银江，吴西亮，杨春风，张晓萍。中共首都经济贸易大学马克思主义学院总支部委员会召开了第一次全体会议，应到会委员7名，实到会委员7名，以无记名投票等额选举的办法，选举产生了中共首都经济贸易大学马克思主义学院总支部委员会书记。会议确定了7名总支委员的分工。

（吴西亮）

【党支部换届选举】 学院党总支完成了党支部换届工作。原思修支部与心理学支部合并为思修与心理学党支部。新任支部书记分别为：马克思主义基本原理教研室党支部书记杨春风、马克思主义中国化教研室党支部书记张晓萍、中国近现代史纲要教研室党支部书记匡长福、形势与政策教研室党支部书记汪朝晖、思修与心理学教研室党支部书记王颖、学生支部书记刘娟、东区退休支部书记迟建华、西区退休支部书记邓向东。

（吴西亮）

【“两学一做”系列活动】 6月28日，学校党委副书记孙善学为马克思主义中国化教研室党支部讲授“如何做一名合格的共产党员”专题党课。此外，党委宣传部部长邸燕茹、离退休处处长翟连琦、档案馆馆长徐彦红分别参加了形势与政策教研室党支部、思想道德修养与法律基础教研室党支部、中国近现代史纲要教研室党支部的集体学习，并对支部开展“两学一做”学习教育活动进行了指导。同时，院长刘冠军于7月13日为学院全体师生党员讲授巡回党课，学院教师为学校二级单位讲授了22场题为“坚定‘三个自信’，增强‘四个意识’，做合格共产党员”的巡回党课。此外，学院党总支组织学院师生党员13人赴国家大剧院观看原创歌剧《方志敏》。

（张萍 吴西亮）

【毕业生党员参加党课】 5月25日，学院研究生党支部邀请学院党总支书记王银江为毕业生党员上毕业党课。

（吴西亮）

【开展“建党95周年 我们携手聚集在党旗下”主题党日活动】 6月1日，学院研究生党支部联合北京物资学院经济学院经济学专业学生党支部开展主题为“我们携手聚集在党旗下”的主题党日活动。北京物资学院经济学院经济学专业学生党支部书记夏蓓及部分学生党员、首都经济贸易大学组织员马景娜、马克思主义学院研究生党支部书记刘娟及马克思主义学院在校研究生党员及入党积极分子参加了本次活动。活动由研究生党支部副书记秦烨同学主持。

（刘娟）

【研究生党支部召开党员转正大会】 7月6日，学院研究生党支部召开党员转正大会。学院党总支书记王银江、学校组织员马景娜、学院研究生党支部书记刘娟、全体在校研究生党员及入党积极分子参加了本次大会。会议由刘娟老师主持。

（刘娟）

【开展“追寻历史印记 传承爱国情怀”支部活动】 7月6日，学院研究生党支部成员与入党积极分子在党支部书记刘娟的带领下来到圆明园遗址公园，组织开展主题为“追寻历史印记，传承爱国情怀”的党支部活动。

（刘娟）

【组织2016级新生及学生党员参观国家博物馆“复兴之路”展览】 9月14日下午，学院研究生党支部及研究生会组织2016级新生及学生党员、学会会员一行22人赴国家博物馆观看“复兴之路”大型展览。

（刘娟）

【开展2016级新生入党教育及发展培训活动】 9月23日，学院研究生党支部举行针对2016级新生的入党教育活动，由学校组织员马景娜主讲，学院研究生党支部书记刘娟主持。

（刘娟）

【开展“铭记红色历史，延续长征精神”主题党日活动】 11月25日，学院研究生党支部与启承青年马克思主义协会联合开展了“铭记红色历史，延续长征精神”的主题党日活动，学院研究生党支部书记刘娟及2015级和2016级全体研究生党员和积极分子参加了此次活动。

（刘娟）

【召开学生党员发展大会】 12月27日，研究生党支部召开了党员发展大会，学院党总支书记王银江、学校组织员马景娜、学院研究生党支部成员、学生党员及入党积极分子参加了本次大会。会议由刘娟主持。白翔宇、崔俊、郭明睿、齐丽、闫旭晖5人通过选举发展成为预备党员。

（刘娟）

【开展共产党员献爱心活动】 根据北京市委教育工委的统一部署，学院党总支于6月20日—7月11日组织开展了2016年“共产党员献爱心”活动。截至7月11日，共有7名党员捐献1 000元。捐献款额已上交学校党委组织部。

（刘娟）

【举办思政课非党员教师座谈会】 12月28日，学院党总支首次召开了以“学习重要讲话，谋学院发展——学习习近平总书记在全国高校思想政治工作会议上的重要讲话精神”为主题的思想政治理论课非党员教师座谈会。会议由学院党总支统战委员、院长刘冠军主持，学院领导和部分非党员教师参加了座谈会。

（吴西亮）

【召开教职工大会】 1月13日，学院举行了第一届教职工大会暨民主管理大会第四次会议。大会由学院分工会主席周宇宏主持。院长刘冠军做了学院工作报告；办公室主任吴西亮做了学院财务工作报告；分工会主席周宇宏做了分工会工作报告。吴西亮就新修订的《马克思主义学院年度考核及优秀评选试用办法》、《马克思主义学院科研之星、教学之星、服务之星评选试用办法》以及《马克思主义学院考勤管理制度（试行）的相关解释与修订》中的一些内容做了说明。经过教师们的审议和表决，大会通过了学院工作报告、学院财务工作报告、学院分工会工作报告，大会通过了《马克思主义学院年度考核及优秀评选试用办法（2016修订版）》《马克思主义学院科研之星、教学之星、服务之星评选试用办法（2016修订版）》《马克思主义学院考勤管理制度（试行）的相关解释与修订》。12月21日，学院召开了全体教职工大会，对《马克思主义学院教师职务聘任实施细则》（审议稿）进行表决。大会以举手表决的方式通过了《马克思主义学院教师职务聘任实施细则》（审议稿）。本次会议由学院分工会主席吴西亮主持。

（刘娟 吴西亮）

【举办纪念红军长征胜利80周年知识竞赛】 11月2日下午，为了纪念中国工农红军长征胜利80周年，学院分工会组织了一场“纪念红军长征胜利80周年知识竞赛”，学院教师参加了竞赛。竞赛的题目涉及红军长征的原因、过程以及长征期间发生的重大事件等史实和细节，内容丰富，突出了知识性和思想性。

（刘娟）

工会工作

【工会换届工作】 王小莹、汪朝晖、匡长福、吴西亮当选为校双代会代表。吴西亮、王靖华、刘娟当选为工会委员，吴西亮为学院分工会主席。

（吴西亮）

【举办退休教师新年团拜会】 12月21日，学院举行退休教师新年团拜会，13名退休教师与学院党政工会领导欢聚一堂，共同畅谈2016年的收获，共同期盼即将到来的2017年学校与学院的进一步发展以及老同志们的身体康健、生活幸福。

（吴西亮）

国际经济管理学院

概　况

国际经济管理学院成立于 2012 年 9 月，学院以建设世界一流的经管学院为发展目标，定位为“国际人才培养、高端科研产出、海外人才聚集、创新开放引领”的高端平台。学院吸引具有海外学习经历的中青年学者加入，进行国际化教学实验，争创高水平科研成果。学院 90% 以上的教师具有欧美博士学位，全部课程采用先进的欧美教学方式进行全英文或双语授课。

国际经济管理学院承担着本科生与研究生的培养与教学任务，并设置本科专业 1 个，即金融学（金融经济）；设置研究生专业 1 个，即数量经济学（金融计量）专业。金融学（金融经济）注重培养学生应用定量方法分析并解决经济方面的问题，特色体现在独有的课程体系、广泛的国际合作和灵活的人才培养模式等方面。数量经济学（金融计量）专业的特色体现在以培养学术型、科研型人才为目标，以出国深造、就读国内外名校研究生及参加本校硕博连读项目为主。学院参考国内外知名大学的教学培养方案，教学全程采用英语原版教材，全英文或双语教学。学院凭借教师的海外学术背景，同时立足本土，培养具有经济学系统知识，能运用现代经济学分析方法研究和解决实际问题的高素质国际化人才。

学院下设 5 个教研组，包括宏观经济学教研组、微观经济学教研组、计量经济学教研组、应用经济学教研组、金融管理学教研组。

2016 年，学院共有教职工 38 人，其中，专职教师 35 人，行政管理人员 3 人。全职双轨制教师共 35 人，其中，非常任轨教授 1 人，非常任轨副教授 12 人，助理教授 22 人，90% 以上拥有美国、加拿大、荷兰、德国等国家的博士学位。学院聘请美国普林斯顿大学教授范剑青、美国德州农工大学教授李奇、英国伦敦经济学院教授姚琦伟为特聘教授；聘请美国斯坦福大学教授萧政、美国西北大学教授陈宇新、美国德州农工大学教授黄建华为兼职教授。范剑青是美国普林斯顿大学运筹与金融工程系主任，国际数理统计学会（IMS）主席、国际泛华统计学会主席、《计量经济》（*Econometrics Journal*）主编，金融统计学界的领导者，台湾“中央研究院院士”，并入选首批中组部“千人计划”。姚琦伟是英国伦敦政治经济学院教授，在多家知名统计学杂志担任副主编和联合编辑，国际统计协会（ISI）选举会员，皇家统计学会、国际数理统计协会、美国统计协会荣誉会员，并入选中组部“千人计划”。

（刘文川　金湜）

师资队伍建设

【人才引进】 学院共引进海外博士 2 人，其中男 1 人，女 1 人；专业分布在计量经济学、金融学；年龄均在 35 周岁以下。目前，国际经管学院已形成一支队伍结构合理、科研水平较高的学术团队。

（刘文川）

【教师考核】 6 月，学院严格按照学校人事部门的工作要求和工作流程推进各项工作，成立由学院院长李奇、常务副院长刘文川组成的考核小组，对 2012 年，2013 年，2014 年及 2015 年入职的 33 位教师的教学和科研任务进行了年终考核。

（金湜）

教学工作

【本科招生与录取】 学院金融学（金融经济实验班）共录取本科新生 56 人，其中，外培学生 10 人。考生全部为理科生，其中，京外生源 9 人，京内生源 47 人，京内非外培生录取最高分数 615 分，最低分数 590 分。

（侯蕾）

【本科优秀新生转专业】 按照学校教务处的统一要求，学院设立本科优秀新生转专业工作小组，领导和实施本年度本科优秀新生转专业工作。学院通过严格的面试考核程序对申请学生的学业基础、语言能力和综合素质进行全面考察，最终接收转专业学生 7 名，并顺利完成转专业学生的学分转换工作。

（侯蕾）

【继续实施“外培计划”】 北京高等学校高水平人才交叉培养“外培计划”自 2015 年 7 月实施以来，学院作为首批参与院系积极与美国德州农工大学开展合作，选送本科生赴美学习。学院 2014 级有 5 名学生通过在校生遴选方式于 2015 年 9 月成功派出，2016 年 7 月学成回国，学院顺利完成所有派出学生回国后的学分转换工作。2015 年，学院以“招生计划定向投放”方式录取“外培计划”学生 8 人，2016 年 9 月成功派出 6 人。2016 年，学院以“招生计划定向投放”方式录取“外培计划”学生 10 人，学院定期召开“外培”学生辅导会，了解学生的思想和心理动态，督促学生的英文和专业学习，指导学生准备留学申请，组织不同年级外培生交流等。

（侯蕾）

【成立教学管理工作组】 学院将本科教学管理工作细分成 5 个模块，相应成立 5 个工作小组进行分工管理，分别是：素质类实践教学工作小组、实习类实践教学工作小组、教学制度与学风教育工作小组、听课与教学评价工作小组、学科竞赛与科研项目工作小组，基本形成了由教学办公室、教研室和教学管理工作小组构成的管理架构，保障了教学管理工作的有序运行，同时，全体任课教师均参与了教学管理工作，能够及时发现问题并集中智慧探讨解决方案，提升了管理水平。

（侯蕾）

【完善教学管理规范】 由学院全体教师参与研讨，教学办公室和各教学管理工作小组共同起草制定了《国际经济管理学院教学工作量试行办法》《国际经济管理学院课堂教学听课实施办法》《国际经济管理学院素质类教学实施办法》《国际经济管理学院实习工作实施办法》等一系列相关制度文件，并由学院本科教育教学指导委员会和全院教师大会通过后实行。

（侯蕾）

【组织教学管理制度和学术道德规范讲座】 针对日常课堂和实践教学中任课教师反映的问题，学院教学制度与学风教育工作小组对全院 3 个年级的本科生分别举办教学管理制度和学术道德规范宣讲，对学生日常学习过程中可能出现的问题及所涉及的学校规章制度进行重点讲解，督促学生提升规则意识，规范和约束自己的行为，要求学生主动参与教学活动，正确对待考试成绩和处理师生关系，加强时间管理，培养良好的学习习惯，同时着重加强学术道德规范和学风教育。

（侯蕾）

【组织院内听课】 学院建立了院内听课制度，并由听课与教学评价工作小组对听课工作做出统一安排。学院所有教师均参与听课，所有课程均有至少两名教师听课并评价，以此督促教师之间相互学习，互相借鉴，加强教学研讨。

（侯蕾）

【科研项目申报及审核】 学院共有 3 组同学申报大学生科研创新项目，包括 1 个校重点项目，2 个校一般项目，同时校重点项目入选国家级大学生科研创新项目。学院顺利组织了中期答辩工作，评审组教师为学生提出了中肯的意见与建议。

（侯蕾）

【学科竞赛指导】 学院选择了数学统计建模类、注会类、商务案例与模拟商务环境类 3 类竞赛对参赛学生做重点辅导。根据竞赛的内容和特点，为参赛学生配备学科背景适合的指导教师，在赛前对学生进行专门辅导。

（侯蕾）

科研工作

【概况】 学院致力于推动教师做原创性和先进性的研究，鼓励教师在国内外高水平学术期刊上发表论文。学院教师在经济与统计评论（*Review of Economics and Statistics*），计量经济学杂志（*Journal of Econometrics*），博弈与经济行为（*Game and Economic Behavior*），和商业与经济统计学杂志（*Journal of Business and Economic Statistics*）等国际著名英文学术期刊上发表多篇论文。2016 年，学院教师承接了国家自然科学基金 5 项，省部级课题 1 项。2016 年，国际经管学院共举办学术论坛 23 场次。2016 年，学院共有 27 篇高水平论文发表或被接收。其中，国际 A 类期刊收录 8 篇，国际 B 类收录 6 篇，国际 C 类及 SSCI 检索收录 12 篇，并在国内权威 B 期刊上发表文章数篇。

【ISEM 学术论坛】 国际经管学院共举办学术论坛 23 次。

2016 年国际经管学院举办学术论坛情况一览表

序号	时间	主题	主讲人	主要内容
1	4 月 27 日	Heterogeneous Households, Mortgage Debt and House Prices over the Great Recession	中央财经大学金融学院助理教授张莉妮	This paper studies the contractions in the US housing market and the real economy in the great recession. The decrease of aggregate productivity accounts for the declines in aggregate output, consumption, investment, labor hours as well as part of the drop in housing production and demand
2	5 月 16 日	Intergenerational Top Income Mobility in Taiwan	武汉大学助理教授庄额嘉	In this paper, we use income tax data in Taiwan to investigate the intergenerational income mobility, i. e. how do parents transmit the income to their children? Especially, we focus on the income mobility of the richest 10% to 0.1% of parents
3	5 月 17 日	Modes of Foreign Bank Entry and Domestic Bank Efficiency: Evidence from China	上海交通大学安泰经管学院副教授何振宇	This paper examines the effects of foreign bank entry on efficiencies of domestic banks based on a sample of 113 Chinese banks over the period 2002—2013. We construct two bank – specific measures of exposure to foreign banks, namely branch presence and minority equity ownership, and test whether these two types of foreign bank exposure affect the efficiencies of domestic banks
4	5 月 18 日	Inflation ' s Role in Optimal Monetary – Fiscal Policy	中国人民大学助理教授周璇	We study how the maturity structure of nominal government debt affects optimal monetary and fiscal policy decisions and equilibrium outcomes in the presence of distortionary taxes and sticky prices
5	5 月 19 日	Trade Liberalization, Demand, Markups of Multi – Product Firms	上海财经大学国际工商管理学院副教授樊海潮	This paper studies how multi – product firms reallocate resources across product and destination market via adjusting markups during trade liberalization and how this resource reallocation depends on product demand
6	5 月 25 日	The Impact of High – Speed Rail Investment on Economic and Environmental Change in China: a Dynamic CGE Analysis	俄亥俄州立大学助理教授陈振华（音）	This study investigates the impact of high – speed rail investment on the economy and environment in China using a computable general equilibrium (CGE) model with a focus on the period 2002—2013
7	5 月 26 日	How does the School Starting Age Affect Cognitive and Non – cognitive Skills? ——Evidence from China and a New Measure of Leadership	伊利诺伊大学香槟校区博士候选人徐建峰（音）	Using new survey data collected from 77 schools in a county in China, I analyze the effects of school starting age on students' cognitive and non – cognitive skills

续表

序号	时间	主题	主讲人	主要内容
8	6月1日	Regulation, Innovation, and Selection: the Porter Hypothesis Revisited	中央财经大学助理教授周默涵	The Porter Hypothesis posits that well – designed environmental regulations stimulate innovation, which could leads to efficiency gains or perhaps profitable opportunities for regulated firms
9	6月27日	Empirical Industrial Organization and Econometrics	伦敦玛丽王后大学教授伊曼纽尔·盖尔	Methods and theories of nonparametric identification and inference for auctions, optimal nonparametric testing and inference for recurrent/unit root processes
10	6月28日	Does the Public Sector Provide Police Service Inefficiently?	杜兰大学助理教授龙威	Does the public sector provide police service inefficiently? This paper addresses this question empirically by examining whether the anti – crime program French Quarter Task Force (FQTF) in New Orleans is managed less efficiently by the public sector than by the private
11	6月30日	An Iteration Approach to Quantile Regression for Panel Data model with Interactive Effect	华中科技大学经济学院教授杨继生	
12	7月2日	Financial Markets with Information Frictions	多伦多大学副教授杨立岩	
13	7月7日	Price Roundness and Price Rigidity	德州农工大学副教授陈海鹏(音)	
14	9月28日	City Size, Regional Market, and Firm Productivity for Manufacturing in China	首都经济贸易大学国际经管学院助理教授牛毅	The theoretical model on firm selection predicts that firms in large cities/markets will face tougher competition so that only firms with higher productivity can survive there. Like agglomeration effects, firm selection raises the average productivity. Unlike agglomeration that does not make productivity distribution less dispersed, firm selection does
15	10月20日	Maxmin Implementation through Mixed Equilibria	首都经济贸易大学国际经管学院副教授刘知微	In an environment that has at least three players and satisfies Economic, mixed maxmin incentive compatibility and mixed maxmin monotonicity are necessary and sufficient for a social choice set to be fully maxmin implementable in mixed strategies. Our incentive compatibility and monotonicity notions differ from Serrano and Vohra's (2010) Bayesian incentive compatibility and mixed Bayesian monotonicity respectively

续表

序号	时间	主题	主讲人	主要内容
16	10 月 26 日	Two – Sided Matching with Appointment Schedule	九州大学助理教授许嘉玲(音)	This paper studies a two – sided many – to – many matching problem, where agents on the opposite sides need to schedule for appointments. A unique feature in this model is that if an agent uses a time slot for an appointment with another agent on the other side, that time slot cannot be used for meeting any other agents
17	10 月 27 日	Fixed – effects dynamic spatial panel data models and impulse response analysis	首都经济贸易大学国际经管学院教授李鲲鹏	This paper considers using high order spatial lags and high order time lags to model complicated correlations over cross section and time. We propose to use the quasi maximum likelihood (QML) method to estimate the model
18	11 月 2 日	Does Enhanced Job Security Facilitate Corporate Innovation? International Evidence	国际经济管理学院助理教授张正宜	This paper assesses the effect of changes in job security on corporate innovation activities. Across 20 non – US countries domestic firms' innovation (both in quantity and quality) decreases if their country's employment protection law (EPL) is strengthened
19	11 月 9 日	New Clinical Information and Physician Prescribing: How do Pediatric Labeling Changes Affect Prescribing to Children?	中央财经大学助理教授尹妮娜(音)	This paper investigates the impact of pediatric clinical studies and labeling changes, induced by 1997 pediatric exclusivity provision, on the physician's prescribing of pediatric drugs
20	11 月 6 日	Capital in Transition: Housing and Sectoral Reallocation in the Long Run	国际经济管理学院助理教授杨欣桐	This paper studies the sectoral allocation of capital between housing and non – housing sectors using a two – sector general equilibrium model in a neoclassical growth environment
21	11 月 30 日	China as a "Developmental State" Miracle: Industrial Policy and Productivity Growth	对外经济贸易大学副教授毛捷	产业政策对中国经济增长的影响及其差异特征
22	12 月 7 日	Dynamic Responses of Real Output to Financial Spreads	首都经济贸易大学国际经管学院助理教授黄宇凡	Financial spreads can signal future output growth as the real output reacts to changes in the financial spreads. Simple predictive regressions reveal that a term spread shock has long – lasting positive effect on output, while a credit spread shock pulls down output just briefly

续表

序号	时间	主题	主讲人	主要内容
23	12月14日	Network Effect and Multi - Network Sellers' Dynamic Pricing: Evidence from the US Smartphone Market	佐治亚大学助理教授罗蓉	This paper studies the carriers' pricing strategy in a two - period, two - OS theoretical model. I then estimate a structural model of consumer demand and telecom carriers' dynamic pricing game for two - year contract smartphones, using product level data from August 2011 to July 2013 in the US

（李红军）

【提升学校科研影响力】 学院发表国际期刊论文数量保持强劲势头，A类期刊发表数量持续增长，在A类期刊上的发文表现对第四轮学科评估的结果产生重要影响。学校在经济学科（0201理论经济学、0202应用经济学）的A类国际期刊共发表论文15篇，全国排名第5位（国内前四名分别是上海财经大学、厦门大学、清华大学、北京大学），世界排名第114位。

（金湜）

学生工作

【概述】 学院学生工作内容充实、覆盖面广，学生活动的各项工作进展顺利，组织机构逐渐健全，规章制度更加完善，学生活动丰富多彩，工作内容覆盖全面，工作开展细致深入，取得了良好的教育效果，搭建了高效的师生交流平台，增强了学生对学校、学院和专业的认同感和归属感，为学院学生教育各项工作深入开展奠定了良好的基础。

（高静）

【加强学生党员理论学习】 学院学生党员重点围绕习近平总书记系列重要讲话、十八届六中全会精神、党的群众路线教育以及三严三实等内容进行学习。学习中采取支部集中学、视频专题讲座、交流研讨、网络在线学习，邀请马克思主义学院专业教师为学生党员讲授巡回党课等多种形式开展学习，进一步提高了学院学生党员的党性修养。同时，对学院学生继续开展社会主义核心价值观、社会公德、个人品德教育，注重培养公道正派的思想品德，健康向上的思想情操，积极进取的人生态度，无私奉献的精神境界。

（高静）

【“两学一做”主题党日系列实践】 学院学生党员先后参观了首都经济贸易大学城市运行与应急管理实验中心、文传学院传媒实验教学中心、气膜图书馆和校史馆，大家充分了解学校发展，增强学生的归属感；组织党员学生参观北京市红色文化博物馆（宋庆龄故居等），组织党员学生到影院集体观看红色电影《百鸟朝凤》，让党员们亲身领略我国优良文化传统和文化遗产，大家被老一辈的精神信仰所深深折服，更加坚定了理想信念，提高了党性觉悟。

（高静）

【“学党规党章”主题党日学习】 5月25日，学院全体学生党员开展了“学党规党章”主题党日活动。活动中，党员们坚持原原本本地学，原汁原味地读，逐篇研读，逐句琢磨，在深化学习中深刻领悟，提高了理论水平。通过学习心得交流，进一步提高了学生党员们的思想认识，筑牢思想政治基础，把全面从严治党的要求落实到每名党员。

（高静）

【学生党员先锋工程】 学院继续开展学生党员以同辈教育促学业等“学生党员先锋工程”活动，深入实施“成才表率”培育计划、“服务先锋”行动计划，抓好“助学零距离”、学生党员责任区对接等工作，促使学生党员进一步增强使命感和责任感，发挥党员先进性。针对学生入党积极分子，采用党建微信公众号、网络在线学习等现代化信息手段，让党的新政策、新理论、新思想能够以更快的速度、更广的覆盖面在入党积极分子内迅速普及；针对普通学生，以“党员先锋工程”和六个一百为抓手，以红色“1+1”活动、党员联系党外青年教师、党员教师联系非党员学生、高年级学生联系低年级学生等活动为纽带，进一步增强党员的党性意识和模范带头作用，全力创建服务型党组织，教育引导广大党员、教职员工和学生，从而做好思想引领。

（高静）

【红色“1+1”首经贸附小支教活动】 10月起，学院志愿者服务团积极与首经贸附小建立联系，开展主题为“零钱灵用”的系列支教活动。学院学生充分发挥金融、经济、会计等专业优势，为首经贸附小的同学们讲授生活中的金融常识，帮助他们树立较为正确的金钱使用观念。

（高静）

【十八届五中全会会议精神宣讲】 1月21日，国际经济管理学院学习实践十八届五中全会精神宣讲团来到西城区环卫局渣土管理所，与该所的青年团员代表共同开展了“十八届五中全会会议精神学习座谈会”，讨论彼此学习会议精神的心得体会。寒假宣讲团使同学们对十八届五中全会的会议精神有了更加深入的了解，同时也有利于同学们沟通能力的提升。

（高静）

【参观长征胜利80周年主题展览】 11月6日，学院组织参观了“英雄史诗，不朽丰碑——纪念中国工农红军长征胜利80周年主题展”。每一件展品都具有纪念意义，无一不展现着红军艰苦的生活条件，同时也体现着红军精神。通过参观，同学们更深刻地认识到，今天我们正在进行改革开放和社会主义现代化建设的伟大征程，面对未来，面对挑战，一定要不忘初心，砥砺前行，走好新的长征路。

（高静）

【主题团日活动】 为发挥广大团员青年的主观能动性，学院直属团支部一如既往地鼓励并支持每个团支部开展不同特色的团日活动。通过团日活动，团员青年可以主动加深对团组织的认识，提高思想觉悟。

（高静）

【招生咨询】 6月19日，学校举办2016高考招生咨询校园开放日活动。学院直属党支部书记刘文川以及高静、侯蕾、李红军、黎菁、金湜和雷露等老师参加了本次招生宣传活动。国际经济管理学院国际化全英文授课的办学特色吸引了一大批考生及家长。家长及考生的问题大致集中在专业特色，与金融学院金融专业的区别，未来就业方向，以及分数线，招生比例、排名等问题上，老师们耐心细致地进行了解答。

（高静）

【迎接新生】 9月3日早上8点，学院第一位新生报到，负责老师和新生班助、学生会干部细心地把所有物料准备齐全，交给新同学，又耐心地帮助他们完成了接下来的报到与注册。当天共有56名本科生、15名研究生报到注册，为学院注入了新鲜血液。

（高静）

【新生开学典礼】 9月3日下午，学院2016级本科及研究生新生开学典礼暨家长会在博学楼第二阶梯教室举行。学院直属党支部书记兼常务副院长刘文川教授、院长助理侯蕾、李红军、办公室主任金湜、直属团支部书记雷露，新生班主任张正宜、杨欣桐、徐敬尧，以及全体2016级本科生、研究生新生出席了本次活动。开学典礼由副院长高静主持。

（高静）

【新生破冰班会】 9月5日上午，学院在博学楼第五阶梯教室召开“小天使在行动”——新生破冰班会，旨在搭建新生感情交流平台，消除彼此间的陌生感，使新生能够更快更好的适应大学生活。2016级新生班班主任、新生班助以及全体新生参加了本次班会。

（高静）

【组织新生参观校史馆】 10月17日晚，学院2016级本科生新生和研究生新生以及学生干部代表共同参观了位于博远楼的校史馆。此次活动丰富了同学们对学校历史发展的认识。

（高静）

【迎新晚会】 10月30日，为了迎接2016级全体新生，展现国际经济管理学院莘莘学子的别样风采，学院举办了“Hello Angles 天使守护夜暨新生迎新晚会”。学院书记刘文川，副院长高静、副院长李红军、导师组代表及团支部书记雷露、学生辅导员徐敬尧、2016级新生班主任等出席了晚会。整个晚会精彩纷呈，掌声不断，表演形式丰富。晚会不仅为同学们提供了展示才艺与个性的舞台，更为同学间的友谊打下了良好的基础。

（高静）

【“新生引航”辅导之出国经验分享】 3月16日，学院邀请了学院张婷婷、周子彭、李晓凤3位教师，与同学们分享了在美国、加拿大、香港留学的经验及感受,这也是新生“引航”系列辅导的重要组成内容之一。分享会帮助同学们对留学树立起了较为直观的感受,建立了对此方面的基本认识,较早着手制定适合自身发展的学涯规划。

（高静）

【“新生引航”辅导之校园设施】 10 月 26 日晚,班导生郭麟枫在慎思楼 524 教室为学院全体大一学生进行了有关校园设施如何使用的辅导。郭麟枫详细地向同学们介绍了学校的软、硬件设施,让同学们对学校以及校园周边环境有了更深入的了解,同学们都认真倾听了此次讲座。

（高静）

【“新生引航”辅导之学习管理】 11 月 9 日晚,班导生庞博在慎思楼 524 教室为学院全体大一学生讲解了如何统筹安排学习时间,帮助新生做好时间管理。通过本次朋辈辅导,新生对大学的学习生活有了更为立体的了解,从而能够为今后的学习生活做统筹规划。

（高静）

【“新生引航”辅导之情感管理】 11 月 23 日晚,班导生李一帆在慎思楼 524 进行了情感管理辅导讲座。通过分享自己的体会,着重讲解了如何处理好两个关系:一是自我意识膨胀和父母事事关心的关系,二是学习工作和个人情感的关系。这两个关系的讲解为同学们今后的成长保驾护航。

（高静）

【就业培训】 7 月 11 日上午,学院邀请了学生处副处长、就业指导中心主任姜蓓蓓为学院学生工作相关教师做就业政策培训。副院长高静、办公室主任金湜、教学秘书雷露、兼职辅导员徐敬尧参加了培训。姜蓓蓓在培训中强调了“户口”“档案”在学生就业中的重要性,围绕“干部身份”的概念,详细介绍了就业工作的时间轴,解答了就业工作中三方协议、派遣证、户口接收函、转正定级等相关知识的概念特点,针对京内、京外生源的不同情况举例说明了就业工作对学生个人生活的意义及影响,以及在就业工作中碰到户档分离、违约改派等特殊情况的处理方法,为学院就业工作明确了思路,使老师们获益匪浅。

（高静）

【举办简历制作主题辅导讲座】 3 月 28 日,举办了“简历—成功求职的敲门砖”的主题辅导讲座,特别邀请了学生处副处长姜蓓蓓老师担任主讲嘉宾,为同学们详细讲解了如何制作简历。讲座帮助同学们认识到自己简历中存在的问题,以及如何制作一份合格的简历,为同学们可以获得更好的实习与工作机会奠定了基础。

（高静）

【金融专业与职业生涯规划指导讲座】 10 月 12 日,学院举办了“金融专业与职业生涯规划指导”讲座,学院特别邀请金融教研组的黎菁和庞蔡吉两位教师为全院学生深入透彻地分析了金融专业的形势,让同学们对专业有了更深层次的了解。

（高静）

【研究生学涯规划交流会】 5 月 12 日举办了主题为“研究生学术坊系列活动之学习生涯规划与留学指导交流会”的讲座。教师对研究生出国与申请的情况做了深入细致的介绍,如如何写好自己的英文简历、推荐信以及网申注意事项等,有效帮助同学们进行系统的梳理。

（高静）

【实习经验交流会】 9 月 6 日,学院研究生会举办了研究生实习交流会。本次交流会邀请高年级同学讲述了自己的实习经历、心得体会以及面试的经验,涉及券商、基金、信托、会计师事务所等与专业相关的行业。交流会帮助同学们加深了对某些行业的了解,在帮助他们明确寻找实习方向上发挥了较好的作用。

（高静）

【学生会与研究生会建设】 8 月下旬,学院学生会和研究生会干部人选的选拔推荐工作已基本完成,两个学生组织进入试运行阶段。9 月初,学院搭建起学生工作微信推送平台,为学生及时推送学院与学校的重要通知和新闻。10 月 19 日下午,“国际经济管理学院第二届干部聘任仪式”在诚明楼 315 会议室召开。学院副院长高静、直属团支部书记雷露、兼职辅导员徐敬尧出席了会议。学生会、研究生会、志愿者服务分团均平稳地完成了换届工作,同时部分学生组织结构得到了进一步完善,部门更加齐全,分工更加明确,有利于学生工作更好地开展。此外,学院还分别成立了由各班班主任组成的工作群,实行定期例会制,以更好的落实学校和学院的通知与办法，及时了解和解决学生反馈的问题。

（高静）

【学业辅导中心】 为了把指导学生学业发展与引领学生思想成长结合起来，统筹学院教育教学资源，健全工作体制机制，全面推进学业辅导工作，帮助学生顺利完成学业、健康成长成才，根据学校《关于制定学院学业辅导中心工作方案的通知》，制定了《国际经济管理学院学业辅导中心工作方案》，挂牌成立了国际经济管理学院学业辅导中心。学院建立由主管学生工作副院长负责，教师、学生以及学生组织协同推进的学业辅导工作机制。建立学院学业辅导中心，负责学业辅导工作的总体设计、统筹协调、条件保障、考核评估等日常工作。

（高静）

【心理健康教育工作小组】 学院学生工作关注学生心理健康教育与辅导，成立学院学生心理健康工作小组，对学生进行重点关注与广泛引导相结合的教育模式。

（高静）

【学生会全体例会】 9 月 27 日晚，学院学生会在慎思楼 510 教室举办“学生会破冰”活动，希望能够帮助学生会新成员更好地了解、融入学生会之中。出席本次活动的有学生会主席、各个部门部长和每个部门新加入的成员。

（高静）

【学生组织完善例会制度】 学生组织不仅顺利地完成招新、换届相关工作，同时各学生组织也逐步建立或完善了例会制度。通过定期召开例会的形式，有利于学生组织各部门梳理并交流工作，使各组织更有效率的运行。

（高静）

【团干部培训】 学院直属团支部团干部队伍继续注入新鲜的血液。为使团干更好地开展院内、班级等团事务，对团干组织了相关培训，帮助其正确认识共青团组织、团干部工作的主要内容等。同时，为了学院公众号日常良好的维护，直属团支部宣传部还组织了多次微信公众号推送制作、修图技术等不同模块的培训。

（高静）

【研究生学生干部培训】 11 月 18 日—20 日，学院选派两名研究生会干部参加了研究生部组织的研究生干部代表培训活动。活动鼓励研究生干部充分交流，相互学习，共同成长。和外院研究生干部的沟通与交流，有利于学院学生干部学习兄弟学院的优秀工作经验，不断成长。

（高静）

【营造“两学一做”学习教育氛围】 学院充分运用学院网站、微信、橱窗等宣传形式，营造人人了解、人人关注“两学一做”学习教育的浓厚氛围，开展典型教育，鼓励引导学生党员学习身边先进典型，用身边事激励身边人，教育广大学生党员筑牢宗旨意识。

（高静）

【精心运营学院微信公众号】 学院运行着两个微信公众号“青春 ISEM ”和“CUEB 国际经管学生会”。两个微信公众号不仅发挥着思想引领的作用，还起到了为广大青年同学服务、展示广大青年同学风采的作用。同时，两个公众号共同运行的机制也在不同的宣传团队中起到了良性的竞争作用。大家不断学习新的技术，提升自己的能力，同时也越来越注重对新加入团队同学的培训工作，注重工作精神和理念的传承，致力于打造服务于同学的精品公众号。

（高静）

【完善新闻稿投稿制度】 学院完善了向校团委进行新闻稿投稿的相关制度。活动负责部门及时撰写新闻稿并提供配图，由直属团支部审核修改后及时向校团委投稿。

（高静）

【“微团课”推送】 截至 12 月 26 日，共推送了微团课 16 期，内容包含共青团的基本知识（如团旗、团徽、组织系统等）、中共十八届六中全会公报解读、党内政治生活和监督条例解读、习近平总书记高校思想政治工作新思路介绍等内容；同时还在重要纪念日，如国家公祭日等重要时间节点推送相关内容，对学生进行爱国主义教育。通过微信公众号推送这个越来越被大家接受和喜爱的方式，将思想建设工作融入广大青年学生的日常生活中，使线下与线上教育相结合。

（高静）

【举办“高雅艺术赏析：漫瀚剧”讲座】 3 月 30 日，学院邀请国家一级演员、民盟中央艺术团理事、包头市漫瀚艺术剧院副院长张建新及其团队等一行7人在博学楼报告厅为学校师生带来了一场题为“浅谈二人台之衍生剧中—漫瀚剧”的讲座,旨在丰富校园文化生活,让高雅艺术走入校园、贴近学生,提升学生的艺术素养,为广大师生带来了一场“视听盛宴”。

（高静）

【团体操获全校第五名佳绩】 4月22日,首都经济贸易大学第十三届春季运动会开幕。开幕式上,国际经济管理学院带来的团体操表演获得全校第五名的佳绩。学院学子在团体操比赛中首次亮相,在生机勃勃的春天,46名国际经管人演绎出了年轻有活力的表演,展现出了活力与朝气;优异的成绩,更是他们用青春与汗水谱写的一曲华美乐章。

（高静）

【暑期社会实践】 响应校团委号召,学院积极组织学生进行暑期社会实践。2016年暑假期间申报校级重点项目两项、一般项目两项。所有项目组均按时保质的完成了项目报告的撰写。一支队伍获“社会实践活动优秀团队”荣誉称号,一支队伍获“社会实践活动优秀成果”荣誉称号,一人获“社会实践活动先进个人”荣誉称号,两名教师获“社会实践活动优秀指导教师”荣誉称号。

（高静）

【铁人三项志愿服务活动】 9月10日,国际经济管理学院分团委直属志愿团三位志愿者参与2016北京国际铁人三项志愿活动。在这次活动中,学院志愿者以饱满的精神面貌、周到细心的服务彰显了属于青春ISEMer的活力与热情,在这过程中,志愿者们不仅弘扬了志愿服务精神,更充分体现了其有组织有纪律的志愿意识,以及乐于助人和无私奉献的志愿精神。

（高静）

【无偿献血服务】 11月24日,学院的青年团员们积极参与无偿献血服务,6名同学上站献血。此外,学院还有5人次主动在校外献血车或医院参与无偿献血。他们在感恩节这一天,用自己的行动传递了冬日里的温暖。

（高静）

【“温暖衣冬”志愿活动】 12月,校团委开展“温暖衣冬”志愿活动,学院志愿团积极参与,将分配的20件衣物寄往新疆阿克苏亚吐尔乡库木买里村双语幼儿园,另外还一同邮寄了学院同学捐赠的玩具若干。

（高静）

【“第一届心理情景剧大赛”三等奖】 4月24日,学院话剧社带来的作品“无声告白”获得“第一届心理情景剧大赛”三等奖。同学们精彩用心的表演、配合跌宕起伏的情节,把剧中所要体现的深刻含义淋漓尽致地表达了出来,给评委和观众留下了深刻印象。心理情景剧是心理健康教育的一种独特而有效的方式,它以类似话剧的形式向学生介绍心理健康的知识,传播心理健康的理念,已成为学校开展大学生心理健康教育的优良载体。

（高静）

【学院研究生荣获第一届全国高校互联网金融应用创新大赛一等奖】 5月21—22日,第一届全国高校互联网金融应用创新大赛决赛在中央财经大学举办。学院研究生陈晓慧、陈卉林、兰宁在沈牧龄老师的指导下,作品《新浪微博的第三方支付——微博支付的设计方案》荣获大赛一等奖。学院研究生的作品对新浪支付的可行性、创新功能、商业模式、市场拓展、风险与控制等方面进行了系统分析。

（高静）

【学院研究生获“创青春”全国大学生创业竞赛北京市铜奖】 5月28日,2016年“创青春”全国大学生创业竞赛北京赛区比赛落下帷幕,学院2015级研究生张林贺、陈晓慧在学院教师田峥及天津科技大学陈侠教授的指导下完成的作品《高创环保科技有限责任公司》荣获北京市铜奖。参赛过程中,同学们不仅可以深入了解创立一个企业需要考虑的多种因素,如何处理创业过程中可能面临的风险,为日后创业进行先期铺垫与锻炼。

（高静）

【校园定向越野】 10月12日,学院直属团支部组织校园定向越野活动。活动举办时值学校60周年华诞之际,活动不仅设置了运动游戏,更是通过设置团学知识、校园小常识等题目帮助新生快速融入组织,熟悉校园及校园周边环境,了解学校历史;同时活动还提供了新老生交流的机会,在活动中增进同学情谊,在奔跑中了解母校,为母校生日献礼。

（高静）

【参观“首经贸筑梦成长风采展”】 10月17日晚,学院组织学生参观在图书馆举办的“首经贸筑梦成长风采展”。本次展览展出了部分学生创业团队的项目与成果,如悟天传媒、简繁服装设计等优秀团队。同学们通过参观毕业校友的创业成果,对大学生创业有了初步认识,对未来也萌生了许多新的想法。本次参观活动不仅提高了对自主创业的认知,更激发了同学们自主创业的热情。

(高静)

【参加“一二·九”歌咏大会】 12月9日,“一二·九”歌咏大会,学院第一个出场,唱出了自己的气势,展示了国际经管学院师生的精气神,成功“突破封锁线”,不负数个晚自习后训练的夜晚。在这些活动中,不仅学院的学生干部队伍得到了锻炼,学生们更是在一次次活动中收获了友谊、收获了技能,集体意识得到了增强,归属感也得到了升华。

(高静)

【举办学院第二届英语话剧表演比赛】 5月26日,学院第二届英语话剧表演比赛成功举办。通过话剧表演的形式,老师和同学们一同检验了大家的英语表达能力,也进一步激发了同学们用英语进行交流的积极性,对提高同学的学习积极性大有裨益。

(高静)

【举办“万圣节”活动】 10月31日,学院举办了派对欢度万圣节。关于万圣节背景知识的介绍让参加派对的同学了解了活动背后的多元文化,开拓了视野。换装秀充分展示了当代大学生的活泼与朝气,雕刻南瓜灯的传统活动更是发掘了一批心灵手巧、富有创造力的学生。活动鼓励创新和大胆尝试的基调有利于激发同学们的创造力。

(高静)

【举办首届“ISEM奖学金”颁奖典礼】 11月30日,学院举办了首届“ISEM奖学金”颁奖典礼。颁奖典礼表彰了过去一年里在学业、实践、文体等方面表现优异的学生个人和集体,更起到了树立榜样的作用,对促进学院学生综合素质的全面提高,加强院风、学风建设,鼓励学生发扬刻苦学习、奋发向上、团结协作、有所作为的精神发挥着重要的作用。

(高静)

【评奖评优工作及获奖情况】 学院严格按照学校相关规定和流程进行各类奖学金及各类荣誉称号的评选和推荐。2016年,学院学生在各类活动中表现优秀,取得良好成绩。

2016年国际经济管理学院学生获奖情况一览表

序号	名称	级别	获奖者	奖项等级
1	2016年运动会	校级	学院	团体操第五名
2	第二届英语话剧比赛	院级	郝劲松	最佳男演员
			韩雨晴	最佳女演员
			姜慧乔	最佳口语奖
3	优秀宣传员	校级	王天棋　卢杉	
4	优秀团员	校级	王超　蔡雨竹	
5	暑期社会实践优秀团员	校级	袁从伦　刘笑梅	
6	先锋杯优秀团员	市级	王妍	
7	先锋杯优秀团支部	市级	2014级金融金融经济班	
8	三菱东京UFJ奖学金	校级	郭培霖	
9	三好学生	市级	黄倩倩	
10	三好学生	校级	郭培霖　唐靖茹　庞博　黄倩倩	

续表

序号	名称	级别	获奖者	奖项等级
11	学习优秀奖学金	校级	郭培霖　庞博　蔡雨竹	一等奖
			黄倩倩　李宇菲　陈悦铭　黄倩倩　王昊　唐靖茹　韩雨晴　郝劲松　黄佳　姜惠乔	二等奖
			李子轩　毛乐　范可欣　李一帆　宫嫦婧　段皓篮　郭麟枫　李子璇　王妍　杨明卓　李安然	三等奖
12	社会工作奖学金	校级	陈悦铭　郭麟枫　杨明卓　卢杉　谢雨彤　蔡雨竹	
13	科研创新奖学金	校级	熊穆清	三等奖
14	国家奖学金	国家级	陈悦铭　袁从伦	
15	研究生学业奖学金	校级	袁从伦　刘晓洁　王金鑫　陈晓慧　胡雨霄　兰宁	一等奖
			李孝龙　闵雨晨　刘笑梅　王玲莉　康赛　聂苗苗　夏晓佳　张林贺　李鹏程　张泽皓	二等奖
			安逸平　马烁　王莹　赵悦　韩豪飞　陈卉林　于秋洪　李劭琛　袁扬　宋霄冉	三等奖
16	先进班集体	校级	2015 级金融经济 2 班	
17	优良学风班	校级	2015 级金融经济 1 班	
18	优秀学生干部	校级	蔡雨竹　郭麟枫　杨明卓　卢杉　陈悦铭	
19	优秀班级助理	校级	蔡雨竹　忻迪	
20	“创青春”全国大学生创业大赛	市级	张林贺	铜奖
21	学生干部奖学金	院级	熊穆清　毛乐　李子璇　陈田运子　黄倩倩　王妍	一等奖
			孟令晨　刘紫筠　张禹嘉　杨明卓　周子博　郭麟枫　苏森　杨千慧	二等奖
			谢雨彤　卢杉　张舸　段皓篮　蔡雨竹　陈悦铭	三等奖
22	专业学术奖	院级	韩雨晴　大科创(陈悦铭组:李子轩　李子璇　熊穆清　陈悦铭)	
23	外语人才奖	院级	蔡雨竹　韩雨晴　宁旭　李泓池　李宇菲　楼晴　薛峥　王昊　黄倩倩　黄佳	
24	文艺活动优秀奖	院级	团体操团队	
25	卓越风采奖	院级	李子轩　黄恺睿　杨明卓　陈悦铭	
26	突出贡献奖	院级	刘丛屹　王天棋　卢杉　陈悦铭	
27	优秀宿舍奖	院级	赛欧 3339	
28	优秀部门奖	院级	学生会文体部、学生会秘书处、学生会宣传部、分团委宣传部	

续表

序号	名称	级别	获奖者	奖项等级
29	优秀班级奖	院级	15 金融经济 2 班、14 金融经济实验班	
30	学风优良班级奖	院级	15 金融经济 1 班、14 金融经济实验班	
31	体育优胜奖	院级	龙卷风:李一帆　卢杉　周晓雅　刘紫筠　孟令晨　张岳曦　邵泽宇　杨明卓	
			毛毛虫:李一帆　周晓雅　刘紫筠　范子仪　孟令晨　刘畅　苏森　何厚廷	
			乒乓球:李一帆　何厚廷　周子博　范子仪　蔡雨竹	
32	优秀社团奖	院级	ISEM 话剧社	
33	社会实践奖	院级	毛乐团队、黄佳团队、韩雨晴团队	

（高静）

党建工作

【概述】 截至 2016 年,国际经管学院直属党支部共有党员 31 人,其中,教师党员 15 人,学生党员 16 人,含 3 名预备党员 。国际经管学院直属党支部在校党委的领导下,以提高党员素质、增强党组织凝聚力,提高教育教学质量,积极开展工作,充分发挥基层党组织的政治核心作用,有力地保障了教学、科研、管理工作的顺利完成。

（刘文川　金湜）

【开展“两学一做”学习教育活动工作布置会】 5 月 18 日,为贯彻落实中央关于“两学一做”精神,部署近期开展的各项活动。直属党支部全体党员参加了本次工作部署会,会议解读了学校关于“两学一做”教育活动的实施方案,刘文川提出了工作要求和希望。

（金湜）

【党支部书记讲党课】 6 月 15 日,为贯彻“两学一做”精神,学院直属党支部书记刘文川以“开展‘两学一做’,全面推进国际经济管理学院十三五各项工作”为题,为全体党员上了一堂生动的党课,刘文川从学院发展角度,以学校和学院“十三五”规划为主题,让全院教师了解学校未来的发展规划,力争让学院在“十三五”期间有新的飞跃。

（金湜）

【教工党支部开展“两学一做”系列活动】 5 月,学院党员集体参观了学校的传媒实验教学中心、城市发展与应急管理实验中心、气膜图书馆等先进场馆,切身体会到学校日新月异的发展和以学生为本、一切从学生出发的教育理念,采纳并引进先进的科技成果和尖端设备,努力为学生们打造健康先进的学习科研环境。这让大家对我们党“一切从群众出发”“为人民服务”的宗旨有了更加深刻的体会。6 月和 9 月,分别组织学院党员教师参观了北京市监狱和恭王府反腐倡廉教育基地,这两次活动让党员同志们深刻认识到腐败对党和人民造成的严重损失以及反腐倡廉的必要性。

（金湜）

【开展“学党章党规,承红色文明”主题党日活动】 5 月 25 日下午,为进一步深入学习贯彻党章党规,推动全面从严治党向基层延伸,保持发展党的先进性和纯洁性,学院直属党支部全体学生党员和预备党员在班级团支书刘笑梅的组织下,开展了“学党章党规,承红色文明”的主题党日活动。此次主题党日活动由认真研读学习党章党规,主动进行学习心得交流和观看红色电影《百鸟朝凤》,感受我国的非物质文化遗产和我国优良文化传统两部分组成。

（金湜）

【学习习近平总书记“七一”讲话精神】 6 月,学院直属党支部集体学习党章和习总书记“七一”讲话,并分组讨论,通过支部书记讲党课活动,再一次提高了教师们的党性修养。通过深入开展“两学一做”理论学习活动,加深了党员同志的党性认识。

【开展“两学一做”巡回党课】　6 月 22 日，学院邀请马克思主义学院教师杨春风同志为全体党员上党课，杨春风给学院党员介绍了西方马克思主义以及以马尔库塞为代表的学派。当代西方马克思主义让党员们认识到，应该少一些欲望，多一些真诚，多关心他人，共同为共产主义事业奋斗。

（金湜）

工会工作

【学院分工会顺利换届】　11 月，在学院党委的领导下，学院分工会组织召开工会换届选举大会。根据学校工会制定的换届选举办法，参会工会会员按照既定程序投票，差额选举产生学院分工会第二届委员 3 人。选举结束后召开新一届分工会委员会全体会议，在委员中选举出工会主席，并对新一届分工会委员进行分工。

（苏志）

【选举产生“双代会”代表】　学院分工会充分发挥教代会在民主管理方面的重要作用，积极维护广大教职工在参与学校管理决策方面的核心权益。根据学校工会年度工作计划安排，11 月，学院分工会召开第四届教职工代表大会暨工会会员代表大会（简称“双代会”）选举大会。大会根据相关选举办法按照既定程序投票，差额选举产生 4 名代表参加学校“双代会”。4 名代表中有学院党政工主要负责人及群众代表，且均为非事业编制教师，充分体现了广泛性和学院教职工代表的特点。

（苏志）

【荣获学校第十三届校运会多项奖项】　在学校第十三届校运会中，学院分工会组织学院教职工参加了太极拳表演、男子铅球、女子铅球、女子 60 米跑、女子 4×100 米接力等项目。其中，高静获得女子铅球并列第一名；庞蔡吉参加男子铅球决赛，获得第八名；金湜、王峥、雷露、高静组成接力队取得女子 4×100 米接力第五名的好成绩。在趣味运动会中，学院教职工在学院分工会的动员组织下组成多支队伍参加了拔河、龙卷风、同心鼓、接龙等集体项目，并以精诚团结和奋力拼搏的精神勇获集体拔河比赛亚军。

（苏志）

【荣获学校太极拳比赛三等奖】　学院分工会组织教职工参加学校的羽毛球混合团体比赛和太极拳比赛。在太极拳比赛前，学院分工会安排教练对教师进行专门培训和指导，通过统一培训和定期练习的方式，大力推广太极拳，让更多的教职工养成良好的健身习惯。12 月，学院喜获学校太极拳比赛三等奖。

（苏志）

【组织春游和秋游户外活动】　6 月，分工会组织教职工游览孤山寨大峡谷，进行爬山健身活动，并在拒马河体验惊险刺激的皮筏漂流。10 月，分工会组织开展爬司马台长城和游览“古北水镇”的秋游活动。

（苏志）

【组织篮球友谊赛】　3 月，学院分工会与信息学院分工会组织教职工举行篮球友谊赛，并以60∶55的比分小胜信息学院队。

（苏志）

【组织参观首都博物馆】　3 月，学院分工会组织教职工前往首都博物馆参观《五色炫曜——南昌汉代海昏侯国考古成果展》和《王后·母亲·女将——纪念殷墟妇好墓考古发掘四十周年特展》两个特别展出。通过参观这两个展览，年轻教师感受到中华民族博大精深的历史和中国文化的独特魅力，充分认识到大学教师传承中华文明任重而道远。

（苏志）

第十二篇

教学辅助工作

上图　10 月 16 日，学校教授袁伦渠向图书馆赠书

左下图　10 月 26 日，学校开展图书馆开放月活动

右下图　12 月，图书馆临时馆舍气膜馆投入使用

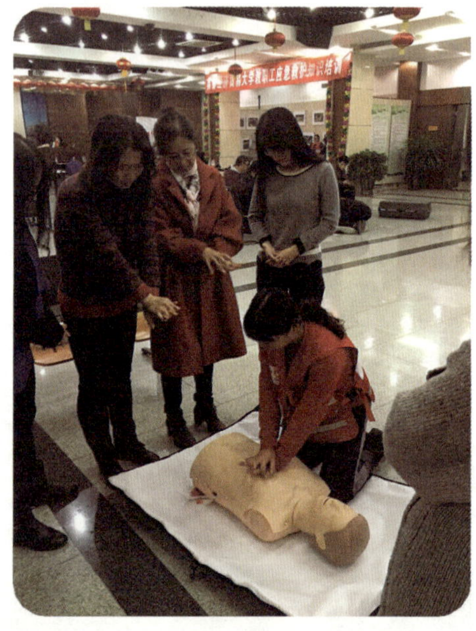

上图　5 月 15 日，学校举行首经贸红十字会 30 周年庆祝晚会

中图　11 月 18 日，学校开展应急救护心肺复苏培训活动

下图　11 月 24 日，学校开展大型无偿献血活动

上图　10 月 7 日，学校校史馆开馆，图为百岁老人、学校教授任扶善为校史馆题写馆名

左下图　10 月 11 日，学校发布《首都经济贸易大学志》（1956—2014）

右下图　10 月 11 日，学校发布《图说首经贸》

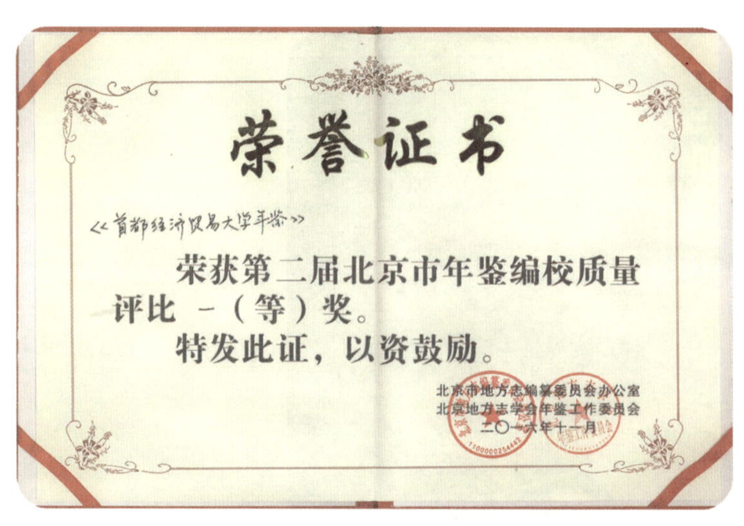

荣誉证书

《首都经济贸易大学年鉴》

荣获第二届北京市年鉴编校质量评比 一（等）奖。

特发此证，以资鼓励。

北京市地方志编纂委员会办公室
北京地方志学会年鉴工作委员会
二〇一六年十一月

上图　11 月,《首都经济贸易大学年鉴(2014)》获第二届北京市年鉴编校质量评比一等奖

中图　11 月,《首都经济贸易大学年鉴(2014)》获第二届北京市年鉴编校质量评比一等奖 (2)

下图　各界校友参观校史馆(1)

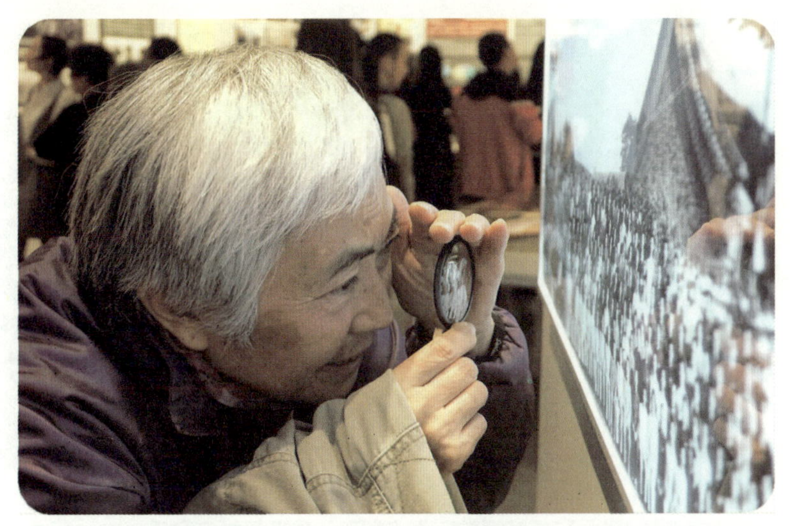

上图　各界校友参观校史馆（2）

中图　各界校友参观校史馆（3）

下图　各界校友参观校史馆（4）

上图　各界校友参观校史馆(5)

中图　9月3日,北京起重工具厂进行消防演习

下图　11月5—6日,学校开启9门北京市初中开放性科学实践课程

图　书　馆

概　况

图书馆共设有 8 个部门，分别为馆办公室、资源建设部、图书借阅部、阅览部、信息服务部、技术保障部、特藏部和东馆部，开展有流通、阅览、参考咨询、原文传递、馆际互借、读者培训、自助打印、复印等服务工作。现有正式职工 41 人，其中，高级职称 14 人，中级职称 21 人，中级职称以下 5 人。2016 年，图书馆继续采取措施，深挖潜力，进一步加强管理，不断提升服务质量。重点做了以下几个方面的工作：图书馆旧馆改造搬迁至临时馆舍（气膜馆）工作；图书馆旧馆改造工程启动并于年底完工；临时图书馆（气膜馆）正常开馆，为读者服务；认真做好 Calis/Balis 管理中心和网络图书馆部署的各项工作；完成了本年度的书、刊采购计划；完成了图书馆改造后家具、自动化系统及设备的招标、采购工作。

（巩伟）

文献资源建设

【加大中外文图书经费投入】　图书馆围绕学校学科、专业设置以及教学科研需要，采集国内外优秀文献资料，共订购中文图书共12 971种，38 186册，订购外文原版图书6 256种；订购中文期刊1 299种1 497份，中文报纸 151 种 169 份、外文原版期刊 263 种。

（张蕾）

【图书馆受赠图书情况】　我国著名劳动经济专家、国务院参事、北京交通大学经济管理学院教授、博导、首都经济贸易大学 1960 级劳动经济专业（杰出）校友袁伦渠教授，将国务院参事室为他出版的《国务院参事袁伦渠咨询国是文稿汇编》，以及国务院参事室赠送他本人的由中央文史研究馆组织各地文史研究馆和馆外专家历时 6 年时间撰写的 34 卷《中国地域文化通览》捐献给母校图书馆。

（张蕾）

文献信息与读者服务

【优化阅览室馆藏布局】　2016 年上半年，将原研究阅览中心的馆藏期刊和书架搬迁到阅览楼，研究阅览中心的馆藏分别并入阅览楼各阅览室。调整后，现刊阅览室馆藏由原来的1 100多种中文现刊增加到1 300余种。过刊阅览室调整后分为外文现刊阅览区、中文过刊阅览区和中外文报纸阅览区。

（赵铁琴）

【做好建校 60 周年纪念活动参观接待工作】　10 月恰逢我校 60 周年校庆，因图书馆老馆改造，阅览部作为图书馆主要开馆接待读者的部门，在校庆期间接待前来参观的校友。

（赵铁琴）

【东馆部延长开馆时间】　3 月起，东馆部研究阅览中心取消了原来 16:30—18:00 的闭馆，开馆时间延长为：周一至周日 8:00—22:00 全天开放，每日开馆时间长达 14 小时。

（张哲）

【东馆部完成无线网络连接】　在学校网络中心的协助下，研究阅览中心配置了无线网络，为读者充分利用本馆数据库资源提供了更为便利的条件。

（张哲）

数字图书馆

【做好新网站内容更新及完善】　图书馆网站新闻通知类发文 77 篇，其中，本馆新闻约 23 篇；通知公告 19 篇；资源动态 56 篇；培训讲座 7 篇。培训讲座课件、使用指南、常用软件上传 20 余项。工会活动、组织建设发稿约 9 篇。网站咨询台解答常见问题 50 多个，链接外网发布调查问卷及开展在线培训讲座、在线竞赛等 30 余次。配合 10 余个数据库开展在线活动和讲座,对数据库更新等系统操作共计 600 多次。上半年本馆服务器进行了迁移,对本地数据库地址做了全面更新。

(王春晖)

【做好电子资源建设工作】 图书馆网站新增数据库 2 个,试用数据库 31 个。截至 2016 年年底,共有各类数据库 90 个,其中,中文数据库 54 个,外文数据库 36 个。

(王春晖)

【进一步完善自动化建设】 图书馆购置并安装了研究阅览室管理系统、自助打印复印系统、智慧图书馆系统、新风管理系统、电路管理系统、办公室门禁管理系统、更换了座位管理系统等。

(刘海翼)

自身建设

【财政专项工作】 图书馆完成促进高校内涵发展定额专项 6 项,其中,资源类 1 项,2016 年促进高校内涵发展定额——图书馆文献资源建设;共计 809.47 万元。图书馆改建 5 项,包括 2016 年促进高校内涵发展定额——图书馆改建文化装饰建设;2016 年促进高校内涵发展定额——图书馆改建信息化设备建设;2016 年促进高校内涵发展定额——图书馆改建家具设备;2016 年促进高校内涵发展定额——图书馆改建书架购置;2016 年校内专项——新馆建设项目共计 1 182.9 万元。根据国家及北京市相关政府招标采购文件、《首都经济贸易大学财政性专项资金项目管理办法》等相关政策,至 12 月,完成了 6 个项目的公开招标工作、合同签署及采购执行。

(巩伟)

【考察与交流】 3 月 29 日和 31 日,特藏部分别赴北京师范大学图书馆和中国传媒大学图书馆,就图书馆特色馆藏的搜集、整理、保护以及读者服务等方面进行了调研。5 月 4 日—10 日,图书馆特藏部马艳林、毕振德、赵小红和技术部侯滨赴浙江省对宁波市图书馆、宁波诺丁汉大学图书馆、乐清市图书馆、温州市图书馆和温州大学图书馆,就图书馆的古籍整理和保护、特色馆藏建设、技术和设备保障、读者服务等业务工作进行了调研和学习。

(马艳林)

【图书馆宣传月活动】 10 月 26 日,图书馆宣传月活动现场咨询在图书馆二层大厅举办,邀请了 17 个数据库厂商共同参与。宣传月期间开展了数据库培训,规模较大的有科学网(Web of Science)数据库培训。11 月 2 日,在博纳楼第七会议室举办讲座,参加人数达 150 余人。

(王春晖)

【做好 Balis 管理中心部署的各项工作】 4 月—5 月,图书馆配合北京地区高校图书馆文献资源保障体系(Balis)中心开展了馆际互借、原文传递宣传月系列活动。采取网站宣传、发放宣传材料、开展读者培训等多种方式进行广泛宣传。2016 年累计发放宣传单页 650 份。在年终评比中,图书馆原文传递服务排名第 47 位,馆际互借服务排名第 37 位。图书馆在 BALIS 资源协调工作中表现优异,荣获“BALIS 资源协调中心先进奖”。

(王春晖)

【北京高校图书馆面向中小学开放日活动】 5 月 4 日,由北京市教委高教处联合北京高校图工委组织开展的以“走进大学图书馆,让阅读点亮人生”为主题的 2016 年北京高校图书馆面向中小学开放日活动在中央财经大学沙河校区图书馆举行。北京市教委高教处及在京部分高校图书馆负责人、教师代表、中小学生代表及新闻媒体代表参加启动仪式。开放活动对 2015 年北京高校图书馆面向中小学开放日工作进行了总结表彰,学校图书馆荣获二等奖。

(王春晖)

【读者俱乐部微信公众号信息发布】 2016 年年初,图书馆读者俱乐部申请的微信公众号“首经贸图书馆”正式上线。作为主管单位之一,对微信平台发布的信息进行了指导和管理。

(王春晖)

【图书馆临时馆舍气膜馆开馆】 2 月 6 日,图书馆结束了图书打捆、拆架等工作,并于 2 月 14 日正式开始了入住气膜馆的搬迁工作,气膜馆搬入了百万册图书和各种需要改造之后搬回图书馆的家具、设备、拆分的书架,等等。2 月 29 日,临时图书馆 20 万册图书的预留书架重新组装起来,经过重新排序上架整理,随后进行各种办公设备、借阅图书设备的调试安装,4 月 5 日正式向读者开放。

(王春晖)

【图书馆改建工程启动】　1月5日，图书馆工作正式进入改建模式，发布扩大读者借书量的通知，1月6日，开始清理存包柜。1月12日，召开馆员大会，布置搬家工作。1月15日各库开始图书打捆。1月19日主楼正式闭馆。1月27日，气膜馆竣工验收，同日，图书打捆完成。2月14日开始往气膜馆搬运图书。2月23日开始家具搬迁。3月5日主楼腾空，迁出完成。4月5日，气膜馆正式开馆，开始气膜馆的艰难岁月。5月15日，施工队进入现场，开始施工。7月20日，大暴雨，全天气膜馆盯防。8月9日，确定地面颜色，15日确定墙面颜色。9月30日，二层完成施工，学生处借用二层开展建校60周年活动。10月12日，临时牌匾悬挂。11月底，施工完成，开始零星收尾工程。12月9日，发布气膜馆闭馆公告，开始回迁。12月15日，新家具开始供货，进入现场。

（吴启富）

【研究室命名活动】　11月，开展为图书馆新建研究室命名的活动。经过"图书馆研究室命名评审小组"的评审，张静、刘卓、赵美玲老师的冠名方案分获一、二、三名。并确定张静老师的冠名为最终方案，即：藏晖室、励耘室、汲古室、辩学室、博雅室、墨香室。

（刘海翼）

【完善图书馆制度建设】　按照学校统一部署，完善图书馆"十三五"规划，经充分讨论，重新制订了《图书馆加（值）班管理办法》。为鼓励广大馆员积极参与新闻宣传工作，为学校和图书馆的事业发展创造良好的舆论环境，根据图书馆的实际，制定了《图书馆宣传报道工作奖励办法》。

（巩伟）

党建工作

【开展主题党日活动】　各党支部开展了一系列主题党日活动和教育实践活动：参观圆明园"三一八"烈士墓，在西山国家森林公园无名烈士墓前举行重温入党宣誓活动，参观纪念红军长征胜利80周年大型馆藏文物展，参观"侵华日军细菌部队遗址"，圆明园遗址的"勿忘国耻振兴中华"主题党日活动，等等。组织开展了全体党员承诺践诺活动，每名党员在共性承诺的基础上，进行了个性承诺。承诺事项共计42项。组织全体党员开展了合格党支部建设规范和合格党员行为规范大讨论。对照《章程》，结合图书馆为师生服务的职能，初步形成了《图书馆合格党支部建设规范》《图书馆合格党员行为规范》。

（巩伟）

【党总支和党支部的换届选举工作】　12月20日，图书馆党总支在图书馆会议室召开了全体党员大会。大会的主要任务是：听取和审议党总支的工作报告，选举和产生图书馆新一届的党总支委员会，总结2013年以来党总支的工作，确定今后的工作目标和主要任务。会议推选程显秋同志任党总支书记，并对各位委员的职责进行了分工：吴启富同志任宣传委员，巩伟同志任组织委员，王春晖同志任纪检委员，李健同志任青年委员兼安全委员，程显秋同志兼任统战委员。经各支部大会选举，李健、黄希杰、曹艳峰、梁秀萍、吕宗勤5位同志分别当选基层党支部书记。

（巩伟）

【加强图书馆党风廉政建设】　党总支认真贯彻落实学校党委关于党风廉政建设的部署和要求，组织开展学习廉政新规和文件，并以专项巡视工作为契机，对图书馆的行政、总支及工会执行学校各项财务规定和制度情况进行了自查。分别在图书馆理论学习中心组、部主任、党总支、各党支部等范围内，组织学习了《中国共产党廉洁自律准则》、《中国共产党纪律处分条例》及《中国共产党员权利保障条例》等规章制度，与图书馆13个风险岗位的同志签订了《廉政承诺书》，重新修订了《首都经济贸易大学图书馆党务公开、馆务公开目录》，并将党总支纪检委员和分工会主席纳入馆务会，更好地行使监督职责。

（巩伟）

工会工作

【工会活动】　图书馆组织教工进行了第一次岗位练兵大赛，针对图书馆的各项业务流程，设计了几类与工作业务密切关联的竞赛题，以工会小组为单位组织大家复习、参赛。9月24日，图书馆分工会组织会员参加了校工会在奥森公园举办的"庆祝中国红军长征胜利80周年徒步活动"。参加校工会举办的全校太极拳比赛并取得了二等奖的好成绩。图书馆分工会再次荣获工会先进单位奖。

（李健）

校 医 院

概 况

首都经济贸易大学校医院(以下简称“校医院”)是一所学校投资的全民所有制非营利性医疗机构,承担学校的基本医疗服务,预防保健,慢病管理,公费医疗和医疗保险事务管理,计划生育,学校红十字会和献血工作,健康教育以及学校公共卫生服务和公共卫生突发事件应急处置等项工作。校医院分别在校本部和红庙校区下设2个门诊部,均为北京市基本医疗保险定点医疗机构。校医院总建筑面积4 304平方米,固定资产1 250件(价值1 500余万元),万元以上设备74件(价值近1 000万元)。有员工37人(含外聘人员),其中,卫生技术人员27人(包括副主任医师4人,中级职称医务人员20人,初级职称医务人员6人),行政人员7人,具有本科以上学历人员20人,大专学历人员12人,中专学历人员2人。全部医务人员都接受过专业或执业培训,并取得了相应专业资格证书和执业资格证书。校医院设内、外、妇产、口腔、中医5个普通门诊,设预防保健、理疗、医学检验、医学影像、护理等8个业务科室。

(李峥)

医疗业务管理

【医疗工作】 校医院承担学校近13 000名学生及3 000多名教职工(含离退休教职工)的医疗保健工作。除日常24小时门诊外,还承担、组织教职工体检工作,本科生及研究生的入学及毕业体检工作,学校各项大型活动的保健工作以及学校传染病及突发公共卫生事件的防控工作。2016年,校医院全年门诊28 405人次,其中,急诊982人次。就诊病人中,教职工(含离退休人员)6 055人次,学生22 350人次。开展各项化验检查7 000余人次,X光检查7 000余人次,其他各类检查1 000余人次。继续做好内、外、妇、常见病、多发病、慢性病等日常门诊诊疗工作,对急、危病人能迅速做出初步诊断及处理;在学校的支持下调入一名内科主治医师和一名口腔科主治医师,并聘任3名中医科大夫和3名中药房药师,合理安排门诊时间,缓解了深受师生欢迎的中医科及口腔科挂号难的情况,满足师生就诊需求;做好校内各项大型活动的保健工作,2016年为首都经济贸易大学建校60周年,校医院认真细化《首都经济贸易大学建校60年纪念活动医疗保障工作方案》,提前储备各类急救物资及药品,纪念活动期间共派出8场次的大型活动的现场保健工作,完成了建校60周年纪念活动的医疗保障工作。

(王晓红)

【健康工程】 校医院开展学校医疗健康管理服务的主要内容有:逐年完善教职工健康档案,进行教职工体检结果分析及个体化建议,实现全体教职工体检结果校园网上查询,以及近4年个人体检结果网上对比查询功能。开展健康评估及心脑血管疾病发病风险的系统评估,以教工体检数据为依据,结合教工个人健康信息,进行个体健康评估及心脑血管发病风险的评估,有针对性地提供个性化的生活方式的指导。加强体检后健康服务及健康管理,根据教工体检结果及健康评估,对部分慢性病患者及亚临床人群开展膳食、运动等生活方式的个性化干预指导,逐步扩大健康管理的范围,使更多的教职工自觉地把健康理念转化为健康行为。

(王晓红)

【预防保健】 4月,校医院组织全校职工(含离退休人员)2 385人参加由专业医疗体检队进行的健康体检,反馈职工体检结论2 385份,并根据体检结果进行健康状况评估分析,为学校提供常见病、多发病的发病率及群体健康状况分析。2016年全年完成本科生入学体检2 500余人,研究生、博士生入学体检1 220余人,学生运动会体检529人次和教职工调入体检及博士后入站体检约120人。9月,配合丰台区结核病防治所对2 338名新生进行结核菌素试验(PPD)监测,筛查率超过99.3%,其中,强阳性220人,签署预防性用药知情同意书220人,同意预防用药3人。按照北京市免疫预防接种程序的要求,对非京籍新生进行麻疹疫苗和白破疫苗的强化接种，共接种麻疹疫苗 700 人。在军训基地，邀请丰台疾控中心艾滋病防治科的专家为大一新生讲解艾滋病预防知识，为新生上好艾滋病教育第一课。2016 年，宣传、开展国家推广的二类疫苗中的乙肝疫苗接种，为师生接种乙肝疫苗。此外，校医院利用宣传画报和网络等多种形式，开展了结核病、流感、乙肝、艾滋病、呼吸道/肠道传染病等多种疾病预防知识的宣教工作。

（高玮）

学校医疗政策与社团管理

【公费医疗与医疗保险工作】　校医院将公费医疗、医疗保险、工伤保险、生育保险、离休统筹发生的手工报销费用统一管理。2016 年报销学生门诊医药费 3 000 余人次，住院报销 101 人，各种医疗保险报销 500 人次，与北京市公费医疗办公室协调，为罹患白血病的学生解决毕业一年内化疗及骨髓移植的医药费报销，为患癌症新生解决入学阶段的高额手术及放化疗药费。为校办工厂“五七”排退休职工审核医药费单据 106 人次，为享受工伤保险人员办理医药费报销 11 人次，并开通学校医保热线，与学校党政办公室、学生处、人事处、离退休处共同解决来信、来访以及医疗纠纷投诉，接待学生和家长有关学生就医问题咨询。

（王晓红）

【计划生育】　及时发放全校独生子女费、托补费、奶费及医疗统筹费。“六一”儿童节，计划生育办公室主办了庆祝“六一”儿童节才艺展示活动，为 14 岁以下儿童发放礼品及奖品。对独生子女父母，女方年满五十五周岁，男方年满六十周岁办理退休手续后，发放 1 000 元的一次性奖励。

（杨丽蓉）

【红十字会活动】　学校红十字会获批成立“紧急救援志愿服务站”并授牌。学校红十字会教工分会于 6 月 13 日—14 日和 11 月 18 日—19 日举办了两次教职工初级急救员培训，共有 60 人参加，并取得急救员证。学校红十字会学生分会制定了 2016 年工作计划：献血宣传组织及现场服务，造血干细胞捐赠知识宣传与培训，艾滋病同伴教育，初级急救员培训，市红会主持人培训以及市红会组织的各种比赛等，还开展了系列特色活动。5 月 15 日，举办“爱在红会 30 年”晚会纪念首经贸红会成立 30 周年。出版连续刊物《与爱同行》，并与其他高校相互交流工作经验。学校红十字会被评为 2016 年北京市无偿献血先进集体。同伴教育校内宣传并走进会计学院、统计学院，开展 12 期同伴教育，同时也在校内和公园宣传防治艾滋病知识，受众约 500 人。组织初级急救员培训：邀请丰台区红会老师到学校现场讲解急救的相关理论知识并进行分班教学 2 期。约 250 人参加了两次培训。举办 2 期手语讲座，参加首都高校手语歌大赛。组织外联部到丰台街道社区阳光敬老院慰问活动。每次招募 10 余名红会志愿者协助校医院完成研究生新生体检服务、新生体检服务、全校教职工体检、学校运动会医疗保障等。组织红会同学分批到启音聋哑学校、天使之家探访，与“特殊的”孩童们交流，传授“小儿急救知识”，并跟他们互动游戏，带去爱心与快乐。组织全校捐赠衣物活动 1 次。

（杨丽蓉）

【献血工作】　组织大型献血活动 5 次，共计 16 个院系参加，上站人数近 1 000 人次，实献 761 人次，其中，街头献血 20 余人次，组织红会志愿者 80 余人次参与现场服务，并在微信平台、校园新闻网、校医院网站上及时报道献血活动。大力宣传造血干细胞捐赠知识，举办校内现场宣传活动及相关知识培训。造血干细胞捐献采集小样 50 余人，并邀请学校已成功捐献造血干细胞的卓梦华以及北京市丰台区红十字会干事赵开清老师讲解造血干细胞相关知识。学校荣获北京市 2016 年献血先进集体。1 月，学校荣获全国无偿献血促进奖单位奖。

（杨丽蓉）

党建、工会工作

【支部建设】　研究制定“两学一做”学习计划和实施方案，落实“三会一课”制度。重点学习了《党章》、十八届六中全会精神、习近平总书记的重要讲话。邀请学校党委书记杨世忠为校医院的党员讲了“严格党规党纪，学做合格党员”的党课，并对《廉政准则》进行了初步解读。开展“合格党支部建设和合格党员行为规范”专题讨论，制定“校医院合格党员及合格党支部建设”标准。学校红十字会、校工会联合在教职工中开展两期急救知识培训，教职工 60 余人参加。组织党员前往第一批中央国家机关廉政教育基地——恭王府接受了实地廉政教育。组织党员到国家博物馆参观“信念 · 精神 · 传承”——纪念红军长征胜利 80 周年大型馆藏文物展。6 月，开展 2016 年“共产党员献爱心”捐献活动，共捐款 517 元。关心离退休老同志，及时看望慰问生病住院的老同志，为困难人员及时申请补助。

（张艳华）

【工会工作】 校医院分工会积极开展丰富多彩的文体活动，“三八”妇女节开展趣味运动比赛；春游参观农业嘉年华；秋游红螺寺；参加校运动会的太极拳表演；与校工会联合举办“六一”儿童节才艺展示活动；积极参加徒步协会的徒步走活动；参加校工会太极拳 24 式比赛荣获二等奖。

（张艳华）

档案馆、校史馆

概　况

截至 2016 年年底，档案馆、校史馆馆藏综合档案包括北京经济学院、北京财贸学院和首都经济贸易大学 3 个全宗，计 65 436 卷（案卷级管理），22 754 件（文件级管理）；照片档案 11 135 幅，录音磁带、录像磁带、影片档案 577 盘；实物档案 2 789 件。门类包括党群档案、行政档案、教学档案、学生档案、科研档案、基建档案、设备档案、财会档案、出版档案、外事档案等。档案馆、校史馆总面积 1 244 平方米（包括库房面积 468 平方米、档案收集整理和服务利用面积 217 平方米、校史馆面积 400 平方米），有服务器 4 台、计算机 12 台、复印机 2 台、消毒设备 8 台、恒温恒湿设备 4 台，有专职人员 7 人（包括馆员 4 人，助理馆员 3 人）。

（黄少卿）

档案管理

【档案收集与整理】 档案馆按照“应归尽归、应收尽收”的工作原则，共收集学校综合档案 2 571 卷、1 830 件、照片 99 张；收集整理各类干部人事档案 20 余种共 5 470 份，接收新教工档案 83 卷，转递干部人事档案 13 卷，调整处级干部档案 160 卷，标准化档案 310 卷；接收新生档案 3 564 卷，转递学生档案 2 867卷，其中，邮寄学生档案 619 卷。至 2016 年年底，档案馆共有综合档案计 59 935 卷，27 397 件，干部人事档案 3 443 卷，学生档案 14 658 卷。

（黄少卿）

【史料与实物征集】 档案馆共征集实物 465 件，纸质照片 1 020 张，电子照片 770M。其中，校史馆向学校各单位及个人重点征集照片 236 张，档案馆从档案中采集照片 211 张，覆盖了学校 385 位正高职人员；集中征集到学生出国交流、教师带队社会实践的照片 19 张，教师荣誉证书、专著及反映学生学习和校园生活的各类实物 42 件，购买学校教师专著 35 部。

（黄少卿）

【档案的查询与利用】 档案馆接待校内办公查借阅档案 60 余人次，600 余卷（件）；对社会其他机构、个人因私提供档案查询利用服务 700 余人次，1 330 余卷（件）；出具各类档案证明 500 余份；复制档案材料 280 余份；学历、学位、学习成绩等材料的认证 300 余人次。干部人事档案共接待校内外单位及个人查询 393 卷；科级干部档案查询 229 卷；学校共产党员材料查询 450 卷；学生人事档案共接待校内外机构和个人查询 380 余人次。

（黄少卿）

史志鉴编研

【出版《首都经济贸易大学志（1956—2014）》】 1 月初，档案馆收集、征求、审核、汇总了 49 个部门编委、特约编辑及学校领导和校内外专家的意见。5 月至 6 月，确定校志封面的装帧设计。9 月底，校志最终定稿出版，并制作校志（光盘版）500 张。10 月 11 日，校志正式发布。《首都经济贸易大学志（1956—2014）》是学校第一部志书，分上、下两册，15 篇，89 章，共 200.3 万字，收录照片 318 幅，对学校领导体制与组织结构、本科教育、研究生教育、继续教育、科学研究、教师与职工、学生工作、对外交流与合作、各教学单位、行政工作、党建群团工作和教学辅助体系等进行了全面的回顾和总结。

（黄少卿）

【建成并运行校史馆】 校史馆以“大道同行、甲子华章”为主题，是一个长期的、固定的校史展览馆。校史馆分为历史厅、成果厅，展陈面积均为200平方米，分别展示学校60年的发展历程和办学成果，共陈列图片800余幅，题词7幅，复原老校门2处，多媒体7处，实物319件。10月7日，校史馆正式对外开放。在纪念建校60周年活动期间，校史馆接待国内外高校领导、嘉宾、学校离退休老师、广大校友及在校师生等参观，共计3 000余人次，提供讲解近200场次。10月和11月，校史馆共接待国内外高校各单位、2016级新生、首经贸附中、广大校友及在校生等各界人士参观3 300余人次，预约团体43个，提供讲解130余场次。校史馆设计并发放了校史馆宣传折页，该折页共3折6页，展示19幅照片，介绍了校史馆展览主题、开放时间、地点等情况。12月1日，正式成立校史讲解团。此外，10月，校史馆完成了虚拟校史馆总体设计。

（黄少卿）

【编辑出版《图说首经贸》】 7月，档案馆启动《图说首经贸》编著工作，分为3编16章，收录图片700余幅，8月定稿，9月交出版社审校、印刷。10月和11月，《图说首经贸》与《首经贸书画作品集》、《首经贸记忆》共同作为学校文化建设丛书出版。《图说首经贸》是在学校校志和校史展的基础上形成的，主要展现学校历史发展过程、办学成果和历史人物。

（黄少卿）

【年鉴编纂工作】 档案馆完成了《首都经济贸易大学年鉴（2015）》的出版发行并组织年鉴（2016）的编纂工作，完成各单位年鉴文字和图片的统稿、编辑、修改、校对和初步排版等工作，形成初稿共65万字，收录主题照片100幅，篇目照片200幅。2016年，档案馆还完成了《北京教育年鉴（2015）》和丰台年鉴的组稿上报工作。

（黄少卿）

【获评全国地方志优秀成果（年鉴类）三等奖】 12月，档案馆编纂的《首都经济贸易大学年鉴（2013）》获得全国地方志优秀成果（年鉴类）三等奖。

（黄少卿）

【获评北京市年鉴质量评比一等奖】 11月，档案馆编纂的《首都经济贸易大学年鉴（2014）》获得第二届北京市年鉴编校质量评比一等奖。

（黄少卿）

校办企业工作

首经贸大（北京）资产管理有限责任公司

【概述】 首经贸大（北京）资产管理有限责任公司（以下简称“资产公司”）是由首都经济贸易大学出资设立的法人独资有限责任公司，成立于2010年6月，下辖4个全资子公司，监管培训中心、劳服公司。资产公司以服务学校教学科研、服务区域经济发展为宗旨，依托学校研发创新和智力资源优势，在科技成果转化与推广、制度建设与开发等相关领域具有较强的实力和基础，业务范围涵盖大数据开发与应用、国际化高端教育培训、文化传播、图书出版、商业贸易、资产置业等方面，并形成了系统化发展的整合优势。

（云喆）

【积极扩展业务】 5月开始，成立初中开放性科学实践课题组，研发创新9门课程，秋季学期共吸引近万名学生来到校园。除了学生自主选课之外，课题组还主动推荐优质课程至北医附中、十三中分校、八十中学睿德分校、延庆十一学校等近10所中学。

（刘获）

【党建与工会工作】 按照学校党委“两学一做”学习教育的部署，积极采取“四个突出”工作举措，扎实抓好“两学一做”工作，认真落实习近平总书记关于“突出问题导向，确保取得实际成效”的要求，着力解决理想信念模糊、党员意识淡化、宗旨意识淡薄等问题。让党员同志认识这次“两学一做”的一个重要目标就是充分发挥党员的先锋模范作用，推进党员干部立足岗位做贡献，激发党员干部干事创业、建功立业的工作激情，进一步坚定理想信念、勇于担当，学以看齐争优秀，做以尽责比贡献；弘扬伟大长征精神，深入领会习近平总书记在纪念红军长征胜利80周年大会上的重要讲话。各支部组织党员领导干部进行爱国主义学习教育；分工会继续落实非在编人员入会工作，组织已入会会员积极参加学校工会组织的各项活动，同时为丰富员工生活，开展丰富多彩的文体活动，增强员工归属感；关心基层员工，多次开展慰问活动。

（周义军　朱志平）

首都经济贸易大学培训中心

【概述】 首都经济贸易大学培训中心深入贯彻落实学校各项工作布局，开展各类教育培训、国际文化教育交流、国际化考试等项目。

（刘姿灵）

【推进国际文化教育交流】 培训中心先后与60余所院校洽谈，接待17所国外院校，与10所大学达成共识，共签订8个合作协议。组织开展留学生来华短期学习等国际文化教育交流项目。

（张卫东　高志斌）

【高级课程研修班项目】 协调处理各院系与原合作单位博奥信远之间在2014年以前相关工作交接和账目处理等，因招生市场急剧下滑，项目竞争力不强，2016年共招生309人。

（陈成）

【专项培训项目】 培训中心开展各类专项培训，如CCTV企业内训、艺术考试培训、朝阳地税培训、国际专升本课程等，共计培训2 000人次

（王红　陈成）

【海外考试工作】 培训中心承接雅思、AP及ACCA等考试共计341场，累计服务考生人数56 779人次。

（柯英）

北京经贸崇诚物业管理有限公司

【概述】 北京经贸崇诚物业管理有限公司（以下简称“公司”）成立于2005年9月，隶属于首都经济贸易大学，是首经贸大（北京）资产管理有限责任公司的全资子公司、北京市物业协会会员单位。公司注册资本金300万元，拥有物业服务企业三级资质。近年来，公司业态由单一的物业服务企业，逐步向以服务学校、外向发展的集团型企业进行转型，主动走出去参与政府定点采购等外部项目。公司拥有员工556人，其中，管理人员55人，大专以上学历的75人，非在编人员310人，学校事业编制人员85人。

（温鹏）

【完善制度建设】 公司陆续通过了《合同管理制度（暂行）办法》《董事会议事规程》《经理办公会议事规程》《“三重一大”决策管理制度》《三公经费管理制度（暂行）》《采购管理制度》《固定资产管理制度》《薪酬管理制度》并修订《岗位职责说明书》。公司在物业三级资质的基础上，依据ISO9001三标一体化管理（质量、环境、安全）体系的要求，建立了三级程序文件（包含管理手册、程序文件、作业指导文件），并于12月顺利通过质量、环境、职业健康安全管理体系认证。

（温鹏）

【办公用品】 为学校各部门提供办公用品等保障物资的订购及送货服务。通过强化服务意识，规范内部管理流程，引入供需平衡经营理念，同时保持与服务对象的良好沟通，保证了所需商品及时准确送达。

（温鹏）

【经贸超市】 经贸超市面向师生服务，主要经营日用百货、休闲食品、日配食品、奶制品、水果、文具、图书等，是为全校师生提供日常所需的综合性超市。2016年，共接待师生135万人次。为提高保障能力，超市开通了京东到家购物送货上门服务。

（温鹏）

【安保工作】 协助公安部门破获案件2起，制定预案30余份。为学校做好事300余件，义务劳动300余次，协助保卫部门处理各类违章行为500余次，发现不安全隐患90余起，发现和劝离各类推销、乱贴广告等扰乱校园治安秩序人员280余人次，查扣

过期证件80余个，纠正校门口违章人员15 000余人次，拦回校外闲散人员进校6 000余人次，发现证物不符出门物品35件，回收出门条900余张，捡拾物品50起，收到锦旗一面，收到表扬信2封。

（温鹏）

【教材发售】 以“服务师生，满意师生”为工作出发点，以改善服务质量、提高工作效率、降低运营成本为工作指导。2016年教材发放量总计71 401册。

2016年教材中心具体运行情况一览表

2016年度教材发放销售情况			
东区		西区	
上半年	下半年	上半年	下半年
发放量:4 778册	发放量:3 401册	发放量:7 361册	发放量:55 861册
东区年发放量合计: 8 179册		西区年发放量合计: 63 222册	
2016年发放量总计:71 401册			

（温鹏）

【餐饮中心】 建立健全了《职工管理制度》《岗位工作职责》《卫生管理制度》《安全生产岗位责任制》《突发情况应急预案》等规章制度。根据红庙校区的餐饮需求和公司的总体部署，餐饮中心将食品安全作为工作的第一准则，规范操作流程，严查安全隐患，确保食品卫生事故零发生。在食品安全基础上，改善管理机制，增加菜品种类，改善烹饪制法，进一步满足了红庙校区各类人群的就餐需求。

（温鹏）

【物业服务】 崇诚物业接受学校委托，承担学校本部博纳楼、博学楼、华侨学院、阅览楼等物业服务工作。2016年向师生提供寄存物品服务4 832次，失物领回199件，处理工程报修3 796件，免费提供会议服务288场，提供保洁小时工550次。崇诚物业在红庙校区承担了1号楼、会展中心等物业服务工作，较好地完成了各项服务内容，2016年为1号教学楼提供技术支持服务95次，处理报修及各类维修580次，为会展中心提供大型舞美、灯光、技术支持90次，寄存物品共计1 700次，捡拾物品54件，失物领回17件，提供会议服务77次，考试保障151场，布置考试所需教室2 823间，承接考生54 095人次。

（温鹏）

北京起重工具厂

【概述】 北京起重工具厂系首都经济贸易大学校办工厂，始建于1956年，距今已有60多年的历史，以生产手拉葫芦产品为主，是手拉葫芦业内仅有的一家国有企业，现隶属于首经贸大（北京）资产管理有限责任公司。工厂位于朝阳区王四营乡，占地面积3 000平米，注册资金1 033万元，经调整和进一步深化改革，现有职工30余人，下设厂办、技术部、销售部、生产部4个部门。

【生产经营】 工厂在克服生产人员紧张的情况下，共生产手拉葫芦16 086台，完成总销售额654万元。在加紧生产的同时创新了一套本厂产品特有的防伪系统，自8月1日起，所销售的内销产品均可拨打防伪查询电话，报产品箱上的随机编码即可查询产品真伪。

（黄立军）

【开拓内销市场】 3月，5月，7月，分别参加了上海、沈阳、郑州三地的五金工具展，发展有意向合作客户20余家，成功签订3家代理商。

（黄立军）

【安全生产】 9月3日，对全厂人员进行《安全手产制度》和各工种操作规程的培训，并进行了消防演习和安全生产相关知识的测验。

（黄立军）

首都经济贸易大学出版社有限责任公司

【支持学术专著出版】 首都经济贸易大学出版社

（以下简称“出版社”）立足于服务高校科研活动，支持教师将科研和学术研究成果转化为学术专著，以利于科研成果的传承与传播。2016 年共出版学术著作 67 种，占全年新书总品种的 45%；出版社将为本校教师科研服务放在首位，67 种学术专著中有 44 种专著的作者为学校教师及科研人员，占出版社全年出版学术专著总数的 65%。

（杨玲）

2016 年出版学术图书一览表

1	互联网的意识形态属性	夏一璞	
2	马克思主义妇女观中国化研究	刘宁元	本校教师
3	何祚庥论马克思主义经济学	何祚庥著，庆承瑞编	
4	马克思主义学刊(2016 年第 1 辑)	刘冠军	本校教师
5	马克思主义学刊(2016 年第 2 辑)	刘冠军	本校教师
6	马克思主义学刊(2015 年第 3 辑)	刘冠军	本校教师
7	马克思主义学刊(2015 年第 4 辑)	刘冠军	本校教师
8	马克思主义前沿问题	谷军等	本校教师
9	抗战时期中国妇女运动研究(1931—1945)	周蕾　刘宁元	本校教师
10	陕甘宁边区青年运动研究	郝琦　杨延虎　任学岭	
11	京津冀教育协同发展战略研究	孙善学等	本校教师
12	基于模块和鲁棒性的复杂网络结构和功能特性研究及协同优化	马丽丽	本校教师
13	变革的影响：九国职业教育与培训体系比较研究	杰克·基廷等著，杨蕊竹译	
14	百岁文集	任扶善	本校教师
15	中国能源消费结构问题的统计研究	马立平	本校教师
16	碳排放约束条件下中国经济增长路径统计研究	张尔俊　马立平	本校教师
17	中国商业银行差异化监管研究——基于监管效率的视角	王婉婷	本校教师
18	社会企业案例研究	瑾琇	
19	城市区域协作组织法治保障研究	邓勇	
20	党性的诠释——事说党性二三事	魏晔玲	
21	中国意识形态面临的挑战与对策研究	匡长福	本校教师
22	中国民营企业融资困境与出路——基于资本结构的角度	方明月	本校教师
23	首席专家论京津冀协同发展的战略重点	文魁　祝尔娟	本校教师
24	金融市场分形特征研究——以沪铜期货为例	郑丰	
25	2015 年度北京地区股权投资行业报告	北京股权投资基金协会	
26	中国绿色创新之路	黄海峰等	

续表

27	全球化与中国经济(第三辑)	巫云仙主编,张弛副主编	
28	碳税、规模经济与重工业产业组织结构的调整:以钢铁业为例	陈明生	
29	服务业品牌建设研究——以银行业为例	商迎秋　祝合良	本校教师
30	天职取向与工作绩效关系研究	王默凡	本校教师
31	东亚货币金融合作与中国对策	张毅来	
32	制度支柱与体制根基——论科学发展的经济基础	文魁	本校教师
33	外部冲击、资本管制与外汇储备策略	魏晓云　韩立岩	
34	经济大师论黄金	祝合良,李广国等	本校教师
35	新型分工视角下京津冀区域产业一体化研究	王得新	
36	在华跨国公司跨文化整合模式选择研究——关系资本建构视角	刘重霄	本校教师
37	社会企业兴起的路径研究——两大部门的相互融合与结构差异	王世强	本校教师
38	深入了解电子口碑——前因与影响	付东普	本校教师
39	中国民航业管制制度变迁研究	赵玮萍	
40	城市交通污染分时段管理措施建模及优化	杨艳妮	本校教师
41	低碳经济下我国对外贸易可持续发展策略研究	周健	
42	中国中央商务区建设与治理研究	蒋三庚	本校教师
43	北京商务中心区(CBD)发展指数研究——北京市哲学社会科学CBD发展研究基地2015年度报告	蒋三庚	本校教师
44	中国注册税务师行业发展报告(2015)	首都经济贸易大学财政税务学院中国税收筹划研究会	本校教师
45	公司金融	李新　崔燕敏	本校教师
46	微言论道——中国人保财险灾害研究基金项目成果汇编(2014)	郭生臣	
47	博物馆里说东北金融	史瑞培等	
48	中国高额外汇储备:成因、影响与数量管理	陈奉先	本校教师
49	新视野:欧美大学亲历2015	张连城　郎丽华	本校教师
50	大学通向创业:传媒学子创业案例萃评	卫军英,骆小欢等	
51	文苑漫步 ——大学语言文学教育论集	吴伟凡	本校教师
52	声像、文字中的文化读解与传播	郭媛媛	本校教师
53	规制变革:中国媒介融合发展的路径选择研究	徐铁英	本校教师
54	中国高校本科课堂教学模式变革与教学效果实证研究	边文霞	本校教师

续表

55	突破创新:学分制改革与探索	王传生　范延英	本校教师
56	高校大学生运动损伤防护与急救	孙扬	本校教师
57	字思维——解字说文·文明之钥	黄天河	
58	中国国情下高校英语教育改革研究	赵海燕	本校教师
59	首都经济贸易大学外语系外国语言、文学与文化研究论文集	朱安博	本校教师
60	汉语比喻造词中名词性喻指成分属性义研究	许晓华	本校教师
61	英语单词自然拼读法	严玲	
62	现代英语语法图表解析	方俊青	本校教师
63	简·奥斯汀《劝导》的研究	苏明鸣	本校教师
64	农村医生工作满意度影响机制的实证分析——来自公立医院的微观证据	董香书	本校教师
65	数据库项目教学实践教程(Access 2010)	田振坤　崔阳	
66	行千里路读实践书——首都经济贸易大学教师社会实践论文集(2015 年)	首都经济贸易大学工会	本校教师
67	东方与西方:文化的交流与影响国际学术研讨会论文集	朱安博	本校教师

(杨玲)

【校学术专著出版基金资助图书出版】 校学术专著出版基金成立于 1991 年,由校领导牵头,出版社出资建立。作为校出版基金的出版单位和资助单位之一,2016 年出版社出版已获批校基金资助图书 5 种。

(杨玲)

【坚持精品教材出版】 服务高等教育教学需要,坚持精品教材出版是大学出版社的办社宗旨和主要任务之一。大学教材在出版社的产品结构中占据主要地位。截至目前,已形成以经济学和管理学两个一级学科为核心,涵盖经济与管理主要专业的核心课程。2016 年,结合高校教学改革的探索和应用型人才培养的需要,出版社加大了实训类教材、基础课和研究生教材的建设以及高职高专教材系列和培训用书的建设。

(杨玲)

【完成建校 60 周年纪念活动献礼图书的出版】 2016 年正值学校建校 60 周年华诞,学校和各个院系组织出版献礼图书《首都经济贸易大学志(1956—2014)》《图说首经贸》《校友风采(第二辑)——首都经济贸易大学 60 周年华诞纪念》《首经贸记忆(第一辑)》《首经贸书画作品集》《我们的法学院》《百岁文集》《文传学院师生作品集》。

(杨玲)

【出版图书获评中华优秀出版物奖】 出版社出版图书《把成功作为信仰——航天工程质量管理》获评第五届中华优秀出版物奖图书提名奖。

(杨玲)

第十三篇

毕业生名单

首都经济贸易大学2016届博士生毕业名单

院　系	专　业	姓　名
财政税务学院	财政学	王长宇　张晓丽　袁华萍　肖明迁(4人)
城市经济与公共管理学院	区域经济学	李磊　鲁继通　齐喆　王波(4人)
工商管理学院	企业管理	蔡立新　安维东(2人)
	技术经济及管理	房茂涛　林仁红(2人)
经济学院	产业经济学	黄永攀　周佳　李杨超　董志学(4人)
	国际贸易学	霍忻　刘新宇　萨达罕　沙木松(4人)
	国民经济学	马力　李春生　孟翔(3人)
	数量经济学	张恪渝　胡颖(2人)
会计学院	会计学	于鹏　韩岚岚　苏明　陈波　张悦(5人)
劳动经济学院	劳动经济学	马艳林　申小菊　李玉梅　李付俊(4人)
	人力资源开发与人才发展	丁雪峰(1人)
统计学院	统计学	宋涛　曹艳峰　尚华(3人)
信息学院	管理科学与工程	李杰　陈丽娜　杨凯(3人)

（刘秋丽）

首都经济贸易大学2016届硕士生毕业名单

院　系	专　业	姓　名
安全与环境工程学院	安全工程	黄扬超　明杰　杜玖松　何璐　黄有波　张鹏　顾旭　刘如月　刘秋平　刘晓倩　夏宇　薛元杰　李丁(13人)
	安全科学与工程	王康飞　刘欢　张艺凡　张雪娟　史建业　张远　张振超　邹娟　曲敏彰　朱慧　张涛　陈文红(12人)
	管理科学与工程（工学）	万劼　魏文斌　宋海光(3人)
	劳动卫生与环境卫生学	王喆　张盼盼　谭睿婕(3人)
财政税务学院	财政学	张亚楠　王秀哲　陈晓秋　许锦锦　王誉霖　李滨涛　周娟娟　曹怡秀　王烨　田菁芳　王梦楠　徐陆　宋傲雪(13人)
	税务硕士	程昊　韩梦淘　白宁　陈子叶　邱瑞　蒋楠　李超　樊丽卓　陈思彤　马超　连晓莉　方楠　荆白茹　柯洁欣　万方　徐尚　杨程　赵南　童昕　周越　陈江山　江倩　杨孟谦(23人)
	资产评估硕士	李婕　海骄　杜璨　康肖梅　李锐锋　范宏达　孙美玲　田野　庞然　范怡萱　魏彤昕　郜明忠　周千里　杨衡哲　丛聪　焦子键　姚秀壮　张天祥　陆天水　朱佳楠　王伟　周阳　王敬琦(23人)

续表

院 系	专 业	姓 名
城市经济与公共管理学院	城市经济与战略管理	贾彤 高少敏 唐燕妮 王会娥 武照人 张亚卿 周圳祥 朱林 李新弟 邓平凡(10 人)
	行政管理	吴勉 邵培 叶敏 白雨 董明月 薛洁 刘景娜 李珊颖 刘飞燕 彭闪闪 王小新 臧留芳 张策 王思思 赵扬 孙夏(16 人)
	教育经济与管理	程序 王艳珍 赵云彤 肖福军 赵紫纬 邬明君 刘晓茜(7 人)
	区域经济学	彭璇 任静 贾搏 王雪莹 肖留阳 倪君 李肃 孙丽君 刘兆龙 邱坦 张伟 马俊清(12 人)
	土地资源管理	隋星桐 王梦沙 张丽亚 吴芳芳 王阿燕(5 人)
	公共管理	柳文珍 蒋晓军 高姗 张萌 刘千树 吴丹丹 李若凡 王欣 王元静 刘平林 邵力 顾晓帆 耿霄 杜杰 白媛媛 郝琳 李培洵 李欣 裴敩思 董一臻 刘晨 綦宾 李嘉睿 王玲 段非 魏星 张思 何文思 贾玉轩(29 人)
工商管理学院	技术经济及管理	郭庆武 段玉婷 张辰 李来雪(4 人)
	旅游管理	罗琼 王悦(2 人)
	企业管理	聂婧 杜博 朱超瑞 张婧 廉欢 张娈婷 刘剑宇 郭红秋 刘晓欢 韩元亮 潘阳 万丰彩 贺松 刘佩杰 刘艳 莫思敏 修治萍 王玉华 彭岑 赵肖然 周宁波 钟佳芹 康丹丹 王俐 叶胜然 张卫林 吴亚楠 苏娟 陈静 张亚迪 高艳红 尹芳霞 程碧如 史月兰 王换平 于文强 邢程 高洁 晏峤敏 刘涛 马润强 马云菲 汪强强 王倩 任媛 师嘉林(46 人)
经济学院	产业经济学（商业经济）	陆沈丽 张畅 曹雪然 陶思宇 李小楠 李欣亚 钱程 栗清欣 郭莹莹 姜旭辉 闫成玉 孔明 许燕清 柳丽 赵冬 张莹 马雪华 冯大同 侯彦全 卢谋华 罗焕然 牛旭艳 孙安妮 杨烨 张琳琳 王晶 张昱(27 人)
	国际贸易学	祁仁 桑宇 关雅惠 郝晓波 米硕 熊漫漫 赵淑苹 王静静 李佳南 王一楠 赵欣冉 黄志新 黄颖斐 蒙娜 颜少君 夏呈姿 鲁婷婷 暖心 朱林冠 送杰 孟丽君(21 人)
	国民经济学	谷建伟 周虎 王超 杨娟 孟猛 李冉旭 徐英楠 诸子博 诸建乐 侯维然 黄兴兴 张竞月 丁久芳 董博 崔旸 逄璇 高航(17 人)
	经济思想史	巩春辉(1 人)
	世界经济	宋冬雪 张清 李雪(3 人)

续表

院　系	专　业	姓　名
经济学院	数量经济学	刘万龙　龚润泽　许雷鸣　徐茂森　於玲菲　俞佳伟　孙花　马帅源　孟泽　梁雪洋　唐梦　刘雪洁　刘杰(13 人)
	西方经济学	田倩云　宋泽龙　崔龙海　王梦若　东昱　方琳　陆伟军　梁兰兰(8 人)
	政治经济学	程蕾　敬雅　胡丽萍　焦新娱　李佳　王娟　吴四海　谢超(8 人)
	国际商务硕士	范桦　张琦　师磊　王也　曲原　狄强　张昕　张晓瑞　陈伯轩　张祎珣　向丹枫　杨程智　李星伯　曹星蕊　张逊　石欣儿　曾琬婷　陈艳清　胡晓凤　李琳　马鹏翔　刘婷　季雪珺　孙中凯　董航　郭沁　李凤仪　田芳源　徐小点　袁旭菲　张梦园　郑燕燕　闫杰宇　丁璨(34 人)
会计学院	会计学	黄丽丽　周文琴　郝一琳　刘晶潇　刘兴　蓝燕玲　侯红超　高青　高爽　慕亚垒　郑红杰　戴虎　李瑞敬　郑红丽　孟珂羽　唐妍妍　张青　王晓娅　张延芳　杨波　周德康　王新月　张萌　兰京　郭玲　文宇　李璐璐　王爱娜　李彪　胡晓丹　申宁　王润　段椰　张新宇　范晶晶　李政辉　王燕　马仙　杨秀杰　郎亚男　李婧　段彩艳　唐秉朝　侯晶　张丽敏(45 人)
	会计硕士	肖静亚　孙江媛　常悦　刘楠　王珅俣　王小琛　刘婕　张海玲　王田田　叶竹琴　王玺璠　原昭　谢蒙蒙　郑星　王哲　李梅　张硕　段博为　王志伟　董玲莉　马伟欣　张宁　王丽丽　朱兴琪　王思颖　毕洁　赵志卜　王垚　张银萍　李琦　宋远彤　左一含　李凌倩　马青　刘向辉　陈京京　任春楠　陈文娟　孙莹　张迪　李俐瑶　姜凤　李霞　王静　邓奇　程雪洁　胡腾飞　李雪松　王晓　赵章雯　张延新　蔡硕　赵密密　田方圆　朱晓斐　魏田田　纪彩峰　马星迪　刘兆晟　史杨超　赵星　王慧云　付华　韦选真　孙燕娜　宗硕　黄俊　斯旭好(68 人)
	审计	刘昆　朱玮玲　郭祎　张磊　金锐　和莹　吉利　杨可欣　李雪　杨奕　邵晓阳　王宇飞　王可　张烨　杨艺乔　沈依祎　刘旭　李林　廖宇　杜雪娇　姚瑶　梅玲　毕丽　刘慧　云筱淇　秦彤　陶岩　杨倩娜　马瑞香　安艳秋　张昊　贾小艾　孟天行　张鹏翔　杜中亚　刘显旭　张玫　隋旭(38 人)
劳动经济学院	劳动关系	赵艳　祝如生　程瑶　陈国栋　柴静(5 人)
	劳动经济学	阮琳然　崔勇　李芳　吉丽　程锦祥　刘德建　王宗艳　李婷　高燕　程春　宋娇　陈雪　胡勇　刘华　谷晓娜　苟梦宁　张骐　李世一　贾小旋　李双双　高文静　徐晓昱　张帆　杨蕊竹　欧阳颖楠(25 人)

续表

院　系	专　业	姓　名
劳动经济学院	人口、资源与环境经济学	纳瓦斯　金国轩　邱杨（3 人）
	人口学	沈亚男　贾曼丽　石郑（3 人）
	人力资源开发与人才发展	杨家林　西楠　李晓欣　李昶　吕梁（5 人）
	社会保障	栾海英　王萌　彭颖　郑清文　高利波　郑梅　张书尹　任丽　赵红云　董谦　刘佩璐　付月娇　邵盼　罗晗　张淼　尹宁　张琳　张亚琼　杨甜甜（19 人）
	社会工作硕士	王征　张若祎　孙倩　韩林　李公政　金毓　李明慧　李梦姣　万世纪　陈雪　胡晓婷　李焱豪　程若曦　强哲　戴凌姝　张韦伟　虞海源　史晓萌　马若楠　武娇　周冉　张丹　李燕燕　赵茜　刘彦辰　付梦虹　张璐萌　王若霏　苏娟　赵胜楠（30 人）
马克思主义学院	马克思主义基本原理	李达　袁博　李熠（3 人）
	马克思主义中国化研究	武亚男　王时丹　李梦洁（3 人）
	思想政治教育	王京　赵敬民　张倩（3 人）
信息学院	产业经济学（信息经济）	孙瑞奇　聂如云　杜娇龙　黄超　张红菊　宋泽朋　王亚会　朱超　陈泽新　曹秀秀　孙佳丽（11 人）
	管理科学与工程（管理学）	江奕　梁思远　王斌　钟红静　于丹丹　何贵敏　夏华荣　李红玫　李玄　刘婷　葛梦瑶　王心宇　张加冲　昌萌萌　赵丹丹　陈晨　谭春果（17 人）
法学院	法学理论	赵航　魏波　徐弘毅　张云红（4 人）
	国际法学	王学伟　李山山　辛彦军　严凤伟　李若维　丁悦　彭珂（7 人）
	经济法学	刘欣悦　袁嘉珩　程志远　吴沛瑾　朱歆琛　张琦　陈云俊　赵海慧　陈健　朱容瑱　吕春燕　石磊　黄建生　王燕燕　牟秉芸　田雨　黎金（17 人）
	民商法学	陈硕　陈阳　程婉秋　黄诗怡　王朦　贾国莹　李秋乐　郭晓红　孙彪　于燕燕　孙洪旺　王乙清　张义祥　黄寅林　王紫婷　邓俊　钟沈亚　周燕娇　叶呈嫣（19 人）
	宪法学与行政法学	马晓毓　绳娈（2 人）
	法律硕士（法学）	仝飞　王婧婧　孙晓焕　陈文超　陈娆　方思贤　冯格　刘露欣　刘心梅　宁泓萱　申航　唐文月　汪雪晴　王薇　谢艺甜　赵林　赵逸　郑天舒　黄颖　任维莹　陈颖奇　刘连康　刘梁颖　刘穆新　王烜亚　徐扬（26 人）

续表

院　系	专　业	姓　名
金融学院	金融学	李秋红　侯熠　王丹　游蕊　谷瑞　何汇溪　卫露娟　王亚琼　薛路遥　赵东旭　易诺　王一博　李玲　赵科乐　尹江宁　骈志坤　许青　王雅菲　龙强　王晓净　赵浩杰　王丹丹　王丹　毛伟军　吴佳洋　丁亚彬　徐骏峰　邓美华　顾书铭　肖腾腾　李芳　李雷　周宇函　石嘉琳　付李涛　孙颖　沈娜　李家洛　赵阿荣　杜靖靖　祝越　赵文姝　吴丽思　张如欣　王盛辉　顾琰　曹骏飞　李会敏　张明　付博君　马家瑞　陈菁(52 人)
	金融硕士	刘鹤瑶　梁辰　祝靓媛　张煊　高建慧　张文芳　王骁　司琪　滕淯蕾　梁旭　张贵星　王宏伟　石博　王朔　王玉清　王超群　郄二垒　于欣言　邱奔　杜娟　刘果果　孙军凯　刘大鹏　刘烁东　赵静　贺卓媛　王旖妮　茹君妍　高鹏　付雪婷　李豪　徐聪　张莉琼　廖祎　王文娟　陈静姝　王翰墨　贾雅琪　解西亚　马路路　赵祎宁(41 人)
	保险硕士	尹翠艳　尤敏娜　吴亚东　张晓辉　汪莹　李瑞丹　胡燕敏　张楠　靳雅植　唐江峰　田晴　袁雨　李楠　曹阳　王亮　张祥玉(16 人)
统计学院	统计学	张宇凡　冯颖　甄彩虹　曹孟洁　沈达　张晗　杜飞　张潇潭　魏丽郦(9 人)
	应用统计	翟齐才　彭倩　李映坤　如婳　张宁　王力慧　雷艳慧　齐静　丁爽斯　李雅萍　宋炜晔　何博睿　龚鹏鹏　赵晴　景霄霄　穆岚洮　万莉鑫　王鹏远　岳梦玮　张晓飞　辛冠莹　罗怡一(22 人)
外国语学院	英语语言文学	孙征(1 人)
	外国语言学及应用语言学	胡新月　张司邈　许博祥　李玉竹　徐云云　姚佩　石乐(7 人)
研究生部	企业管理	杨晓帆　王超(2 人)
	会计学	佘宇飞　杨菲　谢露瑶(3 人)
专业硕士教育中心	工商管理硕士	朱立梅　李赛　徐国凯　刘青　任宏月　赵晶(6 人)
	工商管理	张博　吴珊　桑彬　刘超亚　王文超　戴成　刘菊　刘璐　祝萍　李琰琰　边月娥　张立尧　潘志英　江川　高东　罗鑫　许静　顾亚光　朱旭　王芳　彭雪　苏鲁娜　王霞　胡頔　王宇　车慧盈　肖炜　牛瞳　王翔　张昕怡　许同丰　吴爽　谭勇　谭志昂　平宏洲　杨博　王樱菲　杨金国　杨勇　靳文佳　刘涛　王冬　连博　申炜　尹少青　李潇逸　史秋实　王忠强　张琛　田彩蝶　冯立国　王凯　刘焕春　罗金柱　陈静　赵学东　莫旋　王聪睿　钱兵　刘生　陈淑梅　彭皓　王敏　郭旭　关海燕　张金艳　王丹　马秀梅　李茜　郭晋花　焦慧娟　刘丽菲　吴晓东　张智博　秦丽莉　贾奎满　李丹(77 人)

（刘秋丽）

首都经济贸易大学2016年提前毕业硕士研究生名单

院　系	专　业	姓　名
财政税务学院	财政学	宋傲雪(1人)
城市经济与公共管理学院	战略经济与战略管理	邓平凡(1人)
法学院	民商法学	周燕娇　叶呈嫣(2人)
	国际法学	丁悦彭珂(2人)
经济学院	国际贸易学	孟丽君(1人)
	国民经济学	高航(1人)
	数量经济学	刘杰(1人)
会计学院	会计学	张丽敏　侯晶(2人)
劳动经济学院	人口学	石郑(1人)
	人力资源开发与人才发展	吕梁(1人)
信息学院	产业经济学(信息经济)	赵丹丹　陈晨(1人)
	管理科学与工程	谭春果(1人)

(刘秋丽)

首都经济贸易大学2016届博士学位获得者名单

院　系	专　业	姓　名
城市经济与公共管理学院	区域经济学	王波　鲁继通　李磊　齐喆(4人)
工商管理学院	企业管理	安维东　蔡立新(2人)
	技术经济及管理	林仁红　房茂涛(2人)
经济学院	国民经济学	马力　李春生(2人)
	产业经济学	董志学　周佳　李杨超　黄永攀(4人)
	国际贸易学	刘新宇　霍忻(2人)
	数量经济学	张恪渝　胡颖　韩国庆(3人)
会计学院	会计学	苏明　韩岚岚　陈波　张悦(4人)
劳动经济学院	劳动经济学	李付俊　李玉梅　马艳林　申小菊(4人)
	人力资源开发与人才发展	丁雪峰(1人)
信息学院	管理科学与工程	杨凯　李杰　陈丽娜(3人)
财政税务学院	财政学	王长宇　肖明迁　张晓丽　袁华萍(4人)
统计学院	统计学	曹艳峰　尚华　宋涛(3人)

(杨晓蕾)

首都经济贸易大学2016届硕士学位获得者名单

学　院	专　业	姓　名
研究生部	会计学	佘宇飞　谢露瑶　杨菲(3人)
	企业管理	王超　杨晓帆(2人)

续表

学　院	专　业	姓　名
城市经济与公共学院	区域经济学	彭璇　倪君　任静　邱坦　李肃　王雪莹　贾搏　肖留阳　刘兆龙　孙丽君(10 人)
	城市经济与战略管理	朱林　高少敏　武照人　王会娥　张亚卿　贾彤　李新弟　周圳祥　唐燕妮　邓平凡(10 人)
	行政管理	臧留芳　李珊颖　张策　薛洁　赵扬　白雨　邵培　吴勉　王小新　刘飞燕　王思思　刘景娜　董明月　孙夏　彭闪闪(15 人)
	教育经济与管理	王艳珍　肖福军　程序　刘晓茜　赵云彤　邬明君(6 人)
	土地资源管理	吴芳芳　王梦沙　张丽亚　王阿燕　隋星桐(5 人)
	公共管理	贾玉轩　裴敦思　王玲　董一臻　李培洵　邵力　李若凡　耿霄　李欣　刘平林　刘晨　郝琳　李嘉睿　白媛媛　綦宾　张思　王元静　段非　魏星　何文思　顾晓帆　王欣　张萌　高姗　柳文珍　蒋晓军　刘千树　吴丹丹　杜杰(29 人)
工商管理学院	企业管理	师嘉林　修治萍　聂婧　张亚迪　刘艳　郭红秋　贺松　吴亚楠　汪强强　于文强　莫思敏　刘佩杰　程碧如　张卫林　刘剑宇　苏娟　彭岑　潘阳　赵肖然　晏峤敏　杜博　康丹丹　张娈婷　叶胜然　任媛　马润强　钟佳芹　张婧　廉欢　朱超瑞　陈静　高洁　刘晓欢　史月兰　邢程　万丰彩　王换平　尹芳霞　王俐　王情　王玉华　高艳红　刘涛　周宁波　韩元亮(45 人)
	旅游管理	罗琼　王悦(2 人)
	技术经济及管理	李来雪　段玉婷　张辰(3 人)
	工商管理	张智博　史秋实　刘涛　王凯　王忠强　罗鑫　陈淑梅　陈静　冯立国　王聪睿　刘生　李茜　杨勇　王丹　连博　王霞　肖炜　许静　吴爽　吴晓东　牛瞳　钱兵　焦慧娟　朱旭　江川　赵学东　张金艳　许同丰　高东　胡頔　马秀梅　莫旋　秦丽莉　郭旭　车慧盈　田彩蝶　杨博　张立尧　靳文佳　王芳　李潇逸　关海燕　刘焕春　李丹　张琛　贾奎满　谭勇　刘丽菲　王宇　彭雪　申炜　杨金国　张昕怡　郭晋花　平宏洲　尹少青　边月娥　罗金柱　顾亚光　王　敏　苏鲁娜　谭志昂　王樱菲　彭皓　王翔　王冬　潘志英　刘青　赵晶　任宏月　张博　吴珊　桑彬　戴成　刘超亚　王文超　祝萍　李琰琰　刘菊　刘璐　张健　朱丽梅(82 人)
经济学院	政治经济学	程蕾　焦新娱　胡丽萍　谢超　吴四海　李佳　王娟　敬雅(8 人)
	经济思想史	巩春辉(1 人)

续表

学院	专业	姓名
经济学院	西方经济学	方琳 宋泽龙 陆伟军 田倩云 崔龙海 王梦若 东昱 梁兰兰(8人)
	世界经济	宋冬雪 张清 李雪(3人)
	国民经济学	黄兴兴 王超 崔旸 张竞月 丁久芳 董博 逄璇 谷建伟 杨娟 徐英楠 李冉旭 周虎 孟猛 侯维然 诸建乐 诸子博 高航 多哥拉 赛亚 哈敏思 韩乐 美佳 焦娜 莫妮卡 爱敏 佛里佳尔(26人)
	产业经济学（商业经济）	陆沈丽 罗焕然 李小楠 闫成玉 陶思宇 王晶 赵冬 侯彦全 孔明 张琳琳 马雪华 牛旭艳 张莹 姜旭辉 杨烨 冯大同 郭莹莹 张显 栗清欣 张畅 许燕清 柳丽 卢谋华 钱程 曹雪然 孙安妮(26人)
	国际贸易学	王静静 郝晓波 黄颖斐 赵欣冉 熊漫漫 暖心 朱林冠 送杰 蒙娜 黄志新 王一楠 桑宇 李佳南 夏呈姿 颜少君 鲁婷婷 赵淑苹 关雅惠 米硕 祁仁 孟丽君 王震 福达 阿仙木 黛玉(25人)
	数量经济学	唐梦 梁雪洋 刘雪洁 俞佳伟 龚润泽 於玲菲 孙花 孟泽 徐茂森 刘万龙 许雷鸣 马帅源 刘杰 卡图姆 卡瓦哈 (15人)
	国际商务硕士	范桦 陈艳清 张晓瑞 曾琬婷 张祎珣 刘婷 李琳 陈伯轩 丁璨 董航 张梦园 杨程智 李星伯 闫杰宇 孙中凯 郭沁 张昕 马鹏翔 张琦 曹星蕊 张逊 曲原 田芳源 袁旭菲 胡晓凤 徐小点 师磊 狄强 王也 李凤仪 石欣儿 向丹枫 季雪珺(33人)
会计学院	审计	张烨 杨艺乔 金锐 张磊 廖宇 刘昆 姚瑶 杨可欣 刘旭 吉利 和莹 王可 邵晓阳 陶岩 李林 杨奕 云筱淇 刘慧 梅玲 王宇飞 毕丽 沈依祎 朱玮玲 秦彤 李雪 郭祎 杜雪娇(27人)
	审计非全日专硕	杜中亚 孟天行 张玫 张鹏翔 隋旭 刘显旭 安艳秋 张昊 马瑞香 贾小艾 杨倩娜(11人)
	会计学	胡晓丹 周文琴 王爱娜 郭玲 李璐璐 兰京 唐秉朝 杨秀杰 刘兴 段彩艳 李政辉 马仙 高青 王燕 李瑞敬 唐妍妍 高爽 张新宇 李婧 王晓娅 范晶晶 周德康 李彪 侯红超 郑红杰 郎亚男 郝一琳 王新月 申宁 黄丽丽 蓝燕玲 王润 张萌 戴虎 杨波 段椰 慕亚垒 文宇 刘晶潇 郑红丽 孟珂羽 张延芳 张青 张丽敏 侯晶 (45人)

续表

学　院	专　业	姓　名
会计学院	会计硕士	孙江媛　常悦　邓奇　刘楠　付华　史杨超　马伟欣　孙莹　马青　赵星　张海玲　赵章雯　王田田　肖静亚　叶竹琴　斯旭好　张延新　宋远彤　段博为　纪彩峰　王志伟　魏田田　孙燕娜　李凌倩　左一含　朱兴琪　陈文娟　李雪松　张宁　王丽丽　张银萍　王垚　张硕　赵志卜　李梅　宗硕　王哲　韦选真　胡腾飞　王思颖　张迪　毕洁　李霞　王静　陈京京　王慧云　姜凤　李俐瑶　赵密密　王晓　王珅俣　谢蒙蒙　王小琛　程雪洁　刘向辉　刘兆晟　董玲莉　马星迪　郑星　田方圆　黄俊　刘婕　蔡硕　王玺璠　原昭　任春楠　朱晓斐　李琦(68 人)
劳动经济学院	人口、资源与环境经济学	金国轩　邱杨　纳瓦斯(3 人)
	劳动经济学	吉丽　张帆　李婷　李世一　荀梦宁　李芳　李双双　崔勇　徐晓昱　刘德建　胡勇　张骐　程春　王宗艳　程锦祥　杨蕊竹　宋娇　欧阳颖楠　高文静　阮琳然　贾小旋　谷晓娜　陈雪　高燕　刘华(25 人)
	人力资源开发与人才发展	西楠　李晓欣　杨家林　李昶　吕梁(5 人)
	人口学	沈亚男　贾曼丽　石郑(3 人)
	社会工作硕士	王征　李梦姣　赵茜　虞海源　戴凌姝　孙倩　李燕燕　李焱豪　金毓　程若曦　刘彦辰　万世纪　张璐萌　武娇　苏娟　史晓萌　张若祎　周冉　陈雪　韩林　李明慧　马若楠　张丹　王若霏　赵胜楠　强哲　胡晓婷　张韦伟　付梦虹　李公政(30 人)
	劳动关系	程瑶　赵艳　祝如生　柴静　陈国栋(5 人)
	社会保障	任丽　刘佩璐　彭颖　高利波　付月娇　栾海英　罗晗　郑清文　邵盼　董谦　张书尹　尹宁　赵红云　王萌　张亚琼　杨甜甜　郑梅　张琳　张淼(19 人)
信息学院	产业经济学(信息经济)	朱超　杜娇龙　聂如云　张红菊　陈泽新　宋泽朋　曹秀秀　王亚会　孙瑞奇　孙佳丽　陈晨　赵丹丹　黄超(13 人)
	管理科学与工程(管理学)	钟红静　昌萌萌　李红玫　葛梦瑶　夏华荣　张加冲　江奕　王心宇　刘婷　李玄　何贵敏　梁思远　王斌　于丹丹　谭春果(15 人)
安工学院	劳动卫生与环境卫生学	谭睿婕　张盼盼　王喆(3 人)
	安全科学与工程	史建业　王康飞　张涛　曲敏彰　朱慧　刘欢　张远　张雪娟　张振超　邹娟　陈文红　张艺凡(12 人)

续表

学院	专业	姓名
安工学院	安全工程	王静宇　齐志恩　彭展　高永虎　韩利钧　卢希峰　李英奇　苏桦　汤结鸿　杜玖松　张鹏　刘晓倩　刘如月　夏宇　明杰　何璐　黄扬超　黄有波　李丁　薛元杰　刘秋平　顾旭(22 人)
	管理科学与工程（工学）	魏文斌　万劼　宋海光(3 人)
财政税务学院	财政学	宋傲雪　王烨　周娟娟　徐陆　王誉霖　李滨涛　王梦楠　王秀哲　曹怡秀　陈晓秋　张亚楠　田菁芳　许锦锦(13 人)
	税务硕士	杨孟谦　徐尚　柯洁欣　程昊　樊丽卓　邱瑞　蒋楠　方楠　童昕　马超　连晓莉　白宁　陈思彤　韩梦洵　周越　李超　杨程　万方　江倩　陈江山　赵南　陈子叶　荆白茹(23 人)
	资产评估硕士	杨衡哲　李婕　周千里　孙美玲　海骄　李锐锋　田野　范宏达　庞然　魏彤昕　王敬琦　焦子键　周阳　杜璨　范怡萱　郜明忠　张天祥　姚秀壮　王伟　朱佳楠　丛聪　康肖梅　陆天水（23 人）
法学院	法学理论	张云红　魏波　徐弘毅　赵航(4 人)
	宪法学与行政法学	绳娈　马晓毓(2 人)
	民商法学	叶呈嫣　孙彪　王紫婷　陈阳　黄诗怡　钟沈亚　于燕燕　邓俊　孙洪旺　张义祥　陈硕　程婉秋　贾国莹　李秋乐　黄寅林　王朦　王乙清　郭晓红　周燕娇(19 人)
	经济法学	黄建生　朱歆琛　赵海慧　吴沛瑾　王燕燕　袁嘉珩　张琦　吕春燕　程志远　黎金　刘欣悦　石磊　牟秉芸　朱容瑱　陈云俊　陈健(16 人)
	国际法学	李山山　李若维　王学伟　严凤伟　辛彦军　彭珂　丁悦(7 人)
	法律硕士(法学)	徐扬　黄颖　赵林　王烜亚　陈颖奇　王婧婧　谢艺甜　郑天舒　陈娆　仝飞　任维莹　刘梁颖　王薇　刘穆新　唐文月　刘连康　刘心梅　冯格　孙晓焕　赵逸　申航　陈文超　刘露欣　宁泓萱　汪雪晴　方思贤(26 人)
金融学院	金融学	易诺　卫露娟　游蕊　王亚琼　陈菁　马家瑞　侯熠　毛伟军　赵东旭　王一博　张明　李玲　骈志坤　尹江宁　王丹　孙颖　曹骏飞　何汇溪　谷瑞　赵浩杰　薛路遥　顾琰　李家洛　王丹丹　许青　王丹　周宇函　赵阿荣　肖腾腾　李芳　吴佳洋　王盛辉　张如欣　祝越　付博君　王雅菲　王晓净　吴丽思　沈娜　龙强　石嘉琳　李雷　付李涛　顾书铭　邓美华　赵文姝　丁亚彬　徐骏峰　李秋红　杜靖靖　赵科乐　李会敏(52 人)

续表

学　院	专　业	姓　名
金融学院	金融硕士	王骁　贺卓媛　滕湇蕾　徐聪　廖袆　刘大鹏　张贵星　司琪　高鹏　孙军凯　李豪　贾雅琪　王宏伟　王文娟　刘鹤瑶　张煊　张莉琼　王玉清　梁辰　祝靓媛　郄二垒　邱奔　石博　王旖妮　解西亚　王朔　刘烁东　王超群　王翰墨　付雪婷　赵袆宁　高建慧　于欣言　赵静　杜娟　刘果果　梁旭　张文芳　马路路　茹君妍　陈静姝(41 人)
	保险硕士	尹翠艳　张祥玉　袁雨　李楠　田晴　唐江峰　尤敏娜　张楠　王亮　胡燕敏　李瑞丹　靳雅植　张晓辉　汪莹　吴亚东　曹阳(16 人)
统计学院	统计学	张潇潭　魏丽郦(2 人)
	应用统计	王力慧　万莉鑫　罗怡一　何博睿　李映坤　丁爽斯　张晓飞　穆岚洮　辛冠莹　景霄霄　岳梦玮　宋炜晔　龚鹏鹏　翟齐才　王鹏远　赵晴　齐静　张宁　李雅萍　如婳　彭倩　雷艳慧(22 人)
	统计学	杜飞　张晗　张宇凡　曹孟洁　冯颖　沈达　甄彩虹(7 人)
外国语学院	英语语言文学	孙征(1 人)
	外国语言学及应用语言学	李玉竹　胡新月　许博祥　姚佩　石乐　张司邈　徐云云(7 人)
马克思主义学院	马克思主义基本原理	袁博　李熠　李达(3 人)
	马克思主义中国化研究	武亚男　王时丹　李梦洁(3 人)
	思想政治教育	王京　张倩　赵敬民(3 人)

(杨晓蕾)

首都经济贸易大学 2016 届同等学力硕士学位获得者名单

院　系	专　业	姓　名
工商管理学院	企业管理	王梦姣　韩笑　胡莹莹　王继英　田晶　白静　刘荔宁　刘学锋　卢飞　高利军　王旭　李婧　王兆龙　李奇昊　林海　张莹　李美　杨琦　陈冬宁　郭俊伟　李洪瑞　孙颖娜　付万贵　刘丹　冷冰　赵培忠　许可　石文月　李全玲　章永春　杨静瑶　彭雷　马捷　唐小华　王嘉云　李安琪　胡晓明　刘慧　王岩　崔达　赵岩　肖威　李默　马晓茜　胡斌　梁悦　王一冕　王芳　范臣　龚婧　冯硕(51 人)
经济学院	国民经济学	王家荣　刘向前(2 人)
	产业经济学(商业经济)	亓梅　张力文(2 人)
	国际贸易学	周潇涵　王芳菲　陈赫(3 人)

续表

院　系	专　业	姓　名
会计学院	会计学	张春玲　杨潇　赵雪芳　齐娜　郭史煜　韩凤媚　刘琳　尤志明　宋安丽　张兆祺　焦萌　李邵丽　刘雨濛　侯薇　刘诚　赵娜　王磊　罗灏宇　王琪　张婷　张方圆　刘鹏　李景辉　王冠　王卉　郭威　吴丹　姜晓丹　马晓姮　林方青　王燕　杨蕾　王国全　孙小波　姜彦丽　肖冠怡　赵文静　孙晓　张艳茹　晋媛媛　梁正英　寇晓旭　宋雯雯　马俊斐(44 人)
劳动经济学院	劳动经济学	张静　董杨　郑宇　张建军　赵旭楠　王梦娅　胡璨　高远　李婷婷　葛锋　魏平　石李丽　张倩雯　刘阳　王梦娅　郑宇　赵旭楠　高远　胡璨　李婷婷　张倩雯　刘阳　张建军　石李丽　魏平　葛锋(26 人)
信息学院	产业经济学	韩冰(1 人)
	管理科学与工程	李啸　张慧林(2 人)
财政税务学院	财政学	张思　王小锋　郑雪　谭皓月　贾茹　王胜男　刘沄畅　刘晓蕊　毛维融　张文梦　翟冠男　王秋来(12 人)
法学院	经济法学	杨欣钰　孙傲　张萌　刘东阳　王锐(5 人)
金融学院	金融学	张鸥　姜炜楠　李文　李晓楠　白晓　刘丽　吴迪　任玉龙　孙育健(9 人)

（杨晓蕾）

首都经济贸易大学 2016 届本科生毕业名单

专业名称	姓　名
安全工程（注册安全工程师）	吴孟旭　张振兴　刘雨霏　任骞　单益林　马丽静　符婷婷　姚一帆　常旻川　王思源　关伟琦　张涵　李田田　许诺　张晓婷　杨宏森　江淑怡　王贺　郑志新　张陆琦　张鑫　赵琦　张津奇　何婧婷　尹琦辉　刘畅　吴宇宸　赵尉琪　苏支前(29 人)
工业工程	赵斯钧　钟昊成　李文嘉　赵天啸　张思源　李珂羽　贺星博　夏盛源　王宜竹　牛杰　孙签　张岚　刘嘉新　张加进　蔡梦　李建屹　徐珊珊　艾比拜·艾麦提　曹永婷(19 人)
环境工程	罗浩　王超群　熊飞　郝明　于秋璐　冉春艳　尼卡拉　张欣禹　徐希尧　李柯　杨柠语　杨远　林孟麒　游悦佳　蔡玉珍　谭姿尧　谷雨　贺张杰　赵芙蓉　门玉　阿西夜　陈涨　韩旭　马啸飞　魏晓慧　黄丽倩(26 人)
财政学	董明明　姚琳　陈乐汀　丁蕴曈　侯悦　刘亦庞　刘依聪　刘芷涵　包媛媛　吴程军　孙阳　尚倩宇　张晨荧　张艾钰　李珊　李隽婕　杨冬雨　王心悦　王蕊楠　祝雨辰　赵乙滟　郑娜　郭雪松　郭雪梅　陈文宇　黄玉莲(26 人)
税务	郑剑辉(1 人)

续表

专业名称	姓 名
税务(注册税务师)	杨文渊 檀敏芳 潘婧婷 樊牧乔 陈梦妍 孙巾皓 常青 尹树俊 李津 李喆 李嘉曦 马妍 秦泽宇 周雪寒 郑新楠 胡峰阁 王煜 梅筱嫣 杨赛丽 陈艳芳 石梦迪 刘毅 管兆晗 康畅 沈锐 张丹彤 钱小萌 赵莹 石安妮 林佳欣 邓安迪 袁香玉 宋雨萱 陳詠瑤 冲扎 钟子陶 高晓梅 富雨萌 庞婕 陈彪 李秋晨 李秋辰 谭若琳 杨圣明 杨曦 陈玘奇 肖珊 闫晴 吴尘露 雷孟溪 杨柳 王相力 朱梦珊 郭妍 杨依 刘玮彤 刘爽伊 曾宁 李雨乔 郭梦哲 陈芷欣 高文君 田正(62 人)
资产评估(注册资产评估师)	黄建平 郝孟杰 王轩 孙硕 张曼 杜然 赵思琪 张滢 胡璐 曹燕楠 袁梦琳 张依然 史良玉 赵可欣 西娜 张荣皓 曹佳雯 闫思雨 刘公瑞 刘高莹 肖丽萍 刘馨 张宇辰 李安迪 苏婕 金梦迪 由美 王冬雪 于田 谢毅夫 郑璐盈 王馨蕾 陈紫薇 杜晨蕾 毕盛 欧丙玉 王亚楠 李蓉 卢雨臻 李子烨 严微 傅阳 刘丽超 刘孟涵 孟凡哲 宋轶媛 尤润九 崔怡杰 廖敏莹 张宇宸 张歌 徐思霖 李杰 李欣月 武慧 沈霜 胡天盈 谢若男 赵明明 陈倚言 陶健 雷晴 韩旭 马思波尔 马涛 马骏冲 魏晓静 齐方舟 石翰超(69 人)
城市管理	张宜轩 刘祺宇 王若鑫 孙婷 杨洋 刘丽 邓铠琼 王翰林 史亮 金泽佳 蔺佳文 王师捷 王天月 王婧超 柴睦 王露露 段红艳 刘爽 饶思上 俞辛然 李进进 王祎 张默 马川 安泽 贾凡 王佳伦 刘璐 王建斌(29 人)
城市管理(区域经济管理)	武俊琦 苏仁意 刘腾 陈媛 屈明明 曹雅竹 刘瑶 陈兴禹 岑周挺 韦阳军 李珍莉 齐霁 任霄 朱风凯 贾一鸣 宋宸卓 赵凡 杨佟 柴彤 甄怡 张浩宸 邸怡平 张可 孙一可 耿思聪 梁雯舒 刘垚 武玥 谢焦龙(29 人)
公共事业管理	李耀 邹梦琦 隗立波 于汇源 李昊辰 张元帅克 张梦远 闫宇霞 贾赛男 雷鸣阳子 田婧依 阿比旦·艾尔肯 董菲 赵李洋(14 人)
土地资源管理(房地产开发经营与管理)	李翔 李雨辉 李继坤 王林洋 白傲霜 李响 张荻翰 刘东超 谭芊祎 王冲 许雯玥 孙一帆 傅元 陶竞 蔡春娜 李丁根 雷丽 闻泽昊 杨琛 钟姗 冯馨 李晨昊 何思雨 宁小鳗 岳微 关芯 赵雪丹 张凤莹 王阳 刘匀松 杨宇婷 彭辉 孙晴 李贺 王伊 赵玥 王妍 曹璨 陈婷婷 路昊 王雨桐 甘甜 张蓬勃 李思宇 郑春晓 朱仲妮 王祺 马小东 乔昕(49 人)
行政管理	祁文祥 杨冉 温博欣 江璐 姚桐 秦冰玥 冯嘉琪 王瑄 戴雨涵 刘畅 刘泽宇 康金浩 李楚翘 朱曼頔 李毅梅 李双元 谢伊依 籍子豪 高宁远 谷彦雯 杨燕南 杨煦 白帅男 王艳菲 许思和 李艳 高璟 崔万隆 李磊 陈曦 赵丰 焦楠 赵晓煊 李雨馨 刘然 傅玲 龙嗣东 张子强(38 人)
行政管理(电子政务)	沈耘壮 田柱 厚智航 胡偲锦 武文斌(4 人)

续表

专业名称	姓　名
法学	洪隽　王永乐　付杨　刘京泽　单珊珊　单立　岑福友　崔恩东　席露　张晓航　戴玮嘉　李依朔　李子健　李思美　李翰森　杨洋　王仕昊　王昭宇　王祎　王诺雅　祖丽胡玛·艾山　苏一　蔡梦迪　谢陆源　赵田雨　郭文玉　金潇　陈媛媛　陈雨思　隋冰玲　高晶　龙丽　刘笑仙　李强　王偲琦　雷澄玥　侯冠华　褚童　娄宇庭　李琦　余晓睿　舒琳娜　黄姗　李依然　田香波　蔡楚娇　李少洵　马蕴美　毕然　李沛霖　闫迪　赵晨雨　祁琪　顾凡佳　程心翼　吴婧怡　王蕾　郑志鹏　菲尔道斯·阿卜力米提　高娅　高凡　陈思语　陈亚楠　钟宇豪　那兆轩　邓欣月　赵佳颐　谢婧怡　许鑫　蒲晶鑫　苏学文　罗新蓉　纪元　王思佳　王宇　焦志红　汪心润　欧阳秋弟　柯妮　林然金　杨嫣然　杨丽　李莹　张楠　张倩　宋来昕　孟想　孟庆庆　姜炘怡　唐心为　吴爽　努尔古再丽·阿卜　杜克热木　刘宇喆　任捷　王家盛(96 人)
电子商务	刘玲芳　孙元　吴晓婷　张佳音　郭溢华　陈梦娟　王方　王子铮　许佩雯　袁晓霞　张玉琪　杨靖怡　冯佳旭　李睿　崔思莹　杨凡　何悦　胡雅婷　胡苒奕　张宇彬　杨胜　马姗子　张博瀚(23 人)
工商管理	韩国琦　邱晓光　姚璐　杨雪芳　杜伟　孟鹏宇　娜迪拉·吐尔逊台　卢嘉琳　张婷婷　刘碧曦　陈思文　郝旭　郭铜欣　夏梦宇　丁一　丁祎　赵梦萦　王爽　杨烨　夏斯彦　牛叙栋　杨瀚宇　张潇　高天意　盛涵　苏琛　李昊轩　余洁丽　张晓英　闫莉　陆洋　魏婕　余锐　王霄羽　张准　张菲菲　武尚上　梁佳怡　黄岩　宋墨涵　袁媛　王璐莹　王洁　范玥　娄金森　左雪　曹静伊　谭歆　梁乐　向臻　彭淑桥　苑彤　阴悦　苏叶蕾　范华　徐思凝　何丹　田旭丰　蔡羽佳　田雪莹(60 人)
工商管理(实验班)	孙迪　付雪菲　林兰兰　赵夏　张茹茹　吴英　李琛　黄文雅　潘子薇　王雪晴　刘斌　王昆　张晓蕊　杜娟　桂睿　王雪娇　陈源璐　李麟　陈泊润　王丹　郭以琳　邱玉凤　华通海　赵阁　文贝贝　张妍　南芳芳　杨明扬　王碧琦　叶皓玥　冯硕　范佳慧　孙洁　赵冰璐(34 人)
旅游管理	卜发强(1 人)
市场营销	毕圣传　金熙雯　代扬　赵星　陈力明　张欣　钟颖婕　张跃　王晨　蒋艳娟　刘然　王静怡　谭笑　王立豪　杜世杰　司光远　廖荣曹　鲜然　常月子钰　马思楠　唐莲苗　张喆　代琦　崔岩　杨晨旭　邵启聪　李明夏　张凯强　李少鹏　赵明明　张敬涛　张振鑫　朴太善　熊华奎　黎海洪　许笑凡　梁宇强　于轩浩　黄菲　李月圆　陈培培　曾金圆　余翠玲　常玥　杜晨阳　郝泽楠　闫思雨　钟鑫　黄浩　崔冉　王思凡　郭丽娜　邹志扬(53 人)
物流管理	孟宪帅　张扩艺　赵毅鑫　陶瑶　杨晓彬　曹璐　朱梦怡　邢瀚琳(8 人)
工商管理 (管理会计)	李文扬(1 人)

续表

专业名称	姓　名
工商管理（国际会计）	袁野　丁越　张伟晨　李悦彤　王思明　张彩晨　吴悠　刘旭　马可妍　李天宇　李芮含　李佳慧　魏祎　梁源　李云清　刘梦妍　柏炫　杨絮冬　陈思　朱瑞楠　黄岱伟　刘盼　欧莉　刘畅　于静雯　冯童　吉康　吕然　崔姗　张傲　张天洋　张旭　张磊　张祁　张雨杰　徐擎　杨敬雯　杨柳月　杨轩　梁雨安　沈忱　温文辉　王爱心　王珊　甄翠华　祝新彤　肖恒　肖林　胡和音　袁磊　赖欣睿　高方迪　于悦　于百芃　刘婧宇　刘雨珩　吴高　周君　宋芳程　张佳侗　张岸卿　徐海蕊　曾玉冰　李佳雨　杨玉彤　程鹤翔　罗天宸　苑宁　袁庆　谷玉冰　赵媛媛　陈天虹　陈沐雯　高倩颖　张纪瑶　刘宇晴(76 人)
信息管理与信息系统（IT 项目管理）	李玉喜　张浩博　冯世佩　朱陶然　刘羽轩　陈静怡　赵宇轩　高罂　吴优　刘思琦　罗晶　李晓珊　张昊宇　刘阳　张爽　李正祎　张辰宇　李升泽　房孟侨　李博茜　肖起源　郑梦迪　王宇琪　魏启航　张紫涵　于路远　刘晓树　刘璐　吴媛媛　孙晨曦　张梦蕾　张雪颖　戴兵　景秋玉　李丁　李思聪　李洋　李若谷　沙言智　焦宇桐　王舒凝　王英豪　王鑫　田园园　田潇蒙　边岩　马欣然　马鸿运　鲍成　黄帅　春雨童　刘祝辰　史欣鑫　向科玮　宋耀华　尹思阳　康暖　张云惠　张彤　张翰林　张鑫　张雅蒙　徐莹　景宝山　朱占芳　李阔　杨嘉怿　杨小涵　武旭　王宏伟　王静怡　白力赫　董闫妩峥　许晨星　赵艳晶　郑元庆　陈川　陈梦莹　高思佳(79 人)
财务管理	黄文静　兰青　张佳欣　杨怡怡　李佳　周皓　赵佳坤　刘昊　肖涵　刘洋　周云琪　何悦菡　郑琪　刘睿佳　陈明轩　董烨　赵雨晴　冯缘　杜晓童　石佳　孙昭　邓贺然　张莹莹　牟明凤　陈积要　孙月鑫　苏柯丹　刘凯璇　杨童(29 人)
会计学	柴鑫　王静　余思瑶　李明哲　周婷　杨琳　李琳　卢江　贾斌　白月晴　李倩　曹莹　陈雪　贾丽维　徐佳　耿运超　葛珊　魏子乔　冯静婉　朱梦佳　张宇　李梦凡　高凌丽　赵家一　李维吏　周子平　俞思瑶　祁畅　刘姗姗　刘梦然　张晴　曹莉莉　龚鹤　王晓南　牟琳　杨雨佳　孟甜　包海涵　迟佳丽　邹言思　何浩　王翌　孙天　刘殊成　游潇　李帆　王子一　李梦莹　王英玄　吴学岚　李治楠　吕玉平　袁拓　张帅　王柏棋　刘子晗(55 人)
会计学（国际会计）	熊艺然　于婉舒　宋家萍　杨博　郁坎普　张鹏旋　赖宇臻　高璐旭　王星　王明轩　熊沐银　吕佩桦　林弦　张天昊　王相程　韩宜格　房馨然　左星辰　梁晨　陈美卉　张诗晨　周春丽　谢梦圆　罗馨怡　孟欣然　刘畅　王昀　徐伟男(28 人)
会计学（注册会计师专门化）	冯书源　武家伟　何锐　代思思　史敏　徐梁　赵克　马勤勤　李云龙　卢妍　吴俊熹　金晶　王晨　常晓格　范心怡　廖奕龙　黄烨华　张一彤　王祺　梁钰玮　徐明媚　李辰雨　马金杓　崔晗　李沐蕙　杨春雪　阁一雄　张珣　李北南　史文頔　乔迪　蒋婕　王馨甜　刘诏祎　张彦婕　佟博　周玲　宣言　巩福晨　张樊　徐徐　李东阳　李子正　李怀城　李洁　李洁　杨敬懿　王丹枫　王嘉欣　王浩鹏　王玉　王超楠　程丹骅　穆晴　邓佳雨　金库　铁金　陈怡青　靳红兴　马悦　高晓萌　高鑫岩　黄玄芳　黄震　要晨阳　张慧姗　李杭昱　于锦荟　孙雨濛　康勃然　周雪　刘畅　赵佩瑶　耿飒　王祎祎　洪大刚　张媛媛　张翔宇　邵帅　申蕊　张冰蕾　尚可宜　刘金池　宋向阳　刘响　洪海莉　刘莹　朱婷婷　许智成　文潔英　刘松月　陈静雯　高晴　李可欣　付桐　刘旭东(96 人)

续表

专业名称	姓　名
保险	王露晨　王歆如　刘龙　付爽　王依风　余良　周艳丽　张一舒　张可欣　张楠　张瑞　晏燕　杨佳丽　杨斐　沈熙威　王珏玮　王琳　胡业恺　胡佳琪　舒筱　赖飞　郑依然　郭启超　郭晓桐　郭轩　陈钰　霍明珍(27 人)
金融工程	王子衡　王祺琦　方振远　唐柳　张济凡　邓韬　张紫薇　王笑一　黄恩培　鲍洁　韩汐　雷力　赵晗　贺玮石　胡海涛　章涛　王杨孜　王昌云　王昊　王家欣　王宇乾　王叶楠　王凯　潘添媛　李胥知　李少雄　朱双双　曹洳宜　巫山　宋兰　孙蕴泽　周淼　史艾琳　刘蕊　刘畅　冯珂　丘锦波　彭俊杰　陈凌欣(38 人)
金融学	王睿　郑旭良　马思民　陈文博　詹铤　牛娜　梁扬　刘欣　刘宇霄　马雪　李大卫　葛思玥　范会敏　邹加易　蔡伯昊　白翌洵　白思卓　李荣慧　李琛　李春罡　吉天玥　纪晟亭　陈毅　陈沛滢　王锦涛　范雅楠　冯杰　王响　王瀚超　王悦　张梓耕　周博文　吴佳欣　罗旸　胡小虎　张淼　王雪峰　刘淼　吴凡　赵炜烨　田照鹏　王泽荀　王乐鑫　张欣悦　何昊川　朱元芃　汤蒲新　孙瑶　苏东骁　张霄　王畅　龙心怡　苏传琦　霍宇　刘涵　刘佳宾　李倩倩　施丹阳　卫巍　史祎凡　王慧子　王淳　徐超　刘仪　卢蝶　于春艳　段瑶　郑紫明　王丽洋　盖永康　张宇光　李滢菱　温佳旺　李沁豫　戴安娜　胡嘉南　石越　王炎杰　郭妮杰　孙苓晔　张博　宋天慧　王森　宋越　张红杨　姜雷　蒋亦炜　胡紫谊　马珊　陈凯　王慈　代玉洁(91 人)
金融学(国际金融)	翁毅駿　陈雨婷　王富豪　刘佳晨　李思思　彭斯桐　李佳欣　马程成　刘宇飞　张冉　柳杨　陈百惠　吴光光　高雅薇　高雅　韩宗冬　韩佩珊　陈俏伊　王天梦圆　李雪舲　李乔真　曹斯雨　多洋　丁乐婵　陈赛　寇淼　郭宇　董畅　李响　郑思桐　冯晓宇　李舒羽　焦云　刘灵馨　郝媛媛　耿禹轩　熊梦奇　李睿　李玉娇　张爱谋　刘思宸　刘信志　何文婷　王玥玘　顾思桐　蒋雨薇　雨菲　鞠洋洋　李丹　李瞻　林柳逸　崔文硕　李安琪　张若楠　赵洋　成一丹　张沛青　赵雅婕　文雪　罗爱蕊　秦志莲　申伊伊　杨伊歌(64 人)
国际经济与贸易	周媛　曹明新　张明阳　王洞今　王豪雨　陶丽宇　周俏　杨文嘉　王家岱　王诗雨　朱钰　梁毅　史丰铭　朱云乔　何思远　沈芬　朱小轩　赵崇凡　黄戈　张新月　邓嵇予　王晓桐　钱宇轩　陈园　刘倩　尹慧璇　赵佳坤　彭璐　吴琼　杨雪梅　刘晓彤　刘硕　徐佳晋　刘嘉仪　张颖硕　王楠　王露菲　龚胜男　潘晶晶　高航　周悦　许小芳　张妍　党帅　刘颖　吴疏影　王晶　乐双双　魏佳雯　高远　李志国　洪芳　徐雅丽　李盈　吴祺　周彤　姚彤　郑袤　梅思蓉　申晓涵　王萌　李晓妍　商佳　常晓童　王路瑶　杜依霖　方亮　田硕　田升　刘月　汤铭(72 人)
国际经济与贸易(实验班)	屈超　董思腾　向雅芳　谭冰倩　王稚珺　毕钰　邢伊轩　岳斯宇　荆凤　马元元　侯国龙　郑雪莹　李民　赵月春　王晓瑜　王一名　吴文静　云外虹　孔晗　张思瑶　冯莉　吴悦怡　高紫萱　仲崇伯　李路　曾多　房楠　秦臻　张思然　崔琦　胡卓杰　郭宇钦　梁依婧　张星辰　胡杨(35 人)

续表

专业名称	姓　名
经济学	阎茜茜　兰姣　沈新力　张泽欣　高畅　王濛　罗星婷　鞠彤　曹译元　郑旭　曹可盈　赵宇　谭晓雨　张璐　宋雨婷　黄小航　赵甜　殷驭文　周佳妮　陈思嘉　任勇豪　徐致远　杨洁雪　曾鑫　赵昕俣　刘可心　胡易伯　牛硕　郑瑶　陈强　李毛毛　栗泽阳　马奔　京兰苏都　唐青　罗茜子　杨敏　李洲　卢惠敏　赵朔　王雨宸　欧小榕　彭昕钰　付玉　李蔚　彭雨晴　段红洋　刘嘉依　回晓　李丹阳　张子妍　何珊　刘琦　马宏楠　林玥萌　吴欣静　杨嫚　冯海琦　尹晓昱　刘悦　张莹　张婕　梁世康　魏怡明　朱冰茜　李雪莹　张卫朕　李佳义　徐娜　李晓威　刘芳芳　黎京林　刘豪　王婧玉　裘景瑶(73人)
经济学(实验班)	唐屹　郭麦伦　刘雨珍　王彬　姚晴　程荃　王欣嘉　涂思琪　王珂　鲍宗禹　尹越　曹梦　温倚晴　张春子　谷肖　白雨佳　郑可馨　丁子璇　高星凯　张璐　戴中川　郭佳怡　周璞　李琦源　罗佳敏　陈铭　蔡思聪　张静楠　许晶晶　刘心悦　邳震琪(32人)
贸易经济	侯怡婷　张兴月　张炎秋　乔晓淼　刘天歌　刘慧　刘星炜　刘莹　刘鑫　吴佳　吴若山　张丝竹　张丹　张博　张斌斌　徐金梦　文燕　曹杨　李实　杜尚　杨颖　林子豪　林晓晖　王宇澄　田羽　田驰　范子菲　范鸣　蒋佳俊　赵博文　赵媛媛　赵晓旭　赵越　雷雨虹　马彤彤　高晶　高洁　黄逸飞　付然　吴薇　安馨禹　屈张妍　朱海铮　朱雨薇　李国实　李童　杨震　梁莹　熊娟　熊爽　张雅丽　王芷琪　石清梅　程旖旎　窦蕊　蓝天意　蔡亲浪　袁泽　谢玉　邢程　郑吏球　郝天玉　金珊珊　陈旭　韩磊　马俐　高春怡　齐钰　刘子剑　孙安琪　宁光伟　岳明浩　张博伦　李婕　李将　李崇瑞　杨帆　杨晨阳　梁霄　皮一森　程实　赵骐纬　高新宇(83人)
劳动关系	李晓楠　罗静历　孙若梵　周文　卢亚萌　付红雪　梁鑫玉　蒋丽滢　王琳馨　李昊男　李雪婷　李梦　王思珺　孙易　李京　李青　林佳缘　赵夏蕾　白子薇　陈竹　何颖颖　石可　周明祥　王呈美　郭然(25人)
劳动与社会保障	姜雷　余灵　刘伊伊　周鹏姣　季云杰　左轩　张月　张诗祺　徐燕燕　曹伊鸣　李嘉　李文君　潘琦琦　王冠　王博　王嘉琦　王子辰　王瑞风　王雨潇　白雪可人　祖力胡马尔·艾海提　耿文希　芦依　董南希　赵睿　阿斯木古丽·阿普赛麦提　陈先宇　陶政宇　高天雪(29人)
人力资源管理	高丽欣　王敏超　高博　李定泽　徐牧潮　于子豪　苗瑞凤　赵雪　赵小儒　匡正　田婧　崔迪　王梓翔　刘羽琪　陈梦佳　张晋浩　于夕茜　郭瑶　玉文鑫　曾小琳　吴绮桐　马鑫钰　刘李杨　徐静雯　胡乃琦　刘志豪　温海艳　李亮　张婷　梁司　张亚婷　宋志强　张素　范睿　赵颖　黄如婷　丁垠炀　苏梦南　李倩倩　齐琦　杨梦露　张春子(42人)
人力资源管理 (国际人力资源管理)	张可心　文[illegible]婷　韩维扬　杜鹃　张春梅　李潇　马忱　欧莉　杨雨萌　杨昭　张媛晴　余潇　赵越　欧阳亚群　姚锦钇　潘逸雯　李震　李静南　王萍　包含　黄文睿　张昊　李多　刘洋　任萌　姚远曦　孟丽娅　潘文瀚　刘广亮　王雅　章欣　奚琳　孙小淳　仪修出　吴丰恺　郝思齐　史安妮　赵梦雨　葛淑敏　王莉　金淑娴　陈天　潘美智　唐菡(44人)

续表

专业名称	姓　名
人力资源管理(实验班)	王颀　于田畅　王海燕　雷易晓　朱乐　唐超宁　陈彤彤　陈晨　饶健　赵环　张梅雪　田婧然　宋丽娜　刘赟　刘宸　韩婉　何柳　常晓琳　曾德发　赵欣宇　曹一媛　姚爽　胡雪　石可欣　刘帆　高尚　甄维　冯亚乾　董云飞　赵欣月　汪明玲　陈波　魏俐　张雅　唐敏　陈雪晴　付子豪　张晨　李晓雅　李群勇(41 人)
数学与应用数学(金融数学)	周明远　李建嶷　杨茜　胡子秋　潘智勇　万鹏博　井潇　任英杰　卫思　吴博阳　吴晓蒙　周燕盟　封丹丹　张倩　张策尧　戴德　李振铎　杨钰钊　王贵烽　石森　苏显丰　谢雨濛　贾晓慧　赵含悦　阳鑫　韩仕辰　黄嘉仪　龚熙雄　曹宇(29 人)
统计学	刘峰　郑琦越　万佳瑶　齐蒙　马明文　陈雅丽　王羽婷　王禹　王楚馨　王宇轩　杨希涵　崔乐　刘杨　刘亚菲　刘家琳　卓梦华　周邦策　尚紫宇　居盈　张钰　王敏　王栋　赵梦雅　魏世豪　周屿萌　孙伟娜　吕子阳　张曾玮　张雨晨　郎冀轩　刘映桦　薛新辰　张世平(33 人)
统计学(经济分析)	张宾松　高圣杰　马子裕　彭飞翔　马昕瑶　杨浩　马健方　蒋妙春　董亮　窦芳菲　田园　王宁　王子玉　王婷婷　温馨　李皓　李佳希　张伯乐　商雨楠　周安琪　刘爽　刘彦利　史一凡　张亚楠　张梦　张泽华　曲烨　李思祺　李艺　石天雨　罗璇　胥云峰　郝赛男　金璐　雷茗涵　高琦　赵政　杜治仙　段晓熙　陈千婧　杜彤伟　强玮宁　申俊雪　胡燕燕　黄颖倩　邵星宇　陈鑫森　郑紫薇　胡森　焦静　倪婧宁　张祖弋　宝国慧(53 人)
传播学	翟泳　曹梦然　刘安琪　智纯　李博雅　胡思羽　孙梦捷　李阳　杨爽　李佳楠　郭小炎　玛依热·大吾提　杨柳　张洛　许靖雯　罗云丰　寇瑞清(17 人)
传播学(媒体经营与管理)	罗茜予　仝雪　弥爽　鲁琦　郭莉　郭晓岚　曹可欣　白雪　曹珂　谢欣宇　严江陵　赵雅晴　董丝雨　王玥莹　董政　余睿宁　董梓楠　刘彤　张梦雅　肖天予　杨洁　唐欣悦　王子豪　苏仲怡　王睿　谢一依　艾博凝　赵亚苹　林雨婷　陈思慧　李昂泽　钱楠楠　张戌辰　廖航凌　于芊芊　谷思彤　沈卓　金秋玉　黄维　高卫　周天　相楠　程朗　聂宇嘉　孙之冰　满运雨　师佳玥　孙莞星　卢英男　丁佩瑶　温玮　刘一鸣　于新蕾　刘嘉宁　卓然　田雨　齐春雷　顾叶陶　杨海若　古莱姆拜尔·阿卜力米提　金思扬(61 人)
广告学	刘泽艺　王蓉　李秋桐　杨睿　汤一珮　张峥　张玥　宋雨凡　冷静　冯彧　刘皓楠　杜宝华　周芳倩　于凡　霍焱　胡冬钰　李一凡　杨爽　闫铁铮　关尔嘉　陈鑫　焦娜　陈依晴　刘凤　黄小雨　李颖嫣　闫惠　穆炘　赵晨雄　富彤云　孙雅量　李凤昭　崔灏　周沫　王璟琪　肖子悦　姜皓卉　杨田　张雅楠　刘佳　王强　孙爽　张祎蒙　剡晓旭　郑双焕　邹可馨　王琴(47 人)
工程管理	曹世通　张嘉城　丁佳玉　李尹楠　郑言琚　傅翔雨　许嘉祺　杨彤鑫　王佳丽　杨颖志　赵锐　秦炎夫　李哲贤　陈昊　向柯宇　陈志玺　李子宏　李佳乐　姚娅宏　程梦莎　张强　陈璐　闫锋泽　王佳玉　肖若梨　王秋爽　李馨(27 人)

续表

专业名称	姓　名
计算机科学与技术	张明畅　于蕊菡　何雅玲　刘泰义　单思雨　宋航泷　张佳音　张琦　张璇　明竞　梁小艳　王泽文　王秋丽　胡美静　范志国　许浩鹏　谢冰　郑鹏飞　马向南　蒋乾凯　于圣泽　姜玉坤　刘玉莹　何一鸣　张昊　林晓晨　殷秋实　杨巽　党万芳　郝思诗　郭静宜　张雨晴　包蕾　黄蓉　陈恺　应泉冰　魏朦　秦楚婕　西双　韩陆毅(40 人)
信息管理与信息系统	伊赫思　刘树涛　张荣喜　王硕　罗星晨　房硕　孙晓楠　戴兆臻　林秀玲　刘胜男　舒醒　马文君　程季堃　汪娟　齐轩越　冯美琪　王天娇　张文静　郭建兰　刘倩　李聿丰　王佳星　啜诗萱　李媛芳　高童　陈玮琪　杨君　王悦　郑舒予　高曼　郑君梅　海涟漪　王夕垚　刘思文　杨依月　刘鑫　李风娇　白雪　刘兆迎　李润　刘双莲　董乔一　张雅琪　包秋红　陈陆　郑晓燕　李孟雨　刘超艺　魏靖涛　刘云飞　杨雷　李莹　孙婉月　林晨　王蕊　陈哲(56 人)
统计学(国际统计)	张惠俐　刘阳　刘琳　朴勇林　李冠融　李楠　李瑗珲　张朵　张力(9 人)
商务英语	张苏珍　姚瑶　杨静　许冰莹　张益嘉　何熹　张若凡　赵心源　王琴琴　朱诗薇　张玮婧　李佳蕾　陈欣悦　黄攀越　余佳一　马乃欣　杨天雄　张安妮　程美好　李欣　吴彤　李喆　张佳慧　张壤心　董艾迪　谭倩倩　张皎皎　张明慧　姜天　仲双俐　何珏　刘佳怡　刘子昂　喻济　地娜·特来功　常雅婷　张婷婷　张子豪　张滢睿　彭楚怡　曲圯梁　李东昕　杨艳玲　浦雪　王韵佳　章平平　苏莎　葛苏　赵一鸣　赵佳祎　赵芳馨　郭蕊　陈然　颉乃歌　马小潭(56 人)
英语(经贸翻译)	刘子宁　冯玲　高心怡　何朝胜　段涵　张雨涵　刘琨　蒋丹瑞　李梦漪　焦玉　张懿坤　胡天慧　刘雨桐　王晚冬　周思彤　穆生博　黎旸　丁栾淇　董心维　张艺杰　贾玮　葛杨　路昕彤　黄昕慧　邱雅雯　赵佳慧(26 人)
对外汉语	代菁芊　梁紫盎　姜倚天　代美婷　温璐璐　许艾　王奕　沈莎莉　门雪莲　戈伊娃　郭雨墨　杨雅馨　范祎　王睿　计楠楠　牛紫韩　马瞳昕　徐思凡　屈永瑶　崔馨梓　包碧莹　熊柳欣　郝奇一(23 人)

首都经济贸易大学 2016 届本科生结业名单

专业名称	姓　名
财政学	高帆　石伟　俞一峰(3 人)
工业工程	王启明(1 人)
环境工程	张旭　丁思宇　张贺　李春森(4 人)
公共事业管理	吴泰辰　富文涛　曹媚楠(3 人)
城市管理	王涛　张安然　刘畅(3 人)
土地资源管理(房地产开发经营与管理)	李观　管仕文(2 人)

续表

专业名称	姓　名
电子商务	王思宇　翟志成　杨淇　连婉晶(4人)
工商管理	张珂　艾买尔·吐尔地(2人)
工商管理(实验班)	崔成群(1人)
市场营销	夏章琪　王瑞(2人)
物流管理	范恺　郝岩　(2人)
旅游管理	蔡宇鹏(1人)
国际经济与贸易	王哲　李文祥　王梓豪　王云鹏　杨梦钰　李天昊　安聪(7人)
经济学	侯丛樾(1人)
广告学	蒋家鑫(1人)
传播学(媒体经营与管理)	马旭　杨鑫楠　齐浩(3人)
对外汉语	杜翊豪(1人)
会计学	孙洁申　王雪(2人)
信息管理与信息系统	唐平川　陈宇晴(2人)
法学	樊海山　田金明(2人)
城市管理(区域经济管理)	胡晓萌　郭智宇(2人)
行政管理	刘嘉俊　徐维伊　郑陆缘　张帅秋(4人)
国际经济与贸易(实验班)	郑晨光　刘桉汲(2人)
贸易经济	曹雅婷　王佳齐　黄亮(3人)
金融学	姜伊雯(1人)
金融学(国际金融)	徐悦　张宁韬　王梓(3人)
社会工作	王祎　赵文博(2人)
资产评估(注册资产评估师)	黄建平　张丹怡　唐柏蘅　辛东耀　郑之琪(5人)
税务(注册税务师)	王昕萌　路子恒(2人)
人力资源管理	郭耀东　李超　王博伦(3人)
人力资源管理(实验班)	赵家骏(1人)
数学与应用数学(金融数学)	司徒睿雨　汪毓清　(2人)
统计学(经济分析)	陈婷(1人)
统计学	任宏琳(1人)
工程管理	温继超　杨文雷　张月鑫(3人)
计算机科学与技术	李思源　李济方(2人)

首都经济贸易大学2016届本科生学士学位获得者名单

专业名称	姓 名
安全工程（注册安全工程师）	吴孟旭 张振兴 刘雨霏 任骞 单益林 马丽静 符婷婷 姚一帆 常旻川 王思源 关伟琦 张涵 李田田 许诺 张晓婷 杨宏森 江淑怡 王贺 郑志新 张陆琦 张鑫 赵琦 张津奇 何婧婷 尹琦辉 刘畅 吴宇宸 赵尉琪 苏支前(29人)
工业工程	赵斯锝 钟昊成 李文嘉 赵天啸 张思源 李珂羽 贺星博 夏盛源 王宜竹 牛杰 孙签 张岚 刘嘉新 张加进 蔡梦 李建屹 徐珊珊 艾比拜·艾麦提 曹永婷 伊力亚斯·尼亚孜(20人)
环境工程	罗浩 王超群 熊飞 郝明 于秋璐 冉春艳 尼卡拉 欣禹 希尧 李柯 杨柠语 杨远 林孟麒 游悦佳 蔡玉珍 谭姿尧 谷雨 贺张杰 赵芙蓉 门玉 阿西夜 陈涨 韩旭 马啸飞 魏晓慧 黄丽倩(26人)
财政学	董明明 姚琳 陈乐汀 丁蕴瞳 侯悦 刘亦庞 刘依聪 刘芷涵 包媛媛 吴程军 孙阳 尚倩宇 张晨荧 张艾钰 李珊 李隽婕 杨冬雨 王心悦 王蕊楠 祝雨辰 赵乙滟 郑娜 郭雪松 郭雪梅 陈文宇 黄玉莲(26人)
税务	郑剑辉(1人)
税务(注册税务师)	杨文渊 檀敏芳 潘婧婷 樊牧乔 陈梦妍 孙巾皓 常青尹 树俊 李津 李喆 李嘉曦 马妍 秦泽宇 周雪寒 郑新楠 胡峰阁 王煜 梅筱嫣 杨赛丽 陈艳芳 石梦迪 刘毅 管兆晗 康畅 沈锐 张丹彤 钱小萌 赵莹 石安妮 林佳欣 邓安迪 袁香玉 宋雨萱 陳詠瑤 冲扎 钟子陶 高晓梅 富雨萌 庞婕 陈彪 李秋晨 李秋辰 谭若琳 杨圣明 杨曦 陈玘奇 肖珊 闫晴 吴尘露 雷孟溪 杨柳 王相力 朱梦珊 郭妍 杨依 刘玮彤 刘爽伊 曾宁 李雨乔 郭梦哲 陈芷欣 高文君 田正(63人)
资产评估(注册资产评估师)	郝孟杰 王轩 孙硕 张曼 杜然 赵思琪 张滢 胡璐 曹燕楠 袁梦琳 张依然 史良玉 赵可欣 西娜 张荣皓 曹佳雯 闫思雨 刘公瑞 刘高莹 肖丽萍 刘馨 张宇辰 李安迪 苏婕 金梦迪 由美 王冬雪 于田 谢毅夫 郑璐盈 王馨蕾 陈紫薇 杜晨蕾 毕盛 欧丙玉 王亚楠 李蓉 卢雨臻 李子烨 严微 傅阳 刘丽超 刘孟涵 孟凡哲 宋铁媛 尤润九 崔怡杰 廖敏莹 张宇宸 张歌 徐思霖 李杰 李欣月 武慧 沈霜 胡天盈 谢若男 赵明明 陈倚言 陶健 雷晴 韩旭 马思波尔 马涛 马骏冲 魏晓静 齐方舟 石翰超 喜热桑姆(69人)
城市管理	张宜轩 王若鑫 孙婷 杨洋 刘丽 邓铠琼 王翰林 史亮 金泽佳 蔺佳文 王师捷 王天月 王婧超 柴睦 王露露 段红艳 刘爽 饶思上 俞辛然 李进进 王祎 张默 马川 安泽 贾凡 王佳伦 刘璐 建斌(28人)
城市管理(区域经济管理)	武俊琦 苏仁意 刘腾 陈媛 屈明明 曹雅竹 刘瑶 陈兴禹 岑周挺 韦阳军 李珍莉 齐霁 任霄 朱凤凯 贾一鸣 宋宸卓 赵凡 杨佟 柴彤 甄怡 张浩宸 邸怡平 张可 孙一可 耿思聪 梁雯舒 刘垚 武玥 谢焦龙(29人)

续表

专业名称	姓　名
公共事业管理	李耀　隗立波　于汇源　李昊辰　张元帅克　张梦远　闫宇霞　贾赛男　雷鸣阳子　田婧依　阿比旦·艾尔肯　董菲　赵李洋(13 人)
土地资源管理(房地产开发经营与管理)	李翔　李雨辉　李继坤　王林洋　白傲霜　李响　张荻翰　刘东超　谭芊祎　王冲　许雯玥　孙一帆　傅元　陶竞　蔡春娜　李丁根　雷丽　闻泽昊　杨琛　钟姗　冯馨　李晨昊　何思雨　宁小鳗　岳微　关芯　赵雪丹　张凤莹　王阳　刘匀松　杨宇婷　彭辉　孙晴　李贺　王伊　赵玥　王妍　曹璨　陈婷婷　路昊　王雨桐　甘甜　张蓬勃　李思宇　郑春晓　朱仲妮　王祺　马小东　乔昕　米日扎提·艾则孜(50 人)
行政管理	祁文祥　杨冉　温博欣　江璐　姚桐　秦冰玥　冯嘉琪　王瑄　戴雨涵　刘畅　刘泽宇　康金浩　李楚翘　朱曼頔　李毅梅　李双元　谢伊依　籍子豪　高宁远　谷彦雯　杨燕南　杨煦　白帅男　王艳菲　许思和　李艳　高璟　崔万隆　李磊　陈曦　赵丰　焦楠　赵晓煊　李雨馨　刘然　傅玲　龙嗣东　张子强　艾则孜·艾买提(38 人)
行政管理(电子政务)	沈耘壮　田柱　厚智航　胡偲锦　武文斌(5 人)
法学	洪隽　王永乐　付杨　刘京泽　单珊珊　单立　岑福友　崔恩东　席露　张晓航　戴玮嘉　李依朔　李子健　李思美　李翰森　杨洋　王仕昊　王昭宇　王祎　王诺雅　祖丽胡玛·艾山　苏一　蔡梦迪　谢陆源　赵田雨　郭文玉　金潇　陈媛媛　陈雨思　隋冰玲　高晶　龙丽　刘笑仙　李强　王偲琦　雷澄玥　侯冠华　褚童　娄宇庭　李琦　余晓睿　舒琳娜　黄姗　李依然　田香波　蔡楚娇　李少洵　马蕴美　毕然　李沛霖　闫迪　赵晨雨　祁琪　顾凡佳　程心翼　吴婧怡　王蕾　郑志鹏　菲尔道斯·阿卜力米提　高娅　高凡　陈思语　陈亚楠　钟宇豪　那兆轩　邓欣月　赵佳颐　谢婧怡　许鑫　蒲晶鑫　苏学文　罗新蓉　纪元　王思佳　王宇　焦志红　汪心润　欧阳秋弟　柯妮　林然金　杨嫣然　杨丽　李莹　张楠　张倩　宋来昕　孟想　孟庆庆　姜炘怡　唐心为　吴爽　努尔古再丽·阿卜杜克热木　刘宇喆　任捷　家盛(95 人)
电子商务	刘玲芳　孙元　吴晓婷　张佳音　郭溢华　陈梦娟　王方　王子铮　许佩雯　袁晓霞　张玉琪　杨靖怡　冯佳旭　李睿　崔思莹　杨凡　何悦　胡雅婷　胡苒奕　张宇彬　杨胜　马姗子　张博瀚(23 人)
工商管理	韩国琦　邱晓光　姚璐　杨雪芳　杜伟　孟鹏宇　娜迪拉·吐尔逊台　卢嘉琳　张婷婷　刘碧曦　陈思文　郝旭　郭铜欣　夏梦宇　丁一　丁祎　赵梦萦　王爽　杨烨　夏斯彦　牛叙栋　杨瀚宇　张潇　高天意　盛涵　苏琛　李昊轩　余洁丽　张晓英　闫莉　陆洋　魏婕　余锐　王霄羽　张准　张菲菲　武尚上　梁佳怡　黄岩　宋墨涵　袁媛　王璐莹　王洁　范玥　娄金森　左雪　曹静伊　谭歆　梁乐　向臻　彭淑桥　苑彤　阴悦　苏叶蕾　范华　徐思凝　何丹　田旭丰　蔡羽佳　田雪莹(60 人)

续表

专业名称	姓 名
工商管理(实验班)	孙迪 付雪菲 林兰兰 赵夏 张茹茹 吴英 李琛 黄文雅 潘子薇 王雪晴 刘斌 王昆 张晓蕊 杜娟 桂睿 王雪娇 陈源璐 李麟 陈泊润 王丹 郭以琳 邱玉凤 华通海 赵阁 文贝贝 张妍 南芳芳 杨明扬 王碧琦 叶皓玥 冯硕 范佳慧 孙洁 赵冰璐(34人)
市场营销	毕圣传 金熙雯 代扬 赵星 陈力明 张欣 钟颖婕 张跃 王晨 蒋艳娟 刘然 王静怡 谭笑 王立豪 杜世杰 司光远 廖荣曹 鲜然常 月子钰 马思楠 唐莲苗 张喆 代琦 崔岩 杨晨旭 邵启聪 李明夏 张凯强 李少鹏 赵明明 张敬涛 张振鑫 朴太善 熊华奎 黎海洪 许笑凡 梁宇强 于轩浩 黄菲 李月圆 陈培培 曾金圆 余翠玲 常玥 杜晨阳 郝泽楠 闫思雨 钟鑫 黄浩 崔冉 王思凡 郭丽娜 邹志扬(53人)
物流管理	孟宪帅 张扩艺 赵毅鑫 陶瑶 杨晓彬 曹璐 朱梦怡 邢瀚琳(8人)
工商管理(管理会计)	李文扬(1人)
工商管理(国际会计)	袁野 丁越 张伟晨 李悦彤 王思明 张彩晨 吴悠 刘旭 马可妍 李天宇 李芮含 李佳慧 魏祎 梁源 李云清 刘梦妍 柏炫 杨絮冬 陈思 朱瑞楠 黄岱伟 刘盼 欧莉刘畅 于静雯 冯童 吉康 吕然 崔姗 张傲 张天洋 张旭张磊 张祁 张雨杰 徐擎 杨敬雯 杨柳月 杨轩 梁雨安沈忱 温文辉 王爱心 王珊 甄翠华 祝新彤 肖恒 肖林胡和音 袁磊 赖欣睿 高方迪 于悦 于百芃 刘婧宇 刘雨珩 吴高 周君 宋芳程 张佳侗 张岸卿 徐海蕊 曾玉冰 李佳雨 杨玉彤 程鹤翔 罗天宸 苑宁 袁庆 谷玉冰 赵媛媛 陈天虹 陈沐雯 高倩颖 张纪瑶 刘宇晴(79人)
信息管理与信息系统(IT项目管理)	李玉喜 张浩博 冯世佩 朱陶然 刘羽轩 陈静怡 赵宇轩 高曌 吴优 刘思琦 罗晶 李晓珊 张昊宇 刘阳 张爽李正祎 张辰宇 李升泽 房孟侨 李博茜 肖起源 郑梦迪 王宇琪 魏启航 张紫涵 于路远 刘晓树 刘璐 吴媛媛 孙晨曦 张梦蕾 张雪颖 戴兵 景秋玉 李丁 李思聪 李洋 李若谷 沙言智 焦宇桐 王舒凝 王英豪 王鑫 田园园 田潇蒙 边岩 马欣然 马鸿运 鲍成 黄帅 春雨童 刘祝辰 史欣鑫 向科玮 宋耀华 尹思阳 康暖 张云惠 张彤 张翰林张鑫 张雅蒙 徐莹 景宝山 朱占芳 李阔 杨嘉怿 杨小涵 武旭 王宏伟 王静怡 白力赫 董闫妩峥 许晨星 赵艳晶 郑元庆 陈川 陈梦莹 高思佳(79人)
财务管理	黄文静 兰青 张佳欣 杨怡怡 李佳 周皓 赵佳坤 刘昊 肖涵 刘洋 周云琪 何悦菡 郑琪 刘睿佳 陈明轩 董烨 赵雨晴 冯缘 杜晓童 石佳 孙昭 邓贺然 张莹莹 牟明凤 孙月鑫 苏柯丹 刘凯璇 杨童(28人)
会计学	柴鑫 王静 余思瑶 李明哲 周婷 杨琳 李琳 卢江 贾斌 白月晴 李倩 曹莹 陈雪 贾丽维 徐佳 耿运超 葛珊 魏子乔冯静婉 朱梦佳 张宇 李梦凡 高凌丽 赵家一 李维吏 周子平 俞思瑶 祁畅 刘姗姗 刘梦然 张晴 曹莉莉 龚鹤 王晓南 牟琳 杨雨佳 孟甜 包海涵 迟佳丽 邹言思 何浩 王翌 孙天 刘殊成 游潇 李帆 王子一 李梦莹 王英玄 吴学岚 李治楠 吕玉平 袁拓 张帅 王柏棋 刘子晗(56人)

续表

专业名称	姓　名
会计学(国际会计)	熊艺然　于婉舒　宋家萍　杨博　郁坎普　张鹏旋　赖宇臻　高璐旭　王星　王明轩　熊沐银　吕佩桦　林弦　张天昊　王相程　韩宜格　房馨然　左星辰　梁晨　陈美卉　张诗晨　周春丽　谢梦圆　罗馨怡　孟欣然　刘畅　王昀　徐伟男(28 人)
会计学(注册会计师专门化)	冯书源　武家伟　何锐　代思思　史敏　徐梁　赵克　马勤勤　李云龙　卢妍　吴俊熹　金晶　王晨　常晓格　范心怡　廖奕龙　黄烨华　张一彤　王祺　梁钰玮　徐明媚　李辰雨　马金杓　崔晗　李沐蕙　杨春雪　阁一雄　张珣　李北南　史文頔　乔迪　蒋婕　王馨甜　刘诏祎　张彦婕　佟博　周玲　宣言　巩福晨　张樊　徐徐　李东阳　李子正　李怀城　李洁　李洁　杨敬懿　王丹枫　王嘉欣　王浩鹏　王玉　王超楠　程丹骅　穆晴　邓佳雨　金库　铁金　陈怡青　靳红兴　马悦　高晓萌　高鑫岩　黄玄芳　黄震　要晨阳　张慧姗　李杭昱　于锦荟　孙雨濛　康勃然　周雪　刘畅　赵佩瑶　耿飒　王祎祎　洪大刚　张媛媛　张翔宇　邵帅　申蕊　张冰蕾　尚可宜　刘金池宋向阳　刘响　洪海莉　刘莹　朱婷婷　许智成　文潔英　刘松月　陈静雯　高晴　李可欣　付桐　刘旭东(96 人)
保险	王露晨　王歆如　刘龙　付爽　王依风　余良　周艳丽　张一舒　张可欣　张楠　张瑞　晏燕　杨佳丽　杨斐　沈熙威　王珏玮　王琳　胡业恺　胡佳琪　舒筱　赖飞　郑依然　郭启超　郭晓桐　郭轩陈钰　霍明珍(31 人)
金融工程	王子衡　王祺琦　方振远　唐柳　张济凡　邓韬　张紫薇　王笑一　黄恩培　鲍洁　韩汐　雷力　赵晗　贺玮石　胡海涛　章涛　王杨孜　王昌云　王昊哲　王家欣　王宇乾　王叶楠　王凯　潘添媛　李胥知　李少雄　朱双双　曹洳宜　巫山　宋兰　孙蕴泽　周淼　史艾琳　刘蕊　刘畅　冯珂　丘锦波　彭俊杰　陈凌欣(39 人)
金融学	郑旭良　陈文博　詹铤　牛娜　梁扬　刘欣　刘宇霄　马雪　李大卫　葛思玥　范会敏　邹加易　蔡伯昊　白翌洵　白思卓　李荣慧　李琛　李春罡　吉天玥　纪晟亭　陈毅　陈沛滢　王锦涛　范雅楠　冯杰　王响　王瀚超　王悦　张梓耕　周博文　吴佳欣　罗旸　胡小虎　张淼　王雪峰　刘淼　吴凡　赵炜烨　田照鹏　王泽荀　王乐鑫　张欣悦　何昊川　朱元芃　汤蒲新　孙瑶　苏东骁　张霄　王畅　龙心怡　苏传琦　霍宇　刘涵　刘佳宾　李倩倩　施丹阳　卫巍　史祎凡　王慧子　王淳　徐超　刘仪　卢蝶　于春艳　段瑶　郑紫明　王丽洋　盖永康　张宇光　李滢萎　温佳旺　李沁豫　戴安娜　胡嘉南　石越　王炎杰　郭妮杰　孙苓晔　张博学　宋天慧　王淼　宋越　张红杨　姜雷　蒋亦炜　胡紫谊　马珊　陈凯　王慈　代玉洁(90 人)

续表

专业名称	姓　名
金融学(国际金融)	翁毅駿　陈雨婷　王富豪　刘佳晨　李思思　彭斯桐　李佳欣　马程成　刘宇飞　张冉　柳杨　陈百惠　吴光光　高雅薇　高雅　韩宗冬　韩佩珊　陈俏伊　王天梦圆　李雪舲　李乔真　曹斯雨　多洋　丁乐婵　陈赛　寇森　郭宇　董畅　李响　郑思桐　冯晓宇　李舒羽　焦云　刘灵馨　郝媛媛　耿禹轩　熊梦奇　李睿　李玉娇　张爱谋　刘思宸　刘信志　何文婷　王玥玘　顾思桐　蒋雨薇　陈雨菲　鞠洋洋　李丹　李瞻　林柳逸　崔文硕　李安琪　张若楠　赵洋　成一丹　张沛青　赵雅婕　文雪　罗爱蕊　秦志莲　申伊伊　杨伊歌　岳梓祎　宋沛仪　刘穆玮　王原　刘张赛　黄兆凯　赵阳　裴元　张婧　张琪　邬周　蒋宇航　王雪竹　青菁　毕建强　张雅天　张楚君　张丹靓　于扉　马莎丽娅　闫飞宇　张铭禹　刘钰　石剑宇　路心宇　田猛　张玥　钟秀香　杨鑫　秦蓉　邢晨　刘脩(95 人)
国际经济与贸易	周媛　曹明新　张明阳　王洞今　王豪雨　陶丽宇　周俏　杨文嘉　王家岱　王诗雨　朱钰　梁毅　史丰铭　朱云乔　何思远　沈芬　朱小轩　赵崇凡　黄戈　张新月　邓嵇予　王晓桐　钱宇轩　陈园　刘倩　尹慧璇　赵佳坤　彭璐　吴琼　杨雪梅　刘晓彤　刘硕　徐佳晋　刘嘉仪　张颖硕　王楠　王露菲　龚胜男　潘晶晶　高航　周悦　许小芳　张妍　党帅　刘颖　吴疏影　王晶　乐双双　魏佳雯　高远　李志国　武洪芳　徐雅丽　李盈　吴祺　周彤　姚彤　郑袤　梅思蓉　申晓涵　王萌　李晓妍　商佳　常晓童　王路瑶　杜依霖　方亮　田硕　田升　刘月　汤铭(71 人)
国际经济与贸易 (实验班)	屈超　董思腾　向雅芳　谭冰倩　王稚珺　毕钰　邢伊轩　岳斯宇　荆凤　马元元　侯国龙　郑雪莹　李民　赵月春　王晓瑜　王一名　吴文静　云外虹　孔晗　张思瑶　冯莉　吴悦怡　高紫萱　仲崇伯　李路　曾多　房楠　秦臻　张思然　崔琦　胡卓杰　郭宇钦　梁依婧　张星辰　胡杨(35 人)
经济学	阎茜茜　兰姣　沈新力　张泽欣　高畅　王濛　罗星婷　鞠彤　曹译元　郑旭　曹可盈　赵宇　谭晓雨　张璐　宋雨婷　黄小航　赵甜　殷驭文　周佳妮　陈思嘉　任勇豪　徐致远　杨洁雪　曾鑫　赵昕俣　刘可心　胡易伯　牛硕　郑瑶　陈强　李毛毛　栗泽阳　马奔　京兰苏都　唐青　罗茜子　杨敏　李洲　卢惠敏　赵朔　王雨宸　欧小榕　彭昕钰　付玉　李蔚　彭雨晴　段红洋　刘嘉依　回晓　李丹阳　张子妍　何珊　刘琦　马宏楠　林玥萌　吴欣静　杨嫚　冯海琦　尹晓昱　刘悦　张莹　张婕　梁世康　魏怡明　朱冰茜　李雪莹　张卫朕　李佳义　徐娜　李晓威　刘芳芳　黎京林　刘豪　王婧玉　裘景瑶(75 人)
经济学(实验班)	刘雨珍　王彬　姚晴　程荃　王欣嘉　涂思琪　王珂　鲍宗禹　尹越曹梦　温倚晴　张春子　谷肖　白雨佳　郑可馨　丁子璇　高星凯　张璐　戴中川　郭佳怡　周璞　李琦源　罗佳敏　陈铭　蔡思聪　张静楠　许晶晶　刘心悦　邳震琪(29 人)

续表

专业名称	姓　名
贸易经济	侯怡婷　张兴月　张炎秋　乔晓森　刘天歌　刘慧　刘星炜　刘莹　刘鑫　吴佳　吴若山　张丝竹　张丹　张博　张斌斌　徐金梦　文燕　曹杨　李实　杜尚　杨颖　林子豪　林晓晖　王宇澄　田羽　田驰　范子菲　范鸣　蒋佳俊　赵博文　赵媛媛　赵晓旭　赵越　雷雨虹　马彤彤　高晶　高洁　黄逸飞　付然　吴薇　安馨禹　屈蕊　张妍　张雅丽　朱海铮　朱雨薇　李国实　李童　杨震　梁莹　熊娟　熊爽　王芷琪　石清梅　程旖旎　窦蕊　蓝天意　蔡亲浪　袁泽　谢玉　邢程　郑吏球　郝天玉　金珊珊　陈旭　韩磊　马俐　高春怡　齐钰　刘子剑　孙安琪　宁光伟　岳明浩　张博伦　李婕　李将　李崇瑞　杨帆　杨晨阳　梁霄　皮一森　程实　赵骐纬　高新宇　仁增曲珍(85 人)
劳动关系	李晓楠　罗静历　孙若梵　周文　卢亚萌　付红雪　梁鑫玉　蒋丽滢　王琳馨　李昊男　李雪婷　李梦　王思珺　孙易　李京　李青　林佳缘　赵夏蕾　白子薇　陈竹　何颖颖　石可　周明祥　王呈美　郭然(29 人)
劳动与社会保障	姜雷　余灵　刘伊伊　周鹏姣　季云杰　左轩　张月　张诗祺　徐燕燕　曹伊鸣　李嘉　李文君　潘琦琦　王冠　王博　王嘉琦　王子辰　王瑞风　王雨潇　白雪可人　祖力胡马尔·艾海提　耿文希　芦依　董南希　赵睿　阿斯木古丽·阿普赛麦提　陈先宇　陶政宇　高天雪(29 人)
人力资源管理	高丽欣　王敏超　高博　李定泽　徐牧潮　于子豪　苗瑞凤　赵雪　赵小儒　匡正　田婧　崔迪　王梓翔　刘羽琪　陈梦佳　张晋浩　于夕茜　郭瑶　玉文鑫　曾小琳　吴绮桐　马鑫钰　刘李杨　徐静雯　胡乃琦　刘志豪　温海艳　李亮　张婷　梁司琪　张亚婷　宋志强　张素　范睿　赵颖　黄如婷　丁垠炀　苏梦南　李倩倩　齐琦　杨梦露　张春子(42 人)
人力资源管理 (国际人力资源管理)	张可心　文[illegible]婷　韩维扬　杜鹃　张春梅　李潇　马忱　欧莉　杨雨萌　杨昭　张媛晴　余潇　赵越　欧阳亚群　姚锦钇　潘逸雯　李震　李静南　王萍　包含　黄文睿　张昊　李多　刘洋　任萌　姚远曦　孟丽娅　潘文瀚　刘广亮　王雅　章欣　奚琳　孙小淳　仪修出　吴丰恺　郝思齐　史安妮　赵梦雨　葛淑敏　王莉　金淑娴　陈天　潘美智　唐菡(44 人)
人力资源管理 (实验班)	王颀　于田畅　王海燕　雷易晓　朱乐　唐超宁　陈彤彤　陈晨　饶健　赵环　张梅雪　田婧然　宋丽娜　刘赟　刘宸　韩婉　何柳　常晓琳　曾德发　赵欣宇　曹一媛　姚爽　胡雪　石可欣　刘帆　高尚　甄维　冯亚乾　董云飞　赵欣月　汪明玲　陈波　魏俐　张雅文　唐敏　陈雪晴　付子豪　张晨　李晓雅　李群勇(40 人)
数学与应用数学 (金融数学)	周明远　李建嶷　杨茜　胡子秋　潘智勇　万鹏博　井潇　任英杰　卫思宇　吴博阳　吴晓蒙　周燕盟　封丹丹　张倩　张策尧　戴德　李振铎　杨钰钊　王贵烽　石森　苏显丰　谢雨濛贾晓慧　赵含悦　阳鑫　韩仕辰　黄嘉仪　龚熙雄　曹宇(33 人)

续表

专业名称	姓　名
统计学	刘峰　郑琦越　万佳瑶　齐蒙　马明文　陈雅丽　王羽婷　王禹　王楚馨　王宇轩　杨希涵　崔乐　刘杨　刘亚菲　刘家琳　卓梦华　周邦策　尚紫宇　居盈　张钰　王敏　王栋　赵梦雅　魏世豪　周屿萌　孙伟娜　吕子阳　张曾玮　张雨晨　郎冀轩　刘映桦　薛新辰　张世平(33 人)
统计学(经济分析)	高圣杰　马子裕　彭飞翔　马昕瑶　杨浩　马健方　蒋妙春　董亮　窦芳菲　田园　王宁　王子玉　王婷婷　温馨　李皓　李佳希　张伯乐　商雨楠　周安琪　刘爽　刘彦利　史一凡　张亚楠　张梦　张泽华　曲烨　李思祺　李艺　石天雨　罗璇　胥云峰　郝赛男　金璐　雷茗涵　高琦　赵政　杜治仙　段晓熙　陈千婧　杜彤伟　强玮宁　申俊雪　胡燕燕　黄颖倩　邵星宇　陈鑫森　郑紫薇　胡森　焦静　倪婧宁　张祖弋　宝国慧(52 人)
传播学	翟泳　曹梦然　刘安琪　智纯　李博雅　胡思羽　孙梦捷　李阳　杨爽　李佳楠　郭小炎　玛依热·大吾提　杨柳　张洛　许靖雯　罗云丰　寇瑞清(17 人)
传播学(媒体经营与管理)	罗茜予　仝雪　弥爽　鲁琦　郭莉　郭晓岚　曹可欣　白雪　曹珂　谢欣宇　严江陵　赵雅晴　董丝雨　王玥莹　董政　余睿宁　董梓楠　刘彤　张梦雅　肖天予　杨洁　唐欣悦　王子豪　苏仲怡　王睿　谢一依　艾博凝　赵亚苹　林雨婷　陈思慧　李昂泽　钱楠楠　张戌辰　廖航凌　于芊芊　谷思彤　沈卓　金秋玉　黄维　高卫　周天　相楠　程朗　聂宇嘉　孙之冰　满运雨　师佳玥　孙莞星　卢英男　丁佩瑶　温玮　刘一鸣　于新蕾　刘嘉宁　卓然　田雨　齐春雷　顾叶陶　杨海若　古莱姆拜尔·阿卜力米提　金思扬(61 人)
广告学	王蓉　李秋桐　杨睿　汤一珮　张峥　张玥　宋雨凡　冷静　冯彧　刘皓楠　杜宝华　周芳倩　于凡　霍焱　胡冬钰　李一凡　杨爽　闫铁铮　关尔嘉　陈鑫　焦娜　陈依晴　刘凤　黄小雨　李颖熵　闫惠　穆炘　赵晨雄　富彤云　孙雅量　李凤昭　崔灏　周沫　王璟琪　肖子悦　姜皓卉　杨田　张雅楠　刘佳　王强　孙爽　张祎蒙　剡晓旭　郑双焕　邹可馨　王琴(46 人)
工程管理	曹世通　张嘉城　丁佳玉　李尹楠　郑言琚　傅翔雨　许嘉祺　杨彤鑫　王佳丽　杨颖志　赵锐　秦炎夫　李哲贤　陈昊　向柯宇　陈志玺　李子宏　李佳乐　姚娅宏　程梦莎　张强　陈璐　闫锋泽　王佳玉　肖若梨　王秋爽　李馨(29 人)
计算机科学与技术	张明畅　于蕊菡　何雅玲　刘泰义　单思雨　宋航泷　张佳音　张琦　张璇　明竞　梁小艳　王泽文　王秋丽　胡美静　范志国　许浩鹏　谢冰　郑鹏飞　马向南　蒋乾凯　于圣泽　姜玉坤　刘玉莹　何一鸣　张昊　林晓晨　殷秋实　杨巽　党万芳　郝思诗　郭静宜　张雨晴　包蕾　黄蓉　陈恺　应泉冰　魏朦　秦楚婕　西双　韩陆毅(40 人)

续表

专业名称	姓　名
信息管理与信息系统	伊赫思　陈陆　刘树涛　张荣喜　王硕　郑晓燕　李孟雨　刘超艺　魏靖涛　刘云飞　杨雷　李莹　孙婉月　罗星晨　林晨　王蕊　房硕　陈哲　孙晓楠　戴兆臻　林秀玲　刘胜男　舒醒　马文君　程季堃　汪娟　齐轩越　冯美琪　王天娇　张文静　郭建兰　刘倩　李聿丰　王佳星　啜诗萱　李媛芳　高童　陈玮琪　杨君　王悦　郑舒予　高曼　郑君梅　海涟漪　王夕垚　刘思文　杨依月　刘鑫　李风娇　白雪　刘兆迎　李润　刘双莲　董乔一　张雅琪　包秋红(56 人)
对外汉语	代菁芊　梁紫盎　姜倚天　代美婷　温璐璐　许艾　王奕　沈莎莉　门雪莲　戈伊娃　郭雨墨　杨雅馨　范祎　王睿　计楠楠　牛紫韩　马瞳昕　徐思凡　屈永瑶　崔馨梓　包碧莹　熊柳欣　郝奇一(23 人)
商务英语	张苏珍　姚瑶　杨静　许冰莹　张益嘉　何熹　张若凡　赵心源　王琴琴　朱诗薇　张玮婧　李佳蕾　陈欣悦　黄攀越　余佳一　马乃欣　杨天雄　张安妮　程美好　李欣　吴彤　李喆　张佳慧　张壤心　董艾迪　谭倩倩　张皎皎　张明慧　姜天　仲双俐　何珏　刘佳怡　刘子昂　喻济　地娜·特来功　常雅婷　张婷婷　张子豪　张滢睿　彭楚怡　曲圯梁　李东昕　杨艳玲　浦雪　王韵佳　章平平　苏莎　葛苏　赵一鸣　赵佳祎　赵芳馨　郭蕊　陈然　颉乃歌　马小潭　努尔阿米娜·艾尔肯(56 人)
统计学(国际统计)	张惠俐　刘阳　刘琳　朴勇林　李冠融　李楠　李瑷珲　张朵　张力(9 人)
英语(经贸翻译)	刘子宁　冯玲　高心怡　何朝胜　段涵　张雨涵　刘琨　蒋丹瑞　李梦漪　焦玉　张懿坤　胡天慧　刘雨桐　王晚冬　周思彤　穆生博　黎旸　丁栾淇　董心维　张艺杰　贾玮　葛杨　路昕彤　黄昕慧　邱雅雯　赵佳慧(26 人)

首都经济贸易大学 2016 届毕业生获得辅修专业证书名单

辅修专业名称	姓　名
法学	李珍莉　邢帅　董云飞　魏俐　喻济　章平平　李楚翘(7 人)
商务英语	张一舒　代美婷　阴悦　杜世杰　郭妍　张扩艺　王馨蕾　武慧　谢若男(9 人)
会计学	刘畅　吴宇宸　张可欣　孙婷　杨洋　许佩雯　袁晓霞　马姗子　柯妮　胡美静　王乐鑫　季云杰　孙小淳　颉乃歌　马明文　窦芳菲　李艺　邵星宇　胡淼　倪婧宁　张佳慧(21 人)
金融学	金泽佳　宋宸卓　陈梦娟　杨柳月　伊力亚斯·尼亚孜　何一鸣　王琳馨　李雪婷　王思珺　黄文睿　董艾迪　谭倩倩　侯燕　王丹　郑春晓　李莹　郑君梅　李风娇　杜晨蕾(19 人)
人力资源管理	杨洁　杨海若　张峥　崔灏　刘芳芳　陈小妍　杨圣明　刘鑫　许思和　关尔嘉(10 人)

首都经济贸易大学 2016 届辅修毕业学位获得者名单

辅修专业名称	姓　名
法学	李维吏　陈钰　杨鑫　李昊男　张晋浩　张婷　赵越　姚锦钇　宋丽娜　刘宸　曾德发　姜玉坤　李欣月(13 人)
会计学	张岚　谭姿尧　门玉　屈明明　曹雅竹　冯馨　单珊珊　黄姗　赵晨雨　胡业恺　曹洳宜　陈凯　李舒羽　郝媛媛　杨文嘉　商佳　卢惠敏　刘琦　温倚晴　刘慧　张丝竹　林晓晖　雷雨虹　陶政宇　卫思宇　赵含悦　万佳瑶　杨希涵　王子玉　罗璇　陈千婧　丁佩瑶　刘凤　王琴　李馨　刘泰义　张璇　范志国　谢冰　殷秋实　马文君　冯美琪　杨君　张雅琪(44 人)
金融学	王思源　赵思琪　曹佳雯　胡天盈　俞辛然　陈兴禹　朱凤凯　刘垚　张获翰　雷丽　岳微　路昊　刘泽宇　席露　王偲琦　余晓睿　欧阳秋弟　林然金　卢嘉琳　高天意　魏婕　左雪　田旭丰　张欣　杨晨旭　邵启聪　赵佳坤　赵雨晴　石佳　苏柯丹　曹莹　刘子晗　杨博　郁坎普　杨颖　田驰　王芷琪　袁泽　齐钰　齐琦　李潇　刘赟　甄维　刘家琳　刘彦利　马乃欣　常雅婷　穆生博　翟泳　李佳楠　仝雪　马曈昕　王蓉　杨睿　郑双焕　于蕊菡　明竞　王泽文　党万芳　包蕾　魏朦　刘胜男　舒醒　陈玮琪　高曼　白雪(66 人)
人力资源管理	单益林　黄丽倩　杨琛　高娅　王思佳　李正祎　王琳　王婧玉　周思彤　丁栾淇　贾玮　葛杨　廖航凌　张琦　梁小艳　张雨晴(16 人)
商务英语	蔡梦　王方　闫莉　陆洋　王笑一　曹杨　陈雅丽　蒋妙春　王婷婷　李佳希　刘爽　王奕　门雪莲　黄小雨　温馨(15 人)

（刘娜）

首都经济贸易大学 2016 届高职毕业生名单

专业名称	姓　名
财务管理	吴荣栎　李凌波　曹扬　曹畅　王希维　郭旭　赵阳　薛雅迪　徐高杰　张润圆　刘扬　孙晗　王岩　孙宏娣　张钰　王志菲　陈星　白璐璐　崔文锦　陈帅　张爱兴　相宇　赵宇航　王晓毅　范泽远　赵敏茜　贾子阳(27 人)
国际经济与贸易	韩涵　孙梦　马佳慧　张梦成　辛爽　袁亿坤　楚欣　张蕊　吴昊　江梦迪　李想　王子凡　闫晴　杨梦　胡峥峥　张思琪　王丽　李舸　宋安然　崔明阳　徐凤　孙丽　唐艳新　刘怡冉　冯祺　李思阳(26 人)
旅游管理	徐纪双　吴琢　肖函　穆赫　方思源　张赫　李志轩　全莹　张娜　韩菲　汤思思　齐雯　安月盈　高睿　赵琳　崔跃　暴志迪　徐孟童　沈美怡　郭慧文　李江娜　赵慧芳　佟亦安　李琳　张鑫　张鑫鑫(26 人)
计算机应用技术	陈凯　陈宇　王锐　孙领　汪兴达　刘妍　张羽飞　周仁泽浩　展明旭　陈嘉皓　牛宸旭　田晨　于雯　邓志宏　戴紫逊　吴迪　米润泽　许泽峰　陈庆春　马畅　息宇轩　张广弟　张慧月　李冰　郎华军　王帅　祁钰　郎言峰(28 人)

（刘娜）

首都经济贸易大学继续教育学院 2016 届(春季)本科毕业生获得学士学位名单

培养层次	专业名称	姓　名
高起本	会计学	郭海燕　刘贞文　张月　陈亚芳　谢泽华　马彩霞　蔺珊　李赛　王凤丽　王晓洁　庞向莉　孙凤霞　闫亚力　张岚　郭文娟　杨春慧　王静玉　田莉　杨亚军　邹晓明　罗春蓉　陈盈　陈立萍　李文远　张洋　周艳　段玉清　石秀燕　张雪静　郭凤军　李红伟　顾映秋　李晓欣　田立娜　阮广林　李改　侯利红　李静涵　潘阳烁　袁野　江小燕　苏灏　孙晨　徐陆鼎　梁海龙　石元勋　杜雨洁　滕跃　瞿柔佳　刘硕　陈恺洋　王鹏超　李昱萱　薛强强　徐然　洪沁沄　李晓春(57 人)

(王勇)

首都经济贸易大学继续教育学院 2016 届(春季)毕业生名单

培养层次	专业名称	姓　名
高起本	会计学	许珊　宋君丽　郭海燕　刘贞文　姜英　李薇薇　刘爽　张月　陈亚芳　王瑞娇　王然　张楠　武建红　张丽　杜文娟　谢泽华　孙天豪　鹿美玉　曹娟　匡明玉　王登录　马彩霞　蔺珊　闫翠　李赛　王凤丽　王晓洁　王旭艳　庞向莉　袁盼盼　孙凤霞　赵宇　臧仲翔　金晓茹　闫亚力　刘敏　张岚　胡伟　张艳平　郭文娟　甄于霄　孙旭　王晓妍　刘晓燕　杜波　陈京旭　杨春慧　赵超　于爽　王静玉　田莉　杨亚军　邹晓明　罗春蓉　陈盈　陈月鹏　陈立萍　李露　张金兰　杨雪萍　齐国梅　王博　赵唯　张金可　李迅　李文远　王志爽　赵淑娟　何娜　陈霞　张洋　周艳　段玉清　魏丽娜　石秀燕　闫园园　张雪静　郭凤军　杨晓　郭春艳　李红伟　顾映秋　李晓欣　廖兰　曹海琴　李晓燕　李秋燕　田立娜　阮广林　李改　侯利红　施翊　李静涵　潘阳烁　李昆鹏　邸健　袁野　江小燕　苏灏　陈漠阳　王天垚　孙晨　徐陆鼎　梁海龙　王艺瑾运鹏　石元勋　安锦山　杜雨洁　滕跃瞿　柔佳　马静　刘硕　陈恺洋　郭巧巧　王鹏超　李昱萱　史晓蕾　薛强强　倪晟　赫徐然　龙晓蕾　陈鹏驰　孙洋　洪沁沄　李晓春(126 人)
专升本	工商管理	丁飞　周欢　郝荣蓉　刘国娣　李云鹏　梁爽　傅子嫣　于露　韩中杰　田亚新　赵伟峰(11 人)
专升本	国际经济与贸易	黄红　蒙超　谷晓娜(3 人)
专升本	会计学	薛蒙蒙　李妍　冀晨　马毓婧　冯凯旋　曲鹏飞　贾亚娜　陈云　魏然　王超　詹晓彤　庞玲　王辰平　郭悦　张韧　于洁　姜彤　何书燕　刘红娟　刘杰　李静　丁文　君冯志丹　曹娜　王晓营　魏欢欢　刘洋(27 人)
专升本	金融学	于水洋　王海洋(2 人)
专升本	人力资源管理	李晨　孔令晨　郑岳　张爽　张志峰　景菲　路与溪　庄秀秀　张佩佩　于晶　于卉　刘名扬　张梦　李阳　尹杰　田钊　刘嘉妮　王晓旭　刘雪飞　魏长松　刘长乐　袁亚光　张丽姣　贾建泽(24 人)
高起专	会计	张琨　苏楠　王静　田秋双　白娅楠　马宏雪　武盼盼　倪志贺　金平　王文静　曹伟　孙楠楠(12 人)
高起专	金融管理与实务	闾建华　王巨安(2 人)

续表

培养层次	专业名称	姓　名
高起专	经济管理	芦一蕾　罗桂霞(2 人)
高起专	市场营销	岳翠平　申雅皓　罗潭　卢征　徐现亚　唐相彬(6 人)
高起专	物流管理	卢崇伟(1 人)

(高铭)

首都经济贸易大学继续教育学院 2016 届(夏季)本科毕业生获得学士学位名单

培养层次	专业名称	姓　名
专升本	工商管理	回旋　牛其浩　赵丽丽　李雅君　王晗　王峰　查双英　杨泓　郭乐　安兰兰　刘国庆　刘文静　王琳琳　齐红艳　高吉光　佟丽娜　田青泉　苗欢子　孙钰　李少岩　高林丽　陈沿西　杨森　赵伟　曹丹洁(25 人)
专升本	国际经济与贸易	赵娜　李一帆　杨迪　王安迪　纪小飞　李雯　陈璘毓　张静　刘欣　刘惠子　李姗姗　杨晨居萍　赵娜　张颖　梁佳(16 人)
专升本	会计学	朱志杰　孙丽　谷田宇　张文改　李婷　孙振龙　张艳超　孙兆梅　李旭光　贺曦　丛吕彬　郝国雪　崔明　陈菲　李倩　丛日敏　张敏　王文雅　张海龙　贾雪　牛博　武海燕　刘静　刘英　秀莹　宗晓溪　黄贺悦　丁妍　马怀彪　肖礼　张晓宇　张宏强　赵伟岩　陈晓霞　王佩娜　欧阳旭(36 人)
专升本	金融学	马星　刘珩　罗红芬　刘家荔　王思琪　张明明　甄洪娜　韩丽娜　杨亚亚　罗晶　张俊岭(11 人)
专升本	经济学	斯琴　于海旭　王立　樊志儒　许达然　韩金存　季小欢　戴菁　仇小明　韩雪松　李宁　侯振　焦娜(13 人)
专升本	人力资源管理	李然　史运丽　丁强　张婷　陈晓慧　秦荣英　霍然　田兴艺　谢欣欣　孔晓静　高丽红　李世芳　宋志欢　张欣悦　陈阳阳　韩雪娟　周芬芬　耿金娜　姚孟琦　康莉　李峥　赵帅　朱建新　李雅昕　刘娜　郝钰仓　刘艳红　李诗沫　吴晨　王莎　何凤娟　靳雯　史燕京　李丹王蕾　洪霞　任旭场　张雨薇　陶盟　王佳琳　孙玉腾　孟博　张妍华　李辉　赵东祎　吴小如　许雅冬　马祥男　张瑜　信倩倩　方冉　夏明月　林翠金　李翠　郭娜　刘鸿儒　王军徽(57 人)
专升本	信息管理与信息系统	赵宽　赵磊　张楠　谢红亮　宁雅婷　郑毅　阳文军(7 人)

(王勇)

首都经济贸易大学继续教育学院 2016 届(夏季)毕业生名单

培养层次	专业名称	姓　名
高起本	会计学	阮欣悦　文峰　陈春晶　梁智宇(4 人)

续表

培养层次	专业名称	姓　名
专升本	工商管理	赵晨曦　姚琦　杨禹辰　王树　武振　龙回旋　王艺斌　牛其浩　方天保　王珺瑜　关程　徐赫男　陈王英才　赵丽丽　李雅君　李景华　王亚南　叶冬昕　杨硕　刘浩　闫露露　程斯雅　赵晓丽　于志深　李宪跃　田甜　李书洋　王晗　张楠　靳宇晨　王峰　刘峰甫　徐文凤　查双英　杨泓　赵振珅　郭乐　安兰兰　田佳民　吴凡　李昂　刘冬梅　卢杨　刘国庆　刘文静　郭旎　王琳琳　齐红艳　赵琛　高吉光　佟丽娜　冯华柳　田青泉　余常　原野　李欣　苗欢子　付陈林　孙钰　康磊　黄庆丰　张瑞　李少岩　李素梅　许雅菲　陈沿西　牛天龙　石松海　杨森　赵伟　曹丹洁　闫洪颖　秦威　李永鹏　赵慧　牛顺征　陈永　靳英伟　德吉卓嘎　边巴卓嘎　郭晓莎　葛凤飞　任斌　高林丽(83 人)
专升本	国际经济与贸易	赵娜　许程　王浩　李一帆　徐享　杨迪　王安迪　纪小飞　张娜　李雯　陈璘毓　张静　刘欣　周宇　刘一博　闫沛　刁星洲　李京午　王莹　刘惠子　陈伟　韦峻熙　陶花　李逸龙　孙雯霞　杨冬辉　马泽萌　安伟　李姗姗　段世伟　杨晨　居萍　赵建川　赵娜　杨雪　张颖　梁佳　朱颜晓荷　田博祥　杨梦瑶　(40 人)
专升本	会计学	宋子乔　张景群　范士杰　张宇婷　徐颖　张钰　王颖　周举荐　杨金娥　王小晶　赵丹　陶文月　朱志杰　孙丽　朱红梅　王偲柔　谷田宇　张静　马玥　张文改　杨楠　李婷　程晓华　石洋　温斯沫　贾璐默泓伊　于茜　孙振龙　张艳超　谢溪　孙兆梅　韩俊丽　李旭光　宋昂　刘然　吴涵　王烨　李丹　贺曦丛　王晨　吕彬　郝国雪　于珊珊　王娟　黄婷婷　阮涛　李晓蒙　魏昕　崔明　娄金明　陈菲　林洁　徐海东　李胜利　李倩　李婧　石金梅　丛日敏　阎芳慧　王茗爽　李泷玥　张媛　张敏　燕翠翠　郭静怡　王文雅　赵艺　韩晶晶　李雪琴　王静　张海龙　潘娜娜　刘利利贾雪　刘跃　金伟艳　李秋玲　张雷娟　郭佳　王金萍　张艳彩　李丽丽　牛博　王雪　武娇　李秉娟　李建洋　姜山　常会杰　武海燕　张婧　石琳　刘立立　杨南　刘静　李冬祺　王君圣　刘英　田佳瑶　尔灵燕　张沪　张瞻　刘南　秀莹　徐骞　张一帆　任秀梅　王斌　孙洁　杨平　孔桂菊　宗晓溪　王腾　杨丹　黄贺悦　丁妍　马怀彪　肖礼　郭南南　郝文渝　董晓晨　黄杰　巨天琪　张建雪　白晓晨　康晓静　刘力　张莉婷　高杰　孙珂　王璐瑶　李娜　张晓宇　温伟薇　冯亚楠　彭云　张春艳　颜胜男　徐雅玲　崔莹　李军　张倩　邵怡娜　勾娜娜　马聪　董慧　张宏强　赵伟岩　徐志华　肖蒙　李锦熹　李想　王芳　杜思琪　王立峰　李檬　李烨　郭利　王茹楠　王爽　付晓兰　贾楠　秦贺　王尊　郭然　房岳焦　许碧琪　黎建芬　蒋梓绿　陈淳　陈静雯　李娜　陈翠萍　曾镜伊　张建秋　陈晓霞　王佩娜　么佳　朱雪萍　蒋宏俊　原梅丽　甘映飞　叶水青　吴水香　欧阳旭　李佩仪　周柳芳　傅少文　吴长艳　覃海兵　徐静　林碧珊　陈嘉欣　罗枝敏　周艳玲　张秋菊　信丹澹　台晓美　黄玉姑　王滨滨　温佳慧　林少晶(203 人)
专升本	金融学	燕蕾　张幸　王未　吴江淏　胡文杰　孙鹏　于滢　林智超　鲍光宇　马星　刘珩　张强　朱韧　徐凡珺　罗红芬　柴峥　刘家荔　王思琪　张明明　刘东博　王天宇　侯跃　玲甄　洪娜　孙浩　王晖　张静　张轩翊　郭忆　赵旭　王宇　宗苗苗　张芳　韩丽娜　王雷　杨亚亚　罗晶　张俊岭　闫星凯　刘畅　谢维杰　崔亮(41 人)

续表

培养层次	专业名称	姓　名
专升本	人力资源管理	刘倩　边羽华　马卓　曹丽雅　牛颖　李然　张沫一　张逢春　王硕　陆美惠　史运丽　关静　丁强　于洋　刘思凯　黄峥　陈潇　邓研馨　史轩　尹鹏　张婷　王一松　窦霞　陈晓慧　原星　彭珊珊　吴珊　王芳　秦荣英　孟晨阳　张然　时会　马健　于静　薛飞　徐清　霍然　马希锐　李璐　宛洁　李岩　田兴艺　李晶　闫蕊　谢欣欣　路娟　张晓蕾　宋佳月　孔晓静　高丽红　杨东　赵军　张立梅　李世芳　徐蕊　高原　朱莹　李祎　邓利娟　王慨　李娟　赵金娜　宋志欢　张欣悦　李俊领　陈阳阳　韩雪娟　周芬芬　耿金娜　姚孟琦　宋军　薛然　马颖新　康莉　李俊瑶　洪旭　李峥　赵帅　朱建新　王雅薰　安稳　黄珂　李雅昕　王琤　刘娜　任倩　杨雪　田茜　郝钰仓　魏雪娇　于洋　王珊珊　阮爱萍　刘莎　戴磊　时萌　孙瑞婷　刘艳红　李诗沫　吴晨　王学刚　王莎　张硕　缐琪　何凤娟　梁欣　靳雯　史燕京　王鹏　李丹　马晶晶　绳童　张琳媚　王蕾　马竹君　满硕　孔德贤　王新梓　贾伟妍　王佳蕊　姚琳　洪霞　曹春玲　凌晨　任旭玚　张雨薇　董鑫茜　曹建一　刘亚喆　陶盟　吴雨桐　宋涛　赵艳君　王丽　韩高松　郝敬伟　胡南霞　李博慷　关健　刘秀　赵新　崔嵬　汤媛　宋晓君　许薇　孙学云　王佳琳　果燕　高雅　杨瑾　曹蕾　孙玉腾　王海臣　张思明　赵姗姗　田甜　郭晓燕　王宁楠　孟博　刘畅　隋阳　张妍华　刘璐　石萌　贾苹苹　李辉　朱虹　赵东祎　吴小如　许雅冬　王薇　马祥男　张瑜　信倩倩　王伟思　刘凯西　饶琪琦　李良玉　梅倩　贾小菊　方冉　刘圣楠　李秋红　朱月　夏明月　马旭　洛桑曲珍　姚远　廖珍珍　张艳斌　王阿丽　陈春燕　汪玉梅　贺慧　陈伟阳　梁润笑　邓艳杰　林苑浓　谢昶虹　李慧萍　林翠金　包晓敏　李翠　赖秀梅　何淦云　谢育蕾　朱春梅　卢敏仪　王康迪　王蕾　郄圆　郭娜　马威伟　刘鸿儒　代瑶　郑远钧　刘海梅　刘丹　杨慧芳　周海青　卓嘎达珍　赵彩东　次仁德吉　王军徽　巴桑卓玛　次仁杰布　阿旺顿珠　索朗曲宗　次仁德吉　朗杰次成　贾留伟　黄波　阿美英　唐海媚(235 人)
专升本	信息管理与信息系统	蔡宇辰　赵宽　赵磊　王宇宁　崔羽　徐梁　张楠　冯林林　谢红亮　宁雅婷　苗甜　郑毅　阳文军　金戈　张魏　王辛媛　周铁军　何金彪　雷雨(19 人)
高起专	工商企业管理	李佩　魏巍　吴裕丽　邓昀　李彬　吴娅娜　陈瑶　陈翀　张雯　曹佳辰　马玉清　曹赫男　刘强　曹静　李鑫　张婷　刘贵楠　陈佩林　胡涛　甄素卷　弭敏敏　杜惠　杨俊语　王晶　臧玉芳　许国华　唐明　赵洪伟　付玉莲　杨硕　蒋雪莲　李金梁　黄艳　刘昱颉　李芳兰　花丽萍　董强　陈芊茜　林铅　陈欣欣　薛大成　吴景弟　马小绪　樊婷婷　佟军　苏敏婷　邹卫东　梁淑媛　黄成　龙艳飞(50 人)
高起专	国际经济与贸易	丁振宇　张雪　周海燕　朱振锋　翟兆美　梁妍　邓茹全　尤新　蒲德勇　潘三敏(10 人)

续表

培养层次	专业名称	姓　名
高起专	会计	郭涛　赵萌　张红月　阎小华　张倩　李燕　易霞　郑美玲　宋录秋　吴琳　孙榕　杨月　于宪娟　陈英　徐沛沛　王妙　田彩新　刘兆坤　念盈婕　陈弯弯　任艳　徐秋菊　李巧丽　姜玉玲　刘玉凤　魏小敏　田彦霞　贾雷英　秦小宁　刘志敏　于彩琴　刘春雨　林自强　张延君　王红云　崔希莹　王佳丽　张杰　刘金杰　贾亚静　邓春荣　刘双　胡南君　周凯　张磊　何荣丽　冯巍　高云鹏　李飒　祖芳　龙声燕　史宏武　李文竹　吴欣欣　廖蓉华　王丹　勘晓东　高阳　孙丽芬　刘慧鑫　霍红　赵永慧　潘枫　陈刚　仰慧岷　刘瑶　李润革　张丽坤　刘柱琦　粟云慧　周柳平　曾彬月　林依祺　邓雅慧　谭港　曾碧莲　刘莹　陈敏　陈桃　余贵双　黄欣秀　朱燕红　冯娜　邓月清　岑厚仪　周婷婷　余月霞　崔彩云　林水玲　甘美华　梁瑞玉　黄洲萍　李惠娴　曹雅婷　秦娇　黄婷素　董聪阁　吴桂芬　雷灵芝　赵玉环　蒋美艳　甘叶尾　龙香　石小艳　江丹　周迪飞　王容　胡晓君　饶继红　翟映荷　肖思　龚冬霞　杨霞　赖顺适　余创建　赵爱青　李春妹　侯凤玲　张浩　吴永　周玲玲　刘建平　卿明莉　苏雪梅　张勇　蓝秋萍　蒙春连　蒋博君　谢艳梅　谭结珍　肖慧霞　林春娜　王林梅　付成贵　谢飞健　陶小燕　陈灵芳　谢秀玲　石菊华　罗饶兰　陈玉　李适宜　杜转兰　梁少玲　吴丹丹　聂有娣　钟玉仙　陈冬英　邱月　王艳　卢玉如　陈立容　刘景婷　蓝春媚　张媛婷　叶小琴　黄楚鸾　邱海珠　张燕琼　沈杜鹃　闫玉苗　李贵英　梁文倩　林月嫦　郑丽君　谢丽华　郑雪玲　赵红燕　冯贤荣　余灿　卓奕仰　祝少滨　卢婵　韦翠珍　邓丽华　詹奕慧　邝苑彤　李少华　梁凤　徐嘉燕　王苹　丘永芳　邝艳丹　梁艳媚　郭丽燕　刘娟　俞薇　王丽沙　周文　陈玲　王浩杰　师娟　张晶　陈岩　魏晓娜　乔莉涵　龚利晶　瞿胜业　张立娟　石秀秀　刘倩　王瑶瑶　马玲玲　田英　陆瑞丽　王亚雄　李积芳　李娜　许琴琴　金小霞　彭浩达　陶飞宇　赵芳秀　周婕　廉永翠　李娜　谢云霞　魏雯靖　吴艳艳　冯静　韩婧如　师静静　王小青　张亚美　李倩　唐占虎　李艳飞　冯雅莉　李云云　王同祥　徐荣荣　魏姗姗　张海萍　闫彩弟　伏彩玉　赵娟　梁锦宇　张婷婷　张曼钰　程田　汪辉慧　郭丽娟　王娟娟　刘婷　雷纭恺　马彬杰　李斐　李高敏　王晓润　魏蓉　尚韶美　李鑫　杨采红　张小虹　蔡娜　杨慧子　胡小英　李卫静　张壮丽　郑银珠　李珺蔚(261 人)
高起专	金融管理与实务	马丹(1 人)
高起专	经济管理	金春　马烁硕　王文雯　杨紫燕　刘梦梦　杨园　张强　薛娜　李霄　黄玥明　代青青　周培　王虹　任慧　蔡文杰　胡玉优　王倩颖　李林丛　沈朝阳(19 人)
高起专	人力资源管理	彭毅　吴海燕　陈雪琴　欧放　聂芳用　林丽红　刘洋　曾蓉　谭小会　吕良诚　赵志华　刘磊　黄梅　余雅云　陈颖滢　吴佳宁　王茜　黄丽　肖雪贞　金玲　钟江　赵志锋　董姣　孙玉成　王新彪　林淑清　张芷仪　徐小智　郭晓新　周磊　陈家瑜　梁小玲　黄玉琳　孙萌　张娜　付江峰　莫史云　赵丽　孙瑞敏　李艺菲　林虹　王琼燕　王龙燕　黄莉　陈金娣(45 人)
高起专	市场营销	韩雪　张兴强　刘超芝　刘庭宇　郝红梅　杨世超　于卓伊　李克　张修　卢亚楠　龚岩　郑艳芬　赵守俊　周新　王冲　张桂萍　周丽　陈丽华　李小方　何梦燕　张磊(21 人)

续表

培养层次	专业名称	姓　名
高起专	物流管理	吴勇　马金鹏　李原霞　刘江红　周红霞　梁金荣　蒲龙彦　孟琳琪　石彦君　王江仇泽坤　魏银龙　朱成栋　李娜　赵媛媛　朱仲伟　赵倚锋　范文星　张学武　吕芹　刘欣　刘乙雄　路学根　陈娅娅　郭鹏昇　王欣鑫　邢佳利　孔亚娇(28人)
高起专	法律事务	普穷　孔新花　顿珠桑布　洛桑元旦　徐浩然　拉巴单增　范名进　边琼　侯庆雷　次仁永旦　次旦贡觉　旺堆晋美　马扬　索朗顿珠(14人)

（高铭　王树明）

第十四篇

附　录

首都经济贸易大学2016年党发文目录

首经贸党发〔2016〕1号	关于印发《首都经济贸易大学2016年工作要点》的通知
首经贸党发〔2016〕2号	关于印发市委第六巡视组组长刘云斋、首都经济贸易大学党委书记柯文进在专项巡视工作动员会上讲话的通知
首经贸党发〔2016〕3号	关于印发《中共首都经济贸易大学委员会2016年党风廉政建设和反腐败工作主要任务分工》的通知号
首经贸党发〔2016〕4号	关于印发《首都经济贸易大学2016年重点工作台账》的通知
首经贸党发〔2016〕5号	关于印发中心组理论学习制度的通知
首经贸党发〔2016〕6号	关于评选首都经济贸易大学2016年“师德标兵”的通知
首经贸党发〔2016〕7号	关于改进和加强维族学生教育管理的工作方案
首经贸党发〔2016〕8号	关于开展防范清理暴恐音视频专项工作方案
首经贸党发〔2016〕9号	中共首都经济贸易大学委员会关于“两学一做”学习教育实施的方案
首经贸党发〔2016〕10号	关于成立外国语学院的决定
首经贸党发〔2016〕11号	关于设立外国语学院党总支的决定
首经贸党发〔2016〕12号	关于印发贯彻落实《党委（党组）意识形态工作责任制实施办法》实施细则的通知
首经贸党发〔2016〕13号	关于修订首都经济贸易大学保密工作规定的通知
首经贸党发〔2016〕14号	关于修订机要文件管理办法的通知
首经贸党发〔2016〕15号	关于印发首都经济贸易大学纪念建党95周年工作方案的通知
首经贸党发〔2016〕16号	关于表彰先进基层党组织、优秀共产党员、优秀党务工作者的决定
首经贸党发〔2016〕17号	关于学习贯彻《习近平总书记在庆祝中国共产党成立95周年大会上的讲话》的通知
首经贸党发〔2016〕18号	关于表彰2016年师德榜样的决定
首经贸党发〔2016〕19号	关于印发“筑梦远航，做合格党员”深入推进“两学一做”学习教育实施方案的通知
首经贸党发〔2016〕20号	关于开展二级单位党委、党总支、直属党支部换届选举工作的通知
首经贸党发〔2016〕21号	关于同意城市经济与公共管理学院党委换届选举的批复
首经贸党发〔2016〕22号	关于同意工商管理学院党委换届选举的批复
首经贸党发〔2016〕23号	关于同意经济学院党委换届选举的批复
首经贸党发〔2016〕24号	关于同意会计学院党委换届选举的批复
首经贸党发〔2016〕25号	关于同意劳动经济学院党委换届选举的批复
首经贸党发〔2016〕26号	关于同意信息学院党委换届选举的批复
首经贸党发〔2016〕27号	关于同意安全与环境工程学院党委换届选举的批复
首经贸党发〔2016〕28号	关于同意财政税务学院党委换届选举的批复
首经贸党发〔2016〕29号	关于同意金融学院党委换届选举的批复

首经贸党发〔2016〕30 号　关于同意统计学院党委换届选举的批复
首经贸党发〔2016〕31 号　关于同意外国语学院党总支换届选举的批复
首经贸党发〔2016〕32 号　关于同意马克思主义学院党总支换届选举的批复
首经贸党发〔2016〕33 号　关于同意国际经济管理学院直属党支部换届选举的批复
首经贸党发〔2016〕34 号　关于同意体育部党总支换届选举的批复
首经贸党发〔2016〕35 号　关于同意国际学院直属党支部换届选举的批复
首经贸党发〔2016〕36 号　关于同意离休党总支换届选举的批复
首经贸党发〔2016〕37 号　关于同意后勤党委换届选举的批复
首经贸党发〔2016〕38 号　关于同意图书馆党总支换届选举的批复
首经贸党发〔2016〕39 号　关于印发 2016 年处级单位、处级干部年度考核工作方案的通知
首经贸党发〔2016〕40 号　关于印发纪检部门处理信访举报工作实施办法的通知
首经贸党发〔2016〕41 号　关于安全与环境工程学院预备人选批复
首经贸党发〔2016〕42 号　关于财政税务学院预备人选批复
首经贸党发〔2016〕43 号　关于城市经济与公共管理学院预备人选批复
首经贸党发〔2016〕44 号　关于工商管理学院预备人选批复
首经贸党发〔2016〕45 号　关于国际经济管理学院直属党支部预备人选批复
首经贸党发〔2016〕46 号　关于国际学院直属党支部预备人选批复
首经贸党发〔2016〕47 号　关于后勤党委预备人选批复
首经贸党发〔2016〕48 号　关于会计学院预备人选的批复
首经贸党发〔2016〕49 号　关于金融学院预备人选的批复
首经贸党发〔2016〕50 号　关于经济学院预备人选的批复
首经贸党发〔2016〕51 号　关于劳动经济学院预备人选的批复
首经贸党发〔2016〕52 号　关于离休干部处预备人选的批复
首经贸党发〔2016〕53 号　关于马克思主义学院预备人选的批复
首经贸党发〔2016〕54 号　关于体育部预备人选的批复
首经贸党发〔2016〕55 号　关于统计学院预备人选的批复
首经贸党发〔2016〕56 号　关于图书馆预备人选的批复
首经贸党发〔2016〕57 号　关于信息学院预备人选的批复
首经贸党发〔2016〕58 号　关于外国语学院预备人选的批复

首都经济贸易大学 2016 年政发文目录

首经贸政发〔2016〕1 号　关于印发招投标管理办法的通知
首经贸政发〔2016〕2 号　关于 2015 年就业工作先进院系和先进个人表彰的决定
首经贸政发〔2016〕3 号　关于对王晗江作退学处理的决定

首经贸政发〔2016〕4 号	关于工商管理学院综合改革试点方案的批复
首经贸政发〔2016〕5 号	关于经济学院国际化改革试点方案的批复
首经贸政发〔2016〕6 号	关于法学院综合改革试点方案的批复
首经贸政发〔2016〕7 号	关于印发经贸学者、后备学科带头人、中青年骨干教师选拔与培养办法的通知
首经贸政发〔2016〕8 号	关于做好 2016 年毕业生就业创业工作的通知
首经贸政发〔2016〕9 号	关于授予陈婷婷等 167 名同学 2016 届北京市优秀毕业生荣誉称号的决定
首经贸政发〔2016〕10 号	关于准予 2016 届本、专科毕业生毕业的决定
首经贸政发〔2016〕11 号	首都经济贸易大学 2016 届毕业生村官、西部表彰决定
首经贸政发〔2016〕12 号	关于印发本科公共英语改革方案的通知
首经贸政发〔2016〕13 号	关于印发数学类公共基础课程改革方案的通知
首经贸政发〔2016〕14 号	关于任命窦诚松等同志为科级干部的通知
首经贸政发〔2016〕15 号	关于表彰 2016 年从事教育工作满三十年教职工的通报
首经贸政发〔2016〕16 号	印发部分教育事业收入资金分配及使用管理办法的通知
首经贸政发〔2016〕17 号	关于印发工作餐费管理办法的通知
首经贸政发〔2016〕18 号	关于印发校内会议费使用管理办法的通知
首经贸政发〔2016〕19 号	关于印发马克思主义理论专业研究生新生奖学金、学术奖学金评选办法（试行）的通知
首经贸政发〔2016〕20 号	关于印发本硕博连读研究生选拔与管理规定（试行）的通知
首经贸政发〔2016〕21 号	关于表彰 2015—2016 学年优秀课堂教学效果奖获奖教师的决定
首经贸政发〔2016〕22 号	关于印发结核病防治工作方案的通知
首经贸政发〔2016〕23 号	关于印发预防控制艾滋病工作方案的通知
首经贸政发〔2016〕24 号	关于印发教师职务聘任工作实施方案的通知
首经贸政发〔2016〕25 号	关于印发制定 2017 版本科人才培养方案指导意见的通知
首经贸政发〔2016〕26 号	关于印发教学科研人员因公临时出国管理工作办法（试行）的通知

首都经济贸易大学 2016 年党政办发文目录

首经贸党政办发〔2016〕1 号	关于 2016 年放寒假的通知
首经贸党政办发〔2016〕2 号	关于认真做好 2016 年寒假期间校园安全稳定工作的通知
首经贸党政办发〔2016〕3 号	关于开展 2016 年上半年影响校园安全稳定问题隐患排查整治专项行动的通知
首经贸党政办发〔2016〕4 号	关于印发《中共首都经济贸易大学委员会 2016 年组织统战工作要点》的通知
首经贸党政办发〔2016〕5 号	关于印发《中共首都经济贸易大学委员会 2016 年宣传思想工作要点》的通知
首经贸党政办发〔2016〕6 号	关于印发《首都经济贸易大学 2016 年校院理论中心组学习计划》的通知

首经贸党政办发〔2016〕7 号	关于印发《中共首都经济贸易大学委员会 2016 年维护安全稳定工作要点及分工》的通知
首经贸党政办发〔2016〕8 号	关于 2016 年清明节放假的通知
首经贸党政办发〔2016〕9 号	关于印发《首都经济贸易大学评标专家库和评标专家管理暂行规定》的通知
首经贸党政办发〔2016〕10 号	关于印发《首都经济贸易大学招标代理机构管理规定》的通知
首经贸党政办发〔2016〕11 号	关于 2016 年劳动节放假的通知
首经贸党政办发〔2016〕12 号	关于 2016 年端午节放假的通知
首经贸党政办发〔2016〕13 号	关于 2016 年放暑假的通知
首经贸党政办发〔2016〕14 号	关于认真做好 2016 年暑假期间校园安全稳定工作的通知
首经贸党政办发〔2016〕15 号	关于 2016 年中秋节放假的通知
首经贸党政办发〔2016〕16 号	关于印发国内公务接待管理办法的通知
首经贸党政办发〔2016〕17 号	关于 2016 年国庆节放假的通知
首经贸党政办发〔2016〕18 号	关于 2017 年元旦放假的通知

2016 年社会媒体报道首都经济贸易大学稿件（部分）一览表

日期	媒体	标题
2016－01－02	中国教育电视台	首都经济贸易大学发布校歌《远航》
2016－01－05	央视网	首经贸举行"日新奖励基金"签约仪式暨师生座谈会
2016－01－06	中国新闻网	由首经贸等单位发起的京津冀协同发展智库在保定揭牌
2016－01－07	光明日报	由首经贸等单位发起的京津冀协同发展智库在保定揭牌
2016－01－08	人民网	首经贸等高校联合发布 2015 年第四季度两岸四地消费者信心指数
2016－01－08	新华网	首经贸等高校联合发布 2015 年第四季度两岸四地消费者信心指数
2016－01－08	国际在线	首经贸等高校联合发布 2015 年第四季度两岸四地消费者信心指数
2016－01－08	法制晚报	首经贸发布 2015 北京社会经济生活指数报告
2016－01－11	新京报	首经贸设立百万"日新奖励基金"
2016－01－21	MBA 中国网	首经贸 MBA 中心举办 2016 年新年晚会
2016－01－24	光明日报	首经贸：打造高校新型智库
2016－03－01	中国文明网	首经贸乐龄合唱团：唱响最美"夕阳红"
2016－03－03	中国教育报	首经贸等北京高校将健全意识形态工作责任制
2016－03－17	中国科学报	出去了，就要带点东西回来
2016－03－23	阳光高考	首经贸获准设立商务经济学、法语两个本科专业

续表

日期	媒体	标题
2016-03-26	中国新闻网	首经贸参加全国大学生足球赛北京赛区比赛
2016-03-31	北京晨报	首经贸增两个新专业
2016-04-08	中国新闻网	首经贸等高校发布一季度两岸及港澳消费者信心指数
2016-04-09	中国高校之窗	首都经济贸易大学特大城市经济社会发展研究院介绍
2016-04-11	人民网	首经贸等高校联合发布一季度两岸四地消费者信心指数
2016-04-12	中国高等教育	首都经济贸易大学美食地图
2016-04-16	法制网	"新媒体对诉讼活动的影响"研讨会在首经贸召开
2016-04-18	搜狐网	首经贸舞蹈团:梅花香自苦寒来
2016-04-19	中国财经报	首经贸为校园"创客"打造起飞航道
2016-04-21	高考网	2016年首都经济贸易大学高招政策解读
2016-04-27	人民网	郭金龙:在实现中国梦的伟大实践中创造精彩人生
2016-04-27	北京日报	郭金龙:在实现中国梦的伟大实践中创造精彩人生
2016-04-27	千龙网	郭金龙:在实现中国梦的伟大实践中创造精彩人生
2016-04-28	人民网	首经贸发布2016京津冀蓝皮书,主题为协同发展指数研究
2016-04-28	中国网	首经贸发布2016京津冀蓝皮书:北京发展指数较高,转型升级有坚实基础
2016-04-28	中国经济网	首经贸发布2016京津冀蓝皮书:京津冀协同发展重在疏解非首都功能
2016-05-03	新华网	首经贸发布京津冀蓝皮书:京津冀正处于新旧驱动力"换挡期"
2016-05-03	中青在线	首经贸等联合发布《农村寄宿制学校学生发展报告》
2016-05-09	中国教育报	教学过得硬,就可评教授
2016-05-09	中国社会科学网	首都经济贸易大学评出首批"人才培养型教授"
2016-05-09	普洱日报	首经贸与普洱学院等建立教育联盟
2016-05-11	尚七网	首经贸与云南三所国门大学建立"1+3"教育联盟
2016-05-16	人民网	回归课堂:首经贸诞生首批"教"出来的教授
2016-05-16	新华网	回归课堂:首经贸诞生首批"教"出来的教授
2016-05-16	河北日报	首都经济贸易大学大数据分析研究显示:京津冀三地相互投资大幅增长
2016-05-18	搜狐网	首经贸MBA2016经济·管理论坛将于28日在京举行
2016-05-19	人民网-人民电视	2016年高招系列访谈:首都经济贸易大学
2016-05-23	北京考试报	首经贸新增商务经济学、金融学(国际金融)专业
2016-05-24	搜狐网	首经贸2015级MBA杨荣星获2016年中国MBA领军人物
2016-05-26	MBA中国网	首经贸MBA教育中心获"最具影响力商学院"称号
2016-05-29	中国网	首经贸MBA2016经济·管理论坛成功举办
2016-05-30	北京青年报	2016年"创青春"首都大学生创业大赛金奖答辩在首经贸举行
2016-05-30	中国网	2016年"创青春"首都大学生创业大赛决赛在首经贸举行
2016-05-30	千龙网	2016年"创青春"首都大学生创业大赛决赛在首经贸举行

续表

日期	媒体	标题
2016－05－30	人民网	首经贸 MBA2016 经济·管理论坛成功举办
2016－05－31	央视网	首经贸校友导师计划:盘活校友资源,创新创业教育
2016－06－02	光明网	首经贸举行外国语学院成立大会暨外语学科发展论坛
2016－06－03	尚七网	首经贸与台北商业大学签署合作谅解备忘录
2016－06－03	尚七网	首经贸与加拿大多伦多大学师生举办交流活动
2016－06－06	新华网	高校招生一点通:首都经济贸易大学
2016－06－08	中国日报	第三届北京高校“外语好声音”音乐盛典总决赛在首经贸圆满落幕
2016－06－11	尚七网	第九届中国人口与发展研究生论坛在首都经济贸易大学举办
2016－06－13	人民网	首经贸今年新增国际金融专业,将采用全英文授课
2016－06－14	光明日报	首经贸与云南三所国门大学建立教育联盟
2016－06－17	中国经济网	第五届全国中央商务区发展研究高峰论坛在首经贸举行
2016－06－17	千龙网	首经贸等联合主办第五届全国中央商务区发展研究高峰论坛
2016－06－17	新华网	专家在首经贸研讨中央商务区发展
2016－06－18	千龙网	首经贸等联合举办汉语桥·2016 全球外国人汉语大会
2016－06－19	北京青年报	首经贸举办招生咨询活动
2016－06－19	法制晚报	首经贸今年拟在京招 1 705 人,招生总人数与去年持平,新增两专业,文理兼收
2016－06－19	新华网	2016 全球外国人汉语大会北京赛区预赛在首经贸举行
2016－06－19	CCTV 中国新闻	汉语桥·2016 全球外国人汉语大会北京赛区预赛在首经贸举行
2016－06－19	CCTV 新闻联播	全球外国人汉语大会国内预赛在首经贸开赛
2016－06－20	新京报	首经贸举办校园开放日 解读在京招生计划
2016－06－22	北京考试报	首经贸咨询会:志愿如何排序成热点
2016－06－23	北京晨报	首都经济贸易大学在京招生 1 705 人
2016－06－27	中国网	首经贸等联合举办“中国经济增长与周期论坛(2016)”
2016－06－28	网易教育	首都经济贸易大学:新增“双培计划”9 人
2016－06－29	中国经济导报	首经贸举行“诚信之星”奖学金颁奖仪式
2016－07－02	新浪财经	首经贸等联合举办第十届中国经济增长与周期论坛
2016－07－08	北京晨报	首经贸 60 周年校庆倒计时启动
2016－07－13	北京日报	首经贸“双培”“外培”计划全录满
2016－07－14	人民网	冯培任首都经济贸易大学党委书记
2016－07－15	北京日报	首经贸等四高校专项录取 150 位农村娃
2016－07－18	北京日报	首经贸等市属高校发布一批次提档线
2016－07－18	人民政协报	首经贸等高校联合发布二季度两岸四地消费者信心指数

续表

日期	媒体	标题
2016-07-19	全球网	首经贸等丰台区高校支持附中附小发展
2016-08-08	云南网	首经贸与普洱学院等联合主办第二届普洱绿色发展论坛
2016-08-25	人民网	首经贸学子参加纪念长征胜利80周年集体采访活动
2016-09-01	中国教育在线	首都经济贸易大学2016年在京录取1 714人
2016-09-06	京华时报	首经贸近200名新生绿色通道入学
2016-09-07	北京考试报	首经贸学长爱心书籍进入迎新“大礼包”
2016-09-09	中国经济网	首经贸等联合发布2016北京养老产业蓝皮书
2016-09-10	中央电视台	首经贸纪韶教授参加习近平总书记同教师学生代表座谈会并接受央视采访
2016-09-12	中国MBA教育网	首经贸举行2016级MBA/MTA新生入学仪式
2016-09-14	中国网	首经贸将开展国际财务管理师培训
2016-09-14	法制晚报	首经贸拟推国际财管师培训
2016-09-15	北青报教育圆桌	新晋网红“校徽月饼”迎中秋——最平民“经贸饼”
2016-09-18	MBA中国网	首经贸:中秋佳节送温暖,经贸儿女诉真情
2016-09-18	搜狐网	“京津冀金融研究联盟”在首经贸成立
2016-09-19	经济参考报	“京津冀金融研究联盟”成立仪式暨“京津冀金融普惠报告发布会”在首经贸举行
2016-09-20	光明日报	首经贸发布60周年纪念活动公告
2016-09-20	中国经济导报	首经贸举办京津冀金融普惠报告发布会
2016-09-22	京华时报	首经贸发布《京津冀金融普惠报告》:京津冀家庭金融差距大
2016-09-27	中国高校之窗	“京津冀金融研究联盟”发起成立仪式在首经贸举行
2016-09-28	人民网	2016北京智慧旅游论坛在首经贸举行
2016-10-04	北京青年报	首经贸建智库建言京津冀协同发展
2016-10-08	中国经济导报	首经贸等联合发布《2015—2016年城市流通竞争力》报告
2016-10-11	中国教育报	首经贸:甲子华章,筑梦辉煌
2016-10-13	北京日报	首经贸发布首部校志
2016-10-13	国家旅游局	2016北京智慧旅游发展论坛在首都经济贸易大学举办
2016-10-13	国际在线	首经贸等高校联合发布2016年第三季度两岸及港澳消费者信心指数
2016-10-14	国家旅游地理	2016北京智慧旅游论坛在首经贸举行
2016-10-14	人民日报	首经贸:与区域发展同频共振
2016-10-14	光明日报	首经贸:做城市公共政策研究的高端智囊
2016-10-15	千龙网	首经贸纪念建校60周建举办中国特大城市高端论坛,聚焦城市发展困境

续表

日期	媒体	标题
2016－10－16	中国教育之声	京津冀大学生创新创业论坛聚焦首都经济贸易大学
2016－10－16	人民网	首经贸纪念建校 60 周年　举办 2016 京津冀大学生创新创业论坛
2016－10－16	北京青年报	首经贸今迎建校 60 周年　举办“从国家规划到城市治理”论坛
2016－10－16	经济日报	首经贸特大城市高端论坛关注城市治理
2016－10－17	MBA 教育网	首经贸举办建校 60 周年　MBA 纪念活动
2016－10－17	光明网	首经贸迎 60 华诞　国际文化节盛装启幕
2016－10－17	法制晚报	首经贸举办建校 60 周年系列纪念活动
2016－10－17	中国青年网	首经贸迎 60 华诞　国际文化节盛装启幕
2016－10－17	第一财经	首经贸举办特大城市高端论坛，住建部原副部长仇保兴发言
2016－10－17	中国日报网	China, US universities discusseconomics, trade development
2016－10－17	中国日报网	CUEB prioritizes international education
2016－10－18	光明网	首经贸庆 60 华诞，举办 2016 中国特大城市高端论坛关注城市治理
2016－10－18	光明网	京津冀大学生创新创业论坛在首经贸举办
2016－10－18	中国青年网	首经贸召开特大城市高端论坛
2016－10－18	人民网	首经贸喜迎建校 60 周年 召开特大城市高端论坛
2016－10－19	人民网	首经贸发布纪念建校 60 周年校志等系列文化书籍
2016－10－20	北京晨报	首经贸 60 年培养 15 万人才
2016－10－20	千龙网	全国优秀博士生汇聚首经贸哈博论坛
2016－10－21	中国侨网	首经贸华侨学院华侨捐赠陈列馆开馆
2016－10－24	北京考试报	首经贸 60 岁啦，60 对校友伉俪牵手返校
2016－10－24	人民日报	首经贸纪念建校 60 周年发布校志、文化丛书等文集
2016－10－24	中国教育在线	第七届哈博—高校（经管）博士学术论坛在首经贸举办
2016－11－10	千龙网	首都经济贸易大学开启初中开放性科学实践课程
2016－11－11	中国教育电视台	首经贸师生热议国家新政“允许高校教师依法适度兼职兼薪”
2016－11－12	新华网	首经贸举办 2016 城市国际化论坛
2016－11－13	光明日报	首经贸举办京津冀大学生创新创业论坛
2016－11－14	中国经济网	首经贸举办 2016 城市国际化论坛
2016－11－16	法制日报	首经贸承办海峡两岸财税法学术研讨会
2016－11－17	人民出版社读书会	“划屏时代，如何做一个安静的读书人”读书会在首经贸举办
2016－11－17	北京共青团	首经贸举办首届生涯体验周活动
2016－11－18	法制网	北京市法学会科技法学研究会年会在首经贸举办
2016－11－22	中国青年网	2016 首都圈发展高层论坛在首经贸召开

续表

日期	媒体	标题
2016-11-23	北京考试报	首经贸首办生涯体验周
2016-11-23	人民网	2016 首都圈发展高层论坛:反磁力中心可带动人口疏解
2016-11-24	MBA 中国网	首都经济贸易大学 MBA 读书会成立
2016-11-29	21CN	首届人才学发展研讨会在首都经济贸易大学成功举办
2016-12-02	首都之窗	“第十届北京安全文化论坛”在首经贸举办
2016-12-02	中国网	首经贸大学发布《中国金融风险报告(2016)》蓝皮书
2016-12-03	凤凰网	2016 年北京市老年旅游学术交流活动在首经贸举办
2016-12-06	人民网	2016 北京老年旅游学术交流活动在首经贸举行
2016-12-06	北京青年报	专家学者汇聚首经贸,探讨老年旅游未来发展
2016-12-06	中国城市网	2016 北京市老年旅游学术交流活动在首经贸举行
2016-12-07	中国经济导报	第四届金融风险高层论坛暨《中国金融风险报告(2016)》蓝皮书发布会在首经贸举行
2016-12-11	新华网	“能源转型——机遇与挑战”研讨会在首经贸举行
2016-12-12	中国教育电视台	首经贸师生热议习近平总书记在高校思想政治工作会上的讲话
2016-12-12	新华网	马梦蕾获得 2016 全国大学生数独挑战赛个人赛亚军
2016-12-13	中国 MBA 教育网	首经贸 MBA 金融协会成立仪式暨“爱股票杯”股票投资大赛启动仪式
2016-12-14	中国食品安全网	首经贸主办“第三届科学监管与监管科学论坛”
2016-12-15	北京青年报	评剧《母亲》走进首经贸
2016-12-15	千龙网	评剧《母亲》走进首经贸,感动高校学子
2016-12-15	北京电视台	弘扬中国精神 评剧《母亲》走进首经贸
2016-12-17	澎湃新闻	北京市教育委员会副主任付志峰出任首都经济贸易大学校长
2016-12-21	中国环境报	首经贸举办学术研讨会,用法制保障能源转型
2016-12-21	上海环境热线	首经贸举办学术研讨会,用法制保障能源转型
2016-12-23	光明网	首经贸获高校校园文化建设优秀成果一等奖

索　引

使用说明：

一、本索引采用内容分析索引法编制。除大事记外，年鉴中有实质意义的内容均予以标引，以供检索使用。

二、本索引按汉语拼音音序排列。具体排列方法如下：以数字开头的，排在最前面；汉字标目则按照首字的音序、音调依次排列，首字相同时，则以第二个字的音序、音调排序，依此类推。

三、索引标目后的数字，表示检索内容所在的正文页码；数字后面的英文字母 a，b，则表示正文中的栏别，合在一起即指该页码及左、右两个版面区域。

C

D

E

F

G

K

L

M

N

O

P

Q

R

S

T

W

X